O DIREITO ADMINISTRATIVO DOS ESTADOS UNIDOS DA AMÉRICA

fundamentos e princípios básicos a partir da perspectiva alemã

CONTRACORRENTE

Eberhard Schmidt-Aßmann

O DIREITO ADMINISTRATIVO DOS ESTADOS UNIDOS DA AMÉRICA

fundamentos e princípios básicos a partir da perspectiva alemã

Tradução de Luiz Felipe Brandão Osório

AVARÉ
2025

CONTRACORRENTE

1ª ed. 2021 | Nomos Verlagsgesellschaft mbH & Co. KG

Travessa Vergílio de Araújo Valim, 167
Avaré – SP – Brasil | CEP 18707 815
www.editoracontracorrente.com.br
contato@editoracontracorrente.com.br

EDITORES

Camila Almeida Janela Valim
Gustavo Marinho de Carvalho
Rafael Valim
Walfrido Warde
Silvio Almeida

EQUIPE EDITORIAL

COORDENAÇÃO DE PROJETO: Erick Facioli
PREPARAÇÃO DE TEXTO: Amanda Dorth
REVISÃO: Douglas de Magalhães
REVISÃO TÉCNICA: Beatriz Duarte Lopes
DIAGRAMAÇÃO: Pablo Madeira
CAPA: Maikon Nery

EQUIPE DE APOIO

Carla Vasconcelos
Regina Gomes
Nathalia Oliveira
Geovanna Sales

Dados Internacionais de Catalogação na Publicação (CIP)
(Câmara Brasileira do Livro, SP, Brasil)

Schmidt-Aßmann, Eberhard
O direito administrativo dos Estados Unidos da América : fundamentos e princípios básicos a partir da perspectiva alemã / Eberhard Schmidt-Aßmann ; [tradução Luiz Felipe Osorio]. -- 1. ed. -- Avaré, SP : Editora Contracorrente, 2025.

Título original: Das Verwaltungsrecht Der Vereinigten Staaten Von Amerika.
Bibliografia.
ISBN 978-65-5396-238-5

1. Direito administrativo - Estados Unidos I. Título.

24-239237 CDU-35(73)

Índices para catálogo sistemático:

1. Direito administrativo : Estados Unidos : Direito 35(73)
Eliete Marques da Silva - Bibliotecária - CRB-8/9380

@editoracontracorrente
Editora Contracorrente
@ContraEditora
Editora Contracorrente

SUMÁRIO

PREFÁCIO À EDIÇÃO BRASILEIRA

Escrever o prefácio de uma obra tão rica e instigante como *O Direito Administrativo dos Estados Unidos da América: fundamentos e princípios básicos a partir da perspectiva alemã*, de Eberhard Schmidt-Aßmann, é tanto uma honra quanto um desafio. Trata-se de um texto que dialoga com duas das tradições jurídicas mais influentes no mundo contemporâneo – a americana e a alemã – para fomentar uma compreensão comparada e crítica sobre os fundamentos e os desafios do Direito Administrativo. Schmidt-Aßmann não apenas descreve, mas propõe um aprofundamento reflexivo sobre os temas centrais que estruturam essa área jurídica nos Estados Unidos, revelando as nuances de um sistema que, à primeira vista, pode parecer distante ou até mesmo exótico para os juristas de tradição romano-germânica.

A obra, dividida em seis capítulos, conduz o leitor desde as bases históricas e constitucionais do Direito Administrativo americano até suas interseções com os desafios contemporâneos, incluindo as dinâmicas do Estado administrativo e os paralelos com a tradição jurídico-administrativa europeu-continental. A estrutura meticulosa reflete não apenas a erudição do autor, mas também seu objetivo de dialogar diretamente com questões práticas e teóricas que transcendem os sistemas jurídicos específicos.

O primeiro capítulo apresenta o Direito Administrativo americano como uma alternativa marcante ao modelo da tradição franco-alemã. Schmidt-Aßmann destaca os principais tópicos e as questões centrais dessa área do Direito – como sua conexão constitucional, os procedimentos administrativos, as formas de ação, a proteção legal e a responsabilidade estatal – e argumenta que, embora tratados de maneira diferente, tais aspectos convergem em temas fundamentais nos Estados Unidos e na Europa continental. A análise comparada revela que as experiências práticas e as necessidades cotidianas frequentemente nivelam diferenças conceituais entre os dois sistemas.

No segundo capítulo, o autor examina a base constitucional do Direito Administrativo nos EUA, enfatizando a abertura da Constituição de 1787 para o desenvolvimento do "Estado administrativo". Essa flexibilidade, porém, implica desafios: a Administração nos Estados Unidos não é um elemento natural da ordem política, necessitando de relegitimação constante perante o público democrático. Isso contrasta com os sistemas da tradição europeu-continental, que apresentam maior estabilidade estrutural, embora menos abertura a inovações políticas e administrativas. A legitimidade do modelo americano, como o autor argumenta, depende de mecanismos como participação, comunicação e abertura à política, que são profundamente inscritos nas práticas administrativas.

O capítulo seguinte trata dos procedimentos administrativos e da criação de normas nos EUA, explorando a *Administrative Procedure Act*, de 1946. Aqui, o autor destaca como os procedimentos americanos, voltados para a interação direta com o público e a consideração de situações concretas, contrastam com a maior rigidez dos sistemas de tradição continental. Essa flexibilidade administrativa é vista como uma oportunidade para inovação e criatividade, embora também exponha a Administração americana a riscos, como pressões políticas intensificadas ou o conflito entre o Congresso e o Presidente.

No quarto capítulo, Schmidt-Aßmann foca o papel do Judiciário e a proteção jurídica no Direito Administrativo americano. Ele aborda a relação entre a menor confiança depositada no controle pelo princípio da legalidade nos EUA e a necessidade de complementá-lo com mecanismos procedimentais baseados na interação com o público. O autor argumenta que, enquanto os sistemas europeus frequentemente se dedicam à aplicação estável da lei em processos locais, os EUA enfatizam soluções políticas e contextuais.

O quinto capítulo aborda o papel da informação e da transparência no Direito Administrativo americano, ressaltando o impacto global de instrumentos como a *Freedom of Information Act* (FOIA). Schmidt-Aßmann observa que, em aspectos como o acesso à informação administrativa, os sistemas jurídicos europeus têm se inspirado em ideias americanas, exemplificando como diferentes tradições podem aprender mutuamente e enriquecer suas práticas administrativas.

O capítulo final consolida a análise comparativa, posicionando o Direito Administrativo americano como um "contraprojeto" ao modelo franco-alemão. Schmidt-Aßmann reflete que, embora ambos os sistemas se concentrem em promover o governo democrático, colocam ênfases distintas no uso e na escolha das formas de Direito disponíveis. A eficácia de instituições, procedimentos e doutrinas, ele argumenta, deve ser avaliada dentro do contexto específico de cada sistema jurídico. Nesse sentido, o autor ressalta que o Direito Administrativo comparado não é apenas um projeto científico, mas também uma fonte valiosa de aprendizado prático para diferentes sistemas jurídicos.

Esse aprendizado se torna particularmente relevante no contexto atual, em que o Direito Administrativo tradicional, até então fundamentado em doutrinas jurídicas consolidadas, tem enfrentado profundas transformações decorrentes de mudanças sociais e tecnológicas. Essas alterações pressionam por uma abertura mais ampla do Direito Administrativo, exigindo adaptações que reflitam as novas dinâmicas da sociedade contemporânea. Na Alemanha, esse cenário tem sido discutido sob a perspectiva da *neue Verwaltungsrechtswissenschaft* – a nova ciência do Direito Administrativo.[1] Trata-se de abordagem que busca ir além da simples aplicação e interpretação de normas preestabelecidas, incorporando as condições sociais que permeiam o Direito Administrativo atual e superando o foco exclusivo em atos isolados da Administração.

A transformação do Direito Administrativo é marcada por características significativas, como a crescente desformalização, a dissolução de fronteiras entre diferentes campos jurídicos e a especialização da ordem jurídica. Há também uma diversificação de instrumentos e medidas para a solução de problemas, a autonomização de setores jurídicos e o uso de formas jurídicas como mecanismos de decodificação do Direito Administrativo. Essas mudanças evidenciam a necessidade de se modernizar a atuação administrativa, especialmente em contextos que extrapolam a simples gestão ou ação administrativa (*Verwaltungshandel*) e se aproximam de funções prestadoras, planejadoras e relacionadas à infraestrutura. Nesse sentido, o estudo comparado do Direito Administrativo norte-americano, com sua tradição de pragmatismo e ênfase na eficiência regulatória, pode oferecer *insights* valiosos.

A nova ciência do Direito Administrativo é compreendida como uma nova *Steuerungswissenschaft*, ou ciência orientada para a gestão e governança.[2] Essa perspectiva redefine as normas

---

1 VOßKUHLE, Andreas; WISCHMEYER, Thomas. "The 'Neue Verwaltungsrechtswissenschaft' Against the Backdrop of Traditional Administrative Law Scholarship in Germany". *In*: ROSE-ACKERMAN, Susan; LINDSETH, Peter L. (Coord.). *Comparative Administrative Law*. 2ª ed. Cheltenham: Edward Elgar Publishing, 2017.

2 SCHUPPERT, Gunnar Volke. "Verwaltungsrechtswissenschaft als Steuerungswissenschaft". *In*: HOFFMANN-RIEM, Wolfgang;

jurídicas como ferramentas de gestão administrativa, introduzindo uma abordagem mais contextual e adaptativa que supera a mera aplicação de normas preestabelecidas. Ao incorporar experiências internacionais, como as dos Estados Unidos, essa ciência pode ampliar seu escopo e eficácia, adaptando-se melhor às demandas de sociedades tecnológicas. Nesse mesmo sentido, Wolfgang Hoffmann-Riem, especialista em Direito Administrativo e ex-vice-presidente do Tribunal Constitucional Alemão, destaca a transformação do Direito Administrativo moderno em uma ciência orientada para a aplicação, afastando-se do foco exclusivo na norma em si.[3] Isso significa que o Direito Administrativo contemporâneo não deve se limitar à aplicação de normas jurídicas estabelecidas, mas, sim, incorporar uma ampla gama de objetos normativos e premissas empíricas. Há, portanto, a necessidade de reconstruir conceitos e práticas a partir das dinâmicas intrínsecas ao objeto ou à esfera social regulada.[4] O Direito passa, assim, a orientar-se temporalmente para o futuro, de modo a construir mecanismos de estruturação de conhecimento que incorporam elementos reflexivos e se abrem a processos de aprendizagem, adequando-se às expectativas de uma sociedade em constante mudança. Nesse sentido, a experiência dos Estados Unidos em promover políticas regulatórias prospectivas e adaptativas pode servir como referência para outros países que buscam modernizar seu Direito Administrativo.

As pressões e adaptações decorrentes do avanço tecnológico são tanto causa quanto consequência dessa evolução. Em diversos setores cruciais à sociedade, como saúde e telecomunicações, o dinamismo

---

SCHMIDT-ASSMANN, Eberhard (Coord.). *Reform des allgemeinen Verwaltungsrechts*. Baden-Baden: Nomos, 1993.

3 HOFFMANN-RIEM, Wolfgang. "The potential impact of social sciences on administrative law". RUFFERT, Matthias (Coord.). *The transformation of administrative law in Europe*. Munique: European Law Publishers, 2007, pp. 203-242.

4 LADEUR, Karl-Heinz. *Recht – Wissen – Kultur*: Die fragmentierte Ordnung. Berlim: Duncker & Humblot, 2016 (Schriften zur Rechtstheorie, vol. 282).

do mercado e sua crescente relevância exigem revisões constantes das políticas regulatórias. Como demonstra Schmidt-Aßmann, nos Estados Unidos, a abordagem regulatória frequentemente privilegia a promoção da concorrência e a inovação tecnológica, servindo como modelo para a reformulação de práticas em outros países. As políticas de regulação técnica tornaram-se mais complexas, refletindo a diversidade de plataformas tecnológicas e a necessidade de harmonizar interesses diversos. Além disso, reguladores e autoridades norte-americanos têm integrado políticas de defesa da concorrência com estímulos proativos, contribuindo para um ambiente regulatório mais ágil e alinhado às necessidades de uma sociedade digital em transformação. A análise dessas estratégias pode oferecer diretrizes úteis para a construção de um Direito Administrativo mais eficiente e adaptativo em outras nações.

Diante desse panorama, fica evidente que o Direito Administrativo contemporâneo, quer o alemão, o norte-americano ou de qualquer país, deve se adaptar a um ambiente cada vez mais dinâmico e complexo. É necessário responder não apenas às demandas tradicionais, mas também às incertezas e desafios impostos pela sociedade digital e pela globalização dos mercados. A modernização do Direito Administrativo, alinhada à nova ciência dessa área e enriquecida pelo estudo comparado de sistemas jurídicos, como se faz nesta obra, é fundamental para que a Administração Pública possa atuar de forma eficaz e eficiente. Ao beber de novas fontes e integrar experiências internacionais, esse tradicional ramo do Direito estará mais bem preparado para atender às expectativas da sociedade e acompanhar as rápidas transformações tecnológicas e sociais. Nessa perspectiva, a contribuição de Schmidt-Aßmann transcende uma análise estática do Direito Administrativo americano, pois apresenta o Direito Comparado como uma via essencial para compreender a diversidade e a complementaridade das tradições jurídicas em um mundo cada vez mais globalizado. Como enfatiza a obra, tanto os "projetos" quanto os "contraprojetos" no Direito Administrativo têm algo a ensinar e a aprender, e que uma análise crítica, científica e contextualizada é o caminho para superar preconceitos ou simplificações.

Concluo este prefácio com a convicção de que esta obra é uma leitura indispensável para juristas e administradores interessados em compreender não apenas as nuances do Direito Administrativo americano, mas também em explorar as interseções e os aprendizados possíveis entre diferentes tradições jurídicas. Que os leitores aproveitem esta jornada intelectual proposta por um dos maiores juristas do pós-guerra, Schmidt-Aßmann, enriquecendo suas próprias perspectivas sobre os desafios e as possibilidades do Direito Administrativo em tempos de transformação nacional e global.

RICARDO CAMPOS[5]

---

5 Ricardo Campos é Doutor e Mestre pela Goethe Universität. Docente nas áreas de proteção de dados, regulação de serviços digitais e Direito Público na Faculdade de Direito da Goethe Universität Frankfurt am Main (Alemanha). Ganhador do prêmio Werner Pünder sobre regulação de serviços digitais (Alemanha, 2021) e do European Award for Legal Theory da European Academy of Legal Theory (2022). Membro da Comissão de Juristas para Reforma do Código Civil brasileiro. Coordenador da área de Direito Digital da OAB Federal/ESA Nacional. Diretor do Legal Grounds Institute. Advogado e parecerista.

PREFÁCIO

O Direito Administrativo nos EUA é caracterizado por particularidades que são percebidas pelo observador europeu com estranhamento: diferentes tradições administrativas, uma forma de governo diferente, ideias alternativas sobre as tarefas administrativas necessárias, uma compreensão distinta da eficácia do Direito e do papel da jurisprudência – todos esses elementos criam uma imagem de um sistema jurídico administrativo de difícil acesso. Há, entretanto, circunstâncias que descomplicam o tratamento da matéria. A mais relevante é a grande abertura e profundidade com que as questões sobre legitimidade da Administração estatal (federal) e sobre seu âmbito de competências constitucionalmente previstas são colocadas nos Estados Unidos. A disputa em torno do Estado administrativo americano, que continua a ser travada na literatura e na jurisprudência hoje, realça tensões fundamentais e permite que os princípios básicos do Direito Administrativo dos EUA emerjam mais claramente. Durante os meus cinco anos de trabalho com esse assunto, apoiados por duas estadias de pesquisa nos EUA, financiadas pela Fundação Alemã de Pesquisa, aprendi muito sobre o Direito Administrativo americano e, ao refletir sobre essas descobertas, também aprendi muito sobre o Direito Administrativo alemão. Com este livro aqui apresentado, gostaria de encorajar os estudiosos do Direito Administrativo alemão a envolverem-se ainda mais intensamente com o Direito

Administrativo dos Estados Unidos, apesar (ou talvez por causa) de suas particularidades. Os meus agradecimentos pelo apoio amigável e incentivo vão para Armin von Bogdandy, Kristin Hickman, Oliver Lepsius, Christoph Möllers, Fred Morrison, Anne Peters, Hans Christian Röhl, Susan Rose-Ackerman, Richard Stewart, Peter Strauss e Rüdiger Wolfrum.

EBERHARD SCHMIDT-AßMANN

Heidelberg, agosto de 2020

CAPÍTULO I

DIREITO ADMINISTRATIVO COMPARADO E O ESTADO ADMINISTRATIVO AMERICANO

Primeira seção: comparação entre o Direito Administrativo americano e o alemão

O interesse pelos sistemas jurídicos estrangeiros e pelo trabalho jurídico comparado tem uma longa trajetória no Direito Administrativo. Eles já se tornaram uma dinâmica usual entre os sistemas jurídicos europeus.[6] Além disso, já houve reiterados intercâmbios acadêmicos entre o Direito Administrativo americano e alemão. Se esses interesses foram recentemente relegados para segundo plano devido à abundância de Direito Comparado na Europa, é importante

6 O que ilustra bem a dinâmica está em BOGDANDY, Armin von; CASSESE, Sabino; HUBER, Peter M. (Coord.). *Ius Publicum Europaeum – IPE*. vol. 3; vol. 4; vol. 5; vol. 8. Heidelberg: C. F. Müller Verlag, 2010; 2011; 2014; 2019. Dos seis volumes publicados até agora, quatro são dedicados ao Direito Administrativo, também publicados em língua inglesa em BOGDANDY, Armin von; CASSESE, Sabino; HUBER, Peter M. (Coord.). *The Max Planck handbooks in European public law*. vol. 1. Oxford: Oxford University Press, 2017.

reativá-los e intensificá-los.[7] "O Direito Administrativo americano representa a alternativa mais marcante ao Direito Administrativo da tradição franco-alemã".[8] Desde o início como Estado-nação, os EUA comprometeram-se a criar um Direito Administrativo *democrático* com base na sua Constituição de 1787, enquanto os Estados europeus tentavam, com muito esforço, disciplinar pela via do Direito suas administrações monárquicas.[9] Não obstante a diferença das tradições, a Administração e o Direito Administrativo continuam a apresentar questões fundamentais a serem debatidas, principalmente nos Estados Unidos.[10]

---

7 Para mais, ver PARKER, Reginald. *Das Öffentliche Recht*: Verfassungsrecht und Allgemeines Verwaltungsrecht der Vereinigten Staaten von Amerika. Wien: Springer-Verl, 1963, especialmente pp. 85 e ss.; RIEGERT, Robert A. *Das amerikanische Administrative Law*: Eine Darstellung für deutsche Juristen. Berlim: Duncker & Humblot, 1967; LINNEWEBER, Axel. *Einführung in das US-amerikanische Verwaltungsrecht*. Frankfurt: P. Lang, 1994, pp. 203 e ss.; SCHLADEBACH, M.; SCHÖNROCK, S. "Grundstrukturen des Verwaltungsrechts in den USA". *VerwArch*, vol. 93, 2002, pp. 100 e ss.; HEUN, W. "Geschichte des Verwaltungsrechtsschutzes in den USA". *In*: SOMMERMANN, Karl-Peter; SCHAFFARZIK, Bert (Coord.). *Handbuch der Geschichte der Verwaltungsgerichtsbarkeit in Deutschland und Europa*. 2 vols. Berlim: Springer, 2019, pp. 1.657 e ss.; HAY, Peter. *US-Amerikanisches Recht*. 6ª ed. Munique: Beck Helbing Lichtenhahn Manz, 2015, nota, pp. 80 e ss.

8 Ver LEPSIUS, Oliver. *Verwaltungsrecht unter dem Common Law*. Tübingen: Mohr Siebeck, 1997.

9 Usando o exemplo do direito do serviço público, recentemente desenvolvido por ROßBACH, Matthias. *Das Personal der Republik*: Entstehung und Entwicklung eines demokratischen Personalverfassungsrechts der Exekutive am Beispiel der Vereinigten Staaten von Amerika. Diss. Berlin 2018 (então no prelo). Gostaria de agradecer ao autor por disponibilizar o texto para mim na versão manuscrita.

10 Proeminente foi a crítica do Chefe de Justiça Roberts em seu voto divergente 569 U.S. 290, 315 (2013) *City of Arlington v. Federal Communications Commission*: "It would be a bit much to describe the result as 'the very definition of tyranny', but the danger posed by the growing power of the administrative state cannot be dismissed". Essa percepção é contraposta em visões com cada vez mais adeptos, como em MASHAW, Jerry L. *Reasoned Administration and Democratic Legitimacy*. Cambridge: Cambridge University Press, 2018.

A. Semelhanças e contrastes

Os interesses em sistemas jurídicos estrangeiros e no Direito Comparado articulam-se em uma interação de proximidade e de distanciamento, de semelhança e de contraste.[11]

I. Três pontos a serem considerados

A semelhança é assinalada pela vinculação de ambos os sistemas jurídicos a uma Constituição normativa, a partir de sua integração em um sistema federal e de uma lógica de pensamento que converge para o tribunal. Por outro lado, há também diferenças claras:[12]

- *Suas Constituições* vêm de períodos muito diferentes e têm estruturas muito diferentes:[13] a Lei Fundamental é uma Constituição deliberadamente ampla que é relativamente fácil de alterar e já sofreu mais de 60 alterações ao longo dos seus 71 anos de história. A Constituição dos EUA, em contrapartida, é estática. Inicialmente, limitou-se a questões de organização federal de competências. Foi, então, rapidamente expandida para incluir as primeiras

---

11 Como em CANE, Peter. *Controlling administrative power*: a historical comparison. Cambridge: Cambridge University Press, 2016, p. 13: "Comparative study of government, constitutions, law and legal institutions of the explanatory sort undertaken here is most fruitful when the systems being compared are at one and the same time sufficiently similar to make comparison meaningful and possible, and sufficiently different to make it illuminating".

12 Comentários concisos e pertinentes sobre isso são encontrados em HALBERSTAM, D. "The Promise of Comparative Administrative Law: A Constitutional Perspective on Independent Agencies". *In*: ROSE-ACKERMAN, Susan; LINDSETH, Peter (Coord.). *Comparative Administrative Law*. Cheltenham: Edward Elgar, 2010, pp. 139 e ss.

13 BRUGGER, Winfried. "Der moderne Verfassungsstaat aus Sicht der amerikanischen Verfassung und des Grundgesetzes". *AöR*, vol. 126, 2001, pp. 337 e ss.; também presentes em BRUGGER, Winfried. *Demokratie, Freiheit, Gleichheit*: Studien zum Verfassungsrecht der USA. Berlim: Duncker & Humblot, 2002, § 1.

dez emendas, o *Bill of Rights* (1791). Com isso, no total, ela só foi suplementada vinte e sete vezes em seus mais de 230 anos de vida. Logo, ela está habituada a enfrentar as mudanças nas condições sociais e políticas sem alterar o texto, o que configura uma sistemática completamente diferente da Lei Fundamental.[14]

- *Os sistemas federais* dos dois países diferem significativamente:[15] enquanto, na Alemanha, os estados participam da legislação federal por meio dos seus representantes no Senado Federal [Bundesrat] e são fundamentalmente responsáveis pela aplicação das leis federais, esse "federalismo executivo" é estranho aos EUA. Lá, de acordo com o conceito de "federalismo dual", o governo federal e os Estados-membros estão claramente separados e independentes um do outro. Os governos estaduais não estão representados no Senado, mas, sim, os senadores são eleitos diretamente pelo povo nos estados. O governo federal geralmente aplica suas leis através de suas próprias autoridades e só pode envolver os estados na sua aplicação de forma voluntária.

- Também *as jurisdições* de ambos os países estão organizadas de forma diferente. Os Estados Unidos seguem um conceito monista, enquanto a Alemanha faz uma separação entre tribunais ordinários e tribunais administrativos, embora ambos (ao contrário da França, por exemplo)

---

14 Para mais, ver MAGLIOCCA, G. N. "Constitutional Change". *In*: TUSHNET, Mark; GRABER, Mark A.; LEVINSON, Sanford (Coord.). *The Oxford Handbook of the U. S. Constitution*. Oxford: Oxford University Press, 2015, pp. 909 e ss.

15 Ver HANSCHEL, Dirk. *Konfliktlösung im Bundesstaat*: die Lösung föderaler Kompetenz-, Finanz- und Territorialkonflikte in Deutschland, den USA und der Schweiz. Heidelberg: Springer, 2012, pp. 82, 329 e ss.; HESTERMEYER, Holger. *Eigenständigkeit und Homogenität in föderalen Systemen*. Tübingen: Mohr Siebeck, 2019, pp. 93 e ss.

sejam classificados como parte do Poder Judiciário sem qualquer distinção. Sobretudo, a competência da proteção jurídica que, para além das semelhanças, também apresenta diferenças significativas: os tribunais alemães pretendem proporcionar uma proteção efetiva dos direitos individuais, interpretada extensivamente à luz do art. 19, parágrafo 4º da Lei Fundamental, basicamente, revendo integralmente as decisões administrativas. Os tribunais americanos também estão profundamente conscientes da sua responsabilidade na salvaguarda das liberdades civis. A garantia do "devido processo" já é bem representativa. Contudo, os tribunais também percebem que as suas decisões interferem na jurisdição dos representantes democraticamente eleitos. Esse dilema "contramajoritário" do Poder Judiciário, que é mais enfatizado nos EUA do que na Alemanha, pode sugerir que o controle judicial seja cauteloso nessa matéria.[16]

II. Outras considerações

Os pontos importantes que devem ser levados em conta em todas as considerações comparativas são os diferentes sistemas governamentais e as tradições jurídicas nos quais o Direito Administrativo está integrado.

---

16 Ver MASSEY, Calvin R. *American Constitutional Law*. 4ª ed. [S.l.]: Wolters Kluwer, 2013, pp. 37 e ss., 70 e ss.; BRANDON, M. "Constitutionalism". *In*: TUSHNET, Mark; GRABER, Mark A.; LEVINSON, Sanford (Coord.). *The Oxford Handbook of the U. S. Constitution*. Oxford: Oxford University Press, 2015, pp. 763-768 e ss. (a relativização da crítica); TRIBE, Laurence. *American Constitutional Law*. 3ª ed. Nova York: Foundation Press, 2000, § 3-6.

1 Sistema de governo presidencialista *versus* parlamentarista

O sistema presidencialista americano tem dois centros de poder igualmente legitimados democraticamente: o Congresso e o Presidente.[17] Ambos são diretamente dotados pela Constituição de poderes próprios.[18] Essa circunstância altera significativamente o papel do Direito em comparação com o que se pode dizer sobre a precedência e reserva da lei em um sistema parlamentarista. Se a legitimidade democrática independente demanda uma posição mais forte para o Executivo, então, deve-se considerar que dentro da área executiva deve haver uma separação entre o Presidente e o aparelho administrativo. Em verdade, essa concepção cria uma *rede tripartite de relações* em que, juntamente com o Congresso e o Presidente, determinados setores do arcabouço administrativo atuam como atores independentes e, consequentemente, gozam de maior liberdade de ação, se comparados às instâncias administrativas em sistemas de governo parlamentarista.[19]

---

17 Ver GRIFFIN, S. "The Executive Power". *In*: TUSHNET, Mark; GRABER, Mark A.; LEVINSON, Sanford (Coord.). *The Oxford Handbook of the U. S. Constitution*. Oxford: Oxford University Press, 2015, pp. 343 e ss.; BRADLEY, A. W.; PINELLI, C. "Parliamentarism". *In*: ROSENFELD, Michel; SAJÓ, András (Coord.). *The Oxford Handbook of Comparative Constitutional Law*. Oxford: Oxford University Press, 2012, pp. 650-657; CALABRESI, Steven G.; SILVERMAN, Bradley G.; BRAVER, Joshua. *The U.S. Constitution and Comparative Constitutional Law*. St. Paul: Foundation Press, 2016, pp. 441 e ss.; STRAUSS, P. "Politics and Agencies in The Administrative State: the U.S. Case". *In*: ROSE-ACKERMAN, Susan; LINDSETH, Peter (Coord.). *Comparative Administrative Law*. Cheltenham: Edward Elgar, 2010, pp. 44 e ss.

18 Ver 343 U.S. 579 (1952) *Youngstown Sheet & Tube Co. v. Sawyer*.

19 Certeiro é CANE, Peter. *Controlling administrative power*: a historical comparison. Cambridge: Cambridge University Press, 2016, p. 311: "Because of the Constitutional division, between Congress and the President, of power in relation to and over the bureaucracy, the bureaucracy effectively has two masters and, as a result, enjoys a degree of autonomy from both much greater than the bureaucracy in England or Australia".

Isso, por sua vez, impacta os instrumentos dos quais o Congresso deve valer-se para afirmar a sua influência.[20] Em tempos de "governo dividido", isso é evidente, o que também se aplica caso o Presidente e a maioria no Congresso pertençam ao mesmo partido.

> Os líderes parlamentares têm as suas próprias armas para conduzir a burocracia para sua direção – e o mais importante é que podem ameaçar o setor administrativo com a possibilidade de redução de recursos, caso ele não siga suas prioridades.[21]

Especialmente quando a legislação estende amplos poderes legislativos ao Executivo, deve ser do seu interesse direto vincular o exercício de competências delegadas a regras processuais estritas, controles e opções de revogação. Nos sistemas parlamentaristas, essa pressão não existe na mesma medida, porque aqui a maioria parlamentar que apoia o governo participa dos mecanismos de governança e de controle ministerial.

Essas questões são matérias, fundamentalmente, de Direito Constitucional e de política constitucional.[22] No entanto, elas podem ter impacto na compreensão dos institutos do Direito Administrativo: os processos particularmente complexos de definição

---

20 Para mais, ver STRAUSS, Peter L. *Administrative Justice in the United States*. 3ª ed. Durham: Carolina Academic Press, 2016, pp. 5 e ss.; ROSE-ACKERMAN, Susan. *Umweltrecht und -politik in den Vereinigten Staaten und der Bundesrepublik Deutschland*. Baden-Baden: Nomos, 1995, pp. 19 e ss.; ROSE-ACKERMAN, Susan; EGIDY, Stefanie; FOWKES, James. *Due Process of Lawmaking*. Nova York: Cambridge University Press, 2015, pp. 9 e ss.; ACKERMAN, Bruce. "Good-bye, Montesquieu". *In*: ROSE-ACKERMAN, Susan; LINDSETH, Peter (Coord.). *Comparative Administrative Law*. Cheltenham: Edward Elgar, 2010, pp. 38 e 41-43.

21 ACKERMAN, Bruce. "Good-bye, Montesquieu". *In*: ROSE-ACKERMAN, Susan; LINDSETH, Peter (Coord.). *Comparative Administrative Law*. Cheltenham: Edward Elgar, 2010, p. 41.

22 Ver DANN, P. "The Gubernative in Presidential and Parliamentary Systems". *ZaöRV*, vol. 66, 2006, pp. 1 e ss.

de normas administrativas, de "criação de regras", ou a preferência do Congresso por novas unidades administrativas que gozem de um certo estatuto de independência em relação ao Poder Executivo presidencial, as "agências independentes" de vários tipos, podem ser explicados por essas peculiaridades do sistema e devem, no que se refere à sua transferibilidade para outros sistemas jurídicos, ser tratados com grande cautela.

2 As tradições do Direito Consuetudinário e do Direito romano-germânico [*common law versus civil law*]

O Direito Administrativo nos EUA segue a tradição do *commom law*. Ele foi desenvolvido a partir dos precedentes.[23] Com seus tipos de ações judiciais, o Direito Consuetudinário ofereceu as primeiras abordagens para a defesa contra ataques administrativos. O direito à indenização abriu a possibilidade de sancionar a má conduta por parte de funcionários públicos.[24] A sua visão centrada no juiz criou uma clivagem em relação aos desejos legiferantes do Estado, enquanto o seu foco nos precedentes e na sua abordagem concreta e específica do caso concreto deu-lhe flexibilidade suficiente para responder adequadamente aos desafios da vida administrativa

---

23 Ver LEPSIUS, Oliver. *Verwaltungsrecht unter dem Common Law*. Tübingen: Mohr Siebeck, 1997, especialmente pp. 37 e ss.; quanto ao assunto, ver também HENNE, T. "Die kontinentaleuropäischen Wurzeln des amerikanischen Verwaltungsrechts". *Ius Commune*: Zeitschrift für Europäische Rechtsgeschichte, vol. 25, 1998, pp. 367 e ss.

24 Ver FREUND, Ernst. *Das öffentliche Recht der Vereinigten Staaten von Amerika*. Tübingen: J. C. B. Mohr, 1911, pp. 95 e ss.; BRESSMAN, Lisa; RUBIN, Edward L.; STACK, Kevin M. *The regulatory State*. Nova York: Aspen, 2010, pp. 45 e ss.; HEUN, W. "Geschichte des Verwaltungsrechtsschutzes in den USA". *In*: SOMMERMANN, Karl-Peter; SCHAFFARZIK, Bert (Coord.). *Handbuch der Geschichte der Verwaltungsgerichtsbarkeit in Deutschland und Europa*. 2 vols. Berlim: Springer, 2019, pp. 1.658 e 1.663.

cotidiana.[25] Essas são características que, para algumas pessoas hoje, constituem o cerne do Direito Administrativo de vanguarda, ciente de suas tradições de Direito Consuetudinário e que precisa de ser preservado e, se necessário, restaurado.

As tradições não devem, todavia, obnubilar a visão do Direito Administrativo contemporâneo. Hoje, o Direito Administrativo americano, assim como os sistemas de Direito Administrativo continental, é determinado principalmente pelo *Direito Estatutário* [*Gesetzesrecht*].[26] Como exemplo é possível citar a Lei do Processo Administrativo, que abrange o Direito Geral do processo administrativo, o Direito Administrativo Informacional e o Direito Processual Administrativo. Além disso, há a abundância de leis especializadas. As complexas tarefas da regulação econômica e da gestão do Direito Social não poderiam ser executadas com o Direito Administrativo centrado apenas nos tribunais. Ao contrário, exigem uma estruturação por parte do legislador e uma maior modelação por meio dos regulamentos legais da própria Administração, o que já era evidente desde o final do século XIX.[27] Nessas últimas décadas,

---

25 Em relação a essas particularidades do Direito Consuetudinário, ver KISCHEL, Uwe. *Rechtsvergleichung*. Berlim: C. H. Beck, 2015, § 5, nota, pp. 1 e ss.; HAY, Peter. *US-Amerikanisches Recht*. 6ª ed. Munique: Beck Helbing Lichtenhahn Manz, 2015, nota, pp. 19 e ss.; além da comparação em CALABRESI, Steven G.; SILVERMAN, Bradley G.; BRAVER, Joshua. *The U.S. Constitution and Comparative Constitutional Law*. St. Paul: Foundation Press, 2016, pp. 84 e ss.

26 STRAUSS, Peter L.; RAKOFF, Todd D.; FARINA, Cynthia R.; METZGER, Gillian E. *Gellhorn and Byse's Administrative Law*. 11ª ed. Nova York: Foundation Press, 2011, p. 651: "At every level of government, the common law has been displaced as the dominant system of social regulation". LEPSIUS, Oliver. "Was kann die deutsche Staatsrechtslehre von der amerikanischen Rechtswissenschaft lernen?" *In*: SCHULZE-FIELITZ, Helmuth (Coord.). *Staatsrechtslehre als Wissenschaft*: Die Verwaltung. Berlim: Duncker & Humblot, 2007, pp. 319-341 e ss.

27 NOVAK, W. J. "The Administrative State in America". *In*: BOGDANDY, Armin von; CASSESE, Sabino; HUBER, Peter M. (Coord.). *The Max Planck Handbooks in European Public Law*. vol. 1. Oxford: Oxford University

a densidade de regulamentações nos diplomas legais aumentou significativamente, não apenas do ponto de vista processual, mas também do ponto de vista material.[28] A importância formativa do Direito especializado para o Direito Administrativo como um todo ficaria ainda mais clara à medida que as pessoas nos EUA não se restringissem a compreender o "Direito Administrativo" apenas como teorias abstratas.

A Administração e, em caso de litígio, os tribunais devem primeiro lidar com esses requisitos legais. A maneira como eles são concretizados é diferente entre o Direito alemão e o americano. Neste, os hábitos mentais do Direito Consuetudinário, especialmente a forte orientação factual da compreensão das normas, continuam a se impor.[29] Uma preocupação tão central como a "legalidade do Executivo" apresenta-se, portanto, de forma bastante diferenciada nos modos específicos de sua concretização em ambos os lados do Atlântico, o que vale também para os sistemas jurídicos administrativos continentais. Assim, no Direito Administrativo, as tradicionais "famílias jurídicas" têm apenas a função de orientação

---

Press, 2017, p. 110: "By 1932, the common law tradition, that had shaped and ruled so much of public and private life through the early nineteenth century, had been displaced as a principle tool of American governance. And a regime of constitutional law, positive legislation, and administrative regulation assumed prominence". Em visão semelhante, CANE, Peter. *Controlling administrative power*: a historical comparison. Cambridge: Cambridge University Press, 2016, p. 519: "Judge-made law came to be understood as a category of rules supplementary to legislation rather than a qualitatively different mode of law-making".

28 Quanto às diferenças na densidade das regulamentações das décadas de 1960 e 1970 em comparação com o *New Deal*, ver SUNSTEIN, Cass R. *After the Rights Revolution*: Reconceiving the Regulatory State. Cambridge: Harvard University Press, 1990, pp. 29 e ss.

29 KISCHEL, Uwe. *Rechtsvergleichung*. Berlim: C. H. Beck, 2015, § 5, nota, p. 35: "O conteúdo das leis, que deve ser determinado através da interpretação, é desenvolvido caso a caso e os princípios jurídicos estabelecidos sobre esse conteúdo estão, por sua vez, totalmente sujeitos às regras relativas aos precedentes".

inicial.[30] Elas aumentam a consciência das diferenças e alertam contra suposições precipitadas sobre a convergência. Nesse sentido, as tradições do Direito Consuetudinário do Direito Administrativo americano ainda são importantes para a comparação. Elas se manifestam menos em instituições jurídicas específicas e mais em uma mentalidade orientada para o processo e baseada no caso.[31] O seu foco na concretude do acontecimento e nos fatos que o constituem são também a razão para um *suporte empírico* incomum e intenso às doutrinas do Direito Administrativo em comparação com a Alemanha. Avaliações estatísticas precisas de tomada de decisões administrativas ou judiciais ou resultados de pesquisas de implementação e de impacto fazem parte de seu arsenal usual de argumentação jurídica.[32]

III. "*Administrative Law*" e "Direito Administrativo": "mudança de espectro" das palavras-chave

Com efeito, é o aspecto distintivo do que se entende por "Direito Administrativo" ou "*Administrative Law*" que deve ser considerado em todas as comparações. Ambos os termos são

30 Ver SCHMIDT-AßMANN, E. "Zum Standort der Rechtsvergleichung im Verwaltungsrecht". *ZaöRV*, vol. 78, 2018, pp. 834 e ss.

31 KISCHEL, Uwe. *Rechtsvergleichung*. Berlim: C. H. Beck, 2015, § 5, nota, pp. 40 e ss.; LEPSIUS, Oliver. "Was kann die deutsche Staatsrechtslehre von der amerikanischen Rechtswissenschaft lernen?" *In*: SCHULZE-FIELITZ, Helmuth (Coord.). *Staatsrechtslehre als Wissenschaft*: Die Verwaltung. Berlim: Duncker & Humblot, 2007, pp. 320 e ss.; SOMEK, A. "Zwei Welten der Rechtslehre und die Philosophie des Rechts". *JZ*, 2016, pp. 481 e ss.

32 LEPSIUS, Oliver. "Was kann die deutsche Staatsrechtslehre von der amerikanischen Rechtswissenschaft lernen?" *In*: SCHULZE-FIELITZ, Helmuth (Coord.). *Staatsrechtslehre als Wissenschaft*: Die Verwaltung. Berlim: Duncker & Humblot, 2007, pp. 335 e ss. No tocante às fragilidades da doutrina ver VOßKUHLE, A. "Neue Verwaltungsrechtswissenschaft". *In*: HOFFMANN-RIEM, Wolfgang; SCHMIDT-AßMANN, Eberhard; VOßKUHLE, Andreas (Coord.). *Grundlagen des Verwaltungsrechts*. 2ª ed. vol. 1. Munique: C. H. Beck, 2012, § 1, nota, pp. 29 e ss.

congruentes apenas dentro de um determinado intervalo, mas, entretanto, têm um foco diferente:

O *Direito Administrativo alemão* é um "Direito de Administração" abrangente em um triplo sentido: em primeiro lugar, abrange todos os níveis administrativos (autoridades federais, estaduais e locais); em segundo lugar, inclui as teorias gerais, bem como os regulamentos especiais do Direito especializado; e, em terceiro lugar, inclui o Direito Processual e Material. Todavia, no âmbito acadêmico, o foco está nos processos das administrações estaduais e locais, enquanto as atividades das autoridades federais, como as atividades politicamente vinculadas à Agência Federal de Redes ou ao Escritório Federal de Combate aos Cartéis, raramente são abordadas. O "Direito Administrativo" aparece principalmente como o Direito da Administração no local e no contato cotidiano com o indivíduo: licenças de construção e de comércio, polícia, estradas, instalações comunitárias, sistema escolar, planejamento do uso do solo.

Já o objeto do *Administrative Law americano* envolve apenas as teorias gerais, especialmente o Direito Processual Aministrativo e a proteção jurídica em matéria administrativa.[33] A maioria dos livros trata apenas do Direito da Administração federal, concentrando-se na regulamentação politicamente ambiciosa da economia e

---

33 AMAN, Alfred C. Jr.; MAYTON, William. *Administrative Law*. 3ª ed. St. Paul: West Academic Publishing, 2014, p. 3: "(...) in the United States, administrative law is not about the substance of what agencies do. Instead, it is about the structures and processes by which they do what they do Da mesma forma em KOCH, Charles; MURPHY, Richard W. *Administrative Law and Practice*. 3ª ed. Eagan: West/Thomson, 2010, § 1.10, com referência a LANDIS, James M. *The Administrative Process*. Westport: Greenwood Press, 1938, p. 2; além de HICKMAN, Kristin; PIERCE, Richard J. *Federal Administrative Law*. 2ª ed. St. Paul: Foundation Press, 2014, p. 3; RIEGERT, Robert A. *Das amerikanische Administrative Law*: Eine Darstellung für deutsche Juristen. Berlim: Duncker & Humblot, 1967, pp. 19 e ss.; LEPSIUS, Oliver. *Verwaltungsrecht unter dem Common Law*. Tübingen: Mohr Siebeck, 1997, pp. 290 e ss.; JARASS, H. D. "Besonderheiten des amerikanischen Verwaltungsrechts im Vergleich". *DÖV*, 1985, pp. 377-379.

do meio ambiente.[34] Uma área tão importante para a compreensão alemã do Direito Administrativo como o direito de polícia está quase completamente ausente dos estatutos.[35] Não que nos EUA não existam regulamentos administrativos e decisões judiciais em âmbito governamental estadual e local que tratem do planejamento local, processos e serviços de adjudicação! Eles existem em profusão.[36] Contudo, são raramente utilizados.[37] Tampouco nos livros

---

34 Assim BIGNAMI, Francesca; ZARING, David (Coord.). *Comparative law and regulation*. Cheltenham: Edward Elgar Publishing, 2016, Introduction 1, p. 6: "In the case of the United States, administration is largely synonymous with regulation". De maneira similar LEPSIUS, Oliver. "Regulierungsrecht in den USA: Vorläufer und Modell". *In*: FEHLING, Michael; RUFFERT, Mathias. *Regulierungsrecht*. Tübingen: Mohr Siebeck, 2010, § 1, nota, p. 84: Regulierungsrecht in den USA als "'systembildender' Normalfall"; também presente em ROSENBLOOM, D. H. "Administrative Law and Regulation". *In*: RABIN, Jack; HILDRETH, W. Bartley; MILLER, Gerald (Coord.). *Handbook of Public Administration*. 3ª ed. Boca Raton: CRC/Taylor & Francis, 2007, pp. 635-651 e ss.

35 Assim como em HEUN, W. "Geschichte des Verwaltungsrechtsschutzes in den USA". *In*: SOMMERMANN, Karl-Peter; SCHAFFARZIK, Bert (Coord.). *Handbuch der Geschichte der Verwaltungsgerichtsbarkeit in Deutschland und Europa*. 2 vols. Berlim: Springer, 2019, pp. 1.678 e ss. O foco do direito de polícia nos EUA é o combate ao crime e as atividades investigativas correspondentes, que são classificadas como "Direito Processual Penal"; ver WALKER, Jeffery T.; HEMMENS, Craig. *Legal Guide for Police*. Nova York: Routledge, Taylor & Francis Group, 2015. O conceito "poder de polícia" é ainda mais abrangente; em geral, ele inclui o poder regulador do Estado para definir e fazer cumprir os objetivos do bem público, se necessário recorrendo a meios coercivos; ver FREUND, Ernst. *The Police Power*: Public Policy and Constitutional Rights. Chicago: Callaghan, 1904, § 3: "It aims directly to secure and promote the public welfare, and it does so by restraint and compulsion". Prossegue dizendo que o termo está aberto ao desenvolvimento: "It will reveal the police power not as a fixed quantity, but the expression of social, economic and political conditions. As long as these conditions vary, the police power must continue to be elastic, i. e. capable of development". Para distingui-lo de outras atividades estatais restritivas do Direito ver, §§ 25 e ss.

36 Ilustrativo é DAVIDSON, N. M. "Localist Administrative Law". *Yale L. J.*, vol 126, 2016, p. 564.

37 Para mais, ver ASIMOW, Michael; LEVIN, Ronald M. *State and federal administrative law*. 4ª ed. St. Paul: West Academic Publishing, 2014;

didáticos, nas revistas científicas e nos currículos das principais faculdades de Direito – em suma: no fórum que molda a percepção do problema e as discussões científicas –, os níveis administrativos inferiores do sistema federal e o cotidiano administrativo local dificilmente se fazem presentes.[38] As representações dessa esfera administrativa podem ser encontradas com mais frequência na burocracia e na jurisprudência em matéria administrativa.[39]

Assim, há uma discrepância nos países entre o Direito Administrativo positivado, por um lado, e o que determina a imaginação das discussões acadêmicas, por outro. A orientação para um conjunto diferente de áreas de referência conduz a uma "mudança de espectro" que é de importância central para o Direito Administrativo Comparado. As tarefas e estruturas características do

---

BRIFFAULT, Richard; REYNOLDS, Laurie. *Cases and materials on state and local government law*. 8ª ed. St. Paul: West Academic Publishing, 2016; MANDELKER, Daniel R. *et al. State and Local Government in a Federal System*. 8ª ed. Durham: Carolina Academic Press, 2014. O difundido livro de COOPER, Frank E. *State Administrative Law II*. Indianapolis: Bobbs-Merrill, 1965, não teve uma nova edição.

38 Ver DAVIDSON, N. M. "Localist Administrative Law". *Yale L. J.*, vol 126, 2016, pp. 564-569: "The myopic federal focus obscures a massive, submerged and surprisingly vibrant domain of administration that exists at the local-government level". Admite-se certamente que há uma fragilidade na concentração da formação acadêmica na Administração Federal, porque em suas futuras carreiras a maioria dos estudantes será confrontada com muito mais frequência com os processos cotidianos dos cargos administrativos inferiores do que com as atividades legislativas das autoridades federais superiores; assim SCHWARTZ, Bernard. *Administrative Law*. 3ª ed. Boston: Little, Brown, 1991, § 1.15.

39 ROSENBLOOM, David H.; O'LEARY Rosemary; CHANIN, Joshua M. *Public Administration and Law*. 3ª ed. Nova York: CRC Press, 2010, pp. 115 e ss., 155 e ss.: a identificação dos diferentes tipos de relações em que o indivíduo se relaciona com a Administração ("client and customer", "government employee or contractor", "inmate of institution") e o tratamento de questões jurídicas específicas do tipo com base nisso; por exemplo, a importância dos "street level encounters" para as garantias da Quarta Emenda.

Direito Administrativo são determinadas de forma distinta:[40] o Direito americano, orientado para a *Administração criativa*, atribui particular importância ao fato de os funcionários estarem ligados às ideias do público democrático (*accountability*), enquanto o Direito alemão, cuja margem de discricionariedade é bem estreita, é orientado para *processos administrativos*, voltados para proteção jurídica individual ("eficácia da proteção jurídica").[41] Essa escolha de áreas de referência distintas influencia as ideias sobre a relação entre Direito Administrativo e política.

B. Sobre o desenvolvimento do Direito Comparado americano-alemão no Direito Administrativo

O Direito Administrativo foi e é dependente do Direito Comparado. A *belle époque* do Direito Administrativo europeu foi um período de intensa pesquisa jurídica comparada.[42] A literatura americana diz o mesmo:[43] "aqueles que tentam compreender ou mudar o Direito Administrativo americano sempre procuraram orientação nos sistemas administrativos de outras nações".

---

40 Em relação aos dois "ideais" diferentes de Administração, ver MÖLLERS, C. "Verwaltungsrecht und Politik". *In*: BOGDANDY, Armin von; CASSESE, Sabino; HUBER, Peter M. (Coord.). *Ius Publicum Europaeum – IPE*. vol. 5. Heidelberg: C. F. Müller Verlag, 2014, § 93, nota, pp. 9 e ss.

41 Assim como em GINSBURG, T. "Written Constitutions and the administrative state: on the constitutional character of administrative law". *In*: ROSE-ACKERMAN, Susan; LINDSETH, Peter (Coord.). *Comparative Administrative Law*. Cheltenham: Edward Elgar, 2010, pp. 60 e 63.

42 JOUANJAN, O. "Die Belle Époque des Verwaltungsrechts". *In*: BOGDANDY, Armin von; CASSESE, Sabino; HUBER, Peter M. (Coord.). *Ius Publicum Europaeum – IPE*. vol. 4. Heidelberg: C. F. Müller Verlag, 2011, § 69.

43 KOCH, Charles; MURPHY, Richard W. *Administrative Law and Practice*. 3ª ed. Eagan: West/Thomson, 2010, § 1.14. Seguem-se referências ao inglês e ao francês, mas também ao Direito Administrativo alemão, do qual se diz: "German law is growing in global importance for many reasons".

O Direito Administrativo Comparado germano-americano também tem uma tradição notavelmente longa.[44] A jovem Constituição dos EUA foi um importante ponto de referência para o pensamento jurídico liberal no pré-Revolução Alemã de 1948.[45] *Robert von Mohl*, um dos fundadores do Direito Administrativo constitucional, já havia escrito uma monografia sobre o Direito federal americano em 1824, na qual distinguia sistematicamente entre Direito Constitucional e Direito Administrativo.[46]

> Não cabe negar que um estudo sério e preciso do Direito Público dos Estados Unidos da América do Norte é essencial não apenas para o publicista, mas geralmente para todos os que desejam fazer o seu próprio juízo sobre as principais questões políticas do nosso tempo.[47]

---

44 Ver LEPSIUS, O. "Der Einfluss Deutscher Rechtsideen in den USA". *In*: RAAB, Josef; WIRRER, Jan (Coord.). *Die deutsche Präsenz in den USA*. Berlim: Lit, 2008, pp. 581, 586 e ss.; ver os clássicos como UNRUH, C. von. "Nordamerikanische Einflüsse auf die deutsche Verfassungsentwicklung". *DVBl*, 1976, pp. 455 e ss.; PIEROTH, B. "Amerikanischer Verfassungsexport nach Deutschland". *NJW*, 1989, S. 1.333 e ss.; STEINBERGER, H. "Historic Influences of American Constitutionalism upon German Constitutional Development: Federalism and Judicial Review". *Columbia Journal of Transnational Law*, vol. 36, 1997, pp. 189 e ss.

45 QUINT, P. "Der Einfluss des Supreme Court der Vereinigten Staaten von Amerika auf die Verfassungsgerichtsbarkeit in Europa". *In*: BOGDANDY, Armin von; CASSESE, Sabino; HUBER, Peter M. (Coord.). *Ius Publicum Europaeum – IPE*. vol. 6. Heidelberg: C. F. Müller Verlag, 2017, § 109, nota, pp. 21 e ss.; de maneira diferente LERG, Charlotte A. *Amerika als Argument*: Die deutsche Amerika-Forschung im Vormärz und ihre politische Deutung in der Revolution von 1848/49. [S.l.]: Transcript Verlag, 2011.

46 MOHL, Robert von. *Das Bundesstaatsrecht der Vereinigten Staaten von Nord-Amerika*: Verfassungsrecht. [S.l.]: [s.n.], 1824. A parte destinada ao Direito Administrativo está disponível apenas de forma resumida, mas mostra o que Mohl via como as questões centrais da área jurídica e como ele queria organizá-las: a organização das autoridades federais, o sistema judiciário ("administração da justiça") e a administração da polícia (incluindo os sistemas médico, militar, postal e de emissão de moeda).

47 Em *Kritische Zeitschrift für Rechtswissenschaft und Gesetzgebung des Auslandes*, vol. 7, 1835, p. 1. Também condenando a escravidão em MOHL,

Ademais, diz-se que *Mohl* foi o primeiro a introduzir o termo "Direito Administrativo" no discurso jurídico americano para descrever uma área separada do Direito ao lado do Direito Constitucional.[48]

Posteriormente, *Frank Goodnow* e *Ernst Freund* vêm a representar o interesse americano no Direito Público alemão, especialmente no Direito Administrativo. É notória a importância dos dois estudiosos americanos, familiarizados com o Direito Administrativo alemão, para o desenvolvimento do Direito Administrativo nos EUA.[49] *Frank Goodnow*, autor do primeiro trabalho

---

Robert von. *Das Bundesstaatsrecht der Vereinigten Staaten von Nord-Amerika*: Verfassungsrecht. [S.l.]: [s.n.], 1824, S. IX: "(...) descontada a desgraça da escravidão (...)".

48 MASHAW, Jerry L. *Creating the Administrative Constitution*: The Lost one Hundred Years of American Administrative Law. New Haven: Yale University Press, 2012, p. 413: em sua resenha dos *Comentários sobre a Constituição*, de Justice Story, publicada nos *Kritische Zeitschrift für Rechtswissenschaft und Gesetzgebung des Auslandes*, vol. 7, 1835, S. 1 e ss., Mohl reclamou que o livro também não incluiu o Direito Administrativo; ele nomeou como tópicos fundamentais (p. 7): "aquelas instituições formais e materiais" que servem à "execução e aplicação de um princípio estabelecido pela Constituição e que às vezes são até preceptivamente exigidos pela própria Lei Fundamental"; a separação entre "Direito Constitucional e Direito Administrativo" é difícil, mas uma apresentação que se limite ao Direito Constitucional permanece necessariamente incompleta; também vale a pena conhecer "as tentativas de interpretação e aplicação da Constituição contidas nas resoluções do Congresso e nas ordens do Poder Executivo". O editor do *American Jurist and Law Magazine*, impressionado com o conhecimento de Mohl acerca do Direito americano, publicou a resenha no volume 14 da *Am. Jurist & Law Magazine*, 1835, pp. 330 e ss. Foi aqui que a palavra "Direito Administrativo" foi claramente mencionada pela primeira vez. Ao mesmo tempo, os editores sentiram-se compelidos a defender Story e adicionaram uma nota de rodapé comentando (p. 338): "In our country the phrase 'administrative law' is unknown, provided the subject itself exists". Assim, concluíram: "If we should express the impression which we have formed, we should call it that part of the law, by which the established principles of the government are put into action and applied to the business of life".

49 FREEDMAN, James O. *Crisis and legitimacy*: the administrative process and American government. Cambridge: Cambridge University Press, 1978, p. 259; ERNST, Daniel R. *Tocqueville's Nightmare*: The Administrative State emerges

americano mais amplo sobre Direito Administrativo Comparado, assistiu às aulas de *Rudolf von Gneist*, em Berlim.[50] A ideia do Direito comparado como um processo de aprendizagem mútua é apropriadamente formulada por ele:[51]

> Nossas modernas e complexas condições sociais estão fazendo enormes exigências ao setor administrativo do governo, demandas que não serão satisfeitas de forma alguma ou que serão inadequadamente cumpridas, a menos que nossos legisladores e formadores de opinião possuam um maior conhecimento do Direito Administrativo e da ciência jurídica. Esse conhecimento só pode ser obtido através do estudo e da comparação dos nossos próprios métodos administrativos com os estrangeiros.[52]

---

in America, 1900-1940. Oxford: Oxford University Press, 2014, pp. 9 e ss.; BIGNAMI, F. "From Expert Administration to Accountability Network: A New Paradigm for Comparative Administrative Law". *Am. J. of Comp. L.*, vol. 59, 2011, pp. 859-866; NOVAK, W. J. "The Administrative State in America". *In*: BOGDANDY, Armin von; CASSESE, Sabino; HUBER, Peter M. (Coord.). *The Max Planck Handbooks in European Public Law*. vol. 1. Oxford: Oxford University Press, 2017, pp. 120 e ss.; LEPSIUS, Oliver. *Verwaltungsrecht unter dem Common Law*. Tübingen: Mohr Siebeck, 1997, especialmente pp. 259 e ss.; HENNE, T. "Die kontinentaleuropäischen Wurzeln des amerikanischen Verwaltungsrechts". *Ius Commune*: Zeitschrift für Europäische Rechtsgeschichte, vol. 25, 1998, especialmente pp. 374 e ss., 388 e ss.

50 Ver F. J. Goodnow (1859-1939) em seu volume biográfico escrito por LEPSIUS, Oliver. *Verwaltungsrecht unter dem Common Law*. Tübingen: Mohr Siebeck, 1997, p. 265; ROSSER, C. "Examining Frank J. Goodnow's Hegelian Heritage". *Administration & Society*, vol. 45, 2012, pp. 1063 e ss.

51 GOODNOW, Frank J. *Comparative administrative law*: an analysis of the administrative systems national and local of the United States, England, France, and Germany. Nova York: G. P. Putnam's Sons, 1893. Graças a Gneist é possível afirmar: "The author deems it necessary to acknowledge how much he is indebted to the published works and personal influence felt in lectures he has heard, of Professor Rudolph von Gneist, of the University of Berlin, Germany".

52 Em relação aos questionamentos levantados por Goodnows ver MASHAW, J. "Explaining administrative law: reflections on federal administrative law in nineteenth century America". *In*: ROSE-ACKERMAN, Susan; LINDSETH,

As ideias de *Goodnow*, influenciadas pelos conceitos jurídicos europeus, especialmente ingleses e prussianos, de uma Administração independente da política e caracterizada pela especialização, desempenharam um papel importante nas discussões sobre o serviço público nos EUA.[53]

Ernst Freund estudou em Berlim e em Heidelberg na década de 1880.[54] Depois, ele continuou seus estudos na Universidade de Columbia com *Goodnow*, entre outros. *Freund* viu a ideia do Estado de Direito, a partir de *Gneist*, como a abordagem decisiva para equilibrar as necessidades de uma Administração voltada para moldar a sociedade com a proteção das liberdades individuais. Uma importante função de mediação deveria recair sobre as leis que se destinam a controlar a Administração.[55] A importância do trabalho jurídico comparativo para o desenvolvimento do Direito Administrativo é inquestionável para *Freund*.[56] Ele usa recorrentemente exemplos em inglês, alemão e francês. A influência direta dos

---

Peter (Coord.). *Comparative Administrative Law*. Cheltenham: Edward Elgar, 2010, pp. 37 e 44.

53 ROßBACH, Matthias. *Das Personal der Republik*: Entstehung und Entwicklung eines demokratischen Personalverfassungsrechts der Exekutive am Beispiel der Vereinigten Staaten von Amerika. Diss. Berlin 2018, i. E., pp. 560 e ss.

54 E. Freund (1864-1932); ver as informações biográficas em LEPSIUS, Oliver. *Verwaltungsrecht unter dem Common Law*. Tübingen: Mohr Siebeck, 1997, pp. 10 e ss.

55 FREUND, Ernst. *The Police Power*: Public Policy and Constitutional Rights. Chicago: Callaghan, 1904, §§ 17 e ss., §§ 64 e ss.; FREUND, Ernst. *Standards of American legislation*: an estimate of restrictive and constructive factors. Chicago: The University of Chicago Press, 1917; além disso, LEPSIUS, Oliver. *Verwaltungsrecht unter dem Common Law*. Tübingen: Mohr Siebeck, 1997, pp. 61 e ss., 259 e ss.

56 FREUND, Ernst. "The Law of the Administration in America". *Pol. Sci. Q.*, vol. 9, 1894, p. 405: "As the science of administrative law is new and has been chiefly developed in France and Germany, it is natural that the attention of the American students should be turned to foreign law". O que se segue é uma indicação de quanto o Direito Administrativo prussiano se beneficiou dos estudos de Gneist sobre o Direito Administrativo inglês.

seus estudos na Alemanha nas suas pesquisas posteriores não deve ser superestimada. "No entanto, o esforço de Freund em busca da sistemática, da terminologia clara e de categorias abstratas, bem como seu foco jurídico, tornam clara a influência da experiência alemã".[57] Seu grande trabalho, que desenvolve sistematicamente o "poder de polícia" a partir do Direito Constitucional e das áreas específicas do Direito Administrativo especial, identificando-as como uma área central do Direito Administrativo americano, ainda hoje é impressionante.

Todavia, a sofisticação e o estreitamento metodológicos que determinaram o tratamento do Direito Administrativo na Alemanha com o triunfo do chamado método jurídico não foram retomados.[58] As tarefas administrativas, a burocracia, a democracia e a eficiência administrativa tornaram-se- precisamente o contrário – elementos centrais da formulação da teoria[59] do Direito Administrativo nos EUA, que não traçou uma linha rígida entre os argumentos da ciência constitucional e da ciência política. *Woodrow Wilson*, também bem familiarizado com o Direito Administrativo alemão, especialmente o prussiano, abriu o caminho para a pesquisa no âmbito administrativo americano muito antes do *New Deal*.[60] *Goodnow* se tornou o primeiro presidente

57 LEPSIUS, Oliver. *Verwaltungsrecht unter dem Common Law*. Tübingen: Mohr Siebeck, 1997, pp. 11 e ss.

58 STOLLEIS, Michael. *Geschichte des öffentlichen Rechts*. vol. 2. Munique: C. H. Beck, 1992, pp. 403 e ss.

59 NOVAK, W. J. "The Administrative State in America". *In*: BOGDANDY, Armin von; CASSESE, Sabino; HUBER, Peter M. (Coord.). *The Max Planck Handbooks in European Public Law*. vol. 1. Oxford: Oxford University Press, 2017, p. 121: "Goodnow endorsed instead a new positive, progressive, and dynamic approach to the constitution that would keep public law flexible, responsive to public opinion, and adaptable to the changing needs of modern life". Para a diferenciação entre Goodnow e Freund, ver LEPSIUS, Oliver. *Verwaltungsrecht unter dem Common Law*. Tübingen: Mohr Siebeck, 1997, pp. 274 e ss.

60 WILSON, W. "The Study of Administration". *Pol. Sci. Q.*, vol. 2, 1887, pp. 197 e ss.

da Associação Americana de Ciência Política, fundada em 1903. Apesar da sua abertura aos sistemas jurídicos estrangeiros, ambos enfatizaram repetidamente a base democrática especial da compreensão americana do Direito.[61] Em última análise, não foram com as formas jurídicas e com as instituições jurídicas que a lógica do Direito Administrativo alemão ganhou atenção na discussão americana. Ao contrário, foram as percepções da Ciência Política sobre a necessidade de um cumprimento eficaz das tarefas por parte do Estado que foram interessantes para o conceito emergente de Direito Administrativo moderno nos EUA.[62] Com a Primeira Guerra Mundial, o intercâmbio entre os países foi interrompido por várias décadas.

A abordagem comparativa, especialmente, dos imigrantes alemães franqueou mais tarde novas formas de mediação.[63] *Direito Constitucional e Prática Constitucional dos Estados Unidos*, de *Karl*

---

61 ROßBACH, Matthias. *Das Personal der Republik*: Entstehung und Entwicklung eines demokratischen Personalverfassungsrechts der Exekutive am Beispiel der Vereinigten Staaten von Amerika. Diss. Berlin 2018, i. E., p. 562: "Por mais que a Prússia tenha servido de modelo em termos de eficiência e por mais que Goodnow seja influenciado pelas ideias alemãs, ele – tal como Wilson – deixa claros os limites democraticamente determinados da adopção de conceitos alemães".

62 EMERSON, Blake. "The Democratic Reconstruction of the Hegelian State in the American Progressive Political Thought". *Review of Politics*, University of Notre Dame, vol. 77, 2015, pp. 545 e ss.; EMERSON, Blake. *The public's law*: origins and architecture of progressive democracy. Nova York: Oxford University Press, 2019, pp. 61 e ss.

63 Para mais, ver LUTTER, Marcus; STIEFEL, Ernst; HOEFLICH, Michael H. (Coord.). *Der Einfluss deutscher Emigranten auf die Rechtsentwicklung in den USA und in Deutschland*. Tübingen: J. C. B. Mohr, 1993; LEPSIUS, O. "Der Einfluss Deutscher Rechtsideen in den USA". *In*: RAAB, Josef; WIRRER, Jan (Coord.). *Die deutsche Präsenz in den USA*. Berlim: Lit, 2008, pp. 581-601 ("die Bedeutung der Emigranten könne nicht hoch genug veranschlagt werden"); SECKELMANN, Margrit; PLATZ, Johannes (Coord.). *Remigration und Demokratie in der Bundesrepublik nach 1945*: Ordnungsvorstellungen zu Staat und Verwaltung im transatlantischen Transfer. Bielefeld: Transcript-Verlag, 2017.

Loewenstein, e sua *Teoria da Constituição* tornaram-se clássicos.[64] *Fritz Morstein Marx* chamou a atenção para as peculiaridades do âmbito administrativo nos EUA, onde ele próprio trabalhou durante vários anos.[65] Na maioria das vezes, o foco estava inicialmente no Direito Constitucional, na jurisprudência da Suprema Corte e na ideia de Estado constitucional.[66] A fecundidade de uma

64 LOEWENSTEIN, Karl. *Verfassungsrecht und Verfassungspraxis der Vereinigten Staaten*. Berlim: Springer, 1959 (título da edição amaericana original *Political Power and Governmental Process*, 1957); LOEWENSTEIN, Karl. "Staatspolitik und Verfassungsrecht in den Vereinigten Staaten von 1933-1954". *JöR n.F.*, vol. 4, 1955, pp. 1 e ss.

65 MORSTEIN MARX, Fritz. *Einführung in die Bürokratie*. Neuwied: Luchterhand, 1959 (titulo da edição americana original *Administrative State: An Introduction to Bureaucracy*, 1957), assim como MORSTEIN MARX, Fritz. *Amerikanische Verwaltung*. Berlim: Duncker & Humblot, 1963. O autor trabalhou durante vários anos no Gabinete de Orçamento do Presidente Americano, posteriormente foi Professor de Ciência Política e Reitor de Administração no Hunter College em Nova Iorque. Ver SECKELMANN, Margrit. "Mit Feuereifer für die öffentliche Verwaltung: Fritz Morstein Marx". *DÖV*, 2013, pp. 401 e ss.; SECKELMANN, Margrit. "Postheroische Verwaltung: Fritz Morstein Marx". *In*: SECKELMANN, Margrit; PLATZ, Johannes (Coord.). *Remigration und Demokratie in der Bundesrepublik nach 1945*: Ordnungsvorstellungen zu Staat und Verwaltung im transatlantischen Transfer. Bielefeld: Transcript-Verlag, 2017, pp. 130 e ss. Também em SÖLLNER, A. "Ernst Fraenkel und die Verwestlichung der politischen Kultur in der Bundesrepublik Deutschland". *Leviathan-Berliner Journal für Sozialwissenschaft*, vol. 30, 2002, pp. 99 e ss.; e UNGER, C. "Arnold Brechts Vorschläge zur westdeutschen Verwaltung und Verfassung im Spannungsfeld von Expertise und Erfahrung". *In*: SECKELMANN, Margrit; PLATZ, Johannes (Coord.). *Remigration und Demokratie in der Bundesrepublik nach 1945*: Ordnungsvorstellungen zu Staat und Verwaltung im transatlantischen Transfer. Bielefeld: Transcript-Verlag, 2017, pp. 155 e ss.

66 STEINBERGER, Helmut. *Konzeption und Grenzen freiheitlicher Demokratie*: Dargestellt am Beispiel des Verfassungsrechtsdenkens in den Vereinigten Staaten von Amerika und des amerikanischen Antisubversionsrechts. Berlim: Springer-Verlag, 1974; BRUGGER, Winfried. *Demokratie, Freiheit, Gleichheit*: Studien zum Verfassungsrecht der USA. Berlim: Duncker & Humblot, 2002; MÖLLERS, Christoph. *Gewaltengliederung*: Legitimation und Dogmatik im nationalen und internationalen Rechtsvergleich. Tübingen: Mohr Siebeck, 2005, especialmente pp. 94 e ss., 135 e ss., 331 e ss., 425 e ss.; KAU, Marcel. *United*

abordagem comparativa que combina o Direito Constitucional e o Administrativo foi demonstrada por *Horst Ehmke* no início da década de 1960 com o seu vasto trabalho sobre o Direito Administrativo comercial americano.[67] No início da década de 1970, *Fritz Scharpf* chamou a atenção para as diferenças fundamentais entre o controle administrativo nos EUA e na Alemanha, especificamente no seu estudo *Os Custos Políticos do Estado de Direito* e apontou as vantagens do modelo americano.[68]

Ao mesmo tempo, as pessoas começaram a examinar os problemas atuais para os quais o Direito americano oferecia soluções inovadoras.[69] As áreas que tinham experimentado considerável legislação e jurisprudência na sequência da "Grande Sociedade" do Presidente Johnson eram ilustrativas.[70] Principalmente, o Direito

---

States Supreme Court und Bundesverfassungsgericht. Berlim: Springer, 2007; HEUN, Werner. *Verfassung und Verfassungsgerichtsbarkeit im Vergleich*. Tübingen: Mohr Siebeck, 2014; QUINT, P. "Der Einfluss des Supreme Court der Vereinigten Staaten von Amerika auf die Verfassungsgerichtsbarkeit in Europa". *In*: BOGDANDY, Armin von; CASSESE, Sabino; HUBER, Peter M. (Coord.). *Ius Publicum Europaeum – IPE*. vol. 6. Heidelberg: C. F. Müller Verlag, 2017, § 109; SPIELMANN, M.; RÖPER, E. "Von Holmes zu Brown v. Board of Education: Die Konturen des Judicial Self-Restraint". *DÖV*, 2018, pp. 928 e ss. Sobre a ideia de constitucionalismo, o seu desenvolvimento nos EUA e o seu significado para a comparação jurídica transatlântica ver STERN, Klaus. *Grundideen europäisch-amerikanischer Verfassungsstaatlichkeit*. Berlim: Walter de Gruyter, 1984; GROTE, R. "Rechtskreise im öffentlichen Recht". *AöR*, vol. 126, 2001, pp. 39 e ss.

67 EHMKE, Horst. *Wirtschaft und Verfassung*: Die Verfassungsrechtsprechung des Supreme Court zur Wirtschaftsregulierung. Karlsruhe: C. F. Müller, 1961.

68 SCHARPF, Fritz W. *Die politischen Kosten des Rechtsstaats*: Eine vergleichende Studie der deutschen und amerikanischen Verwaltungskontrollen. Tübingen: J. C. B. Mohr, 1970.

69 Para mais, ver SCHLADEBACH, M.; SCHÖNROCK, S. "Grundstrukturen des Verwaltungsrechts in den USA". *VerwArch*, vol. 93, 2002, pp. 100, 102 e ss.

70 Em relação à "Grande Sociedade", ver MAUCH, Christof; HEIDEKING, Jürgen. *Geschichte der USA*. 6ª ed. Stuttgart: UTB, 2008, pp. 323 e ss. Lista das leis mais importantes em SUNSTEIN, Cass R. *After the Rights Revolution*: Reconceiving

Ambiental com os seus "processos de cidadania"[71] e a sua avaliação de impacto ambiental,[72] bem como o direito ao livre acesso a arquivos ("liberdade de informação"),[73] à legislação administrativa ("criação de regras")[74] e à "resolução de conflitos através de negociações", provaram ser fruto de estudos comparados que beberam da fonte do desenvolvimento do Direito Administrativo alemão.[75] Além da abordagem de temas clássicos, como o direito da organização administrativa[76] e o Direito Administrativo Processual nos EUA.[77]

---

the Regulatory State. Cambridge: Harvard University Press, 1990, pp. 24 e ss.: "Energie-, Berg-, Gesundheits-, Verbraucherschutz- und Umweltrecht".

71 REHBINDER, Eckard; BURGBACHER, Hans-Gerwin; KNIEPER, Rolf. *Bürgerklage im Umweltrecht*. Berlim: Schmidt, 1972.

72 MEZGER, Gabriele. *Umweltverträglichkeitsprüfung, Umweltschutz und räumliche Nutzung in den USA*. Berlim: Duncker & Humblot, 1989.

73 SCHERER, Joachim. *Verwaltung und Öffentlichkeit*. Baden-Baden: Nomos-Verlagsgesellschaft, 1978; GURLIT, Elke. *Die Verwaltungsöffentlichkeit im Umweltrecht*: ein Rechtsvergleich Bundesrepublik Deutschland – USA. Düsseldorf: Werner-Verlag, 1989.

74 PÜNDER, Hermann. *Exekutive Normsetzung in den Vereinigten Staaten von Amerika und der Bundesrepublik Deutschland*. Berlim: Duncker & Humblot, 1995; SCHNÖCKEL, Stefan. *"Negotiated Rulemaking" in den USA und normvertretende Absprachen in Deutschland*. Berlim: Duncker & Humblot, 2005.

75 HOLZNAGEL, Bernd. *Konfliktlösung durch Verhandlungen*: Aushandlungsprozesse als Mittel der Konfliktverarbeitung bei der Ansiedlung von Entsorgungsanlagen für besonders überwachungsbedürftige Abfälle in den Vereinigten Staaten und der Bundesrepublik Deutschland. Baden-Baden: Nomos, 1990; HOFFMANN-RIEM, Wolfgang; SCHMIDT-AßMANN, Eberhard (Coord.). *Konfliktbewältigung durch Verhandlungen*. Baden-Baden: Nomos-Verl.-Ges., 1990.

76 STEINBERG, Rudolf. *Politik und Verwaltungsorganisation*: Zur Reform der Regierungsund Verwaltungsorganisation unter besonderer Berücksichtigung der Obersten Bundesbehörden in den Vereinigten Staaten von Amerika. Baden-Baden: Nomos Verlagsgesellschaft, 1979, especialmente pp. 189 e ss., 317 e ss.; além de ALBERT, Gerd. *Stellung, Funktion und verfassungsrechtliche Problematik der Independent Regulatory Commissions in den Vereinigten Staaten von Amerika*. Berlim: Duncker & Humblot, 1971.

77 FEHLING, Michael. *Verwaltung zwischen Unparteilichkeit und Gestaltungsaufgabe*. Tübingen: Mohr Siebeck, 2001; ERATH, Franz. *Förmliche*

Desde a década de 1990, o tema da "regulação" ganhou destaque. O seu tratamento jurídico comparado foi necessário porque a União Europeia utilizou elementos da legislação reguladora americana, como "agências independentes", para alcançar a desejada desregulamentação das indústrias de rede e obrigou os Estados-membros a incorporar esses elementos em seus sistemas jurídicos. *Oliver Lepsius* realizou um trabalho fundamental na compreensão do Direito Administrativo americano com seu estudo *Administrative Law under Common Law*, publicado em 1997. Rapidamente se tornou claro que os termos "regulação" e "regulamentação" têm âmbitos diferentes de aplicação, e que a regulação econômica nos EUA tem uma tarefa diferente daquela da UE,[78] de modo que uma "incorporação total" é corretamente não recomendada.[79]

Em geral, os impulsos do Direito Administrativo americano encontraram uma resposta diferente na Alemanha: embora a "liberdade de informação" rapidamente tenha gozado de aprovação generalizada e os regulamentos processuais de "criação de regras"

Verwaltungsverfahren und gerichtliche Kontrolle: Eine rechtsvergleichende Studie unter Berücksichtigung Deutschlands und der USA. Stuttgart: Booberg, 1996; WOLFRAM, Dieter. *Prozeduralisierung des Verwaltungsrechts*. Baden-Baden: Nomos, 2005; PÜNDER, H. "Verwaltungsverfahren". *In*: EHLERS, Dirk; PÜNDER, Hermann (Coord.). *Allgemeines Verwaltungsrecht*. 15ª ed. Berlim: De Gruyter, 2016, § 13, nota, pp. 31 e ss.

78 LEPSIUS, Oliver. "Regulierungsrecht in den USA: Vorläufer und Modell". *In*: FEHLING, Michael; RUFFERT, Mathias. *Regulierungsrecht*. Tübingen: Mohr Siebeck, 2010, § 1, resumido em nota, pp. 118 e ss.; SCHNEIDER, Jens-Peter. *Liberalisierung der Stromwirtschaft durch regulative Marktorganisation*: Eine vergleichende Untersuchung zur Reform des britischen, US-amerikanischen, europäischen und deutschen Energierechts. Baden-Baden: Nomos-Verl.-Ges., 1999; OSTER, Jan. *Normative Ermächtigungen im Regulierungsrecht*: Eine vergleichende Untersuchung behördlicher Entscheidungsspielräume in der deutschen und amerikanischen Netzinfrastrukturregulierung. Baden-Baden: Nomos, 2010, pp. 9 e ss.; WENDEL, Mattias. *Verwaltungsermessen als Mehrebenenproblem*. Tübingen: Mohr Siebeck, 2019, pp. 148 e ss.

79 LEPSIUS, O. "Regulierungsrecht in den USA: Vorläufer und Modell". *In*: FEHLING, Michael; RUFFERT, Mathias. *Regulierungsrecht*. Tübingen: Mohr Siebeck, 2010, § 1, nota, p. 118.

pudessem, pelo menos, contar com uma tolerância benevolente, foram reiteradamente expressas reservas claras sobre "agências independentes"; a Lei de Proteção de Dados dos EUA foi alvo de críticas e de rejeição. Em todo caso, não pode haver dúvida dos riscos de uma influência excessiva da América.

O interesse no Direito Comparado pela jurisprudência americana só lentamente avançou após a Segunda Guerra Mundial, concentrando-se, sobretudo, no Direito Constitucional e na jurisdição constitucional.[80] Antes desse período, raramente foram encontrados estudos comparados bilaterais sobre Direito Administrativo, quando muito, provavelmente, sobre Direito Ambiental.[81] Mais do que a comparação de instituições jurídicas individuais, são interesse do Direito Comparado as questões históricas e teóricas da compreensão da burocracia e das funções do Estado, bem como da influência de ambas na formação do "aparato estatal administrativo" nos EUA.[82] Mais recentemente,

---

80 KOMMERS, Donald. *The Constitutional Jurisprudence of the Federal Republic of Germany*. 3ª ed. Durham: Duke University Press, 2012 [1989]; CURRIE, David P. *The Constitution of the Federal Republic of Germany*. Chicago: University of Chicago Press, 1994; COLLINGS, Justin. *Democracy's guardians*: a history of the German Federal Constitutional Court, 1951-2001. Oxford: Oxford University Press, 2015; HAILBRONNER, Michaela. *Traditions and Transformations*: The rise of German Constitutionalism. Oxford: Oxford University Press, 2015.

81 ROSE-ACKERMAN, Susan. *Umweltrecht und -politik in den Vereinigten Staaten und der Bundesrepublik Deutschland*. Baden-Baden: Nomos, 1995; ROSE-ACKERMAN, Susan. *Controlling Environmental Policy*: The limits of public law in Germany and the United States. New Haven: Yale University Press, 1995.

82 Ver EMERSON, Blake. *The public's law*: origins and architecture of progressive democracy. Nova York: Oxford University Press, 2019; NOVAK, W. J. "The Administrative State in America". *In*: BOGDANDY, Armin von; CASSESE, Sabino; HUBER, Peter M. (Coord.). *The Max Planck Handbooks in European Public Law*. vol. 1. Oxford: Oxford University Press, 2017, pp. 99 e ss.

tem havido interesse nos princípios da proporcionalidade e da proteção das legítimas expectativas.[83]

Então, estudos que comparam o Direito Administrativo alemão como um dos vários sistemas jurídicos de referência se tornaram mais comuns.[84] No decurso da europeização do Direito Administrativo, o *Direito Administrativo próprio da União Europeia* também se moveu por meio das comparações dos sistemas jurídicos nacionais. Como o seu foco é na regulação dos processos econômicos, o Direito europeu tem particular interesse na literatura americana.[85]

Os encontros entre sistemas jurídicos administrativos multiplicaram-se e as relações comparativas também. Apesar de todas as diferenciações, a comparação jurídica bilateral clássica continua a ser o *sistema comparativo básico* no Direito Administrativo, o que ilustra de melhor forma as características especiais do Direito

83 Ver MATHEWS, J. "Proportionality Review in Administrative Law". *In*: ROSE-ACKERMAN, Susan; LINDSETH, Peter (Coord.). *Comparative Administrative Law*. Cheltenham: Edward Elgar, 2010, pp. 405 e ss.

84 Quanto à proteção jurídica administrativa, ver GAROUPA, Nuno; MATHEWS, Jud. "Strategic Delegation, Discretion, and Deference: Explaining the Comparative Law of Administrative Review". *Am. J. Comp. L.*, vol. 62, 214, pp. 117 e ss.; BIGNAMI, F. "Regulation and the Courts: Judicial Review in Comparative Perspective". *In*: BIGNAMI, Francesca; ZARING, David (Coord.). *Comparative law and regulation*. Cheltenham: Edward Elgar Publishing, 2016, pp. 275 e ss.

85 STRAUSS, Peter L.; RAKOFF, Todd D.; FARINA, Cynthia R.; METZGER, Gillian E. *Gellhorn and Byse's Administrative Law*. 11ª ed. Nova York: Foundation Press, 2011, pp. 428 e ss., Particularmente interessante do ponto de vista americano: a legislação da UE e as formas de administração comunitária ("shared administration"); além disso ver SCHÜTZE, R. "From Rome to Lisbon: 'Executive Federalism' in the (New) European Union". *CMLR*, vol. 47, 2010, p. 1.385; MASHAW, J. "Reasoned Administration: The European Union, the United States, and the Project of Democratic Governance". *Geo. Wash. L. Rev.*, vol. 76, 2007, pp. 99 e ss. (ênfase em várias semelhanças); além das contribuições em: HOFMANN, Herwig; WEAVER, Russel L. (Coord.). *Transatlantic Perspectives on Administrative Law*. Bruxelas: Bruylant, 2011; RUFFERT, Matthias. *Law of Administrative Organization of the EU*: A Comparative Approach. Cheltenham/Northampton: Edward Elgar, 2020.

Administrativo Comparado e do seu método. Isso foi explicado em outro momento.[86] Contudo, os estudos jurídicos comparados podem ter *níveis muito diferentes de intensidade* de trabalho comparativo.[87] Em *um* extremo do espectro, está a representação de um sistema jurídico a partir da pena de um cientista baseado noutro sistema jurídico; seus aspectos comparativos são expressos de forma mais intrínseca, por exemplo, na seleção e disposição do material e na forma como o problema é descrito. O *outro* extremo do espectro é o projeto complexo e de grande escala, envolvendo material empírico e estatístico, que apresenta e avalia os sistemas jurídicos comparativos ponto por ponto, de forma paralela e sistemática.

Este livro segue o primeiro modelo. Seu objetivo é fornecer uma apresentação do Direito Administrativo americano em seus princípios básicos, com o objetivo de atrair o interesse acadêmico dos leitores alemães. No contexto dessa exposição mediadora, o Direito alemão só será utilizado quando facilitar o acesso ao Direito americano, os problemas parecerem semelhantes ou as soluções escolhidas convidarem a uma comparação. Não se pretende uma comparação sistemática das instituições jurídicas individuais e dos regulamentos processuais. Na forma de um mosaico, contudo, algumas das diferenças e semelhanças no *pensamento do Direito Administrativo* deverão tornar-se claras.

---

86 Para mais, ver SCHMIDT-AßMANN, E. "Zum Standort der Rechtsvergleichung im Verwaltungsrecht". *ZaöRV*, vol. 78, 2018, pp. 816-833.

87 Sobre as diferentes manifestações, objetivos e níveis de intensidade do trabalho em Direito Comparado, ver HIRSCHL, Ran. *Comparative Matters*: The Renaissance of Comparative Constitutional Law. Oxford: Oxford University Press, 2014, pp. 192 e ss.

Segunda seção: o Direito Administrativo dos EUA refletido na doutrina jurídica americana e a questão da legitimidade do Estado administrativo [Administrative State]

O estágio de desenvolvimento e os desafios do Direito Administrativo americano podem ser ilustrados nas seguintes contribuições de representantes proeminentes da seara. Eles mostram – centrando-se na *Administração federal alemã* como representante do *Estado administrativo* – as principais tensões entre expansão, desmantelamento ou reforma com as quais o Direito Administrativo nos EUA se confronta atualmente: a análise histórica de *Jerry Mashaw* vai contra a narrativa de que a Administração nos EUA tem poucas tradições e só se desenvolveu massivamente com o *New Deal* (A). A distinção de *Richard Stewart* entre cinco modelos de desenvolvimento do Direito Administrativo é considerada a abordagem clássica acerca do tema (B). Além disso, também merece atenção o modelo de *Sidney Shapiro, Elizabeth Fisher* e *Wendy Wagner*, que foca na racionalidade interna do Executivo (C). Em seguida, emergem duas visões diametralmente opostas: por um lado, o apelo a um "Direito Administrativo libertário" que pretende fazer recuar ao máximo a atual Administração, apoiando-se em um suposto Direito Constitucional de tradição anglo-americana e, por outro lado, um apelo a um Poder Executivo poderoso controlado por mecanismos diferentes dos administrativos tradicionais (D). A conclusão desta seção toca o conceito de Estado administrativo democrático e seu Direito, conforme discutido recentemente por *Blake Emerson* (E).

Nos EUA, a Administração e o Direito Administrativo ainda enfrentam objeções que vão muito além da crítica aos fenômenos individuais, afetando a legitimidade das ações administrativas, especialmente do *governo federal* e de suas *agências* mais atuantes. "A luta pela legitimidade administrativa" é um tema constante nos EUA.[88] O *Estado administrativo* é uma realidade, mas ainda está sujeito a dúvidas cruciais.[89] O que também vale para dentro do meio acadêmico e – como é atualmente evidente – também aos tribunais, incluindo a Suprema Corte. A intensidade dessa discussão central não tem paralelo na Alemanha.

A. Superação de uma narrativa ultrapassada (*Jerry Mashaw*)

De acordo com uma visão comum, a Administração e o Direito Administrativo não tiveram uma projeção relevante nos EUA durante muito tempo. Esse entendimento prossegue afirmando que as tarefas regulatórias mais necessárias foram realizadas pelos tribunais, por meio do Direito Consuetudinário; foi apenas no final do século XIX que as autoridades foram estabelecidas, e somente com o *New Deal* que realmente os EUA se transformaram em um Estado administrativo. Dependendo da posição política de cada um, o desenvolvimento descrito pode ser contado como uma história de sucesso do progresso social ou como uma história de declínio de uma Constituição originalmente liberal. Na sua segunda variante, a narrativa serve fundamentalmente para levantar dúvidas sobre a legitimidade da Administração.

---

88 Para mais, ver a resenha de KESSLER, J. "The Struggle for Administrative Legitimacy". *Harv. L. Rev.*, vol. 129, 2015, p. 718.

89 Uma visão geral do tema Estado administrativo como termo-chave nas atuais discussões constitucionais e de teoria constitucional pode ser encontrada em VERMEULE, A. "The Administrative State: Law, Democracy, and Knowledge". *In*: TUSHNET, Mark; GRABER, Mark A.; LEVINSON, Sanford (Coord.). *The Oxford Handbook of the U. S. Constitution*. Oxford: Oxford University Press, 2015, pp. 259 e ss.

I. *Elaborando a Constituição Administrativa*

Jerry Mashaw contestou firmemente essa narrativa.[90] Em seu livro *Elaborando a Constituição Administrativa*, ele demonstrou que, desde a fundação dos Estados Unidos, o Congresso confiou as tarefas administrativas a funcionários especializados, mas – como sugere o subtítulo "Os cem anos perdidos do Direito Administrativo Americano" – esses processos ficaram perdidos na memória coletiva. A ação administrativa foi incorporada na gênese da Constituição democrática dos EUA e não ficou para ser introduzida mais tarde, como um corpo estranho. O estudo de *Mashaw* faz parte de uma série de trabalhos recentes que procuram substituir a narrativa da súbita incursão do Estado administrativo no sistema jurídico americano por um relato que defende a existência de transições suaves.[91]

> O lugar da Administração nas nossas disposições constitucionais faz parte da nossa constituição não escrita, sempre crescente – o conjunto de estatutos, práticas e precedentes que complementam o texto da Constituição.[92]

Mashaw descreve claramente como as estruturas básicas do sistema administrativo foram criadas já pelo Primeiro Congresso.[93] A jovem República necessitava urgentemente de um Poder Executivo

---

90 MASHAW, Jerry L. *Creating the Administrative Constitution*: The Lost one Hundred Years of American Administrative Law. New Haven: Yale University Press, 2012.

91 Quanto à "narrativa gradualista", ver KESSLER, J. K. "Book Review: The Struggle for Administrative Legitimacy". *Harv. L. Rev.*, vol. 129, 2016, pp. 718/719.

92 MASHAW, Jerry L. *Creating the Administrative Constitution*: The Lost one Hundred Years of American Administrative Law. New Haven: Yale University Press, 2012, p. 12.

93 MASHAW, Jerry L. *Creating the Administrative Constitution*: The Lost one Hundred Years of American Administrative Law. New Haven: Yale University Press, 2012, pp. 29-52.

eficaz para fazer frente à multiplicidade de tarefas que tinha em mãos: construção e manutenção de rotas de transporte, conexões postais, licenças comerciais, aprovações de produtos e medidas para proteger a propriedade intelectual eram necessárias para criar um mercado unificado para a troca de mercadorias. Logo, surgiram necessidades importantes de regulação dos movimentos de assentamentos transcontinentais e de aquisições de terras. Eram necessárias estruturas administrativas complexas de provisão, de distribuição e de controle, que não podiam ser preenchidas pelos juízes baseados no modelo do Direito Consuetudinário.[94] Isso também se aplica ao tratamento das consequências da Guerra Civil após meados do século.[95] As primeiras formas de Administração de massa foram desenvolvidas sob responsabilidade dos veteranos de guerra, o que também deixou clara a importância das próprias regras jurídicas ("leis internas") e dos controles administrativos internos das próprias autoridades.[96]

---

94 MASHAW, Jerry L. *Creating the Administrative Constitution*: The Lost one Hundred Years of American Administrative Law. New Haven: Yale University Press, 2012, p. 119 (124): "Disposing of the public domain was a superficially straightforward administrative task".

95 MASHAW, Jerry L. *Creating the Administrative Constitution*: The Lost one Hundred Years of American Administrative Law. New Haven: Yale University Press, 2012, pp. 250-256 e ss. A guerra civil foi enfatizada como um ponto de inflexão decisivo no desenvolvimento do Estado administrativo em NOVAK, W. J. "The Administrative State in America". *In*: BOGDANDY, Armin von; CASSESE, Sabino; HUBER, Peter M. (Coord.). *The Max Planck Handbooks in European Public Law*. vol. 1. Oxford: Oxford University Press, 2017, pp. 100 e ss.

96 MASHAW, Jerry L. *Creating the Administrative Constitution*: The Lost one Hundred Years of American Administrative Law. New Haven: Yale University Press, 2012, p. 282: "Yet it is not difficult to see a series of quite familiar 'rule of law' principles emerging from administrative practices common to many agencies".

II. Consequências no presente

Os detalhes não são importantes nesta reflexão. *Mashaw* não quer escrever história administrativa, mas, sim, proteger as discussões atuais de suposições baseadas em uma interpretação errônea de fatos históricos, contaminando o sentido da história (*fall-from-grace story*):[97]

> Contamos a nós próprios histórias sobre o Estado administrativo moderno que deslegitimam indevidamente o seu estatuto constitucional e nos enganam até certo ponto sobre as fontes do Direito Administrativo, as quais podem fornecer os alicerces para uma reforma eficaz.

Nesse panorama, as repetidas queixas sobre o declínio do controle parlamentar e da supervisão presidencial sobre as autoridades devem ser colocadas em perspectiva. Mesmo durante o século XIX, ambas as formas de escrutínio político não garantiam o controle completo.[98]

Consequentemente, todas as tentativas de compensar os déficits (supostamente) existentes a partir de uma maior processualização e de uma proteção jurídica intensificada não são, em última instância, produtivas para *Mashaw*. Nesse contexto, ele critica a tendência de exclusão do ramo do Direito Administrativo das áreas do Direito Administrativo especial e a prática tradicional das regulamentações jurídicas (processuais e materiais) próprias das autoridades, e o fato de nem mesmo incluí-las conceitualmente

---

97 MASHAW, Jerry L. *Creating the Administrative Constitution*: The Lost one Hundred Years of American Administrative Law. New Haven: Yale University Press, 2012, p. 286.

98 MASHAW, Jerry L. *Creating the Administrative Constitution*: The Lost one Hundred Years of American Administrative Law. New Haven: Yale University Press, 2012, p. 290: "The notion that early statutes delegated little discretionary authority is simply a myth".

na seara científica.[99] Na opinião do autor, o foco unilateral sobre a compreensão externa do Direito Administrativo, o qual estaria separado do Direito Administrativo especializado ("transubstancial"), obscurece a riqueza dos arranjos institucionais com os quais se valeu no século XIX para garantir a integração da Administração no sistema político. Recordamos também o envolvimento precoce das administrações estaduais e locais na implementação de programas federais e as oportunidades para uma participação mais ampla da população. "Parece justo concluir que o controle popular das elites burocráticas tem vários significados e pode ser obtido por meio de múltiplas técnicas".[100] Que consequências isso tem para as discussões básicas sobre Direito Administrativo nos EUA?

- Em primeiro lugar, é importante não se deixar levar por imagens ideais a-históricas. "Um olhar sobre a prática do século XIX fornece uma perspectiva interessante sobre a nossa compreensão contemporânea do Direito Administrativo. De pronto, sugere que devemos nos libertar da ideia nostálgica de que a emergência da governança administrativa no século XX perturbou o grande projeto de um Estado não administrativo". Isso nunca correspondeu à realidade. A exigência de regressar a essa ideia, como levantada hoje sob a forma do "Direito Administrativo libertário", não tem lastro na Constituição.

- *Mashaw* defende a sobriedade nas muitas análises acerca do déficit administrativo que dominam a discussão. Sempre

99 MASHAW, Jerry L. *Creating the Administrative Constitution*: The Lost one Hundred Years of American Administrative Law. New Haven: Yale University Press, 2012, pp. 290 e 309-312, observando que as práticas e regras internas constituem a base do Direito Administrativo atual: "Our contemporary transsubstantive administrative law is built on the foundations of administrative practices that long antedate the APA's codification" (p. 310).

100 MASHAW, Jerry L. *Creating the Administrative Constitution*: The Lost one Hundred Years of American Administrative Law. New Haven: Yale University Press, 2012, p. 299.

houve tensões entre as disposições normativas centrais da Constituição, o que se aplica à relação entre a democracia e o objetivo de uma Administração eficaz ("vontade popular e governo competente"), bem como à interação entre as decisões da maioria e os direitos individuais. A correta determinação das estruturas constitucionais do Direito Administrativo é sempre um "*work in progress*".[101] Os princípios orientadores que se tornaram visíveis por detrás de todos os desenvolvimentos históricos e, portanto, têm um poder de orientação duradouro são "os objetivos concorrentes de uma governança eficaz, ágil e legal".[102] Eles devem ser constantemente equilibrados com todos os instrumentos e precauções disponíveis na riqueza da experiência da história. Já há um consenso sobre alguns pontos importantes do conceito administrativo desde sua gênese, o que não impossibilita futuras discussões. *Mashaw* utiliza o termo *settlement* nesse contexto e acrescenta: "por '*settlement*' nos referimos a uma concordância para continuar a discutir dentro dos limites prescritos pela Constituição sobre como suas lacunas devem ser colmatadas".[103]

O que *Mashaw* descreve é que uma "Constituição administrativa" é uma estrutura aberta e ampla quanto aos requisitos legais, práticas administrativas e conclusões judiciais, destinando-se a responder três questões básicas: qual é a relação entre a

101 MASHAW, Jerry L. *Creating the Administrative Constitution*: The Lost one Hundred Years of American Administrative Law. New Haven: Yale University Press, 2012, p. 314.

102 MASHAW, Jerry L. *Creating the Administrative Constitution*: The Lost one Hundred Years of American Administrative Law. New Haven: Yale University Press, 2012, p. 313.

103 MASHAW, Jerry L. *Creating the Administrative Constitution*: The Lost one Hundred Years of American Administrative Law. New Haven: Yale University Press, 2012, p. 316.

Administração e os funcionários eleitos? Que estruturas e procedimentos a Administração precisa ter para desempenhar as suas tarefas de forma eficaz e legítima? Que controles externos são necessários para proteger os direitos individuais?

B. Uma autodescrição clássica do Direito Administrativo americano (*Richard Stewart*)

Em seu artigo "Direito Administrativo no Século XXI", *Richard Stewart* elabora cinco modelos, cuja sequência caracteriza o desenvolvimento do Direito Administrativo americano nos últimos duzentos anos.[104] Os modelos não fornecem, todavia, apenas orientação histórica. Também desenham um quadro para a reflexão crítica sobre o estágio atual do Direito Administrativo e para a discussão de suas reformas.[105]

I. A sequência dos cinco modelos administrativos

Cada um dos modelos baseia-se na estratégia regulatória dominante.

1. O *modelo do Direito Consuetudinário* moldou a primeira fase: nele, as relações do indivíduo com a Administração se limitavam a litígios pontuais, que eram essencialmente travados em processos de indenização e decididos pelos tribunais de acordo com a lei aplicável a todos.

2. O *modelo tradicional* surgiu no final do século XIX, quando as atividades da Administração aumentaram exponencialmente, de tal sorte que os seus laços democráticos

---

104 STEWART, R. "Administrative Law in the Twenty-First Century". *N. Y. U. L. Rev.*, vol. 78, 2003, pp. 437 e 439-343.

105 Os primeiros cinco modelos e a orientação da reforma já foram definidos em STEWART, R. "The Reformation of American Administrative Law". *Harv. L. Rev.*, vol. 88, 1975, p. 1.669.

se tornaram frágeis. Isso forçou reações do Legislativo e dos Tribunais: as autoridades foram obrigadas a aplicar regras processuais estritas ("como as de audiências judiciais"); além disso, houve uma intensificação do controle judicial para garantir o cumprimento dos requisitos legais. Nesse modelo, a Administração e o Direito Administrativo funcionavam como uma "*correia de transmissão*".[106] A formulação de Stewart tem sido uma concepção amplamente utilizada desde então, delineando os elementos formais do compromisso da Administração com a lei.

3. O *modelo de gestão regulatória* estabeleceu-se com o *New Deal*. Nesse momento, foram influentes as ideias de *James Landis*.[107] A Administração era agora vista como responsabilidade de especialistas competentes e disciplinados no seu compromisso com o bem público. As formalidades legais pareciam menos importantes. Para reduzir as tensões que ainda surgem com o conceito tradicional, a Lei do Processo Administrativo (em inglês, a sigla é APA – *Administrative Procedure Act*) foi aprovada em 1946.

4. O *modelo de representação de interesses* foi a resposta às críticas da "agência capturada" e às demandas por mais segurança ambiental, de consumo, de saúde e de trabalho que surgiram no final da década de 1960. Normas jurídicas de longo alcance, desenvolvidas como parte da "Grande Sociedade" do Presidente Johnson,

---

106 Ver STEWART, R. "The Reformation of American Administrative Law". *Harv. L. Rev.*, vol. 88, 1975, 1671-1676: "The traditional model of administrative law thus conceives of the agency as a mere transmission belt for implementing legislative directives in particular cases".

107 LANDIS, James M. *The Administrative Process*. Westport: Greenwood Press, 1938; RITCHIE, Donald. *James M. Landis*: Dean of the Regulators. Cambridge: Harvard University Press, 1980.

tiveram de ser concretizadas.[108] A atividade legislativa das autoridades, a “criação de regras”, ganhou destaque na ação administrativa. Os tribunais garantiram que todos os grupos de interesse concebíveis pudessem participar. Eles submeteram os resultados a uma verificação precisa (“análise rigorosa”) para garantir que as autoridades exercessem cuidadosamente as suas opções com base em uma análise precisa dos fatos.

5. O *modelo de gestão analítica* baseia-se no Decreto Executivo n. 12.291 emitido pelo Presidente Reagan em 1981. Ele constitui o modelo oposto ao “modelo de representação de interesses”, no qual critica o esforço regulatório excessivo, o que configura, portanto, uma ameaça à competitividade da economia americana. Para controlar as autoridades, as análises de custo-benefício dos seus projetos legislativos parecem ser particularmente importantes, as quais devem ser submetidas ao Gabinete Central de Gestão e Orçamento (OMB).

II. A simultaneidade de modelos e a procura de novos métodos regulatórios

Na prática administrativa, os modelos mais recentes não substituíram completamente os mais antigos.[109] Estes ainda estão presentes no rol dos instrumentos do Direito Administrativo, mas sua função mudou.[110] Até certo ponto, poderiam ser utilizados de

108 Também em SUNSTEIN, Cass R. *After the Rights Revolution*: Reconceiving the Regulatory State. Cambridge: Harvard University Press, 1990, pp. 24 e ss.

109 STEWART, R. “Administrative Law in the Twenty-First Century”. *N.Y.U.L. Rev.*, vol. 78, 2003, pp. 443 e ss. “The earlier approaches have not disappeared”.

110 STEWART, R. “Administrative Law in the Twenty-First Century”. *N.Y.U.L. Rev.*, vol. 78, 2003, p. 444: “Through a process of evolutionary adaption to changing societal circumstances, the older forms continue, but their function has been changed in the process”.

forma complementar, o que vale, especialmente, ao "*modelo de representação de interesses*" e ao "*modelo analítico de gestão*". É claro que as tensões entre os dois não podem ser ignoradas. Ambos são apenas parcialmente adequados para reduzir o déficit democrático diagnosticado.[111]

Stewart atribui os atuais problemas de controle ao fato de as Administrações ainda estarem presas ao método de "comando e controle", o que é inadequado em uma época de mudanças rápidas, porque leva à inflexibilidade e à ineficiência ("ossificação" e "paralisia por análise"). Ele discute, portanto, novas estratégias regulatórias:

- a existência de *redes* entre a Administração e atores importantes nas quais as regulamentações necessárias são feitas e implementadas de forma cooperativa. A autoridade pode desempenhar um papel ativo nessa dinâmica. Contudo, também pode limitar-se a definir os limites e deixar que outros participantes o preencham de forma autorreguladora ("governar à distância", "direito reflexivo").[112]

- o uso de *incentivos econômicos*, por exemplo, troca de certificados e taxas na legislação ambiental: eles dão continuidade à ideia básica dos procedimentos instituídos pelo Ministério de Gestão e Orçamento [OMB – *Office of Management and Budget*], mas dão aos afetados mais liberdade de ação.

Naturalmente, esses métodos também têm seus problemas:[113]

---

111 STEWART, R. "Administrative Law in the Twenty-First Century". *N.Y.U.L. Rev.*, vol. 78, 2003, p. 446.

112 STEWART, R. "Madison's Nightmare". *U. Chi. L. Rev.*, vol. 57, 1990, pp. 348-356, com a proposta de um "reconstitutive law", que depende do controle indireto do comportamento e da retirada da Administração federal em favor dos Estados-membros e dos municípios.

113 STEWART, R. "Administrative Law in the Twenty-First Century". *N.Y.U.L. Rev.*, vol. 78, 2003, pp. 437, 451 e ss.

> à medida que decisões importantes são transferidas para processos informais que envolvem intervenientes não governamentais, como é que a lei pode prevenir o abuso de poder entre facções, refrear a tirania dos conhecimentos especializados e garantir resultados de interesse público, incluindo a equidade distributiva?

Nas redes, as responsabilidades muitas vezes não são claramente definidas. As soluções econômicas estão forçando o recuo da esfera de influência do Direito Administrativo.

III. As reflexões de *Stewart* sobre a reforma do Direito Administrativo

"O Direito Administrativo continuará evoluindo, mas com um caráter fortemente conservador".[114] Com essas palavras *Stewart* delineia o que, na imaginação alemã, é uma *dogmática orientada para a reforma*.[115] Não se trata de queimar pontes com os modelos tradicionais. Todavia, não se pode continuar como antes. A estática e a dinâmica devem ser equilibradas.

De acordo com *Stewart*, o desenvolvimento futuro será determinado pelo fortalecimento e pela expansão do sistema para além de um cálculo de custo-benefício estritamente compreendido. A economicização das relações e a importância de novos métodos e instrumentos aumentarão. No entanto, a tecnologia regulatória que utiliza comandos e proibições continuará a desempenhar o papel central no futuro. Assim, o Direito Administrativo tradicional deve ser ampliado em suas estruturas. As competências do Poder

---

114 Para mais, ver STEWART, R. "Administrative Law in the Twenty-First Century". *N.Y.U.L. Rev.*, vol. 78, 2003, pp. 453 e ss.

115 VOßKUHLE, A.; WISCHMEYER, T. "The 'Neue Verwaltungsrechtswissenschaft' against the backdrop of traditional administrative law scholarship in Germany". *In*: ROSE-ACKERMAN, Susan; LINDSETH, Peter (Coord.). *Comparative Administrative Law*. Cheltenham: Edward Elgar, 2010, pp. 85 e ss.

Executivo não podem ser pensadas apenas com uma abordagem voltada nos tribunais ("não centrada nos tribunais").[116] Ao contrário, deve tratar-se de manter e reforçar as responsabilidades políticas.

C. O paradigma deliberativo (*Shapiro/Fisher/Wagner*)

A interpretação de *Stewart* do desenvolvimento histórico e das tarefas contemporâneas do Direito Administrativo americano ganhou bastante notoriedade. Todavia, ela não está imune às contestações. Pode-se argumentar que depende demasiadamente de fatores externos que afetam a Administração (grupos de interesse, influências do Ministério de Gestão e Orçamento). *Sidney Shapiro*, *Elizabeth Fisher* e *Wendy Wagner* levantam precisamente essa objeção na sua contribuição "The Enlightenment of Administrative Law".[117] Eles estão também preocupados com a questão de como a legitimidade da Administração pode ser assegurada, dada a sua ampla margem de discricionariedade.

Dois paradigmas servem de referencial teórico:

- "O *paradigma racional-instrumental* prevê uma burocracia weberiana, da qual se espera que se implementem, mas não se desenvolva, políticas e valores governamentais". Os elementos mais importantes desse conceito são os requisitos legais e os controles políticos e judiciais. Mesmo a orientação participativa mais forte, exigida pelo movimento do "interesse público" entre 1965 e 1975, mesmo sendo considerada um caminho promissor para a reforma, não alterou a ideia básica de uma racionalização externa dos processos administrativos de tomada de

---

116 Assim como em STRAUSS, Peter L. *Administrative Justice in the United States*. 3ª ed. Durham: Carolina Academic Press, 2016, p. 10.

117 SHAPIRO, Sidney; FISHER, Elizabeth; WAGNER, Wendy. "The Enlightenment of Administrative Law". *Wake Forest L. Rev.*, vol. 47, 2012, pp. 463-502.

decisão.[118] O que também vale à introdução de análises de custo-benefício desde a década de 1980. Ainda assim, o conceito apresenta fragilidades inequívocas: a influência das empresas na Administração não foi reduzida, mas continua a ser eficaz; os métodos econômicos utilizados apenas transmitiam uma pseudo-racionalidade.[119]

- *Shapiro/Fisher/Wagner* contrastam essa tendência com o *paradigma deliberativo-constitutivo* que é concebido de dentro da Administração. "Em outras palavras, precisamos olhar para dentro da agência em busca de legitimidade administrativa".[120] A ampla discricionariedade da Administração é inevitável e necessária. Em virtude dessa constatação, deve-se estruturar o exercício do poder criativo por meio de mecanismos administrativos internos: "competência material, deliberação e fundamentação". A ênfase especial é dada à especialização. A própria Administração e os seus funcionários não devem ser vistos como meros agentes da vontade alheia, mas devem ser vistos como administradores legítimos devido à sua perícia. O seu conhecimento permite-lhes neutralizar a influência dos grupos de interesse e desempenhar um papel ativo nos processos deliberativos, ao invés de apenas aceitarem os desejos dos outros. "Finalmente, a Administração Pública é responsável por informar e orientar as deliberações, bem

118 SHAPIRO, Sidney; FISHER, Elizabeth; WAGNER, Wendy. "The Enlightenment of Administrative Law". *Wake Forest L. Rev.*, vol. 47, 2012, pp. 471-476.

119 SHAPIRO, Sidney; FISHER, Elizabeth; WAGNER, Wendy. "The Enlightenment of Administrative Law". *Wake Forest L. Rev.*, vol. 47, 2012, p. 469: "Economics and other social sciences at best are a mixture of empirical data and social construction".

120 SHAPIRO, Sidney; FISHER, Elizabeth; WAGNER, Wendy. "The Enlightenment of Administrative Law". *Wake Forest L. Rev.*, vol. 47, 2012, pp. 465, 469-471 e 486-491.

como por tomar a decisão final".[121] Consequentemente, o paradigma deliberativo não deve substituir o paradigma racional-instrumental, mas ambos devem ser utilizados simultaneamente para melhor garantir a responsabilização e a legitimidade administrativa.

Com a visão positiva acerca da eficácia de uma Administração especializada, *Shapiro/Fisher/Wagner* baseiam-se em ideias que provaram repetidamente ser influentes no desenvolvimento administrativo americano. Eles apontam para os esforços de *Woodrow Wilson* para criar uma Administração neutra, para o papel dos argumentos embasados na especialização à época do *New Deal* e para a Lei do Processo Administrativo de 1946, que foi um compromisso que não só estabeleceu limites legais, mas também se voltou à eficácia da Administração.[122] Também pode ser feita referência a *Jerry Mashaw*, por exemplo, que elaborou o papel legitimador de uma burocracia competente e racional nos processos de administração social de massa.[123] Essas afirmações também são importantes para o presente estudo porque, em certa medida, contrariam uma compreensão unilateral do Direito Administrativo americano como um Direito voltado para "grupos de interesse" e de "participação". As autodescrições revelam-se mais plurais. Ou seja, aqui há também um "endosso neoweberiano da burocracia".[124]

---

121 SHAPIRO, Sidney; FISHER, Elizabeth; WAGNER, Wendy. "The Enlightenment of Administrative Law". *Wake Forest L. Rev.*, vol. 47, 2012, p. 470.

122 SHAPIRO, Sidney; FISHER, Elizabeth; WAGNER, Wendy. "The Enlightenment of Administrative Law". *Wake Forest L. Rev.*, vol. 47, 2012, pp. 472-474.

123 MASHAW, Jerry L. *Bureaucratic Justice*: Managing Social Security Disability Claims. New Haven: Yale University Press, 1983.

124 Assim foi a caracterização de Mashaw na resenha de LIEBMAN, L.; STEWART, R. *Harv. L. Rev.*, vol. 96, 1983, pp. 1952-1954.

D. Um questionamento radical do Direito Administrativo atual

Não exatamente melhoria e reforma, mas dúvidas fundamentais sobre a forma do Direito Administrativo atual indicam dois termos marcantes para os quais deve ser dada muita atenção em seu contexto de utilização: *Direito Administrativo Libertário* pretende resumir desdobramentos que os criadores do termo afirmam ter observado na jurisprudência, que eles próprios consideram errados e que pretendem reverter (I). *Executivo desacorrentado* pretende simbolizar um aparato estatal em que os mecanismos de proteção tradicionais já não mantêm o Executivo sob controle, mas criam novos instrumentos que parecem mais apropriados ao novo centro de gravidade do poder político (II). O primeiro termo refere-se aos aspectos funcionais, o segundo, ao prisma institucional da Administração e do Direito Administrativo. Ambos ilustram a gama de disputas atuais sobre a legitimidade e as perspectivas de desenvolvimento do Direito Administrativo, que vão muito além das discussões sobre questões dogmáticas atuais.

I. "Direito Administrativo Libertário"

Sob esse signo, *Cass Sunstein* e *Adrian Vermeule* analisam tendências recentes que querem modificar os dogmas centrais do Direito Administrativo em favor dos "direitos de propriedade e dos direitos econômicos",[125] o que os autores fazem com intenção crítica. O termo "Direito Administrativo libertário" é um vocábulo de combate negativo que pretende abrir os nossos olhos para as consequências que ocorreriam se os desenvolvimentos observados se estabelecessem.

---

125 SUNSTEIN, C. R.; VERMEULE, A. "Libertarian Administrative Law". *U. Chi. L. Rev.*, vol. 82, 2015, pp. 393-473.

1 Tendências preocupantes na jurisprudência

Sunstein e *Vermeule* apontam tendências preocupantes, particularmente, no Judiciário dos EUA. Nomeadamente, em relação ao Tribunal de Apelações do Distrito de Columbia, que também ocupa uma posição especialmente importante para o desenvolvimento do Direito Administrativo. Na década de 1970, ele foi progressista e confrontou constantemente as autoridades com novos requisitos processuais para proteger os interesses ambientais. Desde a década de 1990, o tribunal – segundo *Sunstein* e *Vermeule* – é, então, dedicado à proteção dos interesses individuais arraigados no direito de propriedade de uma forma que não está suficientemente assegurada na base jurídica, mas que é politicamente motivada e que a Suprema Corte deveria contrariar, impondo sua hierarquia.

Os autores examinam algumas das doutrinas mais importantes do Direito Administrativo americano e analisam até que ponto as recentes decisões do tribunal citado mudaram a tendência que suspeitavam. Discutem a "doutrina da não delegação", bem como questões de legitimidade para processar e o nível de controle judicial.[126] Nem todos os juízes examinados apontam na mesma direção. Nem todos trazem alterações que não poderiam ser enquadradas no rol das coordenadas anteriores. Deve, entretanto, ficar claro que as regulamentações tradicionais estão sendo alteradas em favor dos interesses de propriedade e de mercado, e as tarefas regulamentares da Administração estão sendo restringidas: as delegações legais devem cumprir critérios de certeza mais precisos do que os exigidos pelas experiências dos "princípios inteligíveis".[127] Desse modo, os requisitos processuais para a administração reguladora devem ser reforçados e o controle judicial, intensificado.

---

126 SUNSTEIN, C. R.; VERMEULE, A. "Libertarian Administrative Law". *U. Chi. L. Rev.*, vol. 82, 2015, pp. 405-463.

127 Assim foi a sentença 721 F3d 666, pp. 670 e ss. (D. C. Circ. 2013) *American Association of Railroads v. United States Department of Transportation.*

2 Demarcação de posição: crítica e contracrítica

Sunstein e *Vermeule* situam as tendências observadas em direção a um "Direito Administrativo libertário" no contexto da longeva disputa sobre a constitucionalidade do Estado administrativo americano:[128] os representantes de uma corrente que se centra no significado original do texto constitucional ("originalistas") compreendem a expansão da Administração que foi levada a cabo com o *New Deal*, o mais tardar, como uma violação da Constituição pretendida pelos fundadores. Fala-se de uma "Constituição perdida" ou de uma "Constituição em exílio". O "Direito Administrativo libertário" é, por conseguinte, uma tentativa de reduzir o Estado administrativo, a fim de se aproximar do (imaginado) Estado constitucional anterior.

Os autores enxergam essa tentativa como um ataque frontal à estrutura básica do Direito Administrativo americano.[129] Ele é o resultado de um compromisso fundamental que foi refletido e consolidado na Lei do Processo Administrativo de 1946. À época, todas as forças políticas estavam envolvidas na consecução desse compromisso. Assim, a APA ganhou a posição de um "superestatuto" que não poderia ser revogado devido a considerações específicas de uma teoria política ("libertária ou não libertária"). Nesse panorama, *Sunstein* e *Vermeule* querem um "Vermont Yankee II" em que a Suprema Corte contrarie as tendências do "Direito Administrativo libertário" e estabeleça o princípio básico "de que nenhuma teoria política abstrata, qualquer que seja a sua valência, pode ser elevada a um princípio mestre do Direito Administrativo".[130]

---

128 SUNSTEIN, C. R.; VERMEULE, A. "Libertarian Administrative Law". *U. Chi. L. Rev.*, vol. 82, 2015, pp. 393-402 e ss.

129 SUNSTEIN, C. R.; VERMEULE, A. "Libertarian Administrative Law". *U. Chi. L. Rev.*, vol. 82, 2015, p. 463.

130 SUNSTEIN, C. R.; VERMEULE, A. "Libertarian Administrative Law". *U. Chi. L. Rev.*, vol. 82, 2015, p. 471.

Em que medida a atomização do Direito Administrativo ("corpo autônomo de regras, padrões e princípios"), defendida por *Sunstein* e *Vermeule*, deveria ser vista como uma forma ideologicamente crítica ainda não está em questão. Mesmo que ela quisesse dar à APA um estatuto proeminente, não se poderia simplesmente descartar toda a influência das considerações teóricas que são desenvolvidas no contexto de novos desafios. Ademais, nem todas as concepções que *Sunstein* e *Vermeule* pretendem atribuir ao Direito Administrativo representado pela APA podem ser incluídas no compromisso da APA de 1946, uma vez que só vieram a ser desenvolvidas nas décadas seguintes. Em todo caso, a defesa que os autores fazem da ação da Suprema Corte contra as tendências que observaram no Tribunal de Apelações do Distrito de Columbia não surtiu efeitos. Ao contrário, construiu-se, em contrapartida, uma resistência considerável ao Estado administrativo na Suprema Corte.

3 "O Direito Administrativo é irregulável?" (*Hamburger*)

O Ministro da Suprema Corte [Clarence] *Thomas* faz diversas referências a um livro que representa os objetivos do "Direito Administrativo libertário" de uma forma particularmente radical:[131] *O Direito Administrativo é irregulável?* [*Is Administrative Law unlawful*]",[132] de *Philip Hamburger*. O autor faz uma abordagem histórica e pinta um retrato de uma tradição jurídica anglo-americana em que os juízes de Direito Consuetudinário defendem eficazmente a liberdade dos cidadãos contra ataques soberanos de poderes absolutistas.[133] Nesse bojo, ele cria, então, uma imagem

131 U.S. __ (2015) Thomas, J. diss. (slip op. 6-8) *Department of Transportation v. American Association of Railroads*.

132 HAMBURGER, Philip. *Is Administrative Law Unlawful?* Chicago: The University of Chicago Press, 2014.

133 HAMBURGER, Philip. *Is Administrative Law Unlawful?* Chicago: The University of Chicago Press, 2014, p. 5: "In particular, it is necessary to dig into the past".

sombria do presente, em que uma Administração intervencionista ameaça a liberdade dos americanos: embora apenas o Congresso e os Tribunais estejam realmente autorizados a vincular os indivíduos aos requisitos legais, desenvolveu-se uma Administração que é regida pelas próprias normas que cria (*rulemaking*), interpretando-as e aplicando-as (*adjudication*), ou seja, fazendo exatamente o que está reservado aos demais poderes. Para *Hamburger*, o Direito Administrativo que permite essa lógica está em flagrante violação das tradições constitucionais anglo-americanas que ele construiu. A soberania da Administração atual confere força à velha presunção absolutista de poder.[134]

O autor não se preocupa em ter uma posição minoritária em relação à prática estatal que sempre existiu nos EUA. Tampouco o inquieta que as condições jurídicas sob as quais a Administração funciona hoje sejam diferentes das que ele apresenta.[135] Ele quer oferecer mais do que a contribuição da dogmática; quer agitar as coisas. "Enquanto a maioria dos argumentos jurídicos se baseia na doutrina, o argumento aqui, embora parcialmente doutrinário, é mais substancialmente derivado do perigo subjacente".[136] O professor de Columbia não está sozinho na sua oposição fundamental ao Estado administrativo.[137]

---

134 HAMBURGER, Philip. *Is Administrative Law Unlawful?* Chicago: The University of Chicago Press, 2014, p. 13: O livro "shows, that administrative power was not merely a natural recurrence to absolutist ideas, but actually was a historical continuation of them". As principais queixas são as violações da separação de poderes, da independência do juiz e do devido processo.

135 Contudo, sem um conhecimento preciso de como funciona o Direito Administrativo contemporâneo, é impossível ir mais longe. A revisão crítica mostra que isso está faltando em VERMEULE, A. "Is Administrative Law 'Unlawful'". *Tex. L. Rev.*, vol. 93, 2014, p. 1.547.

136 HAMBURGER, Philip. *Is Administrative Law Unlawful?* Chicago: The University of Chicago Press, 2014, p. 9.

137 Ver POSTELL, Joseph. *Bureaucracy in America*. Columbia: University of Missouri Press, 2017, pp. 3 e ss., 315 e ss.; com mais detalhes em EMERSON, Blake. "The Democratic Reconstruction of the Hegelian State in the American

Hamburger identificou a fonte para os desdobramentos indesejáveis no Direito americano:[138] *a teoria do Direito Administrativo alemão* na virada dos séculos XIX e XX. Esse arcabouço teórico estava inteiramente na tradição do absolutismo prussiano e da centralização no Estado, que foi filosoficamente elevada por *Hegel*. Os principais advogados administrativos da época, como *Lorenz von Stein* e *Rudolf von Gneist*, eram hegelianos, ainda que de mentalidade liberal, tendo, todavia, o Estado como ponto de referência decisivo para todos os seus ensinamentos.[139]

O estudioso não atribui exatamente as mazelas do Estado administrativo americano, que ele descreve de forma obscura, diretamente ao pensamento constitucional alemão. Ele menciona que foram os juristas americanos que trouxeram as inovações indesejáveis de que se queixa. Contudo, eles se acostumaram a ver as coisas pelas lentes alemãs porque frequentaram universidades alemãs.[140] "O modelo científico de investigação acadêmica desenvolvido na Alemanha foi amplamente admirado nos Estados Unidos".[141]

> Milhares de acadêmicos americanos do final do século XIX, ansiosos por superar o seu paroquialismo, migraram à Alemanha e regressaram com ideias sobre o estudo científico, o qual, posteriormente, introduziram na vida acadêmica americana.

Progressive Political Thought". *Review of Politics*, University of Notre Dame, vol. 77, 2015, p. 545.

138 HAMBURGER, Philip. *Is Administrative Law Unlawful?* Chicago: The University of Chicago Press, 2014, pp. 441 e ss.

139 HAMBURGER, Philip. *Is Administrative Law Unlawful?* Chicago: The University of Chicago Press, 2014, pp. 471 e ss.

140 Woodrow Wilson, Frank Goodnow e Ernst Freund são particularmente mencionados.

141 HAMBURGER, Philip. *Is Administrative Law Unlawful?* Chicago: The University of Chicago Press, 2014, p. 472.

E pior ainda: segundo *Hamburger*, os americanos nem sequer adotaram as limitações que os seus professores alemães associavam ao Estado de Direito, mas reforçaram a posição da Administração:[142] "teoricamente, embora os alemães incluíssem liberais, como Otto Mayer, os americanos frequentemente iam na direção de Carl Schmitt".

A hipótese de *Hamburger* acerca da influência que os pensadores alemães tiveram sobre os americanos na elaboração do Direito Administrativo nos EUA, especialmente em questões de método, é bem duvidosa.[143] O livro padece indiscutivelmente com suas formulações altamente exageradas e distorcidas.[144] O que difere da percepção acerca das tradições administrativas independentes que remontam ao século XIX, para as quais os escritos de *Mashaw* acima referidos chamaram a atenção e que têm a sua origem nas tarefas reais da Administração e não em teorias.

Os escritos do professor de Columbia sublinham a conclusão, também partilhada por outros, de que o Direito Administrativo americano provou estar aberto ao pensamento do Direito Administrativo alemão em um determinado período do seu desenvolvimento. No entanto, não foram as autoridades ou os tribunais de ambos os países que se aproximaram, mas, sim, os conceitos teóricos. Se

---

142 HAMBURGER, Philip. *Is Administrative Law Unlawful?* Chicago: The University of Chicago Press, 2014, p. 473.

143 De maneira contrária se posiciona LEPSIUS, Oliver. *Verwaltungsrecht unter dem Common Law*. Tübingen: Mohr Siebeck, 1997, pp. 277 e ss. (Referência à tradição docente dominante fundada por Felix Frankfurter) e 197 (referência a James Landis). Também EMERSON, Blake. "The Democratic Reconstruction of the Hegelian State in the American Progressive Political Thought". *Review of Politics*, University of Notre Dame, vol. 77, 2015, pp. 545, 559 e ss. (desenvolvimento independente de valores democráticos pelos "Progressistas Americanos").

144 Assim HAMBURGER, Philip. *Is Administrative Law Unlawful?* Chicago: The University of Chicago Press, 2014, p. 505 e ss. ("Prussification of the American society by administrative law").

estes foram sempre recepcionados corretamente e o que significa "correto" na recepção, é outra questão.

II. *O Executivo desacorrentado* (*Posner/Vermeule*)

Em uma medida distinta, essa observação também se aplica a um segundo texto recente: *O Executivo desacorrentado* [*The Executive Unbound*]. Nele, *Eric A. Posner* e *Adrian Vermeule* querem criticar fundamentalmente os pressupostos básicos tradicionais do sistema político americano.[145] Nomeadamente, eles duvidam da capacidade do princípio da separação de poderes para garantir uma gestão e controle eficazes do Poder Executivo:

> Essa teoria ruiu. A adequação à realidade não é mais meramente imperfeita, da mesma forma que todos os ideais reguladores são imperfeitos; ao contrário, nem sequer se aproxima do terreno político que pretende cobrir.[146]

Ambos os fiadores, o Congresso e os Tribunais, teriam de enfrentar assimetrias de informação perante o Poder Executivo. No Congresso, uma "separação de partidos" substituiu a separação de poderes. Quando se trata do Poder Judiciário, o seu déficit de legitimidade o emperra. O Poder Executivo, ou seja, o Presidente e a rede de autoridades e instituições, teria hoje adquirido um tamanho e uma complexidade que tornariam impossível uma influência duradoura dos outros dois poderes políticos. Isso ficou patente nas duas crises mais recentes, a ameaça terrorista e a crise financeira. Aqui, em particular, o Congresso revelou-se incapaz ou relutante

145 POSNER, Eric A.; VERMEULE, Adrian. *The Executive Unbound*: After the Madisonian Republic. Oxford: Oxford University Press, 2011. Uma tradução alemã de K. H. Siber apareceu em 2014 sob o título *O Poder Executivo desacorrentado: A crise do legalismo liberal.*

146 POSNER, Eric A.; VERMEULE, Adrian. *The Executive Unbound*: After the Madisonian Republic. Oxford: Oxford University Press, 2011, pp. 206 e ss.

em tomar medidas preventivas para lidar com a crise; e acabou transferindo novas competências para o Executivo.[147] Para apoiar metodologicamente a sua pesquisa, *Posner* e *Vermeule* referem-se – sem prejuízo de algumas reservas – aos ensinamentos de Carl Schmitt, em particular, à sua crítica ao parlamentarismo.[148]

Para os autores é impossível compensar os déficits diagnosticados a partir da melhoria das atuais formas de escrutínio, especialmente as leis. Assim, as tentativas como as feitas pelos defensores do *legalismo liberal* tradicional estão fadadas ao fracasso. Nesse diapasão, abordam também o papel da Lei do Processo Administrativo (APA).[149] Eles reconhecem que essa lei, que pretendia conciliar o Estado administrativo com o legalismo liberal em 1946, restringe as autoridades, ainda que até certo ponto, dentro de uma normalidade. Todavia, o Presidente e áreas importantes como os setores militar e de política externa não são abrangidos pelo âmbito da APA ("buracos negros"). Além disso, os tribunais deram ao Executivo uma liberdade considerável ("buracos cinzentos"), especialmente em tempos de crise. "Essas margens de ação são parte integrante do Estado administrativo".[150]

Posner e *Vermeule* não defendem um Poder Executivo sem amarras. Apenas se opõem à eficácia dos mecanismos tradicionais

147 POSNER, Eric A.; VERMEULE, Adrian. *The Executive Unbound*: After the Madisonian Republic. Oxford: Oxford University Press, 2011, pp. 42 e ss.

148 POSNER, Eric A.; VERMEULE, Adrian. *The Executive Unbound*: After the Madisonian Republic. Oxford: Oxford University Press, 2011, pp. 34: "Our main claim will be that the Schmittian view supplies a better account of institutional capacities and behaviour in these crisis episodes than does the liberal legalist view stemming from Madison".

149 POSNER, Eric A.; VERMEULE, Adrian. *The Executive Unbound*: After the Madisonian Republic. Oxford: Oxford University Press, 2011, pp. 84 e ss, 89 e ss.

150 POSNER, Eric A.; VERMEULE, Adrian. *The Executive Unbound*: After the Madisonian Republic. Oxford: Oxford University Press, 2011, pp. 90: "In this sense, American administrative law *is* [kursiv im Original] Schmittian".

de controle e de legalidade e, em vez disso, apontam para uma série de laços políticos que o Executivo, especialmente o Presidente, adquire porque depende de popularidade e de credibilidade.[151] Esses mecanismos que são importantes para a comunicação do Presidente com o público devem incluir comissões independentes, nomeações apartidárias e a busca pela transparência. A partir dessa perspectiva comunicativa, a interação das eleições, dos partidos, do aparelho estatal e dos meios de comunicação social configura a nova ordem política na qual o Executivo passou a ser o centro de gravidade, sendo democraticamente controlado. Os autores não querem desenhar um cenário de declínio, mas propõem uma alternativa sóbria e moderna ao legalismo liberal tradicional quando afirmam:[152] "a separação de poderes pode estar sofrendo com uma velhice debilitada, mas a democracia eleitoral está viva e bem".

O livro foi amplamente discutido e substancialmente criticado nos EUA.[153] Uma distinção deve ser feita entre suas afirmações analíticas e normativas. No que diz respeito ao primeiro, os autores não assumem o papel de estranhos, mas estão plenamente de acordo com a observação comumente partilhada de uma "presidência imperial".[154] Mesmo representantes tão importantes de uma compreensão liberal do Estado como *Bruce Ackerman* já não vêem o princípio da separação de poderes como um mecanismo eficaz

151 POSNER, Eric A.; VERMEULE, Adrian. *The Executive Unbound*: After the Madisonian Republic. Oxford: Oxford University Press, 2011, pp. 113 e ss., 137 e ss. ("theory of credibility", "credibility is power").

152 POSNER, Eric A.; VERMEULE, Adrian. *The Executive Unbound*: After the Madisonian Republic. Oxford: Oxford University Press, 2011, p. 208.

153 *E. Kennedy* em sua introdução à edição alemã, pp. 1 e ss.

154 *Ch. Lammert* no prefácio à edição alemã, p. II, referenciada como SCHLESINGER, Arthur M. *The Imperial Presidency*. Boston: Houghton Mifflin, 1973. Uma análise atual pode ser encontrada em ACKERMAN, Bruce A. *The Decline and Fall of The American Republic*. Cambridge: Belknap Press of Harvard University Press, 2010, pp. 16 e ss.: "But over the course of two centuries, the most dangerous branch has turned out to be the presidency".

de orientação e controle,[155] pois demandam instrumentos novos e inovadores, alguns dos quais também podem ser encontrados em *Posner* e *Vermeule*. Em alguns aspectos, as observações são semelhantes às discussões sobre a "desparlamentarização" que ocorrem na Alemanha (embora de forma muito mais cautelosa).[156] Nessa toada, parece plausível colocar uma ênfase decisiva na componente comunicativa da ação estatal moderna, como fazem os autores mencionados.

Por outro lado, a avaliação positiva que os autores fazem às ideias de um Poder Executivo forte suscita claras reservas. Aqui o livro está muito enfeitiçado pelas crises descritas, pois mistura as situações excepcionais com a normalidade dos acontecimentos administrativos. O que também está presente na discussão da APA, que não se destina a ser um quadro para a gestão administrativa e judicial de crises e de decisões altamente políticas, mas a orientar as autoridades e os tribunais no cumprimento das suas tarefas ordinárias. É claro que, com as descrições da crise, o papel do Presidente ganha ainda maior projeção à frente dos acontecimentos administrativos do que já acontece na legislação americana.

Em meio ao cenário crítico, *a normalidade da vida administrativa cotidiana* não deve ser perdida de vista. É com isso que o Direito Administrativo deve, notadamente, se preocupar. Essa visão precisa ser lembrada repetidamente, dado o forte foco do discurso americano na Administração federal, uma vez que a normalidade da vida administrativa ordinária também inclui as atividades administrativas regularmente negligenciadas a nível nacional e local.

---

155 ACKERMAN, Bruce A. *The Decline and Fall of The American Republic*. Cambridge: Belknap Press of Harvard University Press, 2010, pp. 119 e ss.

156 *Ch. Lammert*, no prefácio, pp. IV e ss.; em detalhes, ver HERDEGEN, M.; MORLOK, M. "Informalisierung und Entparlamentarisierung politischer Entscheidungen als Gefährdungen der Verfassung?" *VVDStRL*, vol. 62, 2003, pp. 7 e ss., 37 e ss.

E. A mudança positiva: *O Direito Público* (*Blake Emerson*)

O recente estudo *O Direito Público*, de *Blake Emerson*, fornece uma visão positiva do Direito acerca do Estado administrativo americano. O próprio título indica a ideia geral: trata-se de estruturar o Direito Administrativo e os processos de tomada de decisão administrativa, de tal sorte que o público possa se ver em toda a gama de seus desdobramentos e grupos sociais.[157] O foco não está nas patologias da Administração, mas, sim, em um conceito mais amplo daquilo que a Administração e o Direito Administrativo devem alcançar. Essa visão deveria ser reconhecida com sobriedade:[158] "o Estado democrático moderno é um Estado administrativo. A democracia exige que a Administração resolva os problemas sociais identificados pelo público".

Emerson vai fundo na história comparada das ideias políticas, traçando as influências de *Hegel* na geração fundadora do Direito Administrativo americano. Seu ponto de partida são os conceitos de liberdade e de Direito de *Hegel*, que são entendidos em sua necessária inter-relação e revelam uma visão positiva do sistema jurídico e de sua tarefa regulatória: "porque a ordem jurídica moderna proporciona um contexto social em que a liberdade não é apenas uma esperança mental ou um esforço individual, mas um modo de vida garantido por regras e práticas estáveis".[159]

É essa compreensão hegeliana da liberdade que os progressistas americanos, defensores de um Estado administrativo,

157 EMERSON, Blake. *The public's law*: origins and architecture of progressive democracy. Nova York: Oxford University Press, 2019, p. 167: "The possessive form expresses both an originating and a constitutive relationship between public discourse and legal norms".

158 EMERSON, Blake. *The public's law*: origins and architecture of progressive democracy. Nova York: Oxford University Press, 2019, p. 1.

159 EMERSON, Blake. *The public's law*: origins and architecture of progressive democracy. Nova York: Oxford University Press, 2019, p. 25.

compartilham. “Para *Hegel*, o Estado administrativo tinha uma função emancipatória em relação à sociedade que ele regulava”.[160] Como “progressistas” *Emerson* trata não apenas Wilson, Goodnow, Dewey e Folletts, mas também W. E. B. Du Bois, que, baseado no conceito de liberdade de Hegel, como reconhecimento mútuo de indivíduos iguais, defendeu intervenções administrativas precisamente porque lhe pareciam necessárias para criar uma sociedade democrática “inclusiva” que superasse as desvantagens enfrentadas pelos afro-americanos.[161]

Ao enfatizar a compreensão da liberdade, *Emerson* alivia consideravelmente *Hegel* da acusação de centralidade excessiva do Estado que é frequentemente feita na literatura americana. Ainda, ele também mostra que os “progressistas” foram claramente além de *Hegel* e basearam o seu conceito de um Estado administrativo em uma ordem constitucional democrática,[162] o que demonstra a independência do desenvolvimento administrativo dos EUA. *Emerson* aponta uma “arquitetura institucional de democracia progressista” desde o *New Deal* até a era dos direitos civis. A faceta facilitadora da prática das intervenções estatais e a ligação entre liberdade e participação são repetidamente enfatizados.

> Uma renovação completa do Estado progressista exigiria o aprofundamento da intervenção governamental na sociedade, juntamente com procedimentos participativos calculados

160 EMERSON, Blake. *The public's law*: origins and architecture of progressive democracy. Nova York: Oxford University Press, 2019, p. 24.

161 EMERSON, Blake. *The public's law*: origins and architecture of progressive democracy. Nova York: Oxford University Press, 2019, p. 66; há também a diferença fundamental entre Du Bois e Wilson nesse ponto; mas veja também p. 111.

162 EMERSON, Blake. *The public's law*: origins and architecture of progressive democracy. Nova York: Oxford University Press, 2019, p. 113: “The Hegelian Progressives crafted a democratic conception of the state”.

> para corrigir as injustiças estruturais que muitas vezes caracterizam a vida social e privada.[163]

A magnitude da importância de uma Administração eficiente não pode ficar à mercê apenas de competências burocráticas. O autor tem pouco a ganhar com as ideias de *Max Weber* sobre o governo legítimo, que tiveram influência nos EUA.[164] Nesse diapasão, ele também critica as ideias alemãs predominantes atualmente sobre a legitimidade administrativa, porque estão imersas demasiadamente na tradição de *Weber*, não sendo suficientemente abertas à participação democrática.[165] Para *Emerson*, a Lei do Processo Administrativo de 1946 e a "regulamentação informal" nela presente oferecem procedimentos adequados para promover essa dinâmica burocrática, mesmo necessite de melhorias no intuito de promover a participação das camadas desfavorecidas da população. O professor da UCLA, por outro lado, critica o controle judicial da Administração, na medida em que a incentiva a ficar adstrita à atuação dentro da forma técnico-instrumental em vez de agir de modo deliberativo.[166] As "agências", às quais é atribuído um papel central na concretização autônoma dos objetivos jurídicos, não devem ver-se como instrumentos nas mãos do Presidente ou do Congresso, mas diretamente "como agentes do povo", pois devem

163 EMERSON, Blake. *The public's law*: origins and architecture of progressive democracy. Nova York: Oxford University Press, 2019, pp. 184 e 198.

164 EMERSON, Blake. *The public's law*: origins and architecture of progressive democracy. Nova York: Oxford University Press, 2019, pp. 44 e ss, elaborando a diferença para a compreensão substancial da administração de Hegel: "For Weber, by contrast, administration had become a purely instrumental form of rule".

165 EMERSON, Blake. *The public's law*: origins and architecture of progressive democracy. Nova York: Oxford University Press, 2019, pp. 54 e ss.

166 EMERSON, Blake. *The public's law*: origins and architecture of progressive democracy. Nova York: Oxford University Press, 2019, p. 186: "The focus on instrumental rationality in the federal courts, and the suppression of value-based argument from administrative discourse, prevents the state from functioning as the deliberative democratic site it might be".

estar voltadas a discurso público mais orientado para os valores.[167] Enfatizando os aspectos mencionados, o estudo de Emerson, orientado para a história do desenvolvimento e comprometido com a política jurídica, mira diretamente as questões que hoje preocupam as disputas jurídicas sobre o Estado administrativo nos EUA.

F. A importância do Direito Comparado

Na sua orientação histórico-teórica, as posições apresentadas sobre o Direito Comparado abrem abordagens importantes. Sob esses signos, o Direito Administrativo (federal) dos EUA não aparece ao espectador como um bloco fechado, mas pode ser compreendido nas suas condições históricas e com as suas tensões e fricções. As funções das instituições jurídicas tornam-se mais claras e as doutrinas tornam-se transparentes. Um estudo que, como este, não tem como objetivo fazer uma comparação sistemática de leis, mas se dedica principalmente a fornecer uma apresentação informativa do Direito Administrativo americano, também pode se beneficiar disso.

Apesar de todos os exageros, as contribuições radicalmente críticas também têm um efeito positivo. São particularmente importantes em um momento em que as disputas sobre o Direito Administrativo americano penetraram profundamente na prática jurídica, e a Suprema Corte se prepara para repensar os pressupostos centrais do tradicional Estado administrativo.[168] Especialmente nessa situação, o Direito Administrativo Comparado pode chamar

---

167 EMERSON, Blake. *The public's law*: origins and architecture of progressive democracy. Nova York: Oxford University Press, 2019, pp. 168-184.

168 Ver o *status* da discussão com ênfase diferente em METZGER, G. E. "1930s Redux: The Administrative State under Siege". *Harv. L. Rev.*, vol. 131, 2018, pp. 1 e ss.: com a preocupação com a funcionalidade do Estado administrativo; POJANOWSKI, J. A. "Neoclassical Administrative Law". *Harv. L. Rev.*, vol. 133, 2020, pp. 852 e ss.: Esforços para encontrar uma solução intermediária entre as obrigações jurídicas mais rigorosas e as margens de manobras políticas da Administração.

a atenção para experiências e desenvolvimentos semelhantes ou diferentes e apontar para modelos de solução funcionalmente equivalentes. Não se trata de instrução, mas, sim, de processos de compreensão mútua e aprendizagem compartilhada que ocorrem em *ambas* as direções entre os sistemas jurídicos administrativos envolvidos. "Essa observação sugere lições tanto para o lado europeu como para o lado norte-americano".[169]

169 Assim, para o pensamento jurídico em geral, no resumo de seus dois principais estudos comparativos, ver REIMANN, Mathias "The American Advantage in Global Lawyering". *RabelsZ*, vol. 78, 2014, pp. 1 e ss. e "The European Advantages in Global Lawyering". *RabelsZ*, vol. 82, 2018, pp. 885-920. Especialmente para uma visão comparada do Direito Administrativo como um fórum de aprendizado conjunto, ver minhas reflexões em *ZaöRV*, vol. 78, 2018, pp. 861 e ss.

CAPÍTULO II

A ESTRUTURA CONSTITUCIONAL

Os laços constitucionais do Direito Administrativo são um tema tradicional que assume uma classificação proeminente na maioria dos livros didáticos americanos, o que se explica devido à grande importância que os Estados Unidos concederam à Constituição em todo o seu sistema jurídico.[170] O texto constitucional é inicialmente tomado como uma expressão elementar para a necessidade de justificação de toda a violência pública.

> Uma chave para ler a doutrina do Direito Administrativo americano de uma perspectiva europeia é entender que o Estado deve se justificar continuamente ao povo americano de maneiras que não estão familiarizadas no continente.[171]

---

170 KISCHEL, Uwe. *Rechtsvergleichung*. Berlim: C. H. Beck, 2015, § 5, nota, pp. 238 e ss.; STRAUSS, Peter L. *Administrative Justice in the United States*. 3ª ed. Durham: Carolina Academic Press, 2016, pp. 17 e ss.

171 Assim em STRAUSS, Peter L. *Administrative Justice in the United States*. 3ª ed. Durham: Carolina Academic Press, 2016, p. 17.

As seções seguintes vão abordar a história das ideias, a teoria da Constituição e a relação entre Direito e política. Então, o leitor já começa a se sintonizar com o caráter político do Direito Administrativo.[172]

O liame é tênue, portanto, inseguro, entre o que a Constituição consagra em seu texto em relação ao Direito Administrativo ("*required*") e as teorias, que são depreendidas do Direito Constitucional ("*inspired*"), mas não positivadas em todos os pontos, podendo, assim, ser alteradas por lei ordinária.[173] Na Alemanha, ficou evidente que a percepção do Direito Administrativo como um "Direito Constitucional específico" acarretava uma *super*constitucionalização e uma restrição do conteúdo político do Direito Administrativo.[174] A linha americana é determinada por maior relutância.[175] Existem

---

172 Cf. STRAUSS, Peter L.; RAKOFF, Todd D.; FARINA, Cynthia R.; METZGER, Gillian E. *Gellhorn and Byse's Administrative Law*. 11ª ed. Nova York: Foundation Press, 2011, p. 13: "persistent problem how to encapsulate political will in legal norms". Sobre os textos abordados em seu livro, diz AMAN, Alfred C. *Administrative Law and Process*. 3ª ed. St. Paul: West Academic Publishing, 2014, p. 1: "They will not only teach us the law, but provide the basis for sustained reflection on the larger societal and jurisprudential issues that they embody". Para mais detalhes, ver MASHAW, Jerry L.; MERRILL, Richard A.; SHANE, Peter M. *Administrative Law*. 5ª ed. [S.l.]: West Group, 2003, pp. 37 e ss. em relação à comparação das perspectivas de um "idealista jurídico" e de um "realista".

173 METZGER, G. E. "Ordinary Administrative Law as Constitutional Common Law". *Colum. L. Rev.*, vol. 110, 2010, pp. 479-499.

174 Criticamente em MÖLLERS, C. "Methoden". *In*: HOFFMANN-RIEM, Wolfgang; SCHMIDT-AßMANN, Eberhard; VOßKUHLE, Andreas (Coord.). *Grundlagen des Verwaltungsrechts*. 2ª ed. vol. 1. Munique: C. H. Beck, 2012, § 3, nota, pp. 13 e ss.; de maneira positiva em SCHMIDT-AßMANN, Eberhard. *Das allgemeine Verwaltungsrecht als Ordnungsidee*. 2ª ed. Berlim: Springer, 2004, cap. 1, nota, pp. 17 e ss.; WOLLENSCHLÄGER, F. "Verfassung im Allgemeinen Verwaltungsrecht". *VVDStRL*, vol. 75, 2016, pp. 187 e ss.

175 De maneira semelhante em HALBERSTAM, D. "The Promise of Comparative Administrative Law: A Constitutional Perspective on Independent Agencies". *In*: ROSE-ACKERMAN, Susan; LINDSETH, Peter (Coord.). *Comparative Administrative Law*. Cheltenham: Edward Elgar, 2010, p. 139: "In comparison with the United States and France, this has led to a ,relatively strong constitutionalization of German administrative law". Para destacar

institutos em que o Direito Constitucional e o Direito Administrativo se penetram, o que inclui a interpretação constitucional para evitar a inconstitucionalidade de normas de Direito interno.[176] Contudo, com mais ênfase do que na Alemanha, nos EUA é discutida a abrangência do Direito Constitucional ("caráter indeterminado"), o que demanda a devida cautela.[177] Os argumentos constitucionais devem, portanto, ser usados apenas em último caso. Deve ser prioritária a interpretação da lei que considera as características factuais relevantes e as intenções regulatórias do Congresso.[178] No entanto, a extensão da imaginação construtiva, utilizada pelos tribunais para avaliar a "intenção" do Congresso, geralmente, não é menor que o alcance que os tribunais alemães derivam de disposições constitucionais individuais, especialmente dos direitos fundamentais materiais. A relutância dos tribunais americanos em relação às interpretações constitucionais e ao apelo ao Direito Infraconstitucional resguarda

---

mais claramente a natureza temporal da interpretação constitucional nos EUA, ver LEPSIUS, O. "Über die Notwendigkeit der Historisierung und Kontextualisierung für die Verfassungdogmatik". *In*: MEINEL, Florian (Coord.). *Verfassungsgerichtsbarkeit in der Bonner Republik*. Tübingen: Mohr Siebeck, 2019, p. 119.

176 Para mais, ver METZGER, Gillian E. *Colum. L. Rev.*, vol. 110, 2010, pp. 499 e 514 ("canon of constitutional avoidance", "constitutional canons of statutory interpretation").

177 "Last resort rule". Para mais, ver NOWAK, John E.; ROTUNDA, Ronald D. *Constitutional Law*. 8ª ed. St. Paul: Thomson/West, 2010, § 2.12(h); KLOPPENBERG, L. A. "Avoiding Constitutional Questions". *Boston College L. Rev.*, vol. 36, 1994, p. 1.003. É claro que é mais fácil para a Suprema Corte manter essa linha porque, dada a sua posição no sistema judicial dos EUA, pode atuar de acordo com uma norma que integra a Constituição e a lei, ao contrário do Tribunal Constitucional Federal.

178 Com exatidão em SCHARPF, Fritz W. *Die politischen Kosten des Rechtsstaats*: Eine vergleichende Studie der deutschen und amerikanischen Verwaltungskontrollen. Tübingen: J. C. B. Mohr, 1970, p. 36: "A concepção típica básica dos americanos tratam as questões constitucionais como assuntos de interpretação legal".

com mais efetividade as possibilidades de atuação dos órgãos políticos, em especial do Congresso.[179]

Logo, a seguir serão abordados os princípios constitucionais mais importantes para a Administração federal (primeira seção). Posteriormente, virá a discussão acerca da posição dos estados federais e dos municípios no sistema administrativo dos EUA (segunda seção). Explicações sobre o Direito Administrativo como um Direito especial e sua relação com limites e possibilidades perante o setor privado completam seu fundamento básico (terceira seção).

Primeira seção: princípios constitucionais da Administração federal

Os dois aspectos condutores da narrativa mais importantes são chamados de "separação de quatro poderes" (a)[180] e de "direitos fundamentais" (b). Por fim, se analisa a concretização do Direito Administrativo a partir da prática vinculada à legalidade e às suas regras de aplicação (c).

A. Separação de poderes (*separation of powers*)

Nesse ponto, a Constituição americana não é apenas mais clara que a Lei Fundamental, mas também mais detalhista, pois delimitou muito especificamente as três funções dos órgãos nos artigos I ao III. Também distribuiu o equilíbrio de poder de maneira materialmente diferente. Junto com o Congresso, o Presidente é o segundo poder político democraticamente legitimado. Em contrapartida, a doutrina alemã, centrada na legitimação do Parlamento,

179 SCHARPF, Fritz W. *Die politischen Kosten des Rechtsstaats*: Eine vergleichende Studie der deutschen und amerikanischen Verwaltungskontrollen. Tübingen: J. C. B. Mohr, 1970, p. 38.

180 Cf. STRAUSS, Peter L. *Administrative Justice in the United States*. 3ª ed. Durham: Carolina Academic Press, 2016, pp. 28 e ss., 57 e ss.

defende uma concepção dualista: Congresso *e* Presidente. A relação dos dois entre si é descrita pelos livros de Direito Administrativo menos como uma cooperação e mais como uma "luta pelo poder", o que dinamiza as explicações sobre o assunto.[181]

Particularmente, a Constituição dos EUA, assim como a Lei Fundamental, não especifica com mais detalhes que tipos de tarefas e competências devem pautar o Poder Executivo.[182] Embora o art. II afirme claramente que o Poder Executivo caberá a um Presidente, ele dispõe mais detalhadamente de sua eleição e de sua destituição (seções 1 e 4) do que de suas funções (seções 2 e 3). O conteúdo constitucional das competências isoladamente é difícil de compreender, além de incompleto. A própria função executiva e a sua organização permanecem obscuras:[183] "um buraco na

---

181 MASHAW, Jerry L.; MERRILL, Richard A.; SHANE, Peter M. *Administrative Law*. 5ª ed. [S.l.]: West Group, 2003, Preface: "The institutional and legal instruments through which Congress and the President compete to direct administrative action and the shape of administrative law have become an essential part of the study of administrative law itself". O conceito de *power struggle* está na p. 184; cf. TUSHNET, Mark. *The Constitution of the United States of America*. 2ª ed. Oxford: Hart Publishing, 2015, especialmente pp. 100 e ss.: "The struggle between the President and Congress over Administrative Agencies".

182 Além disso, a análise jurídica comparativa de MÖLLERS, Christoph. *Gewaltengliederung*: Legitimation und Dogmatik im nationalen und internationalen Rechtsvergleich. Tübingen: Mohr Siebeck, 2005, pp. 70 e ss.; LORZ, Ralph A. *Interorganrespekt im Verfassungsrecht*. Tübingen: Mohr Siebeck, 2000, pp. 21 e ss.

183 MASHAW, Jerry L.; MERRILL, Richard A.; SHANE, Peter M. *Administrative Law*. 5ª ed. [S.l.]: West Group, 2003, p. 182: "The US Constitution is more than usually delphic in describing the structure and the powers of the executive branch". A história constitucional e a teoria política oferecem pouca ajuda aqui: TRIBE, Laurence. *American Constitutional Law*. 3ª ed. Nova York: Foundation Press, 2000, § 2/3.

Constituição".[184] Preencher as áreas abertas com definições deveria ser principalmente uma tarefa do Congresso.[185]

Todavia, caso o arranjo constitucional da separação de poderes tenha um sentido de independência plena, então, apesar da sensação de incerteza, devem ser formuladas diretrizes que não fiquem a critério do Congresso. As ideias de controle mútuo do poder político ("freios e contrapesos") e de prevenção da usurpação do poder ("interferência", "alargamento") servem para concretizar essa perspectiva.[186] Naturalmente, tudo isso é muito amplo. Uma compreensão mais rigorosa levanta questões metodológicas que são descritas na literatura com os termos "formalismo" e "funcionalismo":[187] a abordagem *formal* enfatiza o significado do texto normativo; aqui a separação está como pano de fundo. A argumentação *funcional* vê a Constituição como um quadro e tem em conta os desdobramentos políticos e sociais que ocorreram desde a sua criação; assim, enfatiza a necessária interação entre poderes e

---

184 Para uma caracterização mais adequada da descoberta, cf. STRAUSS, Peter L. *Administrative Justice in the United States*. 3ª ed. Durham: Carolina Academic Press, 2016, p. 10.

185 STRAUSS, Peter L. *Administrative Justice in the United States*. 3ª ed. Durham: Carolina Academic Press, 2016, pp. 28 e ss.; de maneira semelhante em MANNING, J. F. "Separation of Powers as ordinary Interpretation". *Harv. L. Rev.*, vol. 124, 2011, pp. 1.939-1.945.

186 Cf. 424 U.S. 1, 118-122 (1976) *Buckley v. Valeo*; 478 U.S. 714, 721-750 (1986) *Bowsher v. Synar*; MÖLLERS, Christoph. *Gewaltengliederung*: Legitimation und Dogmatik im nationalen und internationalen Rechtsvergleich. Tübingen: Mohr Siebeck, 2005, pp. 73 e ss., há também o conceito alemão de usurpação do poder de fora do órgão.

187 Para mais detalhes, ver STRAUSS, Peter L.; RAKOFF, Todd D.; FARINA, Cynthia R.; METZGER, Gillian E. *Gellhorn and Byse's Administrative Law*. 11ª ed. Nova York: Foundation Press, 2011, pp. 562-580. A breve caracterização a seguir está presente no artigo de BROWN, R. L. "Separated Powers and Ordered Liberty". *U. Pa. L. Rev.*, vol. 139, 1991, p. 1.513. Cf. HUQ, A. Z.; MICHAELS, J. D. "The Cycles of Separation-of-Powers Jurisprudence". *Yale L. J.*, vol. 126, 2016, p. 346, que criticam esta classificação, mas que, em última análise, seguem uma abordagem semelhante com a classificação "regras rígidas" e "padrões de textura aberta".

só vê isso como violado quando é dada a um Poder a oportunidade de intervir na área central de outro.[188] Ambas as abordagens não são mutuamente excludentes.[189] Há que se considerar, ao menos, alguns pontos específicos da argumentação funcional para se avançar no entendimento do princípio da separação de poderes, o qual representa em si um sentido funcional.

Se compararmos o "formalismo" e o "funcionalismo" com as possibilidades de interpretação que podem ser encontradas na teoria alemã da separação de poderes, uma abordagem metodológica semelhante torna-se aparente:[190] por um lado, o objetivo de garantir a liberdade por meio da divisão do poder do Estado.[191] Além disso, a separação de poderes deverá também ter como objetivo "garantir que as decisões do Estado sejam tomadas da forma mais correta possível, ou seja, pelos órgãos que reúnam os melhores pré-requisitos em termos da sua organização, composição,

188 Cf. BROWN, R. L. "Separated Powers and Ordered Liberty". *U. Pa. L. Rev.*, vol. 139, 1991, p. 575, "core function". Paralelamente à doutrina da área central do BVerfG, ver MÖLLERS, Christoph. *Gewaltengliederung*: Legitimation und Dogmatik im nationalen und internationalen Rechtsvergleich. Tübingen: Mohr Siebeck, 2005, p. 74.

189 Em relação à prática da Suprema Corte quanto ao assunto, ver STRAUSS, Peter L.; RAKOFF, Todd D.; FARINA, Cynthia R.; METZGER, Gillian E. *Gellhorn and Byse's Administrative Law*. 11ª ed. Nova York: Foundation Press, 2011, p. 562: "Some of the Justices consistently use one or the other; the other members of the Court appear to be uncommitted". A observação desse movimento ondulatório no Judiciário é semelhante em HUQ, A. Z.; MICHAELS, J. D. "The Cycles of Separation-of-Powers Jurisprudence". *Yale L. J.*, vol. 126, 2016, pp. 346-377.

190 Para ver as abordagens alemães em SCHMIDT-AßMANN, Eberhard. "Der Rechtsstaat". *In*: ISENSEE, Joseph; KIRCHHOF, Paul (Coord.). *Handbuch des Staatsrechts der Bundesrepublik Deutschland*. 3ª ed. vol. 2. Heidelberg: C. F. Müller Juristischer Verlag, 2004, § 26, pp. 49 e ss.; JARASS, Hans D.; PIEROTH, Bodo. *Grundgesetz für die Bundesrepublik Deutschland*. 15ª ed. Munique: C. H. Beck, 2018, art. 20, nota, p. 32.

191 Cf. BVerfGE 3, 225, 247; 22, 106, 111. Essa visão mais antiga de 1953 e 1967 também pode ser encontrada em decisões mais recentes; cf. BVerfGE 124, 78, 120.

função e procedimento".[192] Em ambos os países, a interpretação funcional tem de enfrentar a dificuldade de avaliar juridicamente a eficácia dos arranjos organizacionais. "A análise funcionalista é criticada pela sua indeterminação e pela inevitabilidade da tomada de decisões *ad hoc*".[193] Só essa razão já justifica que os argumentos funcionais sejam usados com cautela.

Decisões difíceis só podem ser tomadas, recorrendo "ao" princípio da separação de poderes, quando a área nuclear de atuação do Poder é afetada. Mesmo nesses casos, porém, não é possível prescindir de uma ponderação dos interesses conflitantes. Por exemplo, no tratamento do direito do Executivo de reter informações confidenciais aos Tribunais ou ao Parlamento. A Suprema Corte reconhece que a comunicação dentro do governo deve ser particularmente protegida e descreve o "*privilégio executivo*" como "inextricavelmente enraizado na separação de poderes nos termos constitucionais".[194] Ainda assim, ao Poder Executivo é negada uma posição absoluta. No modo de argumentação próximo à "concordância prática", esse privilégio está antes sujeito ao equilíbrio mais cuidadoso possível com outros interesses jurídicos constitucionais, por exemplo, a administração ordenada da justiça criminal (*rule of law*).[195] Na sua decisão sobre os poderes das comissões parlamentares de investigação para coleta de provas, o Tribunal Constitucional

192 Apareceu pela primeira vez em 1984 na BVerfGE 68, 1, 86, e em 1996 e 1998 em BVerfGE 95, 1, 15; 98, 218, 252.

193 Assim BROWN, R. L. "Separated Powers and Ordered Liberty". *U. Pa. L. Rev.*, vol. 139, 1991, p. 1.513.

194 Assim foi a decisão paradigmática em 418 U.S. 683, 708 (1974) *United States v. Nixon.*

195 418 U.S. 683, 707 (1974) *United States v. Nixon* : "Since we conclude that the legitimate needs of the judicial process may outweigh Presidential privilege, it is necessary to resolve those competing interests in a manner that preserves the essential functions of each branch". As questões de política militar, externa e de segurança recebem especial peso; os tribunais devem reduzir particularmente o seu controle (p. 710). Além disso, é feita referência à possibilidade de um procedimento na Câmara (p. 685).

Federal considera a formação de decisões dentro do governo uma "área central da responsabilidade executiva" em que esses poderes podem encontrar os seus limites. Contudo, pelo menos para os processos concluídos, assume, à semelhança da Suprema Corte, que a autorização de acesso deve ser determinada mediante ponderação da matéria.[196] Os documentos privativos do Presidente não estão sujeitos ao privilégio executivo. No entanto, eles não estão completamente desprotegidos contra o acesso indevido do Congresso. Trata-se também de um "conflito interprofissional" constitucionalmente relevante que tem uma dimensão política. A Suprema Corte disse recentemente isso no caso *Trump v. Mazars, EUA, LLP, et. al.* e funcionou. Também aqui desempenharam um papel os aspectos da separação de poderes, refletindo o interesse do Congresso em obter informações importantes para o seu trabalho legislativo, por um lado, e, por outro, a posição peculiar que a Constituição confere ao Presidente. A solução é buscada em uma "abordagem equilibrada", que englobe uma série de considerações funcionais plausíveis e que seja mantida relativamente aberta.[197]

Na maioria dos casos, a separação de poderes exerce influência em ambos os sistemas jurídicos, principalmente na interpretação de disposições mais específicas do Direito Constitucional e no

---

196 BVerfGE 124, 78, 120 e ss.; 143, 101, 117 e ss.; 147, 231. O direito de acesso "em regra" não deve estender-se aos processos governamentais em curso (nota, p. 229). No entanto, o governo não deve ser autorizado a fazer qualquer apelo adicional ao "bem-estar do Estado" em relação ao Parlamento, desde que o Parlamento, por sua vez, assegure a proteção dos segredos oficiais que o governo considere necessários (pp. 246 e ss.). Em qualquer caso, a recusa do governo deve ser justificada detalhadamente; um "apelo geral" a uma contrarrazão constitucional não é de forma alguma suficiente (pp. 253 e ss.).

197 De acordo com o Chefe de Justiça Roberts em sua opinião majoritária que perfaz o 7:2 em 591 U.S. __ (2020) (18-20 e ss.): a questão a ser feita é, entre outras coisas, se outras fontes de informação podem estar disponíveis para o Congresso; o peso que um pedido de produção representa para o trabalho diário do Presidente também deve ser levado em consideração; em todo caso, o Congresso não pode utilizar o pedido para obter "vantagens institucionais" no jogo de poder com o Presidente.

preenchimento de lacunas.[198] Nesse aspecto, no entanto, apresenta a relevância de sempre.[199] As questões de separação de poderes particularmente importantes para o Direito Administrativo são o poder do Congresso e do Presidente de influenciar a Administração (I) e a questão de até que ponto as tarefas legislativas podem ser delegadas à Administração (II).

I. Poderes de tomada de decisão do Congresso e do Presidente

A própria Constituição americana estabelece um arcabouço, que é determinado pelos seguintes pontos-chave:[200]

- Art. 8, cláusula 18, autoriza o Congresso a: "fazer todas as leis que sejam necessárias e adequadas para levar à execução os poderes anteriores, e todos os outros poderes conferidos pela Constituição ao governo dos Estados Unidos, ou a qualquer departamento ou funcionário dele" ("*cláusula necessária e adequada*").

---

198 JARASS, Hans D.; PIEROTH, Bodo. *Grundgesetz für die Bundesrepublik Deutschland.* 15ª ed. Munique: C. H. Beck, 2018, art. 20, nota, p. 32, com referência a *H. Schulze-Fielitz* em DREIER, Horst (Coord.). *Grundgesetz*: Kommentar. 3ª ed. Tübingen: Mohr Siebeck, 2013, art. 20, nota, p. 70.

199 Como sustenta o autor, "continued vitality for separation of powers ideas", em STRAUSS, Peter L. *Administrative Justice in the United States.* 3ª ed. Durham: Carolina Academic Press, 2016, p. 32. Em áreas individuais em que o Poder Judiciário depende da separação de poderes, cf. HUQ, A. Z.; MICHAELS, J. D. "The Cycles of Separation-of-Powers Jurisprudence". *Yale L. J.*, vol. 126, 2016, pp. 358 e ss.: "legislative delegations, removal power, deference to agency interpretations, adjudication by non-Article III judges, foreign affairs and national security".

200 STRAUSS, Peter L.; RAKOFF, Todd D.; FARINA, Cynthia R.; METZGER, Gillian E. *Gellhorn and Byse's Administrative Law.* 11ª ed. Nova York: Foundation Press, 2011, pp. 549 e ss.; CANE, Peter. *Controlling administrative power*: a historical comparison. Cambridge: Cambridge University Press, 2016, pp. 64 e ss.; LOEWENSTEIN, Karl. *Verfassungsrecht und Verfassungspraxis der Vereinigten Staaten.* Berlim: Springer, 1959, pp. 292 e ss.

- Art. II, seção 1, atribui o Poder Executivo ao Presidente ("cláusula de aquisição") e obriga-o, nos termos da seção 3, a "zelar para que as leis sejam fielmente executadas" ("*cláusula de precaução*").

O jogo de forças move-se entre estes dois pilares, que é dirigido, mas não fixado, por uma série de regulamentações específicas com diferentes níveis de regulação.[201] Podem ser sistematicamente distinguidas três formas de controle, que são capazes, na prática, de serem combinadas; em todo caso, o Congresso não pode utilizar a competência para obter "vantagens institucionais" no jogo de poder com o Presidente.[202]

- *Atribuições técnicas de tarefas*: são realizadas por meio de leis que especificam tarefas especializadas individuais para o Poder Executivo, especialmente aquelas relacionadas à regulação econômica, à proteção ambiental e à administração social, e também se referem a que autoridade deve realizar essas tarefas, com que instrumentos e em quais processos. Os princípios gerais que devem ser observados na sua implementação, ou seja, especialmente questões de delegação, de discricionariedade e de proteção jurídica constituem o cerne daquilo que os livros didáticos chamam de "Direito Administrativo", que, portanto, tem um caráter muito mais organizacional e processual do que na Alemanha.

---

201 Em relação à prática da organização, cf. BREYER, Stephen G.; STEWART, Richard B.; SUNSTEIN, Cass R.; VERMEULE, Adrian; HERZ, Michael. *Administrative law and regulatory policy*. 8ª ed. Nova York: Wolters Kluwer, 2017, pp. 101 e ss.

202 Seguindo STRAUSS, Peter L.; RAKOFF, Todd D.; FARINA, Cynthia R.; METZGER, Gillian E. *Gellhorn and Byse's Administrative Law*. 11ª ed. Nova York: Foundation Press, 2011, pp. 651 e ss.; HICKMAN, Kristin; PIERCE, Richard J. *Federal Administrative Law*. 2ª ed. St. Paul: Foundation Press, 2014, pp. 121 e ss.

- *Requisitos fiscais e orçamentários*: a cobrança de tributos e a realização de despesas requerem uma base jurídica. Os recursos financeiros necessários também deverão ser especificamente aprovados.[203] As "dotações" anuais permitem ao Congresso ou às comissões de ambas as Câmaras reajustar a execução administrativa de uma forma muito direcionada.[204] O Presidente pode, por sua vez, tentar influenciar as decisões fiscais e orçamentárias do Congresso, valendo-se do seu poder de veto.[205]

- *Formas de controle da legislação organizacional e de pessoal*: o fato de que as regulamentações organizacionais são importantes técnicas de controle na política é uma visão que tem sido reiteradamente repetida no Direito Administrativo americano.[206] O melhor exemplo são as comissões reguladoras independentes. As competências são controversas. Uma disposição particularmente importante é a "*cláusula de nomeações*" [*appointments clause*] (art.

---

203 Art. I, seção 9, cláusula 7, U.S.-Verf.: "No money shall be drawn from the Treasury, but in Consequence of Appropriations made by Law (...)".

204 STRAUSS, Peter L.; RAKOFF, Todd D.; FARINA, Cynthia R.; METZGER, Gillian E. *Gellhorn and Byse's Administrative Law*. 11ª ed. Nova York: Foundation Press, 2011, pp. 677 e ss.; BREYER, Stephen G.; STEWART, Richard B.; SUNSTEIN, Cass R.; VERMEULE, Adrian; HERZ, Michael. *Administrative law and regulatory policy*. 8ª ed. Nova York: Wolters Kluwer, 2017, pp. 97 e ss.; STRAUSS, Peter L. *Administrative Justice in the United States*. 3ª ed. Durham: Carolina Academic Press, 2016, pp. 111 e ss.

205 De acordo com FISHER, Louis. *The law of the executive branch*: presidential power. Oxford: Oxford University Press, 2014, pp. 168 e ss.

206 STEINBERG, Rudolf. *Politik und Verwaltungsorganisation*: Zur Reform der Regierungsund Verwaltungsorganisation unter besonderer Berücksichtigung der Obersten Bundesbehörden in den Vereinigten Staaten von Amerika. Baden-Baden: Nomos Verlagsgesellschaft, 1979, pp. 189 e ss., historicamente pp. 31 e ss.; ROßBACH, Matthias. *Das Personal der Republik*: Entstehung und Entwicklung eines demokratischen Personalverfassungsrechts der Exekutive am Beispiel der Vereinigten Staaten von Amerika. Diss. Berlin 2018, i. E., pp. 105 e ss., 166 e ss.

II, seção 2, cláusula 2), que torna o Presidente dependente da aprovação do Senado para preencher cargos de cúpula do Executivo, enquanto a nomeação de "funcionários de cargos ordinários" pode ser delegada pelo Congresso por lei ordinária ao Presidente ou aos seus delegatários nos vários setores da Administração. As complicadas regulamentações foram e são sempre a causa de disputas jurídicas: quem é um "oficial dos Estados Unidos" e não apenas um "funcionário"?[207] Quais grupos de funcionários pertencem aos "oficiais principais" e quais pertencem aos funcionários de escalão inferior ("oficiais inferiores")?[208] A exigência de aprovação do Senado para nomeações também se aplica a demissões?[209]

As disputas mostram a diversidade do Poder Legislativo no tocante à influência política – seja das duas Casas ou apenas do Senado. Fundamentalmente, elas são interessantes porque mostram que, embora as tarefas executivas com a "cláusula de aquisição" e a "cláusula de precaução" sejam atribuídas ao Presidente, o Poder Executivo não é entendido como uma área funcional uniforme e hierarquicamente ordenada. De maneira mais clara do que nos sistemas parlamentares de governo, deve haver uma separação entre o Presidente e a burocracia que constitui o Poder Executivo

---

207 Dos tempos mais recentes ver 585 U.S. __ (2018) (5-13) *Lucia v. Securities and Exchange Commission*; para mais detalhes, ver (de uma perspectiva histórica) MASCOTT, J. L. "Who are 'Officers of the United States'?" *Stan. L. Rev.*, vol. 70, 2018, p. 443; ROßBACH, Matthias. *Das Personal der Republik*: Entstehung und Entwicklung eines demokratischen Personalverfassungsrechts der Exekutive am Beispiel der Vereinigten Staaten von Amerika. Diss. Berlin 2018, i. E., pp. 382 e ss.

208 520 U.S. 651, pp. 662/663 (1997) *Edmond v. United States*; BREYER, Stephen G.; STEWART, Richard B.; SUNSTEIN, Cass R.; VERMEULE, Adrian; HERZ, Michael. *Administrative law and regulatory policy*. 8ª ed. Nova York: Wolters Kluwer, 2017, pp. 108 e ss.

209 A negação está presente em 272 U.S. 52 (1926) *Myers v. United States*.

nos Estados Unidos.[210] Isso fica particularmente evidente nas questões do poder organizacional (1), do poder pessoal (2), do direito presidencial de emitir instruções (3) e dos "decretos" (4).

1 A distribuição do poder organizacional

Quando foram fundados, os EUA não podiam recorrer a uma estrutura organizacional administrativa existente, mas tiveram de primeiramente criá-la. As decisões a serem tomadas não eram da "dinastia" de um monarca,[211] mas tinham de ser legitimadas democraticamente.[212] Isso já está presente em 1803, no caso *Marbury v. Madison*, quando diz acertadamente:[213] "o fato de o povo ter o direito original de estabelecer para o seu futuro governo os princípios que, na sua opinião, mais contribuirão para a sua própria felicidade é a base sobre a qual todo o tecido americano foi erguido". "Essa vontade originária e suprema organizou o governo e atribuiu aos diferentes setores as respectivas competências". Assim, as disposições do art. 8, cláusula 18, da Constituição dos Estados expressam em relação aos poderes do

---

210 Cf. CANE, Peter. *Controlling administrative power*: a historical comparison. Cambridge: Cambridge University Press, 2016, pp. 78 e ss.

211 Para o desenvolvimento alemão, cf. BÖCKENFÖRDE, E. W. *Die Organisationsgewalt im Bereich der Regierung*. Berlim: Duncker & Humblot, 1964, S. 21 e ss.

212 ROßBACH, Matthias. *Das Personal der Republik*: Entstehung und Entwicklung eines demokratischen Personalverfassungsrechts der Exekutive am Beispiel der Vereinigten Staaten von Amerika. Diss. Berlin 2018, i. E., pp. 17 e ss.

213 5 U.S. (1 Cranch) 137, 176 (1803) *Marbury v. Madison*; STRAUSS, Peter L. *Administrative Justice in the United States*. 3ª ed. Durham: Carolina Academic Press, 2016, p. 125: "Creating a government has been understood from the beginning to be a matter of statutes, not executive decree". ROßBACH, Matthias. *Das Personal der Republik*: Entstehung und Entwicklung eines demokratischen Personalverfassungsrechts der Exekutive am Beispiel der Vereinigten Staaten von Amerika. Diss. Berlin 2018, i. E., pp. 147 e ss.

Congresso:[214] "toda a maquinaria do braço executivo do governo dos Estados Unidos abaixo do nível do Presidente é o resultado da ação do Congresso".[215]

Assim, não só a criação, o estatuto e as responsabilidades das unidades administrativas individuais podem ser regulamentados por lei, mas também a sua estrutura interna, como a função dos altos funcionários públicos e a relação entre ministérios e setores. A legislação organizacional na prática é correspondentemente diversa. A respectiva lei especializada é, ao mesmo tempo, um *contrato social* [*Aufgabengesetz*] e um *estatuto organizacional* [*Organisationsstatut*].[216] Com as tarefas, definem-se também a estrutura, as opções de atuação e os procedimentos da respetiva autoridade que o Congresso considera necessários para uma abordagem oficial adequada à função. Dessa forma, o "estatuto orgânico" cria uma *ligação* específica entre o Direito especializado e a autoridade técnica, que, por sua vez, pode tornar-se importante quando a questão da competência interpretativa emerge em litígios judiciais.

Essa política de instituição de novas autoridades baseadas em tarefas e de prescrição das suas próprias estruturas de tomada de decisão também deve ser criticada na literatura.[217] A vantagem das

---

214 Já em 1789, na sua primeira sessão, o Congresso estabeleceu três departamentos (1 Estat. 28, 49 e 65): Departamento de Relações Exteriores, Departamento de Guerra, Departamento do Tesouro, cada um com especificações para estrutura interna; cf. SCHWARTZ, Bernard. *Administrative Law*. 3ª ed. Boston: Little, Brown, 1991, § 1.13.

215 LAWSON, Gary. *Federal Administrative Law*. 7ª ed. St. Paul: West Academic, 2015, p. 5.

216 STEINBERG, Rudolf. *Politik und Verwaltungsorganisation*: Zur Reform der Regierungsund Verwaltungsorganisation unter besonderer Berücksichtigung der Obersten Bundesbehörden in den Vereinigten Staaten von Amerika. Baden-Baden: Nomos Verlagsgesellschaft, 1979, pp. 318 e ss.

217 Cf. BREYER, Stephen G.; STEWART, Richard B.; SUNSTEIN, Cass R.; VERMEULE, Adrian; HERZ, Michael. *Administrative law and regulatory policy*. 8ª ed. Nova York: Wolters Kluwer, 2017, p. 103 ("fragmentation of the executive branch"); MORSTEIN MARX, Fritz. *Amerikanische Verwaltung*.

soluções "sob medida" é compensada pela perda de clareza. Há a falta de uma dinâmica confiável. Uma divisão tripartite pode fornecer uma determinada orientação na diversidade de autoridades:[218] em primeiro lugar, os ministérios chamados "departamentos do gabinete", que, por sua vez, podem unir numerosas (sub)autoridades sob o seu teto; em segundo lugar, as "agências executivas (independentes)" fora da organização ministerial, como a Agência de Proteção Ambiental (EPA) ou a Administração da Segurança Social (SSA); e em terceiro lugar, as "comissões reguladoras independentes" lideradas por colegiados, como a Comissão Federal de

---

Berlim: Duncker & Humblot, 1963, pp. 91 e ss.; LOEWENSTEIN, Karl. *Verfassungsrecht und Verfassungspraxis der Vereinigten Staaten*. Berlim: Springer, 1959, pp. 358 e ss.; MASING, J. "Die US-amerikanische Tradition der Regulated Industries und die Herausbildung eines europäischen Regulierungsverwaltungsrechts". *AöR*, vol. 128, 2003, pp. 558-587: em vez de uma burocracia ministerial geral e fechada, "uma colcha de retalhos de autoridades especializadas mais ou menos independentes". Cf. o panorama dado em BRUGGER, Winfried. *Einführung in das öffentliche Recht der USA*. 2ª ed. Baden-Baden: Nomos, 2001, pp. 206 e ss.; além de ALBERT, Gerd. *Stellung, Funktion und verfassungsrechtliche Problematik der Independent Regulatory Commissions in den Vereinigten Staaten von Amerika*. Berlim: Duncker & Humblot, 1971.

218 STRAUSS, Peter L. *Administrative Justice in the United States*. 3ª ed. Durham: Carolina Academic Press, 2016, pp. 171 e ss. Também são mencionados os "gabinetes departamentais" dotados de um certo grau de independência dentro de um Ministério. A própria Casa Branca forma sua própria estrutura organizacional com seus escritórios, equipes consultivas e escritórios como o influente Escritório de Gestão e Orçamento (OMB). Cf. STRAUSS, Peter L. *Administrative Justice in the United States*. 3ª ed. Durham: Carolina Academic Press, 2016, pp. 151 e ss. Fora da organização ministerial e de autoridade, existe um grande número de empresas públicas, instituições profissionais e comitês de definição de normas sob muitas formas diferentes; para esses "corpos mistos", cf. STRAUSS, Peter L. *Administrative Justice in the United States*. 3ª ed. Durham: Carolina Academic Press, 2016, pp. 187 e ss. Cf. a configuração semelhante em PIERCE, Richard J.; SHAPIRO, Sidney; VERKUIL, P. R. *Administrative Law and Process*. 6ª ed. St. Paul: Foundation Press, 2014, § 4.4; RUFFERT, Matthias. *Law of Administrative Organization of the EU*: A Comparative Approach. Cheltenham/Northampton: Edward Elgar, 2020, pp. 116 e ss.

Comércio (FTC), a Comissão de Valores Mobiliários (SEC) ou a Comissão Federal de Comunicação (FCC).

Essa classificação nada mais é do que um primeiro rascunho. Ou seja, a Administração federal americana só pode ser interpretada à imagem de um *espectro de unidades com vários graus de independência*, dentro das quais cada autoridade desenvolve o seu próprio perfil.

> Acreditamos que as agências variam dentro de um espectro, tendo algumas maior grau de independência do controle e da supervisão política do que outras em virtude da sua autoridade estatutária, estrutura ou cultura.[219]

A trajetória da respectiva autoridade desempenha um papel importante.[220] Elas podem apresentar flutuações no grau de independência. "Independente" não marca um estatuto definitivo, há que se considerar também um componente dinâmico.

Em contrapartida, as estruturas hierárquicas de tomada de decisão prevalecem dentro das autoridades individuais.[221] Contudo, também é concebível que tarefas individuais sejam atribuídas por lei a funcionários específicos dentro do órgão e sejam dissociadas dos processos ordinários de tomada de decisão da autoridade. A interpretação dos respectivos estatutos fundadores continua a

---

219 BREGER, Marshall J.; EDLES, Gary J. *Independent agencies in the United States*: law, structure, and politics. Nova York: Oxford University Press, 2015, p. 7; da mesma forma em LAWSON, Gary. *Federal Administrative Law*. 7ª ed. St. Paul: West Academic, 2015, p. 7.

220 Cf. informações sobre 30 autoridades em BREGER, Marshall J.; EDLES, Gary J. *Independent agencies in the United States*: law, structure, and politics. Nova York: Oxford University Press, 2015, pp. 397 e ss.; assim como seus inúmeros anexos em Breyer, J. diss., 561 U.S. 477, 549-592 (2010) *Free Enterprise Fund v. PCAOB*.

221 Cf. MASHAW, Jerry L.; MERRILL, Richard A.; SHANE, Peter M. *Administrative Law*. 5ª ed. [S.l.]: West Group, 2003, pp. 17 e ss.

ser crucial.[222] A tomada das decisões organizacionais específicas necessárias dentro do quadro jurídico determinado compete, então, ao Presidente ou, de acordo com a independência legalmente reconhecida, ao órgão administrativo da autoridade em questão. O envolvimento do Congresso é necessário somente para as decisões organizacionais de maior alcance do Presidente.[223]

2 A distribuição do poder pessoal

"As ferramentas mais imediatas pelas quais o Presidente pode afirmar o controle sobre as agências administrativas são a contratação e demissão de funcionários".[224] O poder de nomeação e de remoção, bem como as oportunidades de participação do Congresso ou do Senado que restringe esses poderes, são uma zona de conflito de relevância permanente.[225] O art. 2, seção 2,

---

222 STEINBERG, Rudolf. *Politik und Verwaltungsorganisation*: Zur Reform der Regierungsund Verwaltungsorganisation unter besonderer Berücksichtigung der Obersten Bundesbehörden in den Vereinigten Staaten von Amerika. Baden-Baden: Nomos Verlagsgesellschaft, 1979, pp. 108 e ss.

223 Assim, a Agência de Proteção Ambiental (EPA) foi criada pelo Presidente Nixon em dezembro de 1970; a base foi um "Plano de Reorganização" aprovado pelas duas casas do Congresso; a EPA só o incorporou à lei mais tarde. Para mais, ver BREGER, Marshall J.; EDLES, Gary J. *Independent agencies in the United States*: law, structure, and politics. Nova York: Oxford University Press, 2015, pp. 9 e ss.

224 BREYER, Stephen G.; STEWART, Richard B.; SUNSTEIN, Cass R.; VERMEULE, Adrian; HERZ, Michael. *Administrative law and regulatory policy*. 8ª ed. Nova York: Wolters Kluwer, 2017, p. 91; semelhantemente em STRAUSS, Peter L. *Administrative Justice in the United States*. 3ª ed. Durham: Carolina Academic Press, 2016, p. 133; RUFFERT, Matthias. *Law of Administrative Organization of the EU*: A Comparative Approach. Cheltenham/Northampton: Edward Elgar, 2020, pp. 170 e ss.

225 Cf. CHEMERINSKY, Erwin. *Constitutional law*: principles and policies. 5ª ed. Nova York: Wolters Kluwer, 2015, § 4.2.1 e 4.2.2; NOWAK, John E.; ROTUNDA, Ronald D. *Constitutional Law*. 8ª ed. St. Paul: Thomson/West, 2010, § 7.11-7.14; HICKMAN, Kristin; PIERCE, Richard J. *Federal Administrative Law*. 2ª ed. St. Paul: Foundation Press, 2014, pp. 155 e ss.; STRAUSS, Peter L.; RAKOFF, Todd D.; FARINA, Cynthia R.; METZGER,

cláusula 2 da Constituição dos EUA faz duas determinações: os dirigentes principais são nomeados pelo Presidente com a anuência do Senado; para cargos inferiores, o Congresso pode, por lei, prever a nomeação apenas pelo Presidente ou pela chefia das agências ou dos tribunais.

Para avaliar corretamente o significado político dessas disposições, deve-se, primeiramente, notar que, também nos EUA, as relações jurídicas da grande maioria dos cerca de três milhões de funcionários da Administração federal baseiam-se em requisitos fixos de entrada e em planos de carreira previstos em estatutos do serviço público.[226] Há uma Lei da Função Pública Civil (Lei Pendleton) desde 1883, que padronizou e tornou vinculante a lei do serviço público para a maioria dos funcionários públicos.[227] Logo, eles não poderiam, em tese, ser exonerados por razões políticas.[228]

Gillian E. *Gellhorn and Byse's Administrative Law*. 11ª ed. Nova York: Foundation Press, 2011, pp. 718 e ss.; ROßBACH, Matthias. *Das Personal der Republik*: Entstehung und Entwicklung eines demokratischen Personalverfassungsrechts der Exekutive am Beispiel der Vereinigten Staaten von Amerika. Diss. Berlin 2018, i. E., pp. 382 e ss., 452 e ss.

226 STRAUSS, Peter L. *Administrative Justice in the United States*. 3ª ed. Durham: Carolina Academic Press, 2016, 133 e ss, 181 e ss.; MASHAW, Jerry L.; MERRILL, Richard A.; SHANE, Peter M. *Administrative Law*. 5ª ed. [S.l.]: West Group, 2003, pp. 196 e ss.; ROßBACH, Matthias. *Das Personal der Republik*: Entstehung und Entwicklung eines demokratischen Personalverfassungsrechts der Exekutive am Beispiel der Vereinigten Staaten von Amerika. Diss. Berlin 2018, i. E., pp. 327 e ss., 549 e ss.

227 22 Stat. 402, e ainda a Lei de Reforma do Serviço Público de 1978, Pub. L. Nº 95-454, codificado em 5 U.S.C. §§ 1101-1105 e §§ 1201-1205. Sobre a constitucionalidade das regras legais de demissão, ver 116 U.S. 483, 485 (1886) *United States v. Perkins*. Para a histórica do direito do serviço público, cf. ROSENBLOOM, David H. *Federal Service and the Constitution*. 2ª ed. Washington: Georgetown University Press, 2014.

228 Demissões apenas "por justa causa". O cargo de servidor também representa um "direito" na acepção da Cláusula do Devido Processo, com todas as consequências para a proteção processual e judicial constitucionalmente exigida. Cf. STRAUSS, Peter L. *Administrative Justice in the United States*. 3ª ed. Durham: Carolina Academic Press, 2016, pp. 181 e ss.

Os problemas específicos de "nomeação" e "exoneração" afetam, portanto, apenas os funcionários em cargos de gestão. Além dos "dirigentes principais", os termos "nomeados políticos" incluem também alguns grupos de funcionários públicos que não estão abrangidos pelos regulamentos ordinários de carreira. A principal tarefa desse segmento é transmitir orientações políticas às autoridades técnicas. Naturalmente, o Presidente depende particularmente da lealdade desses dirigentes, por isso, sua nomeação e demissão são igualmente importantes.

No que tange à *nomeação* dos "diretores principais", o Presidente está expressamente vinculado à anuência do Senado, conforme a "cláusula de nomeação"; a Câmara dos Representantes [dos Deputados] e suas comissões não têm competência para participar desse processo. A Constituição, no entanto, é silente sobre as exonerações. A Suprema Corte decidiu em 1926 que a decisão sobre o "poder de remoção" cabia exclusivamente ao Presidente, e que a participação do Senado não estava prevista constitucionalmente, logo, não podendo ser prevista por lei infraconstitucional.[229] Como justificativa, enfatizou a responsabilidade do Presidente pela aplicação efetiva das leis e o potencial de controle excepcional que reside nas decisões de exoneração.[230]

Contudo, pode haver limites a essa prerrogativa. Alguns anos mais tarde, a Suprema Corte permitiu ao Congresso prescrever por lei ordinária um mandato fixo para funcionários que não fazem parte do aparato estatal de carreira, mas que desempenham funções

---

229 272 U.S. 52 (1926) *Myers v. United States*. No que tange ao desenvolvimento da jurisprudência ver ROßBACH, Matthias. *Das Personal der Republik*: Entstehung und Entwicklung eines demokratischen Personalverfassungsrechts der Exekutive am Beispiel der Vereinigten Staaten von Amerika. Diss. Berlin 2018, i. E., pp. 452 e ss.

230 272 U.S. 52, 132 (1926) *Myers v. United States*: "Made responsible under the Constitution for the effective enforcement of the law, the President needs as an indispensable aid to meet it the disciplinary influence upon those who act under him of a reserve power of removal".

"quase-legislativas" ou "quase-judiciais", sendo sua exoneração condicionada à existência de um motivo justificável ("*good cause*"), afastando a hipótese de deixar apenas a critério do Presidente ("*at will*").[231] Julgamentos posteriores colocaram o critério da especialidade da função ("não puramente executiva") em segundo plano; neles se foi questionado, de maneira mais geral, se as restrições ao direito de remoção impostas pelo Congresso impedem ou inviabilizam o Presidente de exercer os seus deveres constitucionais nos termos do art. 2, seções 1 e 3, da Constituição dos EUA.[232]

A competência do Congresso para realizar determinados encapsulamentos ("*insulations*") da autoridade hierárquica é hoje um componente típico da lei das agências reguladoras independentes e uma característica do Estado administrativo americano.[233] A racionalidade inerente ao órgão técnico deve ser aumentada. A ideia de equilíbrio no exercício do poder, que permeia toda a teoria da separação de poderes, foi aqui deslocada também para dentro do Poder Executivo.

Quanto a esse ponto, os requisitos que a Suprema Corte estabeleceu têm oscilado.[234] Após decisões em que foram em direção a restrições do direito presidencial de nomeação e de exoneração, surgiu recentemente uma linha mais restritiva que, como a de Myers, enfatizando a responsabilidade global do Presidente pelo

---

231 Fundamentado em 295 U.S. 602, 629 (1935) *Humphrey's Executor v. United States*; 487 U.S. 654, 691 (1988) *Morrison v. Olson*.

232 487 U.S. 654, 691 (1988) *Morrison v. Olson*.

233 Quanto ao desenvolvimento do assunto, ver CUSHMAN, Robert E. *The Independent Regulatory Commissions*. Londres: Oxford University Press, 1941; LEPSIUS, Oliver. *Verwaltungsrecht unter dem Common Law*. Tübingen: Mohr Siebeck, 1997, pp. 189 e ss.

234 Cf. HICKMAN, Kristin; PIERCE, Richard J. *Federal Administrative Law*. 2ª ed. St. Paul: Foundation Press, 2014, pp. 217 e ss.; BREYER, Stephen G.; STEWART, Richard B.; SUNSTEIN, Cass R.; VERMEULE, Adrian; HERZ, Michael. *Administrative law and regulatory policy*. 8ª ed. Nova York: Wolters Kluwer, 2017, pp. 121 e ss., 142 e ss.

Poder Executivo.[235] As recentes disputas em torno do Escritório de Proteção Financeira do Consumidor [sigla em inglês, CFPB – *Consumer Financial Protection Bureau*], fundado em 2010, mostram que a situação jurídica é incerta.[236]

3 Autoridade dirigente e Executivo unitário

A questão do direito do Presidente de emitir instruções a todo o Poder Executivo também está presente na discussão americana, mas integrada a um contexto mais amplo de opções de controle e, portanto, não é tão proeminente como o direito ministerial de emitir instruções na Alemanha. A relutância tem a ver com o tamanho da Administração federal americana e a sua diversificação desconcentrada e nacionalizada, bem como com o fato de o problema de informação, com que cada hierarquia de comando em grandes agências tem de lutar, ser visto com mais clareza e ser conduzido de maneira mais cautelosa.[237] O que implica ter que

235 U.S. 477, 493-514 (2010) *Free Enterprise Fund v. Public Company Accounting Oversight Board*; aqui, na página 498 ("cadeia de comando"), encontra-se a metáfora da cadeia, que é semelhante ao estoque tradicional da teoria alemã da legitimação (cf. BVerfGE 47, 253, 275; 123, 39, 69), ROßBACH, Matthias. *Das Personal der Republik*: Entstehung und Entwicklung eines demokratischen Personalverfassungsrechts der Exekutive am Beispiel der Vereinigten Staaten von Amerika. Diss. Berlin 2018, i. E., pp. 215 e 405 e ss. Cf. a posição minoritária de *Breyer*, J. dort 514-549; além de STRAUSS, Peter L. *Administrative Justice in the United States*. 3ª ed. Durham: Carolina Academic Press, 2016, pp. 133 e ss.

236 Para tanto, ver a decisão da Corte de Apelação (D. C. Cir.) de 31.01.2018, 881 F3d 75 *PHH Corporation v. CFPB*, e a decisão da Suprema Corte de 29.06.2020, 591 U.S. (2020) *Seila Law LLC v. CFPB*.

237 SCHWARTZ, Bernard. *Administrative Law*. 3ª ed. Boston: Little, Brown, 1991, § 1.9 (S. 19): "The department itself is a huge, conglomerate mass; the specific administrative task is a small part of its activities. The secretary cannot hope to have more than a superficial knowledge of these activities".

buscar alternativas nas quais o Presidente possa impor *indiretamente* as suas ideias políticas.[238]

a. Controle informacional

Além dos instrumentos de gestão de pessoas discutidos (ver o item 2 abaixo), existem opções de controle informacional, que se baseiam no art. II, seção 2, cláusula 1 da Constituição dos EUA. Esse dispositivo autoriza o Presidente a solicitar relatórios ("pareceres por escrito") aos dirigentes superiores do departamento sobre assuntos da competência do respectivo cargo, o que pode ser expandido para um processo de consulta, que configura um meio de controle suave, mas eficaz.[239]

A ferramenta mais importante dessa seara é o *Processo de Planeamento e Revisão Regulatória*, que tem a sua base numa cadeia de ordens executivas [decretos] que os Presidentes emitiram de forma semelhante desde o governo Reagan.[240] O circuito de duas etapas incentiva as autoridades da Administração federal a fornecer antecipadamente ao Ministério de Gestão e Orçamento (OMB) uma lista de seus projetos legislativos pretendidos e a coordenar os

238 HICKMAN, Kristin; PIERCE, Richard J. *Federal Administrative Law*. 2ª ed. St. Paul: Foundation Press, 2014, pp. 255 e ss.; RUFFERT, Matthias. *Law of Administrative Organization of the EU*: A Comparative Approach. Cheltenham/Northampton: Edward Elgar, 2020, pp. 174 e ss.

239 Cf. STRAUSS, P.; SUNSTEIN, C. "The Role of the President and OMB in Informal Rulemaking". *Admin. L. Rev.*, vol. 38, 1986, pp. 181-200; para mais, ver STRAUSS, Peter L.; RAKOFF, Todd D.; FARINA, Cynthia R.; METZGER, Gillian E. *Gellhorn and Byse's Administrative Law*. 11ª ed. Nova York: Foundation Press, 2011, pp. 213-241.

240 A ordem executiva emitida pelo Presidente Clinton E.O. 12866, 58 F.R. 51735 (1993), foi complementada pelo decreto do Presidente Obama E.O. 13563, 76 F.R. 3821; cf. a ordem decretada pelo Presidente Biden em E.O. 13992, 86 F.R. 7049.

projetos identificados por esse departamento como importantes.[241] Não prejudica os requisitos processuais legais, em particular os da APA, e destina-se a garantir que os planejamentos das autoridades não entrem em conflito com a legislação aplicável, com as prioridades governamentais ou com as atividades de outras autoridades.[242]

O mecanismo de controle central é uma *análise custo-benefício* que deve ser fornecida para todas as propostas legislativas. Com efeito, o procedimento baseia-se na seguinte cooperação: o OIRA aconselha as autoridades e fornece-lhes informações ("fornecer orientações significativas"), havendo, todavia, a possibilidade de devolver o plano a uma autoridade para reconsiderá-lo, além da disponibilidade de meios de resolução de conflitos em caso de divergências mais profundas. Na literatura especializada, inúmeras objeções ao procedimento são levantadas, particularmente quanto ao foco na análise de custo-benefício.[243] Ainda assim, os tribunais não questionaram a legalidade desse escopo. Na prática, entretanto, funciona como uma ferramenta para garantir certo grau de centralidade em uma Administração federal altamente fragmentada.[244]

---

241 O OMB é um escritório dentro da Casa Branca. Dentro do OMB, o Escritório de Informação e Assuntos Regulatórios (OIRA) é responsável.

242 Cf. a apresentação de FISHER, Louis. *The law of the executive branch*: presidential power. Oxford: Oxford University Press, 2014, pp. 106 e ss.; PIERCE, Richard J.; SHAPIRO, Sidney; VERKUIL, P. R. *Administrative Law and Process*. 6ª ed. St. Paul: Foundation Press, 2014, § 9.5; STRAUSS, Peter L. *Administrative Justice in the United States*. 3ª ed. Durham: Carolina Academic Press, 2016, pp. 141 e ss.; LEPSIUS, O. "Regulierungsrecht in den USA: Vorläufer und Modell". *In*: FEHLING, Michael; RUFFERT, Mathias. *Regulierungsrecht*. Tübingen: Mohr Siebeck, 2010, § 1, nota, pp. 97 e ss.

243 De acordo com BREYER, Stephen G.; STEWART, Richard B.; SUNSTEIN, Cass R.; VERMEULE, Adrian; HERZ, Michael. *Administrative law and regulatory policy*. 8ª ed. Nova York: Wolters Kluwer, 2017, pp. 179 e ss.; STRAUSS, Peter L.; RAKOFF, Todd D.; FARINA, Cynthia R.; METZGER, Gillian E. *Gellhorn and Byse's Administrative Law*. 11ª ed. Nova York: Foundation Press, 2011, pp. 213 e ss.

244 Para o seu uso em tempos mais recentes, cf. MATHEWS, J. "Presidential Administration in the Obama Era". *In*: KAISER, Anna-Bettina; PETERSEN,

b. A questão de um direito abrangente de emitir instruções

É controverso o limite da delegação do direito geral de emitir instruções sobre assuntos diversos ("autoridade dirigente") que a Constituição concede ao Presidente.[245] A responsabilidade do chefe do Poder Executivo em relação à boa execução das leis (art. II, seção 3, da Constituição dos EUA) não parece equacionar o problema.[246] Essa posição central não exige unidade administrativa na qual o Presidente possa, em última análise, dizer aos funcionários individuais o que fazer? Dessa forma, o conceito de "Executivo unitário" encontrou alguns adeptos, especialmente em tempos mais recentes.[247] No entanto, as opiniões divergem quanto à sua previsão constitucional e às suas consequências jurídicas.[248]

Niels; SAURER, Johannes (Coord.). *The U.S. Supreme Court and Contemporary Constitutional Law*: The Obama Era and Its Legacy. Londres: Routledge, 2019, pp. 67-69 e ss.

245 Em relação à opinião de BREYER, Stephen G.; STEWART, Richard B.; SUNSTEIN, Cass R.; VERMEULE, Adrian; HERZ, Michael. *Administrative law and regulatory policy*. 8ª ed. Nova York: Wolters Kluwer, 2017, pp. 148 e ss.; STRAUSS, Peter L.; RAKOFF, Todd D.; FARINA, Cynthia R.; METZGER, Gillian E. *Gellhorn and Byse's Administrative Law*. 11ª ed. Nova York: Foundation Press, 2011, pp. 685 e ss.

246 Conforme PIERCE, Richard J.; SHAPIRO, Sidney; VERKUIL, P. R. *Administrative Law and Process*. 6ª ed. St. Paul: Foundation Press, 2014, § 4.2.

247 Cf. (com referências) WURMAN, I. "Constitutional Administration". *Stan. L. Rev*., vol. 69, 2017, pp. 359-399 e ss.; HICKMAN, Kristin; PIERCE, Richard J. *Federal Administrative Law*. 2ª ed. St. Paul: Foundation Press, 2014, pp. 247 e 254. Direto da jurisprudência 487 U.S. 654, 698- 699 (1988) (Scalia, J. diss.) *Morrison v. Olson*: "But in addition to providing fortification, the founders conspicuously and very consciously declined to sap the Executive's strength in the same way they had weakened the Legislature: by dividing the executive power". Cf. LORZ, Ralph A. *Interorganrespekt im Verfassungsrecht*. Tübingen: Mohr Siebeck, 2000, pp. 244 e ss.

248 Cf. BREYER, Stephen G.; STEWART, Richard B.; SUNSTEIN, Cass R.; VERMEULE, Adrian; HERZ, Michael. *Administrative law and regulatory policy*. 8ª ed. Nova York: Wolters Kluwer, 2017, p. 148; em relação a

Os instrumentos especiais de controle (pessoal e informativo) que acabamos de discutir falam contra a ideia de uma unidade administrativa e de um direito correspondentemente amplo de emitir instruções.[249] Esses mecanismos não seriam necessários se a Constituição também trouxesse pressuposto que o Presidente teria autoridade executiva abrangente e onipresente. Essa autoridade também não se enquadra na imagem tradicional da Administração americana, que dependia da concepção jurídica sobre ela, que é, portanto, fragmentada. Supõe-se que o Presidente monitore esse organograma complexo, mas não controle antecipadamente todas as decisões individuais por meio de suas instruções normativas. O controle centralizado ou o descentralizado são, assim, deslocados de volta ao nível da lei infraconstitucional.[250] A redação da lei ordinária é

---

uma variante "rígida", ver CALABRESI, S.; RHODES, K. "The Structural Constitution: Unitary Executive, Plural Judiciary". *Harv. L. Rev.*, vol. 105, 1992, p. 1.155 (derivação convincente do texto e da história da Constituição). Para uma variante "flexível", ver LESSING, L.; SUNSTEIN, C. "The President and the Administration". *Colum. L. Rev.*, vol. 94, 1994, p. 1 (não baseado historicamente, mas causado por novas constelações de poder). Em relação a uma variante, ver: KAGAN, E. "Presidential Administration". *Harv. L. Rev.*, vol. 114, 2001, pp. 2.246-2327 (presunção do direito de emitir instruções se o Congresso tiver delegado uma tarefa a uma autoridade que não seja uma "agência independente").

249 Assuntos diferentes se aplicam a áreas especiais como defesa, segurança e política externa. Cláusulas especiais, por exemplo, a função do Presidente como "comandante-em-chefe", devem ser levadas em conta aqui (art. II, seção 2, cláusula 1, da Constituição dos EUA).

250 STRAUSS, Peter L. *Administrative Justice in the United States*. 3ª ed. Durham: Carolina Academic Press, 2016, p. 125: "And the Constitution's statement that 'he shall take care that the laws are faithfully executed' (that is, be executed by *someone else* [em itálico no original], those on whom Congress has placed 'Duties') suggests that he is to exercise oversight, not decide". STRAUSS, Peter L. "Overseer or The Decider? The President in Administrative Law". *Geo. Wash. L. Rev.*, vol. 75, 2007, pp. 696 e ss.; além de FISHER, Louis. *The law of the executive branch*: presidential power. Oxford: Oxford University Press, 2014, pp. 98 e ss.; cf. LOEWENSTEIN, Karl. *Verfassungsrecht und Verfassungspraxis der Vereinigten Staaten*. Berlim: Springer, 1959, pp. 358 e ss.

tão técnica quanto crucial. Quando não está expressa, a "cláusula de aquisição" do art. II, seção 1, da Constituição dos EUA pode derivar em uma presunção a favor da autoridade diretiva do Presidente.[251]

4 Ordens executivas [decretos executivos]

A falta de um direito amplo de emitir instruções normativas não impede o Presidente de influenciar a Administração com ordens executivas. Esse instituto não é mencionado na Constituição. Porém, tem sido utilizado pelos Presidentes desde os primórdios – com frequência crescente desde o *New Deal*.[252] Hoje, as ordens executivas, juntamente com "proclamações presidenciais", "memorandos", "declarações de assinatura" e "acordos executivos", estão entre os instrumentos normativos da *administração direta* do Presidente.[253] O seu conteúdo pode ser muito diferente: muitas vezes, podendo dizer respeito a questões de organização interna e de coordenação oficial.[254] As obrigações comportamentais do pessoal administrativo também podem ser objeto de regulamentação.[255] Em alguns casos, são regulamentadas questões individuais, em outras, são feitas estipulações gerais. As determinações podem

---

251 Nessa direção vai *Kagan* em *Harv. L. Rev.*, vol. 114, 2001, pp. 2.246-2.327 e ss.

252 Para mais, ver FISHER, Louis. *The law of the executive branch*: presidential power. Oxford: Oxford University Press, 2014, p. 102; cf. também LORZ, Ralph A. *Interorganrespekt im Verfassungsrecht*. Tübingen: Mohr Siebeck, 2000, pp. 215 e ss. A demarcação, especialmente a partir dos memorandos, nem sempre é clara.

253 Sistematicamente em COOPER, Phillip J. *By Order of the President*. 2ª ed. Lawrence: University Press of Kansas, 2014, pp. 1 e ss.; além de HICKMAN, Kristin; PIERCE, Richard J. *Federal Administrative Law*. 2ª ed. St. Paul: Foundation Press, 2014, pp. 255 e ss.

254 De extrema importância é a sequência de ordens executivas através do processo de Planejamento e Revisão Regulatória do OBM.

255 Como, por exemplo, O. 13898 "Ethics Commitments by Executive Branch Personal", que o Presidente Biden decretou no dia em que assumiu o cargo (86 F. R. 7029).

ser limitadas a tópicos puramente administrativos, mas também podem ter consequências de longo alcance para os indivíduos.[256] A amplitude do campo em que os decretos executivos são utilizados dificilmente pode ser superestimada. "Para cumprir as leis, as agências executivas emitem regras e regulamentos e os Presidentes dependem de ordens executivas e de proclamações".[257] Se olharmos para as formas de atuação do Poder Executivo como um todo, então, *além* das formas de atuação *burocrática*, normatizadas na APA ("normas" e "ordens"), também devem ser levadas em conta as formas de atuação *presidencial*, o que faz ser ainda menos compreensível que o chefe do Executivo receba apenas uma atenção lateral na literatura especializada do Direito Administrativo.[258]

As ordens executivas devem ser publicadas no Registro Federal, na medida em que sejam de caráter geral. Caso contrário, há apenas algumas possibilidades jurídicas para a sua promulgação. Essa percepção contrasta notavelmente com os regulamentos

---

256 Como, por exemplo, o decreto emitido pelo Presidente George W. Bush E.O. 13440 de 20.07.2007 (72 F. R. 40707) sobre métodos de interrogatório e interpretação das Convenções de Genebra sobre Prisioneiros de Guerra; revogado pelo presidente Obama em E.O. 13491 "Ensuring Lawful Interrogations" de 22.01.2009 (74 F. R. 4893). Mais recentemente, por exemplo, a controversa decisão do Presidente Trump E.O. 13769 de 27.01.2017 (82 F. R. 8977) sobre restrições à entrada de certos países muçulmanos ("proibição de viagens"); ações judiciais contra isso falharam perante a Suprema Corte, 585 U.S. __ (2018) *Trump v. Hawaii*; as regras seguintes foram com o E.O. 13780 suspensas no dia em que o Presidente Obama assumiu o cargo em 20.01.2021 (86 F. R).

257 FISHER, Louis. *The law of the executive branch*: presidential power. Oxford: Oxford University Press, 2014, p. 101.

258 Cf. as informações em CANE, Peter. *Controlling administrative power*: a historical comparison. Cambridge: Cambridge University Press, 2016, pp. 82 e ss. Uma apresentação sucinta e precisa é fornecida pelo estudo escrito em 2010 para o Serviço Científico do Congresso: BURROWS, V. K. "Executive Orders: Issuance, Modification and Revocation". *Congressional Research Service 7-5700*, 2011. Disponível em: www.crs.gov: RS 20846; resumidamente em HICKMAN, Kristin; PIERCE, Richard J. *Federal Administrative Law*. 2ª ed. St. Paul: Foundation Press, 2014, pp. 253 e 258.

legais detalhados que se aplicam à legislação das autoridades. Em particular, o cumprimento do procedimento de notificação amplamente praticado não é um pré-requisito para a decretação de ordens executivas.[259]

Um caso paradigmático a respeito do tema é o *Youngstown Sheet & Tube Co. v. Sawyer.*[260] O imbróglio envolvia uma ordem executiva com a qual o Presidente Truman pretendia colocar temporariamente empresas de produção de aço sob administração judicial durante a Guerra da Coreia, a fim de prevenir possíveis consequências dos ataques. A maioria da Suprema Corte considerou o projeto inconstitucional. As questões sobre a formalidade jurídica não desempenharam qualquer papel. Ao contrário, o decisivo foi o fator substantivo de saber se a ordem poderia basear-se em competência que pudesse ser derivada expressamente ou, pelo menos, implicitamente da Constituição ou de lei ordinária. Sem essa base jurídica consolidada, as ordens executivas não poderiam ter efeito vinculante ("jurídico").[261]

O caso envolvendo a *Youngstown Sheet & Tube Co.* dificilmente pode ser usado como um precedente, de âmbito generalizado, pois os juízes que formaram a maioria acrescentaram aos seus próprios votos visões concorrentes, manifestando diferentes abordagens de justificação. A tipologia tripartite proposta pela Ministra [Ketanji Brown] Jackson é considerada mais avançada, evidenciando a interligação na prática entre as competências legais

259 Seu uso é recomendado por OLIVERIO, M. T. *Admin. L. Rev.*, vol. 70, 2018, pp. 715-738.

260 U.S. 579 (1952) *Youngstown Sheet & Tube Co. v. Sawyer*; CURRIE, David P. *Die Verfassung der Vereinigten Staaten von Amerika*. Frankfurt am Main: Metzner, 1988, pp. 30 e ss.; BRUGGER, Winfried. *Einführung in das öffentliche Recht der USA*. 2ª ed. Baden-Baden: Nomos, 2001, pp. 72 e ss.

261 LORZ, Ralph A. *Interorganrespekt im Verfassungsrecht*. Tübingen: Mohr Siebeck, 2000, pp. 216 e ss.

e constitucionais:[262] a posição do Presidente é mais forte quando ele baseia a sua ordem em uma autorização do Congresso; porque aqui, além do que a lei lhe confere, ele também tem poderes constitucionais próprios para agir. Por outro lado, estão aqueles casos em que uma ordem é incompatível com as ideias do Congresso; porque a única opção que resta ao Presidente é confiar nas suas competências exclusivas. Entre esses dois extremos, encontra-se a visão intermediária, focada nos casos em que o Congresso não concedeu nem revogou a autoridade do Presidente para agir. Nessa "zona de penumbra", pode haver competências concorrentes entre o Presidente e o Congresso para determinados assuntos.[263]

As ordens executivas não se limitam apenas a uma forma de ação voltada para manifestar diretrizes administrativas internas. Se tiverem embasamento jurídico, podem produzir efeitos e, assim, ter o respaldo dos tribunais. Contudo, o embasamento necessário não pode ser obtido por meio de uma "visão global" de todos os poderes constitucionais do Presidente. Ele precisa estar definido mais especificamente. A interação com as responsabilidades e competências do Congresso deve ser levada em conta. A prática do Congresso de revogar ou alterar ordens executivas também cai nessa zona cinzenta.

II. Delegação de competência

Desse modo, a questão de saber até que ponto a prerrogativa legislativa pode ser transferida para o Poder Executivo pelo Congresso é uma imagem espelhada dos poderes de concepção e de influência do Congresso. A importância que a democracia e a

---

262 343 U.S. 579, 634-636 (1952) *Youngstown Sheet & Tube Co. v. Sawyer*; ISSACHAROFF, S. "Die Defizite der Demokratie". *Der Staat*, vol. 56, 2017, pp. 329-340 e ss.

263 Exemplos práticos podem ser encontrados em BURROWS, V. K. "Executive Orders: Issuance, Modification and Revocation". *Congressional Research Service 7-5700*, 2011, pp. 4 e ss. Disponível em: www.crs.gov: RS 20846.

separação de poderes têm no Direito americano deveria levar a esperar uma linha restritiva; porque o art. I, seção 1, da Constituição dos EUA formulou enfaticamente que "todos os poderes legislativos concedidos serão atribuídos a um Congresso".[264] Diz, portanto, apropriadamente: "esta disposição é tanto uma concessão de poder ao Congresso quanto uma limitação ao seu uso". "Proíbe o Congresso de delegar seus poderes legislativos a qualquer outra instituição". Todavia, essa interpretação estreita de uma teoria da delegação não consegue prosperar. Abaixo estão os requisitos para delegações de competências.

Antes de avançar nessa ideia, deve-se ter cuidado com o equívoco frequentemente cometido de subestimação do papel dos textos legais nos EUA, como subordinados, em razão da desconfiança no efeito vinculante dos elementos abstratos do tipo jurídico. Contrariamente, deve se ter em mente que o Direito Administrativo americano presta atenção à clareza da lei e que a imprecisão legal resulta em invalidade. A "*teoria do vazio por imprecisão*" baseia-se, por um lado, na cláusula do devido processo legal da Quinta Emenda: os cidadãos devem ser capazes de prever o que lhes é exigido.[265] O que é particularmente verdade quando se trata de sanções punitivas ou de outras intervenções graves na liberdade, como as deportações. Ao mesmo tempo, a segurança jurídica necessária visa evitar que as autoridades responsáveis pela aplicação da lei exerçam as suas funções de forma arbitrária.[266] Uma segunda justificativa para a doutrina refere-se à separação de poderes: a imprecisão da lei deixa a cargo da Administração

264 PIERCE, Richard J.; SHAPIRO, Sidney; VERKUIL, P. R. *Administrative Law and Process*. 6ª ed. St. Paul: Foundation Press, 2014, § 3.3.

265 U.S. __ (2018) *Sessions v. Dimaya* (slip op. 4): "fair notice of the conduct a statute proscribes".

266 U.S. __ (2018) *Sessions v. Dimaya* (slip op. 4): "And the doctrine guards against arbitrary and discriminatory law enforcement by insisting that a statute provide standards to govern the actions of police officers, prosecutors, juries, and judges".

e do Judiciário decisões que deveriam ser tomadas em processo deliberativo e aberto.[267] Com essas justificações, os requisitos de segurança jurídica estendem-se para além da área do Direito punitivo e de intervenção, podendo também tornar-se importantes para outras tarefas administrativas. Na jurisprudência é possível encontrar referências ao tema.[268]

1 Conteúdo vinculante reduzido aos limites da delegação material

No tocante à delegação de prerrogativas legislativas, a prática frequente é que sejam previsões vagamente definidas, principalmente, no que tange a questões materiais. Do ponto de vista *processual*, no entanto, podem ser identificadas diretivas jurídicas precisas, que se refletem em regulamentos organizacionais e processuais especiais da respectiva lei especializada e na lógica geral da Lei do Processo Administrativo.

Os efeitos compensatórios do Direito Processual variam nas diferentes áreas do Direito Administrativo especial, mas, no geral, não devem ser sobrestimados. Não há outra explicação para a crítica aos requisitos insuficientes de segurança material, que partes da literatura expressam especialmente quando se trata do problema da delegação. As discussões geralmente são conduzidas diante do cenário de conflito do *Estado administrativo*. A narrativa tradicional descreve o crescimento incontrolável que o sistema de agências reguladoras tem experimentado, especialmente a partir do *New Deal*, e enfatiza a gama de poder das agências modernas, que, além das tarefas de aplicação da lei, também incluem tarefas de elaboração de leis e de resolução vinculativa de conflitos. Nessa

---

267 U.S. __ (2018) *Sessions v. Dimaya*. Gorsuch, J. conc. (op. cit. 8-9).

268 U.S. __ (2018) *Sessions v. Dimaya*. Thomas, J. diss. (op. cit. 12), com referência a 408 U.S. 104, 108-109 (1972) *Grayned v. City of Rockford*, no entanto, com a observação adicional de que a jurisprudência não é consistente nesse ponto.

toada, as agências aparecem como centros de poder independentes que deixaram para trás as linhas divisórias da divisão de competências prevista na ordem constitucional e se estabeleceram como um "quarto Poder do governo, só que sem uma cabeça".[269]

Considerando esse aspecto como uma ameaça à separação de poderes, faria sentido contrabalançar o caso com a "*teoria da não delegação*", a qual foi evocada primeiramente nas reações iniciais da Suprema Corte ao *New Deal*.[270] No entanto, as decisões que a acolheram não constituíram uma linha jurisprudencial.[271]

---

269 STRAUSS, Peter L.; RAKOFF, Todd D.; FARINA, Cynthia R.; METZGER, Gillian E. *Gellhorn and Byse's Administrative Law*. 11ª ed. Nova York: Foundation Press, 2011, pp. 548 e ss.; BREYER, Stephen G.; STEWART, Richard B.; SUNSTEIN, Cass R.; VERMEULE, Adrian; HERZ, Michael. *Administrative law and regulatory policy*. 8ª ed. Nova York: Wolters Kluwer, 2017, pp. 45 e ss.; HICKMAN, Kristin; PIERCE, Richard J. *Federal Administrative Law*. 2ª ed. St. Paul: Foundation Press, 2014, pp. 12 e ss.; CANE, Peter. *Controlling administrative power*: a historical comparison. Cambridge: Cambridge University Press, 2016. O conceito foi aceito a partir de sua definição pelo juiz *Scalia* 556 U.S. 502, 525-526 (2009) *FCC v. Fox Television Stations, Inc.*

270 Seguindo STRAUSS, Peter L.; RAKOFF, Todd D.; FARINA, Cynthia R.; METZGER, Gillian E. *Gellhorn and Byse's Administrative Law*. 11ª ed. Nova York: Foundation Press, 2011, pp. 606 e ss.; PIERCE, Richard J.; SHAPIRO, Sidney; VERKUIL, P. R. *Administrative Law and Process*. 6ª ed. St. Paul: Foundation Press, 2014, § 3.4; SCHWARTZ, Bernard. *Administrative Law*. 3ª ed. Boston: Little, Brown, 1991, § 2; em comparação com EHMKE, Horst. *Wirtschaft und Verfassung*: Die Verfassungsrechtsprechung des Supreme Court zur Wirtschaftsregulierung. Karlsruhe: C. F. Müller, 1961, pp. 481 e ss.; PÜNDER, Hermann. *Exekutive Normsetzung in den Vereinigten Staaten von Amerika und der Bundesrepublik Deutschland*. Berlim: Duncker & Humblot, 1995, pp. 39 e ss.; LEPSIUS, Oliver. *Verwaltungsrecht unter dem Common Law*. Tübingen: Mohr Siebeck, 1997, pp. 184 e ss.; MÖLLERS, Christoph. *Gewaltengliederung*: Legitimation und Dogmatik im nationalen und internationalen Rechtsvergleich. Tübingen: Mohr Siebeck, 2005, pp. 178 e ss.; IANCU, Bogdan. *Legislative Delegation*: The Erosion of Normative Limits in Modern Constitutionalism. Berlim: Springer, 2012, pp. 72 e ss., 258 e ss.

271 U.S. 388 (1935) *Panama Refining Co. v. Ryan*; e 295 U.S. 495 (1935) *A. L. A. Schechter Poultry Corp. v. United States*. Ambos os casos envolveram disposições importantes da Lei Nacional de Recuperação Industrial (NIRA) de 1933.

Assim, todas as leis, cuja constitucionalidade foi questionada por deficiências na delegação, foram confirmadas pelo tribunal.[272]

Não se deve, entretanto, concluir que a questão das prerrogativas legislativas indefinidas não desempenha qualquer papel para o Supremo Tribunal. Os respectivos acórdãos tratam diretamente das normas de delegação. A abordagem gira em torno do teste do "*princípio inteligível*". Ele permite que os tribunais questionem os elementos fáticos e a finalidade do dispositivo em tela.[273] Ainda assim, o que se percebe é uma inclinação em contentar-se com formulações amplas. "Os padrões para esse princípio não são exigentes",[274] o que se confirma quando é necessário regulamentar questões técnicas ou economicamente complexas.[275] Aqui faz sentido apontar os limites do conhecimento do legislador e a experiência técnica das autoridades legalmente incumbidas e responsáveis. O receio dos juízes é que, em se estabelecendo requisitos mais rigorosos, o que não deixaria de ser importante, eles poderiam ser arrastados para os detalhes de uma área regulatória confusa.[276] A opinião predominante na literatura

---

272 PIERCE, Richard J.; SHAPIRO, Sidney; VERKUIL, P. R. *Administrative Law and Process*. 6ª ed. St. Paul: Foundation Press, 2014, § 3.4.3: "Since the New Deal, the Court has approved all the legislation it has reviewed under the nondelegation clause". Isto certamente se aplica ao Direito Constitucional federal. A maioria dos Estados-membros, por outro lado, adota uma linha mais rigorosa; ver ROSSI, J. "Institutional Design and the Lingering Legacy of Antifederalist Separation of Powers Ideals in the States". *Vanderbilt L. Rev.*, vol. 52, 1999, pp. 1.167-1.187 e ss.

273 U.S. 361, 375 (1989) *Mistretta v. United States*; o recentemente se deu o voto majoritário em 588 U.S. __ (2019) (op. cit. 15-18) *Gundy v. United States*.

274 U.S. __ (2019) (op. cit. 3, 16) *Gundy v. United States*.

275 U.S. 607 (1980) *Industrial Union Department v. American Petroleum Institute*.

276 Cf. BREYER, Stephen G.; STEWART, Richard B.; SUNSTEIN, Cass R.; VERMEULE, Adrian; HERZ, Michael. *Administrative law and regulatory policy*. 8ª ed. Nova York: Wolters Kluwer, 2017, p. 74, com referência a STEWART, R. "Beyond Delegation Doctrine". *Am. U. L. Rev.*, vol. 36, 1987, p. 323; além de STRAUSS, Peter L. *Administrative Justice in the United States*. 3ª ed. Durham: Carolina Academic Press, 2016, pp. 41 e ss.

está preparada para seguir a linha da jurisprudência.[277] Os baixos níveis de certeza ("ampla delegação") refletem uma condição funcional do Estado administrativo americano.[278]

Todavia, também existem vozes críticas e, especialmente agora, há sinais de que a Suprema Corte poderá definir um rumo diferente no futuro.[279] Nesse panorama, há também referências à teoria alemã da essencialidade e ao art. 80, parágrafo 1, inciso 2, da Lei Fundamental, cujos requisitos de especificidade se baseiam em informações de conselheiros militares americanos.[280] A experiência adquirida com o uso desse dispositivo recomenda a "reimportação"

---

277 Cf. MASHAW, J. L. "Prodelegation: Why Administrators Should Make Political Decisions". *J. L. Econ. & Org.*, vol 1, 1985, p. 81; cf. o panorama de STRAUSS, Peter L.; RAKOFF, Todd D.; FARINA, Cynthia R.; METZGER, Gillian E. *Gellhorn and Byse's Administrative Law*. 11ª ed. Nova York: Foundation Press, 2011, pp. 619-624. Contudo, a "doutrina da não delegação" pode levar as autoridades a interpretarem as autorizações legais de forma restritiva, a fim de evitar uma violação constitucional; a doutrina aqui não é uma regra proibitiva, mas, sim, um lugar interpretativo. BREYER, Stephen G.; STEWART, Richard B.; SUNSTEIN, Cass R.; VERMEULE, Adrian; HERZ, Michael. *Administrative law and regulatory policy*. 8ª ed. Nova York: Wolters Kluwer, 2017, p. 84, com referência a SUNSTEIN, C. "Nondelegation Canons". *U. Chi. L. Rev.*, vol. 67, 2000, p. 315.

278 Cf. METZGER, G. E. "1930s Redux: The Administrative State under Siege". *Harv. L. Rev.*, vol. 131, 2017, pp. 1-91.

279 Cf. SCHWARTZ, Bernard. *Administrative Law*. 3ª ed. Boston: Little, Brown, 1991, § 2.16; DAVIS, K. C. "A New Approach to Delegation". *U. Chi. L. Rev.*, vol. 36, 1969, p. 713, apresentado por HICKMAN, Kristin; PIERCE, Richard J. *Federal Administrative Law*. 2ª ed. St. Paul: Foundation Press, 2014, pp. 23 e ss.; CASS, R. A. "Delegation Reconsidered: A Delegation Doctrine for the Modern Administrative State". *Harv. J. L. & Pub. Policy*, vol. 40, 2017, p. 147.

280 LINDSETH, P. "The Paradox of Parliamentary Supremacy: Delegation, Democracy, and Dictatorship in Germany and France, 1920s-1950s". *Yale L. J.*, vol. 113, 2004, pp. 1.392-1.996; MÖSSLE, W. *Inhalt, Zweck und Ausmaß*: Zur Verfassungsgeschichte der Verordnungsermächtigung. Berlim: Duncker & Humblot, 1990, pp. 39 e ss., 48 e ss., 55 e ss.; IANCU, Bogdan. *Legislative Delegation*: The Erosion of Normative Limits in Modern Constitutionalism. Berlim: Springer, 2012, pp. 258 e ss.

para os EUA? Definitivamente, existem pontos de conexão.[281] O Tribunal Constitucional Federal empreende esforços no sentido de desenvolver um conceito de referência à fórmula "conteúdo, finalidade e extensão". Contudo, a implementação do conceito na prática parlamentar tem-se revelado difícil.[282] Cada uma das fórmulas concretizadoras utilizadas pela jurisprudência ("autodecisão", "programa" e "previsibilidade") estabelece diferentes prioridades. Os critérios mencionados – semelhantes aos EUA – são as especificidades regulatórias da respectiva área temática e da intensidade do poder regulatório. Também na Alemanha, as declarações sobre o conteúdo, a extensão e a finalidade não têm de se basear em elementos muito específicos da norma habilitadora.[283] Ao contrário, devem ser determinados pela interpretação da lei como um todo. Não é necessário um máximo de certeza; uma convicção "suficiente" já basta.[284] Todavia, não significa dizer que não haja casos em que uma norma habilitante gerou transtornos no Tribunal Constitucional devido à falta de especificidade.[285] Por isso, esses requisitos só podem ser aplicados à situação nos EUA com grande cautela.[286]

---

281 Sobre semelhanças teórico-históricas, ver LINDSETH, P. "The Paradox of Parliamentary Supremacy: Delegation, Democracy, and Dictatorship in Germany and France, 1920s-1950s". *Yale L. J.*, vol. 113, 2004, pp. 1.341-1393: "In some sense, the provisions of art. 80 (1) can be understood as an effort to fuse the positions articulated by Triepel and Poetzsch in the 1920s with the American nondelegation doctrine from the mid-1930s".

282 De maneira semelhante em *H. Bauer* em DREIER, Horst (Coord.). *Grundgesetz*: Kommentar. 3ª ed. Tübingen: Mohr Siebeck, 2013, art. 80, nota, pp. 27 e ss.

283 BVerfGE 26, 16, 27; conforme a jurisprudência em BVerfGE 150, 1, 198-205.

284 BVerfGE 55, 207, 226 e ss.; 113, 167, 268 e ss.; 123, 39, 78; 153, 310, 101. A "extensão" de uma autorização não obriga à padronização de limites máximos fixos. Cf. BVerfGE 101, 1, 33.

285 BVerfGE 143, 38, 60 e ss.; para mais, ver JARASS, Hans D.; PIEROTH, Bodo. *Grundgesetz für die Bundesrepublik Deutschland*. 15ª ed. Munique: C. H. Beck, 2018, art. 80, nota, p. 18.

286 Os diferentes conceitos regulatórios do Direito alemão e americano que são relevantes nesse contexto são destacados em KISCHEL, U. "Delegation of Legislative Power to Agencies: A comparative Analysis of United States and

2 Outros mecanismos de gestão e controle

Na doutrina do Direito Administrativo americano, procuram-se formas de compensar as fragilidades materiais da delegação através de *outras formas de controle* exercidas pelo Congresso. Com isso, deve-se verificar quais instrumentos estão à disposição do Congresso para influenciar a função legislativa do Poder Executivo: "ferramentas de controle congressual".[287] Na prática, durante muito tempo desempenharam um papel as cláusulas legais, nas quais o Congresso reservava à delegação o direito de impedir que as medidas executivas correspondentes entrassem em vigor durante um determinado período de tempo por meio de uma resolução de veto.[288] Contudo, o *veto legislativo* não recebeu a aprovação da Suprema Corte.[289] A maioria dos juízes o percebeu como um prejuízo à responsabilidade legislativa conjunta de *ambas* as Casas do Congresso ("requisito bicameral") e uma violação do poder de veto do Presidente.

German Law". *Admin. L. Rev.*, vol. 46, 1994, p. 213; LORZ, Ralph A. *Interorganrespekt im Verfassungsrecht*. Tübingen: Mohr Siebeck, 2000, pp. 211 e ss.; RUFFERT, Matthias. *Law of Administrative Organization of the EU*: A Comparative Approach. Cheltenham/Northampton: Edward Elgar, 2020, pp. 178 e ss.

287 BREYER, Stephen G.; STEWART, Richard B.; SUNSTEIN, Cass R.; VERMEULE, Adrian; HERZ, Michael. *Administrative law and regulatory policy*. 8ª ed. Nova York: Wolters Kluwer, 2017, pp. 87 e ss.; STRAUSS, Peter L.; RAKOFF, Todd D.; FARINA, Cynthia R.; METZGER, Gillian E. *Gellhorn and Byse's Administrative Law*. 11ª ed. Nova York: Foundation Press, 2011, pp. 651 e ss.; HICKMAN, Kristin; PIERCE, Richard J. *Federal Administrative Law*. 2ª ed. St. Paul: Foundation Press, 2014, pp. 135 e ss.; C. *Sunstein* em *U. Chi. L. Rev.*, vol. 67, 2000, p. 315; também LORZ, Ralph A. *Interorganrespekt im Verfassungsrecht*. Tübingen: Mohr Siebeck, 2000, pp. 229 e ss.

288 SCHWARTZ, Bernard. *Administrative Law*. 3ª ed. Boston: Little, Brown, 1991, § 4.19: em 1983, existiam cerca de 200 regulamentações desse tipo.

289 U.S. 919 (1983) *Immigration & Naturalization Service v. Chadha*. O acórdão não dizia respeito à legislação, mas, sim, a uma decisão caso a caso; seu veredito, no entanto, é estendido ao primeiro. Cf. PIERCE, Richard J.; SHAPIRO, Sidney; VERKUIL, P. R. *Administrative Law and Process*. 6ª ed. St. Paul: Foundation Press, 2014, § 3.5.

A decisão da Suprema Corte, criticada como formalista, não impediu os legisladores de promulgar a Lei de Revisão Congressual (CRA – *Congressional Review Act*) em 1996.[290] As autoridades devem, então, submeter os seus atos legislativos a ambas as Câmaras do Congresso antes de eles poderem entrar em vigor. É conferido ao Poder Legislativo a oportunidade de impedir a entrada em vigor de uma norma por meio de uma resolução conjunta de desaprovação, preservando simultaneamente os direitos do Presidente. O procedimento complexo evita as implicações constitucionais apontadas pela jurisprudência. Contudo, essa sistemática foi considerada complexa demais e, por muito tempo, quase não foi utilizada.[291] Nesse sentido, tanto a capacidade do Legislativo de influenciar a lei orçamentária quanto a influência dos membros do Congresso nas agências parecem ser formas de controles mais eficazes.[292]

---

290 Publ. L. 104-121; codificado em 5 U.S.C. §§ 801-808.

291 Para mais, ver BREYER, Stephen G.; STEWART, Richard B.; SUNSTEIN, Cass R.; VERMEULE, Adrian; HERZ, Michael. *Administrative law and regulatory policy*. 8ª ed. Nova York: Wolters Kluwer, 2017, pp. 95 e ss. Mas ativado pelo presidente Trump contra atos jurídicos de seu antecessor, cf. LARKIN JR., P. J. "Reawakening the Congressional Review Act". *Harv. J. L. & Pub. Policy*, vol. 41, 2018, p. 187. Em relação a problemas práticos isolados, cf. COLE, M. J. "Interpreting the Congressional Review Act". *Admin. L. Rev.*, vol. 70, 2018, p. 53.

292 BREYER, Stephen G.; STEWART, Richard B.; SUNSTEIN, Cass R.; VERMEULE, Adrian; HERZ, Michael. *Administrative law and regulatory policy*. 8ª ed. Nova York: Wolters Kluwer, 2017, pp. 97 e ss.; HICKMAN, Kristin; PIERCE, Richard J. *Federal Administrative Law*. 2ª ed. St. Paul: Foundation Press, 2014, pp. 122 e ss. Informações detalhadas sobre as conexões entre a respectiva estrutura de tomada de decisão da Agência e as possibilidades de influência do Congresso, FEINSTEIN, B. D. "Designing Executive Agencies for Congressional Control". *Admin. L. Rev.*, vol. 69, 2017, p. 259.

B. Direitos fundamentais (*fundamental rights*)

A segunda grande área em que a Constituição impacta significativamente no Direito Administrativo é a dos direitos fundamentais. Eles podem ser aspectos importantes na seara administrativa.[293]

I. Estruturas de proteção

Não cabe aqui discutir profundamente o contexto histórico.[294] A Constituição Americana foi inicialmente adotada sem uma seção de direitos fundamentais, mas foi complementada pela *Bill of Rights* em 1791, cujas garantias mais importantes eram a liberdade de religião, de expressão, de imprensa e de reunião (Primeira Emenda), proteção contra busca e apreensão (Quarta Emenda), bem como uma garantia do devido processo legal para interferência na vida, na liberdade e na propriedade (Quinta Emenda). Além dessas inclusões, que inicialmente eram dirigidas apenas contra o governo federal e, portanto, também tinham como objetivo proteger a jurisdição dos Estados-membros, a Décima Quarta Emenda entrou em vigor em 1868, após a Guerra Civil, obrigando os estados federados a observarem a garantia do devido processo e a tratarem

---

293 Cf. STRAUSS, Peter L. *Administrative Justice in the United States*. 3ª ed. Durham: Carolina Academic Press, 2016, pp. 57 e ss.; EHMKE, Horst. *Wirtschaft und Verfassung*: Die Verfassungsrechtsprechung des Supreme Court zur Wirtschaftsregulierung. Karlsruhe: C. F. Müller, 1961, pp. 197 e ss., com a advertência apropriada contra uma transferência excessivamente simples das ideias alemãs associadas ao termo "direitos fundamentais". CANE, Peter. *Controlling administrative power*: a historical comparison. Cambridge: Cambridge University Press, 2016, p. 69: "Read together, the first ten amendments are much more concerned with protecting the people as a whole against an over-powerful (federal) government than with protecting individuals and minorities against an overbearing majority".

294 De acordo com LOEWENSTEIN, Karl. *Verfassungsrecht und Verfassungspraxis der Vereinigten Staaten*. Berlim: Springer, 1959, pp. 473 e ss.; *D. Robertson* em TUSHNET, Mark; GRABER, Mark A.; LEVINSON, Sanford (Coord.). *The Oxford Handbook of the U. S. Constitution*. Oxford: Oxford University Press, 2015, pp. 19, 32 e ss.

todos os cidadãos de forma igual ("proteção igualitária das leis"). Todas essas garantias tornaram-se, posteriormente, cada vez mais semelhantes entre si, de modo que, hoje, os direitos consagrados na Constituição e nas emendas ainda impõem em grande parte as mesmas obrigações ao governo federal e aos Estados-membros.[295]

Os direitos básicos da Constituição americana são, em princípio, (apenas) *direitos defensivos* [*Abwehrrecht*] contra funcionários do Estado: baseados na natureza vinculativa do Legislativo, incluindo também o Executivo e os Tribunais. Logo, possuem um estatuto normativo inviolável.[296] Por outro lado, têm apenas uma dimensão rudimentar em termos de direito de *proteção*, mas não na forma ampla em que a lei alemã os reconhece e os põe em vigor, por exemplo, com o direito à intervenção policial em questões de Direito Administrativo.[297]

O conteúdo das normas protetivas, mesmo em relação aos direitos defensivos, também varia sua orientação. Alguns são

---

295 Sobre a aplicação do *Bill of Rights* por meio da Cláusula do Devido Processo da Décima Quarta Emenda, cf. 561 U.S. 742, 759-766 (2010) *McDonald v. City of Chicago*; CHEMERINSKY, Erwin. *Constitutional law*: principles and policies. 5ª ed. Nova York: Wolters Kluwer, 2015, pp. 536 e ss.; NOWAK, John E.; ROTUNDA, Ronald D. *Constitutional Law*. 8ª ed. St. Paul: Thomson/West, 2010, § 10.2.

296 LANGE, Friederike V. *Grundrechtsbindung des Gesetzgebers*: Eine rechtsvergleichende Studie zu Deutschland, Frankreich und den USA. Tübingen: Mohr Siebeck, 2010, pp. 13 e ss.

297 CHEMERINSKY, Erwin. *Constitutional law*: principles and policies. 5ª ed. Nova York: Wolters Kluwer, 2015, p. 576 (p. 578 é relativa à interpretação da cláusula do devido processo): "The government generally has no duty to provide protection from private inflicted harms. (...) State and local government may create duties and remedies under their law, but they do not exist under the Constitution". GERBIG, Mara. *Grundrecht auf staatlichen Schutz*: Ein Vergleich von Grundgesetz für die Bundesrepublik Deutschland und Verfassung der Vereinigten Staaten von Amerika. Berlim: Duncker & Humblot, 2014 pp. 109 e ss., uma comparação entre a Lei Básica da República Federal da Alemanha e a Constituição dos Estados Unidos da América; além de LANGE, Friederike V. *Grundrechtsbindung des Gesetzgebers*: Eine rechtsvergleichende Studie zu Deutschland, Frankreich und den USA. Tübingen: Mohr Siebeck, 2010, pp. 416 e ss.

claramente identificados como direitos subjetivos.[298] Outros impõem proibições à intervenção governamental.[299] Outros ainda, sem distinguir entre intervenção e organização, autorizam o Congresso "a fazer cumprir este art. através de legislação apropriada".[300] Ou seja, os direitos não podem ser um dogma fixo em seus limites.[301]

Todavia, seria incorreto concluir que o poder judicial se baseia puramente em casos individuais ou em normas individuais. Tendo em conta a amplitude das áreas de proteção dos direitos fundamentais, a formulação de princípios básicos para a prática jurídica parece inevitável. "Pode a doutrina estruturar a decisão judicial de uma forma ao mesmo tempo defensável em princípio e previsível na prática?"[302] Com a devida cautela, podem ser identificadas certas orientações que, semelhantes às da Alemanha, dizem respeito ao âmbito da proteção, à intervenção e à justificação da interferência.[303] Com base nisso, a jurisprudência movimenta-se entre os elementos das normas de garantia individuais:[304] por exemplo, para o termo "liberdade de expressão" (Primeira Emenda) na ação oficial contra a publicidade enganosa, para os termos "busca e apreensão injustificada" (Quarta Emenda), nas buscas e inspeções policiais relacionadas ao Direito Empresarial

---

298 Cf. VI. Amendment: "the accused shall enjoy the right to a speedy and public trial".

299 Cf. I. Amendment: "Congress shall make no law respecting an establishment of religion, or prohibiting the free exercise thereof".

300 Assim está na XIV. Amendment, seção 5.

301 De acordo com BRUGGER, Winfried. *Einführung in das öffentliche Recht der USA*. 2ª ed. Baden-Baden: Nomos, 2001, p. 131.

302 STRAUSS, Peter L.; RAKOFF, Todd D.; FARINA, Cynthia R.; METZGER, Gillian E. *Gellhorn and Byse's Administrative Law*. 11ª ed. Nova York: Foundation Press, 2011, p. 826, em relação à cláusula do devido processo.

303 Com o auxílio da cláusula sobre o devido processo em CHEMERINSKY, Erwin. *Constitutional law*: principles and policies. 5ª ed. Nova York: Wolters Kluwer, 2015, pp. 946 e ss.

304 Cf. STRAUSS, Peter L. *Administrative Justice in the United States*. 3ª ed. Durham: Carolina Academic Press, 2016, pp. 63 e ss.

ou o conceito de "tomada para si" [*taking*] (Quinta Emenda), que pode desempenhar um papel relevante na regulação econômica.[305] Com fulcro na concretização desses direitos, são utilizados "testes" individuais específicos da respectiva seara protetiva, então, a partir deles o caso é enquadrado na jurisprudência existente.

II. O papel abrangente da cláusula do *devido processo* legal

Um ponto de partida encontrado na própria Constituição para abordar de *forma geral* os padrões típicos de proteção dos direitos fundamentais é a cláusula do devido processo (Quinta e Décima Quarta Emendas). Ela é crucial para a regulação do Executivo e para o desenvolvimento do Direito Administrativo,[306] além de ter um efeito unificador, centrando-se nos requisitos de proteção que surgem para os direitos ou liberdades individuais.

---

305 Ver 576 U.S. __ (2015) *Horne v. Department of Agriculture*. A decisão dizia respeito às obrigações de entrega de cereais no âmbito de uma organização de mercado. Mostra as dificuldades de incluir certas restrições de uso ("tomada regulatória") na proteção da propriedade, além da "apropriação direta" e de distinguir esta última das restrições de uso normais que não exigem compensação. O paralelo com as dificuldades de delimitação que existiam anteriormente na Alemanha entre "expropriação clássica" e "expropriação sacrificial", ou hoje entre determinação de conteúdos sujeitos a compensação e sem compensação, é óbvio. Informações detalhadas sobre a cláusula *taking* em MASSEY, Calvin R. *American Constitutional Law*. 4ª ed. [S.l.]: Wolters Kluwer, 2013, pp. 601 e ss.

306 PIERCE, Richard J.; SHAPIRO, Sidney; VERKUIL, P. R. *Administrative Law and Process*. 6ª ed. St. Paul: Foundation Press, 2014, § 3.3 provavelmente: "Among the Bill of Rights protections, the due process clause is the most important for most types of administrative matters". Mesmo que a cláusula raramente seja utilizada para resolver casos específicos, aplica-se o seguinte: "Due process greatly influences agency procedures in several indirect ways", conforme HICKMAN, Kristin; PIERCE, Richard J. *Federal Administrative Law*. 2ª ed. St. Paul: Foundation Press, 2014, pp. 277 e ss.

> Embora o texto das cláusulas do devido processo seja extremamente geral, o fato de ele estar (exclusivamente) duas vezes na Constituição sugere fortemente um entendimento de que seu significado estabelece uma proposição central sobre os requisitos da ordem jurídica americana.[307]

Entretanto, a compreensão da cláusula do devido processo legal é dificultada pelo fato de, além do seu óbvio significado processual, ela também ter um aspecto *material*,[308] que está ligado à questão de saber se, além das liberdades expressamente mencionadas no texto constitucional, devem ser reconhecidas outras posições que devem ser protegidas de interferências arbitrárias. Por exemplo, em termos de liberdades econômicas, como a liberdade contratual.[309] Hoje, os direitos à privacidade estão em primeiro plano.[310]

O conteúdo *processual* da cláusula é particularmente importante para o Direito Administrativo – não apenas para o processo administrativo, mas também para o processo judicial.[311] A sua

---

307 STRAUSS, Peter L. *Administrative Justice in the United States*. 3ª ed. Durham: Carolina Academic Press, 2016, p. 74; de forma similar SCHWARTZ, Bernard. *Administrative Law*. 3ª ed. Boston: Little, Brown, 1991, § 5.1 provavelmente.

308 NOWAK, John E.; ROTUNDA, Ronald D. *Constitutional Law*. 8ª ed. St. Paul: Thomson/West, 2010, § 10.6, especialmente para as dificuldades "materiais" e "formais" do devido processo legal nos casos de Direito Administrativo, como demonstra o § 10.6(d); além de EHMKE, Horst. *Wirtschaft und Verfassung*: Die Verfassungsrechtsprechung des Supreme Court zur Wirtschaftsregulierung. Karlsruhe: C. F. Müller, 1961, pp. 269 e ss.

309 Cf. NOWAK, John E.; ROTUNDA, Ronald D. *Constitutional Law*. 8ª ed. St. Paul: Thomson/West, 2010, § 11.2. Quanto aos "direitos econômicos", cf. o caso "Slaughterhouse" 83 U.S. 36 (1872) e o caso 198 U.S. 45 (1905) *Lochner v. New York*.

310 Cf. NOWAK, John E.; ROTUNDA, Ronald D. *Constitutional Law*. 8ª ed. St. Paul: Thomson/West, 2010, § 11.7; MASSEY, Calvin R. *American Constitutional Law*. 4ª ed. [S.l.]: Wolters Kluwer, 2013, pp. 501 e ss., 514 e ss. (incluindo aborto, planejamento familiar, suicídio assistido).

311 STRAUSS, Peter L.; RAKOFF, Todd D.; FARINA, Cynthia R.; METZGER, Gillian E. *Gellhorn and Byse's Administrative Law*. 11ª ed. Nova York:

aplicação requer duas etapas de investigação:[312] também aqui deve primeiramente ser definida a área de proteção designada pelos termos "vida", "liberdade" e "propriedade". Em um segundo momento, é necessário, então, examinar quais garantias processuais específicas devem ser observadas caso a área de proteção seja violada ("qual processo é devido?").[313]

1 "Explosão do devido processo legal" (*Goldberg v. Kelly*)

A expansão das competências administrativas e as suas respectivas alterações nos requisitos processuais são acompanhadas pela jurisprudência,[314] principalmente, no tocante à evolução da gestão de desempenho. Embora os benefícios concedidos pelo Estado não tenham sido originalmente reconhecidos como dentro da legalidade, o que desencadeou a necessidade da evocação do princípio do devido processo legal, a Suprema Corte, em 1970, no caso *Goldberg v. Kelly*, entendeu por uma modificação decisiva na matéria, estendendo a proteção do referido postulado também à seara do direito social.[315] Os argumentos foram elaborados por

---

Foundation Press, 2011, p. 763. O legislador viola a cláusula do devido processo quando adota um regulamento cuja aplicação conduz necessariamente a uma restrição de direitos no procedimento administrativo ou judicial.

312 Cf. PIERCE, Richard J.; SHAPIRO, Sidney; VERKUIL, P. R. *Administrative Law and Process*. 6ª ed. St. Paul: Foundation Press, 2014, § 6.3; HICKMAN, Kristin; PIERCE, Richard J. *Federal Administrative Law*. 2ª ed. St. Paul: Foundation Press, 2014, pp. 277 e ss.; BREYER, Stephen G.; STEWART, Richard B.; SUNSTEIN, Cass R.; VERMEULE, Adrian; HERZ, Michael. *Administrative law and regulatory policy*. 8ª ed. Nova York: Wolters Kluwer, 2017, p. 626, com a observação de que o primeiro nível é projetado para categorizar e o segundo nível para equilibrar.

313 Conforme STRAUSS, Peter L. *Administrative Justice in the United States*. 3ª ed. Durham: Carolina Academic Press, 2016, pp. 74 e ss.

314 Para mais, ver SCHWARTZ, Bernard. *Administrative Law*. 3ª ed. Boston: Little, Brown, 1991, § 5.14 ("privileges to rights").

315 U.S. 254 (1970) *Goldberg v. Kelly*.

um prisma mais sóbrio, mas, de pronto, se pode dizer que são muito semelhantes às considerações do Tribunal Administrativo Federal Alemão, quando desencadeou uma mudança no modelo de Bem-Estar Social em 1954, elevando o dever do Estado de fornecer serviços sociais como um direito garantido.[316]

Se o âmbito de aplicação da cláusula for aberto, o conteúdo garantido centrado em uma "escuta de percepções" oferece uma ampla gama de configurações processuais, seguindo a tradição jurídica anglo-saxônica.[317] Foi o que aconteceu no caso *Goldberg v. Kelly*, uma saída para adaptar a situação da administração de massa aos ditames do direito social ("justiça de massa"). A maioria dos juízes que proferiram a sentença não exigiu que as solenidades formais de um "julgamento ordinário ou quase-judicial" fossem respeitados, mas eles consideraram necessária a audiência prévia do beneficiário da assistência social, o que também incluía a prerrogativa de "confrontar e interrogar as testemunhas".[318] O ministro [Hugo] Black, que foi voto vencido,[319] já havia criticado o excesso, que superestimava a necessidade do cumprimento de milhões de requisitos processuais administrativos, encontrando, assim, bastante respaldo na literatura.[320] A Suprema Corte, posteriormente,

---

316 U.S. 254, 265 (1970) *Goldberg v. Kelly*: "Welfare, by meeting the basic demands of subsistence, can help bring within the reach of the poor the same opportunities that are available to others to participate meaningfully in the life of the community". BVerwGE 1, 159, 161: O indivíduo não é mais "sujeito, mas cidadão"; ele é "reconhecido como uma personalidade independente, moralmente responsável e, portanto, como portador de direitos".

317 É claro que esse não é um conjunto fixo de procedimentos; BREYER, Stephen G.; STEWART, Richard B.; SUNSTEIN, Cass R.; VERMEULE, Adrian; HERZ, Michael. *Administrative law and regulatory policy*. 8ª ed. Nova York: Wolters Kluwer, 2017, p. 642: "Note at the outset that 'due process' is not a fixed set of procedures".

318 U.S. 254, 269f. (1970) *Goldberg v. Kelly*.

319 U.S. 254, 282 e ss.; Chief Justice Burger, 284.

320 Cf. SCHWARTZ, Bernard. *Administrative Law*. 3ª ed. Boston: Little, Brown, 1991, § 5.27: "In all these areas, undue judicialization may frustrate

respondeu a essa posição crítica. Na decisão paradigmática *Mathews v. Eldridge*, em 1976, reduziu os requisitos processuais para vários casos semelhantes. Embora o cenário não tenha sido substancialmente alterado, a eficiência administrativa também foi tida em conta ao equilibrar as normas processuais exigidas.[321]

2 A função de ajustamento da cláusula

Goldberg v. Kelly é considerado um marco no caminho da modernização do Direito Administrativo.[322] A interpretação tradicional da cláusula já não fazia justiça às tarefas do Estado de Bem-Estar Social. A ideia do devido processo ofereceu uma plataforma adequada para resolver os imbróglios. Ao reconhecer os elementos do postulado, o Direito americano criou uma oportunidade para responder às mudanças no comportamento administrativo e na percepção social. "A 'explosão do devido processo' também se estendeu aos 'enclaves' administrativos e de custódia, como hospitais, prisões e militares, que tradicionalmente eram em grande parte imunes ao controle judicial".[323] Houve, portanto, avanços que remetem à doutrina alemã dos direitos fundamentais como questões sobre a natureza invasiva das medidas administrativas – inicialmente nas discussões sobre a redução das chamadas

---

effective administration in the interest of those intended as the law's beneficiaries". Além de STRAUSS, Peter L.; RAKOFF, Todd D.; FARINA, Cynthia R.; METZGER, Gillian E. *Gellhorn and Byse's Administrative Law*. 11ª ed. Nova York: Foundation Press, 2011, pp. 793 e ss.

321 U.S. 319 (1976) *Mathews v. Eldridge*.

322 SCHWARTZ, Bernard. *Administrative Law*. 3ª ed. Boston: Little, Brown, 1991, § 5.16: "*Goldberg v. Kelly* marks a watershed in the law of administrative procedure".

323 BREYER, Stephen G.; STEWART, Richard B.; SUNSTEIN, Cass R.; VERMEULE, Adrian; HERZ, Michael. *Administrative law and regulatory policy*. 8ª ed. Nova York: Wolters Kluwer, 2017, p. 608.

relações especiais de poder e, mais recentemente, na discussão das atividades de informação administrativa.[324]

C. Sobre as tarefas da lei

A separação de poderes e os direitos fundamentais provaram ser os dois pilares constitucionais mais importantes do Direito Administrativo. Logo, há que se ter em conta as observações anteriores em relação a uma instituição jurídica que desempenha um papel central em ambos os contextos: *a lei*.

I. Diferentes abordagens dos dois sistemas jurídicos administrativos?

Os livros didáticos alemães de Direito Administrativo (geral) costumam dedicar um de seus capítulos mais importantes ao tema "Direito e Administração". A apresentação da legalidade da Administração (império da lei e reserva legal) é, muitas vezes, *o* ponto central na relação do Direito Administrativo com a Constituição. As conotações da Administração constitucional prevalecem.[325] Além de estar vinculado às exigências do Legislativo, há também o controle do Judiciário, que verifica o cumprimento das normas legais, o que faz jus à boa tradição de Mayer.[326] As demais funções

---

324 Cf. BVerfGE 33, 1 (Strafgefangenenverhältnis); BVerfGE 58, 257 (Schulverhältnis); BVerwGE 71, 183, mas também BVerfGE 105, 252 (Verbraucherinformationen). *D. Ehlers* em EHLERS, Dirk; PÜNDER, Hermann (Coord.). *Allgemeines Verwaltungsrecht*. 15ª ed. Berlim: De Gruyter, 2016, § 2, nota, p. 47.

325 MAURER, Hartmut; WALDHOFF, Christian. *Allgemeines Verwaltungsrecht*. 19ª ed. Munique: C. H. Beck, 2017, § 6, nota, p. 1; *D. Ehlers* em EHLERS, Dirk; PÜNDER, Hermann (Coord.). *Allgemeines Verwaltungsrecht*. 15ª ed. Berlim: De Gruyter, 2016, § 2, nota, pp. 40 e ss., em conexão com § 6, nota, pp. 19 e ss.

326 MAYER, Otto. *Deutsches Verwaltungsrecht*. 3ª ed. vol. 1. Berlim: Duncker & Humblot, 1924, pp. 62 e 58: "Podemos, portanto, dizer brevemente: o

do Direito como mediador da legitimidade democrática e como instrumento de formação política permaneceram em segundo plano durante muito tempo, mas, agora, também fazem parte do repertório dos manuais de Direito Administrativo.[327]

A lei em si dificilmente está presente como objeto de estudo independente nos livros didáticos de Direito Administrativo americano.[328] Em relação especificamente à reserva legal, afirma-se que se trata de "uma categoria jurídica ainda incomum e intraduzível nos Estados Unidos".[329] Isso se explica por uma série de razões: por um lado, existem os poderes constitucionais próprios do Presidente, impedindo a concentração excessiva de competências no Legislativo, o que é essencial para os sistemas de governo parlamentar; por outro lado, os conceitos tradicionalmente diferentes de "Império do Direito" e "Estado de Direito" desempenham um papel relevante.[330]

Isso não significa que a lei tenha uma projeção menor no Direito Administrativo americano. O Direito Administrativo social

---

Estado de Direito é a forma mais prática de justiça na Administração". "A Constituição oferece os meios da lei proporcionando princípios jurídicos".

327 Cf. REIMER, F. "Das Parlamentsgesetz als Steuerungsmittel und Kontrollmaßstab". *In*: HOFFMANN-RIEM, Wolfgang; SCHMIDT-AßMANN, Eberhard; VOßKUHLE, Andreas (Coord.). *Grundlagen des Verwaltungsrechts*. 2ª ed. vol. 1. Munique: C. H. Beck, 2012, § 9, nota, p. 1; WOLFF, Hans J.; BACHOF, Otto; STOBER, Rolf; KLUTH, Winfried. *Verwaltungsrecht I*. 13ª ed. Munique: C. H. Beck, 2017, § 20, nota, pp. 17 e ss.; MAURER, Hartmut; WALDHOFF, Christian. *Allgemeines Verwaltungsrecht*. 19ª ed. Munique: C. H. Beck, 2017, § 6, nota, p. 6.

328 No entanto, a interpretação da lei pela Administração é um tópico à parte.

329 De acordo com LEPSIUS, Oliver. *Verwaltungsrecht unter dem Common Law*. Tübingen: Mohr Siebeck, 1997, p. 206; de forma distinta em CURRIE, David P. *Die Verfassung der Vereinigten Staaten von Amerika*. Frankfurt am Main: Metzner, 1988, pp. 30 e ss.; *Youngstown Sheet & Tube Co. v. Sawyer*, além da prioridade, também deriva uma reserva geral da lei. No entanto, isso só se aplica se não houver autorizações constitucionais diretas.

330 LEPSIUS, Oliver. *Verwaltungsrecht unter dem Common Law*. Tübingen: Mohr Siebeck, 1997, p. 211: "Enquanto no Estado de Direito a lei se torna a categoria central unificadora, no Império do Direito é o juiz".

e a gestão de desempenho mudaram as coordenadas gerais.[331] O Direito Ambiental, como outra área de referência do Direito Administrativo moderno, confirma essa constatação.[332] Portanto, são as áreas do Direito Administrativo especial que têm mostrado os déficits das abordagens clássicas do Direito Consuetudinário ("atos ilícitos" e "contratos").[333] O Estado administrativo buscou outros instrumentos e fez uso extensivo da *lei* como meio de formulação de políticas.[334] No período do *New Deal*, isso foi feito utilizando termos jurídicos extremamente amplos ("interesse público", "razoável"). Contudo, nas décadas de 1960 e 1970, épocas de grande atividade legislativa nas áreas do Direito Ambiental e na defesa do consumidor, tornou-se bastante comum definir mais detalhadamente

---

331 Em relação à Administração da Segurança Social (SSA), cf. a informação em STRAUSS, Peter L.; RAKOFF, Todd D.; FARINA, Cynthia R.; METZGER, Gillian E. *Gellhorn and Byse's Administrative Law*. 11ª ed. Nova York: Foundation Press, 2011, pp. 317 e ss. Reflexões conceituais estão presentes em MASHAW, Jerry L. *Bureaucratic Justice*: Managing Social Security Disability Claims. New Haven: Yale University Press, 1983; BREYER, Stephen G.; STEWART, Richard B.; SUNSTEIN, Cass R.; VERMEULE, Adrian; HERZ, Michael. *Administrative law and regulatory policy*. 8ª ed. Nova York: Wolters Kluwer, 2017, p. 608: "The conceptual model, keyed to the protection of personal interest at common law, perhaps worked tolerably well until the New Deal. However the traditional model has serious limitations in the context of the modern welfare and service state".

332 NASH, Jonathan. R. *Environmental Law and Policy*. [S.l.]: Wolters Kluwer Law & Business, 2010, pp. 9-13: "The form of modern environmental law is responsive to the shortcomings of the common law. (...) modern environmental law generally takes an *ex ante* approach and favors administrative agencies over judicial adjudication".

333 BRESSMAN, Lisa; RUBIN, Edward L.; STACK, Kevin M. *The regulatory State*. Nova York: Aspen, 2010, pp. 59 e ss. listam as seguintes "limitações gerais da adjudicação de Direito Consuetudinário": incertezas jurídicas remanescentes retrospectivas e reativas, limites à capacidade institucional dos procedimentos judiciais, dissociação dos juízes da política e falta de "responsabilidade política", falta de registro de todos os interessados, dependência dos processos judiciais do ajuizamento privado de ações judiciais.

334 Conforme a apresentação de SUNSTEIN, Cass R. *After the Rights Revolution*: Reconceiving the Regulatory State. Cambridge: Harvard University Press, 1990, pp. 24 e ss.

os fatos das leis especializadas.[335] "Como resultado, os advogados que operam no Estado regulador (ou seja, quase todos os advogados) precisam ter uma compreensão ampla da legislação".[336]

II. Determinados aspectos do Direito Administrativo

Nesse contexto, faz sentido olhar para as leis do Direito Administrativo especializado e as suas estruturas. Assim, podemos analisar exemplos da legislação ambiental (1) e da legislação de migração (2). Eles mostram: a aparência e a estrutura interna das leis administrativas americanas são diferentes das suas congêneres alemãs.[337] Seguem uma engenharia de controle extremamente detalhada, para a qual as definições e regulamentos de responsabilidade desempenham um papel importante. Todavia, nem tudo é procedimento e organização. As atribuições de competências das autoridades também são descritas como fatos materiais, cujo grau de precisão – não muito diferente da Alemanha – depende naturalmente das peculiaridades da área regulamentada. No entanto, a ideia de que uma ampla igualdade na aplicação da lei pode realmente ser alcançada através de elementos definidos genericamente é menos defendida. Empiricamente, as diferenças na tomada de decisões entre funcionários que aplicam os mesmos fatos ("inconsistência interdecisional"), que podem ser identificadas na legislação de

---

335 SUNSTEIN, Cass R. *After the Rights Revolution*: Reconceiving the Regulatory State. Cambridge: Harvard University Press, 1990, p. 29 (também no contexto das novas técnicas legislativas: "Congress largely abandoned the New Deal faith in administrative autonomy. Bureaucracy was the problem rather than the solution").

336 BRESSMAN, Lisa; RUBIN, Edward L.; STACK, Kevin M. *The regulatory State*. Nova York: Aspen, 2010, p. 89.

337 LEPSIUS, Oliver. *Verwaltungsrecht unter dem Common Law*. Tübingen: Mohr Siebeck, 1997, pp. 128 e ss.; LEPSIUS, Oliver. "Was kann die deutsche Staatsrechtslehre von der amerikanischen Rechtswissenschaft lernen?" *In*: SCHULZE-FIELITZ, Helmuth (Coord.). *Staatsrechtslehre als Wissenschaft*: Die Verwaltung. Berlim: Duncker & Humblot, 2007, pp. 319-325 e ss.

asilo e na de administração social, por exemplo, levam à procura de outros mecanismos de controle (burocráticos).[338]

1 Legislação ambiental: Lei do Ar Limpo (CAA – *Clean Air Act*)

A Lei do Ar Limpo contém dispositivos essenciais da Lei Federal de Controle de Emissões em cerca de 200 regulamentações, muitas vezes de várias páginas.[339] No seu cerne, está o estabelecimento de padrões de qualidade ambiental.[340] A Agência de Proteção Ambiental (EPA – Environmental Protection Agency) é responsável pela implementação administrativa da lei. Os Estados-membros também estão envolvidos na aplicação em vários aspectos.[341] Porém, o papel fundamental é desempenhado pela EPA e pelo seu diretor

338 Cf. HICKMAN, Kristin; PIERCE, Richard J. *Federal Administrative Law*. 2ª ed. St. Paul: Foundation Press, 2014, pp. 366 e ss.

339 Codificado em 42 U.S.C. §§ 7401 e ss.; além da lei regulamentadora da CFR Title 40. Em detalhes em VANDERVER, Timothy (Coord.). *Clean Air Law and Regulation*. Washington: Bureau of National Affairs, 1992; PERCIVAL, Robert; SCHROEDER, Christopher H.; MILLER, Allan S.; LEAPE, James P. *Environmental Regulation*. 6ª ed. [S.l.]: DigitalCommons@ UM Carey Law, 2009, pp. 499 e ss.; representação concisa e precisa também incluída em ELSHORST, David. *Bürgervollzugsklagen*: Die Durchsetzung von Umweltrecht gegenüber Anlagenbetreibern durch Private in den USA und Deutschland. Berlim: Duncker & Humblot, 2002, pp. 99 e ss.; SCHULTE, M. "Umweltrecht". *In*: AßMANN, H. D. (Cood.). *Handbuch das US-amerikanischen Handels-, Gesellschaftsund Wirtschaftsrechts*. vol. 1. Munique: C. H. Beck, 2001, pp. 623 e ss.

340 "National Ambient Air Quality Standards" (NAAQS); de acordo com PERCIVAL, Robert; SCHROEDER, Christopher H.; MILLER, Allan S.; LEAPE, James P. *Environmental Regulation*. 6ª ed. [S.l.]: DigitalCommons@ UM Carey Law, 2009, pp. 551 e ss. Para mais, cf. o panorama em MEZGER, Gabriele. *Umweltverträglichkeitsprüfung, Umweltschutz und räumliche Nutzung in den USA*. Berlim: Duncker & Humblot, 1989, pp. 23 e ss.

341 U.S.C. § 7410; cf. NASH, Jonathan. R. *Environmental Law and Policy*. [S.l.]: Wolters Kluwer Law & Business, 2010, p. 55: "It also relies on considerable input from, and action by, individual states". No tocante ao envolvimento de pessoas privadas na aplicação da lei ("private law enforcement").

("administrador").[342] Em relação a este, está previsto na disposição 42 do U.S.C. § 7601 (a)(1): "o administrador está autorizado a prescrever os regulamentos necessários ao desempenho de suas funções nos termos deste Capítulo". Ou seja, é um regulamento que amplia a competência, do qual dificilmente se pode deduzir maiores desdobramentos além de seu conteúdo já estabelecido.[343]

Não cabe, entretanto, concluir, de maneira geral, que a Lei do Ar Limpo esteja livre de controle. Ela contém numerosas disposições que definem mais detalhadamente os poderes regulamentares do administrador, o que se aplica à cláusula geral que estabelece normas de qualidade do ar. O art. 42 do U.S.C., em seu dispositivo 7409 (b) (1), estabelece a meta que deve ser exigida para "proteger a saúde pública" e para "permitir uma margem de segurança adequada".

Os requisitos legais do referido diploma são ainda mais precisos quando se trata de criar padrões de emissão para substâncias particularmente perigosas. A disposição relevante (42 U.S.C. § 7412) é um estatuto separado dentro da lei, com 50 páginas.[344] Ele lista os poluentes para os quais devem ser prescritos padrões (b)(1) e especifica

---

342 Como "agência executiva independente", a EPA é afastada da estrutura departamental habitual. Ao contrário das "comissões reguladoras independentes", não é liderada por um órgão colegiado, mas por um diretor nomeado pelo Presidente com o consentimento do Senado, de acordo com o art. II, seção 2, da Constituição dos EUA. É nomeado e também pode ser destituído pelo presidente de acordo com suas ideias políticas ("à vontade política"); para tanto, ver STRAUSS, Peter L. *Administrative Justice in the United States*. 3ª ed. Durham: Carolina Academic Press, 2016, pp. 175 e ss. A EPA tem aproximadamente 17.000 funcionários. Sua sede é Washington; possui 10 filiais em todo o país. Cf. KUBASEK, Nancy K.; SILVERMAN, Gary. *Environmental Law*. 7ª ed. Upper Saddle River: Pearson Education Inc., 2011, pp. 100 e ss.

343 Sobre as tarefas individuais da EPA, cf. KUBASEK, Nancy K.; SILVERMAN, Gary. *Environmental Law*. 7ª ed. Upper Saddle River: Pearson Education Inc., 2011, pp. 156 e ss.

344 Para mais, ver NASH, Jonathan. R. *Environmental Law and Policy*. [S.l.]: Wolters Kluwer Law & Business, 2010, pp. 63 e ss.; BREYER, Stephen G.; STEWART, Richard B.; SUNSTEIN, Cass R.; VERMEULE, Adrian; HERZ,

os critérios que a EPA deve usar ao estabelecê-los (d)(2).[345] Em termos do seu nível de precisão, as especificações não são inferiores às autorizações regulamentares baseadas na Lei Alemã de Controle de Poluição (§§ 7, 34 BImSchG, ou *Bundes-Immissionsschutzgesetz*).

A Lei do Ar Limpo não contribui apenas para determinar o Direito Processual nas suas disposições essenciais. A manobra processual de competências de decisão também traz um significado substancial. Há que se apontar, entretanto, que na referida lei existem requisitos materiais, que podem ser concretizados com base nas considerações iniciais do legislador ("conclusões e propósitos") estabelecidos em sua previsão do 42 U.S.C. § 7401. Somam-se a isso numerosas e detalhadas definições legais, as quais são ocasionalmente consideradas na literatura como uma expressão do típico pensamento do Direito Consuetudinário, o que pode até se comprovar de uma perspectiva histórica, mas, no Direito Ambiental, a profusão de definições se deve à complexidade técnica do assunto, o que também ocorre de forma semelhante no Direito alemão. As determinações conceituais não deixam de ser úteis quando se trata da elaboração do conteúdo material do controle das normas.

2 Direito Migratório: Lei de Imigração e Nacionalidade (INA – *Immigration and Nationality Act*)

Não obstante a Lei do Ar Limpo trate principalmente da aplicação das leis a partir do estabelecimento de regulamentos

---

Michael. *Administrative law and regulatory policy*. 8ª ed. Nova York: Wolters Kluwer, 2017, p. 83.

345 Por exemplo: "maximum degree of reduction", "taking into consideration the cost and any non-air-quality health and environment impact". Cf. § 3, parágrafo 6, BImSchG: "no mais alto nível de proteção".

gerais, a aplicação da Lei de Imigração e Nacionalidade (INA)[346] centra-se na prolação de decisões individuais: a emissão de vistos, a concessão de asilo, a decisão sobre pedidos de naturalização ou mesmo sobre os repatriamentos.

Os requisitos materiais para essas decisões são regulamentados em detalhes na INA.[347] Ainda assim, o sistema jurídico e a clareza dos dispositivos podem ser insuficientes em alguns aspectos – sobretudo devido a inúmeras alterações.[348] O esforço para garantir a exatidão dos fatos jurídicos é semelhante à situação na legislação alemã de asilo e residência permanente; há uma demanda por uma regulamentação ainda mais minuciosa.[349] "Ao longo do século XX, o Congresso desenvolveu um código de imigração detalhado e adstrito às regras".[350] Em todo caso, o nível de abrangência da INA afasta as alegações de incapacidade e de falta de vontade do Congresso para decidir sozinho questões complicadas e controversas. Além disso, nessa avaliação, devem ser considerados os conceitos de definição extensa e extremamente precisa presentes na lei. Não há qualquer previsão de normas delegadas diretamente ao Executivo. Contudo, na verdade, há a interferência legislativa na área regulatória; porque definições, inclusões e exclusões não podem ser determinadas sem o conhecimento preciso e técnico do assunto em si.

---

346 Na versão codificada 8 U.S.C. §§ 1101 e ss.

347 Existem até regulamentações que, por exemplo, estabelecem números máximos para imigração anual (8 U.S.C. §§ 1151-1153).

348 Cf. a crítica de LEGOMSKY, S. H. "Restructuring Immigration Adjudication". *Duke L. J.*, vol. 59, 2010, pp. 1.635-1.638: "The labyrinth known as the Immigration and Nationality Act".

349 Cf. por exemplo, os motivos da recusa da autorização de residência em 8 U.S.C. § 1182 com §§ 5-11 AufenthG. Especificamente para a concessão de asilo: 8 U.S.C. § 1158; aqui as regulamentações que a própria Lei de Asilo faz deveriam ser um pouco mais detalhadas.

350 COX, A.; RODRÍGUES, C. "The President and Immigration Law". *Yale L. J.*, vol. 119, 2009, pp. 458-463.

O Direito Migratório americano é, em seu âmago, uma área essencialmente vinculada ao Direito Administrativo de polícia, cuja aplicação prática cabe em, grande parte, aos Serviços de Cidadania e Imigração dos EUA (USCIS – *US Citizenship and Immigration Services*).[351] As decisões sobre a lei são tomadas de forma vinculativa por "juízes de imigração", nomeados pelo Ministério da Justiça, os quais são, em tese, independentes nas suas decisões.[352] Os decisores devem interpretar e aplicar os elementos das disposições legais relevantes ponto por ponto. As decisões precedentes paradigmáticas devem ser levadas em conta. É reiteradamente demonstrado empiricamente que esses processos não devem ser vistos somente como mecanismos de subsunção, mas, antes, moldados pela gama de variações na tomada de decisões prognósticas e também pelos pré-entendimentos da autoridade responsável.[353]

As autoridades responsáveis procuram prevenir os perigos de "inconsistência interdecisória", incentivando os decisores locais a adotarem uma prática de aplicação mais uniforme através de diretrizes e manuais de interpretação e outros "documentos de orientação". Diz-se que o órgão, em particular, utiliza extensivamente esses instrumentos e não deixa claro qual o significado normativo desses requisitos.[354] A prática de interpretar regulamentos administrativos também é comum na Alemanha e enfrenta objeções comparáveis.

---

351 O USCIS é uma agência federal com 19.000 funcionários dentro do Departamento de Segurança Interna, com sede em Washington; possui aproximadamente 250 escritórios de campo. A base é a Lei de Segurança Interna de 2002 (Pub. L. Nº 107-296).

352 Os "tribunais de imigração" não fazem parte do poder judicial, conforme o art. III da Constituição dos EUA, mas pertencem ao Poder Executivo. Eles estão integrados ao Escritório Executivo de Revisão de Imigração (EIOR) e ao Gabinete do Juiz Chefe de Imigração.

353 Cf. MILLER, Banks; KEITH, Linda C.; HOLMES, Jennifer S. *Immigration Judges and U.S. Asylum Policy*. Filadélfia: University of Pennsylvania Press, 2015, pp. 53 e ss.

354 Para mais detalhes, ver FAMILY, J. "Administrative Law through the Lens of Immigration Law". *Admin. L. Rev.*, vol. 64, 2012, pp. 565-586.

No entanto, as reações são diferentes: enquanto, na Alemanha, há uma confiança geral nos tribunais para ajudar a interpretação "correta" da lei que deve prevalecer em caso de litígio, nos EUA, busca-se uma solução em nível administrativo e exige-se que essas regulamentações só sejam emitidas em conformidade com as normas processuais na medida em que sejam efetivamente vinculativas.[355]

III. Métodos de aplicação da lei

Reflexões gerais sobre a interpretação e aplicação de textos jurídicos não são frequentemente encontradas nos livros didáticos de Direito Administrativo americano.[356] O tratamento sistemático desses temas é deixado para a Teoria do Direito e para a literatura metodológica (1). No entanto, a questão de como o Poder Executivo aplica especificamente a lei é um tema importante nas obras tradicionais sobre Direito Administrativo. As discussões estão frequentemente relacionadas com os limites do controle judiciário sobre a Administração; particularmente, no tocante ao caso *Chevron* na Suprema Corte, cuja decisão está sendo amplamente discutida (2).

Aqui, não se pode esperar que o equilíbrio entre aplicação administrativa e judicial da lei,[357] como é feito na doutrina alemã, seja compreendido na América. O pensamento jurídico americano enfatiza as diferentes tarefas e situações de tomada de decisão dos dois poderes na aplicação da lei. "Que procedimentos de decisão

---

355 FAMILY, J. "Administrative Law through the Lens of Immigration Law". *Admin. L. Rev.*, vol. 64, 2012, pp. 610 e ss.

356 Em detalhes, ver BRESSMAN, Lisa; RUBIN, Edward L.; STACK, Kevin M. *The regulatory State*. Nova York: Aspen, 2010, pp. 175 e ss.

357 Cf. MAURER, Hartmut; WALDHOFF, Christian. *Allgemeines Verwaltungsrecht*. 19ª ed. Munique: C. H. Beck, 2017, § 7, nota, p. 5; SCHOCH, F. *In*: HOFFMANN-RIEM, Wolfgang; SCHMIDT-AßMANN, Eberhard; VOßKUHLE, Andreas (Coord.). *Grundlagen des Verwaltungsrechts*. 2ª ed. vol. 3. Munique: C. H. Beck, 2013, § 50, nota, p. 255: "Coinciência entre as instruções e as nomas de controle".

devem as instituições específicas, mediante suas capacidades específicas, utilizar para interpretar o texto?"[358]

1 Questões gerais de método

Apresentações mais abrangentes da aplicação da lei, que podem ser utilizadas para questões de Direito Administrativo, podem ser encontradas em obras de Teoria do Direito e de orientação metodológica.[359] "Direito Estatutário" e "Direito Comum" são tratados com igual intensidade hoje. Contudo, o silogismo da aplicação da lei não desempenha um papel central.[360] Os critérios de interpretação mais importantes discutidos na Alemanha também

---

358 Como VERMEULE, Adrian. *Judging under Uncertainty*: An Institutional Theory of Legal Interpretation. Cambridge: Harvard University Press, 2006, p. 1. Como resultado disse ver LEPSIUS, Oliver. "Was kann die deutsche Staatsrechtslehre von der amerikanischen Rechtswissenschaft lernen?" *In*: SCHULZE-FIELITZ, Helmuth (Coord.). *Staatsrechtslehre als Wissenschaft*: Die Verwaltung. Berlim: Duncker & Humblot, 2007, pp. 320 e ss.

359 GREENAWALT, Kent. *Statutory and common law interpretation*. Oxford: Oxford University Press, 2013; STRAUSS, Peter L. *Legal Methods*. 3ª ed. St. Paul: Foundation Press, 2014; ESKRIDGE, William N.; FRICKEY, Philip P.; GARRETT, Elizabeth. *Legislation and Statutory Interpretation*. 2ª ed. Nova York: Foundation Press; Thomson/West, 2006; BRUGGER, Winfried. *Einführung in das öffentliche Recht der USA*. 2ª ed. Baden-Baden: Nomos, 2001, pp. 194 e ss.; comparativamente com MELIN, Patrick. *Gesetzesauslegung in den USA und in Deutschland*. Tübingen: Mohr Siebeck, 2005, pp. 50 e ss., 304 e ss.

360 No tocante ao Direito alemão: RÜTHERS, Bernd; FISCHER, Christian; BIRK, Alex. *Rechtstheorie*. 10ª ed. Munique: C. H. Beck, 2018, nota, pp. 190 e ss., 677 e ss (silogismo), 731 e ss. (critérios de interpretação: redação, interpretação sistemática, interpretação histórica); além de RÖHL, Klaus F.; RÖHL, Hans Christian. *Allgemeine Rechtslehre*. 3ª ed. Köln: Heymann, 2008, § 78. Em relação ao Direito americano: aqui o conceito de *canon* também será usado nesse contexto, mas sem ser determinado pelos critérios clássicos; cf. STRAUSS, Peter L. *Legal Methods*. 3ª ed. St. Paul: Foundation Press, 2014, pp. 267 e ss. (em contraste com "máximas de interpretação"); GREENAWALT, Kent. *Statutory and common law interpretation*. Oxford: Oxford University Press, 2013, pp. 117 e ss. (cânones como "princípios de interpretação", com a distinção entre "cânones linguísticos" e "cânones substantivos").

são discutidos na doutrina americana. Todavia, a forma como se classificam entre si é tão incerta como no país europeu.[361]

As posições básicas são expressas pelos termos "texto" e "intenção", as quais podem ser agrupadas,[362] conforme uma diferenciação entre "textualistas", "intencionalistas" e "propositivistas". Os textualistas insistem numa interpretação que siga estritamente a letra do texto legal.[363] Os intencionalistas e os propositivistas também querem concentrar-se no propósito regulatório perseguido pelo Congresso, os primeiros mais no propósito da norma específica, os últimos mais no propósito

361 Como em GREENAWALT, Kent. *Statutory and common law interpretation*. Oxford: Oxford University Press, 2013, pp. 140: "In examining text, intent, canons, precedents, coherence with other laws, subsequent legislative action, and other variables, we have seen how powerful is the position that multiple considerations are relevant for statutory interpretation and that no neat categorization of these consistently produce simple answers when the force of statutory language is not evident". Comentários comparativos contribuem particularmente para a importância da história de suas origens em MILSTEIN, A. "Urteilsanmerkung". *NVwZ*, 2015, pp. 984 e ss.

362 Para mais, ver GREENAWALT, Kent. *Statutory and common law interpretation*. Oxford: Oxford University Press, 2013, pp. 43 e ss.; BRESSMAN, Lisa; RUBIN, Edward L.; STACK, Kevin M. *The regulatory State*. Nova York: Aspen, 2010, pp. 330 e ss.

363 BRESSMAN, Lisa; RUBIN, Edward L.; STACK, Kevin M. *The regulatory State*. Nova York: Aspen, 2010, pp. 1.056 e ss.; ESKRIDGE, William N.; FRICKEY, Philip P.; GARRETT, Elizabeth. *Legislation and Statutory Interpretation*. 2ª ed. Nova York: Foundation Press; Thomson/West, 2006, pp. 219 e ss. Isso se aplica à interpretação ordinária do Direito Constitucional e do Direito Estatutário. O discurso político está atualmente particularmente centrado no antigo; cf. BRUGGER, Winfried. *Einführung in das öffentliche Recht der USA*. 2ª ed. Baden-Baden: Nomos, 2001, § 16; REICH, J. "'Originalism' als methodologischer Scheinriese und verfassungspolitische Konterrevolution". *JöR*, vol. 65, 2017, pp. 713 e ss.; LEPSIUS, O. "The Second Amendment and the Debate on Originalism". *In*: KAISER, Anna-Bettina; PETERSEN, Niels; SAURER, Johannes (Coord.). *The U.S. Supreme Court and Contemporary Constitutional Law*: The Obama Era and Its Legacy. Londres: Routledge, 2019, pp. 149 e ss.

político mais amplo.[364] Embora o textualismo tenha ganhado terreno nos últimos tempos, ainda não há evidências de uma teoria de interpretação uniforme ou dominante na jurisprudência,[365] a qual tem evitado definições claras,[366] não importa quão fortemente os juízes individuais possam votar a favor de um método ou de outro.[367]

O que todas essas abordagens têm em comum é o esforço para, fundamentalmente, adquirir conhecimento a partir da redação da lei.[368] É prática comum fazer uso extensivo de dicionários

---

364 Em detalhes sobre o papel da história jurídica em GREENAWALT, Kent. *Statutory and common law interpretation*. Oxford: Oxford University Press, 2013, pp. 77 e ss.

365 STRAUSS, Peter L.; RAKOFF, Todd D.; FARINA, Cynthia R.; METZGER, Gillian E. *Gellhorn and Byse's Administrative Law*. 11ª ed. Nova York: Foundation Press, 2011, p. 1.057. Explicado detalhadamente sobre o assunto em VERMEULE, Adrian. *Judging under Uncertainty*: An Institutional Theory of Legal Interpretation. Cambridge: Harvard University Press, 2006: como um "formalismo" apoiado por um "argumento institucional".

366 Além das entrevistas com 42 juízes em tribunais federais, GLUCK, A. R.; POSNER, R. A. "Statutory Interpretation on the Bench: A Survey of forty-two Judges on the Federal Courts of Appeals". *Harv. L. Rev.*, vol. 131, 2018, p. 1.298.

367 Por exemplo, STRAUSS, Peter L.; RAKOFF, Todd D.; FARINA, Cynthia R.; METZGER, Gillian E. *Gellhorn and Byse's Administrative Law*. 11ª ed. Nova York: Foundation Press, 2011, p. 1.047; 512 U.S. 218 (1994) *MCI Telecommunications Corp. v. American Telephone and Telegraph Co.*: Scalia, J. pela maioria 225, contrariamente em Steven, J., Blackmun, J. e Souter, J. diss. 235: "The Court today abandons that approach in favor of a rigid literalism that deprives the FCC of the flexibility Congress meant it to have in order to implement the core policies of the Act in rapidly changing conditions".

368 Cf. 482 F. 2d 672 (D. C. Cir. 1973) *National Petroleum Refiners Ass'n v. FTC* (abreviado em BREYER, Stephen G.; STEWART, Richard B.; SUNSTEIN, Cass R.; VERMEULE, Adrian; HERZ, Michael. *Administrative law and regulatory policy*. 8ª ed. Nova York: Wolters Kluwer, 2017, p. 479): "As always, we must begin with the words of the statute creating the Commission and delineating its powers".

para explorar o uso geral e suas variantes.[369] Nesse ponto, a ação judiciária consiste inicialmente em um árduo trabalho conceitual. O comprometimento com o texto legal pode ser incomum para um advogado oriundo da tradição do *common law*, como é destacado na literatura; entretanto, a indispensabilidade do trabalho de definição de conceitos jurídicos também é enfatizada no Direito Administrativo, quando a "lei estatutária" é particularmente importante.[370]

2 Sobre a interpretação administrativa das leis

A interpretação da lei pela Administração merece ser objeto de detida investigação. É justamente nesse contexto que se discute a base constitucional das correntes doutrinárias.[371] Além da clássica relação entre o juiz e o legislador como "agente fiel ou ator independente", aqui emerge a posição do Poder Executivo como Poder legitimado de forma autônoma.[372] Nesse aspecto, a litera-

---

369 A evidência estatística contribui para isso em STRAUSS, Peter L.; RAKOFF, Todd D.; FARINA, Cynthia R.; METZGER, Gillian E. *Gellhorn and Byse's Administrative Law*. 11ª ed. Nova York: Foundation Press, 2011, p. 1.058. No entanto, não é necessariamente o uso geral da linguagem que é decisivo, mas, sim, a lei com a sua própria opinião majoritária escrita pelo juiz Gorsuch (Roberts, Ginsburg, Breyer, Sotomayor, Kagan) em *Bockstock v. Clayton County* 590 U.S. __ (2020) (op. cit. 4-9). Críticas contundentes do ministro Alito, que teme uma mudança no entendimento tradicional (op. cit. 3: "The Court's opinion is like a pirate ship").

370 STRAUSS, Peter L. *Legal Methods*. 3ª ed. St. Paul: Foundation Press, 2014, p. 61 (baseado nos hábitos mentais de estudantes americanos vindos do pensamento do Direito Consuetudinário): "They are tempted to handle statutes with the freedom of paraphrase that they are encouraged to use in stating case law principles. Of course statutes may leave issues in doubt. (...) Yet one must begin with the authoritative text".

371 Cf. CANE, Peter. *Controlling administrative power*: a historical comparison. Cambridge: Cambridge University Press, 2016, p. 237, em declarações recentes comprovadas.

372 STRAUSS, Peter L. *Administrative Justice in the United States*. 3ª ed. Durham: Carolina Academic Press, 2016, pp. 484 e ss.; VERMEULE, Adrian. *Judging under Uncertainty*: An Institutional Theory of Legal Interpretation. Cambridge: Harvard University Press, 2006, pp. 183 e ss.; GREENAWALT,

tura americana diferencia-se da maioria dos teóricos alemães, que costumam extrair os seus exemplos do Direito Privado e – mais ou menos tacitamente – adotam a perspectiva do juiz civil.

As diferentes abordagens dos dois sistemas jurídicos podem ser ilustradas pela decisão da Suprema Corte, de 1984, sobre o caso *Chevron*.[373] A decisão não afetou todo o tratamento administrativo da lei, mas apenas os casos em que uma autoridade técnica interpreta a lei especializada que lhe é relevante ("estatutos administrados pela agência"). Por se tratar de uma situação tradicional na Administração americana, o caso *Chevron* é altamente significativo e ainda tratado na literatura de Direito Administrativo como a decisão paradigmática para o problema em tela.[374] Na matéria, o julgamento baseia-se, na competência interpretativa, em duas partes ("avaliação da questão *Chevron* em duas etapas"): na primeira fase, deve questionar-se se a própria lei tomou uma decisão clara; os tribunais devem, em última análise, determinar até que ponto é o caso de intervenção. Somente quando se tornar evidente que o Congresso deixou o assunto em aberto é que a competência para fazer uma interpretação vinculativa passará para a Administração. Como se afirma, claramente, nessa situação, não cabe aos tribunais, mas, sim, à autoridade competente decidir sobre

---

Kent. *Statutory and common law interpretation*. Oxford: Oxford University Press, 2013, pp. 141 e ss. (com referência aos diferentes pontos de partida nos sistemas de governo parlamentar).

373 467 U.S. 837 (1984) *Chevron U.S.A., Inc. v. Natural Resources Defence Council (NRDC)*.

374 Cf. AMAN, Alfred C. Jr. *Administrative Law and Process*. 3ª ed. St. Paul: West Academic Publishing, 2014, pp. 776 e ss.; BRESSMAN, Lisa; RUBIN, Edward L.; STACK, Kevin M. *The regulatory State*. Nova York: Aspen, 2010, pp. 679 e ss.; ESKRIDGE, William N.; FRICKEY, Philip P.; GARRETT, Elizabeth. *Legislation and Statutory Interpretation*. 2ª ed. Nova York: Foundation Press; Thomson/West, 2006, pp. 322 e ss.; STRAUSS, Peter L.; RAKOFF, Todd D.; FARINA, Cynthia R.; METZGER, Gillian E. *Gellhorn and Byse's Administrative Law*. 11ª ed. Nova York: Foundation Press, 2011, pp. 1056 e ss.; GIFFORD, Daniel J. *Administrative Law*. 2ª ed. New Providence: LexisNexis, 2010, p. 66 e ss.

questões de peso político e de razoável equilíbrio de interesses.[375] As autoridades especializadas estão regularmente envolvidas de forma intensa na preparação parlamentar das leis que as afetam e, portanto, têm acesso especial às considerações que determinaram as controversas formulações jurídicas do Congresso. A expertise e a responsabilidade democrática da respectiva autoridade especializada pela especificação da lei especializada a ser implementada por ela constituem os pressupostos básicos que indicam a relutância dos tribunais em intervir ("deferência").

Os EUA desviam-se, assim, não só da doutrina jurídica alemã, mas também da teoria jurídica inglesa, que consistentemente reserva aos tribunais a *interpretação* final vinculativa das leis.[376] O caso *Chevron* é considerado uma pedra angular no conceito do Estado administrativo ao estilo americano, para o qual a experiência especializada da Administração foi um alicerce central desde sua gênese.[377] A sua adoção ou restrição significativa, da qual houve sinais claros recentemente, seria muito mais acertada do que a correção de uma visão jurídica ultrapassada e estabelecida.

---

375 467 U.S. 837, 865 (1984) *Chevron U.S.A., Inc. v. NRDC*: "Judges are not experts in the field, and are not part of either political branch of the Government".

376 SCHMIDT-AßMANN, E. "Die Chevron-Doktrin auf dem Rückzug?" *EurUP*, 2019, pp. 395-398. No que concerne ao direito inglês; CANE, Peter. *Controlling administrative power*: a historical comparison. Cambridge: Cambridge University Press, 2016, p. 211.

377 Como em LANDIS, James M. *The Administrative Process*. Westport: Greenwood Press, 1938, pp. 23 e ss.; WALDO, Dwight. *The Administrative State*. Nova York: Ronald Press Co, 1948, pp. 89 e ss.; criticamente em FREEDMAN, James O. *Crisis and legitimacy*: the administrative process and American government. Cambridge: Cambridge University Press, 1978, pp. 44 e ss. Especialmente para "legal profession", cf. ERNST, Daniel R. *Tocqueville's Nightmare*: The Administrative State emerges in America, 1900-1940. Oxford: Oxford University Press, 2014, pp. 28 e ss.

Segunda seção: os Estados-membros e municípios no sistema administrativo dos EUA

A. Considerações iniciais comparativas

As relações de proximidade entre o Direito Administrativo e a estrutura do Estado federal são notórias. As condições legislativas e de execução de uma Constituição Federal são, portanto, necessariamente um elemento definidor do Direito Administrativo.[378] A federalidade e a separação de poderes perseguem os objetivos do Direito Administrativo que protege as liberdades civis.[379] As relações

---

378 Em relação a esse contexto, ver TRIBE, Laurence. *American Constitutional Law*. 3ª ed. Nova York: Foundation Press, 2000, § 2-4; MORSTEIN MARX, Fritz. *Amerikanische Verwaltung*. Berlim: Duncker & Humblot, 1963, pp. 41 e ss.; HEUN, W. "Der Föderalismus in den USA". *In*: HÄRTEL, Ines (Coord.). *Handbuch Föderalismus*. vol. 4. Dordrecht: Springer, 2012, § 96; HESTERMEYER, Holger. *Eigenständigkeit und Homogenität in föderalen Systemen*. Tübingen: Mohr Siebeck, 2019, pp. 152 e ss. Cf. ISENSEE, J. "Idee und Gestalt des Föderalismus im Grundgesetz". *In*: ISENSEE, Joseph; KIRCHHOF, Paul (Coord.). *Handbuch des Staatsrechts der Bundesrepublik Deutschland*. 3ª ed. vol. 6. Heidelberg: C. F. Müller Juristischer Verlag, 2008, § 126, nota, pp. 257 e ss. (também com referência à antiga tradição constitucional-federal dos EUA).

379 Entre os livros didáticos americanos, os mais prováveis são aqueles que tratam do Direito Administrativo estadual e local, como em MANDELKER, Daniel R. *et al*. *State and Local Government in a Federal System*. 8ª ed. Durham: Carolina Academic Press, 2014, cap. 7. Os livros didáticos que enfocam o Direito Administrativo no nível federal abordam apenas brevemente a dimensão federal do Direito Administrativo, de acordo com STRAUSS, Peter L. *Administrative Justice in the United States*. 3ª ed. Durham: Carolina Academic Press, 2016, pp. 19 e ss., 192 e ss.; na maioria das vezes, apenas aspectos individuais são abordados, quando as questões federais também desempenham um papel em outros contextos.

Na literatura didática alemã, as discussões federais são encontradas principalmente na apresentação da organização administrativa, cf. MAURER, Hartmut; WALDHOFF, Christian. *Allgemeines Verwaltungsrecht*. 19ª ed. Munique: C. H. Beck, 2017, § 22; GROß, T. "Die Verwaltungsorganisation als Teil organisierter Staatlichkeit". *In*: HOFFMANN-RIEM, Wolfgang; SCHMIDT-AßMANN, Eberhard; VOßKUHLE, Andreas (Coord.).

são tão evidentes que dificilmente recebem qualquer tratamento abrangente nos manuais de Direito Administrativo de ambos os países. Elas constituem o pano de fundo dos temas habituais do Direito Administrativo (formas de ação, procedimentos, proteção jurídica). Porém, a sua apresentação é relegada ao Direito Constitucional. Na verdade, não faltam casos com *conteúdo típico de Direito Administrativo federal*: por exemplo, previsões que envolvem a exclusão de poderes regulatórios estaduais individuais pela lei federal ("preempção"),[380] que são sempre controversas. A admissibilidade dos requisitos de financiamento ou as formas de cooperação intensiva entre autoridades federais e estaduais (incluindo o "federalismo executivo") também têm relevância para o Direito Administrativo.[381]

Grundlagen des Verwaltungsrechts. 2ª ed. vol. 1. Munique: C. H. Beck, 2012, § 13, nota, pp. 39 e ss.; e WIßMANN, H. "Verfassungsrechtliche Vorgaben der Verwaltungsorganisation". *In*: HOFFMANN-RIEM, Wolfgang; SCHMIDT-AßMANN, Eberhard; VOßKUHLE, Andreas (Coord.). *Grundlagen des Verwaltungsrechts*. 2ª ed. vol. 1. Munique: C. H. Beck, 2012, § 15, nota, pp. 65 e ss. Dividindo sistematicamente, EHLERS, Dirk; PÜNDER, Hermann (Coord.). *Allgemeines Verwaltungsrecht*. 15ª ed. Berlim: De Gruyter, 2016: sobre a importância do princípio federal para o Direito Administrativo, *Ehlers*, § 6, nota, pp. 10 e ss., e depois especificamente para a organização administrativa BURGI, Martin. *Funktionale Privatisierung und Verwaltungshilfe*. Tübingen: Mohr Siebeck, 1999, § 7, nota, pp. 21 e ss.; igualmente em WOLFF, Hans J.; BACHOF, Otto; STOBER, Rolf; KLUTH, Winfried. *Verwaltungsrecht I*. 13ª ed. Munique: C. H. Beck, 2017, § 18, nota, p. 6, e *Verwaltungsrecht II*. Munique: C. H. Beck, 2017, § 80, nota, pp. 73 e ss.

380 Na "preempção", de acordo com a Cláusula de Supremacia do art. VI, cláusula 2, autor dos EUA, cf. 496 U.S. 72, 78-79 (1990) *English v. General Electric Co.*: Três elementos de preempção: (1.) quando o Congresso o ordenou expressamente, (2.) quando regulamentou exaustivamente uma área do Direito, não deixando espaço para leis estaduais, e (3.) quando a aplicação de leis federais e lei estadual A lei estadual lado a lado levaria os particulares a não saberem como se comportar. Na sequência disso, 587 U.S. __ (2019) *Virginia Uranium, Inc. v. Warren*, Ginsburg J. conc. (slip op. 5-6). Para mais, ver TRIBE, Laurence. *American Constitutional Law*. 3ª ed. Nova York: Foundation Press, 2000, § 6-28 até § 6-32.

381 Da literatura ensaística, cf. METZGER, G. "Federalism and Federal Agency Reform". *Colum. L. Rev.*, vol. 111, 2011, p. 1; BULMAN-POZEN, J. "Executive Federalism Comes to America". *Va. L. Rev.*, vol. 102, 2016, p. 953.

Contudo, a correta localização desses temas, se na literatura administrativa ou na constitucional, não será discutida aqui. Inegável é que os componentes federais do Direito Administrativo são intensamente moldados pela respectiva Constituição e, portanto, particularmente determinados pela tradição.[382] "Discernir a divisão adequada de competências entre o governo federal e os Estados-membros [é] talvez a nossa questão mais antiga de Direito Constitucional" – de acordo com uma declaração frequentemente citada pelo juiz O'Connor na decisão *New York v. Estados Unidos*, em 1992.[383] Isso também vale de forma semelhante para o ordenamento jurídico alemão.

Ambas as Constituições diferem, todavia, consideravelmente em termos de estruturas regulatórias e de densidade de regulamentos: no art. 30, a Lei Fundamental estabelece uma relação regra-exceção entre competências estaduais e competências federais em uma cláusula geral e, depois, define esse limite entre Legislativo, Administração e o Judiciário, à sua maneira, em seções mais detalhadas. As relações administrativas, em particular, são reguladas de forma excepcionalmente detida nas seções sobre a aplicação das leis federais (seção VIII), sobre tarefas comunitárias e cooperação administrativa (seção VIIIa) e sobre finanças (seção X). As necessidades regulamentares recentemente surgidas foram incorporadas através de numerosas alterações constitucionais.[384]

---

382 A questão de saber até que ponto os mecanismos de proteção conhecidos do Direito Administrativo geral, por exemplo, o procedimento de notificação e comentários, podem ser utilizados para melhor fazer justiça aos interesses nacionais, e, nesse aspecto, o Direito Administrativo pode evoluir para o papel de uma lei protetora federal; para mais, ver METZGER, G. "Administrative Law as the New Federalism". *Duke L. J.*, vol. 57, 2008, p. 2.023.

383 U.S. 144, 149 (1992) *New York v. United States*. Em relação a esse lugar comum cf. *M. Greve* em TUSHNET, Mark; GRABER, Mark A.; LEVINSON, Sanford (Coord.). *The Oxford Handbook of the U. S. Constitution*. Oxford: Oxford University Press, 2015, pp. 431 e ss.

384 Extensamente a reforma financeira de 1969, as reformas do federalismo I (2006) e II (2009), bem como a lei de 13.07.2017 (BGBl I. S. 2347).

A *Constituição americana* também dedica muitas de suas disposições às competências federais.[385] Para os Poderes Legislativo e Judiciário do governo federal, as competências mais importantes estão previstas nos artigos I e III. Soma-se a isso a Décima Emenda, que (pelo menos à primeira vista) formula uma linha básica semelhante ao art. 30 da Lei Fundamental. Alguns artigos adicionais ampliam as responsabilidades do governo federal, especialmente a Décima Quinta Emenda, que foi inserida após a Guerra Civil. Outros dispositivos restringem a margem de ação.[386] As questões de aplicação da lei administrativa não são abordadas de forma suficiente. O art. VI, seção 2, da Constituição dos EUA prevê apenas uma regulamentação prioritária comparável ao art. 31 da Lei Fundamental, enfatizando separadamente a obrigação dos juízes dos Estados-membros perante a lei federal. As relações financeiras federais são regidas em vários regulamentos dispersos, especialmente a questão da ajuda financeira federal aos estados, na "cláusula de gastos" do art. I, seção 8, cláusula 1, da Constituição dos EUA, que tradicionalmente deu origem a disputas ferrenhas.[387]

Apesar da sofisticação da regulamentação detalhada, as disposições federais da Constituição americana parecem incompletas e difíceis de usar. Compreensível, porque a dificuldade de alterar a Constituição obriga e continua a forçar a que novas necessidades regulamentares sejam enquadradas em textos antigos. Tudo o que poderia ser absorvido na Alemanha através de mudanças constitucionais deve ser tratado de forma interpretativa no âmbito da

385 HEUN, W. "Der Föderalismus in den USA". *In*: HÄRTEL, Ines (Coord.). *Handbuch Föderalismus*. vol. 4. Dordrecht: Springer, 2012, § 96, nota, pp. 4 e ss.

386 Assim como entrou em vigor em 1798 a Décima Primeira Emenda, que restringe ações judiciais federais movidas por cidadão de um estado contra outro estado; além de NOWAK, John E.; ROTUNDA, Ronald D. *Constitutional Law*. 8ª ed. St. Paul: Thomson/West, 2010, § 2.11.

387 KINGREEN, T. "Vereinigte Staaten: Die Europäische Union im Lichte der Zäsuren des Föderalismus in den USA". *AöR*, vol. 141, 2016, pp. 485 e ss.

Constituição americana. "Os textos antigos e os novos problemas" são, portanto, um padrão comum de argumento quando se trata de questões federais.

> O debate sobre até que ponto a própria Constituição protege a integridade e a autonomia dos Estados-membros do nosso sistema federal, talvez, nunca possa ser totalmente resolvido porque havia tantas forças conflitantes em curso no momento da fundação do país e porque muita coisa aconteceu politicamente e tecnologicamente desde a adoção da Constituição.[388]

Essa observação sugere três considerações subsequentes que – sem prejuízo de todos os textos e de toda a jurisprudência a serem discutidos imediatamente – moldam a atitude básica perante os problemas jurídicos do federalismo americano:

- o esforço para manter abertas as definições dos termos constitucionais relevantes, porque qualquer fixação e legalização só pode ser limitada no tempo histórico;
- a disposição de dar preferência a uma solução política em detrimento de uma decisão judicial em casos de dúvida;
- a tendência para, em última análise, preferir uma solução nacional quando confrontados com novos desafios.

O significado jurídico dos argumentos federais oscilou diversas vezes nos mais de 200 anos de história da Constituição:[389]

---

388 Como em PIRO, David. L. *Federalism*: A Dialogue. Evanston: Northwestern University Press, 1995, pp. 107 e ss.

389 Cf. *M. Greve* em TUSHNET, Mark; GRABER, Mark A.; LEVINSON, Sanford (Coord.). *The Oxford Handbook of the U. S. Constitution*. Oxford: Oxford University Press, 2015, pp. 431-437 e ss.; TRUTE, H.-H. "Zur Entwicklung des Föderalismus in den Vereinigten Staaten von Amerika". *ZaöRV*, vol. 49, 1989, pp. 191-204 e ss.; KINGREEN, T. "Vereinigte

a jurisprudência pró-Estado das décadas da virada entre os séculos XIX e XX foi seguida pelo período do *New Deal*, ampliando os poderes de tomada de decisão pelo Congresso e só sendo substituídos por uma nova jurisprudência favorável ao Estado a partir de 1995. *Politicamente*, os estados dos EUA têm um elevado grau de independência. No entanto, o *conteúdo normativo* do princípio federal é reduzido, se comparado com a Alemanha. O Tribunal Constitucional Federal tem procurado reiteradamente fortalecer a posição dos Estados-membros em inúmeras decisões inovadoras.[390] O tratamento originalmente cauteloso da cláusula de necessidades (art. 72, parágrafo 2, da Lei Fundamental, versão antiga) foi corrigido em 1994 por meio de uma emenda constitucional.[391] O legislador que alterou a Constituição confiou conscientemente em um controle constitucional mais intenso e, portanto, em uma judicialização mais frequente dos conflitos federais.[392] Esse tratamento dos problemas federais individualizados é substancialmente diferente do que ocorre nos EUA.

B. Governo de poderes limitados e a posição dos Estado-membros

"Um princípio básico do governo americano é que o Congresso pode agir se houver competência expressa ou implícita na Constituição; os estados, entretanto, podem entrar em ação sempre, a menos que a Constituição proíba a ação". "Contudo, essa formulação clássica de poderes governamentais não reflete totalmente a

---

Staaten: Die Europäische Union im Lichte der Zäsuren des Föderalismus in den USA". *AöR*, vol. 141, 2016, pp. 485-494.

390 BVerfGE 12, 205 (Fernsehurteil); 61, 149 (Staatshaftungsgesetz); 119, 331 (gemeinsame sozialrechtliche Aufgabenwahrnehmung).

391 Da necessidade à cláusula de necessidade, cf. BVerfGE 106, 62, 135 e ss.; 128, 1, 34.

392 A criação de um procedimento especial do art. 93, parágrafo 1, nº 2a, da Lei Fundamental, sublinha essa constatação.

realidade dos poderes do governo federal". Com essas afirmações, um dos principais manuais de Direito Constitucional caracteriza a posição ambivalente do princípio da competência limitada.[393]

I. Influência precoce e prática mutável

As questões do federalismo estão anunciadas desde a primeira decisão fundamental tomada pela Suprema Corte, em 1819, no caso *McCulloch v. Maryland*.[394] O caso girava em torno de avaliar se o *Bank of America* estava sujeito a tributação por um dos Estados-membros. Nesse contexto, são interessantes dois argumentos que a Suprema Corte utilizou para verificar se o governo federal foi autorizado a criar um banco, embora a Constituição não mencionasse a instituição. Todavia, o tribunal não queria que a Constituição fosse interpretada de forma tão restrita:[395] "ao considerar o caso, então, nunca devemos esquecer que é uma Constituição que estamos a construir". Essa frase tornou-se uma fórmula frequentemente aplicada quando se trata de definir os dispositivos de competência federal, em especial o catálogo do art. I, seção 8, da Constituição dos EUA, adaptando-os às novas necessidades sociais. Com o mesmo escopo, a Suprema Corte também interpretou a passagem final do dispositivo, que autoriza o Congresso "a fazer todas as leis que sejam necessárias e adequadas para levar à execução os poderes constitucionais". Essa cláusula – afirma o tribunal – não deve ser entendida como uma limitação ao exercício da autoridade; "necessário" aqui não significa indispensável, mas, sim, sensato ou

---

393 CHEMERINSKY, Erwin. *Constitutional law*: principles and policies. 5ª ed. Nova York: Wolters Kluwer, 2015, § 3.1; cf. também HEUN, W. "Der Föderalismus in den USA". *In*: HÄRTEL, Ines (Coord.). *Handbuch Föderalismus*. vol. 4. Dordrecht: Springer, 2012, § 96, nota, pp. 7 e ss.

394 U.S. (4 Wheat.) 316 (1819); em seguida, TRIBE, Laurence. *American Constitutional Law*. 3ª ed. Nova York: Foundation Press, 2000, § 5-3.

395 U.S. (4 Wheat.) 316, 407 (1819).

desejável. Esse entendimento marcou o nascimento constitucional da doutrina dos poderes implícitos.[396]

Adiante, porém, o Judiciário foi orientando-se para a ideia de um "federalismo dual", expandindo os direitos dos Estados-membros ("*state rights*").[397] Conforme essa percepção, o governo federal e as unidades federadas exerciam suas competências simultaneamente em esferas distintas. Essa compreensão foi mantida com ênfase variável ao longo do século XIX, inclusive durante a Guerra Civil e as Emendas de Reconstrução. Foi só com o *New Deal* que as preferências da Suprema Corte mudaram novamente. Então, a "cláusula de comércio interestadual" (art. I, seção 8, cláusula 3, da Constituição dos EUA), em particular, provou ser uma alavanca para permitir ao governo federal implementar políticas sociais de longo alcance.[398] Seria suficiente para o "*federalismo cooperativo*" se o comércio interestadual fosse apenas indiretamente objeto de regulamentação.[399] A Suprema Corte respondeu às objeções sobre a retirada de competências essenciais dos Estados-membros, salientando que não existem áreas fixas que sejam deixadas à soberania

---

396 Assim como KINGREEN, T. "Vereinigte Staaten: Die Europäische Union im Lichte der Zäsuren des Föderalismus in den USA". *AöR*, vol. 141, 2016, pp. 495-498.

397 *Greve* em TUSHNET, Mark; GRABER, Mark A.; LEVINSON, Sanford (Coord.). *The Oxford Handbook of the U. S. Constitution*. Oxford: Oxford University Press, 2015, pp. 431-437 e ss.: "side by side in different spheres"; TRUTE, H.-H. "Zur Entwicklung des Föderalismus in den Vereinigten Staaten von Amerika". *ZaöRV*, vol. 49, 1989, pp. 191-204.

398 A cláusula confere ao Congresso a competência de "to regulate commerce with foreign nations, and among the several states, and with the Indian tribes". Para mais, ver NOWAK, John E.; ROTUNDA, Ronald D. *Constitutional Law*. 8ª ed. St. Paul: Thomson/West, 2010, § 4.1 e 4.10; SHAPIRO, R. A.; BUZBEE, W. W. "Unidimensional Federalism: Power and Perspective in Commerce Clause Adjudication". *Cornell L. Rev.*, vol. 88, 2003, p. 1.199.

399 CHEMERINSKY, Erwin. *Constitutional law*: principles and policies. 5ª ed. Nova York: Wolters Kluwer, 2015, § 3.4.4; *M. Greve* em TUSHNET, Mark; GRABER, Mark A.; LEVINSON, Sanford (Coord.). *The Oxford Handbook of the U. S. Constitution*. Oxford: Oxford University Press, 2015, pp. 446 e ss.

dos Estados-membros. "O processo político garante que não serão promulgadas leis que onerem indevidamente os Estados".[400]

A jurisprudência mais recente, que vem desde 1995 (novamente), segue uma linha mais restritiva e exige, a partir dos casos *Estados Unidos v. Lopez* e *Estados Unidos v. Morrison*, um "efeito substancial" no comércio interestadual.[401] No entanto, se for mantida a amplitude das definições de "comércio" e de "interestadual", a esfera de competência do governo federal permanece ampla. Isso também se aplica aos poderes em relação à "cláusula de tributação e gastos" (art. I, seção 8, cláusula 1, Constituição dos EUA) e às competências do Congresso para garantir a igualdade jurídica nos estados (Décima Quinta Emenda, seção 5).[402] Essa dinâmica reflete a experiência de que, na história dos EUA, sempre foram estados individuais que tentaram restringir os direitos dos cidadãos e impor regulamentos discriminatórios. Provavelmente foram essas experiências que deram às intervenções do governo federal uma legitimidade especial e encorajaram a tendência de optar por uma definição ampla das responsabilidades federais em caso de dúvida.[403] Dados os votos muito distintos dos ministros da Suprema Corte, é incerto se a decisão do Presidente Obama de 28

400 Como o juiz Blackmun para formar a maioria no tribunal em 469 U.S. 528, 556 (1985) *Garcia v. San Antonio (Metropolitan) Transit Authority*.

401 U.S. 549, 563, 565 (1995); e 529 U.S. 598, 610 (2000).

402 A emenda, que entrou em vigor em 1868 após a Guerra Civil, afeta, entre outras coisas: regulamenta a cidadania e evita que os estados interfiram nos direitos que os cidadãos têm direito ao abrigo da Constituição; a seção 5 então determina: "The Congress shall have power to enforce, by appropriate legislation, the provisions of this article". Além disso, CHEMERINSKY, Erwin. *Constitutional law*: principles and policies. 5ª ed. Nova York: Wolters Kluwer, 2015, § 3.7.

403 Em relação a esse contexto, cf. *M. Greve* em TUSHNET, Mark; GRABER, Mark A.; LEVINSON, Sanford (Coord.). *The Oxford Handbook of the U. S. Constitution*. Oxford: Oxford University Press, 2015, pp. 442 e ss.

de junho de 2012 sobre a Lei de Proteção ao Paciente e de Cuidado Acessível [*Obamacare*] assinala uma mudança fundamental.[404]

II. Sobre o significado da Décima Emenda

A *Décima Emenda*, que entrou em vigor em 1791, contraria apenas parcialmente as tendências centralizadoras, embora o texto induza a uma expectativa de uma proteção mais forte para os Estados-membros: "os poderes não delegados ao governo federal pela Constituição, nem por ela proibidos aos estados, são reservados respectivamente aos Estados-membros, ou ao povo". Com essa referência a outras disposições da Constituição, o princípio dos "poderes limitados" é estabelecido para o governo federal. É controverso até que ponto a cláusula também tem conteúdo protetivo independente a favor dos estados e até que ponto essa proteção pode ser aplicada com a ajuda dos tribunais.[405]

Cabe aqui, portanto, uma comparação com o art. 30 da Lei Fundamental. Essa disposição também se refere a outros elementos da Constituição que regulam mais detalhadamente as responsabilidades do governo federal; ao mesmo tempo, também atua sob a forma de uma cláusula geral a favor dos estados federados onde a situação de competências não é clara.[406] A Décima Emenda, por outro lado, não deveria desencadear esse efeito. Esse dispositivo é – como disse a ministra [Sandra] O'Connor ao tribunal – "essencialmente uma tautologia" que nada diz sobre a questão da distribuição de competências que não tenha sido normatizada em

---

404 U.S. 519 (2012) *National Federation of Independent Business (NFIB) v. Sebelius*.

405 Para mais, ver CHEMERINSKY, Erwin. *Constitutional law*: principles and policies. 5ª ed. Nova York: Wolters Kluwer, 2015, § 3.10.

406 Em detalhe, as formulações na literatura jurisprudencial variam ("relação regra-excepcional", "presunção de competência"); o art. 30 da Lei Fundamental raramente vê completamente negado o seu próprio conteúdo normativo; cf. JARASS, Hans D.; PIEROTH, Bodo. *Grundgesetz für die Bundesrepublik Deutschland*. 15ª ed. Munique: C. H. Beck, 2018, art. 30, nota, p. 1.

outras prescrições constitucionais.[407] Afinal, na mesma decisão, a Suprema Corte indicou uma espécie de barreira ao exercício da autoridade do governo federal sobre os Estados-membros, limitando substancialmente os efeitos da aplicação de leis federais sobre os âmbitos estaduais.[408] A perpetuação dessa concepção no caso *Printz v. Estados Unidos* mostra que a Décima Emenda tem, ao menos, a importância de enfatizar o valor do princípio federal. A "competência federal residual" tem um fundamento:

> a experiência dos constituintes em relação aos artigos da Confederação convenceu-os de que usar os estados como instrumentos da governança federal era, ao mesmo tempo, ineficaz e provocador de conflitos entre os próprios Estados-membros.[409]

III. O conceito de aplicação federal

É precisamente nessa concepção de que os estados não são "os instrumentos da governança federal" que os casos *New York v. Estados Unidos* e *Printz v. Estados Unidos* são importantes para a compreensão do Direito Administrativo americano e das suas estruturas de aplicação. Ao contrário da Lei Fundamental, a Constituição dos EUA não contém regulamentos mais precisos sobre como as leis federais são aplicadas. A atribuição geral do Poder Executivo ao Presidente (art. II, seção 1) e a "cláusula de cuidado" do art. II, seção 3, da Constituição dos EUA apontam para um princípio básico: as leis federais são implementadas pelo próprio Poder Executivo do governo federal. A Administração federal é

---

407 Assim como em 505 U.S. 144, 156 (1992) *New York v. United States.*

408 Cf. NOWAK, John E.; ROTUNDA, Ronald D. *Constitutional Law.* 8ª ed. St. Paul: Thomson/West, 2010, § 4.10(d): "These decisions do not prevent the federal government from regulating interstate commerce, but they do prohibit the federal government from regulating the states' regulation of interstate commerce".

409 U.S. 898, 919 (1997) *Printz v. United States* (juiz Scalia pela maioria do tribunal).

correspondentemente grande e diversificada, na qual as autoridades centrais, geralmente rodeadas por um círculo de sub-órgãos, tentam cobrir as enormes dimensões do espaço administrativo nos EUA, o que se mostra o oposto do que prescreve o art. 83 da Lei Fundamental. Nos EUA, a aplicação das leis federais não é uma questão da responsabilidade das províncias/estados, não sendo um tema para eles. Do ponto de vista constitucional, os EUA e a Alemanha seguem modelos de aplicação claramente distintos.[410]

A despeito do princípio básico de fazer cumprir a lei federal através das suas próprias autoridades, ainda não foi decidido se o governo federal pode afetar os Estados-membros na sua aplicação (1). Uma comparação das técnicas regulatórias mostra que o Direito americano está mais orientado para soluções individuais, enquanto o Direito alemão está direcionado para a igualdade de execução a partir de modelos rijos (2).

1 Aplicação da lei federal pelos Estados-membros como exceção

Cabe reconhecer que as autoridades estaduais e as locais estão vinculadas pela lei federal da *mesma forma* que os particulares, podendo ser-lhes impostas, portanto, obrigações de execução, o que

410 Cf. BOTHE, Michael. *Die Kompetenzstruktur des modernen Bundesstaates in rechtsvergleichender Sicht*. Berlim: Springer, 1977, pp. 224 e ss.; HALBERSTAM, D. "Comparative Federalism and the Issue of Commandeering". *In*: NICOLAIDIS, Kalypso; HOWSE, Robert. (Coord.). *The Federal Vision*: Legitimacy and Levels of Governance in the United States and the European Union. Nova York: Oxford University Press, 2002. Cf. RUFFERT, Matthias. *Law of Administrative Organization of the EU*: A Comparative Approach. Cheltenham/Northampton: Edward Elgar, 2020, pp. 203 e ss., que chama a atenção para tendências em direção ao "federalismo cooperativo" e ao "federalismo executivo".

não afeta a autonomia das unidades federadas.[411] Ademais, elas também não estão protegidas de nefastas consequências financeiras.[412]

O que acontece, porém, quando a aplicação das leis federais afeta os estados "na sua margem de autonomia", ou seja, a aplicação administrativa direta? No caso *Printz*, o juiz [Antonin] Scalia examinou o imbróglio como um primeiro passo em seu argumento histórico. Se pudesse ser provado que os estados já haviam sido chamados a fazer cumprir as leis federais, isso seria pelo menos uma indicação importante da constitucionalidade desses processos.[413] Contudo, a resposta é negativa; a história constitucional sugere o oposto.

Os outros argumentos do caso *Printz* são de natureza estrutural: começam com a ideia de distribuição de competências, que tem uma dimensão horizontal e uma vertical: e depois passam para a concepção da "dupla soberania", que confere aos Estados-membros os poderes que não lhes foram delegados pela Constituição.[414] A divisão de competências destina-se a garantir que os funcionários de cada nível continuem a prestar contas ao seu público. Permitir que o Congresso dependa de funcionários públicos para fazer cumprir as suas leis alteraria significativamente a distribuição de poder e confundiria as responsabilidades. Em segundo lugar, a Constituição distribuiu responsabilidades entre o Congresso e o Presidente, de tal sorte que à chefia do Poder Executivo coube a aplicação da lei. A ação de funcionários públicos no Congresso levaria à criação de uma área de atuação que o Presidente não poderia controlar.

---

411 U.S. 141, 151 (2000) *Reno v. Condon*: "they not require the States in their sovereign capacity to regulate their own citizens". A decisão diz respeito ao tratamento oficial da informação de acordo com regras que também se aplicam a particulares.

412 NOWAK, John E.; ROTUNDA, Ronald D. *Constitutional Law*. 8ª ed. St. Paul: Thomson/West, 2010, § 4.10 (d)(i) (S. 208): "And Congress may use the Commerce power to impose burdens on the states if the states are subject to 'generally applicable' laws".

413 U.S. 898, 905 (1997) *Printz v. United States*.

414 U.S. 898, 921 (1997) *Printz v. United States*.

Com esses argumentos, a maioria do tribunal confirmou o que já foi atestado no caso *New York v. Estados Unidos*: "o governo federal não pode obrigar os estados a promulgar ou a administrar o programa regulatório federal".[415]

Com o propósito de manter o cenário de responsabilidades transparentes, as concepções de aplicação federal da lei americana diferem fundamentalmente daquelas da lei alemã. O art. 83 da Lei Fundamental pressupõe que os estados implementam leis nas quais apenas têm uma responsabilidade política reduzida perante o seu eleitorado, limitada à sua participação no Senado, sendo que é essa participação que assegura os interesses das unidades federadas, ao contrário dos EUA.[416] A prioridade das unidades estaduais para a aplicação das leis federais é considerada um elemento marcante do federalismo alemão, instituído desde a promulgação da Carta Magna alemã.[417]

Por sua vez, a proibição de envolver os estados na aplicação da lei federal não se aplica de forma absoluta nos EUA, mas apenas onde as unidades federadas forem instadas a participar contra sua vontade. Até porque o Congresso tem, se necessário, meios para forçar os estados a se envolverem na aplicação da lei federal.[418] Existem vários meios disponíveis: é concebível, por exemplo,

---

415 U.S. 898, 900, 929 (1997) *Printz v. United States* ("not commandeer state government"); novamente em detalhes em 567 U.S. 519, 575-585 (2012) *NFIB v. Sebelius*. A distinção entre um "programa regulatório" e os elementos das obrigações gerais de aplicação pode, obviamente, ser difícil.

416 Além disso, HALBERSTAM, D. "Comparative Federalism and the Issue of Commandeering". *In*: NICOLAIDIS, Kalypso; HOWSE, Robert. (Coord.). *The Federal Vision*: Legitimacy and Levels of Governance in the United States and the European Union. Nova York: Oxford University Press, 2002, pp. 213-235 e ss.

417 OETER, Stefan. *Integration und Subsidiarität im deutschen Bundesstaatsrecht*. Munique: Mohr Siebeck, 1998, pp. 126 e ss.

418 As autoridades administrativas locais também podem ser direcionadas para a aplicação dessa forma.

que os estados que decidam aplicar a lei federal através das suas próprias autoridades tenham a sua própria liberdade de ação, o que não existe, caso os regulamentos relevantes sejam aplicados pelas autoridades federais. A partir das precauções processuais, os estados podem, por exemplo, ser capazes de seguir uma política ambiental variável dentro da estrutura dos requisitos legais federais, escolhendo suas próprias estratégias regulatórias. O importante é que cada estado tenha a opção de participar ou não. As unidades estaduais devem ser livres para tomar essa decisão e, portanto, devem responder por ela perante seu eleitorado.

Todavia, o meio mais importante de envolver os governos estaduais e locais na aplicação da lei federal é através de contribuições financeiras. A "cláusula de gastos" do art. 8, seção 1, da Constituição dos EUA é entendida como uma cláusula aberta que permite a utilização de fundos "para a defesa comum e o bem-estar geral dos Estados Unidos".[419]

A concessão de recursos pode estar vinculada a determinadas condiçõe, o que abre margem para que o Congresso também possa perseguir interesses regulatórios para os quais não tem competência.[420] Só é inadmissível tocar assuntos que não tenham ligação objetiva com o interesse federal subjacente. Surge aqui a ideia de proibição do acoplamento, que visa prevenir práticas administrativas colusórias.[421]

---

419 Seguindo CHEMERINSKY, Erwin. *Constitutional law*: principles and policies. 5ª ed. Nova York: Wolters Kluwer, 2015, pp. 288 e ss.; KINGREEN, T. "Vereinigte Staaten: Die Europäische Union im Lichte der Zäsuren des Föderalismus in den USA". *AöR*, vol. 141, 2016, pp. 505 e ss.; HESTERMEYER, Holger. *Eigenständigkeit und Homogenität in föderalen Systemen*. Tübingen: Mohr Siebeck, 2019, pp. 155 e ss.

420 Cf. (jurisprudência resumida) 483 U.S. 203 (1987) *South Dakota v. Dole*.

421 MANDELKER, Daniel R. *et al*. *State and Local Government in a Federal System*. 8ª ed. Durham: Carolina Academic Press, 2014, pp. 634 e ss. ("federal interest and relatedness").

Os riscos oriundos dessa política de "rédeas de ouro" também são, notadamente, observados nos EUA.[422] Contudo, são feitas tentativas para os neutralizar, o que ocorre, menos com restrições gerais à ajuda financeira (ver artigos 104.-A–104.-D da Lei Fundamental),[423] mas, sim, com a formulação específica das condições de aprovação.[424] A alocação de fundos sujeita a condições é permitida "desde que as condições sejam expressamente declaradas, tendo alguma relação com a finalidade do programa de gastos e não sejam indevidamente coercitivas".[425] A formulação dessas condições é vista como tarefa especial do Direito Administrativo, que adquire, assim, a função de *regime de proteção federal infraconstitucional*.[426]

Também aqui se trata de delegar responsabilidades específicas. "Onde o Congresso incentiva a regulamentação estadual, o direcionamento das normativas se volta às preferências do eleitorado local; os representantes públicos continuam a prestar contas ao povo".[427] É claro que as justificações para "encorajar" não parecem inteiramente convincentes; até porque se (como afirmado em *Printz*) a proibição de envolver os estados na execução de leis federais tem como objetivo evitar a concentração de poder, então,

---

422 THÜRER, Daniel. *Bund und Gemeinden*. Berlim: Springer-Verlag, 1986, pp. 148 e ss.; KINGREEN, T. "Vereinigte Staaten: Die Europäische Union im Lichte der Zäsuren des Föderalismus in den USA". *AöR*, vol. 141, 2016, pp. 485-515.

423 Cf. ARNIM, H. H. V. "Finanzzuständigkeit". *In*: ISENSEE, Joseph; KIRCHHOF, Paul (Coord.). *Handbuch des Staatsrechts der Bundesrepublik Deutschland*. 3ª ed. vol. 6. Heidelberg: C. F. Müller Juristischer Verlag, 2008, § 138, nota, pp. 43 e ss.

424 Sobre abordagens individualizadas para uma limitação mais estrutural do sistema de subsídios federais, ver THÜRER, Daniel. *Bund und Gemeinden*. Berlim: Springer-Verlag, 1986, pp. 155 e ss. (Federal Grant and Cooperative Agreement Act de 1977).

425 Como em § 3.5 (S. 288): panorama da jurisprudência.

426 *G. Metzger* (nota, p. 215, de *Chemerinsky*) em *Duke L. J.*, vol. 57, 2008, pp. 2.023, 2.047 e ss., 2.109.

427 Ver 505 U.S. 144, 168 (1992) *New York v. United States*.

a condição para sua ocorrência, mediante a vontade dos estados, não representa necessariamente um antídoto adequado ao perigo. A natureza voluntária da questão, ao menos, torna mais fácil para o governo federal e para os estados regularem a supervisão dos órgãos administrativos envolvidos na fiscalização por acordo mútuo, neutralizando, assim, o risco de se ter áreas isentas de controle.

2 Comparação das técnicas de controle

Se compararmos as técnicas de controle dos dois modelos de aplicação, o modelo alemão parece ser construído com mais precisão, porém mais estático: orientado para os tipos de fiscalização, fixando, dentro desse arcabouço, posicionamentos jurídicos:[428] *dos* estados, *dos* municípios e *do* governo federal. Logo, com o quadro estabelecido, facilita a orientação e a resposta padronizada às questões jurídicas. Ou seja, há um *perfil de aplicação uniforme* que se baseia em formas organizacionais e jurídicas fixas.

O modelo americano é muito menos formal e, portanto, mais aberto. Aqui, as posições jurídicas não são contrastadas, mas, sim, o funcionamento baseado nos interesses dos envolvidos é avaliado dependendo da situação concreta. As decisões relevantes da Suprema Corte, que constituem os elementos do conceito de aplicação, são consideradas "contramedidas modestas", "menos como barreiras intransponíveis colocadas no caminho do Congresso", mas, sim, "lombadas de trânsito" "que apenas retardam o tráfego legislativo".[429] Quais regulamentos federais são vistos como "comandantes" e quais ainda não atingem um nível de coerção ("coerção")

---

428 Igualmente em THÜRER, Daniel. *Bund und Gemeinden*. Berlim: Springer-Verlag, 1986, p. 295: "A Lei Básica Alemã, com a sua tendência inerente de padronizar perfeitamente a vida do Estado, também codificou detalhadamente a estrutura do Estado federal".

429 NOWAK, John E.; ROTUNDA, Ronald D. *Constitutional Law*. 8ª ed. St. Paul: Thomson/West, 2010, § 4.10 (d)(i) (S. 206), com referência a formulações de W. van Alstyne.

permanecem abertos à avaliação individual. Essa flexibilidade do modelo é ainda aumentada pelo fato de caber a cada estado (e possivelmente também às autoridades locais individuais) aceitar ou não a oferta do governo federal. A Constituição, portanto, não estabelece uma estrutura de aplicação uniforme, mas permite uma rede de responsabilidades variáveis.

A diversidade e a densidade das relações administrativas que existem entre o governo federal e os Estados-membros, por exemplo, no sistema de saúde e na proteção ambiental, são tomadas como um sinal de que a ideia de "federalismo dual" tem sido cada vez mais substituída pela prática do "federalismo cooperativo", que, entretanto, deve ser dotado de mecanismos especiais de proteção aos estados.[430] Levantam-se dúvidas de que a fórmula "anticomandante" da Suprema Corte seja suficiente; o que é proposto é um direito formal para os estados individualmente encerrarem a cooperação ("direito de saída").[431] A perspectiva de proteção americana é específica do estado membro e *individualizada*, enquanto a perspectiva alemã é *institucional*.

C. Questões constitucionais da Administração local

A discussão de questões constitucionais, particularmente na Administração local, não é um dos tópicos tradicionais dos livros didáticos de Direito Administrativo. Também é incomum encontrar artigos relevantes nos periódicos das principais faculdades de Direito. Na Alemanha, o tratamento é deixado a um segmento especial da literatura, ao *Direito governamental local* [*local government law*]. Ela possui livros próprios e grandes apresentações

---

430 WEISER, P. J. "Towards a Constitutional Architecture for Cooperative Federalism". *North Carolina L. Rev.*, vol. 79, 2001, p. 663.

431 WEISER, P. J. "Towards a Constitutional Architecture for Cooperative Federalism". *North Carolina L. Rev.*, vol. 79, 2001, pp. 704 e ss.

semelhantes a manuais, destinados principalmente a advogados que trabalham em Administrações municipais.[432] As pesquisas não são fundamentalmente orientadas para questões teóricas, e, sim, para as práticas, mas, nesse aspecto, de modo não muito diferente da literatura didática sobre Direito Administrativo em geral.

A legislação do governo local é compreendida em sentido amplo. Abordam-se não apenas os temas tradicionais (*status*, território, organização interna, formas de atuação, finanças e pessoal dos municípios), mas também as áreas de responsabilidade mais importantes da Administração municipal: "zoneamento", "planejamento", "orçamento público", "regulamentação do comércio e negócios" e "controles locais sobre atividades criminosas". Se o Direito Administrativo americano é muito mais atrofiado que o Direito Administrativo alemão, a situação é exatamente oposta quando se trata do Direito do governo local. As matérias de Direito Administrativo especializado também estão aqui incluídas,[433] o que deixa claro como a Administração ocorre ao nível local – um âmbito em que operam mais de 85.000 unidades municipais nos EUA.[434]

---

432 REYNOLDS, Osborne. *Handbook of Local Government Law*. 2ª ed. St. Paul: West, 2001; REYNOLDS, Osborne. *Local Government Law*. 4ª ed. St. Paul: West, 2015; BAKER, Lynn A.; GILLETTE, Clayton P. *Local government law*: cases and materials. 4ª ed. Nova York: Foundation Press, 2010; BRIFFAULT, Richard; REYNOLDS, Laurie. *Cases and materials on state and local government law*. 8ª ed. St. Paul: West Academic Publishing, 2016; FRUG, Gerald E.; FORD, Richard T.; BARRON, David J. *Local government law*: cases and materials. 4ª ed. St. Paul: West Academic, 2006; STEVENSON, Sandra M. *Antieau on Local Government Law*. 2ª ed. Nova York: M. Bender, 1997; MARTINEZ, John. *Local Government Law*. Eagan: West, 2012; McQUILLIN, Eugene. *The Law of Municipal Corporations*. 3ª ed. Chicago: Callaghan, 1949.

433 Há também o trabalho explicativo em vários volumes de MATTHEWS, T. A.; MATTHEWS, B. S. *Municipal Ordinances*. 3ª ed. [S.l.]: [s.n.], 2008, que oferece sugestões de textos e explicações sobre a legislação local.

434 Cf. REYNOLDS, Osborne. *Local Government Law*. 4ª ed. St. Paul: West, 2015, § 2.3-2.8: *Municipalities* ("cities, towns, villages"), *Quasi-Corporations* ("counties, townships") und *Special Function Districts* (associações de

As matérias constitucionais da seara administrativa municipal são tratadas, principalmente, em seções introdutórias. As duas grandes questões são a proteção das Administrações locais contra a interferência dos Estados-membros e do governo federal, por um lado, e o seu compromisso com a lei dos dois níveis superiores, por outro. Ainda assim, as múltiplas interconexões dos problemas de proteção e vinculação devem ser levadas em conta.[435] Para melhor compreender esse âmbito, convém afastar-nos da discussão alemã, que é essencialmente conduzida à luz da garantia constitucional federal central do art. 28, parágrafo 2, da Lei Fundamental.[436] Na *Constituição dos EUA*, não há uma abordagem abrangente; apenas cláusulas individuais que podem ser ativadas para as unidades administrativas locais (I). Há ainda mais motivos para nos preocuparmos com a proteção do nível administrativo local perante *as Constituições estaduais* (II).

I. Baixa proteção da Constituição dos EUA

A ausência de uma regulação constitucional da Administração local é normalmente explicada pelos interesses especiais

---

propósito especial, que incluem principalmente os distritos escolares). Como panorama, cf. HOPPENSTEDT, Björn. *Kommunale Selbstverwaltung in den USA*. Frankfurt am Main: P. Lang, 2007, pp. 28 e ss.

435 Uma visão diferenciada de REYNOLDS, Osborne. *Handbook of Local Government Law*. 2ª ed. St. Paul: West, 2001: Limits of State Control of Municipalities (cap. 4-6), Relationship of Municipalities to Federal Government (cap. 7), Powers of Municipalities (cap. 8); BRIFFAULT, Richard; REYNOLDS, Laurie. *Cases and materials on state and local government law*. 8ª ed. St. Paul: West Academic Publishing, 2016 (cap. 2), State-Local Relation (cap. 4), State and Local Finance (cap. 6). Resumido por FRUG, Gerald E.; FORD, Richard T.; BARRON, David J. *Local government law*: cases and materials. 4ª ed. St. Paul: West Academic, 2006.

436 Em termos de Direito Comparado, ver THÜRER, Daniel. *Bund und Gemeinden*. Berlim: Springer-Verlag, 1986, pp. 10 e ss. (Alemanha), 101 e ss. (EUA), 194 e ss. (Suíça), 290 e ss. (resumidamente).

que caracterizaram a época em que a Constituição foi escrita:[437] uma teoria política influente na época queria ver o exercício da Administração Pública nas áreas locais como um direito natural da comunidade local. O legislador originário, por outro lado, teve que, primeiramente, criar uma comunidade capaz de agir e evitar a fragmentação excessiva das forças políticas. Nessa perspectiva, uma garantia constitucional de um governo local não parecia ser apropriada, uma vez que poderia ter surtido o efeito de instrumento de descentralização excessiva na federação.

1 Hegemonia da legislação estadual

A ideia de um "governo interno inerente" foi retomada repetidamente no século XIX e no início do século XX, mas não teve sucesso. Ao contrário, o objetivo era fortalecer a "hegemonia da legislação dos Estados-membros".[438] Esse objetivo dominou a jurisprudência e o ensino jurídico no período que se seguiu. Em 1907, a Suprema Corte decidiu no caso *Hunter v. Pittsburgh*, em apertada síntese:

> as unidades municipais são subdivisões políticas do estado, criadas como agências instrumentais para o exercício dos poderes governamentais conferidos a essas unidades, os quais serão exercidos, dentro do respectivo território, a critério absoluto do estado membro.[439]

---

437 MARTINEZ, John. *Local Government Law*. Eagan: West, 2012, § 3.8: "In this historical context, it is significant that the framers of state and federal Constitutions included no provisions protecting local government units against assertions of majoritarian power".

438 REYNOLDS, Osborne. *Handbook of Local Government Law*. 2ª ed. St. Paul: West, 2001, § 25; HOPPENSTEDT, Björn. *Kommunale Selbstverwaltung in den USA*. Frankfurt am Main: P. Lang, 2007, pp. 272 e ss.; 207 U.S. 161, 176 (1907).

439 207 U.S. 161, 176 (1907).

Intervenções nas competências existentes, na forma como as tarefas são executadas e na configuração territorial das "unidades locais" são, portanto, possíveis para os estados e, se ele tiver os devidos poderes regulatórios, também para o governo federal sem maiores inconvenientes.[440]

John Dillon, em 1872, já havia formulado uma saída, considerando as lacunas de reconhecimento normativo externo da Administração local:[441]

> é proposição geral e indiscutível de direito que a entidade municipal possui e pode exercer tão somente as seguintes competências: primeiro, aquelas concedidas pelo texto expresso; segundo, aquelas que estão necessariamente ou razoavelmente implícitas ou incidentes nas prerrogativas expressamente delegadas; terceiro, aquelas essenciais para a consecução dos objetivos e propósitos declarados do município – não simplesmente convenientes, mas indispensáveis.

Mesmo que a Suprema Corte tenha interpretado mais amplamente em decisões posteriores e que se encontrem repetidamente vozes pró-municípios na literatura especializada,[442] a "*Regra de Dillon*" provou ser extremamente influente.[443]

---

440 As áreas típicas nas quais o governo federal ganhou cada vez mais influência na Administração local incluem, como em REYNOLDS, Osborne. *Handbook of Local Government Law*. 2ª ed. St. Paul: West, 2001, cap. 7: polícia, impostos e receitas, recursos federais.

441 DILLON, John F. *Treatise on the law of municipal corporations*. Chicago: J. Cockcroft, 1872, § 55.

442 Apresentado por BRIFFAULT, Richard; REYNOLDS, Laurie. *Cases and materials on state and local government law*. 8ª ed. St. Paul: West Academic Publishing, 2016, pp. 107 e ss.: "O governo local como política democrática e autônoma é particularmente evidente nas decisões que afetam a lei eleitoral local". No geral, porém, este é apenas um trecho menor; o conceito de "governo local como agente do Estado" domina.

443 FRUG, Gerald E.; FORD, Richard T.; BARRON, David J. *Local government law*: cases and materials. 4ª ed. St. Paul: West Academic, 2006, p. 138:

As autoridades da Administração local não têm a sua própria condição *abrangentemente* coberta na Constituição dos EUA, como o faz a Lei Fundamental em seu art. 28, parágrafo 2, concedendo-a e identificando-a como um direito legítimo.[444] Ou seja, a abordagem é diferente: enquanto a lei alemã se centra na proteção dos municípios frente à intervenção estatal, a lei americana se pergunta primeiramente de onde realmente deriva o poder regulador dos "municípios".[445] O objeto de discussão não é uma autoridade administrativa herdada historicamente, cuja legitimidade já foi comprovada através da sua tradição, mas, sim, unidades locais que estão sendo gradualmente constituídas e devem inicialmente demonstrar sua autonomia.[446] Uma interpretação restritiva das competências municipais é extraída da Regra de Dillon.[447] A própria história não indica que seja possível uma visão favorável a competências abrangentes dos municípios. As variadas percepções

---

"Dillon's Rule is a very important aspect of local government law; it has been cited in hundreds and hundreds of cases".

444 Como demonstra MARTINEZ, John. *Local Government Law*. Eagan: West, 2012, § 3.1; cf. McQUILLIN, Eugene. *The Law of Municipal Corporations*. 3ª ed. Chicago: Callaghan, 1949, cap. 4, § 4.3: "However, it should be noted that the United States Supreme Court has held that there is no place in the federal system for sovereign cities, largely on federalism grounds"; HOPPENSTEDT, Björn. *Kommunale Selbstverwaltung in den USA*. Frankfurt am Main: P. Lang, 2007, pp. 84 e ss.

445 REYNOLDS, Osborne. *Handbook of Local Government Law*. 2ª ed. St. Paul: West, 2001, § 8.1: "Quite aside from any problems of conflicts and relationship between municipalities, on the one hand, and state and federal government, on the other hand, the question must be asked: What powers does a municipality possess, and what is the source of these powers".

446 REYNOLDS, Osborne. *Handbook of Local Government Law*. 2ª ed. St. Paul: West, 2001, sec. 49; FRUG, Gerald E.; FORD, Richard T.; BARRON, David J. *Local government law*: cases and materials. 4ª ed. St. Paul: West Academic, 2006, p. 139.

447 REYNOLDS, Osborne. *Handbook of Local Government Law*. 2ª ed. St. Paul: West, 2001, sec. 49; FRUG, Gerald E.; FORD, Richard T.; BARRON, David J. *Local government law*: cases and materials. 4ª ed. St. Paul: West Academic, 2006, p. 139.

aparecem conforme certos sotaques *regionalmente* diferentes. Nos estados mais ao Oeste, onde as comunidades locais foram frequentemente deixadas à própria sorte durante muito tempo, as ideias de um sistema municipal independente[448] têm mais probabilidades de encontrar apoiadores do que nos estados da Costa Leste.

2 Abordagens sobre a proteção incidental

Contudo, os municípios não estão completamente indefesos perante a supremacia hierárquica dos estados e do governo federal. Isso porque as disposições da Constituição dos EUA limitadoras da intervenção estatal têm diferentes estruturas, destinatários, além de vincularem pessoas variadas; mesmo em termos temáticos, também dizem respeito a assuntos regulatórios distintos.[449]

Os municípios não podem contar com os "privilégios e imunidades" dos Estados-membros trazidos pela Décima Primeira Emenda.[450] O que lhes resta é a proibição da legislatura federal de forçar os governos locais a fazer cumprir as leis contra a sua vontade. Pode-se até pensar em acionar os *direitos fundamentais* da *Bill of Rights* e as prerrogativas da Décima Quarta Emenda (com vista a vincular os estados) para proteger os governos municipais. No entanto, o resultado é decepcionante. Constituindo um braço alargado da organização estatal, as autoridades administrativas locais geralmente não são consideradas com direito à proteção. A exceção é para os casos de

448 U.S. 339, 344 (1960) *Gomillion v. Lightfoot* ("not that the State has plenary power to manipulate in every conceivable way, for every conceivable purpose, the affairs of its municipal corporations").

449 Ver MARTINEZ, John. *Local Government Law*. Eagan: West, 2012, § 3.7, § 3.8; McQUILLIN, Eugene. *The Law of Municipal Corporations*. 3ª ed. Chicago: Callaghan, 1949, § 4.18.

450 Cf. em detalhes em STEVENSON, Sandra M. *Antieau on Local Government Law*. 2ª ed. Nova York: M. Bender, 1997, § 12.2 (3)(i).

bens que sejam propriedade privada de um município.[451] No mais, o raciocínio utilizado para negar proteção aos governos locais vai ao encontro do que está a ser discutido na Alemanha, especificamente no art. 19, parágrafo 3, da Lei Fundamental: quem atua como braço alargado do Estado ("subdivisão política do Estado") não se encaixa na "situação típica de risco aos direitos fundamentais". Os municípios só podem pleitear indiretamente a proteção dos direitos fundamentais, caso as regulamentações federais levem-nos a violar direitos individuais. Por exemplo, uma Administração local não deve ser forçada a promover condições escolares que tenham um efeito racialmente discriminatório. São situações individualizadas a partir das quais a proteção das Administrações locais só pode ser alcançada de maneira mesclada, em uma *forma de mosaico*.[452] No geral, porém, aplica-se o seguinte: "a Constituição Federal raramente leva em conta a proteção das entidades municipais perante a interferência legislativa".[453]

II. Proteção pelas Constituições estaduais

Uma vez que a proteção conferida pela Constituição Federal é irrisória, os Estados-membros têm sido sistematicamente pressionados a prever regulamentos em suas próprias leis que confiram aos municípios poderes suficientemente amplos e os protejam contra a interferência do poder estatal, ou seja, deem-lhes uma autoridade normativamente vinculativa, uma "*home rule*".[454] Isso até aconteceu

---

451 McQUILLIN, Eugene. *The Law of Municipal Corporations*. 3ª ed. Chicago: Callaghan, 1949, § 4.21; cf. REYNOLDS, Osborne. *Handbook of Local Government Law*. 2ª ed. St. Paul: West, 2001, sec. 27, com referências às constituições nacionais.

452 U.S. 457, 475 (1982) *Washington v. Seattle School District Nº 1*.

453 McQUILLIN, Eugene. *The Law of Municipal Corporations*. 3ª ed. Chicago: Callaghan, 1949, § 4.18.

454 Cf. LIBONATI, M. E. "Home Rule: An Essay on Pluralism". *Wash. L. Rev.*, vol. 64, 1989, p. 51; BARRON, D. J. "Reclaiming Home Rule". *Harv. L. Rev.*, vol. 116, 2003, p. 2.255; GUENTHNER, F. R. "Reconsidering Home

– ao menos a partir de regulamentos de Direito Infraconstitucional, principalmente com disposições correspondentes às Constituições estaduais individuais.[455] Nessas previsões, a ideia político-filosófica de autogoverno tornou-se normativamente consolidada. Hoje constitui a base da "*autonomia local*".[456]

Essencialmente, "*home rule*" significa uma dupla garantia:[457] por um lado, o direito de acesso a determinadas competências ("iniciativa legislativa") e, por outro lado, o direito de defesa contra intervenções federais ("imunidade"). Em que medida a influência do Estado será reduzida dependerá das diferentes normas de garantia. Os municípios, geralmente, não estão isentos de observar as leis estaduais. Alguns estados também excluem expressamente certas questões ou preveem uma prioridade abstrata de regulamentações estaduais. Ou seja, os municípios podem emitir regulamentos legais de forma independente.

No caso de conflito entre regulamentações municipais e estaduais, deve-se perguntar até que ponto o assunto é de "preocupação estadual". O que, por sua vez, dependerá da possibilidade de ser comprovada uma "necessidade de uniformidade e de consistência", podendo ser respondido afirmativamente quando se trata

---

Rule and City-State Preemption in Abandoned Fields of Law". *Minn. L. Rev.*, vol. 102, 2017, pp. 427, 435-445. Sobre o "Movimento de Home Rule", que começou por volta de 1870 e ainda hoje é influente, cf. REYNOLDS, Osborne. *Handbook of Local Government Law*. 2ª ed. St. Paul: West, 2001, § 6.2 (S. 102).

455 Para mais, ver STEVENSON, Sandra M. *Antieau on Local Government Law*. 2ª ed. Nova York: M. Bender, 1997, § 21.1.

456 Ver MARTINEZ, John. *Local Government Law*. Eagan: West, 2012, § 4.1: "Grants of home rule, whether of statutory or constitutional provenance, are the legal expression of powerful underlying historical, social, political, and psychological demands that those affected by public action ought to have a significant say in decisions which hit them where they live".

457 MARTINEZ, John. *Local Government Law*. Eagan: West, 2012, § 4.9; cf. HOPPENSTEDT, Björn. *Kommunale Selbstverwaltung in den USA*. Frankfurt am Main: P. Lang, 2007, pp. 71 e ss.

de medidas de segurança e outras tarefas típicas da autonomia estadual. Por outro lado, as regulações da tomada de decisões municipais, da organização interna e das atividades econômicas são consideradas "de preocupação puramente local".[458] A jurisprudência dos tribunais nacionais tem aqui um fértil campo de atuação, tratando de temas frequentemente novos:[459] podem os municípios ser autorizados a utilizar a lei de planejamento urbano ("regulação de zoneamento") para evitar o *fracking* na sua área, como está previsto pelo Direito Econômico? Até que ponto podem impor proibições ao álcool ou disposições de controle de armas? As respostas dependem da medida em que a lei estadual adotou para delegar competências ("preempção")[460] e de como o *home rule* pode ser garantido. Um "princípio de distribuição de competências específico dos municípios", como o Tribunal Constitucional Federal assume para o art. 28, parágrafo 2, da Lei Fundamental,[461] não pode ser identificado nas diferentes versões das normas de garantia. Os tribunais também não submetem as reivindicações regulatórias estaduais conflitantes a um exame estrito de proporcionalidade. As avaliações e considerações inevitáveis são mais abertas e menos dominadas por considerações protetoras em benefício do âmbito local. Como área jurídica, porém, o Direito municipal pode dar uma contribuição significativa para ilustrar a diversidade da Administração local. Nesse sentido, é um complemento importante para a visão do "Direito Administrativo" clássico, o qual se concentra excessivamente na Administração federal.

---

458 Para mais informações, ver REYNOLDS, Osborne. *Handbook of Local Government Law*. 2ª ed. St. Paul: West, 2001, § 6.3.

459 Cf. GUENTHNER, F. R. "Reconsidering Home Rule and City-State Preemption in Abandoned Fields of Law". *Minn. L. Rev.*, vol. 102, 2017.

460 Sobre a prática recente de cada Estado fazer uso extensivo das suas opções de exclusão, cf. SCHARFF, E. A. "Hyper Preemption: A Reordering of the State Local Relationship". *Georgetown L. J.*, vol. 106, 2018, p. 1.469.

461 BVerfGE 79, 127, 147-150.

Terceira seção: o âmbito do Direito Administrativo

Nos EUA e na Alemanha, "Administrative Law" e "Direito Administrativo" são termos que reúnem um grande número de regulamentos, princípios e institutos que provêm de fontes jurídicas e círculos jurídicos muito diferentes e que se voltam a destinatários distintos: fundamentalmente, trata-se de lei específica para autoridades públicas (A).[462] No entanto, o âmbito substantivo da regulamentação vai além disso. "A Constituição restringe a ação governamental por quaisquer instrumentos ou modos em que essa ação possa ser tomada". Consequentemente, o estatuto jurídico e os vínculos dos particulares e das empresas que trabalham na e para a Administração também devem ser tidos em conta (B). As atividades que as autoridades e os particulares realizam, especialmente na aplicação da lei, são claramente separadas, mas funcionalmente relacionadas entre si. Por mais diferentes que estejam legalmente consolidadas, a aplicação da lei *pública* e da *privada* pode ser entendida como estratégias regulatórias voltadas para um objetivo comum (C). "*O âmbito do Direito Administrativo*" não possui fronteiras externas uniformes, mas é uma estrutura regulatória que varia dependendo do contexto de aplicação.[463] Em suma, na Alemanha, tampouco é diferente; a seara das obrigações administrativas deve ser determinada caso a caso, de acordo com as regras de aplicação relevantes.[464]

---

462 De acordo com 513 U.S. 374, 392 (1995) *Lebron v. National Railroad Passenger Corp.* – "Amtrak" –com referência a 100 U.S. 339, 346 (1879) *Ex Parte Virginia.*

463 A seguir estão as contribuições de TAGGART, Michael (Coord.). *The Province of Administrative Law*. Oxford: Hart Pub., 1997.

464 SCHMIDT-AßMANN, Eberhard. *Das allgemeine Verwaltungsrecht als Ordnungsidee*. 2ª ed. Berlim: Springer, 2004, cap. 1, nota , p. 2, com referência ao art. 1, abs. 3; art. 19, parágrafo 4; e art. 20, parágrafos 2 e 3, da Lei Fundamental.

A. O Direito Administrativo como Direito especial

As regras de aplicação advêm principalmente da lei ordinária (I). Também podem decorrer de decisões do Poder Judiciário relativas à interpretação da Constituição (II).[465]

I. Regras de aplicação da lei ordinária

As definições legais desempenham um grande papel nesse assunto. As leis americanas começam regularmente com um catálogo de definições, muitas vezes abrangendo várias páginas dos códigos, detalhando o âmbito de aplicação das disposições que se seguem. Mesmo dentro de uma lei, podem surgir frequentemente conceituações que se aplicam apenas a uma única subseção ou disposição. Isso pode dificultar a clareza, por um lado, mas, por outro, mostra o quão precisamente a área regulatória foi construída no processo legislativo.

No tocante ao *Direito especializado*, ou seja, quando se trata de áreas técnicas do Direito Administrativo especial, o âmbito de aplicação é oriundo geralmente dos regulamentos que descrevem a competência administrativa. Dada a tendência do Congresso de responder a novas exigências com novas leis e com novas autoridades de aplicação, o âmbito da lei e o escopo da agência são muitas vezes idênticos. Uma autoridade tem "a sua" lei, a qual ela considera particularmente competente para interpretar.

As leis entendidas como *leis administrativas gerais*, como a Lei do Processo Administrativo (APA – *Administrative Procedure Act*) e a Lei de Liberdade de Informação (FOIA – *Freedom of Information Act*), também têm regras próprias. Não abrangem simplesmente todas as organizações e instituições que têm relações com o ente público, mas apenas as unidades administrativas que

---

465 Cf. *J. Beermann* em TAGGART, Michael (Coord.). *The Province of Administrative Law*. Oxford: Hart Pub., 1997, pp. 171 e ss.

se enquadram no termo "agência". Ambas as leis definem esse termo-chave de forma diferente:[466]

- A seção 551 (1) da APA define "cada autoridade do governo dos Estados Unidos, esteja ou não dentro ou sujeita à revisão por outra agência". A jurisprudência restringiu essa conceituação ampla, que se baseia claramente na atribuição organizacional, e inclui apenas os órgãos cujas decisões podem ter um impacto externo como agências; os comitês consultivos, por outro lado, não são considerados agências no sentido da seção 551 da APA. Também estão excluídas as ações do Presidente e de sua Diretoria Executiva.[467]

- A seção 552 (e seguintes) da APA (= FOIA) segue a definição da seção 551 (1), mas a expande ainda mais, incluindo "qualquer departamento executivo, departamento militar, corporação governamental, corporação controlada pelo governo ou outro estabelecimento no ramo executivo do governo (incluindo o Gabinete Executivo do Presidente) ou qualquer agência reguladora independente". Era importante para o Congresso garantir, na medida do possível, o acesso às informações administrativas pretendidas pela FOIA. O tipo de atividade desenvolvida por uma autoridade ou outro organismo não é decisivo. Ao contrário, trata-se de transparência em toda a estrutura administrativa e fora dela. A Diretoria Executiva da agência está expressamente incluída aqui.[468] De acordo com a jurisprudência, as únicas exceções são os funcionários pessoais do Presidente ("equipe

---

466 Ver HICKMAN, Kristin; PIERCE, Richard J. *Federal Administrative Law*. 2ª ed. St. Paul: Foundation Press, 2014, pp. 5 e ss.; LAWSON, Gary. *Federal Administrative Law*. 7ª ed. St. Paul: West Academic, 2015, pp. 1 e ss.

467 505 U.S. 788, 800-801 (1992) *Franklin v. Massachusetts*: dada a separação de poderes e a sua posição de destaque, seria necessária uma decisão expressa do legislador para submeter o presidente às regras da APA.

468 Cf. 425 U.S. 352, 361 (1976) *Department of Air Force v. Rose*.

pessoal imediata") e os centros de aconselhamento puramente internos ("unidades cuja única função é aconselhar ou auxiliar o Presidente").[469]

II. Extensões constitucionalmente exigidas

O âmbito do Direito Administrativo não abrange totalmente as regras técnicas de aplicação e os termos-chave das leis centrais do Direito Administrativo (geral). O Congresso tem o poder de determinar o escopo de suas leis. No entanto, ele não está em posição de se livrar dos laços que surgem da Constituição a partir de definições e mudanças interpretativas.[470] Com essa formulação da Suprema Corte no caso *Lebron v. Amtrak*, que pode ser encontrada quase de forma idêntica na decisão do caso *Fraport* do Tribunal Constitucional Federal Alemão de 2011,[471] verifica-se uma declaração sistemática e substantiva:

(1) O Direito Administrativo é uma seara jurídica que se destina a destinatários específicos e que lhes determina obrigações e poderes específicos.[472] Pode o Direito Administrativo americano ser entendido como uma subárea do Direito Público, no sentido da distinção continental-europeia, que enfatiza o *caráter jurídico especial*? É difícil afirmar isso de uma perspectiva histórica.[473]

---

469 445 U.S. 136, 156 (1980) *Kissinger v. Reporters Committee for Freedom of the Press*.

470 513 U.S. 374, 397 (1995) *Lebron v. National Railroad Passenger Corporation*: "It surely cannot be that government, state or federal, is able to evade the most solemn obligations imposed in the Constitution by simply resorting to the corporate form".

471 BVerfGE 128, 226, 245.

472 Assim como SCHWARTZ, Bernard. *Administrative Law*. 3ª ed. Boston: Little, Brown, 1991, § 1.1: "Administrative law is that branch of law that controls the administrative operations of government".

473 Comparando o desenvolvimento histórico, ver ZOLLER, Elisabeth. *Introduction to Public Law*: A Comparative Study. Leiden: Martinus Nijhoff Publishers, 2008.

Frequentemente é feita referência à tradição do Direito Consuetudinário dos EUA, que não reconhece essa distinção.[474] O Direito Positivo sublinha a ideia de unidade na medida em que prescreve um sistema judicial monístico e organizado que, em princípio, funciona de acordo com um Direito Processual uniforme. Deve-se também ter em conta que as autoridades americanas não têm a sua própria autoridade de execução e, como todas as outras pessoas, têm de recorrer aos tribunais para fazer cumprir as suas decisões.

Há razões importantes que falam *em favor* de um conceito diferenciador e do caráter jurídico especial do Direito Administrativo: a organização dos tribunais é menos uniforme do que se sugere à primeira vista, e a lei processual que se aplica a todos é sobreposta aos processos contra a Administração pelas seções 701-706 da APA, de tal sorte que as estruturas de uma "lei processual administrativa" própria podem ser reconhecidas. Isso também se aplica ao Direito Contratual e ao Direito da Responsabilidade Administrativa. Por fim, a lei da liberdade de informação impõe obrigações à Administração com uma ideia de "liberdade de informação" que só afeta os entes públicos e não os particulares. Se o caráter jurídico especial do Direito Administrativo é medido mais pelas obrigações do que pelos direitos da Administração, então, o Direito Administrativo americano também é um *Direito especial*.

Sem prejuízo de todas as tradições e determinações legais positivadas, a distinção entre Direito Público e Direito Privado também pode ser usada como *quadro teórico* para descrever e analisar os requisitos constitucionais específicos para determinados funcionários.

---

474 Em relação aos fundamentos, ver PIERCE, Richard J.; SHAPIRO, Sidney; VERKUIL, P. R. *Administrative Law and Process*. 6ª ed. St. Paul: Foundation Press, 2014, § 1.2. Crítico sobre o "mito da falta de Direito Administrativo" no Direito Consuetudinário é KISCHEL, Uwe. *Rechtsvergleichung*. Berlim: C. H. Beck, 2015, § 5, nota, pp. 197 e ss.

> Embora a distinção entre Direito Privado e Público não tenha se tornado um elemento básico dos estudos de Direito Administrativo americano, os estudiosos têm usado a distinção para analisar o desenvolvimento jurídico no Direito Administrativo e no Constitucional.[475]

O objetivo é capturar formas mistas e fenômenos de transição entre o poder soberano organizado e os atores privados. A distinção entre Direito Público e Privado oferece um quadro de análise e uma orientação inicial. Mesmo um país com um sistema de justiça monista, como os EUA, cabe compreender o Direito Administrativo como uma lei especial que se destina a servir "valores públicos". As suas raízes democráticas, em particular, sugerem essa direção. As recentes discussões sobre privatizações voltaram a enfatizar a importância desses valores para o pensamento constitucional americano.[476]

(2) O caso *Lebron v. Amtrak* lançou as bases para uma expansão do Direito Administrativo, que, na Alemanha, pode ser baseada na cláusula vinculativa geral do art. 1, seção 3, da Lei Fundamental, o que, apesar de toda a relutância em relação à "constitucionalização excessiva", também é inevitável para a lei americana: as obrigações especiais dos atores privados que têm uma proximidade específica com o Estado porque estão envolvidas no cumprimento de tarefas públicas ou são controladas pelo ente público.

---

475 PIERCE, Richard J.; SHAPIRO, Sidney; VERKUIL, P. R. *Administrative Law and Process*. 6ª ed. St. Paul: Foundation Press, 2014, § 1.2 (S. 4). Com base em 500 U.S. 614, 620 (1991) *Edmonson v. Leesville Concrete Co., Inc*: "the 'essential dichotomy' between the private sphere and the public sphere".

476 Para mais, ver o material do Simpósio *Public Values in the Era of Privatization*, expresso em *Harv. L. Rev.*, vol. 116, 2003, pp. 1.212 e ss., especialmente em FREEMAN, J. "Extending Private Law Norms through Privatization", pp. 1.285 e ss. (que enfatiza a "perspectiva do Direito Público" e introduz a figura da "publicização"), bem como as contribuições para o simpósio *New Forms of Governance*, publicado na *UCLA L. Rev.*, vol. 49, 2002, pp. 1687 e ss.

B. Os particulares na Administração Pública

A criação e a utilização de organizações privadas para fins administrativos têm sido uma prática de longa data tanto nos EUA quanto na Alemanha. Esse desenvolvimento ocorreu em ondas.[477] Atingiu o seu pico mais recente sob o Presidente G. W. Bush, quando as competências militares e outras relacionadas com a segurança foram transferidas em grande escala para empresas privadas em conexão com a Guerra do Iraque.[478] Os eventos geraram amplas discussões jurídicas.[479] Do ponto de vista da política constitucional, o principal receio com a privatização do setor é a perda da responsabilidade democrática, da transparência e da lisura processual.[480] A questão é até que ponto o Direito Constitucional se opõe diretamente a certas privatizações. Para as vedações de privatizações, a referência é feita principalmente à cláusula de nomeações do art. 2, seção 2, cláusula 2, da Constituição, que sujeita a nomeação e o controle dos funcionários públicos a uma complicada interação

---

477 Cf. 513 U.S. 374, 386-392 (1995) *Lebron v. National Railroad Passenger Corporation*; para um desenvolvimento mais recente cf. exemplos em METZGER, G. E. "Privatization as Delegation". *Colum. L. Rev.*, vol. 103, 2003, pp. 1.367-1.377 e ss.

478 Para mais detalhes em FREEMAN, Jody; MINOW, Martha (Coord.). *Government by Contract*: Outsourcing and American Democracy. Cambridge: Harvard University Press, 2009; MICHAELS, J. D. "The (Willingly) Fettered Executive: Presidential Spinoffs in National Security Domains and Beyond". *Va. L. Rev.*, vol. 97, 2011, pp. 801, 833-858.

479 Quanto ao estado da arte da discussão, ver FREEMAN, J. "Extending Public Law Norms through Privatization". *Harv. L Rev.*, vol.116, 2003, pp. 1.285, 1.291-1.301; em geral também em BARAK-EREZ, D. "Three Questions of Privatization". *In*: ROSE-ACKERMAN, Susan; LINDSETH, Peter (Coord.). *Comparative Administrative Law*. Cheltenham: Edward Elgar, 2010, pp. 533 e ss.

480 FREEMAN, J. "Extending Public Law Norms through Privatization". *Harv. L Rev.*, vol. 116, 2003, p. 1.301: "for what they regard as liberal democratic norms of accountability, due process, equality, rationality and the like"; LEMOS, M. H. "Democratic Enforcement? Accountability and Independence for the Litigation State". *Cornell L. Rev.*, vol. 102, 2017, p. 929.

entre o Presidente e as autoridades legislativas, não podendo ser contornada pela transferência de competências para particulares.[481] A abordagem constitucional do tema é diferente da Alemanha, na medida em que o foco está nos aspectos da separação de poderes e nos limites da delegação.[482] Contudo, os resultados não são diferentes da discussão alemã baseada na reserva funcional do art. 33, parágrafo 4, da Lei Fundamental:[483] as proibições à privatização só muito raramente podem ser justificadas. Elas somente são admitidas, quando se trata do núcleo das competências autônomas, que, de acordo com a doutrina alemã, é determinada pelo conteúdo e pela relevância dos direitos fundamentais da competência em tela, e de acordo com a teoria americana, pelas funções de cumprimento da competência.[484]

---

481 VERKUIL, P. R. "Outsourcing and the Duty to Govern". *In*: FREEMAN, Jody; MINOW, Martha (Coord.). *Government by Contract*: Outsourcing and American Democracy. Cambridge: Harvard University Press, 2009, pp. 310-318 e ss.

482 Isso se aplica de forma semelhante à proposta de transferir a delegação de tarefas administrativas a organizações privadas sob a "cláusula de aquisição" do art. II, seção 1, cláusula 1, e à "Cáusula de cuidado", seção 3, da Constituição dos EUA, como em MISHRA, D. "An Executive-Power Non-Delegation Doctrine for the Private Administration of Federal Law". *Vanderbilt L. Rev.*, vol. 68, 2015, p. 1.509.

483 Cf. BVerfGE 130, 76, 108 e ss.; *P. R. Verkuil* em FREEMAN, Jody; MINOW, Martha (Coord.). *Government by Contract*: Outsourcing and American Democracy. Cambridge: Harvard University Press, 2009, pp. 310-326, em relação à Circular A-76 do Gabinete de Responsabilidade Governamental (GAO) no Gabinete de Gestão e Orçamento (OMB), que capta os limites da Cláusula de Nomeação no termo "atividades inerentemente governamentais". A flexibilidade necessária é criada, nos EUA, pelo amplo poder do Congresso para delegar, e na Alemanha, pela interpretação do critério "como regra" no art. 33, parágrafo 4, da Lei Básica.

484 De maneira semelhante em BARAK-EREZ, D. "Three Questions of Privatization". *In*: ROSE-ACKERMAN, Susan; LINDSETH, Peter (Coord.). *Comparative Administrative Law*. Cheltenham: Edward Elgar, 2010, p. 533 ("institutional-based analysis" und "rights-based analysis").

Para o presente contexto, porém, não são as proibições de privatização que interessam, mas, sim, as consequências que surgem para o Direito Administrativo quando uma atividade que é tipicamente exercida pelo setor público é transferida para o particular. Faz sentido distinguir entre empresas públicas (I) e empresas privadas como "atores estatais" (II). Nos debates sobre a privatização na Alemanha, há um grupo que aborda as privatizações organizacionais, enquanto um segundo grupo diz respeito à complicada demarcação entre concessões e privatizações.[485]

I. Entidades Governamentais

No tocante à sujeição das empresas públicas a regulamentações de Direito Público, a lei americana é mais rigorosa do que a lei alemã na distinção entre lei ordinária (1) e requisitos constitucionais (2).[486]

1 Vinculação à legislação infraconstitucional do Direito Administrativo

No que tange ao Direito Infraconstitucional, o argumento é bastante positivista:[487] as empresas públicas estão incluídas na FOIA porque se enquadram no conceito deliberadamente amplo de "agência" (§ 552 e seguintes da APA). Tendo em conta a definição mais restrita de "agência" da seção anterior da mesma lei, somente podem ser enquadradas nessa categoria se o Congresso inserir no respectivo estatuto fundador das instituições a "carta corporativa". Por outro lado, se o Congresso tiver determinado que

---

485 Cf. *M. Burgi* em EHLERS, Dirk; PÜNDER, Hermann (Coord.). *Allgemeines Verwaltungsrecht*. 15ª ed. Berlim: De Gruyter, 2016, § 10, nota, pp. 7 e ss.

486 Cf. HICKMAN, Kristin; PIERCE, Richard J. *Federal Administrative Law*. 2ª ed. St. Paul: Foundation Press, 2014, pp. 75 e ss.

487 *J. Beermann* em TAGGART, Michael (Coord.). *The Province of Administrative Law*. Oxford: Hart Pub., 1997, pp. 173 e ss.

uma entidade não é uma agência, a APA não pode ser aplicável, mesmo que a instituição exerça atividades na matéria. Não existindo regulamentação legal, a forma societária escolhida deverá dizer se a aplicação da APA é ou não desejada. O que significa que as decisões das empresas não só estão excluídas dos regulamentos processuais da APA, mas também da proteção jurídica em matéria administrativa garantida em suas seções de 701 a 706.[488]

2 Vinculação às disposições constitucionais

A despeito desses efeitos jurídicos infraconstitucionais, cabe saber em que medida as empresas públicas cumprem as disposições da Constituição dos EUA próprias para a Administração, como, por exemplo, as garantias do devido processo legal, trazidas pelas Quinta e Décima Quarta Emendas. A Constituição americana não possui uma cláusula vinculativa central, como a do art. 1, parágrafo 3, da Lei Fundamental, dentro da qual a problemática pode ser discutida de forma abrangente e sistemática. A Suprema Corte estabeleceu no caso *Lebron v. Amtrak* que as garantias não estão prescritas em uma única disposição constitucional, mas formuladas sistematicamente ao longo do texto, conforme a compreensão da liberdade da Constituição. Trata-se dos "deveres mais solenes impostos pela Constituição", os quais não podem ser mitigados.

Com efeito, o Tribunal Constitucional Federal chega sem maiores polêmicas à conclusão de que as empresas de economia mista que forem controladas por acionistas públicos devem ser destinatárias dos direitos fundamentais e estar diretamente vinculadas aos direitos fundamentais.[489] Para a Suprema Corte, a situação é mais complicada porque a lei estatutária concedia ao

---

488 Sobre a questão de saber até que ponto existe proteção jurídica ao abrigo do Direito Empresarial, cf. *J. Beermann* em TAGGART, Michael (Coord.). *The Province of Administrative Law*. Oxford: Hart Pub., 1997, pp. 180 e ss.

489 BVerfGE 128, 226, 250 ("Fraport").

Estado influência sobre a instituição, mas o tribunal classificou a Amtrak como uma "corporação com fins lucrativos", o que não se encaixa exatamente no conceito de "agência". Contudo, passado algum tempo, a Corte passou a qualificar a empresa como uma instituição estatal na acepção do Direito Constitucional, levando em consideração o propósito legal para o qual a Amtrak foi fundada.[490] Assim, não está totalmente claro se esse entendimento introduz um novo critério a ser cumprido, *além* do controle de reconhecimento da empresa como um "estabelecimento dos Estados Unidos". Há correntes que sugerem que esse controle é, em última instância, o argumento decisivo e que o argumento sobre a finalidade institucional só foi utilizado para superar a classificação legal da Amtrak como uma "sociedade com fins lucrativos".[491] De toda forma, fica claro que o exercício de atividades públicas não pode ser o único critério para qualificar uma empresa como um "ator estatal". O fato de uma empresa estar sujeita a uma regulação intensa voltada ao interesse público não a torna uma entidade estatal sujeita às restrições constitucionais pelo Poder Executivo.[492]

---

490 U.S. 374, 398 (1995) *Lebron v. National Railroad Passenger Corporation*: "Moreover, Amtrak is not merely in the temporary control of the Government (as a private corporation whose stock comes into federal ownership might be); it is established and organized under federal law for the very purpose of pursuing federal governmental objectives, under the direction and control of federal governmental appointees".

491 Renovado assim em 135 S. Ct. 1225 (2015) *Department of Transportation v. Association of American Railroads* ("the practical reality of federal control and supervision"); como resultado disso ver *J. Beermann* em TAGGART, Michael (Coord.). *The Province of Administrative Law*. Oxford: Hart Pub., 1997, pp. 177 e ss. ("key factor").

492 Cf. *J. Beermann* em TAGGART, Michael (Coord.). *The Province of Administrative Law*. Oxford: Hart Pub., 1997, p. 179.

II. Pessoas de direito privado como "atores estatais"

As obrigações que a Constituição americana impõe às autoridades estatais geralmente não se aplicam a particulares.[493] Isso decorre do princípio básico da Constituição em garantir o exercício da liberdade privada. "Um objetivo crucial da Constituição é permitir que os cidadãos estruturem suas relações privadas como quiserem, sujeitos apenas às restrições da lei estatutária ou da sentença judicial".[494] Ao contrário do Direito americano, os direitos fundamentais no ordenamento jurídico alemão não são *apenas* dirigidos contra o Estado, mas também podem ter efeitos indiretos sobre terceiros e sobre particulares.[495] No entanto, ambos os sistemas jurídicos concordam com os pressupostos básicos de uma compreensão da Constituição que responsabiliza o Estado – chegando até à formulação das decisões dos tribunais superiores. "Por meio dos direitos fundamentais, o cidadão é reconhecido como pessoa livre e responsável pelo desenvolvimento da sua individualidade".[496] A diferença categórica, assim reconhecida, entre o estatuto de cidadão livre e a competência estatal vinculada, ao menos, sugere uma distinção entre o sistema jurídico privado geral e um sistema jurídico público especial, não apenas para o sistema jurídico alemão, mas também para o sistema jurídico americano.

---

493 U.S. 614, 620 (1991) *Edmonson v. Leesville Concrete Co., Inc.*: "With a few exceptions, such as the provisions of the Thirteenth Amendment, constitutional guarantees of individual liberty and equal protection do not apply to the actions of private entities".

494 U.S. 614, 619 (1991) *Edmonson v. Leesville Concrete Co., Inc.*

495 Para mais, ver BVerfGE 148, 267, nota, 31 e ss. ("Stadionverbot"). Sobre novas abordagens à validade dos direitos fundamentais no "espaço público", cf. METZGER, G. E. "State Action and the Public/Private Distinction". *Harv. L.Rev.*, vol. 123, 2010, p. 1.248.

496 BVerfGE 128, 226, 244.

Assim, ambos os ordenamentos jurídicos têm searas especiais, nas quais os particulares estão tão intensamente envolvidos na esfera estatal, que emerge de maneira diferenciada uma vinculação das ações estatais com as normas constitucionais aplicáveis. "Esta é a doutrina da ação estatal, que explora a 'dicotomia essencial' entre a esfera privada e a pública, com todas as suas obrigações constitucionais concomitantes".[497] A teoria da *ação estatal* consiste em uma série de tentativas, segundo as quais o Poder Judiciário decide se a Administração controla as atividades dos particulares com envolvimento com o setor público a ponto de serem considerados partes do Estado quando se trata da questão de constitucionalidade.[498]

A doutrina foi inicialmente desenvolvida no âmbito da Décima Quarta Emenda, que nomeia explicitamente os "estados" como destinatários do vínculo. Entretanto, ela também se estende a outras disposições constitucionais. Sua aplicação segue um esquema de duas etapas:[499] primeiramente, são questionados os fundamentos da atuação no direito estadual e, em seguida, é discutida a proximidade da relação entre o setor privado e o Estado. O foco está na segunda etapa. O nexo necessário pode ser obtido com base em vários critérios:[500]

> se a parte privada desempenha uma função pública ou governamental; se o governo obrigou ou incentivou significativamente a ação em tela; se o governo participou conjuntamente na ação; e se existe uma interdependência simbiótica entre o governo e a iniciativa privada.

---

497 Assim como 500 U.S. 614, 620 (1991) *Edmonson v. Leesville Concrete Co., Inc.*

498 A seguir está a apresentação (crítica) de *G. E. Metzger* em *Colum. L. Rev.*, vol. 103, 2003, pp. 1.367-1410 e ss.

499 U.S. 922, 936-937 (1982) *Lugar v. Edmondson Oil Co., Inc.*

500 *G. E. Metzger* em FREEMAN, Jody; MINOW, Martha (Coord.). *Government by Contract*: Outsourcing and American Democracy. Cambridge: Harvard University Press, 2009, pp. 306-412, com referência a 526 U.S. 40, 52-58 (1999) *American Manufacturers Mutual Insurance Co. v. Sullivan.*

Esses critérios são, todavia, muito gerais. Assim, fica difícil fazer distinções claras sobre se um indivíduo privado deve ser classificado como agente estatal, devendo observar a cláusula do devido processo ao tomar decisões. O próprio Judiciário admite essa generalidade.[501] A literatura especializada recomenda uma solução apontando para a reformulação da *doutrina da delegação privada*:[502] a questão deve, então, ser se a pessoa privada está autorizada a "agir em nome da agência ou do governo". Se a resposta for sim, toda a gama de requisitos constitucionais que são importantes para a Administração não deve ser automaticamente aplicada; ao contrário, deve-se tratar apenas de garantir requisitos elementares de neutralidade e de justiça processual, o que também poderia ser feito por meio de arranjos jurídicos simples de delegação; as possibilidades de supervisão oficial ativa do desempenho privado das atividades, nesse sentido, teriam um papel especial.[503]

Esse raciocínio vai ao encontro das considerações feitas no debate sobre a privatização alemã, na medida em que coloca a questão das atividades delegadas (e não da influência do Estado) em primeiro plano. O Direito alemão vai na mesma direção quando suscitado sobre a hipoteca. Esse instituto exige autorização legal. Sua comprovação pode ser difícil, mas o critério é

---

501 U.S. 614, 640 (1991) *Edmonson v. Leesville Concrete Co., Inc.*, Justice *O'Connor* diss.: "Unfortunately, our cases deciding when private action might be deemed that of the state have not been a model of consistency".

502 *G. E. Metzger* em *Colum. L. Rev.*, vol. 103, 2003, pp. 1.367-1461 e ss.; FREEMAN, Jody; MINOW, Martha (Coord.). *Government by Contract*: Outsourcing and American Democracy. Cambridge: Harvard University Press, 2009, pp. 291 e ss.; com uma ênfase diferente também MISHRA, D. "An Executive-Power Non-Delegation Doctrine for the Private Administration of Federal Law". *Vanderbilt L. Rev.*, vol. 68, 2015, p. 1.509.

503 *G. E. Metzger* em FREEMAN, Jody; MINOW, Martha (Coord.). *Government by Contract*: Outsourcing and American Democracy. Cambridge: Harvard University Press, 2009, pp. 306 e ss.

claro: as "prerrogativas" devem ser delegadas.[504] Com isso, abre-se uma seara restrita, mas qualificada, a partir da grande variedade de processos de privatização, aos quais se aplicam os requisitos constitucionais e infraconstitucionais para a ação estatal: as partes envolvidas, assim como as Administrações, estão amplamente sujeitas ao Direito Público.[505]

O rol dos indivíduos cujas ações podem ser classificadas como "atuação em nome do governo ou de uma agência estatal" vai além dos casos de hipotecas, incluindo também casos que são classificados na Alemanha como *privatização funcional* ou também como "assistência administrativa".[506] As normas básicas de Direito Público também devem ser aplicadas na área de cooperação entre o Estado e a sociedade, o que não significa necessariamente que as regras de Direito Público aplicadas à hipoteca sejam estendidas à atuação dos assistentes administrativos. Para tanto, soluções mais flexíveis são indicadas. A literatura alemã refere-se aqui a uma "responsabilidade de garantia" e a uma "obrigação de fornecer estrutura" por parte do Estado, que serão desenvolvidas no "Direito Processual privado".[507] Nos EUA, utiliza-se como ponto de partida a ideia do devido processo legal, cujos requisitos são reformulados de acordo com os

---

504 *M. Burgi* em EHLERS, Dirk; PÜNDER, Hermann (Coord.). *Allgemeines Verwaltungsrecht*. 15ª ed. Berlim: De Gruyter, 2016, § 10, nota, p. 26 ("não há empréstimo sem autorização").

505 *M. Burgi* em EHLERS, Dirk; PÜNDER, Hermann (Coord.). *Allgemeines Verwaltungsrecht*. 15ª ed. Berlim: De Gruyter, 2016, nota, p. 28; especificamente para a responsabilidade dos encarregados *B. Grzeszick*, ver § 44, nota, p. 11.

506 Em relação aos fundamentos, ver BURGI, Martin. *Funktionale Privatisierung und Verwaltungshilfe*. Tübingen: Mohr Siebeck, 1999.

507 Ver APPEL, I. "Privatverfahren". *In*: HOFFMANN-RIEM, Wolfgang; SCHMIDT-AßMANN, Eberhard; VOßKUHLE, Andreas (Coord.). *Grundlagen des Verwaltungsrechts*. 2ª ed. vol. 1. Munique: C. H. Beck, 2012, § 32, nota, pp. 77 e ss.

riscos específicos do desempenho de tarefas *privadas*.[508] Com isso, essa abordagem tem a vantagem de trazer maior clareza porque se baseia nos casos clássicos do devido processo legal.

Em geral, quando se traçam as fronteiras do Direito Constitucional e do Administrativo face a uma diversidade de formas de cooperação entre o Estado e a sociedade, os sistemas jurídicos alemão e americano seguem linhas básicas semelhantes: para além de uma área mais restrita de privatização, em que as autoridades privadas estão diretamente sujeitas às regras de Direito Público, existe uma ampla zona de requisitos flexíveis que podem ser cumpridos de diferentes maneiras, incluindo contratos privados e direito de responsabilidade.

Em ambos os ordenamentos jurídicos, as relações entre as organizações sociais e os seus associados ou terceiros não se enquadram no âmbito do Direito Administrativo, ainda que essas organizações – por exemplo, as associações profissionais – tenham um poder social e econômico significativo.[509] Nos EUA, o controle dessa interface entre público e privado segue as regras do Direito Consuetudinário, enquanto, na Alemanha, a partir do efeito indireto perante terceiros dos direitos fundamentais, particularmente, através das cláusulas gerais do Direito Civil.[510]

---

508 *G. E. Metzger* em FREEMAN, Jody; MINOW, Martha (Coord.). *Government by Contract*: Outsourcing and American Democracy. Cambridge: Harvard University Press, 2009, pp. 298 e ss.

509 *J. Beermann* em TAGGART, Michael (Coord.). *The Province of Administrative Law*. Oxford: Hart Pub., 1997, pp. 194 e ss.

510 BVerfGE 148, 267, nota, 31 e ss. ("Stadionverbot").

C. Aplicação do Direito Privado

Muito mais frequentemente do que na Alemanha, os particulares nos EUA estão envolvidos na aplicação do Direito estatal:[511] aplicação da lei privada por cidadãos individuais, empresas ou associações.[512]

I. Parte integrante do ordenamento jurídico americano

O direito da concorrência, o direito do mercado de capitais e o direito de responsabilidade pelo produto são conhecidas áreas de aplicação dessas regras de Direito Privado, as quais também desempenham um papel importante na legislação ambiental e na antidiscriminatória. O instrumento central da aplicação do Direito Privado são as ações judiciais, entre as quais a *ação de classe* de acordo com a Regra 23 das Regras Federais de Processo Civil (FRCP – *Federal Rules of Civil Procedure*) é particularmente proeminente.[513] As ações judiciais, muitas vezes, visam às indenizações

---

511 No entanto, áreas como o Direito da Concorrência não são as únicas representativas da situação jurídica alemã, na qual os instrumentos de aplicação jurídica privada só foram introduzidos essencialmente recentemente, na implementação dos requisitos do Direito da UE. Uma forma independente, especialmente no Direito Administrativo, são as ações judiciais vizinhas, há muito reconhecidas, sob a lei de construção e controle de poluição, bem como outras *ações judiciais de terceiros* (Direito Comercial, Direito da função pública). O seu enfoque tradicional na violação das normas de proteção e, portanto, na proteção dos direitos subjetivos não os priva do seu efeito na aplicação da lei como tal. Hoje, estão surgindo aqui novos desenvolvimentos baseados na ideia de direitos de "procuradoria".

512 Para mais, cf. o panorama em REIMANN, M. "PräventivAdministrative Regulierung oder Private Law Enforcement?" em *Privatautonomie in der transnationalen Marktwirtschaft, Bitburger Gespräche*. vol. 50. Munique: C. H. Beck, 2008, pp. 105 e ss.; STRAUSS, Peter L. *Administrative Justice in the United States*. 3ª ed. Durham: Carolina Academic Press, 2016, pp. 289 e ss.

513 Ver SCHLACKE, Sabine. Überindividueller Rechtsschutz. Tübingen: Mohr Siebeck, 2008, pp. 425 e ss.; BEUCHLER, Holger. *Class actions und securities class actions in den Vereinigten Staaten von Amerika*. Baden-Baden: Nomos,

compensatórias, possivelmente também nas formas mais graves de indenizações penais (punitivas) ou indenizações triplas. Dependendo da lei pertinente, liminares e ações estatais também são admitidas. Numerosas leis ambientais dão a todos o direito de processar pelo não cumprimento dos seus regulamentos e, assim, tornam possível tomar medidas tanto contra empresas que põem em perigo o ambiente como contra autoridades que não cumprem as suas obrigações previstas na legislação ambiental.[514] Nesse contexto, também são concebíveis ações judiciais para adoção de normas administrativas.

A aplicação do Direito Privado tem uma longa tradição nos EUA.[515] É considerada uma expressão típica da compreensão americana da Constituição, a qual confere especial prioridade à responsabilidade individual e à auto-organização social. É provável que também aqui se tenham refletido antigas e novas reservas sobre o poder do Estado, especialmente sobre a Administração e a sua objetividade ("vinculação da ação administrativa"). Ou seja, a "aplicação do Direito Privado" é parte integrante do conceito americano de aplicação do Direito.

Naturalmente, essa afirmação não exclui o fato de que as atividades de aplicação do Direito Privado no âmbito do quadro constitucional também devem ser tomadas criticamente. O art. II da Constituição dos EUA delega a chefia do Poder Executivo

---

2008; também ORGEL, M. *Class Arbitration*. Tübingen: Mohr Siebeck, 2013, pp. 11 e ss.

514 MILLER, J. G. *Citizen Suits*. Nova York: Wiley Law Publications, 1987; ELSHORST, David. *Bürgervollzugsklagen*: Die Durchsetzung von Umweltrecht gegenüber Anlagenbetreibern durch Private in den USA und Deutschland. Berlim: Duncker & Humblot, 2002; MAY, J. R. "Now More than Ever: Trends in Environmental Citizen Suits". *Widener R. Rev.*, vol. 10, 2003, p. 1, com informações estatísticas; PERCIVAL, Robert; SCHROEDER, Christopher H.; MILLER, Allan S.; LEAPE, James P. *Environmental Regulation*. 6ª ed. [S.l.]: DigitalCommons@UM Carey Law, 2009, pp. 1.054 e ss.

515 Cf. *M. Reimann* em *Privatautonomie in der transnationalen Marktwirtschaft, Bitburger Gespräche*. vol. 50. Munique: C. H. Beck, 2008, pp. 141 e ss.

ao Presidente e, portanto, para uma autoridade politicamente responsável. É ele quem deve garantir "que a lei seja fielmente executada". Os particulares não respondem perante o público. Os críticos temem que o seu envolvimento na aplicação do Direito estatal prejudique a responsabilização democrática.[516] Esses são os argumentos que também são utilizados em outras instâncias contrárias à privatização das competências públicas. No contexto da "aplicação do Direito", em particular, há uma disputa entre tradições conflitantes. Mesmo assim, tem-se em conta que a aplicação do Direito Privado só pode ser controlada até certo ponto e que esse escrutínio não pode ser sobrestimado.[517]

II. Relação dos atores privados com as autoridades públicas aplicadoras do Direito

Na prática, os instrumentos de aplicação do Direito Privado não determinam o domínio por si só, mas devem ser vistos em conjunto com as formas de "aplicação do Direito Público".[518] A "proporção mista" entre os dois regimes de aplicação varia a depender da área jurídica. A legislação ambiental, por exemplo, é aplicada, principalmente, pela EPA e pelas autoridades estaduais que com ela cooperam. Ações judiciais movidas por particulares fornecem assistência adicional à aplicação da lei, possivelmente

516 STEPHENSON, M. C. "Public Regulation of Private Enforcement". *Va. L. Rev.*, vol. 91, 2005, pp. 93-119; cf. MISHRA, D. "An Executive-Power Non-Delegation Doctrine for the Private Administration of Federal Law". *Vanderbilt L. Rev.*, vol. 68, 2015.

517 Cf. LEMOS, M. H. "Privatizing Public Litigation". *Georgetown L. J.*, vol. 104, 2016, p. 515.

518 *M. Reimann* em *Privatautonomie in der transnationalen Marktwirtschaft, Bitburger Gespräche*. vol. 50. Munique: C. H. Beck, 2008, pp. 110 e ss.; em relação ao desenvolvimento histórico, LEPSIUS, O. "Regulierungsrecht in den USA: Vorläufer und Modell". *In*: FEHLING, Michael; RUFFERT, Mathias. *Regulierungsrecht*. Tübingen: Mohr Siebeck, 2010, § 1.

também instando a ação da EPA.[519] Isso também se aplica à legislação sobre drogas e ao papel da *Food and Drug Administration* (FDA). Ademais, também existem poderes públicos importantes em áreas jurídicas que são vistas como domínios clássicos da iniciativa privada, como o direito da concorrência e o direito do mercado de capitais – aqui até mesmo de autoridades particularmente influentes e ativas, como a Federal Trade Commission (FTC), a *Securities and Exchange Comission* (SEC) ou o Departamento de Justiça (DOJ).[520] As ordens de proibição, as multas e a apresentação de acusações criminais são instrumentos típicos desse segundo pilar da aplicação da lei. Mesmo que as autoridades geralmente não tenham a sua própria autoridade de execução e continuem dependentes da assistência dos tribunais, são elas que detêm a posição ativa no caso concreto.

Em termos de política do Direito, trata-se de questões de "escolha regulatória" e do equilíbrio entre a aplicação do Direito Público e Privado.[521] Também deve ser decidido se ambos os regimes poderão ser utilizados lado a lado, ou se a aplicação do Direito Privado deverá ser subsidiária ao Público.[522] O valor agregado de

519 Cf. PERCIVAL, Robert; SCHROEDER, Christopher H.; MILLER, Allan S.; LEAPE, James P. *Environmental Regulation*. 6ª ed. [S.l.]: DigitalCommons@ UM Carey Law, 2009, pp. 115 e ss., 145 e ss., 1011 e ss.; ELSHORST, David. *Bürgervollzugsklagen*: Die Durchsetzung von Umweltrecht gegenüber Anlagenbetreibern durch Private in den USA und Deutschland. Berlim: Duncker & Humblot, 2002, pp. 131 e ss.

520 Cf. MINZER, M. "Should Agencies Enforce?" *Minn. L. Rev.*, vol. 99, 2015, pp. 2.113 e ss.

521 Para tanto ver *M. Reimann* em *Privatautonomie in der transnationalen Marktwirtschaft, Bitburger Gespräche*. vol. 50. Munique: C. H. Beck, 2008, pp. 127 e ss. Quando se trata de aplicação do Direito Público, também é importante considerar se a autoridade deve residir de forma descentralizada nas respectivas autoridades especializadas ou em uma autoridade central MINZER, M. "Should Agencies Enforce?" *Minn. L. Rev.*, vol. 99, 2015, pp. 2.113.

522 Cf. PERCIVAL, Robert; SCHROEDER, Christopher H.; MILLER, Allan S.; LEAPE, James P. *Environmental Regulation*. 6ª ed. [S.l.]: DigitalCommons@ UM Carey Law, 2009, pp. 1.101 e ss. ("preclusion").

um sistema de aplicação de múltiplas ferramentas que a lei americana pode reivindicar é apenas um lado. Por outro, as pessoas afetadas devem se beneficiar de um nível mínimo de proteção contra sanções excessivas.[523] Equilibrar os interesses conflitantes é a principal tarefa do legislador. No âmbito dos requisitos legais, as autoridades especializadas responsáveis também têm regularmente uma margem de manobra considerável na forma como utilizam os seus próprios instrumentos (incluindo a aplicação em conjunto com o Direito Privado). Os problemas jurídicos de aplicação não podem concentrar-se em casos individuais. Eles devem enfrentar também o âmbito mais alargado da política. Por isso, a literatura especializada apela, corretamente, para que a transparência e a responsabilização sejam garantidas na política de forma semelhante àquela presente na legislação administrativa.[524]

---

523 Sobre os perigos do uso excessivo de ações judiciais privadas ver *M. Reimann* em *Privatautonomie in der transnationalen Marktwirtschaft, Bitburger Gespräche*. vol. 50. Munique: C. H. Beck, 2008, pp. 128 e ss.

524 LEMOS, M. H. "Democratic Enforcement? Accountability and Independence for the Litigation State". *Cornell L. Rev.*, vol. 102, 2017, pp. 944 e ss.

CAPÍTULO III

PROCESSOS E FORMAS DE ATUAÇÃO

"O julgamento em tribunal é uma parte onipresente da nossa cultura jurídica; uma fonte constante de fascínio social, de inspiração dramática e de reflexões políticas e jurídicas".[525] A Constituição fornece um ponto de referência central para a análise a partir da cláusula do devido processo nas Emendas V e XIV. O Poder Legislativo e o Judiciário diferenciam e complementam ainda mais os institutos e as manifestações do Direito Processual.

Diversas funções são atribuídas ao procedimento administrativo:[526]

525 MASHAW, Jerry L.; MERRILL, Richard A.; SHANE, Peter M. *Administrative Law*. 5ª ed. [S.l.]: West Group, 2003, p. 312; de maneira semelhante em FREEDMAN, James O. *Crisis and legitimacy*: the administrative process and American government. Cambridge: Cambridge University Press, 1978, p. 21: "The American people traditionally have regarded the adversary procedures of the judicial process as one of the finest achievements of Anglo-American development".

526 BREYER, Stephen G.; STEWART, Richard B.; SUNSTEIN, Cass R.; VERMEULE, Adrian; HERZ, Michael. *Administrative law and regulatory policy*. 8ª ed. Nova York: Wolters Kluwer, 2017, pp. 457 e ss.

> promover a precisão na apuração de fatos pelas agências; garantir a conformidade da ação administrativa com as diretrizes legais; melhorar a qualidade dos julgamentos políticos das instituições; permitir que as pessoas afetadas pelas decisões tenham direito de defesa; facilitar a revisão judicial.

Na literatura alemã, também é possível encontrar essas funções de maneira semelhante.[527] No entanto, as ênfases são definidas de forma um pouco diferente.[528] A primordial "investigação de fatos" aponta para o papel especial que o Direito americano atribui às questões fáticas da Constituição. Não é fortuito que a garantia do devido processo legal confira relevo à audiência probatória e às oportunidades para que os envolvidos participem ativamente na obtenção de provas.

Primeira seção: as fontes do Direito Administrativo Processual

Ainda assim, não se deve deixar enganar pela existência de um fenômeno tão tradicional como a cláusula do devido processo: "o" Direito Processual Administrativo nos EUA consiste em uma estrutura flexível de regulamentos que diferem consideravelmente nas suas origens, na qualidade jurídica, no conteúdo e em seu âmbito de aplicação, além de, em alguns casos, até se complementarem, ainda que deixando lacunas entre eles. As suas fontes jurídicas mais importantes são a Constituição, as leis especializadas, especialmente os "estatutos orgânicos" das autoridades individuais,

---

527 Cf. FEHLING, Michael. *Verwaltung zwischen Unparteilichkeit und Gestaltungsaufgabe*. Tübingen: Mohr Siebeck, 2001, p. 36; SCHMIDT-AßMANN, Eberhard. *Das allgemeine Verwaltungsrecht als Ordnungsidee*. 2ª ed. Berlim: Springer, 2004, nota, pp. 49 e ss.

528 LEPSIUS, Oliver. "Was kann die deutsche Staatsrechtslehre von der amerikanischen Rechtswissenschaft lernen?" *In*: SCHULZE-FIELITZ, Helmuth (Coord.). *Staatsrechtslehre als Wissenschaft*: Die Verwaltung. Berlim: Duncker & Humblot, 2007, pp. 319/320 e ss.

a Lei do Processo Administrativo, a lei processual criada pela jurisprudência, as ordens executivas dos presidentes e, finalmente, os regulamentos processuais criados pelas próprias instituições.[529]

A cláusula do devido processo é a referência central. Contudo, ela não consegue colmatar todas as lacunas. A Constituição, por sua vez, contém outras salvaguardas legais processuais: um segundo ponto de ancoragem é a Quinta Emenda (1791), que se destina a proteger a privacidade contra "busca e apreensão injustificadas" e vincula as medidas de intervenção a uma decisão judicial ("mandado"). Embora as garantias digam respeito a, principalmente, processos penais (incluindo investigações policiais), também são importantes em questões típicas de Direito Administrativo, por exemplo, em medidas de supervisão comercial e inspeções. A Quinta Emenda (1791) traz uma salvaguarda processual adicional com proteção contra a autoincriminação.[530] Ela também se volta aos processos penais, podendo, claro, ter impacto em processos administrativos.[531]

O Direito Processual Administrativo é adaptado a situações específicas de tomada de decisão, o que já denota seu caráter constitucional. No desenvolvimento desses formatos "feitos sob medida" para situações específicas de intervenção, o Direito americano demonstra

---

529 PIERCE, Richard J.; SHAPIRO, Sidney; VERKUIL, P. R. *Administrative Law and Process*. 6ª ed. St. Paul: Foundation Press, 2014, § 6.1; BREYER, Stephen G.; STEWART, Richard B.; SUNSTEIN, Cass R.; VERMEULE, Adrian; HERZ, Michael. *Administrative law and regulatory policy*. 8ª ed. Nova York: Wolters Kluwer, 2017, p. 457; LAWSON, Gary. *Federal Administrative Law*. 7ª ed. St. Paul: West Academic, 2015, p. 303; explicações concisas e precisas das fontes jurídicas individuais em STRAUSS, Peter L. *Administrative Justice in the United States*. 3ª ed. Durham: Carolina Academic Press, 2016, pp. 259-274.

530 "No person shall be compelled in any criminal case to be a witness against himself".

531 Para a aplicação da cláusula em procedimentos administrativos, cf. STRAUSS, Peter L.; RAKOFF, Todd D.; FARINA, Cynthia R.; METZGER, Gillian E. *Gellhorn and Byse's Administrative Law*. 11ª ed. Nova York: Foundation Press, 2011, pp. 98 e ss. Em relação ao Direito alemão, ver WOLFF, Heinrich A. *Selbstbelastung und Verfahrenstrennung*. Berlim: Duncker & Humblot, 1997.

uma elevada sensibilidade ao que constitui uma resposta processual adequada à respectiva situação de ameaça a uma lei.[532] "O devido processo é flexível e exige as proteções processuais demandas pela situação particular".[533] No entanto, a adequação à situação concreta, a flexibilidade e a sensibilidade também têm uma desvantagem: tornam mais difícil orientar-se nas diferentes camadas da legislação relevante e prever os resultados das decisões judiciais.

Uma mirada mais completa sobre o Direito Processual Administrativo americano teria que abarcar as regulamentações das diferentes fontes de Direito, suas relações entre si e as ações administrativas que cobrem de diferentes maneiras uma matriz. Entretanto, isso não é possível nem mesmo desejável aqui neste estudo. O que se segue trata, todavia, da introdução de quatro fontes jurídicas, apontando as suas peculiaridades e, ocasionalmente, relacionando-as com os desdobramentos paralelos ou divergentes na Alemanha.

- A cláusula do devido processo representa uma ancoragem de requisitos processuais elementares na Constituição americana com um escopo de aplicação amplo, mas não ilimitado (A).

- A Lei do Processo Administrativo (APA), de 1946, representa uma codificação da lei do processo administrativo infraconstitucional da Administração Federal, que abrange as duas mais importantes formas de atuação administrativa ("normas" e "ordens"), bem como a Lei de Informação Administrativa (B).

- Cada estado tem as suas próprias leis de processos administrativos, que, muitas vezes, se baseiam em uma

---

532 De acordo com 397 U.S. 254, 269 (1970) *Goldberg v. Kelly*: "The opportunity to be heard must be tailored to the capacities and circumstances of those who are to be heard".

533 Assim como 424 U.S. 319, 334 (1976) *Mathews v. Eldridge*.

Lei Modelo de Processos Administrativos da Unidade Estadual (cuja sigla em inglês é MSAPA – *Model State Administrative Procedure Act*), que foi reformada várias vezes e está agora na de 2010 sua versão mais recente (C).

- Finalmente, deve-se notar a importância prática das regras processuais que cada instituição estabeleceu para si (D).

A. O papel da garantia do devido processo

"Nenhuma pessoa será (...) privada da vida, liberdade ou propriedade sem o devido processo legal". Isso é o que a Constituição dos EUA estabeleceu invariavelmente na sua Quinta Emenda, de 1791, para o governo federal, e na sua Décima Quarta Emenda, de 1868, para a autoridade pública dos Estados-membros.[534] Com muito orgulho é recordada a longa tradição anglo-americana da garantia, os seus antecessores históricos na Carta Magna, a sua prova no movimento de independência americano e a sua flexibilidade para responder aos desafios do Estado administrativo moderno.[535]

> À medida que um governo de propósitos limitados e meios insignificantes se transformou em um Estado administrativo moderno, a elaboração da noção de devido processo tem sido um mecanismo primário para sua redefinição.[536]

---

534 Sobre as duas camadas de garantia, o "devido processo processual" e o "devido processo substancial", complementados por uma apresentação do desenvolvimento histórico do Direito Processual Administrativo alemão. Partes maiores das seguintes afirmações já podem ser encontradas no meu artigo "Devido processo e proteção dos direitos fundamentais através de procedimentos". (*AöR*, vol. 142, 2017, pp. 325 e ss.).

535 No tocante à história, ver GALLIGAN, Denis J. *Due process and fair procedures*. Oxford: Clarendon Press, 1996, pp. 165 e ss.; SULLIVAN, E. Thomas; MASSARO, Toni Marie. *The Arc of Due Process in American Constitutional Law*. Nova York: Oxford University Press, 2013, pp. 1 e ss.

536 MASHAW, Jerry L. *Due Process in the Administrative State*. New Haven: Yale University Press, 1985, pp. 1 e ss., 8.

Mesmo que o Judiciário faça, atualmente, uso direto da cláusula poucas vezes, resolvendo a maioria dos problemas processuais de acordo com o Direito ordinário, a garantia constitucional do devido processo continua sendo (se não a) referência central do Direito Processual Administrativo americano.[537] Sem observar as salvaguardas processuais necessárias, o Poder Executivo não pode interferir nos direitos protegidos e não pode autorizar o legislador a fazer essas interferências. A garantia atua preventivamente como barreira à ação repressiva como norma sancionatória. Ela afeta procedimentos administrativos, bem como processos judiciais.

Contudo, a cláusula do devido processo legal não é um trunfo para resolver todos os problemas processuais. Ao contrário, o ponto de partida para todas as considerações deve ser os elementos das normas de garantia constitucional. Tudo o que não esteja abrangido pelas circunstâncias da infração não pode contar com a proteção especial conferida pela cláusula do devido processo. O que não se confunde com a ideia geral do devido processo legal a partir de um procedimento justo, que, inegavelmente, tem substancial poder argumentativo nas discussões de política do Direito, mesmo além da área de garantia da cláusula.[538] Podem ser encontradas zonas de transição entre as duas áreas de influência. Todavia, no contexto do presente estudo, que trata do Direito Processual Administrativo na sua forma jurídica positiva, as duas áreas devem ser mantidas

---

537 PIERCE, Richard J. *Administrative Law Treatise*. 5ª ed. Austin: Wolters Kluwer Law & Business/Aspen Publ, 2012, § 9.1; STRAUSS, Peter L. *Administrative Justice in the United States*. 3ª ed. Durham: Carolina Academic Press, 2016, pp. 74 e ss.

538 Em termos de Direito Comparado, ver ROSE-ACKERMAN, Susan; EGIDY, Stefanie; FOWKES, James. *Due Process of Lawmaking*. Nova York: Cambridge University Press, 2015. Para estender a ideia a questões trans e internacionais, CANANEA, Giacinto Della. *Due process of law beyond the state*: requirements of administrative procedure. Oxford: Oxford University Press, 2016; HOVELL, Devika. *The Power of Process*: The Value of Due Process in Security Council Sanctions Decision-Making. Oxford: Oxford University Press, 2016.

separadas. Isso requer uma discussão, em primeiro lugar, dos elementos da infração que determinam o âmbito da proteção (I) e, em seguida, das consequências jurídicas da cláusula (II).[539]

I. Elementos do âmbito de proteção

A cláusula do devido processo protege apenas determinados bens jurídicos (1), e não os protege contra todo tipo de prejuízo, mas apenas contra aqueles que podem ser qualificados como "privação" (2).

1 Os bens protegidos: "vida, liberdade ou propriedade"

Os termos "vida, liberdade ou propriedade" foram inicialmente interpretados imutavelmente como direitos naturais. O Judiciário inicialmente diferenciava entre "direitos" protegidos e "privilégios" desprotegidos. Estes incluíam benefícios concedidos pelo Estado:[540] licenças comerciais, permissões de exercício profissional, emprego no serviço público e, sobretudo, a grande área de benefícios sociais do Estado. Sua concessão e também sua retirada não estavam sujeitas à garantia do devido processo legal.[541]

---

539 CHEMERINSKY, Erwin. *Constitutional law*: principles and policies. 5ª ed. Nova York: Wolters Kluwer, 2015, pp. 573 e ss.; PIERCE, Richard J.; SHAPIRO, Sidney; VERKUIL, P. R. *Administrative Law and Process*. 6ª ed. St. Paul: Foundation Press, 2014, § 6.3; BRUGGER, Winfried. *Einführung in das öffentliche Recht der USA*. 2ª ed. Baden-Baden: Nomos, 2001, pp. 222 e ss.; SCHWARTZ, Bernard. *Administrative Law*. 3ª ed. Boston: Little, Brown, 1991, § 5.11.

540 SCHWARTZ, Bernard. *Administrative Law*. 3ª ed. Boston: Little, Brown, 1991, § 5.11.

541 Quando se trata do estatuto de imigração, há muito que se reconhece que a retirada dessa posição e a deportação estão abrangidas pela garantia do devido processo; cf. 189 U.S. 86 (1903) *Kaoru Yamataya v. Fischer*, o assim chamado "Japanese Immigrant Case".

A expansão decisiva do âmbito da proteção foi provocada pelo caso *Goldberg v. Kelly* de 1970.[542] A Suprema Corte concedeu ao beneficiário da assistência social o direito de poder apresentar o seu ponto de vista de forma qualificada antes de a autoridade decidir suspender temporariamente o benefício. A justificativa baseou-se na condição atual dos beneficiários, além da importância da assistência social em geral: ela deve permitir àqueles que não dispõem dos meios necessários "participar de forma significativa na vida da comunidade"; fala-se do "compromisso básico da nação (...) em promover a dignidade e o bem-estar". A assistência social "não é, portanto, mera caridade", mas representa uma posição jurídica que goza da proteção da cláusula do devido processo. As formulações de inspiração sócio-filosófica da Suprema Corte não são diferentes da decisão acerca do dever de cuidado do Tribunal Administrativo Federal Alemão, de 1954.[543] Naturalmente, essas intervenções são necessárias para poder concretizar mudanças radicais na compreensão das competências administrativas na jurisprudência. A literatura posteriormente falou de uma "revolução do devido processo".[544] Em outras palavras, o devido processo por meio do caso *Goldberg v. Kelly* chegou ao Estado de Bem-Estar Social moderno.[545]

A jurisprudência não se desvinculou completamente das circunstâncias do fato,[546] o que foi, posteriormente, recomendado

---

542 U.S. 254, 263-265 (1970) *Goldberg v. Kelly*.

543 Cf. BVerwGE 1, 159, 161: "quadro geral pré-constitucional", "dignidade humana".

544 SULLIVAN, E. Thomas; MASSARO, Toni Marie. *The Arc of Due Process in American Constitutional Law*. Nova York: Oxford University Press, 2013, p. 43.

545 SCHWARTZ, Bernard. *Administrative Law*. 3ª ed. Boston: Little, Brown, 1991, § 5.13: "The privilege concept developed at a time when the role of government was relatively restrained".

546 Para mais, ver PIERCE, Richard J. *Administrative Law Treatise*. 5ª ed. Austin: Wolters Kluwer Law & Business/Aspen Publ, 2012, § 9.4.

por setores da literatura especializada,[547] uma vez que ela examina os três termos separadamente e tenta criar uma ligação específica entre eles e os interesses reivindicados.[548] Uma declaração geral de interesse não é suficiente.[549] O que é necessário é uma determinação avaliativa de quais interesses o sistema jurídico considera tão essenciais para lhes abrir opções de proteção jurídica individual. A proximidade do interesse com posições protetivas já reconhecidas e a intensidade do dano desempenham um papel crucial.

A cláusula do devido processo não oferece uma posição tão abrangente quanto aquela representada pelo art. 2, parágrafo 1º, da Lei Fundamental, segundo a doutrina alemã dos direitos fundamentais. Ao interpretar os três termos-chave "vida, liberdade ou propriedade", a Suprema Corte segue uma linha intermediária entre abertura e preservação. A cláusula funciona, assim, como "uma norma básica elástica, cujo significado está sujeito a mudanças constantes".[550] Em uma perspectiva positiva, essa lógica pode ser chamada de pragmatismo. Na prática, o necessário traçado de limites também é percebido como uma porta de entrada para certas incertezas, que têm um impacto negativo, especialmente se a Suprema Corte estiver dividida entre as diferentes orientações de seus membros.

---

547 Cf. NOWAK, John E.; ROTUNDA, Ronald D. *Constitutional Law*. 8ª ed. St. Paul: Thomson/West, 2010, § 13.2: "One might assume (incorrectly as it turns out) that the phrase 'life, liberty or property' was to include all aspects of an individual's life in society, but the Supreme Court has given the phrase a more restrictive meaning".

548 Essa é a questão do "Direito"; para mais, ver MASHAW, Jerry L.; MERRILL, Richard A.; SHANE, Peter M. *Administrative Law*. 5ª ed. [S.l.]: West Group, 2003, p. 351.

549 Cf. PIERCE, Richard J. *Administrative Law Treatise*. 5ª ed. Austin: Wolters Kluwer Law & Business/Aspen Publ, 2012, § 9.4 (S. 797), que demanda "a significant adverse impact on an individual".

550 LOEWENSTEIN, Karl. *Verfassungsrecht und Verfassungspraxis der Vereinigten Staaten*. Berlim: Springer, 1959, p. 511: os tribunais limitaram-se deliberadamente a "tratar a cláusula de forma pragmática".

> Como resultado do forte desacordo persistente entre os juízes e da inconsistência na visão expressa por cada um, é difícil prever o resultado de uma disputa sobre se um interesse afetado pela ação do governo está sujeito à proteção do devido processo legal.[551]

2 A intervenção: "privação"

O termo "privação" leva a questões associadas ao conceito de "intervenção" na Alemanha. "Privação" significa ação consciente da Administração. Por um lado, os danos que ocorrem apenas incidentalmente ou por descuido por parte do funcionário responsável não desencadeiam a proteção da cláusula.[552] Por outro, a ação consciente da Administração sequer exige uma forma jurídica específica, o que inclui também ações informais.[553] O que se quer evitar é que a intensidade da intervenção estatal no processo seja tão grave a ponto de ser caracterizada como "privação".

Nessa toada, os efeitos que as decisões administrativas têm nas relações perante terceiros não são abrangidos. É por isso que os vizinhos que se opõem à aprovação de um estabelecimento comercial que os afeta não podem invocar a cláusula. Os seus direitos processuais decorrem exclusivamente da lei ordinária.[554] A constelação multipolar de direitos fundamentais que impactou o caso da usina nuclear de *Mülheim-Kärlich* e, portanto, a decisão crucial acerca

---

551 Assim PIERCE, Richard J. *Administrative Law Treatise*. 5ª ed. Austin: Wolters Kluwer Law & Business/Aspen Publ, 2012, § 9.4, p. 797.

552 CHEMERINSKY, Erwin. *Constitutional law*: principles and policies. 5ª ed. Nova York: Wolters Kluwer, 2015, 574 e ss.

553 FUNK, William; SHAPIRO, S. A.; WEAVER, R. L. *Administrative Law*. 5ª ed. Nova York: Wolters Kluwer, 2015, p. 197; STRAUSS, Peter L. *Administrative Justice in the United States*. 3ª ed. Durham: Carolina Academic Press, 2016, p. 263.

554 STRAUSS, Peter L. *Administrative Justice in the United States*. 3ª ed. Durham: Carolina Academic Press, 2016, p. 263.

da "proteção dos direitos fundamentais através de procedimentos administrativos"[555] não teria, desse modo, sido um caso para o devido processo, conforme o Direito Constitucional americano.

Então, a "privação" da cláusula do devido processo não se justifica por quaisquer intervenções que não afetem o indivíduo, mas, sim, o público em geral. Portanto, o âmbito de aplicação da cláusula atinge as decisões individuais.[556] A Suprema Corte adotou essa orientação no início do século XX nos casos *Londres v. Denver* (1908) e *Bi-Metallic Investment Co. v. State Board of Equalization* (1915).[557] A principal razão para a definição restrita do termo intervenção é de natureza prática: "quando uma regra de conduta se aplica a mais do que algumas pessoas, é impraticável que todos tenham voz direta na sua adoção".[558] Os afetados devem defender-se politicamente contra encargos de natureza geral. A legislação administrativa, portanto, não é abrangida.[559] Os seus direitos processuais decorrem exclusivamente do Direito Infraconstitucional. Uma vez que eles estão fora do âmbito de proteção da cláusula do devido processo, os tribunais não podem impor quaisquer outros requisitos processuais.

---

555 BVerfGE 53, 30, 57-61 e o voto dos juízes *Simon* e *Heußner* 69-96.

556 Alguns livros de Direito Administrativo, portanto, não cobrem o devido processo num capítulo separado, mas, sim, nas "decisões" das formas jurídicas.

557 Para mais, ver FUNK, William; SHAPIRO, S. A.; WEAVER, R. L. *Administrative Law*. 5ª ed. Nova York: Wolters Kluwer, 2015, pp. 251 e ss.; PIERCE, Richard J. *Administrative Law Treatise*. 5ª ed. Austin: Wolters Kluwer Law & Business/ Aspen Publ, 2012, § 9.2.

558 Cf. 239 U.S. 441, 445 (1915) *Bi-Metallic Investment Co. v. State Board of Equalization*.

559 ASIMOW, Michael; LEVIN, Ronald M. *State and federal administrative law*. 4ª ed. St. Paul: West Academic Publishing, 2014, § 2.5; STRAUSS, Peter L. *Administrative Justice in the United States*. 3ª ed. Durham: Carolina Academic Press, 2016, pp. 260 e ss.

II. Quais regras processuais são necessárias?

"O significado literal do devido processo legal é um processo justo. Quem concretiza o devido processo processual é a Justiça".[560] O cerne de um processo justo é a oportunidade de ser ouvido, o que gravita em torno de outras disposições processuais específicas. Para compreender melhor toda a situação, é imprescindível ter em mente a origem da cláusula no processo judicial. "O processo administrativo adquiriu muitos dos atributos do processo judicial".[561] Apesar de todas as salvaguardas, a cláusula do devido processo não exige uma "audiência nos moldes judiciais"[562] para todos os casos, mas ele deve ser o modelo básico a partir do qual o agente se orienta quando tiver que determinar os detalhes do processo. Logo, a questão é: "quando uma audiência é necessária, que tipo de audiência deve ser?" Especificamente, até que ponto deve estar em conformidade com o modelo judicial?"[563] Nesse diapasão, algumas configurações do processo administrativo parecem ser uma restrição a um padrão inerentemente garantido, o que na Alemanha poderia ser visto como um arranjo protetivo processual dos direitos fundamentais.

1 Listagem das salvaguardas mais importantes

Os livros didáticos usam, geralmente, uma lista de elementos de garantia que o juiz *Henry J. Friendly* apresentou há mais de 40 anos em uma palestra na Universidade da Pensilvânia.[564] Nela são

---

560 SCHWARTZ, Bernard. *Administrative Law*. 3ª ed. Boston: Little, Brown, 1991, § 5.1, p. 224, em itálico no original.

561 SCHWARTZ, Bernard. *Administrative Law*. 3ª ed. Boston: Little, Brown, 1991, § 5.1, p. 225.

562 Como em 397 U.S. 254, 267 (1970) *Goldberg v. Kelly*.

563 FRIENDLY, H. J. "Some Kind of Hearing". *U. Pa. L. Rev.*, vol. 123, 1975, pp. 1.267 e ss.

564 FRIENDLY, H. J. "Some Kind of Hearing". *U. Pa. L. Rev.*, vol. 123, 1975, pp. 1.279 e ss. No que concerne a Friendly, cf. DORSEN, D. M. *Henry*

mencionados os seguintes postulados:[565] (1) a necessidade de um juízo imparcial; (2) a notificação da ação proposta e de seus fundamentos; (3) a oportunidade para apresentar contrarrazões, pelas quais a ação proposta não deve prevalecer; (4) o direito de apresentar provas, incluindo o direito de convocar testemunhas; (5) o direito de tomar ciência de provas contrárias; (6) o direito de interrogar testemunhas contrárias; (7) uma decisão baseada exclusivamente nas provas apresentadas; (8) o direito a advogado; (9) a exigência de que o tribunal prepare um registro das provas apresentadas; (10) a disponibilidade de uma motivação da decisão; (11) o caráter público do processo; e (12) a possibilidade de revisão judicial.

A listagem pretende mostrar a variedade de direitos processuais que estão resumidos no conceito de devido processo legal. Um foco está nos instrumentos que se destinam a assegurar uma reunião particularmente cuidadosa dos fatos relevantes para a decisão e a dar à pessoa demandada o direito de influenciar essa decisão. Por trás dos termos individuais existem arranjos de procedimentos de complexidade variável. Alguns, como "o direito de convocar testemunhas", referem-se a procedimentos relativamente simples. Outros são apenas um nome abreviado para um fato que é composto por muitas regulamentações individuais. Por exemplo, para avaliar se uma Administração é "imparcial", devem ser examinadas questões de pré-concepção intelectual, relações familiares e outros critérios individuais e institucionais para os quais existe um grande conjunto de precedentes. Isso também se aplica à ciência informada

---

Friendly: greatest judge of his era. Cambridge: Belknap Press, 2012.

565 STRAUSS, Peter L.; RAKOFF, Todd D.; FARINA, Cynthia R.; METZGER, Gillian E. *Gellhorn and Byse's Administrative Law*. 11ª ed. Nova York: Foundation Press, 2011, pp. 836 e ss.; MASHAW, Jerry L.; MERRILL, Richard A.; SHANE, Peter M. *Administrative Law*. 5ª ed. [S.l.]: West Group, 2003, p. 316; PIERCE, Richard J.; SHAPIRO, Sidney; VERKUIL, P. R. *Administrative Law and Process*. 6ª ed. St. Paul: Foundation Press, 2014, § 6.3.4.; STRAUSS, Peter L. *Administrative Justice in the United States*. 3ª ed. Durham: Carolina Academic Press, 2016, p. 91; SCHWARTZ, Bernard. *Administrative Law*. 3ª ed. Boston: Little, Brown, 1991, § 5.1, p. 225.

pela autoridade ao potencial destinatário de um ato administrativo oneroso.[566] É geralmente reconhecido que essa comunicação representa um componente importante da "audiência".[567] Ainda assim, não fica claro de que forma devem ser aplicadas e qual conteúdo as garantias devem ter ter. Por isso, outras considerações, sejam elas teóricas ou práticas, são necessárias aqui.

2 Materialização das garantias conforme diferentes casos concretos

Para o árduo trabalho de concretização, a jurisprudência desenvolveu determinados critérios de exame que devem ser aplicados a conjuntos de casos específicos, mas que acabam por resultar em uma ponderação dos interesses processuais envolvidos. A Suprema Corte estabeleceu a estrutura mais importante em 1976, no caso *Mathews v. Eldridge*.[568] Do mesmo modo que na decisão inovadora do caso *Goldberg v. Kelly* quando se apontou que era uma situação que abarcava também o direito social. Aqui, especificamente, tratava-se da suspensão (não da revogação definitiva) de benefícios sociais anteriormente concedidos e da questão de quais garantias processuais são necessárias para essa medida temporária.

Embora o caso Goldberg pleiteasse que o padrão processual habitual do "processo judicial" fosse aplicado quase sem concessões,

566 Cf. PIERCE, Richard J. *Administrative Law Treatise*. 5ª ed. Austin: Wolters Kluwer Law & Business/Aspen Publ, 2012, § 9.8, em que os requisitos para um "decisor neutro" são explicados em mais de 30 páginas.

567 SCHWARTZ, Bernard. *Administrative Law*. 3ª ed. Boston: Little, Brown, 1991, § 6.4 (citando a jurisprudência): "It is universally agreed that adequate notice lies in the heart of due process".

568 424 U.S. 319 (1976) *Mathews v. Eldrige*; além disso, STRAUSS, Peter L.; RAKOFF, Todd D.; FARINA, Cynthia R.; METZGER, Gillian E. *Gellhorn and Byse's Administrative Law*. 11ª ed. Nova York: Foundation Press, 2011, pp. 841 e ss., 851 e ss., 867 e ss.

o caso Mathews voltou-se com mais cautela para uma verificação em três partes da aplicação normativa.[569]

- Em primeiro lugar, os interesses do destinatário da medida administrativa devem ser determinados com maior precisão. Ou seja, não basta descrever genericamente o objeto da intervenção, por exemplo, um pedido de benefícios sociais. Ao contrário, o tipo especial de prestação, o seu significado para o beneficiário e a sua estabilidade na pacificação social são determinados ponto a ponto de acordo com as disposições legais relevantes. O cuidado analítico particular que a maioria do tribunal no caso Mathews aplicou nessa primeira etapa de verificação pode ser explicado pelo esforço para encontrar uma distinção em relação aos fatos distintos do caso Goldberg.[570] Consequentemente, o auxílio a acidente de trabalho em causa é classificado como menos existencial do que o auxílio às despesas de subsistência que estava em tela no acórdão do caso Goldberg. Mesmo assim, não há dúvida de que mesmo a retirada temporária do benefício constitui uma "privação".

- Em um segundo momento, cumpre avaliar o risco de tomar uma decisão equivocada com base no procedimento

569 424 U.S. 319, 335 (1976) *Mathews v. Eldrige*; PIERCE, Richard J. *Administrative Law Treatise*. 5ª ed. Austin: Wolters Kluwer Law & Business/ Aspen Publ, 2012, § 6.3.5: the private interest affected, the value of additional procedures, the cost of additional procedures. Para uma "consideração orientada para a eficiência em casos individuais" que "tem características de uma análise econômica", ver FEHLING, M. "Eigenwert des Verfahrens im Verwaltungsrecht". *VVDStRL*, vol. 70, 2011, pp. 278-323.

570 U.S. 319, 340 (1976) *Mathews v. Eldrige*: "The potential deprivation here is generally likely to be less than in Goldberg, although the degree of difference can be overstated". Estas últimas baseiam-se inteiramente na necessidade, enquanto as prestações ao abrigo da legislação sobre acidentes de trabalho são concedidas independentemente dos outros rendimentos do interessado. Os juízes dissidentes Brennan e Marshall chamam esta suposição de "especulativa" (p. 350).

legalmente cabível, comparando-o com o uso do postulado do devido processo. Para tanto, os tribunais devem avaliar a eficácia das variantes processuais de acordo com critérios de plausibilidade.[571] No caso Mathews, o tribunal chegou à conclusão de que a incapacidade profissional dizia respeito, principalmente, a questões médicas e, portanto, faria mais sentido avaliar a necessidade da assistência social ao indivíduo do que propriamente uma oitiva do envolvido.

- A terceira etapa na verificação do interesse público é o esforço que a Administração terá de fazer para cumprir as precauções processuais adicionais exigidas:[572] os custos por si só não poderiam ser a consideração decisiva; mas se deve ter em conta que os recursos financeiros de cada programa social são limitados, de modo que o engajamento processual em vão ou equivocado seria feito à custa de outras pessoas com direito a benefícios.

Em suma, o exame em três partes conduz a um modelo de organização orçamentária que incentiva a intensidade da intervenção oficial, os efeitos protetores dos elementos processuais em disputa e a necessária utilização de recursos a serem determinados tão especificamente quanto possível, a serem relacionados entre si e para serem ponderados. Os interesses privados e públicos são colocados numa relação concreta entre si.

Abre-se aqui um amplo leque de variantes possíveis, cuja concretização judicial está necessariamente associada a um nível de

571 U.S. 319, 344 (1976) *Mathews v. Eldrige*: "But procedural due process rules are shaped by the risk of error inherent in the truth-finding process as applied to the generality of cases, not to rare exceptions".

572 U.S. 319, 344 (1976) *Mathews v. Eldrige*: "But the Government's interest, and hence that of the public, in conserving scarce fiscal and administrative resources is a factor that must be weighed".

incerteza considerável. As análises detalhadas dos efeitos danosos da intervenção administrativa e do uso dos procedimentos cabíveis presentes no caso Mathews impressionam o leitor continental [alemão], pois são uma fonte de incerteza adicional para cada caso subsequente.[573] O tribunal evitou concentrar-se na situação muito específica do demandante e, por sua vez, utilizou uma abordagem objetiva (utilizando também material estatístico). O ponto de referência não deve ser o indivíduo, mas o caso individual tipificado. No entanto, a situação de tomada de decisão permanece em grande parte aberta: cada aplicação administrativa do programa social, cada configuração processual nele prevista, cada tipo de impedimento – por mais diferentes que sejam – podem ser uma razão para influenciar na ponderação e para decretar outros elementos processuais vinculados ao postulado do devido processo.[574]

3 Incertezas dos requisitos processuais constitucionais

A estrutura básica constitucionalmente necessária do direito de defesa é a "oportunidade de ser ouvido", que, por sua vez, exige que o pleiteante possa estar ciente das ações da Administração. No entanto, não se pode afirmar com certeza se a sustentação oral, a apresentação de testemunhas, o "interrogatório" e a obtenção formal de provas também estão incluídos. Isso é um déficit que não pode ser remediado, mesmo se a jurisprudência e a doutrina fizerem o devido esforço. Ele é devido, em grande parte, às características estruturais do próprio "processo". Processos são procedimentos estruturados de aquisição e de processamento de informações que consistem em uma infinidade de ações e interações, possuindo dinâmicas de desenvolvimento próprias que não podem ser previstas

573 Para mais, cf. STRAUSS, Peter L. *Administrative Justice in the United States*. 3ª ed. Durham: Carolina Academic Press, 2016, pp. 88 e ss.

574 Para mais, ver minhas reflexões em *AöR*, vol. 142, 2017, pp. 325 e 353-358.

em todos seus aspectos. O controle processual é, portanto, um controle de contexto que não pode ser dividido em etapas individuais claramente definidas de maneira linear e causal. O efeito protetor jurídico de um determinado arranjo processual não pode, portanto, ser determinado por subsunção jurídica, mesmo com uma análise precisa do contexto da decisão. É necessário conhecimento e experiência em lidar com instituições.

Não é, portanto, surpreendente que o direito de defesa tenha a sua maior densidade constitucional quando estão envolvidos processos judiciais. Apesar de todas as diferenças individuais, os processos judiciais seguem um tipo estrutural uniforme, com o qual os advogados estão mais familiarizados. No domínio dos procedimentos administrativos, a situação é completamente diferente. O quadro aqui é que existe uma grande diversidade de finalidades processuais, dos envolvidos no processo e das estruturas processuais. Dada a diversidade de tarefas e de manifestações da Administração moderna, não teria como ser de outra forma. O conhecimento empírico sobre as interações dos envolvidos e os efeitos de certos arranjos processuais são correspondentemente diversos e distribuídos de forma difusa. Um julgamento sobre o que é constitucionalmente exigido na área administrativa estará sempre carregado de considerável nível de incerteza. Logo, não é fortuito que os problemas com a cláusula do devido processo tenham se tornado particularmente prementes à medida que a Suprema Corte decidiu estendê-la a novas searas administrativas.

"O que não é nada surpreendente é encorajar os juízes a aceitar a resolução de questões processuais pelo Poder Legislativo ou por outros em melhor posição para fazer essas avaliações complexas, mas gerais".[575] Com esses comentários acerca do caso *Mathews v. Eldridge*, *Peter Strauss* aponta para uma conexão funcional que

---

575 Assim STRAUSS, Peter L. *Administrative Justice in the United States*. 3ª ed. Durham: Carolina Academic Press, 2016, p. 89; cf. FEHLING, M. "Eigenwert des Verfahrens im Verwaltungsrecht". *VVDStRL*, vol. 70, 2011, pp. 278-323.

também pode ser demonstrada no desenvolvimento jurídico alemão: o Direito Processual prático não pode ser alcançado no Direito Administrativo sem a concretização da legislação.[576] A aplicação da cláusula do devido processo e da proteção dos direitos fundamentais nos processos administrativos apenas proporcionam um quadro amplo, dentro do qual o legislador atua de forma independente. Se isso não for levado em conta, a impressionante variedade de elementos de garantia que a cláusula do devido processo tem em sua ligação histórica com o processo judicial pode tornar-se um ônus quando se trata de sua aplicação nas diversas formas de atuação administrativa.

B. A Lei do Processo Administrativo de 1946

A referência jurídica mais importante para o Direito Processual Administrativo federal geral é a Lei de Processo Administrativo de 1946. Ela regula o processo estatal, ao mesmo tempo que também estabelece as disposições básicas para a proteção judicial em questões administrativas. Uma série de alterações também tornaram a APA uma importante fonte da legislação de informação administrativa.

I. Compromisso entre conceitos de gestão conflitantes

A APA é o resultado de um desenvolvimento jurídico altamente politizado que remonta ao início da década de 1930, em que a questão central era a legitimidade do Estado administrativo.[577]

---

576 BVerfGE 60, 253, 295: "O legislador tem ampla liberdade em termos de organização e procedimentos. Apenas os requisitos processuais elementares que são indispensáveis ao abrigo do Estado de Direito podem ser derivados dos direitos fundamentais substantivos".

577 Em detalhes em SHEPHERD, G. B. "Fierce Compromise: The Administrative Procedure Act emerges from New Deal Politics". *Nw. U. L. Rev.*, vol. 90, 1996, p. 1.557; McCUBBINS, M. D.; NOLL, R. G.; WEINGAST, B. R. "The Political Origins of the Administrative Procedure Act". *JLEO*, vol. 15,

Dada a expansão significativa das atividades administrativas no *New Deal*, os apelos à compensação através de salvaguardas processuais restritivas tornaram-se cada vez mais ruidosos. A *American Bar Association* esteve envolvida de forma proeminente. Tanto que nem o presidente Franklin D. Roosevelt não conseguiu vetar uma lei que foi apoiada por ela e aprovada pelo Congresso com o objetivo de restringir a atuação administrativa.[578]

A Comissão de Procedimento Administrativo da Procuradoria Geral, nomeada em 1939, contribuiu para objetivar as discussões políticas, fazendo inicialmente um inventário das práticas de cada autoridade federal.[579] Seu relatório final, apresentado em 1941, teve uma votação majoritária favorável à Administração, enquanto

---

1999, p. 180; MORSTEIN MARX, Fritz. *Amerikanische Verwaltung*. Berlim: Duncker & Humblot, 1963, p. 164: "uma trégua entre influências importantes que lutaram pelo reconhecimento público". Breves descrições da história de sua criação também estão incluídas em BREYER, Stephen G.; STEWART, Richard B.; SUNSTEIN, Cass R.; VERMEULE, Adrian; HERZ, Michael. *Administrative law and regulatory policy*. 8ª ed. Nova York: Wolters Kluwer, 2017, pp. 34 e ss.; LAWSON, Gary. *Federal Administrative Law*. 7ª ed. St. Paul: West Academic, 2015, p. 304; PIERCE, Richard J. *Administrative Law Treatise*. 5ª ed. Austin: Wolters Kluwer Law & Business/Aspen Publ, 2012, § 1.4; BECKER, Franz. *Das allgemeine Verwaltungsverfahren in Theorie und Gesetzgebung*. Bruxelas: Kohlhammer Librairie, 1960, pp. 146 e ss.; ERATH, Franz. *Förmliche Verwaltungsverfahren und gerichtliche Kontrolle*: Eine rechtsvergleichende Studie unter Berücksichtigung Deutschlands und der USA. Stuttgart: Booberg, 1996, pp. 80 e ss.

578 Ele via a lei como uma expressão de "repeated efforts by a combination of lawyers who desire to have all the process of government conducted through lawsuits and of interests which desire to escape regulation" (conforme BREYER, Stephen G.; STEWART, Richard B.; SUNSTEIN, Cass R.; VERMEULE, Adrian; HERZ, Michael. *Administrative law and regulatory policy*. 8ª ed. Nova York: Wolters Kluwer, 2017, p. 36). Claramente sobre as disputas contemporâneas na perspectiva da Ciência Política em LYNN, L. E. "The Myth of the Bureaucratic Paradigm". *PAR*, vol. 61, 2011, pp. 144 e ss.

579 Em relação ao trabalho das agremiações, cf. SHEPHERD, G. B. "Fierce Compromise: The Administrative Procedure Act emerges from New Deal Politics". *Nw. U. L. Rev.*, vol. 90, 1996, pp. 1.557-1.594 e ss.

uma parcela minoritária pedia mais regulamentações.[580] Essas diferenças foram sendo ainda mais reduzidas nos anos seguintes. No início de 1946, o projeto da lei do processo administrativo recebeu ampla aprovação no Senado e na Câmara dos Deputados e, após ser assinado pelo Presidente Truman, foi publicado em 11 de junho de 1946,[581] o que significou que os pilares mais importantes do Direito Processual Administrativo e da proteção judicial federal do Direito Administrativo foram regulamentados por lei. No mesmo ano, foi aprovada a Lei Federal de Responsabilidade Civil [*Federal Tort Claims Act*], na qual o Estado renunciou a uma parte significativa da "imunidade soberana" a que tinha direito em casos de responsabilidade estatal. Essas conexões entre a proteção jurídica administrativa primária e secundária deveriam receber maior atenção do Direito Administrativo americano.[582]

A APA é um compromisso no final de um caminho que foi marcado por disputas sobre questões fundamentais.[583] A lei é positiva: "uma fórmula sobre a qual se apoiaram as forças políticas e de oposição social".[584] Criticamente, pode-se dizer: "o desenvolvimento da

---

580 UNITED STATES DEPARTMENT OF JUSTICE. *Final Report of Attorney General's Committee on Administrative Procedure Act*, 1941; além disso, SHEPHERD, G. B. "Fierce Compromise: The Administrative Procedure Act emerges from New Deal Politics". *Nw. U. L. Rev.*, vol. 90, 1996, pp. 1.632 e ss.

581 Pub. L. 79-404; 60 Stat. 237.

582 Diretamente em SCHWARTZ, Bernard. *Administrative Law*. 3ª ed. Boston: Little, Brown, 1991, § 9.18: "Tort Suits as Review Actions"; STRAUSS, Peter L. *Administrative Justice in the United States*. 3ª ed. Durham: Carolina Academic Press, 2016, pp. 521 e ss.

583 Para ver o compromisso, SHAPIRO, M. "APA: Past, Present, Future". *Va. L. Rev.*, vol. 72, 1986, pp. 447-452 e ss.: As disposições sobre decisões de casos individuais (julgamento) como um sucesso para os conservadores, as disposições sobre o estabelecimento de padrões administrativos (criação de regras) como uma vitória para os liberais defensores do *New Deal*.

584 Ver U.S. 435, 519, 547 (1978) *Vermont Yankee Nuclear Power Corp. v. Natural Resources Defense Council, Inc.*, com referência a 339 U.S. 33, 61 (1950) *Wong Yang Sung v. McGrath*. ASIMOW, Michael; LEVIN, Ronald

APA não foi uma busca pela verdade ou pela eficiência administrativa (...). A luta pela APA foi uma batalha política campal pela vida do *New Deal*".[585] Em comparação, o contexto alemão que levou à Lei do Processo Administrativo de 1976 foi muito menos politizado. Embora tenha começado a nível estatal no início do período de Weimar,[586] permaneceu muito limitado a objetivos convencionais.[587] Questões polêmicas, como a crítica contemporânea à burocracia, não eram assuntos em discussão.[588]

A legislação processual americana, por outro lado, se apresenta como muito mais ampla. O Manual da Procuradoria-Geral sobre a Lei de Processo Administrativo, emitido em 1947, identifica quatro objetivos da APA:[589]

1. "exigir que as agências mantenham o público informado sobre sua organização, procedimentos e regras" (seção 3);
2. "previsão da participação pública no processo de elaboração de regras" (seção 4);

M. *State and federal administrative law*. 4ª ed. St. Paul: West Academic Publishing, 2014, p. 4.

585 ASIMOW, Michael; LEVIN, Ronald M. *State and federal administrative law*. 4ª ed. St. Paul: West Academic Publishing, 2014, p. 4.

586 Cf. apenas as informações incluídas em *AöR*, vol. 142, 2017, pp. 325 e 339-348.

587 Cf. a justificativa oficial para o projeto da Lei do Processo Administrativo de 1970, Bundestags-Drs. VI/1173, p. 24 e ss. Trata-se de uniformização jurídica, de simplificação administrativa e do estatuto jurídico do indivíduo nos seus contatos cotidianos com a Administração. Os comentários sobre a APA dos EUA na página 28 são interessantes: "Esta lei é difícil de comparar com as leis processuais da Europa continental porque se baseia em um conceito completamente diferente".

588 Sobre as disputas que existiam na Política e na Ciência da época, ver CANCIK, P. "Zuviel Staat? – Die Institutionalisierung der 'Bürokratie'-Kritik im 20. Jahrhundert". *Der Staat*, vol. 56, 2017, pp. 1 e ss.

589 *Attorney General's Manual*, I: Fundamental Concepts.

3. "prescrição de padrões uniformes para a conduta de elaboração de regras formais (seção 4, b) e procedimentos adjudicatórios" (seção 5), ou seja, procedimentos que são exigidos por lei a serem registrados após a oportunidade de uma audiência da agência (seções 7 e 8);

4. "reafirmar o direito de revisão judicial" (seção 10).

O foco aqui está nas tarefas de elaboração de políticas públicas, bem como na sua comunicação social e na sua integração na estrutura organizativa do Estado. A "informação pública adequada" foi desde o início um objetivo importante que pretendia impactar em todo o Direito Administrativo.[590] O fato de que os casos individuais também devem receber o que lhes é devido não foi esquecido. Ao mesmo tempo, o contexto mais amplo em que os casos individuais estão integrados e as forças políticas que influenciam a sua concepção foram considerados na definição conceitual de processo. A função democrática do processo administrativo substituiu o Estado de Direito individual. Consequentemente, a definição de normas pela Administração constitui parte integrante da APA em sua origem.[591] A "feitura de leis" e sua "execução" foram entendidas como duas formas complementares de ação que estão à disposição da Administração no cumprimento das suas tarefas.[592]

---

590 UNITED STATES DEPARTMENT OF JUSTICE. *Final Report of Attorney General's Committee on Administrative Procedure Act*, 1941, cap. 2, S. 25: "An important and far-reaching defect in the field of administrative law has been a simple lack of adequate public information concerning its substance and procedure".

591 Atividades relacionadas da American Bar Association, cf. VANDERBILT, Arthur T. *Minimum Standards of Judicial Administration*. Nova York: Law Center of New York University for the National Conference of Judicial Councils, 1949, pp. 454-461: "The importance of the administrative rule-making power and the need for its exercise under modern conditions have led to increasing emphasis upon safeguards necessary to ensure against abuses".

592 Cf. PIERCE, Richard J. *Administrative Law Treatise*. 5ª ed. Austin: Wolters Kluwer Law & Business/Aspen Publ, 2012, § 6.8 (S. 495 e

Nem tudo era novo. Para inúmeras questões, o legislador pôde basear-se em leis especializadas, práticas administrativas e judiciais bem estabelecidas e regulamentos que as autoridades individuais tinham criado.[593] A novidade foi o processamento sistemático do material e o conceito de controle resultante. Hoje, a APA é vista como um documento que ajudou a quebrar as reservas tradicionais sobre a regulamentação governamental.[594] Alguns até a veem como um "superestatuto" que se estende até à legislação técnica e tem uma condição quase constitucional.[595] Contudo, ainda há dúvidas se essa lei deve receber um estatuto interpretativo especial.[596] A natureza de compromisso historicamente determinada da APA exige cautela.[597] As tensões de fundo podem sempre surgir se os desenvolvimentos jurídicos forem impulsionados unilateralmente. O que pode ser ilustrado pelos esforços dos decisores políticos conservadores para transformar a APA em um bastião dirigido contra o Estado administrativo, enrijecendo os requisitos processuais para a legislação das autoridades e intensificando o controle judicial.[598]

---

ss.). Zur Ausklammerung der Handlungen des Präsidenten und seines Verwaltungsstabes.

593 Cf. MASHAW, Jerry L. *Creating the Administrative Constitution*: The Lost one Hundred Years of American Administrative Law. New Haven: Yale University Press, 2012, pp. 311 e ss.

594 SHEPHERD, G. B. "Fierce Compromise: The Administrative Procedure Act emerges from New Deal Politics". *Nw. U. L. Rev.*, vol. 90, 1996, pp. 1.557-1.678: "The APA was the bill of rights for the new regulatory state".

595 Ver KOVACS, K. E. "Superstatute Theory and Administrative Common Law". *Ind. L. J.*, vol. 90, 2015, pp. 1.223-1.237.

596 Sobre as peculiaridades da interpretação de um "superestatuto" (embora sem referência específica à APA), ESKRIDGE, W. N.; FEREJOHN, J. "Super-Statutes". *Duke L. J.*, vol. 50, 2001, pp. 1.215-1.249.

597 Em posição contrária está KOVACS, K. E. "Superstatute Theory and Administrative Common Law". *Ind. L. J.*, vol. 90, 2015, pp. 1.242-1.254 (com o argumento de que a APA não é implementada por uma única autoridade, pelo que falta o retorno deliberativo necessário ao público).

598 Cf. SUNSTEIN, C. R.; VERMEULE, A. "Libertarian Administrative Law". *U. Chi. L. Rev.*, vol. 82, 2015, pp. 464-468.

II. O conceito de processo da APA

Desde os primórdios, a APA combinou estruturas constitucionais clássicas com elementos reguladores políticos participativos e desenvolveu-os em dois modelos processuais.[599]

1 Alinhamento entre as formas de atuação administrativa

Uma primeira característica da APA é a sua orientação para determinadas formas de atuação administrativa.[600] Os regulamentos processuais propostos são geralmente relevantes apenas quando se trata de regulamentação ou de decisões de casos individuais ("adjudicação"). O trabalho empírico preparatório da APA levou à constatação de que as "regras" e as "ordens" não eram as únicas, mas eram particularmente importantes formas de ação administrativa.[601] Elas serviam de base para outras ações administrativas. Todavia, a ausência de determinados tipos de ações administrativas igualmente importantes, especialmente os contratos administrativos, de seu campo de aplicação, foi alvo de críticas.[602] Tanto o Direito Administrativo americano quanto o alemão não escapam da difícil tarefa de encontrar salvaguardas adequadas para os fenômenos em constante mudança da ação administrativa informal.

---

599 Cf. LAWSON, Gary. *Federal Administrative Law*. 7ª ed. St. Paul: West Academic, 2015, pp. 304 e ss. Em relação à introdução tardia do Direito Administrativo Informacional, ver item III e Capítulo V.

600 Cf. *Attorney General's Manual*, S. 14: "More broadly, the entire Act is based upon a dichotomy between rule making and adjudication"; JARASS, H. D. "Besonderheiten des amerikanischen Verwaltungsrechts im Vergleich". *DÖV*, 1985, pp. 377-380.

601 STRAUSS, Peter L.; RAKOFF, Todd D.; FARINA, Cynthia R.; METZGER, Gillian E. *Gellhorn and Byse's Administrative Law*. 11ª ed. Nova York: Foundation Press, 2011, p. 34: "the two basic categories of agency action".

602 Por exemplo, STRAUSS, Peter L.; RAKOFF, Todd D.; FARINA, Cynthia R.; METZGER, Gillian E. *Gellhorn and Byse's Administrative Law*. 11ª ed. Nova York: Foundation Press, 2011, p. 34.

2 Modelo: "procedimento como o judicial"

Do procedimento judicial são retirados elementos importantes que compõem os procedimentos previstos na APA. Isso é historicamente aceito porque o juiz é o arquétipo do decisor soberano, e o procedimento judicial é o modelo básico de tomada de decisão estatal relacionada ao caso concreto. Os mandamentos elementares *audi et alteram partem* e *nemo iudex in causa sua* foram inicialmente desenvolvidos para processos judiciais – ou, em outras palavras: eles vêm de tempos em que não se traçava uma linha rigorosa entre a ação administrativa e a judicial. Os empréstimos do Direito Processual Administrativo feitos ao Direito Processual Judicial são, portanto, uma constatação que pode ser observada em muitos casos.

Isso é particularmente válido para o pensamento jurídico americano.[603] A APA centra-se consistentemente no elemento regulador central do processo judicial, a "oitiva".[604] Ela é de natureza estritamente formal no seu desenrolar e em seus efeitos (seções 556-557 da APA): composta por partes dotadas de direitos processuais subjetivos, realizada por um "presidente" com estatuto jurídico proeminente e culminando em um relatório de investigação, que constitui a base da tomada de decisão administrativa e, se necessário, para sua posterior revisão judicial.

---

603 FREEDMAN, James O. *Crisis and legitimacy*: the administrative process and American government. Cambridge: Cambridge University Press, 1978, pp. 21 e ss.; ERATH, Franz. *Förmliche Verwaltungsverfahren und gerichtliche Kontrolle*: Eine rechtsvergleichende Studie unter Berücksichtigung Deutschlands und der USA. Stuttgart: Booberg, 1996, pp. 64 e ss., 80 e ss.

604 Cf. PIERCE, Richard J. *Administrative Law Treatise*. 5ª ed. Austin: Wolters Kluwer Law & Business/Aspen Publ, 2012, § 7.2 (S. 562), §§ 556 e 557 da 13 APA: "procedures closely analogous to a judicial trial"; para mais, ver § 8.2 (S. 702-703). Do mesmo modo em FUNK, William; SHAPIRO, S. A.; WEAVER, R. L. *Administrative Law*. 5ª ed. Nova York: Wolters Kluwer, 2015, p. 196.

O processo judicial é, obviamente, complexo e difícil de conciliar com as exigências das administrações modernas, o que já era levado em conta no momento de elaboração da APA. O modelo de "procedimentos como o judicial" é emblemático. Contudo, ele só pode ser utilizado se estiver especificamente previsto na legislação pertinente.[605] Mesmo assim, o regramento da Lei do Processo Administrativo não é frequentemente encontrado na prática jurídica. A grande maioria das decisões individuais ("ordens"), assuntos cotidianos das autoridades, por assim dizer, não são abrangidos pela APA. Essa é uma diferença fundamental em relação à Lei Alemã do Processo Administrativo, cujos regulamentos gerais (Partes II-IV) são usados como um "procedimento padrão" em todos os lugares onde a lei especializada não elaborou os seus próprios regulamentos.[606]

3 Modelo: "notificação e manifestação"

Nem para a *aplicação normativa* o processo formal das seções 556 e 557 da APA se tornou o procedimento padrão.[607] Ainda assim, a APA trouxe um segundo modelo processual: o procedimento de "notificação e manifestação". A aplicação dos regulamentos correspondentes na seção 553(b)-(d) da APA não depende de os regulamentos estarem especificamente referenciados na lei especial. Ao contrário do que é rotulado como "regulamentação informal", o processo é tudo menos simples e informal. O rigor do

605 Em relação a essas "regras", ver § 553(c): "required by statute to be made on the record after opportunity for an agency hearing". De maneira semelhante para as "orders", § 554(a).

606 No tocante ao conceito de processo padrão, cf. SCHNEIDER, J.-P. "Strukturen und Typen von Verwaltungsverfahren". *In*: HOFFMANN-RIEM, Wolfgang; SCHMIDT-AẞMANN, Eberhard; VOẞKUHLE, Andreas (Coord.). *Grundlagen des Verwaltungsrechts*. 2ª ed. vol. 2. Munique: C. H. Beck, 2012, § 28, nota, pp. 14 e ss.

607 SCHWARTZ, Bernard. *Administrative Law*. 3ª ed. Boston: Little, Brown, 1991, § 4.11 (S. 193): "Trial-type procedures, with a requirement of basis on the record, are out of place in rulemaking".

procedimento formal semelhante ao judicial foi reduzido; porém, o objetivo básico da obtenção de um processo transparente, neutro e justo foi mantido e complementado por elementos de ampla participação pública. Os propósitos de transparência, participação e racionalidade conferem ao processo um perfil voltado à tomada da decisão democrática. É essa dinâmica que confere à APA grande visibilidade nas comparações jurídicas.

III. O desenvolvimento posterior

Após a entrada em vigor da APA, iniciou-se uma fase de consolidação. Os tribunais estiveram ocupados em esclarecer uma série de questões controversas e em diferenciar ainda mais as disposições processuais previstas na lei. Desde a década de 1970, entretanto, surgiram novos desdobramentos para as áreas do Direito Social, do Direito Ambiental e dos Direitos Civis, que também tiveram impacto no Direito Processual geral. Por um lado, havia questões práticas: ao estabelecer normas ambientais, por exemplo, era necessária mais flexibilidade nos tipos de procedimentos previstos. Com o tempo, as mudanças nas ideias sociais foram se materializando, o que demandou uma transformação na maneira como a Administração se comunica com seus cidadãos.

Um período de reforma iniciou-se. Todavia, o núcleo da APA permaneceu intacto. Foram criadas e incorporadas na APA uma série de leis complementares, com as quais o Congresso respondeu aos novos desafios delineados. Duas leis aprovadas em 1990, a Lei de Regulamentação Negociada [*Negotiated Rulemaking Act*] e a Lei de Resolução de Disputas Administrativas [*Administrative Dispute Resolution Act*], ampliaram a gama de procedimentos disponíveis. Não obstante as modificações, sua relevância prática é atualmente considerada bastante baixa.[608] Mais importantes foram as alterações que abordaram o tema principal da comunicação administrativa.

---

608 Na forma codificada em 5 U.S.C. §§ 561-570a e §§ 571-584.

Aqui se pode invocar a obrigação geral de informação da seção 3º da versão original da APA. Essa concepção foi expandida para um sistema regulatório independente a partir da Lei de Liberdade de Informação (FOIA) de 1967 (seção 552 da APA), o que assinalou o início de mudanças significativas na forma como a Administração lida com a informação. Nesse sentido, a "Lei da Privacidade" [*Privacy Act*] de 1974 (seção 552a da APA) constitui um contrapeso. Hoje, a APA representa um sistema duplo no qual os procedimentos clássicos relacionados com a decisão e a lei geral de informação administrativa convivem dentro do mesmo âmbito.[609]

Com esses conteúdos regulatórios, a APA tem presença garantida na prática administrativa das 42 autoridades federais. A avaliação global positiva do desenvolvimento jurídico não exclui, evidentemente, o fato da APA ter recebido continuamente duras críticas: "ela emerge da concepção de governo que prevaleceu nos tempos pré-modernos e que ainda sobrevive na era da governança contemporânea como a base racional para o Direito Consuetudinário".[610] A acusação de ser mais retrógrada do que inovadora também é feita contra a Lei Alemã de Processo Administrativo,[611] o que se torna inevitável nas atuais condições de longos preparativos legislativos e complicados processos de votação. O ganho mais importante de um projeto de codificação (além do efeito prático de concentração) é a ativação abrangente do discurso científico e político que ele desencadeia. Nesse ponto, a APA, desde seu início, estabeleceu padrões, como prova o impressionante relatório final da Comissão de Procedimento Administrativo da Procuradoria-Geral de 1941.[612]

---

609 Ver item 5 do Capítulo II e Terceira seção.

610 RUBIN, E. "It's Time to make the Administrative Procedure Act Administrative". *Cornell L. Rev.*, vol. 89, 2003, pp. 95-104 e ss.

611 Cf. SCHMIDT-AßMANN, Eberhard. *Das allgemeine Verwaltungsrecht als Ordnungsidee*. 2ª ed. Berlim: Springer, 2004, nota, pp. 139-142.

612 Cf. BRIFFAULT, Richard; REYNOLDS, Laurie. *Cases and materials on state and local government law*. 8ª ed. St. Paul: West Academic Publishing, 2016, Sect. D 3 g.

C. O Direito Processual dos Estados-membros e a Lei Modelo de Processo Administrativo Estadual (MSAPA)

O Direito Processual das entidades estaduais é ainda mais diversificado do que o das autoridades federais: de acordo com a Décima Quarta Emenda, a cláusula do devido processo e as garantias da Quarta Emenda com suas salvaguardas contra busca e apreensão, por exemplo, são também diretamente aplicáveis, nos termos da lei federal. A APA federal, porém, não se aplica às Administrações estaduais. Uma vez que os EUA não possuem qualquer regulamentação da estrutura de execução federal comparável aos artigos 84 e 85 da Lei Fundamental, uma cláusula de subsidiariedade como a contida no § 1º, parágrafo 2º, da Lei Alemã de Processo Administrativo também é impensável. No entanto, os estados ou municípios podem comprometer-se voluntariamente a cumprir a legislação processual federal ordinária, por exemplo, ao implementar programas financeiros federais. Além disso, o Direito Processual das autoridades estaduais decorre da lei do respectivo estado, incluindo a Constituição correspondente, cujas garantias são muitas vezes modeladas nas prerrogativas da Constituição Federal, mas também podem ampliá-las ou prever direitos processuais completamente novos.

A padronização do Direito Processual estadual foi alcançada por meio de iniciativas de codificação iniciadas concomitantemente à criação da APA federal. Essa forma de autocoordenação ocorreu no âmbito da Conferência Nacional de Comissários sobre Leis Estaduais Uniformes.[613] A Comissão de Direito Uniforme reúne advogados de diversas áreas profissionais nomeados pelos estados. O seu objetivo é fornecer aos estados propostas legislativas interpartidárias sob a forma de leis modelo. Os estados são completamente

613 Cf. STEIN, R. A. "Strengthening Federalism: The Uniform State Law Movement in the United States". *Minn. L. Rev.*, vol. 99, 2015, pp. 2.253 e ss.

livres para decidir se e em que medida baseiam a sua legislação nas propostas modelos. Na área do Direito Processual Administrativo geral, a Comissão já havia apresentado a primeira Lei Modelo de Procedimento Administrativo do Estado (MSAPA) em 1946, que foi adotada por doze estados em 1960. Novas versões desse diploma legal surgiram em 1961, 1981 e mais recentemente em 2010.[614] A Comissão presta especial atenção às diferentes tradições e ideias que existem entre os entes estaduais, especialmente na área da Administração. Muitas especificações detalhadas reduzem a disposição dos estados em seguir as sugestões. Mais da metade dos estados utilizaram o projeto de 1961, que era cauteloso, como modelo para as suas leis processuais, enquanto a reforma muito detalhada de 1981 encontrou apoio em apenas dez estados. A MSAPA de 2010 segue um curso médio. É significativamente mais curto do que o seu antecessor, embora tenha tido de lidar com o papel da *internet* nos procedimentos administrativos.

O trabalho da Comissão de *Direito Uniforme* trouxe uma estrutura básica ao Direito Processual Administrativo geral dos estados, o que facilitou a orientação e localização dos temas mais importantes. O foco esteve em quatro áreas regulatórias principais, também referidas na literatura como "postulados maiores":[615] inicialmente, uma obrigação geral das autoridades de fornecer informações ao público, depois, em duas seções separadas, o Direito Processual das duas formas mais importantes de ação administrativa e, finalmente, disposições para proteção jurídica. Com essa estrutura, a MSAPA de 1946 aproximou-se muito da APA federal promulgada no mesmo ano. Houve uma animada troca de ideias entre os autores de ambos os atos durante a fase

614 Revised Model State Administrative Procedure Act, drafted by the National Conference of Commissioners on Uniform States Laws, 2010, pp. 1 e ss.; além de STRAUSS, Peter L. *Administrative Justice in the United States*. 3ª ed. Durham: Carolina Academic Press, 2016, pp. 369 e ss.

615 Cf. COOPER, Frank E. *State Administrative Law I*. Indianapolis: Bobbs-Merrill, 1965, p. 13.

de preparação.[616] Os rascunhos posteriores da MSAPA foram agregados à sua estrutura básica. As leis processuais dos estados seguiram em grande parte o modelo legal.

Os objetivos dessas regulações são "justiça, eficiência e garantia de acesso público às informações das agências".[617] Os regulamentos processuais para "regras" e "ordens" constituem o núcleo da MSAPA. As fases processuais individuais são definidas com mais precisão do que na APA, que quase não mudou em relação a esse aspecto, se comparada com a sua versão original de 1946. As versões mais recentes da MSAPA avaliaram as experiências feitas com a lei anterior e utilizaram a riqueza de variantes aqui visíveis para as suas próprias pretensões. Elas consideram que sua finalidade principal é mostrar as "melhores práticas". As justificativas também fornecem muito material ilustrativo para as mudanças e movimentos de onda na política administrativa em matéria processual.

O Direito Administrativo Informacional permanece reservado às leis especializadas. Em 1980, a Comissão de Lei Uniforme lançou o "Código Uniforme de Prática de Informação do Estado". O conflito básico entre a publicação de informação administrativa, por um lado, e os interesses da proteção de dados, por outro, é discutido detalhadamente. Alguns estados seguiram essa abordagem integrativa, que ilustra particularmente bem a ambivalência do moderno Direito Administrativo Informacional.[618] A MSAPA de 2010 não modificou essas disposições, que ficaram intactas. No título "Acesso Público à Lei e Política das Agências", ela limitou-se

616 Para mais, ver COOPER, Frank E. *State Administrative Law I*. Indianapolis: Bobbs-Merrill, 1965, pp. 9 e ss.

617 MSAPA 2010, Prefatory Note, pp. 2 e ss.

618 O Havaí tem uma Lei de Práticas Uniformes de Informação desde 1988. Especificamente no dispositivo 92 F 2 (2): "The policy of conducting government business as openly as possible must be tempered by a recognition of the right of the people to privacy, as embodied in section 6 and section 7 of Article I of the Constitution of the State of Hawaii".

a definir nos pormenores as obrigações das autoridades de informar publicamente sobre as suas atividades, seus projetos e suas decisões, bem como de adaptar os processos correspondentes à comunicação pela *internet* (seções 201-203).

As discussões seguintes centram-se, principalmente, na MSAPA, a qual oferece soluções independentes e inovadoras na comparação com a APA.

D. A lei processual emanada pelas próprias autoridades

Os regulamentos que as autoridades aplicam para os seus procedimentos são ainda mais extensos do que o Direito Processual das leis especializadas e da APA ou da MSAPA,[619] o que é totalmente incomum na Alemanha. Na medida em que é indicada uma especificação infralegal da lei processual, isso geralmente ocorre por meio de uma regulamentação legal do governo com base na autorização correspondente na lei, e possivelmente também por meio de regulamentos administrativos de autoridades superiores. De acordo com o entendimento americano, as autoridades têm ampla competência para elaborar os seus próprios regulamentos processuais no âmbito da legislação estatutária relevante.

As leis, muitas vezes, exigem explicitamente essa auto-organização em questões processuais. A APA, na sua versão original de 1946, requeria que as autoridades publicassem o curso do processo "incluindo a natureza e os requisitos de todos os procedimentos formais e informais" no Registro Federal (seção 3(a)(2)). As leis especializadas e a lei geral de informação administrativa intensificaram e aperfeiçoaram essa obrigação.[620] A seção 205 da MSAPA

619 STRAUSS, Peter L. *Administrative Justice in the United States*. 3ª ed. Durham: Carolina Academic Press, 2016, p. 274.

620 Cf. Para acesso a informações, § 552(a)(1)(B) e (C) da APA.

de 2010 cria a possibilidade de padronização para a legislação processual estadual. Para sua efetivação, o governador do estado pode emitir "normas processuais padrão". As autoridades devem, então, alinhar os seus regulamentos processuais com o parâmetro e só podem desviar-se caso tenham razões substanciais para se justificar. A exigência de um Direito Processual padronizado também tem por escopo apoiar as autoridades de menor envergadura. Além disso, os governos fornecem frequentemente manuais nos quais as autoridades podem se orientar em detalhes para avaliar quais medidas individuais devem tomar.[621]

A atividade legislativa das autoridades em matéria processual utiliza diferentes formas jurídicas: em alguns casos, as regulações processuais são elaboradas sob a forma de regimento. Salvo disposição em contrário da lei, as disposições da APA sobre "regulamentação" devem ser respeitadas a partir de sua emissão. Contudo, são muito mais comuns as normas que não estão nesse nível de vinculação: regulamentos de interpretação de normas, referências à prática administrativa existente, anúncios sobre oportunidades de participação, fichas informativas e manuais de procedimentos. Eles estão entre os "documentos de orientação" com os quais uma autoridade informa o público sobre as suas políticas e a natureza das suas ações.

Segunda seção: o Direito Processual das formas individuais de ação

A APA e a MSAPA partilham o foco na interação de certas formas de ação administrativa com as codificações do Direito Processual continental, enquanto o Direito inglês presta pouca atenção às formas de ação administrativa. Isso não indica, entretanto, uma posição tão proeminente como as formas de ação têm no Direito

621 Por exemplo, STATE OF NEW YORK. *State Department*: Rule Making in New York, maio 2012.

alemão.[622] Na APA, os formulários possuem prioritariamente conteúdo de atribuição processual. Eles são definidos por lei para esse fim. Não prescrevem um perfil claro como formas jurídicas, como a Lei Alemã de Processo Administrativo oferece para atos e contratos administrativos, incluindo importantes doutrinas de validade jurídica.

O que é evidente, contudo, é a percepção de que as formas de ação são construções que só conseguem captar de maneira parcial a diversidade da ação administrativa.[623] *Otto Mayer* viu a situação de um ângulo igualmente realista quando falou do Estado de Direito não só abarcar a "massa transbordante da atividade administrativa", mas "também permitir que pontos fixos aparecessem continuamente no caminho, os quais fornecem o apoio ao indivíduo, garantindo que ele saiba para onde está indo".[624] As formas são "pontos fixos", mas não representam toda a realidade administrativa. Além de "regras" e "ordens", a própria APA e a MSAPA também mencionam "inspeções" e "sanções" como outras ações administrativas, que representam conexões práticas entre elementos fáticos e jurídicos e para as quais são necessárias regulamentações específicas que reajam a determinadas situações de risco.[625]

---

622 Cf. JARASS, H. D. "Besonderheiten des amerikanischen Verwaltungsrechts im Vergleich". *DÖV*, 1985, pp. 377-380; GLASER, A. *Die Entwicklung des Europäischen Verwaltungsrechts aus der Perspektive der Handlungsformenlehre*. Tübingen: Mohr Siebeck, 2013, pp. 106 e ss. (para a Inglaterra).

623 STRAUSS, Peter L. *Administrative Justice in the United States*. 3ª ed. Durham: Carolina Academic Press, 2016, pp. 257 e ss.

624 MAYER, Otto. *Deutsches Verwaltungsrecht*. 3ª ed. vol. 1. Berlim: Duncker & Humblot, 1924, pp. 92 e ss.

625 Cf. STRAUSS, Peter L.; RAKOFF, Todd D.; FARINA, Cynthia R.; METZGER, Gillian E. *Gellhorn and Byse's Administrative Law*. 11ª ed. Nova York: Foundation Press, 2011, pp. 66 e ss. No que tange ao significado de "soft law", STRAUSS, Peter L. *Administrative Justice in the United States*. 3ª ed. Durham: Carolina Academic Press, 2016, pp. 207 e ss., 303 e ss., 355 e ss.

Nos EUA, a dimensão do efeito das formas de ação é trabalhada mais acentuadamente do que na Alemanha.[626] As formas não são apenas guias para o Direito Processual relevante, mas são instrumentos com os quais as finalidades regulamentares devem ser alcançadas. Antes de uma autoridade tomar uma determinada forma de ação, ela deve analisar atentamente a situação regulamentar e considerar as opções que tem. A "escolha regulatória", a discricionariedade na opção pela forma, é parte integrante da apresentação das formas de ação.[627] A ponderação das vantagens e desvantagens da "criação de regras" em comparação com a prática de tomar decisões casuísticas é, portanto, um dos tópicos clássicos nos livros didáticos:[628] não apenas os efeitos constitucionais do controle uniforme e transparente da prática é levado em consideração, mas também aspectos de eficiência e de flexibilidade – quando uma autoridade deve recorrer ao estabelecimento de normas? Quando ela terá que fazer isso? Os procedimentos legislativos obrigatórios tornaram-se demasiado complicados? O Congresso e os Tribunais

---

626 Em geral, sobre a importância desta dimensão, cf. HOFFMANN-RIEM, W. "Rechtsformen, Handlungsformen, Bewirkungsformen". *In*: HOFFMANN-RIEM, Wolfgang; SCHMIDT-AßMANN, Eberhard; VOßKUHLE, Andreas (Coord.). *Grundlagen des Verwaltungsrechts*. 2ª ed. vol. 2. Munique: C. H. Beck, 2012, § 33; SCHMIDT-AßMANN, Eberhard. *Verwaltungsrechtliche Dogmatik*. Tübingen: Mohr Siebeck, 2013, pp. 82 e ss.

627 Ver STRAUSS, Peter L.; RAKOFF, Todd D.; FARINA, Cynthia R.; METZGER, Gillian E. *Gellhorn and Byse's Administrative Law*. 11ª ed. Nova York: Foundation Press, 2011, pp. 385 e ss.; HICKMAN, Kristin; PIERCE, Richard J. *Federal Administrative Law*. 2ª ed. St. Paul: Foundation Press, 2014, pp. 417 e ss.; além de BREYER, Stephen G.; STEWART, Richard B.; SUNSTEIN, Cass R.; VERMEULE, Adrian; HERZ, Michael. *Administrative law and regulatory policy*. 8ª ed. Nova York: Wolters Kluwer, 2017, pp. 14 e ss.

628 Cf. a listagem de ASIMOW, Michael; LEVIN, Ronald M. *State and federal administrative law*. 4ª ed. St. Paul: West Academic Publishing, 2014, pp. 229-232; também as discussões em PIERCE, Richard J. *Administrative Law Treatise*. 5ª ed. Austin: Wolters Kluwer Law & Business/Aspen Publ, 2012, § 6.8 e 6.9.

não aumentaram continuamente os requisitos, fazendo com que as autoridades recorressem agora a técnicas informais de controle?[629]

A. "Regras" e "criação de regras"

"Regras" e "criação de regras" são hoje a abordagem mais importante para o sistema administrativo de ação no Direito americano.[630] Nem sempre foi assim. Inicialmente, assim como na Alemanha, as decisões individuais representavam a forma predominante da ação administrativa na América. Todavia, as autoridades começaram cada vez mais a concentrar as suas atividades na definição de normas. Para confirmar e classificar essa mudança, é frequentemente citada uma palavra do, mais tarde, juiz da Suprema Corte, *Antonin Scalia*, que apontava essa transformação da ação administrativa como uma revolução estrutural no Direito Administrativo.[631]

I. Problemas de demarcação

Para que os termos formais "regras" e "ordens" cumpram a sua função de atribuição, devem ser diferenciados entre si (1) e perante outras ações administrativas (2).

---

629 Assim PIERCE, Richard J.; SHAPIRO, Sidney; VERKUIL, P. R. *Administrative Law and Process*. 6ª ed. St. Paul: Foundation Press, 2014, § 6.4.6d: "disincentives to use rulemaking".

630 As Ordens Executivas do Presidente não pertencem a esse contexto.

631 "The increased use of rulemaking has changed the whole structure of administrative law"; citado por ASIMOW, Michael; LEVIN, Ronald M. *State and federal administrative law*. 4ª ed. St. Paul: West Academic Publishing, 2014, § 5.1; a mesma observação pode ser encontrada em MASHAW, Jerry L. *Reasoned Administration and Democratic Legitimacy*. Cambridge: Cambridge University Press, 2018, p. 31: "a strategic agency shift of regulatory action".

1 A fronteira entre "regras" e "ordens"

Apesar da grande importância atribuída às "normas", a sua definição ainda é controversa – mesmo entre as duas leis processuais relevantes:[632] semelhante à lei alemã, a MSAPA baseia-se no critério da generalidade.[633] A APA, por outro lado, define "regra" como uma "declaração de aplicabilidade geral ou particular e efeito futuro" (seção 551(4)). Isso deve abranger não apenas normas gerais e abstratas, mas também decisões específicas relacionadas com uma situação específica, desde que cumpram o critério central, nomeadamente ter um "efeito futuro". A APA inclui, assim, uma série de decisões no termo "regras" que desempenham um papel especial nas tarefas das autoridades federais de alto escalão: decisões na área da regulação econômica (aprovações tarifárias, fixação de preços e ordens que obrigam as empresas a realizarem reestruturação financeira ou organizacional).

A definição da APA tem recebido frequentemente críticas na literatura.[634] Desse modo, levanta-se a questão de saber se o critério do "efeito futuro" capta melhor a essência do estabelecimento de normas administrativas do que as definições tradicionais. As normas não são um instrumento de aplicação, mas de concepção de situações regulatórias complexas. Elas têm uma missão específica, cujos efeitos só se tornarão visíveis no futuro. As mudanças sociais precisam estar previstas. A sua maior abertura ao futuro em comparação com as decisões individuais torna a escolha de opções

---

632 De maneira detalhada em SCHWARTZ, Bernard. *Administrative Law*. 3ª ed. Boston: Little, Brown, 1991, § 4.2: o "teste de tempo" que a APA segue, e o "teste de aplicabilidade" que a MSAPA segue.

633 O § 102 da MSAPA 2010 define "rule" como "agency statement of general applicability" (p. 30) e "order" como decisão administrativa que afeta os direitos ou interesses de "uma determinada pessoa" (p. 23). Em casos limítrofes, contudo, a MSAPA também deve analisar "qual será o efeito da declaração no futuro".

634 Cf. PIERCE, Richard J. *Administrative Law Treatise*. 5ª ed. Austin: Wolters Kluwer Law & Business/Aspen Publ, 2012, § 6.1 (seções 402 e ss.).

mais clara. "Regras" são, principalmente, uma expressão na qual as autoridades formulam "políticas". O Direito alemão coloca as ênfases de maneira diferente: não a norma, mas a regulamentação do caso individual, não a correlação de forças políticas, mas a aplicação da lei, esses são o centro da teoria das formas de ação. Conforme a orientação geral (§ 35º, seção 2, da VwVfG), o âmbito do ato administrativo também é alargado às formas intermédias.[635] As aprovações tarifárias e outras decisões regulatórias são, então, classificadas como atos administrativos,[636] o que reforça o foco na estabilidade. A abertura do programa normativo subjacente de tomada de decisões jurídicas não é captada de modo adequado. A forma jurídica do ato executivo alimenta a ideia de um processo neutro, mais técnico e que obscurece o conteúdo criativo.[637]

2 "Regras legislativas" e "regras não legislativas"

Quando se trata da questão dos efeitos vinculantes, a APA assume um conceito amplo de "regras".[638] "A definição de regra não se limita a regras substantivas, mas abrange também regras

635 Quanto ao desenvolvimento histórico do instituto, ver WANDSCHNEIDER, Steffen. *Die Allgemeinverfügung in Rechtsdogmatik und Rechtspraxis*. Frankfurt: Lang, 2009.

636 *U. Stelkens* em STELKENS, Paul; BONK, Heinz J.; SACHS, Michael. *Verwaltungsverfahrensgesetz*: Kommentar. 9ª ed. Munique: C. H. Beck, 2018, § 35, nota, pp. 296 e ss.; também fixa valores fixos para medicamentos como no § 35, parágrafo 5º, SGB V, cf. BVerfGE 106, 275, 305 e ss.

637 Sobre a tendência, na prática, de também colocar outras decisões politicamente difíceis na forma de decretos gerais, ver WALLA, F. "Kapitalmarktrechtliche Normsetzung durch Allgemeinverfügung?" *DÖV*, 2010, pp. 853 e ss.

638 Por outro lado, na MSAPA 2010: O termo "regras" é limitado desde o início a normas que são juridicamente vinculativas (§ 102(30): "ter força de lei"). Excluem-se as normas de Direito interno ("que não afetam os direitos privados"); → para "documentos de orientação" (§ 102(14) da MSAPA).

interpretativas, organizacionais e processuais",[639] demandando umaimportante diferenciação entre elas.[640]

Apenas uma pequena proporção de normas administrativas tem o poder de vincular particulares e tribunais de uma maneira comparável à lei parlamentar ("força da lei"). A literatura refere-se a elas como "regras legislativas" ou "regras substantivas".[641] A forma de regulamento ("regimento") está disponível para esse fim. As "regras legislativas" devem ter sido elaboradas no processo legislativo previsto e publicadas no meio de divulgação legalmente especificado.[642] Além disso, devem fundar-se em uma base jurídica que demonstre que a prerrogativa legislativa foi delegada.[643] Uma vez que os requisitos da doutrina da "não delegação" também são satisfeitos por cláusulas amplas,[644] ao menos, de acordo com a visão predominante, o efeito limitador desse requisito é pequeno.[645]

---

639 Conforme *Attorney General's Manual*, p. 12, com a observação de que nem todos que se qualificam para regulamentação no parágrafo 4° estão sujeitos aos requisitos processuais.

640 Para mais, STRAUSS, Peter L. *Administrative Justice in the United States*. 3ª ed. Durham: Carolina Academic Press, 2016, pp. 298 e ss.

641 Cf. SCHWARTZ, Bernard. *Administrative Law*. 3ª ed. Boston: Little, Brown, 1991, § 4.8; HICKMAN, Kristin; PIERCE, Richard J. *Federal Administrative Law*. 2ª ed. St. Paul: Foundation Press, 2014, p. 417.

642 Para os "regulamentos" das autoridades federais, trata-se do Registro Federal (F.R.); codificado no Código de Regulamentações Federais (CFR), que está estruturado na sequência de seus títulos paralela ao Código dos Estados Unidos (U.S.C.). Cf. STRAUSS, Peter L.; RAKOFF, Todd D.; FARINA, Cynthia R.; METZGER, Gillian E. *Gellhorn and Byse's Administrative Law*. 11ª ed. Nova York: Foundation Press, 2011, p. 65.

643 SCHWARTZ, Bernard. *Administrative Law*. 3ª ed. Boston: Little, Brown, 1991, § 4.3 (S. 169): "They [the agencies E. S.] have no inherent or common law powers". "Without a statutory delegation, an agency does not have power to promulgate substantive rules and regulations".

644 Cf. 351 U.S. 192, 203 (1956) *United States v. Storer Broadcasting Co.*: "The Communications Act must be read as a whole and with appreciation of the responsibilities of the body charged with its fair and efficient operation".

645 Exemplos de cláusulas relevantes estão incluídos em HICKMAN, Kristin; PIERCE, Richard J. *Federal Administrative Law*. 2ª ed. St. Paul: Foundation

As "regras legislativas" permitem, portanto, que as autoridades definam as suas próprias políticas de modo bastante independente. Esse efeito é ainda exponenciado pelo fato de que, em casos de prazos legais indefinidos, as autoridades têm uma prerrogativa interpretativa de acordo com a Doutrina Chevron, que deve ser respeitada também pelos tribunais. Assim, as autoridades também podem fazer alterações políticas, alterando a sua interpretação anterior.[646] Para tanto, deve-se revogar formalmente o regulamento anterior em por meio de um ato contrário e substituí-lo por um novo. Naturalmente, isso requer repetir o procedimento prescrito. Os elementos da autorização legal têm um efeito retardador menor do que o procedimento, que ainda é complexo, mesmo que seja uma "regulamentação informal".

Assim como o alemão, o Direito Administrativo americano tem, além das normas que acabamos de discutir, um grande número de regulamentos e de declarações oficiais, os quais não são emitidos sob a forma de regulamentos, mas que, no entanto, influenciam o comportamento de tomada de decisão da autoridade e, muitas vezes, indiretamente também para a relação cidadão-Estado tem significado: são as "regras não legislativas". O que inclui "regras interpretativas", "regras de organização, procedimento ou prática da agência", "declarações gerais de política", "cartas consultivas", "circulares" e "manuais internos".[647] Todos são temas regularmente tratados nos regulamentos administrativos na Alemanha.[648]

Press, 2014, pp. 417 e ss.; cf. BREYER, Stephen G.; STEWART, Richard B.; SUNSTEIN, Cass R.; VERMEULE, Adrian; HERZ, Michael. *Administrative law and regulatory policy*. 8ª ed. Nova York: Wolters Kluwer, 2017, p. 478.

646 U.S. 260, 265 e ss. (1954) *United States ex rel. Accardi v. Shaughnessy*; 418 U.S. 683, 695 e ss. (1974) *United States v. Nixon*.

647 Sobre a discussão da política administrative, cf. OFFICE OF BUDGET AND MANAGEMENT (OMB). "Final Bulletin for Agency Good Guidance Practices". *Federal Register*, nol. 72, nº 16, jan. 2007, p. 3.432.

648 Sobre a tipologia (regulamentos administrativos organizacionais, de interpretação de normas, discricionários e de concretização de normas),

Os "documentos orientadores" são, primordialmente, manifestações de auto-organização e autoapresentação legítimas por parte das autoridades em um sistema jurídico que atribui particular importância às instituições que informam o público sobre as suas tarefas, sua organização e seus processos de trabalho. As autoridades não necessitam de qualquer autorização legal para fazê-lo.[649] Essas "regras não legislativas" estão isentas do procedimento de notificação e manifestação.[650] No entanto, também carecem da força vinculativa formal das "regras legislativas". Os tribunais respeitam as determinações executivas, por exemplo, a definição dos termos jurídicos a partir de "regras interpretativas", mais como "um corpo de experiência e de julgamento informado ao qual os tribunais e os litigantes podem recorrer adequadamente para orientação".[651] O que é crucial é que a interpretação do conceito jurídico subjacente seja devidamente englobada (*fairly encompassed*) e tenha peso persuasivo (*persuasive weight*).[652] A

---

ver OSSENBÜHL, F. "Legislação Autônoma da Administração". *In*: ISENSEE, Joseph; KIRCHHOF, Paul (Coord.). *Handbuch des Staatsrechts der Bundesrepublik Deutschland*. 3ª ed. vol. 5. Heidelberg: C. F. Müller Juristischer Verlag, 2007, § 104, nota, pp. 18 e ss.; KNAUFF, Matthias. *Der Regelungsverbund*: Recht und Soft Law im Mehrebenensystem. Tübingen: Mohr Siebeck, 2010, pp. 350 e ss.; *M. Möstl* em EHLERS, Dirk; PÜNDER, Hermann (Coord.). *Allgemeines Verwaltungsrecht*. 15ª ed. Berlim: De Gruyter, 2016, § 20, nota, p. 22.

649 HICKMAN, Kristin; PIERCE, Richard J. *Federal Administrative Law*. 2ª ed. St. Paul: Foundation Press, 2014, p. 417.

650 § 553(b)(A) da APA; sobre essas e outras exceções sistematicamente, BREYER, Stephen G.; STEWART, Richard B.; SUNSTEIN, Cass R.; VERMEULE, Adrian; HERZ, Michael. *Administrative law and regulatory policy*. 8ª ed. Nova York: Wolters Kluwer, 2017, pp. 534 e ss.; STRAUSS, Peter L.; RAKOFF, Todd D.; FARINA, Cynthia R.; METZGER, Gillian E. *Gellhorn and Byse's Administrative Law*. 11ª ed. Nova York: Foundation Press, 2011, pp. 178 e ss.; HICKMAN, Kristin; PIERCE, Richard J. *Federal Administrative Law*. 2ª ed. St. Paul: Foundation Press, 2014, pp. 539 e ss.

651 U.S. 134, 140 (1944) *Skidmore v. Swift & Co.*

652 Cf. STRAUSS, Peter L.; RAKOFF, Todd D.; FARINA, Cynthia R.; METZGER, Gillian E. *Gellhorn and Byse's Administrative Law*. 11ª ed.

"deferência Skidmore" representa o mínimo de contenção judicial para os casos de "regras não legislativas".[653]

A prática administrativa tende a utilizar "regras não legislativas".[654] A tentativa de evitar um maior esforço processual levou a estratégias alternativas.[655] As autoridades fazem um movimento para formular deliberadamente os fatos dos seus "regulamentos" de forma ampla e pouco clara, a fim de manter uma margem de manobra para posteriormente complementá-los com "regras interpretativas" ou "declarações políticas" e, se necessário, alterá-los.[656]

Nova York: Foundation Press, 2011, pp. 197 e ss., com referência ao texto do Tribunal de Apelações D. C. Cir. na questão jurídica *Paralyzed Veterans of America v. D. C. Arena*, 117 F.3d 579, 588 (1997).

653 Alguns acórdãos recentes sugeriram que os tribunais poderiam exercer maior contenção em determinadas circunstâncias. Cf. os votos (embora também sejam diferentes entre si) dos juízes que formam a minoria em 529 U.S. 576 (2000) *Christensen v. Harris County* e 533 U.S. 218, 230 (2001) *United States v. Mead Corp.*; em relação a isso, PIERCE, Richard J.; SHAPIRO, Sidney; VERKUIL, P. R. *Administrative Law and Process*. 6ª ed. St. Paul: Foundation Press, 2014, § 7.4; STRAUSS, Peter L. *Administrative Justice in the United States*. 3ª ed. Durham: Carolina Academic Press, 2016, pp. 497 e ss. Resta saber se tal tendência irá continuar, tendo em conta o desenvolvimento oposto ao que a intensidade do controle tem mostrado recentemente, mas muito duvidoso, casos de "deferência".

654 Ver pesquisa empírica em RASO, C. "Agency Avoidance of Rulemaking Procedures". *Admin. L. Rev.*, vol. 67, 2015, p. 65, com dados estatísticos em anexo, pp. 128 e ss.

655 Para isso, ver referência STRAUSS, Peter L.; RAKOFF, Todd D.; FARINA, Cynthia R.; METZGER, Gillian E. *Gellhorn and Byse's Administrative Law*. 11ª ed. Nova York: Foundation Press, 2011, pp. 188 e ss.

656 De maneira crítica, STRAUSS, Peter L.; RAKOFF, Todd D.; FARINA, Cynthia R.; METZGER, Gillian E. *Gellhorn and Byse's Administrative Law*. 11ª ed. Nova York: Foundation Press, 2011, pp. 189 e 199: "promulgate mush". No entanto, as últimas restrições à "deferência Auer" tornam essa estratégia menos atrativa para as autoridades no futuro; o que vai ao encontro de MATHEWS, J. "Presidential Administration in the Obama Era". *In*: KAISER, Anna-Bettina; PETERSEN, Niels; SAURER, Johannes (Coord.). *The U.S. Supreme Court and Contemporary Constitutional Law*: The Obama Era and Its Legacy. Londres: Routledge, 2019, pp. 67-75 e ss.

Assim, há sempre litígios em que os afetados se defendem de serem impostos com obrigações por meio de "regras não legislativas" que só deveriam ter sido cumpridas através de "regulamentação própria".[657] Os tribunais devem, portanto, examinar se o regulamento emitido pela autoridade está dentro do âmbito das exceções da seção 553(b)(A) da APA ou a extrapola.[658] Por exemplo, se uma autoridade pretende utilizar um "documento de orientação" para persuadir as empresas a comportarem-se de forma cooperativa nas investigações, isso depende da intensidade das sanções previstas para casos de recusa de cooperação.[659] Os critérios segundo os quais a distinção deve ser feita não foram definitivamente aclarados.

II. O modelo padrão do procedimento de notificação e manifestação

O modelo processual mais importante para a legislação administrativa nos EUA é o procedimento de notificação e manifestação da seção 553 da APA. Ele constitui o procedimento padrão que as Administrações devem adotar (sujeito a regulações técnicas) se quiserem estabelecer uma lei vinculativa.[660] As raízes

---

657 HICKMAN, Kristin; PIERCE, Richard J. *Federal Administrative Law*. 2ª ed. St. Paul: Foundation Press, 2014, pp. 523 e ss.

658 Cf. STRAUSS, Peter L.; RAKOFF, Todd D.; FARINA, Cynthia R.; METZGER, Gillian E. *Gellhorn and Byse's Administrative Law*. 11ª ed. Nova York: Foundation Press, 2011, pp. 191 e ss.; para mais, ver PIERCE, Richard J. *Administrative Law Treatise*. 5ª ed. Austin: Wolters Kluwer Law & Business/Aspen Publ, 2012, § 6.4 (Interpretative Rules) e § 6.5 (Procedural Rules).

659 174 F.3d 206 (D. C. Cir. 1999), *Chamber of Commerce of the USA v. U.S. Department of Labor*, citado por STRAUSS, Peter L. *Administrative Justice in the United States*. 3ª ed. Durham: Carolina Academic Press, 2016, p. 353.

660 Excluídos: assuntos militares e de política externa de acordo com a seção 553(a)(1) da APA; assuntos de gestão e pessoal e assuntos relacionados ("propriedade pública, empréstimos, subvenções, benefícios ou contratos") de acordo com a seção 553(a)(2) da APA. Para outras exceções sob a cláusula de "boa causa" do § 553(b) (B), cf. PIERCE, Richard J.; SHAPIRO,

democráticas do Direito Administrativo americano estão particularmente presentes nesse dispositivo. A sua estrutura básica já estava prevista na versão original da APA e mantém-se até hoje. Mesmo uma codificação moderna como a MSAPA de 2010, que modifica e exemplifica em detalhes, não deixa de estar ligada ao modelo básico. O procedimento de notificação e manifestação é o representante da cultura administrativa americana – um candidato recomendado para exportação legal, bem como o ponto focal de algumas críticas.[661] "O processo de elaboração de regras é construído em torno da crença fundamental de que o povo deste estado tem o direito de participar no desenvolvimento das suas leis".[662] É difícil encontrar esse raciocínio em uma exposição de motivos da regulamentação na Alemanha.

A estrutura básica do processo é uma dinâmica simples de três etapas:[663] (1) A autoridade anuncia publicamente a sua intenção de regulamentar. (2) O público tem a oportunidade de se manifestar. (3) A autoridade emite o regulamento com consideração precisamente documentada dos argumentos apresentados. O que poderia ser expresso em algumas frases relativamente curtas na versão original da APA tornou-se, no entanto, uma estrutura

---

Sidney; VERKUIL, P. R. *Administrative Law and Process*. 6ª ed. St. Paul: Foundation Press, 2014, § 6.4.7d (interpretação restrita, mas reconhecida para emergências, entre outras coisas).

661 STRAUSS, Peter L. *Administrative Justice in the United States*. 3ª ed. Durham: Carolina Academic Press, 2016, p. 300: "This is the procedure to which Americans generally refer when they speak of rulemaking".

662 STATE OF NEW YORK. *State Department*: Rule Making in New York, maio 2012, p. 5.

663 Conforme HICKMAN, Kristin; PIERCE, Richard J. *Federal Administrative Law*. 2ª ed. St. Paul: Foundation Press, 2014, pp. 458 e ss.; ROSE-ACKERMAN, Susan; EGIDY, Stefanie; FOWKES, James. *Due Process of Lawmaking*. Nova York: Cambridge University Press, 2015, pp. 77 e ss., 191 e ss.; PÜNDER, Hermann. *Exekutive Normsetzung in den Vereinigten Staaten von Amerika und der Bundesrepublik Deutschland*. Berlim: Duncker & Humblot, 1995, pp. 118 e ss., 140 e ss.

regulamentar complicada sob a influência da jurisprudência e da experiência adquirida, que é explicada às autoridades em circulares oficiais do governo.[664] A MSAPA de 2010 abrange nada menos que dezessete disposições especiais, preservando ao mesmo tempo o modelo básico.[665]

1 As três etapas definidoras do processo

As três etapas processuais definidoras constituem não apenas uma sequência cronológica, mas também um contexto funcional interno, que, segundo essa ideia, deverá conduzir a uma legislação de melhor qualidade a partir da participação pública.[666]

a. "Notificação geral"

De acordo com a seção 553 (b) da APA, o procedimento deve começar com o edital ("notificação geral") da legislação proposta no Registro Federal. Um conteúdo mínimo é exigido por lei para a comunicação. Deve indicar a hora e o local do procedimento, indicar a fundamentação legal do regulamento previsto e conter o texto regulatório proposto, ou, pelo menos, descrever o seu conteúdo. A informação deve ser redigida de tal sorte a permitir que o público participe significativamente. Com isso, é necessário fornecer

---

664 STRAUSS, Peter L.; RAKOFF, Todd D.; FARINA, Cynthia R.; METZGER, Gillian E. *Gellhorn and Byse's Administrative Law*. 11ª ed. Nova York: Foundation Press, 2011, p. 119: "over the years the courts have added a quite significant gloss to the § 553's spare statutory terms".

665 Ver BEAL, R. "Rulemaking: Procedure as it relates to Substance under the 2010 Model State Administrative Procedure Act". *Widener L. J.*, vol. 20, 2011, p. 741; LEVIN, R. M. "Rulemaking under the Model State Administrative Procedure Act". *Widener L. J.*, vol. 20, 2011, p. 855.

666 Cf. SCHWARTZ, Bernard. *Administrative Law*. 3ª ed. Boston: Little, Brown, 1991, § 4.12 (S. 193): "Its purpose is to encourage 'openness, explanation, and participatory democracy' in the rulemaking process and educate the agency, thereby helping to ensure informed rulemaking".

informações sobre as intenções regulatórias, os métodos utilizados e, se pertinente, relatórios científicos e pareceres técnicos nos quais a autoridade deseja se basear ("doutrina da notificação expandida").[667]

Logo a primeira fase do procedimento foi questionada se a comunicação não aconteceria já tarde demais. Depois da autoridade ter elaborado um projeto de regulamento, o processo já não estará mais aberto a sugestões e preocupações.[668] As críticas levaram a que versões mais recentes do procedimento de notificação, conforme a seção 553 (b) da APA, fossem precedidas por uma fase em que ocorre uma troca inicial entre a autoridade e o público sobre o projeto de regulamentação antes de ele ser apresentado. Para as autoridades federais, esse trâmite está previsto na lei especializada e nas ordens executivas presidenciais.[669] Com um propósito comparável a essa ideia, pode ser encontrado, na seção 303(a) da MSAPA de 2010, o instituto "notificação prévia de regulamentação proposta".

b. Manifestação

Após a comunicação, a autoridade deve dar a cada pessoa interessada a oportunidade de manifestar-se ("através da apresentação de dados escritos, opiniões ou argumentos") de acordo com a seção 553(c)(1) da APA. O Direito americano não limita o círculo daqueles autorizados a se expressar. O fundamento dessa

---

667 Em detalhes, PIERCE, Richard J.; SHAPIRO, Sidney; VERKUIL, P. R. *Administrative Law and Process*. 6ª ed. St. Paul: Foundation Press, 2014, § 6.4.6a.

668 STRAUSS, Peter L. *Administrative Justice in the United States*. 3ª ed. Durham: Carolina Academic Press, 2016, p. 302.

669 Por exemplo, seção 6(a)(1) da Ordem Executiva emitida pelo presidente Clinton 12866 "Regulatory Planning and Review". *F.R.*, vol. 58, nº. 190, 4 out. 1993; para mais, ver PIERCE, Richard J.; SHAPIRO, Sidney; VERKUIL, P. R. *Administrative Law and Process*. 6ª ed. St. Paul: Foundation Press, 2014, § 6.4.6c; FUNK, W. "Public Participation and Transparency in Administrative Law". *Admin. L. Rev.*, vol. 61, 2009, pp. 171-191 e ss.

dinâmica está no conceito pluralista de bem comum: não apenas certos grupos, associações ou outros representantes nomeados pela autoridade, mas todos devem poder contribuir para uma boa legislação a partir de suas manifestações.[670]

Todavia, não há indicação relativa ao prazo em que as manifestações devem ser exaradas.[671] A APA também deixa a decisão sobre se uma apresentação deve ser agendada na forma de audiência a critério da autoridade. Exemplos de audiências obrigatórias podem ser encontrados nas leis estaduais e nos estatutos processuais. Essa "oitiva" pode melhorar a qualidade da informação, especialmente se for combinada com a oportunidade de questionar especialistas e interagir com eles de forma crítica. No entanto, ela pode confundir as fronteiras traçadas na APA entre "regulamentação informal" e "formal", levando a um novo tipo de "regulamentação híbrida" que complica desnecessariamente o procedimento de notificação e manifestações.[672]

Atualmente, está emergindo um segundo desenvolvimento ambivalente.[673] Sob a influência da Lei do E-Government, de 2002, o processo tornou-se um fórum público no qual os envolvidos podem analisar os argumentos da Administração ponto por ponto, podendo também trocar ideias entre si. A intensidade da comunicação promovida pela *internet* pode ser interpretada positivamente

---

670 Distinguir entre um modelo de participação pluralista e um neocorporativista BIGNAMI, F. "From Expert Administration to Accountability Network: A New Paradigm for Comparative Administrative Law". *Am. J. of Comp. L.*, vol. 59, 2011, pp. 859, 885-887.

671 § 306 da MSAPA 2010 confere um prazo de 30 dias.

672 Assim STRAUSS, Peter L. *Administrative Justice in the United States*. 3ª ed. Durham: Carolina Academic Press, 2016, p. 307; PIERCE, Richard J.; SHAPIRO, Sidney; VERKUIL, P. R. *Administrative Law and Process*. 6ª ed. St. Paul: Foundation Press, 2014, § 6.4.10a.

673 BREYER, Stephen G.; STEWART, Richard B.; SUNSTEIN, Cass R.; VERMEULE, Adrian; HERZ, Michael. *Administrative law and regulatory policy*. 8ª ed. Nova York: Wolters Kluwer, 2017, pp. 508 e ss.

como um sinal de um processo democrático vibrante. Entretanto, também traz riscos:[674] por um lado, sobrecarrega a capacidade das autoridades de processarem as informações massivas que chegam em um curto período. Por outro, pode desenvolver-se uma dinâmica que transforme o procedimento legalmente previsto para a obtenção de informações em um referendo, reduzindo, assim, o âmbito de responsabilidade da autoridade responsável.

c. "Manifestação acerca de assunto relevante"

Após completar a fase de "manifestações", a autoridade deverá tratar dos argumentos apresentados para decidir sobre a versão final do regulamento.[675] Aqui está o cerne da questão. Pretende-se mostrar ao público que as suas contribuições são levadas a sério ("oportunidade significativa de participação") e, como resultado processual, pretende-se garantir um conteúdo normativo em que toda a informação disponível seja processada de forma abrangente e completa. A seção 553(c)(2) da APA exige que a agência incorpore na norma "uma declaração geral concisa de sua base e propósito". Por mais óbvio que seja esse requisito, é precisamente esse elemento que tem sido alvo dos desdobramentos mais complicados na jurisprudência.[676]

---

674 STRAUSS, Peter L. *Administrative Justice in the United States*. 3ª ed. Durham: Carolina Academic Press, 2016, p. 319: "giving the process a plebiscitary air that is arguably inappropriate to its rationale".

675 Se decidir fazer alterações na versão originalmente publicada, será necessária maior participação do público, a menos que a alteração pretendida já esteja incluída na versão original: "a logical outgrowth of the rule proposed in the notice" (§ 308 da MSAPA 2010).

676 HICKMAN, Kristin; PIERCE, Richard J. *Federal Administrative Law*. 2ª ed. St. Paul: Foundation Press, 2014, pp. 489 e ss. O caso a seguir é paradigmático *United States v. Nova Scotia Food Products Corp*. 568 F.2d 240 (2d Cir. 1977).

Isso vale, particularmente, para a seara repleta de questões tecnicamente complicadas e controversas, como o Direito Ambiental, impactando nas áreas do Direito Administrativo especializado, mas também na concepção processual em geral. O procedimento de notificação e de manifestação é um bom exemplo para mostrar a influência das áreas de referência nos ensinamentos do Direito Administrativo geral: um "registro de regulamentação", no qual as autoridades devem documentar todos os materiais relacionados com o processo legislativo e mantê-los acessíveis ao público também pertence a essa lógica. A APA não menciona isso. No entanto, hoje é uma parte indispensável da definição de normas e, ao mesmo tempo, uma base para a revisão judicial (seção 302 e seção 507(a) da MSAPA de 2010).[677]

A "declaração explicativa concisa" que deve ser anexada à versão final da norma e nela publicada inclui, entre outras coisas, "as razões da agência para adotar a regra, passando pelas razões da entidade para não aceitar argumentos substanciais apresentados em depoimentos e manifestações" (seção 313 da MSAPA de 2010). É precisamente a segunda metade da frase que leva as autoridades a elaborarem e discutirem o assunto.[678] Para atos legislativos controversos, o preâmbulo sozinho pode representar várias dezenas de páginas de três colunas no Registro Federal. A extensão, na verdade o excesso, do esforço processual que agora caracteriza a

---

677 Somado a isso está a jurisprudência conforme PIERCE, Richard J.; SHAPIRO, Sidney; VERKUIL, P. R. *Administrative Law and Process*. 6ª ed. St. Paul: Foundation Press, 2014, § 6.4.6b; cf. HICKMAN, Kristin; PIERCE, Richard J. *Federal Administrative Law*. 2ª ed. St. Paul: Foundation Press, 2014, p. 466; MASHAW, Jerry L. *Reasoned Administration and Democratic Legitimacy*. Cambridge: Cambridge University Press, 2018, pp. 60 e ss.

678 Cf. HICKMAN, Kristin; PIERCE, Richard J. *Federal Administrative Law*. 2ª ed. St. Paul: Foundation Press, 2014, p. 490; PIERCE, Richard J.; SHAPIRO, Sidney; VERKUIL, P. R. *Administrative Law and Process*. 6ª ed. St. Paul: Foundation Press, 2014, § 6.4.6d.

"regulamentação informal" e as estratégias correspondentes das autoridades para evitar o procedimento são alvos constantes de críticas.[679]

2 Aumento e diminuição dos requisitos

A expansão da regulação pelas autoridades federais, especialmente nas áreas de Direito Ambiental e de Saúde, nas décadas de 1960 e 1970, bem como algumas críticas à independência dessas autoridades, incentivaram a interpretação criativa das breves formulações da APA e sua implementação, o que, segundo o entendimento tradicional, não existia.[680] A jurisprudência do Tribunal de Apelações (*DC Circuit*) foi particularmente representativa dessa tendência.[681]

Essas reações judiciais não são incomuns, especialmente quando se trata de decisões administrativas que são controversas politicamente. Nesse caso, faz sentido aumentar os requisitos para o processamento da informação coletada, com o fundamento de que deve ser oferecida aos tribunais uma compreensão factível para as suas tarefas de controle.[682] Houve também avanços jurisprudenciais

---

679 Cf. *W. Wagner* em BIGNAMI, Francesca; ZARING, David (Coord.). *Comparative law and regulation*. Cheltenham: Edward Elgar Publishing, 2016, pp. 109-114; há também uma comparação com a legislação da UE, pp. 120 e ss.

680 Cf. a apresentação do complexo desenvolvimento em que o Congresso e os presidentes também estiveram envolvidos com as suas ordens executivas, e que é referido na literatura como "transformação" ou "evolução da regulamentação informal" em STRAUSS, Peter L. *Administrative Justice in the United States*. 3ª ed. Durham: Carolina Academic Press, 2016, pp. 307 e ss.; HICKMAN, Kristin; PIERCE, Richard J. *Federal Administrative Law*. 2ª ed. St. Paul: Foundation Press, 2014, pp. 465 e ss.

681 Ilustrativo é 486 F.2d 375 (1973) *Portland Cement Association v. Ruckelshaus*; para mais sobre as sentenças, ver HICKMAN, Kristin; PIERCE, Richard J. *Federal Administrative Law*. 2ª ed. St. Paul: Foundation Press, 2014, pp. 495 e ss.

682 Cf. PIERCE, Richard J.; SHAPIRO, Sidney; VERKUIL, P. R. *Administrative Law and Process*. 6ª ed. St. Paul: Foundation Press, 2014, § 6.4.6b.

semelhantes na Alemanha. A experiência de que podem ocorrer excessos de participações também é comum a ambos os sistemas jurídicos. Na Alemanha, os requisitos estão cada vez mais rigorosos de tal sorte que os tribunais administrativos superiores impuseram ao processo de ordenamento do território uma pressão considerável sobre o planejamento municipal. Nos EUA, a conclusão é:

> uma regulamentação importante típica requer cinco a dez anos para ser concluída e dezenas de milhares de horas de trabalho do pessoal da agência. No final desse processo, os tribunais retêm aproximadamente quarenta por cento das regras da instituição.[683]

Fala-se em "ossificação" na literatura.[684] Se pode realmente ser interpretado como o resultado de exigências judiciais excessivas é, todavia, controverso.[685]

a. *Vermont Yankee v. NRDC*

É tarefa dos tribunais superiores captar e corrigir esse desenvolvimento. À época, o Tribunal Administrativo Federal sentiu-se obrigado a salientar que os tribunais não deveriam procurar erros "sem serem questionados".[686] Nos EUA, foi a decisão do caso *Vermont Yankee Nuclear Power Corp. v. NRDC* [sigla em inglês, cujo

---

683 PIERCE, Richard J.; SHAPIRO, Sidney; VERKUIL, P. R. *Administrative Law and Process*. 6ª ed. St. Paul: Foundation Press, 2014, § 6.4.6d (seção 290), com referência a um estudo empírico de 1990.

684 Em relação a esse fenômeno, cf. STRAUSS, Peter L.; RAKOFF, Todd D.; FARINA, Cynthia R.; METZGER, Gillian E. *Gellhorn and Byse's Administrative Law*. 11ª ed. Nova York: Foundation Press, 2011, pp. 1.006 e ss.; HICKMAN, Kristin; PIERCE, Richard J. *Federal Administrative Law*. 2ª ed. St. Paul: Foundation Press, 2014, pp. 590 e ss.

685 COGLIANESE, C. "Empirical Analysis and Administrative Law". *U. Ill. L. Rev.*, 2002, pp. 1.111-1.125 e ss.

686 Cf. a evidência em BVerwGE 116, 188, 196 e ss.

significado é Conselho de Defesa dos Recursos Naturais ou *Natural Resources Defence Council*] que a Suprema Corte derrotou o Tribunal de Recurso em 1978:[687] na seção 553 da APA, o Congresso expressou a sua vontade de estabelecer os requisitos processuais máximos que os tribunais poderiam exigir das autoridades para "regulamentação informal". As próprias autoridades são livres para conceder mais direitos aos envolvidos; "mas os tribunais de revisão geralmente não são livres para os impor se as agências não decidirem concedê-los".[688] Essa linha deve ser seguida principalmente por razões práticas de uma configuração processual previsível.[689]

Mesmo sendo o caso de um regulamento que dizia respeito ao tratamento de resíduos radioativos e, portanto, ser uma questão altamente controversa, não foi suficiente para que a Suprema Corte aceitasse um tratamento especial e aplicasse normas processuais mais rigorosas. Ao contrário da decisão de *Mülheim-Kärlich* do Tribunal Constitucional Federal tomada na mesma época, as considerações sobre direitos fundamentais tampouco desempenharam qualquer papel.[690] Uma dimensão protetora dos direitos fundamentais, que levou a uma melhoria considerável no Direito Processual na Alemanha, não é reconhecida nos EUA. A cláusula do devido processo das Emendas V e XIV também não foi relevante porque, de acordo com o julgado do caso *Bi-Metallic*, refere-se apenas a casos individuais e não à legislação geral e abstrata. A "euforia processual" do Tribunal

---

687 U.S. 519 (1978) *Vermont Yankee Nuclear Power Corp. v. Natural Resources Defense Council, Inc.*; com palavras mais duras (549): "the Court of Appeals should not stray beyond the judicial province".

688 435 U.S. 519, 524 e 543 (1978) *Vermont Yankee Nuclear Power Corp. v. Natural Resources Defense Council, Inc.*, com referência à jurisprudência mais antiga; 423 U.S. 326, 333 (1976) *FPC v. Transcontinental Gas Pipe Line Corp.*

689 435 U.S. 519, 546 (1978) *Vermont Yankee Nuclear Power Corp. v. Natural Resources Defense Council, Inc.*: "If courts continually review agency proceeding to determine whether the agency employed procedures which were, in the court's opinion, perfectly tailored to reach what the court perceives to be the 'best' or 'correct' result, judicial review would be totally unpredictable".

690 BVerfGE 53, 30, 55 e ss. e voto dissidente dos juízes Simon e Heußner, 69 e ss.

de Apelações (*D. C. Circuit*) foi alimentada apenas por argumentos funcionais do Direito Infraconstitucional e foi recapturada no caso *Vermont Yankee* exatamente sob esses argumentos.

b. Doutrina *hard look*

Das exigências do controle judicial resultam algumas medidas restritivas. O ponto de partida é o padrão arbitrário e caprichoso da seção 706(2)(A) da APA, que é aplicado aqui de acordo com uma "análise rigorosa". A decisão principal[691] é de 1983 da Suprema Corte no caso State Farm. A doutrina consiste em dois componentes:[692]

- Por um lado, as próprias autoridades devem considerar todos os fatores relevantes no processo de definição de normas, avaliá-los cuidadosamente, tendo em conta possíveis soluções alternativas, e documentar o resultado. Esse é o lado do Direito Processual Administrativo do *hard look*. Isso não afeta as etapas individuais do processo externo. Portanto, não está em contradição direta com o julgado *Vermont Yankee*.[693] Ao contrário, é semelhante ao que é referido na literatura alemã como procedimento "interno".[694] A ideia norteadora é a de uma "análise fundamentada".

---

691 U.S. 29 (1983) *Motor Vehicle Manufacturers Association of the United States, Inc. v. State Farm Mutual Automobile Insurance Co.* Em relação ao desenvolvimento doutrinário, cf. HICKMAN, Kristin; PIERCE, Richard J. *Federal Administrative Law*. 2ª ed. St. Paul: Foundation Press, 2014, pp. 560 e ss.; além de 556 U.S. 502, 517 (2009) *FCC v. Fox Television Station, Inc.*

692 BREYER, Stephen G.; STEWART, Richard B.; SUNSTEIN, Cass R.; VERMEULE, Adrian; HERZ, Michael. *Administrative law and regulatory policy*. 8ª ed. Nova York: Wolters Kluwer, 2017, pp. 346 e ss., com a distinção entre *hard look* processual e substantivo.

693 Claramente em 463 U.S. 29, 50 (1983): "We do not require today any specific procedures".

694 HILL, Hermann. *Das fehlerhafte Verfahren und seine Folgen im Verwaltungsrecht*. Heidelberg: R.V. Decker, 1986, pp. 61 e ss.; semelhantes

- Por outro, os tribunais também devem analisar atentamente as considerações das autoridades. São obrigados a examinar cuidadosamente os fatos em que a Administração baseou a sua decisão e as conclusões que deles tirou. Já no caso *Citizens to Preserve Overton Park, Inc., Volpe* vaticinou:[695] "para chegar a esta conclusão, o tribunal deve considerar se a decisão foi baseada na consideração dos fatores relevantes e se houve um claro erro de julgamento". O tribunal deve examinar ponto por ponto os documentos e considerações apresentados pela autoridade e questionar a sua consistência. O "olhar duro" não visa as conclusões do próprio tribunal sobre o assunto. Contudo, é necessário que o tribunal se aprofunde cuidadosa e intensamente nas questões fatuais conforme os documentos do julgamento; caso contrário, não será possível uma análise substancial das motivações oficiais. "Essa investigação dos fatos deve ser minuciosa e cuidadosa".[696] O caso *State Farm* mostra exatamente como o material do processo deve ser processado em todas as suas variantes. Somente quando se trata da ponderação que é necessário exercer moderação: "o padrão final de revisão é estreito".[697] Os tribunais não estão autorizados a substituir a opinião da autoridade pela sua opinião.[698] Também não devem tentar melhorar as conclusões incompletas da autoridade.[699]

---

são os princípios das avaliações ambientais: "identificação, descrição, avaliação" (§ 3 UVPG).

695 U.S. 402, 416 (1971) *Citizens to Preserve Overton Park v. Volpe.*

696 U.S. 402, 416 (1971) *Citizens to Preserve Overton Park v. Volpe.*

697 463 U.S. 29, 46-57 (1983) *Motor Vehicle Manufacturers Association of the United States, Inc. v. State Farm Mutual Automobile Insurance Co.*

698 401 U.S. 402, 416 (1971) *Citizens to Preserve Overton Park v. Volpe*: "The court is not empowered to substitute its judgment for that of the agency".

699 Cf. 463 U.S. 29, 50 e ss. (1983) *Motor Vehicle Manufacturers Association of the United States, Inc. v. State Farm Mutual Automobile Insurance Co.*: "The reviewing court should not attempt itself to make up for such deficiencies;

Se as considerações da autoridade não convencerem o tribunal, a norma será revogada. A autoridade não pode apresentar razões que ainda não existiam quando o regulamento foi emitido; além de uma explicação das motivações anteriores, a "racionalização *post hoc*" não é permitida.[700] O Direito americano é mais rigoroso aqui do que a doutrina alemã sobre a permissibilidade de "acrescentar razões". A tentativa espetacular e altamente controversa da Administração Trump de reverter dois programas de leis de imigração lançados pela Administração Obama (DACA e DAPA) falhou recentemente devido a esse rigor: a decisão do Departamento de Segurança Interna foi anulada pela Suprema Corte em junho de 2020, porque padecia da falta de discricionariedade e não podia ser justificada pelos novos argumentos apresentados.[701] No entanto, uma decisão judicial revertida não impede a autoridade de reeditar um ato jurídico idêntico após novas análises e considerações devidamente aprofundadas.[702] A doutrina do *hard look* não conduz necessariamente ao fracasso do projeto legislativo. Essa válvula modera a pressão acumulada pelo *hard look*, o que envolve um esforço processual considerável.

c. Legislação ambivalente

Não são apenas os tribunais que contribuem para o aumento ou diminuição dos requisitos processuais. A legislação também enviou reiteradamente sinais diferentes sobre a importância do Direito Processual. Por um lado, havia o desejo de enrijecer o

---

we may not supply a reasoned basis for the agency's action that the agency itself has not given".

700 401 U.S. 402, 420 (1971) *Citizens to Preserve Overton Park v. Volpe*.

701 591 U.S. __ (2020) (slip op. 16) *Department of Homeland Security v. Regents of the University of California*.

702 BREYER, Stephen G.; STEWART, Richard B.; SUNSTEIN, Cass R.; VERMEULE, Adrian; HERZ, Michael. *Administrative law and regulatory policy*. 8ª ed. Nova York: Wolters Kluwer, 2017, p. 347.

procedimento de notificação e manifestação em áreas politicamente sensíveis com uma sutileza processual adicional. Por outro, há tentativas de limitar a importância do Direito Processual. Isso fica demonstrado pela "doutrina do erro inofensivo" e pelas seguintes técnicas de controle.

Aumentos quantitativos nas regulamentações e reduções de seu impacto podem andar de mãos dadas. A expansão da participação pública no planejamento municipal foi implantada na Alemanha pelos regulamentos especiais das seções 214-215 do Código da Construção Civil [BauGB]. As leis americanas também possuem essas regulamentações e usam técnicas semelhantes:

- *Prazo para reclamações*: a proteção judicial contra uma norma devido à violação de regulamentos processuais deve ser solicitada no prazo de 2 anos após a publicação das regras. As violações do direito material, por sua vez, podem ser denunciadas a qualquer momento.[703]
- *Erros de bagatela*: certas regras processuais preveem expressamente que a sua violação não afeta a validade da norma.[704]
- *Procedimento suplementar*: se for descoberto um erro processual, os tribunais consideram-se autorizados a (inicialmente) tratar a norma como ineficaz e a dar tempo à autoridade para corrigir o erro em um procedimento suplementar.[705]

---

703 Assim o § 503(a) da MSAPA 2010; os regulamentos correspondentes já existiam na MSAPA em 1961 e 1981.

704 Por exemplo: § 305(f) da MSAPA 2010, § 3-105(s) da MSAPA 1981 (em relação às deficiências na análise regulatória); outro exemplo é o § 3-113(a)(2) da MSAPA 1981 (relacionado à falha na comunicação da norma proposta a indivíduos), semelhante a § 214, abs. 1, Nr. 2 HS 2 BauGB.

705 PIERCE, R. J. "Making Sense of Procedural Injury". *Adm. L. Rev.*, vol. 62, 2010, pp. 1-11.

3 O atual perfil do processo: art. 3 da MSAPA de 2010

O caso *Vermont Yankee* tampouco trouxe um retorno à mera "criação de regras informais" que é essencialmente determinada pela discricionariedade processual da autoridade. A transformação do conceito de notificação e manifestação em um modelo processual diferenciado, complexo e elaborado é antes um desenvolvimento que não se limita ao nível federal, o que pode ser demonstrado no Direito Processual dos estados. A MSAPA de 1961 já se concentrou nesse procedimento, e a MSAPA de 2010 segue o mesmo caminho. Ele reconhece apenas um procedimento padrão (a), que é acompanhado de variantes processuais simplificadas para algumas situações especiais, por exemplo, para casos urgentes (b).

a. Procedimento padrão com elementos adicionais

Vários elementos foram integrados na estrutura básica do procedimento de notificação e manifestações que completam o modelo, mas conferem-lhe um caráter tão solene, a ponto de ele não ser mais referido como "criação de regras informal":

- "*Documento legislativo*" (§ 301) e "*registro de legislação*" (§ 302).
- "*Notificação prévia de proposta de regulamentação*" (§ 303).
- "*Análise regulamentar*" (§ 305): uma análise custo-benefício para atos legislativos com maiores impactos econômicos.
- "*Declaração explicativa concisa*" (§ 313): destina-se a documentar que a autoridade levou a sério a sua tarefa de examinar todas as informações e sugestões recebidas.

- "*Prazo para adoção da regra*" (§ 307 (b)): a regra deve ser adotada dentro de um determinado período; uma norma não adotada dentro do prazo devido é inválida (§ 307(d)).

b. Variantes processuais

A MSAPA oferece variantes de processo em três dispositivos que visam simplificar o procedimento padrão e, acima de tudo, encurtar a duração do processo:[706]

- *Regras de emergência* (seção 309): podem ser emitidas sem procedimento de notificação e manifestação, mas são válidas apenas por tempo limitado. O termo "emergência" é definido de forma ampla.[707] A APA, por outro lado, não contém qualquer regulamentação explícita sobre essa variante processual. As autoridades federais só podem se basear em "regras de emergência" em situações excepcionais justificadas pela "causa justa" da seção 553(b)(B) da APA. A urgência deve ser motivada em uma breve declaração que aponte que o procedimento normal de notificação e manifestação no caso concreto seria "impraticável, desnecessário ou contrário ao interesse público".[708]

- *Regras finalizadas diretamente* (seção 310): destinam-se a casos de notório conhecimento. Para tanto, a autoridade deve divulgar publicamente o texto da norma pretendida com uma breve justificativa. Assim, deve ser salientada a

---

706 Para mais, ver cf. LEVIN, R. M. "Rulemaking under the Model State Administrative Procedure Act". *Widener L. J.*, vol. 20, 2011, pp. 855-871.

707 Estes deveriam incluir "perigo iminente para a saúde, segurança ou bem-estar público", mas também "perda de financiamento federal para um programa de agência".

708 Sobre o tratamento oscilantes dessas exigências no Judiciário cf. HICKMAN, Kristin; PIERCE, Richard J. *Federal Administrative Law*. 2ª ed. St. Paul: Foundation Press, 2014, pp. 524 e ss.

pressuposição de notoriedade do caso, cabendo à norma a entrada em vigor, se não forem levantadas objeções no prazo de 30 dias. Para as autoridades federais, a única forma de fazê-lo é valendo-se da seção 553(b)(B) da APA.

- *Regra negociada* (seção 303(b)(c)): um processo no qual um órgão colegiado reúne opiniões para uma regra mutuamente acordada, na qual a autoridade possa basear a sua proposta. Ao nomear o comitê, a autoridade deve garantir que todos os interesses afetados estão adequadamente representados. As reuniões do colegiado são públicas. O procedimento segue o modelo das seções 561-570 da APA, que foram introduzidas em 1990 com a Lei da Regulamentação Negociada.[709] As vantagens do procedimento são controversas em termos de política do Direito; diz-se que a sua importância prática está sendo reduzida.[710]

4 Críticas, consolidação e comprovação

No art. 3 da MSAPA de 2010, o procedimento de notificação e manifestações encontrou sua forma atual e consolidada. Para tanto, foram analisadas experiências da prática oficial, incorporando-as aos requisitos legais. Muitas coisas já estavam previstas na MSAPA de 1981, e outras já estavam previstas na MSAPA de 1961. A estrutura jurídica federal do procedimento na APA continuou sendo uma referência importante. Como tudo foi pensado novamente, ponderado

---

709 Cf. as ideias em SCHNÖCKEL, Stefan. *"Negotiated Rulemaking" in den USA und normvertretende Absprachen in Deutschland*. Berlim: Duncker & Humblot, 2005, pp. 20 e ss.

710 Cf. COGLIANESE, C. "Empirical Analysis and Administrative Law". *U. Ill. L. Rev.*, 2002, pp. 1.111- 1.131; BREYER, Stephen G.; STEWART, Richard B.; SUNSTEIN, Cass R.; VERMEULE, Adrian; HERZ, Michael. *Administrative law and regulatory policy*. 8ª ed. Nova York: Wolters Kluwer, 2017, pp. 572 e ss.

e conceituado em termos de normas, o art. 3 da MSAPA de 2010 pode ser considerado relativamente representativo.

O procedimento proposto é tudo menos simples. Todavia, é aceito na prática jurídica – não apenas para autoridades federais de alto escalão que possuem os recursos humanos necessários, mas também para as muito diferentes relações administrativas nos Estados-membros.[711] As deliberações da MSAPA de 2010 reforçaram essa perspectiva.

> Em muitos aspectos, talvez na maioria, o resultado dessa reavaliação foi a conclusão de que o modelo de regulamentação dominante no país, conforme exemplificado pelo sistema federal, fornecia uma base satisfatória, e não havia nenhuma razão específica para que os estados fossem excluídos de sua aplicação.[712]

O balanço é positivo e abre uma perspectiva: as disposições regulamentares da MSAPA de 2010 "irão aperfeiçoar a elaboração de políticas fundamentadas pelas agências estatais no século XXI".[713]

---

711 Especificamente sobre as formas e procedimentos através dos quais as autoridades reveem a sua legislação existente e a adaptam a situações em mudança, em WAGNER, W.; WEST, W.; McGARITY, T.; PETERS, L. "Dynamic Rulemaking". *N.Y.U. L. Rev.*, vol. 92, 2017, p. 183.

712 LEVIN, R. M. "Rulemaking under the Model State Administrative Procedure Act". *Widener L. J.*, vol. 20, 2011, pp. 855-886; BEAL, R. "Rulemaking: Procedure as it relates to Substance under the 2010 Model State Administrative Procedure Act". *Widener L. J.*, vol. 20, 2011, p. 799.

713 Assim BEAL, R. "Rulemaking: Procedure as it relates to Substance under the 2010 Model State Administrative Procedure Act". *Widener L. J.*, vol. 20, 2011, pp. 741-799.

5 Aprender com a América? Considerações sobre a importação do procedimento de notificação e manifestações

A questão premente é se e em que medida as estruturas básicas do procedimento de notificação e manifestações podem ser transferidas para o ordenamento jurídico alemão.[714] Isso já fora recomendado há muito tempo em relação à definição de normas ambientais, mas só teve uma recepção apenas cautelosa.[715] As discussões anteriores sobre Direito Administrativo geral são ainda mais limitadas.[716]

a. A situação na Alemanha

Se compararmos as leis processuais dos países com diferentes sistemas políticos, torna-se claro que o processo legislativo do Poder Executivo está mais intensamente vinculado a regulamentações

---

714 ROSE-ACKERMAN, Susan. *Umweltrecht und -politik in den Vereinigten Staaten und der Bundesrepublik Deutschland*. Baden-Baden: Nomos, 1995, pp. 246 e ss. (entretanto, não de forma generalizada, mas de forma diferenciada, por exemplo, para instruções técnicas).

715 Em relação à discussão e à recepção, cf. o projeto da Comissão Independente de Peritos sobre o Código Ambiental do *Bundesministerium für Umwelt, Naturschutz und Reaktorsicherheit*, 1998, text §§ 11-24, fundamento está especificamente em 480.

716 Ver PÜNDER, Hermann. *Exekutive Normsetzung in den Vereinigten Staaten von Amerika und der Bundesrepublik Deutschland*. Berlim: Duncker & Humblot, 1995, pp. 202 e ss., 232 e ss. (com recomendações diferenciadas e cautelosas, pp. 293-297); PÜNDER, Hermann. "Democratic Legitimation of Delegated Legislation: a Comparative View on the American, British and German Law". *ICLQ*, vol. 58, 2009, pp. 353-378; ORLOWSKI, M. C. "A emissão de regulamentos legais de acordo com o Direito americano". *DÖV*, 2005, pp. 133-142 (recomenda-se procedimento preliminar consensual, mas não participação estrita do público na recepção); MÖLLERS, Christoph. *Gewaltengliederung*: Legitimation und Dogmatik im nationalen und internationalen Rechtsvergleich. Tübingen: Mohr Siebeck, 2005, pp. 196 e ss. (restritivo); STELKENS, U. "Rechtsetzungen der europäischen und nationalen Verwaltungen". *VVDStRL*, vol. 71, 2012, pp. 369-387 e ss. (rejeitando).

processuais em sistemas presidencialistas, como o americano, do que em sistemas parlamentaristas. A literatura entende que os sistemas parlamentares têm controles *ex post* mais fortes, de modo que os *ex ante* não parecem ser tão necessários.[717] As diferenças no estatuto jurídico constitucional dos destinatários das delegações – na Alemanha, Ministérios responsáveis perante o Parlamento; nos EUA, autoridades com diferentes graus de autonomia – apontam precisamente nessa direção.[718]

Por outro lado, é inequívoco que os valores que defendem o procedimento de notificação e manifestações, transparência, participação e deliberação também proporcionaram um poder inovador considerável no desenvolvimento recente do Direito Administrativo em âmbito nacional e internacional. Nesse diapasão, o procedimento parece ser um candidato importante para constituir produto das exportações jurídicas americanas.[719] Nessa toada, deve ser feita referência ao projeto modelo de Direito Processual Administrativo

---

717 JENSEN, C. B.; McGRATH, R. J. "Making Rules about Rulemaking: A Comparison of Presidential and Parliamentary Systems". *Political Research Quarterly*, vol. 64, 2011, pp. 656-667; ROSE-ACKERMAN, Susan; EGIDY, Stefanie; FOWKES, James. *Due Process of Lawmaking*. Nova York: Cambridge University Press, 2015, pp. 13 e ss.; CANE, Peter. *Controlling administrative power*: a historical comparison. Cambridge: Cambridge University Press, 2016, p. 316.

718 Cf. PÜNDER, Hermann. "Democratic Legitimation of Delegated Legislation: a Comparative View on the American, British and German Law". *ICLQ*, vol. 58, 2009, pp. 353-359 e ss.; de maneira semelhante em CANE, Peter. *Controlling administrative power*: a historical comparison. Cambridge: Cambridge University Press, 2016, pp. 312 e ss. ("in England 'the elected executive', in the USA 'appointed bureaucrats'"). Sobre as diferenças entre os sistemas jurídicos europeus, cf. MÖLLERS, C. "Verwaltungsrecht und Politik". *In*: BOGDANDY, Armin von; CASSESE, Sabino; HUBER, Peter M. (Coord.). *Ius Publicum Europaeum – IPE*. vol. 5. Heidelberg: C. F. Müller Verlag, 2014, § 93, nota, p. 38.

719 ROSE-ACKERMAN, Susan; EGIDY, Stefanie; FOWKES, James. *Due Process of Lawmaking*. Nova York: Cambridge University Press, 2015, p. 93 ("a strength of the American legal system", "these U.S. practices have lessons for executive rulemaking in parliamentary systems").

da União Europeia, apresentado pela Rede de Investigação sobre Direito Administrativo da União Europeia [*Research Network on EU Administrative Law*] em 2014, que propõe um procedimento de Direito derivado no bloco regional que se baseia abertamente no modelo americano.

Na Alemanha, a legislação executiva não ocupa o centro das discussões públicas há muito tempo, o que não significa que não tenha recebido o devido tratamento científico.[720] Contudo, nem todas as atividades conseguiram condensar-se em uma vontade política que as tornasse objeto de regulamentação geral.[721] Ainda assim, existem regulamentos processuais complexos em áreas importantes do Direito Administrativo especial.

- *Definição de normas com relevância espacial*: o Direito Administrativo alemão está intimamente vinculado ao espaço. Muitos dos seus instrumentos visam regular conflitos locais e regionais espacialmente definidos. Os planos de desenvolvimento urbano, as definições de áreas para a conservação da natureza e a legislação relativa à água e o planejamento (funcionalmente equivalente) para medidas de infraestrutura partilham a mesma situação regulatória: encontram uma multiplicidade de interesses divergentes e concorrentes, devendo equilibrá-los por meio de instrumentos que sejam determinados pelo Direito especial e por seus regulamentos, a "programação normativa final" é

---

720 SCHNEIDER, Jens-Peter; HOFMANN, Herwig; ZILLER, Jaques (Coord.). *ReNEUAL-Musterentwurf für ein EU Verwaltungsverfahrensrecht*. Munique: C. H. Beck, 2015, pp. 31 e ss.; em relação à APA, ver p. 40.

721 Cf. mais recentemente BOGDANDY, Armin von. *Gubernative Rechtsetzung*: Eine Neubestimmung der Rechtsetzung und des Regierungssystems unter dem Grundgesetz in der Perspektive gemeineuropäischer Dogmatik. Tübingen: Mohr Siebeck, 2000; SAURER, Johannes. *Die Funktionen der Rechtsverordnung*. Berlim: Duncker & Humblot, 2005; SAUERLAND, Thomas. *Die Verwaltungsvorschrift im System der Rechtsquellen*. Berlim: Duncker & Humblot, 2005.

apenas determinada em termos gerais. Aqui é reconhecida a importância compensatória do Direito Processual. As diretrizes da UE sobre avaliação de impacto ambiental aprofundaram e padronizaram esse movimento. Hoje existe uma lei processual para a definição de normas executivas espaciais que estabelece etapas muito semelhantes ao procedimento de notificação e manifestações.

- *Definição de normas de Direito Social*: uma segunda grande área em que as normas executivas desenvolveram estruturas independentes é o Direito de Seguridade Social.[722] Um exemplo são as diretrizes do Comitê Conjunto Federal [*Gemeinsamen Bundesausschusses*] de acordo com a seção 92 do Código Social [SGB], Livro V. O procedimento prevê que os envolvidos tenham direitos diferenciados de manifestações, dependendo da área temática a ser regulamentada, o que também inclui uma sustentação oral. Para o procedimento posterior, as declarações e relatórios obtidos são apresentados em documentação resumida.[723] Pode-se levantar a crítica de que apenas a participação do grupo é aqui garantida, e não a participação pública abrangente. Contudo, o amplo espectro de representação de grupo significa que praticamente qualquer pessoa interessada pode obter informações sobre o estado do desenvolvimento da diretriz.

As duas áreas examinadas representam dois grandes e importantes campos da Administração criativa. Também esclarecem a situação jurídica processual em geral:[724] a definição de normas

---

722 AXER, P. *Normsetzung der Exekutive in der Sozialversicherung*. Tübingen: Mohr Siebeck, 2000.

723 Regulamento de 18 de dezembro de 2008, publicado no *BAnz*, nº 84ª, 2009 (suplemento).

724 Cf. ROSE-ACKERMAN, Susan; EGIDY, Stefanie; FOWKES, James. *Due Process of Lawmaking*. Nova York: Cambridge University Press, 2015, pp. 195 e ss.

executivas também é reconhecida como tendo um lado processual na Alemanha. No país germânico, a ideia processual não se limita aos atos individuais, mas inclui a edição de regulamentos legais, estatutos, regulamentos administrativos e diversas formas jurídicas. O Direito Processual de fixação de normas executivas possui formas próprias (deveres de publicidade, comunicação, deliberação e justificação) e persegue os objetivos da racionalidade constitucional e democrática.[725]

A existência da lei processual em áreas individuais importantes da política administrativa é provavelmente uma das razões pelas quais ainda não emergiu uma grande pressão jurídico-política para a criação de uma lei ampla e geral na Alemanha. Os conflitos que atraem muita atenção do público são – como mostram o planejamento espacialmente relevante e a definição de normas de Direito Social – tratados no Direito Processual de cada área. Em todo caso, a emissão de regulamentos pelos Ministérios não é o foco das discussões processuais. Numerosas decisões politicamente controversas, por exemplo, na legislação ambiental e na legislação de segurança técnica, também passaram para o âmbito da UE e, portanto, só são acessíveis até certo ponto à regulação material a depender das reservas da legislação nacional.

b. Impulsos ao invés de recepção

A tendência é que o assunto avance. A situação comunicativa básica entre os cidadãos e a Administração mudou. O acesso gratuito à informação por todos é o padrão. A *internet* desempenha um papel proeminente. Seu uso tornou-se habitual na prática governamental, o que também se aplica aos processos elaboradores de normas hoje.

---

725 Cf. BOGDANDY, Armin von. *Gubernative Rechtsetzung*: Eine Neubestimmung der Rechtsetzung und des Regierungssystems unter dem Grundgesetz in der Perspektive gemeineuropäischer Dogmatik. Tübingen: Mohr Siebeck, 2000, pp. 391 e ss.

O Direito Administrativo deve aprender a lidar com essas mudanças. O processo de aprendizagem, iniciado por forças endógenas, seria imprudente se não incluísse também exemplos de outros sistemas jurídicos. É precisamente nesse contexto que o procedimento de notificação e manifestações é interessante. Não se trata de adotar um modelo estrangeiro totalmente independente do sistema jurídico alemão. No entanto, as experiências positivas e negativas associadas a esse procedimento nos EUA desde a sua introdução, há mais de 70 anos, podem enriquecer a discussão alemã. A tarefa é compreender melhor a dinâmica inerente aos arranjos processuais. Por exemplo, a variante processual da "criação de regras negociadas" fornece material ilustrativo de problemas, os quais podem ser causados pela participação formal de interesses organizados.[726]

Comparar elementos processuais individuais não significa adotar automaticamente a ideia associada ao procedimento de notificação e manifestações dos EUA para remediar o fraco controle da definição de normas executivas pelo Congresso a partir da participação mais ampla possível de todos. Para o Direito Processual alemão, o foco está em garantir a racionalidade, que é igualmente democrática e baseada no Estado de Direito. Sem exagerar as diferenças entre os dois ordenamentos, essa tendência coloca uma ênfase diferente em relação ao reforço da "legitimidade democrática".[727] O objetivo é estabelecer uma estrutura para o processo de definição de normas executivas em todas as áreas, tornando o

---

726 Ver SCHNÖCKEL, Stefan. *"Negotiated Rulemaking" in den USA und normvertretende Absprachen in Deutschland*. Berlim: Duncker & Humblot, 2005, pp. 104 e ss., pp. 152 e ss. Recomendamos seguir esse procedimento em ORLOWSKI, M. C. "A emissão de regulamentos legais de acordo com o Direito americano". *DÖV*, 2005, pp. 133-142.

727 Com esse objetivo, foram formuladas propostas cuidadosas em ROSE-ACKERMAN, Susan; EGIDY, Stefanie; FOWKES, James. *Due Process of Lawmaking*. Nova York: Cambridge University Press, 2015, pp. 271 e ss.; também ZIAMOU, Theodora. *Rulemaking, Participation and the Limits of Public Law in the USA and Europe*. Aldershot: Ashgate/Dartmouth, 2001, ver pp. 166 e ss. em relação à importância dos tribunais.

processo de tomada de decisão da Administração compreensível em todos seus aspectos e movimentações.

Ao menos três regulamentos são de interesse do Direito americano quanto ao procedimento de notificação e manifestação:[728] o anúncio público de projetos com uma breve descrição dos princípios e das intenções regulatórias (cf. seção 553 (b) da APA);[729] a justificação da norma adotada, tratando dos argumentos a favor e contra (cf. seção 553(c)(2) da APA);[730] e a documentação abrangente do processo de definição de normas, incluindo os materiais importantes para a tomada de decisões (cf. seção 302 da MSAPA 2010). Por outro lado, um procedimento de oposição com prazos fixos, conforme previsto na seção 306(a) da MSAPA 2010, não parece ser adequado. O processo de coleta de informação e comunicação administrativa deve ser mantido tão aberto quanto possível. A expansão dos controles processuais judiciais não deve ser o escopo de uma reforma;[731] visto que, ao contrário dos EUA, as normas jurídicas continuam sujeitas a uma revisão judicial intensa

---

728 De maneira semelhante em PÜNDER, Hermann. "Democratic Legitimation of Delegated Legislation: a Comparative View on the American, British and German Law". *ICLQ*, vol. 58, 2009, pp. 353-378; cf. também SCHMIDT-AßMANN, Eberhard. *Das allgemeine Verwaltungsrecht als Ordnungsidee*. 2ª ed. Berlim: Springer, 2004, nota, p. 87.

729 Contribuições em relação ao assunto podem ser encontradas nos §§ 47, abs. 3, 48 i. V. m. e § 62 abs. 2 do Regimento Conjunto dos Ministérios Federais de 2011. No entanto, há críticas ao círculo restrito dos envolvidos em BOGDANDY, Armin von. *Gubernative Rechtsetzung*: Eine Neubestimmung der Rechtsetzung und des Regierungssystems unter dem Grundgesetz in der Perspektive gemeineuropäischer Dogmatik. Tübingen: Mohr Siebeck, 2000, pp. 407 e ss. Sobre a necessária inclusão da elaboração de atos normativos no âmbito do § 1, abs. 1, IFG, ver SCHOCH, Friedrich. *Informationsfreiheitsgesetz*. Munique: C. H. Beck, 2016, § 1, nota, p. 122.

730 As justificações já fazem parte do estabelecimento de padrões em diversas áreas do Direito; eles também estão no Direito da União conforme o art. 296, abs. 2 AEUV Pflicht.

731 De outra forma, ROSE-ACKERMAN, Susan; EGIDY, Stefanie; FOWKES, James. *Due Process of Lawmaking*. Nova York: Cambridge University Press, 2015, pp. 267 e ss.

quanto ao mérito, mesmo depois de concluídos procedimentos administrativos complexos.

As ideias sobre as tarefas do processo de definição de normas continuam a divergir em ambos os lados do Atlântico.

> A tradição institucional europeia tende a confiar na Administração para garantir que a elaboração de políticas públicas seja informada por uma representação equilibrada de interesses, enquanto a americana deposita mais confiança na livre concorrência do mercado, entre grupos de interesses para alcançar uma representação justa.[732]

Entretanto, na sociedade moderna da informação, essas diferenças estão se tornando menores.

III. O direito a legislar

O Direito americano não avança muito sobre até que ponto existem reivindicações de definição de normas e como elas podem ser aplicadas. A APA obriga as autoridades a conceder a todos os interessados o direito de solicitar a adoção, complementação ou revogação de uma norma.[733] A "petição para adoção de norma" (hoje § 553(e) da APA) já estava prevista na primeira versão da Lei do Processo Administrativo de 1946, entretanto, o dispositivo ainda não era executável em tribunal.[734] Hoje, uma ação judicial

---

732 Assim SMISMANS, S. "Regulatory procedure and participation in the European Union". *In*: BIGNAMI, Francesca; ZARING, David (Coord.). *Comparative law and regulation*. Cheltenham: Edward Elgar Publishing, 2016, pp. 129-153.

733 Ver ASIMOW, Michael; LEVIN, Ronald M. *State and federal administrative law*. 4ª ed. St. Paul: West Academic Publishing, 2014, § 6.3.

734 Cf. *Attorney General's Manual*, S. 39. Essa possibilidade foi ampliada na seção 318 da MSAPA 2010: a autoridade deve rejeitar o pedido com fundamentação dentro de um período de [60 dias] ou iniciar os procedimentos

é admissível, mas só terá êxito se o autor tiver legitimidade para ajuizá-la com base na matéria, por exemplo, puder demonstrar que o descumprimento da norma lhe causará danos. No caso *Massachussets v. Agência de Proteção Ambiental* [EPA – *Environmental Protection Agency*], a Suprema Corte reconheceu o direito de acesso à Justiça para exigir que a EPA tome medidas contra determinadas emissões poluentes – mas apenas em uma maioria estreita de 5 a 4 e, ao mesmo tempo, que reconhece a posição especial do Estado-membro demandante.[735] Assim, deve ser tida em conta uma ampla discricionariedade normativa por parte das autoridades, relativamente à qual os tribunais exercem a maior restrição.[736] Em nenhuma circunstância, eles podem especificar detalhadamente o conteúdo dos regulamentos. Só se pode anular a decisão negativa da autoridade. Cabe ao agente administrativo, então, tomar uma nova decisão sobre a emissão da norma, tendo em conta o parecer jurídico do tribunal.

A lei alemã é tradicionalmente ainda mais restritiva nessa questão. Os direitos a legislar só devem existir em casos excepcionais.[737] Em algumas áreas, eles são excluídos expressamente.[738] Os problemas são discutidos no contexto do Direito Processual como qual seria o tipo correto de procedimento para uma "ação

---

apropriados. Isto não resulta em uma reivindicação de emissão de uma norma com conteúdo específico.

735 U.S. 497, 510 (2007) *Massachusetts v. EPA*: "It is of considerable relevance that the party seeking review here is a sovereign State and not, as in Lujan, a private individual". Os juízes dissidentes foram ainda mais restritivos, ver 520.

736 STRAUSS, Peter L. *Administrative Justice in the United States*. 3ª ed. Durham: Carolina Academic Press, 2016, p. 349: "highly permissive, yet still operative".

737 Cf. OSSENBÜHL, F. "Legislação Autônoma da Administração". *In*: ISENSEE, Joseph; KIRCHHOF, Paul (Coord.). *Handbuch des Staatsrechts der Bundesrepublik Deutschland*. 3ª ed. vol. 5. Heidelberg: C. F. Müller Juristischer Verlag, 2007, § 103, p. 52.

738 Assim em § 1, abs. 3, S. 2, BauGB pelo direito à preparação de planos de uso da terra.

de emissão legal".[739] Reconhece-se que a ação normativa do Executivo é também um exercício de autoridade Pública na acepção do art. 19, parágrafo 4°, da Lei Fundamental, contra a qual o Direito Processual deve proporcionar formas adequadas de proteção jurídica. Sob a influência da legislação da UE, as exigências de definição de normas aumentaram e tendem a se expandir ainda mais no futuro.[740]

IV. Um conceito para "documentos orientadores" (seção 311 da MSAPA de 2010)

A mudança na comunicação administrativa e as suas consequências são compreendidas mais claramente nos EUA do que na Alemanha. O conceito tradicional de "Direito interno", que embasa o controle interno do pessoal administrativo e só assim adquire indiretamente um significado próprio para o "Direito externo", é cada vez mais complementado por uma visão que enfatiza a função informativa que essas normas têm para o público. A seção 311 da MSAPA de 2010 compromete-se a abordar as principais questões jurídicas dos documentos orientadores.[741]

> Documentos orientadores significa um registro de aplicabilidade geral desenvolvido por uma agência que não tem força de lei, mas declara a orientação atual da instituição ou a interpretação da lei, ou descreve como e quando a entidade exercerá funções discricionárias.

---

739 Cf. BVerwG NVwZ, 2010, 1300 e ss.; HUFEN, Friedhelm. *Verwaltungsprozessrecht*. 10ª ed. Munique: C. H. Beck, 2016, § 20.

740 BVerfGE 115, 81, 92 e ss.

741 Definição de tendências na sentença do EuGH de 25.07.2008, Rs. C-237/07, NVwZ 2008, 984 *Janecek/Freistaat Bayern* (Planejamento de controle de poluição do ar); BVerwGE 128, 278, 284 e ss.; para mais, cf. KAHL, W.; GÄRDITZ, F. *Umweltrecht*. 11ª ed. Munique: C. H. Beck, 2019, § 7, nota, pp. 178 e ss.; SCHLACKE, S. Umweltrecht. 7ª ed. Baden-Baden: Nomos, 2019, § 9, nota, pp. 33 e ss.

Com essa definição legal na seção 102(14), a MSAPA de 2010 baseia-se num termo amplo, mas não ilimitado. Estão expressamente excluídos os regulamentos de gestão da autoridade interna. Comunicações meramente informativas também não estão incluídas. Em contrapartida, trata-se de documentos que informam o público sobre futuras ações das autoridades e, assim, fornecem orientação para o seu próprio comportamento. A aparência externa e a nomenclatura não são relevantes.[742]

O que uma autoridade deseja levar em conta depende, em última análise, apenas dela. No entanto, se pretender alcançar os efeitos de controle associados a essa forma de ação, só o poderá se cumprir os requisitos de comunicação da seção 202(a)(6) e da seção 311(e) da MSAPA: deve fornecer um índice atual de todos seus "documentos orientadores" em seu endereço eletrônico na *internet*, disponibilizando ao público todos os documentos neles listados. Sem uma publicação correspondente, não pode apresentar um "documento orientador" contra terceiros.[743] O tipo de controle indireto adequado aos "documentos orientadores" corresponde à forma indireta como as autoridades são incitadas a conduzir informações que visam à publicidade e à clareza. Nesse âmago, a indexação é particularmente importante. Ela facilita a localização de documentos pelo público e mostra quais arquivos do grande número de comunicações oficiais têm particular relevância como "documentos orientadores", o que configura uma medida reativa perante o excesso de comunicações oficiais que a *internet* franqueia atualmente.[744]

---

742 Cf. LEVIN, R. M. "Rulemaking under the Model State Administrative Procedure Act". *Widener L. J.*, vol. 20, 2011, pp. 855-875 e ss.

743 § 311 (e) da MSAPA 2010 prescreve: "The agency may not rely on a guidance document, or cite it as precedent against any party to a proceeding, unless the guidance document is published on its Internet website". A justificação desse regulamento refere-se ao § 552(a)(2) da APA.

744 Para agências federais semelhantes ao OFFICE OF BUDGET AND MANAGEMENT (OMB). "Final Bulletin for Agency Good Guidance

Os "documentos orientadores" destinam-se também aos funcionários da instituição e ao público. A justificação da MSAPA de 2010 afirma claramente: "tanto os seus funcionários quanto o público".[745] Embora ambos os modos de controle estejam interligados, cada um deles requer regulamentos próprios: o controle de instrução é expresso na vinculação de funcionários administrativos ordinários dentro da hierarquia de autoridade ("instruções obrigatórias ao pessoal da agência") conforme estabelecido na seção 311(c) e na relativização dessa vinculação de técnicos com funções altamente especializadas na seção 311 (f).[746] O controle da informação reflete-se, por um lado, nas obrigações de publicação mencionadas nas seções 202(a)(6) e § 311(e) e, por outro, no dever da autoridade de apresentar as suas ações em um relatório e de disponibilizá-lo para inspeção pública. Na seção 311(a), "documentos orientadores" estão isentos do procedimento de notificação e manifestação, mas não dos requisitos do "documento regulatórios" (seção 301) e do "registro regulatórios" (seção 302 (a) da MSAPA de 2010).

Aqui são cruciais as precauções legais que a seção 311 da MSAPA de 2010 especifica para os efeitos dos "documentos orientadores" na esfera jurídica de terceiros ("confiar em um documento orientador em detrimento de uma pessoa"):

- Primeiramente, é dever da autoridade dar à pessoa em causa a oportunidade de contestar a legalidade ou a

---

Practices". *Federal Register*, nol. 72, nº 16, jan. 2007, p. 3.433: "Moreover, GCP clarify what does and what does not constitute a guidance document to provide greater clarity to the public".

745 MSAPA 2010, Comentários, p. 44; assim como OFFICE OF BUDGET AND MANAGEMENT (OMB). "Final Bulletin for Agency Good Guidance Practices". *Federal Register*, nol. 72, nº 16, jan. 2007, p. 3.432: "to inform the public and to provide direction to their staffs".

746 § 311(f) prescreve: "A guidance document may be considered by a presiding officer or final decision maker in an agency adjudication, but it does not bind the presiding officer or the final decision maker in the exercise of discretion".

ciência do regulamento (seção 311(b)). A Administração não pode confiar incondicionalmente em uma prática já estabelecida. Ela deve estar ciente de que o "documento orientador" não a vincula ao estrito cumprimento, como ocorre com as "regras legislativas", podendo, inclusive, contorná-lo. Cabe à autoridade decidir exatamente qual é a viabilidade de uma contra-argumentação.[747]

- Os deveres das autoridades também são claramente formulados em situações em que pretendem contornar uma posição estabelecida no documento de orientação por sua própria iniciativa em casos individuais. A seção 311(d) exige uma explicação razoável para o desvio. Se um terceiro tiver invocado legitimamente a posição estabelecida, também devem ser apresentadas as razões pelas quais o interesse público em uma mudança de orientação supera o interesse da confiança privada. A ideia de proteção da legítima confiança baseia-se na jurisprudência sobre alterações jurídicas retroativas. Nada é dito sobre compensação.[748]

Nem todos os regulamentos propostos são novos. A seção 311 da MSAPA de 2010 baseia-se no Direito Processual dos Estados-membros, na jurisprudência e em uma rica discussão político-administrativa.[749] O resultado é uma estrutura regulatória que identifica "documentos de orientação" juntamente com "normas legislativas" como outra forma de ação administrativa com perfil

---

747 Cf. em detalhes MSAPA 2010, Comentários, p. 46.

748 Cf. MSAPA 2010, Comentários, p. 47.

749 Cf. ACUS Recommendation 92-2 Agency Policy Statements, 57 F. R. 30103 (July 8, 1992); além de ACUS Recommendation 2014-3 Guidance in Rule Making Process, assim como OFFICE OF BUDGET AND MANAGEMENT (OMB). "Final Bulletin for Agency Good Guidance Practices". *Federal Register*, nol. 72, nº 16, jan. 2007, p. 3.432.

próprio e mostra às autoridades quais as consequências jurídicas que devem ter em conta ao utilizá-los.

B. "Ordens" e "execução"

A segunda forma de ação administrativa em que a APA e a MSAPA se concentram são as decisões de casos individuais ("ordens"). Para compreender o sistema jurídico, alguns pontos básicos são importantes (I). A orientação para o modelo de "procedimentos equivalentes aos judiciais" (II) é representativa do pensamento jurídico americano. No entanto, a atividade cotidiana da Administração não é tocada por esses regulamentos altamente formalizados. Ao contrário, o Direito Processual relevante deve ser compilado fora da APA a partir da lei especializada, da garantia do devido processo e das regras processuais emitidas pela própria autoridade (III). Existem ainda inúmeras formas intermediárias e variantes dos modelos básicos, especialmente para "licenças" (IV).

I. Definições e indicações

O conceito de decisão individual ("ordem") é definido de forma ampla (1). Por outro lado, as condições de aplicação dos regulamentos processuais especiais são restritas. Os "provisionamentos de registros" [*gateway provisions*], que decidem qual "ordem" se enquadra em qual modelo processual, variam em relação ao escopo na APA e na MSAPA (2 e 3).

1 O conceito de "ordem"

De acordo com a seção 551(6) da APA, "ordem" *ex negativo* é qualquer decisão final da autoridade "em um assunto que não seja a regulamentação, mas incluindo o licenciamento". As razões para essa definição já foram discutidas acima. O caráter da decisão de caso individual é descrito mais facilmente na seção 102(23) da MSAPA. "Ordem" é, portanto, "uma decisão de agência que determina ou declara os direitos, deveres, privilégios, imunidades ou outros interesses de uma pessoa específica". A justificação afirma mais especificamente sobre os destinatários: "pessoas específicas, identificadas em circunstâncias particulares".[750] O conteúdo do regulamento é aproximadamente o mesmo do § 35 da Lei do Processo Administrativo Alemão [VwVfG]. Em todo o caso, "despacho" e "ato administrativo" têm campos de aplicação muito semelhantes. Constituem a forma jurídica clássica em que a Administração toma decisões vinculativas em casos individuais, o que também inclui ordens onerosas, bem como concessão, recusa e retirada de licenças ou decisões sobre a concessão de benefícios pecuniários ou não pecuniários na administração social. As "Ordens Executivas" do Presidente não são "ordens" nesse sentido.

2 Âmbito restrito de aplicação da APA: "execução formal"

Ao contrário da Lei Alemã do Processo Administrativo, as disposições fundamentais da APA abrangem apenas um pequeno número de decisões de casos individuais.[751] As seções 556 e 557, que exigem um procedimento quase judicial, são aplicadas, segundo a seção 553(c), apenas se outra lei estabelecer que a decisão deve ser tomada "oficialmente após oportunidade para uma oitiva da agência". É feita aqui referência às leis técnicas, especialmente às leis fundadoras ("estatutos orgânicos") da respectiva autoridade, que, no entanto, muitas vezes não são suficientemente precisas na sua escolha de palavras, mas apenas geralmente preveem uma "oitiva"

750 MSAPA, Comentários, p. 15.

751 STRAUSS, Peter L. *Administrative Justice in the United States*. 3ª ed. Durham: Carolina Academic Press, 2016, p. 287: "Perhaps the most striking aspect of the APA's provisions on adjudication is their basic failure to specify procedures for the great bulk of administrative adjudications, those for which an on-the-record hearing is not statutorily required".

sem qualquer menção sobre o "registro" para testemunhar.[752] Isso conduz a problemas difíceis de interpretação, cuja solução exige, sobretudo, determinar a intenção legislativa do regulamento. A intensidade da limitação legal associada à decisão proposta, por exemplo, a imposição de uma sanção, também pode ser uma indicação da necessidade de procedimentos formais.[753] Todavia, a visão de que esse procedimento é sempre necessário se o caso se enquadrar na cláusula do devido processo legal[754] não prevaleceu. A exposição de motivos da APA de 1946 já defendia a ausência dessa possibilidade.[755]

Os tribunais tendem a seguir a opinião da autoridade se não estiver claro que o legislador pretendia prever o procedimento formal. Isso limita significativamente o âmbito de aplicação das salvaguardas processuais especiais que as seções 556 e 557 da APA pretendem fornecer.[756] Do ponto de vista administrativo, até pode ser bem-vindo; da perspectiva da política do Direito, é insatisfatório. Nesse seio, emerge a proposta da *American Bar Association* de complementar a APA com uma variante processual menos complexa, mas amplamente aplicável ("Tipo B").[757] A profunda

---

752 Cf. HICKMAN, Kristin; PIERCE, Richard J. *Federal Administrative Law*. 2ª ed. St. Paul: Foundation Press, 2014, p. 343; AMAN, Alfred C. Jr. *Administrative Law and Process*. 3ª ed. St. Paul: West Academic Publishing, 2014, pp. 204 e ss.

753 BREYER, Stephen G.; STEWART, Richard B.; SUNSTEIN, Cass R.; VERMEULE, Adrian; HERZ, Michael. *Administrative law and regulatory policy*. 8ª ed. Nova York: Wolters Kluwer, 2017, pp. 467 e ss.

754 Ver 339 U.S. 33, 49-51 (1950) *Wong Yang Sung v. McGrath*.

755 *Attorney General's Manual*, S. 41.

756 HICKMAN, Kristin; PIERCE, Richard J. *Federal Administrative Law*. 2ª ed. St. Paul: Foundation Press, 2014, p. 349; STRAUSS, Peter L.; RAKOFF, Todd D.; FARINA, Cynthia R.; METZGER, Gillian E. *Gellhorn and Byse's Administrative Law*. 11ª ed. Nova York: Foundation Press, 2011, pp. 274 e ss.

757 HICKMAN, Kristin; PIERCE, Richard J. *Federal Administrative Law*. 2ª ed. St. Paul: Foundation Press, 2014, p. 349.

tensão que permeia todo o direito das decisões de casos individuais torna-se particularmente clara aqui: "finalmente, a estruturação da execução administrativa confronta uma competição crucial entre a gestão burocrática e a justiça individualizada".[758]

3 Âmbito de aplicação mais amplo da MSAPA: "procedimento do caso contestado"

A lei processual estadual não é tão restritiva quanto a APA. As diferentes versões da MSAPA mostram que tem havido uma luta ao longo dos anos para encontrar um equilíbrio entre formalidade e flexibilidade.

a. A MSAPA de 1981

A MSAPA de 1981 foi fortemente influenciada pelo desejo de aplicar direitos processuais codificados à mais ampla gama possível de decisões individuais. Foi, portanto, estipulado que uma autoridade deve geralmente realizar um procedimento administrativo antes de emitir uma ordem (seções 4-101). Não foi necessário um acordo especial de aplicação. Contudo, para manter dentro dos limites o esforço administrativo necessário, as autoridades não se limitaram a um único tipo de procedimento. O procedimento formal, com as suas salvaguardas especiais, deverá continuar a ser o procedimento padrão (artigos 4°-201). Entretanto, foram disponibilizadas algumas variantes processuais que não deveriam ser tão complexas: por um lado, a "audiência de decisão em conferência" para casos mais simples, especialmente para casos em que os fatos são incontestáveis (seções 4-401), e por outro, "processos judiciais sumários", por exemplo, para emissão de advertências, também

---

758 MASHAW, Jerry L.; MERRILL, Richard A.; SHANE, Peter M. *Administrative Law*. 5ª ed. [S.l.]: West Group, 2003, p. 315; cf. FUNK, William; SHAPIRO, S. A.; WEAVER, R. L. *Administrative Law*. 5ª ed. Nova York: Wolters Kluwer, 2015, pp. 194 e ss.

para questões de aquisição e geralmente para medidas com apenas um baixo nível de encargo oneroso (seções 4-502). Os "processos judiciais de emergência" simplificados também foram apresentados como cabíveis para medidas de emergência (seções 4-501).

Com esse conceito de um Direito Processual abrangente, mas de tipo variável, a MSAPA de 1981 diferenciou-se da APA e da MSAPA 1961. No entanto, as suas recomendações não impunham amarras ao Direito Processual de cada estado, os quais poderiam se valer de outros, desde que as justificassem. Por mais bem pensado que o conceito possa parecer, obteve pouca aprovação e contribuiu para a baixa adesão à MSAPA de 1981 por apenas alguns estados.[759]

b. A MSAPA de 2010

A MSAPA de 2010 abandonou, portanto, esse conceito. Os seus regulamentos processuais não devem aplicar-se a todos, mas – à semelhança da APA – apenas a determinados atos individuais praticados em um "caso contestado".[760] A seção 102(7) define o termo "caso contestado" como "um julgamento em que uma oportunidade para uma audiência probatória é exigida pela Constituição Federal, por um estatuto federal, ou pela Constituição ou por um estatuto estadual". Desse modo, emerge a questão do que deveria ser uma "audiência probatória". A seção 102(11) conceitua "uma audiência para a recepção de provas para a decisão do Presidente em um caso contestado". A definição ligeiramente circular não dispensa o julgador de ter de analisar as disposições legais relevantes para verificar se elas realmente exigem uma audiência que possa ser classificada como uma "audiência probatória". Nem todas as

759 ASIMOW, M. "Contested Issues in Contested Cases: Adjudication under the 2010 Model State Administrative Procedure Act". *Widener L. J.*, vol. 20, 2010- 2011, pp. 707-710 ("overambitious").

760 § 401 da MSAPA 2010: "This [article] applies to an adjudication made by an agency in a contested case".

opções de audiência previstas na legislação especializada atendem aos requisitos necessários. A literatura pretende centrar-se em saber se a audiência decorre de um procedimento claramente estruturado e se pode ser realizada por um funcionário que não esteja de outra forma envolvido no processo administrativo.[761] Os problemas de interpretação, que são igualmente conhecidos pela aplicação da APA, não podem ser evitados no âmbito da MSAPA de 2010.

O que distingue a MSAPA de 2010 da APA é o reconhecimento de uma gama mais ampla de bases jurídicas das quais pode emergir a obrigação de realização de uma audiência probatória. Principalmente, a inclusão (explícita) do Direito Constitucional tem consequências significativas. Dessa maneira, a cláusula do devido processo tem uma influência particular na aplicação da MSAPA e leva a que um número substancialmente maior de decisões administrativas individuais sejam abrangidas pelo modelo processual normatizado no art. 4 da MSAPA de 2010.[762] Para o observador alemão, essa ativação do Direito Constitucional para o tratamento do Direito comum parece, na verdade, evidente: ao interpretar os direitos processuais das seções 28, 29 e 39 da Lei Alemã do Processo Administrativo, os interesses de proteção dos direitos fundamentais também devem ser tidos em conta. Para o Direito americano, no entanto, a inclusão do Direito Constitucional e especialmente das garantias do devido processo é mais complicada:[763] aqui o modelo padrão (art. 4 da MSAPA da 2010) não é um

761 ASIMOW, M. "Contested Issues in Contested Cases: Adjudication under the 2010 Model State Administrative Procedure Act". *Widener L. J.*, vol. 20, 2010-2011, pp. 707-718 (em contraste com "conferências" e "audiências públicas", nas quais podem ser levantadas objeções gerais sem que os envolvidos tenham direitos fixos para obter provas).

762 Cf. MSAPA 2010, Comentário, p. 54: "Hearings that are required by procedural due process guarantees serve to protect life, liberty and property *interests* [em itálico no original], which arise where a statute creates a justified expectation or legitimate entitlement".

763 Para mais, ver ASIMOW, M. "Contested Issues in Contested Cases: Adjudication under the 2010 Model State Administrative Procedure Act".

procedimento simples, mas, sim, um procedimento formalmente complexo. Sendo desencadeado por exigências constitucionais, envolve um esforço considerável. Contudo, esse engajamento não parece ser apropriado quando se trata de casos que podem ser fundamentalmente relevantes, mas que têm apenas um baixo nível de aplicação global. O esforço para não vincular automaticamente essas questões às normas processuais do art. 4, ativando o Direito Constitucional, permeia todas as considerações interpretativas do termo "caso contestado" ou "audiência probatória". "Seria um erro tentar prescrever procedimentos para a gama infinita de interações relativamente triviais entre o governo e o povo".[764]

A inclusão do Direito Constitucional – ainda que adequadamente – não facilita a necessária determinação deliberativa do âmbito de aplicação da MSAPA de 2010.

- A "revolução do devido processo legal" de acordo com o caso *Goldberg v. Kelly* inicialmente levou a uma expansão de situações potencialmente abarcadas, que, mais tarde, tiveram que ser remodeladas a partir do recurso ao caso *Mathews v. Eldridge*. O postulado do devido processo exige "algum tipo de audiência". Nem toda oitiva precisa ser uma "audiência probatória". As dificuldades constitucionais nessa concretização afetam necessariamente a definição da seção 102(11) da MSAPA de 2010, uma vez que a lei não traz esclarecimentos suficientes.
- Em contrapartida, o novo regulamento traz maior clareza no que diz respeito às consequências jurídicas: se for o caso de um regulamento de alcance individual que deva ser classificado como "caso contestado", então, está

Widener L. J., vol. 20, 2010-2011, pp. 707-720.

764 ASIMOW, M. "Contested Issues in Contested Cases: Adjudication under the 2010 Model State Administrative Procedure Act". *Widener L. J.*, vol. 20, 2010-2011, p. 716.

fundamentalmente sujeito a todas as regras processuais previstas no art. 4 da MSAPA de 2010. Não há necessidade de discutir em detalhes quais as precauções de segurança que o Direito Constitucional exige a partir de sua cláusula do devido processo. Esse entendimento pode ter o condão de reduzir significativamente a carga sobre a prática administrativa.

II. "Adjudicação formal": raramente usada, mas representativa

A "adjudicação formal" no sentido das seções 556 e 557 da APA é o modelo clássico do "procedimento nos moldes judiciais".[765] No entanto, as autoridades só têm de segui-la se for especificamente previsto por lei. Por isso, ela abrange, no máximo 10% dos casos decididos em âmbito federal, ainda assim esse procedimento dela resultante é o que melhor expressa as ideias do Direito americano sobre como casos individuais podem ser conduzidos a uma decisão administrativa, prezando pela justiça e aceitação dos envolvidos. A função exemplar do processo judicial reside como procedimento

765 Para mais, ver BREYER, Stephen G.; STEWART, Richard B.; SUNSTEIN, Cass R.; VERMEULE, Adrian; HERZ, Michael. *Administrative law and regulatory policy*. 8ª ed. Nova York: Wolters Kluwer, 2017, pp. 469 e ss.; STRAUSS, Peter L.; RAKOFF, Todd D.; FARINA, Cynthia R.; METZGER, Gillian E. *Gellhorn and Byse's Administrative Law*. 11ª ed. Nova York: Foundation Press, 2011, pp. 261 e ss.; PIERCE, Richard J.; SHAPIRO, Sidney; VERKUIL, P. R. *Administrative Law and Process*. 6ª ed. St. Paul: Foundation Press, 2014, § 6.4.3; STRAUSS, Peter L. *Administrative Justice in the United States*. 3ª ed. Durham: Carolina Academic Press, 2016, pp. 278 e ss.; JARASS, H. D. "Besonderheiten des amerikanischen Verwaltungsrechts im Vergleich". *DÖV*, 1985, pp. 377-380 e ss.; ERATH, Franz. *Förmliche Verwaltungsverfahren und gerichtliche Kontrolle*: Eine rechtsvergleichende Studie unter Berücksichtigung Deutschlands und der USA. Stuttgart: Booberg, 1996, pp. 146 e ss.; FEHLING, Michael. *Verwaltung zwischen Unparteilichkeit und Gestaltungsaufgabe*. Tübingen: Mohr Siebeck, 2001, pp. 100 e ss.

clássico de decisão vinculativa de casos individuais.[766] Isso se aplica tanto à APA quanto à MSAPA e se estende também ao Direito especializado, que, muitas vezes, tem adotado não o modelo integralmente, mas apenas os seus elementos mais importantes, especialmente as formalidades da "audiência" e do "juiz de Direito Administrativo".

A argumentação que se segue envolve a MSAPA de 2010 porque os seus regulamentos formulam o que (tendo também em conta a jurisprudência e a experiência administrativa prática) constitui uma "adjudicação formal" de acordo com a situação atual.

1 Objetivo: criar distanciamento entre o juízo e as partes

O art. 4 da MSAPA dedica um total de 18 disposições relativas ao processo formal, que o identificam como um procedimento altamente formalizado e de caráter judicial.[767]

> Especificamente, na adjudicação formal, a parte tem direito a um juiz imparcial, ser notificada da ação proposta e do fundamento para essa ação, direito a um advogado, oportunidade de apresentar provas oralmente e de argumentar, possibilidade de conhecer as provas contrárias e de interrogar testemunhas oponentes, de ter um processo calcado

766 Cf. MASHAW, Jerry L.; MERRILL, Richard A.; SHANE, Peter M. *Administrative Law*. 5ª ed. [S.l.]: West Group, 2003, pp. 314 e ss.; de maneira semelhante em ERATH, Franz. *Förmliche Verwaltungsverfahren und gerichtliche Kontrolle*: Eine rechtsvergleichende Studie unter Berücksichtigung Deutschlands und der USA. Stuttgart: Booberg, 1996, pp. 55 e ss.

767 Cf. SCHWARTZ, Bernard. *Administrative Law*. 3ª ed. Boston: Little, Brown, 1991, 7.1: "the virtual equivalent of the courtroom trial"; BREYER, Stephen G.; STEWART, Richard B.; SUNSTEIN, Cass R.; VERMEULE, Adrian; HERZ, Michael. *Administrative law and regulatory policy*. 8ª ed. Nova York: Wolters Kluwer, 2017, p. 469: "They establish an administrative approximation of a civil trial".

> em questões factuais com base exclusivamente em provas admitidas no julgamento e resultados e conclusões escritas.[768]

A autoridade é obrigada a apresentar todos os fatos que identificou a um órgão independente e a demonstrar a sua validade por meio do exame dos argumentos e de provas das outras partes envolvidas no processo.[769] O que não foi discutido e documentado nos "autos" não pode servir de base para a decisão (seção 406).[770] Isso não significa que o procedimento formal deva demorar muito em todos os casos. Até pode acontecer. No entanto, também é concebível que esse procedimento seja realizado de forma curta e condensada, com os envolvidos sentados à mesa com os seus assistentes e o "presidente" no seu gabinete e tratando do assunto de uma só vez. De acordo com o § 403(e), conferências telefônicas e de vídeo também são formas permitidas de conduzir a audiência.

Existem algumas abordagens semelhantes no procedimento administrativo formal nas seções 63-71 da Lei Alemã do Processo Administrativo, como a audiência oral exigida (seção 67) e o direito de rejeitar funcionários tendenciosos (seção 71, parágrafo 3°). A lei de planejamento orçamentário, em particular, também reconhece uma separação instantânea entre a autoridade auditora (seção 73)

---

768 PIERCE, Richard J.; SHAPIRO, Sidney; VERKUIL, P. R. *Administrative Law and Process*. 6ª ed. St. Paul: Foundation Press, 2014, § 6.4.3 (S. 269); ERATH, Franz. *Förmliche Verwaltungsverfahren und gerichtliche Kontrolle*: Eine rechtsvergleichende Studie unter Berücksichtigung Deutschlands und der USA. Stuttgart: Booberg, 1996, pp. 62 e ss.

769 PIERCE, Richard J.; SHAPIRO, Sidney; VERKUIL, P. R. *Administrative Law and Process*. 6ª ed. St. Paul: Foundation Press, 2014, § 6.4.3b (S. 271): "Again, the analogy to a judicial trial is nearly perfect. The agency files a pleading in the nature of the complaint, and the respondent files a pleading in the nature of an answer".

770 § 406(c) da MSAPA 2010: "The hearing record constitutes the exclusive basis for agency action in a contested case". Em relação ao "exclusiveness of the record principle", cf. SCHWARTZ, Bernard. *Administrative Law*. 3ª ed. Boston: Little, Brown, 1991, § 7.15, p. 401.

e a autoridade de aprovação do plano (seção 74, VwVfG).[771] Nem tudo é extremamente solene. Em um sistema jurídico que, como o alemão, é determinado pela ideia de uma hierarquia de instruções e pela máxima de investigação (§ 24, VwVfG), o que é o ponto central das "julgamentos formais" no Direito americano não pode se desenvolver: *a ideia de tomada de decisão distanciada das partes.*

2 Elementos regulatórios individuais

Três institutos mostram quais os regulamentos processuais que tornam essa ideia particularmente clara na MSAPA: o "juiz de Direito Administrativo" (a), o regulamento dos contatos "*ex parte*" (b) e a relação entre a decisão final e as suas formas preliminares (c-d). Eles são uma expressão da limitação de poder dentro da Administração, que faz parte do conceito de Estado administrativo. Também fica evidente que não é necessária uma dissociação máxima, mas que aspectos de gestão administrativa prática também devem ser tidos em conta na formulação das regras processuais.[772]

3 Juiz de Direito Administrativo

A função central no processo é desempenhada pelo "juiz de Direito Administrativo" (ALJ – *Administrative Law Judge*).[773]

---

771 Não deveria ser constitucionalmente exigido; então, ver BVerwGE 120, 87, 99.

772 Sobre as ligações entre "divisões internas e controles sobre a tomada de decisões administrativas" e "governo eficaz" no conceito de Estado administrativo, ver METZGER, G. E. "1930s Redux: The Administrative State under Siege". *Harv. L. Rev.*, vol. 131, 2017, pp. 78-87.

773 PIERCE, Richard J.; SHAPIRO, Sidney; VERKUIL, P. R. *Administrative Law and Process*. 6ª ed. St. Paul: Foundation Press, 2014, § 6.4.3a; STRAUSS, Peter L. *Administrative Justice in the United States*. 3ª ed. Durham: Carolina Academic Press, 2016, pp. 184 e ss. Sobre a importância da "separação de funções" interna para a compreensão americana dos procedimentos, cf. UNITED STATES DEPARTMENT OF JUSTICE. *Final Report of Attorney General's Committee on Administrative Procedure Act*, 1941, S. 203-209 (sugestões adicionais dos Comissários McFarland, Stason e Vanderbilt).

Em geral, é o "presidente" o responsável pelo desenrolar do processo, quem lidera a obtenção de provas, quem dá aos envolvidos a oportunidade de comentar, quem assegura a elaboração de um registro completo (§ 406) e, finalmente, quem faz uma proposta de decisão. Em termos de organização jurídica, o "juiz" não pertence ao terceiro Poder [Judiciário], mas faz parte do Poder Executivo. Assim, ele gozaria de um *status* independente proeminente. Em inúmeros países, os juízes do Direito Administrativo foram separados das autoridades especializadas e combinados para formar um painel central. Com efeito, a MSAPA prevê a criação de um Gabinete de Audiências Administrativas distinto que será dirigido por um Juiz Chefe de Direito Administrativo, o qual será responsável pela distribuição de tarefas e controle dos juízes no âmbito administrativo (art. VI). Com isso, pretende-se enfatizar ainda mais a separação entre a função de tomada de decisão e as tarefas de investigação das autoridades, no sentido de uma separação intra-administrativa de poderes.[774]

É dada especial ênfase à neutralidade do juiz de Direito Administrativo (seção 402 da MSAPA): qualquer pessoa dentro da instituição que já tenha se envolvido no caso exercendo outra competência, por exemplo, ter liderado as investigações preliminares, não pode ser o "presidente" no mesmo processo. Se ele encontrar motivos que possam levantar dúvidas sobre sua imparcialidade, deverá suscitá-los. Os envolvidos no processo têm o direito de recusar a assunção do caso, se puderem provar a sua parcialidade com os fatos.

Por mais importante que seja a independência dos juízes de Direito Administrativo para a tomada de decisões imparciais, essa autonomia também traz problemas.[775] Se for eliminada qualquer forma de influência da gestão da autoridade sobre a administração

---

774 Cf. MSAPA 2010, Comentários, p. 98.

775 HICKMAN, Kristin; PIERCE, Richard J. *Federal Administrative Law*. 2ª ed. St. Paul: Foundation Press, 2014, pp. 366 e ss. ("interdecisional inconsistency").

do cargo, como poderá ser combatida a administração lenta ou deliberadamente negligente do cargo? Por trás dessas indagações podem existir casos individuais que podem ocorrer em qualquer lugar. A liberdade instrutória pode levar a conclusões no curso normal do processo que são difíceis de justificar. Estudos de administração social descobriram que a aplicação das mesmas regras a um juiz de Direito Administrativo resulta numa decisão favorável em 90% das vezes e a outro juiz resulta numa decisão negativa em 90% das vezes.[776] Essas situações de "inconsistência interdecisional" violam a igualdade perante a lei ou (expressa no cânone de valores da "adjudicação formal") o requisito elementar de justiça. A literatura coloca dúvidas, portanto, se o procedimento nos moldes judiciais se ajuste ao "caráter de massa da Administração moderna".[777] Não podemos ficar satisfeitos com a sugestão de que as discrepâncias e inconsistências são inevitáveis em qualquer sistema judicial baseado na independência judicial. A seção 604 da MSAPA de 2010 aborda a polêmica, conferindo ao Juiz Chefe de Direito Administrativo uma série de poderes de coordenação e de supervisão.[778]

4 Contatos *ex parte*

Outro elemento para garantir uma tomada de decisão distanciada e imparcial é restringir os contatos unilaterais entre os

---

776 Cf. as informações em BREYER, Stephen G.; STEWART, Richard B.; SUNSTEIN, Cass R.; VERMEULE, Adrian; HERZ, Michael. *Administrative law and regulatory policy*. 8ª ed. Nova York: Wolters Kluwer, 2017, pp. 721 e ss.

777 MASHAW, Jerry L.; MERRILL, Richard A.; SHANE, Peter M. *Administrative Law*. 5ª ed. [S.l.]: West Group, 2003, p. 426: "the superimposition of trial-type procedures on the process of bureaucratic implementation produces some discordant notes, for the techniques of trial are borrowed from a different institutional context".

778 Abaixo: "adopting a code of conduct for administrative law judges"; "monitoring the quality of adjudications conducted by ALJ's"; "disciplining [pursuant to the state merit system law] ALJ's who do not meet appropriate standards of conduct and competence".

principais funcionários e os envolvidos ou com terceiros. As discussões preliminares secretas e outras formas de influência seletiva contradizem os objetivos de transparência e justiça. Mesmo na sua versão original, a APA proibia o "presidente da mesa" de consultar as partes ou outras pessoas "sobre o fato em causa".[779] Atualmente, a seção 557(d)(1) da APA proíbe os contatos "relevantes para o mérito do processo". As violações da proibição cometidas conscientemente podem resultar em sanções severas, por exemplo, o indeferimento do pedido quanto ao mérito. Também estão excluídos os contatos com outras agências governamentais – em outras palavras, com qualquer funcionário "fora da agência executiva", o que inclui comissões do Congresso, bem como autoridades superiores.[780]

Nas discussões sobre a MSAPA de 2010, os contatos *ex parte* também desempenharam um papel importante e conduziram a regulações extremamente detalhadas que sinalizam um compromisso.[781] A seção 408 (b) estabelece, inicialmente, uma regra básica ampla que fornece ao "presidente" e à pessoa que tem que tomar a decisão final, proibindo os contatos *ex parte* com todas as pessoas ("qualquer pessoa") e, portanto, também com outros funcionários da mesma autoridade.[782] Nesse ponto, existem várias exceções que

---

779 STRAUSS, Peter L. *Administrative Justice in the United States*. 3ª ed. Durham: Carolina Academic Press, 2016, pp. 281 e ss., 380 e ss.

780 Não foi definitivamente esclarecido se isso também inclui a influência da Casa Branca; além disso, BREYER, Stephen G.; STEWART, Richard B.; SUNSTEIN, Cass R.; VERMEULE, Adrian; HERZ, Michael. *Administrative law and regulatory policy*. 8ª ed. Nova York: Wolters Kluwer, 2017, pp. 606 e ss.; STRAUSS, Peter L.; RAKOFF, Todd D.; FARINA, Cynthia R.; METZGER, Gillian E. *Gellhorn and Byse's Administrative Law*. 11ª ed. Nova York: Foundation Press, 2011, pp. 702 e ss.

781 Para mais detalhes, ver ASIMOW, M. "Contested Issues in Contested Cases: Adjudication under the 2010 Model State Administrative Procedure Act". *Widener L. J.*, vol. 20, 2010-2011, p. 707-730 e ss.

782 "[He] may not make to or receive from any person any communication concerning the case without notice and opportunity for all parties to participate in the communication".

permitem, até certo ponto, "aconselhamento do pessoal" (seção 408(d) e (e)): contatos são permitidos, entre outras coisas, se o aconselhamento jurídico for prestado por um pessoa autorizada, como pelo departamento jurídico da autoridade. Se o próprio chefe da autoridade for o "presidente ou decisor final", também pode se comunicar com os funcionários da sua autoridade em condições restritivas quando se trata de questões técnico-científicas ou de problemas processuais específicos.

A literatura questiona criticamente se as normas aplicáveis às decisões judiciais podem realmente abranger em tão grande medida as decisões administrativas sem impedir o necessário fluxo de informações inter e intra-agências.[783] O que constitui objeções compreensíveis – especialmente do ponto de vista do Direito alemão, que não contém uma proibição expressa de contatos *ex parte* em procedimentos administrativos formais ou fáticos, mas antes trata casos flagrantes de comunicação unilateral como uma ofensa que coloque em xeque a parcialidade, podendo ser punida conforme o caso concreto, de acordo o § 21 da Lei Alemã do Processo Administrativo.[784] Mesmo em procedimentos administrativos altamente solenes, as autoridades não são tribunais, mas, sim, decisores integrados em um contexto organizacional completamente diferente. As restrições aos contatos dentro das entidades, em particular, parecem excessivas.

Por outro lado, as deliberações da MSAPA de 2010 mostram também que a proibição de contatos *ex parte* representa um instituto reconhecido que é integrante do procedimento administrativo formal. A sua presença em um código processual como a MSAPA,

783 Cf. STRAUSS, Peter L. *Administrative Justice in the United States*. 3ª ed. Durham: Carolina Academic Press, 2016, pp. 281 e ss.

784 Cf. *K. Ritgen* em KNACK, H. J.; HENNEKE, H. G. (Coord.). *Verwaltungsverfahrensgesetz*. 11ª ed. [S.l.]: [s.n.], 2019, § 21, nota, p. 18: Influência de terceiros nos processos, discussões preliminares não são motivo para preocupação com parcialidade.

que se destina às Administrações de cada Estado-membro e, portanto, também às autoridades em instâncias inferiores, demonstra sua viabilidade. As críticas que lhe são dirigidas não devem, portanto, impedir-nos de utilizar os regulamentos americanos como alimento para a reflexão e de sensibilizar o pensamento do Direito Processual alemão para as determinações preliminares e para a condução unilateral do processo.[785] O fato de um ministro, que tem o dever de decidir sobre uma exceção à proibição de cartéis valendo-se da autorização ministerial (§ 42 da Lei da Livre Concorrência, GWB – *Gesetz gegen Wettbewersbeschränkungen*), se reunir com alguns representantes das empresas envolvidas em um encontro sigiloso para "discussões a seis olhos" ser considerado uma violação se justifica por atingir os requisitos de neutralidade e de justiça processual, os quais em um caso de tão grande repercussão equivalem à proibição de contatos *ex parte*.[786]

5 Ordens iniciais, recomendadas e finais

Se o próprio chefe da autoridade tiver liderado a obtenção de provas, ele também tomará uma decisão final após sua conclusão. Contudo, se um juiz de Direito Administrativo tiver realizado essa ação, é tomada, primeiramente, uma decisão preliminar ("ordem inicial") ou recomendatória ("ordem recomendada").[787] Essa estrutura de variantes de decisão retoma a ideia da decisão distanciada, mas nítido que a responsabilidade geral cabe à autoridade. Ela tem o pleno poder de decisão, que deve exercer de forma independente,

---

785 De maneira semelhante em FEHLING, Michael. *Verwaltung zwischen Unparteilichkeit und Gestaltungsaufgabe*. Tübingen: Mohr Siebeck, 2001, pp. 198 e ss.

786 Ver OLG Düsseldorf ECLI:DE:OLGD:2016:0712.VI.KART3.16V.0: "grobe Verletzung des rechtlichen Gehörs" (nota, p. 80).

787 De acordo com a seção 413(b) da MSAPA 2010, estão disponíveis dois formulários: se o Presidente tiver poder de decisão, pode emitir ordens vinculantes; se ele não tiver isso, ele só poderá emitir ordens recomendatórias.

com base nos fatos apurados e tendo em conta os pressupostos e avaliações do juiz de Direito Administrativo. Os desvios devem ser indicados e justificados com precisão.

Uma classificação comparável raramente é encontrada no Direito alemão. A lei do planejamento orçamentário estipula que a autoridade responsável pela audiência emite uma declaração sobre o resultado do procedimento formal de oitiva e, em seguida, encaminha essa declaração à autoridade aprovadora do plano juntamente com os outros documentos (seção 73 (9) da Lei Alemã do Processo Administrativo); o parecer não tem efeitos jurídicos, todavia. Para o Direito americano, esse modelo gradual se mostra consistente. Ele indica a grande importância da base factual. A APA de 1946 já estabelecia a graduação na seção 8; hoje ela é normatizada na seção 557(a)-(b) da APA. A MSAPA de 2010 segue o mesmo modelo, mas formula as etapas individuais de maneira ainda mais precisa: "ordens iniciais" tornam-se automaticamente a decisão final se o chefe da autoridade não iniciar um procedimento de revisão por sua própria iniciativa ou mediante solicitação dentro de um período legalmente especificado de tempo (§ 413(b) e seção 414(c)). Já as "ordens recomendadas" devem ser sempre verificadas pelo chefe da autoridade; no final da revisão, é tomada uma decisão final ou o assunto é remetido ao Presidente (§ 415(c)).

Qualquer que seja a variante processual, todos os intervenientes no processo devem, em qualquer caso, ter a oportunidade de manifestar-se no litígio em termos jurídicos e factuais. De acordo com a seção 416 da MSAPA da 2010, as partes podem apresentar um pedido de reconsideração por tempo limitado contra decisões finais ("petição de reconsideração"). Os prazos para recurso não terminam até que a autoridade tome uma decisão sobre o pedido.

6 Publicidade das decisões tomadas e seu efeito como "precedentes"

As "ordens" exigem uma justificação que apresente os resultados individuais da investigação factual e as conclusões jurídicas separadamente (seção 413(d) da MSAPA 2010). A decisão só poderá basear-se nos fatos discutidos na audiência e registrados em ata. Instruções sobre recursos legais também são necessárias. Uma decisão adquire existência jurídica assim que é assinada pelo funcionário responsável. No entanto, só entra em vigor depois de ter sido divulgada a todas as partes envolvidas (seção 413(g)(h) da MSAPA 2010).

Os regramentos sobre a revogabilidade de atos administrativos, tradicionalmente um tópico clássico no Direito Processual alemão (§§ 48-50 da Lei Alemã do Processo Administrativo), são apenas secundários na APA e na MSAPA de 2010.[788] Os aspectos da proteção da confiança e da segurança jurídica têm certamente peso. No entanto, eles não são originários dos próprios fatos, mas, sim, fluem para o Direito Administrativo por meio da doutrina da discricionariedade e da ideia de consistência.[789]

O principal interesse do Direito americano é a publicidade das ações administrativas. Assim, a seção 418 da MSAPA de 2010 incluiu uma disposição que exige que a autoridade registe em um índice todas as decisões finais que emite e as torne disponíveis para escrutínio público. Como "precedente" para decisões futuras, a autoridade só pode utilizar ordens emitidas se as tiver identificado

---

788 § 558(c)(2) da APA e § 419(b) da MSAPA 2010 dizem respeito apenas a decisões de autorização ("licenças") e são de natureza processual: a autoridade deve informar o titular da licença da sua intenção de revogá-la e dar-lhe a oportunidade de responder.

789 Discussão sistemática da ideia de consistência e sua importância para a proteção da confiança em LEVINSON, L. H. "The Legitimate Expectation that Public Officials Will Act Consistently". *Am. J. of Comp. L.*, vol. 46, 1998, p. 549.

adequadamente, indexado e tornado acessíveis ao público. Logo, uma autoridade também pode utilizar as suas decisões individuais para estabelecer uma linha de interpretação vinculativa para o futuro e aplicar esses efeitos a terceiros, mesmo de caráter oneroso.[790]

III. Adjudicação informal e ordens informais

"Adjudicação informal" e "ordens informais" são negativamente determinadas por não estarem sujeitas às disposições processuais especiais das seções 556-557 da APA ou das seções 401-419 da MSAPA de 2010. Caso contrário, cumprem todas as características definidoras que compõem o termo "ordem". Elas fazem declarações vinculativas sobre posições jurídicas e de interesse e são, portanto, decisões de natureza regulatória.[791] Em uma visão sistemática, pertencem, portanto, a decisões administrativas formais e não ao que é referido na Alemanha como ação administrativa informal.

1 Um mosaico de fontes do Direito Processual

O Direito Processual das "ordens informais" deve ser especificamente compilado a partir de diversas fontes jurídicas:[792] deve ser

---

790 O modelo para esse regulamento é o Direito Processual da Califórnia; além disso, ver JACOBS, M. D. "Illuminating a Bureaucratic Shadow World: Precedent Decisions under California's Revised Administrative Procedure Act". *J. Nat'l Ass'n Admin. L. Judiciary*, vol. 21, 2001, p. 247. Cf. sobre o significado das decisões administrativas como "precedentes" (com referência às decisões do tribunal). UNITED STATES DEPARTMENT OF JUSTICE. *Final Report of Attorney General's Committee on Administrative Procedure Act*, 1941, pp. 29 e ss.

791 § 551(6) da APA: "a final disposition, whether affirmative, negative, injunctive, or declaratory in form".

792 Cf. PIERCE, Richard J.; SHAPIRO, Sidney; VERKUIL, P. R. *Administrative Law and Process*. 6ª ed. St. Paul: Foundation Press, 2014, § 6.4.11; STRAUSS, Peter L. *Administrative Justice in the United States*. 3ª ed. Durham: Carolina Academic Press, 2016, pp. 287 e ss.

dada prioridade às leis especializadas e aos regulamentos processuais emitidos pelas próprias autoridades. As seções 552, 555 e, sobretudo, as disposições sobre proteção judicial, de acordo com as seções 701-706 da APA,[793] são aplicáveis. Se as "ordens informais" contiverem disposições que constituam "privação", os requisitos processuais da cláusula do devido processo também deverão ser cumpridos.[794] No entanto, isso não significa que haja um conjunto fixo de regras, mas, sim, um amplo espectro de precauções processuais, que vão desde a simples notificação de uma regulamentação pretendida até ao padrão de segurança total de uma "audiência probatória" e, de acordo com *Mathews v. Eldridge*, a condução do processo deve ser determinada em casos individuais.

2 Elementos básicos do Direito Processual geral

As eventuais incertezas podem ser, ao menos, parcialmente neutralizadas com o estabelecimento de um padrão processual básico para certos tipos de decisões no Direito especial ou no Direito Processual criado pela própria autoridade, tipificando os requisitos do devido processo. Uma análise da prática jurídica e administrativa aponta, apesar de todas as diferenças, para quatro elementos básicos.[795]

---

793 Ver 401 U.S. 402, 410 (1971) *Citizens to Preserve Overton Park v. Volpe*; HICKMAN, Kristin; PIERCE, Richard J. *Federal Administrative Law*. 2ª ed. St. Paul: Foundation Press, 2014, pp. 350 e ss.

794 PIERCE, Richard J.; SHAPIRO, Sidney; VERKUIL, P. R. *Administrative Law and Process*. 6ª ed. St. Paul: Foundation Press, 2014, § 6.4.11; ERATH, Franz. *Förmliche Verwaltungsverfahren und gerichtliche Kontrolle*: Eine rechtsvergleichende Studie unter Berücksichtigung Deutschlands und der USA. Stuttgart: Booberg, 1996, pp. 88, 92 e ss.

795 HICKMAN, Kristin; PIERCE, Richard J. *Federal Administrative Law*. 2ª ed. St. Paul: Foundation Press, 2014, p. 357, com referência a VERKUIL, P. "A Study of Informal Adjudication Procedures". *U. Chi. L. Rev.*, vol. 43, 1976, p. 739; além de VERKUIL, P. "A Study of Immigration Procedures". *UCLA L. Rev.*, vol. 31, 1984, p. 1.141; as conclusões jurídicas comparativas

- "notificação acerca do conteúdo do material apresentado";
- "oportunidade de defender-se por dados e argumentos de forma oral ou escrita";
- "direito de ser julgado por um tomador de decisão neutro";
- "exposição das motivações da decisão".

Acima estão os componentes principais que constituem o procedimento padrão, de acordo com a seção 9 e seguintes da Lei Alemã do Processo Administrativo, que surte efeitos para todos os atos administrativos. A sua codificação, mesmo que fosse concisa, poderia ser até útil para as pessoas diretamente afetadas, bem como para a prática administrativa, o que, inclusive, acontece com as "ordens informais", as quais representam muito mais a experiência cotidiana de setores da população ao lidar com o Poder Executivo do que as decisões formais. O contraponto é que, dada a grande diversidade de ações administrativas, dificilmente é possível estabelecer um conjunto uniforme de regras processuais para todos os tipos de "despachos" – uma visão que acompanhou o desenvolvimento da APA desde sua promulgação.[796] Contudo, o Direito Processual alemão mostra que a diversidade não tem de excluir a generalidade de um conjunto básico de regulamentos elementares.[797] O Direito americano tem de enfrentar as dificuldades adicionais que surgem da cláusula do devido processo. Por sua vez,

---

são mais restritivas em FEHLING, M. "Eigenwert des Verfahrens im Verwaltungsrecht". *VVDStRL*, vol. 70, 2011, pp. 278-290 (sobre o direito de ser ouvido); e p. 292 (sobre a obrigação de motivação).

796 Cf. STRAUSS, Peter L. *Administrative Justice in the United States*. 3ª ed. Durham: Carolina Academic Press, 2016, p. 288.

797 Em relação à importância, cf. SCHNEIDER, J.-P. "Strukturen und Typen von Verwaltungsverfahren". *In*: HOFFMANN-RIEM, Wolfgang; SCHMIDT-AßMANN, Eberhard; VOßKUHLE, Andreas (Coord.). *Grundlagen des Verwaltungsrechts*. 2ª ed. vol. 2. Munique: C. H. Beck, 2012, § 28: "O procedimento padrão das seções 9 e seguintes da VwVfG constitui o ponto de partida para a formação atual do sistema de Direito Administrativo".

o Direito Processual alemão deve estar sempre atento aos efeitos do Direito Constitucional, especialmente dos direitos fundamentais. Isso é facilitado quando os componentes básicos puderem ser incorporados em um texto jurídico existente por meio de uma interpretação constitucionalmente compatível e não tiverem de ser construídos como uma rede separada de regulamentos. A MSAPA de 2010 percorreu um pouco essa trilha ao definir os "casos contestados", incluindo a cláusula do devido processo e ao oferecer um quadro jurídico próprio a um âmbito alargado de aplicação.

IV. Especificamente: decisões de autorização ("licenças")

Os modelos basilares aqui são o "julgamento formal" e o "julgamento informal". A prática jurídica conhece inúmeras formas intermediárias que reduzem as elevadas exigências do procedimento formal ou, inversamente, conferem ao procedimento informal mais garantias.

1 O caso padrão

A constituição de formas intermediárias é, fundamentalmente, uma área do Direito especial, as quais conhecem os dois códigos processuais. Um exemplo é o Direito Processual que regula a concessão ou revogação de alvarás, autorizações e outras permissões ("licenças"). O termo é amplamente definido na seção 551(8) da APA e na 102(19) da MSAPA de 2010. Ele abrange regulamentações pessoais e factuais que são instrumentos padrão em Direito Ambiental, na administração comercial e na legislação de construção civil nos EUA e na Alemanha.[798] Os poderes administrativos que conformam esses atos são definidos de forma igualmente ampla. "Licenciamento" inclui a concessão e a

---

798 A aprovação de tarifas e decisões similares de base ampla, que são classificadas como "regulamentação" na APA, é diferente.

renovação, mas também a recusa, retirada e suspensão (seção 551(9) da APA e seção 102(20) da MSAPA).

Uma vez que essas decisões de autorização são frequentemente processos administrativos de massa, não devem estar sujeitas ao procedimento formal esquemático, mas antes ser regulamentadas de maneira flexível, o que já foi sublinhado durante os trabalhos preparatórios da APA no processo legislativo.[799] Os desvios do procedimento estrito *on the record* que a APA permite às autoridades são tão abrangentes que se pode falar de um tipo de procedimento independente:[800] a autoridade tem a permissão de obter provas sem uma audiência oral. Também está autorizado que a decisão final seja tomada por funcionário que tenha anteriormente desempenhado tarefas de investigação no processo. A ideia clássica de "julgamento" fica em segundo plano em relação aos interesses do requerente em uma decisão rápida.[801] Além disso, o legislador teve em conta que, dadas as questões técnicas envolvidas em muitas decisões de aprovação, as autoridades não dispõem de pessoal especializado suficiente para manter a separação interna de funções exigida no procedimento formal.

2 Situações jurídicas multipolares

Por outro lado, há que se compreender que as licenças, por exemplo, no Direito Ambiental, muitas vezes envolvem conflitos multipolares.[802] A discussão científica utiliza os mesmos *topoi* da

---

799 UNITED STATES DEPARTMENT OF JUSTICE. *Final Report of Attorney General's Committee on Administrative Procedure Act*, 1941, pp. 39 e ss.

800 Cf. STRAUSS, Peter L. *Administrative Justice in the United States*. 3ª ed. Durham: Carolina Academic Press, 2016, pp. 277, 284 e ss.: § 556(d), § 554(d)(A) da APA.

801 § 558(c) da APA fala expressamente de uma decisão "dentro de um prazo razoável".

802 STRAUSS, Peter L. *Administrative Justice in the United States*. 3ª ed. Durham: Carolina Academic Press, 2016, p. 286.

Alemanha ("bipolar", "policêntrico"). A constelação bipolar de um procedimento quase judicial pode não ser adequada para essa seara especializada. Cabe, então, proporcionar oportunidades para que todas as partes interessadas tenham uma palavra a dizer no processo, o que continua a ser uma tarefa importante para trazer a pacificação para a situação. "O procedimento aqui é mais um meio de obter 'voz' do que um reflexo adequado da analogia do julgamento".[803] No entanto, uma redução das exigências do procedimento formal não é suficiente.

Em ambos os sistemas jurídicos, trata-se mais de ter em conta o amplo impacto das decisões individuais nas fases iniciais do processo. Procuram-se soluções ampliando as oportunidades de participação para uma fase em que as posições e funções de interesse ainda não estão tão definidas como é o caso após a apresentação da candidatura.[804] O empréstimo da "criação informal de regras" e do requisito de "notificação prévia" previstos (seção 303 da MSAPA) é uma opção. O objetivo é desenvolver um processo que transcenda o dualismo formal de "regras" e "ordens" e permita um discurso estruturado mas aberto que ainda não seja dominado por papéis partidários fixos.

C. Contratos públicos

Os contratos administrativos não estão sujeitos à APA ou à MSAPA. Raramente são tratados em detalhes nos livros didáticos de Direito Administrativo; muitas vezes eles estão totalmente ausentes.[805] Todavia, essa primeira impressão não deve levar nin-

---

803 STRAUSS, Peter L. *Administrative Justice in the United States*. 3ª ed. Durham: Carolina Academic Press, 2016.

804 Cf. § 25, abs. 3, VwVfG ("participação pública prévia"); a conferência pré-audiência de acordo com a seção 403 da MSAPA 2010 está mais estreitamente integrada no procedimento.

805 Cf. STRAUSS, Peter L. *Administrative Justice in the United States*. 3ª ed. Durham: Carolina Academic Press, 2016, pp. 531 e ss., 252 e ss.:

guém a acreditar que os contratos desempenham, na melhor das hipóteses, um papel menor na prática administrativa e no Direito Administrativo nos EUA. É o exato oposto. Os "contratos públicos" são uma forma de ação frequentemente utilizada: "contratos de aquisição", "acordos de subvenção", "acordos de cooperação", contratos sobre "relações interlocais". O U.S.C. [*United States Code*] contém uma seção separada intitulada "contratos públicos", que não fornece uma regulamentação abrangente da lei dos contratos administrativos, mas pelo menos fornece uma série de regulamentos relevantes (título 41 do U.S.C.).[806] Jurisprudência e literatura especializada também trabalham o tema. Somente no debate geral do Direito Administrativo há grande silêncio.

I. Direito Contratual Administrativo independente

Ora, pode-se supor que a falta de interesse resulta do fato de os contratos administrativos serem institutos aos quais se aplica geralmente o Direito Geral dos Contratos, não perfazendo, portanto, um tema suficientemente proeminente que mereça atenção científica. Mesmo essa visão também seria incorreta. Nos EUA, o Direito dos

"'Government contracts' is a speciality, neither administrative law nor contract law, but combining of some of the characteristics of each". Para questões particulares, ver ASIMOW, Michael; LEVIN, Ronald M. *State and federal administrative law*. 4ª ed. St. Paul: West Academic Publishing, 2014, p. 60 ("Requisitos do devido processo legal em casos de alterações contratuais de interesse público"); em relação a este último problema, ver STRAUSS, Peter L.; RAKOFF, Todd D.; FARINA, Cynthia R.; METZGER, Gillian E. *Gellhorn and Byse's Administrative Law*. 11ª ed. Nova York: Foundation Press, 2011, pp. 886 e ss.; há também uma referência ao tema "privatização" em BRIFFAULT, Richard; REYNOLDS, Laurie. *Cases and materials on state and local government law*. 8ª ed. St. Paul: West Academic Publishing, 2016, pp. 245-581 e ss. (contratos intermunicipais), 875 e ss. (contratos de longo prazo na administração de serviços municipais).

806 Uma seção separada da American Bar Association e do jornal publicado por essa seção é *Public Contract Law Journal*, que sublinha a grande importância dessa forma de ação administrativa na prática.

Contratos Administrativos foi desenvolvido separadamente do Direito dos Contratos Privados desde os primeiros esboços doutrinários.[807]

E a raiz da questão está na Constituição dos EUA. Ela não diz nada diretamente sobre os poderes contratuais do Estado. Contudo, o pressuposto básico do pensamento constitucional americano também se aplica à ação contratual: que todas as ações dos funcionários do Estado devem ser derivadas do povo. A autoridade da Administração para utilizar contratos como meio de manifestação não resulta da liberdade contratual de que goza como os particulares, mas da soberania do povo.[808] Por sua vez, essa lógica está ligada ao pressuposto de que o governo não pode vincular-se a particulares e que os tribunais ordinários não podem, portanto, acolher ações judiciais privadas contra o Estado. Essa é a variante do Direito Contratual oriunda da doutrina da "imunidade soberana". A imunidade pode, entretanto, ser dispensada. O Congresso tem autoridade para fazê-lo, não o presidente. A renúncia deve, assim, ser expressa de modo inequívoco.[809]

Com fulcro nesse raciocínio, desenvolveu-se um Direito independente dos contratos públicos que prossegue os seus próprios objetivos, normalmente de Direito Público.[810] "O Poder Público, seja

---

807 CANE, Peter. *Controlling administrative power*: a historical comparison. Cambridge: Cambridge University Press, 2016, pp. 405-414.

808 Cf. 518 U.S. 839, 884 (1996) *United States v. Winstar Corp.*, com referência a 294 U.S. 330, 353 (1935) *Perry v. United States*; além de CANE, Peter. *Controlling administrative power*: a historical comparison. Cambridge: Cambridge University Press, 2016, p. 409 (com referência a MASSANGALE, E. W. *Fundamentals of Federal Contract Law*. Nova York: Quorum Books, 1991, p. 11): "Thus, in US law, the government's contractual capacity is an incident of sovereignty not of personhood".

809 Sobre o significado e o alcance da "doutrina da inequívoca" como regra de interpretação dos contratos administrativos, cf. os diferentes votos em 518 U.S. 839 (1996): em relação à maioria ver Souter, J. 871-890, Breyer, J. con. 910-912, Scalia, J. con. 919-922, Rehnquist C. J., diss. 924-931.

810 A Cláusula de Contratos (art. 1, seção 10, cl. 1 da Constituição dos EUA), que proíbe os estados de influenciar contratos por meio da lei, representa um

poder contratual, seja poder constitucional ou seja poder estatutário, precisa ser controlado de uma maneira que o poder privado não o é".[811] A sua concepção é, obviamente, um ato de equilíbrio:[812] por um lado, quando a Administração celebra contratos, deve também estar vinculada ao Direito Geral dos Contratos que se aplica aos particulares, ainda que de maneira distinta. Por outro, deve ser capaz de romper um contrato para poder reagir às mudanças na situação (incluindo modificações legais). Se a Administração deve pagar uma compensação ao seu parceiro contratual, é igualmente controverso como acontece com o direito especial de rescisão de acordo, segundo a seção 60, parágrafo 1°, inciso 2 da Lei Alemã do Processo Administrativo.

Dois importantes campos de aplicação dos "contratos governamentais" serão apresentados aqui, ao menos, em termos básicos: direito de contratação (II) e "terceirização" (III).

II. Direito da contratação pública (*public procurement law*)

O direito da contratação pública tem uma longa tradição nos EUA.[813] A primeira regulamentação legal é datada de 1809. Inovações importantes ocorreram em 1948 e, posteriormente, com a Lei Federal de Política de Aquisições [*Federal Procurement Policy Act*] de 1979, a Lei de Concorrência na Contratação (sigla em inglês CICA - *Competition in Contracting Act*) de 1984 e a

---

caso especial. Cf. NOWAK, John E.; ROTUNDA, Ronald D. *Constitutional Law*. 8ª ed. St. Paul: Thomson/West, 2010, § 11.8, pp. 515 e ss.

811 CANE, Peter. *Controlling administrative power*: a historical comparison. Cambridge: Cambridge University Press, 2016, p. 412.

812 STRAUSS, Peter L. *Administrative Justice in the United States*. 3ª ed. Durham: Carolina Academic Press, 2016, p. 532.

813 Assim SUMMANN, Katharina. *Vergabegrundsätze und Vergabeverfahren im Rechtsvergleich Deutschland – USA*. Baden-Baden: Nomos, 2007, pp. 22 e ss., 145 e ss.

Lei Federal de Transmissão de Aquisições [*Federal Acquisition Streaming Act*] de 1994.[814]

1 Base jurídica e objetivos

Hoje, os regulamentos, codificados no título 41 do U.S.C., são particularmente relevantes para contratos de compras do governo federal. Basta consultar as seções 101-4.712 ("Política Federal de Aquisições"). Esses regulamentos, que já são extremamente detalhados, são ainda mais refinados por um regramento legal, o Regulamento de Aquisição Federal (na sigla em inglês, FAR, para *Federal Acquisition Regulation*) – um conjunto de regras que tenta cobrir os requisitos para adjudicações, o procedimento e a concepção do contrato em todos os detalhes em 53 partes.[815] O que impressiona é o enorme número de cláusulas contratuais bem formuladas que o FAR fornece às Administrações, que por si só preenchem 460 páginas no Código de Regulamentações Federais (CFR). Assim como no Direito Processual Administrativo americano, também devem ser observadas as regulamentações emitidas pelas próprias autoridades.[816]

A seção 111 do título 41 do U.S.C. define contratação como "todas as etapas do processo de aquisição de bens ou serviços, começando com o processo de determinação da necessidade de

---

814 *The Contract Attorneys Deskbook*, vol. 1, de 2014, oferece uma apresentação abrangente do sistema de compras, incluindo proteção legal de compras; foi publicado pela The Judge Advocate General's School, uma instituição das Forças Armadas dos Estados Unidos. Para uma introdução ao assunto, ver MANUEL, K. M. "Competition in Federal Contracting". *Congressional Research Service*, 2011.

815 FAR conforme alterado em 2005, codificado no título 48 do Código de Regulamentos Federais (CFR), capítulo. 1. Os capítulos seguintes contêm regulamentos adicionais para setores individuais (militar, saúde, agricultura).

816 Cf. FAR, Part 1.3. Além disso, "ordens executivas" do Presidente podem afetar a legislação sobre aquisições; ver STRAUSS, Peter L. *Administrative Justice in the United States*. 3ª ed. Durham: Carolina Academic Press, 2016, pp. 148 e ss.

bens ou serviços e terminando com a conclusão e encerramento do contrato". Esse grupo de atividades está sujeito a um "sistema de compras" que combina regulamentos processuais clássicos com regulamentos organizacionais e de gestão (seção 112). Um Gabinete de Política Federal de Aquisições estabelecido no Gabinete de Gestão e Orçamento (OMB) é responsável por garantir a aplicação uniforme (seção 1.101). O planejamento e a implementação do processo de aquisição individual são de responsabilidade da respetiva autoridade, que deve nomear um Diretor de Aquisições (seção 1.702) e um Advogado de Direito Concorrencial (seção 1.705). As autoridades também devem garantir que dispõem de pessoal competente em matéria de contratos públicos (seção 1.704). Para além dos próprios processos de contratação, é dada grande importância à "gestão de contratos".[817]

A finalidade da legislação sobre contratos públicos é garantir aquisições com boa relação custo-benefício ("melhor valor") por meio de uma concorrência leal.[818] A transparência desempenha um papel central. Além disso, também são perseguidos objetivos políticos gerais, como a promoção de pequenas e médias empresas.[819] Em termos de orientação básica, a legislação americana e a alemã sobre contratos públicos são agora bastante comparáveis, mesmo que a germânica apenas tenha abandonado as suas raízes orçamentais sob pressão da legislação da União Europeia e encontrado uma definição mais ampla dos seus propósitos (seção 97 da Lei da Livre Concorrência).[820]

---

817 Ver FAR, Part 42-51.

818 Em detalhes em SUMMANN, Katharina. *Vergabegrundsätze und Vergabeverfahren im Rechtsvergleich Deutschland – USA*. Baden-Baden: Nomos, 2007, pp. 38 e ss.

819 Cf. FAR, Part 19, 22-23.

820 Também nos EUA, os direitos dos concorrentes de processar não foram inicialmente reconhecidos; cf. 310 U.S. 113, 125-132 (1940) *Perkins v. Lukens Steel Co.* Somente esta decisão trouxe um avanço em favor da proteção de terceiros *Scanwell Lab., Inc. v. Shaffer*, 424 F.2d 859 (D. C. Cir. 1970).

2 Tipos de contratos

Uma fase preliminar do processo de aquisição americano é a análise de mercado, que as autoridades são obrigadas a realizar nos termos do título 41 do U.S.C., nas seções 3.306(a)(1) e 3.307 e FAR, Part 10. Nesse diapasão, deve também ser tomada uma decisão sobre se a necessidade identificada não pode ou deve ser coberta com recursos próprios da Administração ("fazer ou comprar"). Os resultados devem ser documentados. A dinâmica também embasa para decisões sobre privatização.

Existem basicamente dois tipos de procedimentos disponíveis para a contratação pública:[821]

A "licitação selada" é um processo altamente solene, em que a autoridade, no início, deve descrever detalhadamente as suas necessidades e solicitar publicamente a apresentação de ofertas (FAR, Part 14). As ofertas recebidas lacradas serão abertas ao público. A proposta que apresentar a oferta de preço mais baixo ganhará o contrato. Os proponentes não selecionados deverão ser notificados no prazo de três dias após a celebração do contrato.[822] Os princípios básicos do procedimento correspondem à adjudicação aberta, de acordo com a seção 119, parágrafo 3º, da Lei de Livre Concorrência, enquanto a variante de "licitação selada em duas

---

Em relação ao desenvolvimento, ver CLAYBROOK JR., F. W. "The Initial Experience of The Court of Federal Claims in Applying the Administrative Procedure Act in Bid Protest Actions". *Pub. Cont. L. J.*, vol. 29, 1999, pp. 4-7.

821 Para mais, ver SUMMANN, Katharina. *Vergabegrundsätze und Vergabeverfahren im Rechtsvergleich Deutschland – USA*. Baden-Baden: Nomos, 2007, pp. 156 e ss. Além desses dois procedimentos, existem vários procedimentos simplificados para adjudicações abaixo de determinados limites, cf. FAR, Part. 13, e SUMMANN, Katharina. *Vergabegrundsätze und Vergabeverfahren im Rechtsvergleich Deutschland – USA*. Baden-Baden: Nomos, 2007, pp. 189 e ss.

822 FAR, § 14.409 – 1(a)(1).

etapas" se aproxima do procedimento não aberto da seção 119, parágrafo 4º, do mesmo diploma legal.[823]

A "contratação por negociação" é um processo de várias etapas que começa com a autoridade articulando as suas necessidades e convidando os eventuais proponentes.[824] As propostas apresentadas pelos licitantes são, então, primeiramente analisadas para determinar se são competitivas. A autoridade pode, assim, entrar em negociações com os proponentes. Se ela decidir avançar, deverá conduzir negociações com todos os licitantes que tenham apresentado propostas competitivas, o que pode ser feito verbalmente ou por escrito. As negociações podem afetar todos os aspectos do projeto e servir para melhorar as propostas com o objetivo de otimizar a prestação de serviços. O contrato será, portanto, entregue à melhor oferta. Os minuciosos regulamentos da fase de negociação, previstos na seção 15.306 (d)(e) da FAR, mostram o quanto o procedimento é um ato de equilíbrio entre flexibilidade e igualdade de tratamento. O Direito alemão reconhece tanto o procedimento de negociação quanto o diálogo concorrencial, conforme a seção 119, parágrafos 5 e 6, da Lei de Livre Concorrência, em conjunto com as seções 17 e 18 do Regulamento de Contratações. "É sempre importante manter uma combinação racional de distância e proximidade que aperfeiçoe as negociações".[825]

As leis americana e alemã são semelhantes nos tipos de procedimentos disponíveis. A internacionalização da legislação sobre contratos

---

823 Sobre os procedimentos do Direito alemão, cf. BURGI, Martin. *Vergaberecht*. 2ª ed. Munique: C. H. Beck, 2018, § 13, nota, pp. 12 e ss.

824 FAR, Part 15, em detalhes em SUMMANN, Katharina. *Vergabegrundsätze und Vergabeverfahren im Rechtsvergleich Deutschland – USA*. Baden-Baden: Nomos, 2007, pp. 160 e ss.

825 Certeiro está em BURGI, Martin. *Vergaberecht*. 2ª ed. Munique: C. H. Beck, 2018, § 13, nota, p. 24.

públicos também pode ter contribuído para a harmonização.[826] Há, entretanto, diferenças nas preferências processuais:[827] nos EUA, a "contratação por negociação" é o tipo de procedimento preferido. A conclusão sublinha a tendência geral para uma maior flexibilidade que tem caracterizado a legislação americana sobre contratos públicos desde a década de 1990.[828] Na Alemanha, contudo, o procedimento aberto é o procedimento mais utilizado.[829] Procedimentos com elementos de negociação só podem ser utilizados se houver previsão legal (seção 119, parágrafo 2º, da Lei de Livre Concorrência).

III. "Terceirização" e consequências da privatização

Em essência, as disputas sobre a "terceirização" não têm relação direta com a instituição jurídica do contrato, mas, sim, com as decisões políticas para permitir que determinadas tarefas que anteriormente eram realizadas pela Administração sejam executadas por entidades privadas no futuro. A "terceirização" é tratada como parte da questão mais ampla da privatização. Esse é o campo dos argumentos ideológicos e pragmáticos que dominam as discussões no Direito Público americano ainda mais do que no Direito Público alemão. Aqui são ponderadas as vantagens e desvantagens econômicas e sociais da privatização. As preocupações

---

826 Assim AUDIT, Mathias; SCHILL, Stephan W. (Coord.). *Transnational law of public contracts*. Bruxelas: Bruylant, 2016; MASTROMATTEO, L. *Internationalizing Public Contracts through Model Laws*. [S.l.]: [s.n.], [s.d.], pp. 407-435.

827 Para mais, ver SUMMANN, Katharina. *Vergabegrundsätze und Vergabeverfahren im Rechtsvergleich Deutschland – USA*. Baden-Baden: Nomos, 2007, pp. 210 e ss. (entretanto, ainda sem ter em conta a alteração do GWB de 2016).

828 Cf. MANUEL, K. M. "Competition in Federal Contracting". *Congressional Research Service*, 2011, pp. 5 e ss.

829 BURGI, Martin. *Vergaberecht*. 2ª ed. Munique: C. H. Beck, 2018, § 13, nota, p. 21.

que as privatizações enfrentam de uma perspectiva constitucional são aqui formuladas: preocupações sobre "valores públicos", sobre perdas na responsabilização democrática, transparência e justiça processual.

Nesse panorama, os contratos parecem ter uma função instrumental. São os meios pelos quais as decisões de privatização são implementadas: "governo por contrato".[830] Consequentemente, deve-se questionar até que ponto as temidas perdas e perigos que podem surgir como resultado da privatização podem ser neutralizados através de concepções contratuais sensíveis: o Direito Contratual como a lei das consequências da privatização.

1 Proposta: "publicização"

Essas considerações podem ser identificadas em pontos individuais:[831] por exemplo, pode-se examinar como as disposições da APA e da FOIA, que apenas obrigam as Administrações e não os particulares, também podem ser tornadas vinculativas para as empresas privadas que realizam tarefas de serviço público no decurso da privatização.

Como já ficou claro quando se trata de privatizações no âmbito de uma "doutrina de delegação" modificada,[832] o tema também tem uma dimensão estrutural ainda mais ampla. Jody Freeman

830 Cf. FREEMAN, Jody; MINOW, Martha (Coord.). *Government by Contract*: Outsourcing and American Democracy. Cambridge: Harvard University Press, 2009.

831 Por exemplo, em MENDELSON, N. "Six Simple Steps to Increase Contractor Accountability". *In*: FREEMAN, Jody; MINOW, Martha (Coord.). *Government by Contract*: Outsourcing and American Democracy. Cambridge: Harvard University Press, 2009, pp. 241 e ss.

832 METZGER, G. E. "Private Delegations, Due Process and the Duty to Supervise". *In*: FREEMAN, Jody; MINOW, Martha (Coord.). *Government by Contract*: Outsourcing and American Democracy. Cambridge: Harvard University Press, 2009, pp. 291 e ss.

desenvolveu sistematicamente o tema.[833] Não se trata de restringir ao máximo a privatização em consideração ao bem público. Em vez disso, ela busca equilibrar os argumentos opostos de economistas e juristas constitucionais e as diferentes racionalidades que determinam as ações administrativas e privadas em um conceito que ela chama de "publicização". Assim, ela examina os contributos que o Poder Legislativo e o Poder Judiciário, mas também a própria Administração, podem dar a esse conceito:[834] as medidas legislativas incluem a extensão dos direitos processuais gerais aos parceiros contratuais privados, o estabelecimento de normas claras para os serviços a serem privatizar e o reconhecimento dos direitos de ação dos usuários dos serviços privatizados.[835] Os tribunais são aconselhados a abandonar a sua relutância em controlar as atividades contratuais da Administração e a desenvolver "princípios contratuais de Direito Consuetudinário". O Poder Executivo é incentivado, por exemplo, a utilizar a sua capacidade de influenciar a atribuição de financiamento público ("poder de despesa") para impor direitos de controle.

Freeman considera que as ideias tradicionais de "responsabilidade" que têm dominado a atual discussão sobre a privatização são demasiadamente hierárquicas e formais. O debate procura garantir os objetivos do bem comum ao privatizar os serviços públicos por meio de um pacote completo de medidas, que também inclui instrumentos de gestão que as próprias empresas privadas

---

833 FREEMAN, J. "Extending Public Law Norms through Privatization". *Harv. L Rev.*, vol. 116, 2003, p. 1.285; sistematizado também em BARAK-EREZ, D. "Three Questions of Privatization". *In*: ROSE-ACKERMAN, Susan; LINDSETH, Peter (Coord.). *Comparative Administrative Law*. Cheltenham: Edward Elgar, 2010, pp. 533, 541 e ss.

834 FREEMAN, J. "Extending Public Law Norms through Privatization". *Harv. L Rev.*, vol. 116, 2003, pp. 1.314 e ss.

835 Em relação a esses elementos, cf. AMAN, A. C. "Privatization and Democracy". *In*: FREEMAN, Jody; MINOW, Martha (Coord.). *Government by Contract*: Outsourcing and American Democracy. Cambridge: Harvard University Press, 2009, pp. 261-271 e ss. (ao direito dos estados individuais).

já utilizam há muito tempo.[836] Embora um desenho adequado dos contratos de privatização constitua o núcleo desse conceito, ele não esgota a "publicização". Ao contrário, trata-se também das condições de enquadramento e dos intervenientes no ambiente. Além do lado institucional, o prisma comunicativo do Direito Contratual é trabalhado e seus recursos são utilizados para garantir propósitos de bem comum.

2 Para efeito de comparação: acordos de cooperação no Direito alemão

A discussão alemã sobre as consequências da privatização também alicerça seus argumentos em diferentes fontes jurídicas.[837] Os contratos constituem um ponto de referência central. Contudo, os dispositivos da Lei do Processo Administrativo, que tratam dos contratos de Direito Público (seções 54-62), em sua versão atual, pouco contribuem para o debate. As propostas para complementar a regulamentação através do estabelecimento de um acordo de cooperação ainda não foram implementadas.[838] Afinal, a literatura reuniu uma série de elementos que deveriam fazer parte da lei dos contratos de privatização: o foco está na obrigação da autoridade de reservar-se o direito de influenciar o cumprimento adequado dos contratos. Outros elementos incluem a definição exata dos serviços contratuais (com cláusulas sobre prorrogações subsequentes), regulamentos sobre preços, sobre remuneração com

836 FREEMAN, J. "Extending Public Law Norms through Privatization". *Harv. L Rev.*, vol. 116, 2003, pp. 1.285-1.326 e ss.: "audits, monitoring, total quality management".

837 BAUER, H. "Verwaltungsverträge". *In*: HOFFMANN-RIEM, Wolfgang; SCHMIDT-AßMANN, Eberhard; VOßKUHLE, Andreas (Coord.). *Grundlagen des Verwaltungsrechts*. 2ª ed. vol. 2. Munique: C. H. Beck, 2012, § 36, nota, pp. 122 e ss.

838 Cf. *Bonk, Neumann* e *Siegel* em STELKENS, Paul; BONK, Heinz J.; SACHS, Michael. *Verwaltungsverfahrensgesetz*: Kommentar. 9ª ed. Munique: C. H. Beck, 2018, § 54, nota, pp. 7 e ss.

cláusulas de ajuste, sobre responsabilidade, bem como opções de devolução e de direitos especiais de rescisão da Administração.[839] Alguns "princípios contratuais de Direito Consuetudinário", como lembra Freeman, podem ser derivados da ideia de justiça processual. Seguindo as sugestões americanas, pode-se também pensar em aumentar a transparência e a publicidade do procedimento que conduz à celebração do contrato.[840] Ambos os sistemas jurídicos se baseiam em figuras jurídicas semelhantes para vincular os contratos de privatização a um conjunto básico de normas administrativas constitucionais-democráticas.

D. Ações sem procedimento formal fixo ("ação administrativa simples")

Além dos atos jurídicos referentes a "regras", "ordens" e "contratos", o Direito Administrativo americano também trata de ações administrativas menos desenvolvidas juridicamente, mas que requerem atenção como um processo real. A lei só pode capturar uma pequena parte da riqueza das ações administrativas em procedimentos com regras fixas, visão que acompanhou o processo de codificação da APA e que ainda hoje está viva.[841] As funções de armazenamento dos formulários são menores do que no Direito alemão. A ruptura entre a ação administrativa legal, formal e simples é menos pronunciada. As

---

839 SCHUPPERT, Gunnar F. *Verwaltungswissenschaft*. Baden-Baden: Nomos-Verl.-Ges, 2000, pp. 445 e ss.; BAUER, H. "Verwaltungsverträge". *In*: HOFFMANN-RIEM, Wolfgang; SCHMIDT-AßMANN, Eberhard; VOßKUHLE, Andreas (Coord.). *Grundlagen des Verwaltungsrechts*. 2ª ed. vol. 2. Munique: C. H. Beck, 2012, § 36.

840 Cf. os regulamentos da lei de compras para contratos de concessão §§ 101, 105 GWB.

841 Cf. a descrição clara da utilização de instrumentos em domínios individuais do Direito Administrativo especial em STRAUSS, Peter L. *Administrative Justice in the United States*. 3ª ed. Durham: Carolina Academic Press, 2016, pp. 209-255.

autoridades são chamadas a buscar soluções amigáveis e a desenvolver os seus próprios regulamentos processuais.[842]

Por outro lado, é notoriamente reconhecida a necessidade de não deixar as ações administrativas ordinárias inteiramente à margem da lei, mas, sim, incluí-las nos ditames da segurança jurídica. Ao contrário do Direito alemão, que não aborda o problema na Lei do Processo Administrativo, mas o relega à jurisprudência e à literatura, a APA contém abordagens que levam à regulamentação legal. O que é demonstrado pelo termo "ação da agência", que, de acordo com a definição na seção 551(13), inclui "sanções" junto com os atos jurídicos. "Sanções" são entendidas de forma ampla e, de acordo com a seção 551(10) da APA, incluem um espectro de medidas administrativas intrusivas, algumas das quais constituem decisões formais, mas outras representam a ação administrativa ordinária.[843]

Disso emergem duas consequências para a contenção constitucional das medidas: por um lado, estão sujeitas às normas de proteção judicial das seções 701-706 da APA, que abrem recursos legais não apenas contra atos jurídicos, mas geralmente contra ações de agências, segunda a seção 551(13).[844] E, por outro lado, a seção 558(b) da APA declara: "uma sanção não ou uma regra ou ordem substantiva emitida não pode ser imposta, exceto dentro da jurisdição delegada à agência e conforme autorizado por lei". A expressão "por lei" foi escolhida deliberadamente por ocasião da elaboração da APA, a fim de identificar não só as leis, mas

---

842 Expressamente em § 1106 da MSAPA 1981, com a seguinte observação "This section expressly encourages informal settlements of controversies that would otherwise end in more formal proceedings".

843 Cf. § 102(4)(C) da MSAPA 2010: "agency action: an agency's performing or failing to perform a duty, function, or activity or to make a determination required by law".

844 Conforme § 701(b)(2) da APA. Sobre restrições à densidade de controle, cf. STRAUSS, Peter L.; RAKOFF, Todd D.; FARINA, Cynthia R.; METZGER, Gillian E. *Gellhorn and Byse's Administrative Law*. 11ª ed. Nova York: Foundation Press, 2011, pp. 933 e ss.

também o Direito Consuetudinário como uma base adequada para autorizar as medidas mencionadas.[845] A seção 558(b) da APA não prescreve uma reserva legal estrita.

O dispositivo representa, todavia, um regramento (também) da ação administrativa simples, na medida em que impede as autoridades de se basearem em argumentos *ad hoc*.[846] As linhas básicas que a dogmática alemã desenvolveu parecem mais rigorosas, principalmente, quando a autorização legal for necessária para a ação administrativa simples que conduza a "intervenções de fato dos direitos fundamentais". No entanto, deve-se ter em conta que essa ação é muitas vezes difícil de enquadrar-se em tipos de procedimento fixos, de modo que praticamente não existem grandes exigências quanto à precisão das bases legais de autorização.[847] Ambos os sistemas jurídicos entendem de forma semelhante que a ação administrativa ordinária deve estar vinculada a normas constitucionais elementares, mas que isso só pode ser feito com muito cuidado dada a diversidade das suas manifestações e dos seus efeitos de controle diferenciados.

845 *Attorney General's Manual*, S. 88: "commonly recognized administrative practices".

846 *Attorney General's Manual*, S. 88: "that agencies will not appropriate to themselves powers Congress has not intended them to exercise". Além disso, as medidas administrativas devem cumprir os requisitos estabelecidos nas cláusulas protetivas individuais da Constituição, o que não implica necessariamente que a Administração atue legalmente. Para medidas de busca no âmbito de "inspeções", devem ser observados os limites da Quarta Emenda ("buscas e apreensões injustificadas"); ver STRAUSS, Peter L. *Administrative Justice in the United States*. 3ª ed. Durham: Carolina Academic Press, 2016, pp. 66 e ss.

847 Cf. HERMES, G. "Schlichtes Verwaltungshandeln". *In*: HOFFMANN-RIEM, Wolfgang; SCHMIDT-A*ß*MANN, Eberhard; VOßKUHLE, Andreas (Coord.). *Grundlagen des Verwaltungsrechts*. 2ª ed. vol. 2. Munique: C. H. Beck, 2012, § 39, pp. 81 e ss.

CAPÍTULO IV

REVISÃO JUDICIAL E PROTEÇÃO JURÍDICA EM MATÉRIA ADMINISTRATIVA

"No sistema americano, onde até mesmo a ação legislativa está sujeita ao controle judicial, nunca houve qualquer questionamento acerca da legitimidade da revisão judicial da ação da agência administrativa".[848] Os capítulos "controle judicial da ação administrativa" são os que ocupam maior espaço nos livros didáticos. Acesso ao tribunal, legitimidade para processar, tipos de ações judiciais, foros, necessidade de proteção legal e as doutrinas variadas são temas clássicos.[849] As questões da densidade dos controles e da

---

848 SCHWARTZ, Bernard. *Administrative Law*. 3ª ed. Boston: Little, Brown, 1991, § 8.1; de modo semelhante em STRAUSS, Peter L. *Administrative Justice in the United States*. 3ª ed. Durham: Carolina Academic Press, 2016, p. 416: "As a general matter, American law presumes that any administrative action that has reached the point of finality within executive government is susceptible of judicial examination".

849 PIERCE, Richard J. *Administrative Law Treatise*. 5ª ed. Austin: Wolters Kluwer Law & Business/Aspen Publ, 2012, cap. 9-15; cf. também HARTUNG, S. "Die gerichtliche Kontrolle der Verwaltungsentscheidungen in den Vereinigten Staaten". *DÖV*, 1993, pp. 323 e ss.; HEUN, W. "Geschichte

necessária restrição judicial ("âmbito e deferência") são tratadas em particular ênfase. Considerado o Direito Administrativo como um ramo voltado para uma "perspectiva centrada nos tribunais", essa lógica se aplica tanto aos sistemas jurídicos americano como alemão, e não só é vista de forma positiva em ambos os países porque o foco na proteção dos tribunais coloca em segundo plano as tarefas do Direito Administrativo.[850]

Ao tratar das questões individuais de proteção judicial, a legislação norte-americana busca seguir uma linha de equilíbrio. Os efeitos positivos dos controles administrativos judiciais, da aplicação da lei estatutária e das garantias constitucionais são contrastados com as perdas de eficiência administrativa e as ameaças à separação de poderes.[851] As ideias de "imunidade soberana" ainda são virulentas[852] – embora mais na proteção jurídica secundária voltada para

---

des Verwaltungsrechtsschutzes in den USA". *In*: SOMMERMANN, Karl-Peter; SCHAFFARZIK, Bert (Coord.). *Handbuch der Geschichte der Verwaltungsgerichtsbarkeit in Deutschland und Europa*. 2 vols. Berlim: Springer, 2019, pp. 1.680 e ss.

850 MASHAW, Jerry L. *Creating the Administrative Constitution*: The Lost one Hundred Years of American Administrative Law. New Haven: Yale University Press, 2012, pp. 1, 308 e ss.; SCHMIDT-AẞMANN, Eberhard. *Das allgemeine Verwaltungsrecht als Ordnungsidee*. 2ª ed. Berlim: Springer, 2004, nota, pp. 73 e ss.

851 Cf., por exemplo, PIERCE, Richard J.; SHAPIRO, Sidney; VERKUIL, P. R. *Administrative Law and Process*. 6ª ed. St. Paul: Foundation Press, 2014, § 5.2 (S. 120) e § 7.7; STRAUSS, Peter L. *Administrative Justice in the United States*. 3ª ed. Durham: Carolina Academic Press, 2016, pp. 409 e ss. Do mesmo modo, 555 U.S. 488, 492-493 (2009) *Summers v. Earth Island Institute*: "The law of art. III standing, which is built on separation-of-powers-principles, serves to prevent the judicial process from being used to usurp the powers of the political branches".

852 JAFFE, L. L. "The Right to Judicial Review". *Harv. L. Rev.*, vol. 71, 1958, p. 401; JAFFE, L. L. "Suits against Governments and Officers: Sovereign Immunity". *Harv. L. Rev.*, vol. 77, 1963, p. 1; DAVIS, Kenneth Culp. *Administrative law text*. 3ª ed. St. Paul: West Publishing, 1972, cap. 27; BREYER, Stephen G.; STEWART, Richard B.; SUNSTEIN, Cass R.; VERMEULE, Adrian; HERZ, Michael. *Administrative law and regulatory*

o direito de responsabilidade do que na proteção jurídica primária focada no direito de defesa. São destacadas as posições de interesses muitas vezes conflitantes dos envolvidos nas decisões administrativas contestadas. Assim, torna-se evidente que um maior controle judicial não é necessariamente o ponto de equilíbrio necessário entre as diferentes posições.[853] Por fim, as dúvidas sobre a legitimidade dos juízes para corrigir as decisões dos funcionários democraticamente eleitos, o dilema "contramajoritário", sugerem uma resposta ponderada às questões dogmáticas que surgem.[854]

De todo modo, não se pode falar com euforia da proteção jurídica nos EUA. Os poderes dos tribunais, assim como de outros ramos do governo, continuam a ser aspectos parciais da questão abrangente da separação de poderes, para a qual as barreiras também desempenham um papel relevante.[855] Os componentes da distribuição de competências federais entre os tribunais de cada estado e os tribunais federais apontam na mesma direção.[856] No

---

policy. 8ª ed. Nova York: Wolters Kluwer, 2017, pp. 755 e ss.; HICKMAN, Kristin; PIERCE, Richard J. *Federal Administrative Law*. 2ª ed. St. Paul: Foundation Press, 2014, pp. 795 e ss.

853 Cf. STRAUSS, Peter L.; RAKOFF, Todd D.; FARINA, Cynthia R.; METZGER, Gillian E. *Gellhorn and Byse's Administrative Law*. 11ª ed. Nova York: Foundation Press, 2011, pp. 1.191 e ss.; CHEMERINSKY, Erwin. *Constitutional law*: principles and policies. 5ª ed. Nova York: Wolters Kluwer, 2015, § 2.3.

854 PIERCE, Richard J.; SHAPIRO, Sidney; VERKUIL, P. R. *Administrative Law and Process*. 6ª ed. St. Paul: Foundation Press, 2014, § 7.1 (S. 319): "Outside the constitutional law context, the judiciary is the least appropriate branch of government to make policy decisions, since it is the least accountable to the electorate".

855 CANE, Peter. *Controlling administrative power*: a historical comparison. Cambridge: Cambridge University Press, 2016, pp. 486 e ss.

856 Resumidamente em WRIGHT, Charles A.; KANE, Mary K. *Law of Federal Courts*. 8ª ed. St. Paul: West Academic Publishing, 2017, cap. 8. Especialmente para a Décima Primeira Emenda Constitucional dos EUA e a limitação nela prevista da competência dos tribunais federais para ações contra um único estado movidas por cidadão de outro estado, cf. NOWAK, John

geral, a discussão sobre o estatuto da terceira potência nos EUA é mais matizada do que na Alemanha, onde essas questões são discutidas apenas ocasionalmente e, mesmo assim, apenas no que diz respeito ao Tribunal Constitucional Federal. Precisamente porque a função política do Judiciário se torna mais clara, desempenhando os aspectos limitadores um papel importante no debate americano.[857]

A compreensão do federalismo, que se baseia mais na separação do que na integração, significa que a proteção jurídica administrativa nos EUA é muito menos uniforme do que na Alemanha. O governo federal e os Estados-membros desenvolveram, cada qual, jurisdições próprias. Não existe um código processual abrangente e uniforme. Consequentemente, não se pode esperar respostas uniformes em todos os níveis para questões processuais básicas, como questões de legitimidade para processar ou no âmbito da revisão judicial. Uma imagem completa do que constitui proteção jurídica administrativa nos EUA só pode, portanto, ser obtida se, além da lei federal e dos tribunais federais, a situação jurídica em cada estado for também tida em conta. Se as seguintes declarações, no entanto, se concentrarem no nível federal e apenas ocasionalmente se referirem à proteção legal administrativa nos estados individuais, elas deverão ser entendidas com reservas.

A apresentação deste capítulo começa com comentários sobre a organização dos tribunais, os tribunais em si e as garantias do recurso legal, bem como uma visão geral dos requisitos do processo (seção 1). Segue-se uma explicação dos dois temas centrais da proteção jurídica em questões administrativas: o direito de peticionar uma ação e a densidade dos controles (seção 2). A conclusão é uma breve apresentação da proteção jurídica administrativa em matéria contratual e de indenização (seção 3).

E.; ROTUNDA, Ronald D. *Constitutional Law*. 8ª ed. St. Paul: Thomson/West, 2010, § 2.11.

857 CANE, Peter. *Controlling administrative power*: a historical comparison. Cambridge: Cambridge University Press, 2016, pp. 99-105.

Primeira seção: a organização dos tribunais federais e o acesso à Justiça

A seguir serão apresentados dois pilares da proteção jurídica administrativa: primeiramente, serão apresentados os princípios básicos da organização e do processo judicial do sistema de proteção jurídica (A). Depois, serão examinados os regulamentos que garantem o acesso aos tribunais em matéria administrativa (B). Por fim, à guisa de conclusão, virá um panorama geral dos requisitos do processo (C).

A. A organização dos tribunais e as instâncias em matéria administrativa

De acordo com as classificações tradicionais do Direito Processual Comparado, os EUA são um dos países que seguem um modelo monista e confiam a proteção jurídica em matéria administrativa aos tribunais que também são responsáveis por litígios de Direito Civil e processos criminais, enquanto a Alemanha tem uma orientação dualista, estando dividida entre tribunais administrativos e tribunais judiciais ordinários, sendo que ambos os ramos do tribunal estão vinculados uniformemente ao Poder Judiciário. Ambos os sistemas jurídicos utilizam padrões de qualidade comparáveis em relação ao terceiro Poder. Assim, a distinção tradicional entre monismo e dualismo não é muito significativa quando se compara a proteção jurídica administrativa americana e alemã – ao contrário, pode até levar a equívocos.

I. A separação entre tribunais judiciais e tribunais legislativos

Essa distinção relaciona-se com a diferenciação feita pela Constituição dos EUA, por sua vez, ao introduzir um princípio dualista na proteção jurídica administrativa. Além dos tribunais do art. 3º, também conhece os tribunais que o Congresso pode nomear, nos termos do art. 1º, parágrafo 8º, inciso 9. O dualismo que aparece aqui é, obviamente, de um tipo completamente diferente do dualismo clássico mencionado acima. Não está localizado dentro do terceiro Poder, mas entre ele e o segundo Poder. De toda forma, ao lidar com os termos "juiz" e "tribunal", é preciso prestar muita atenção a qual círculo funcional se faz referência. Tornou-se prática comum na jurisprudência e na literatura escolher entre "tribunais judiciais" ou "tribunais do art. 3º", por um lado, e "tribunais judiciais" ou "tribunais do art.1º", por outro.[858]

1 Os tribunais judiciais do art. 3º da Constituição

Retomando o conceito de separação de poderes dos primeiros artigos da Constituição, tem-se no art. 3º, parágrafo 1º: "o Poder Judicial dos Estados Unidos será investido em uma corte suprema e em tribunais inferiores, os quais o Congresso poderá, de tempos em tempos, ordenar e estabelecer". Ao contrário de muitos estados dos EUA, os juízes dos tribunais federais não são eleitos para um mandato fixo, mas são nomeados vitaliciamente. A nomeação, assim como a dos servidores públicos federais, é realizada de acordo com a cláusula de nomeação do art. 2º, parágrafo 2º, inciso 2, da Constituição dos EUA. Uma garantia salarial constitucional destina-se a garantir ainda mais a sua independência.[859] No geral, o art. 3º, parágrafo 1º elenca dois objetivos de proteção: além dos interesses institucionais em manter a separação de poderes, também o interesse do indivíduo em não ser condenado por funcionários

858 Seguindo REDISH, Martin; SHERRY, Suzanna; PFANDER, James E. *Federal Courts*. 7ª ed. St. Paul: Thomson/West, 2012, pp. 217 e ss.; também CALVI, J.; COLEMAN, S. *American Law and Legal Systems*. Londres: Routledge, [s.n.], pp. 47 e ss.; STRAUSS, Peter L. *Administrative Justice in the United States*. 3ª ed. Durham: Carolina Academic Press, 2016, pp. 155 e ss.; LOEWENSTEIN, Karl. *Verfassungsrecht und Verfassungspraxis der Vereinigten Staaten*. Berlim: Springer, 1959, pp. 396 e ss.

859 Para justificar esses elementos de independência, cf. *Federalist Papers* nº 78 (Hamilton).

que não pareçam suficientemente neutros e independentes.[860] Na prática, porém, o grau de politização que é trazido para o sistema judiciário, particularmente através do processo de nomeação, é motivo de considerável preocupação.[861]

Embora a Suprema Corte seja constituída diretamente pela Constituição, o estabelecimento de tribunais inferiores é deixado a cargo do Congresso. A necessidade de tribunais inferiores gerou controvérsia quando a Constituição foi redigida.[862] Alguns apontaram a possibilidade de confiar aos tribunais nacionais a decisão de disputas federais.[863] No entanto, essa solução, que tem uma longa tradição na Alemanha, encontrou oposição nos EUA, especialmente, devido às fragilidades da independência judicial em alguns dos estados federais. A Constituição queria manter aberta pelo menos uma opção para os tribunais federais. Porém, estava claro que a decisão sobre a sua introdução caberia ao Congresso. As reservas legais para a organização dos tribunais, que só foram alvo de polêmicas na Alemanha, faziam parte dos princípios

860 U.S. 833, 848 (1986) *Commodity Futures Trading Commission v. Schor*.

861 Cf. CROWE, J. "The Constitutional Politics of the Judiciary". *In*: TUSHNET, Mark; GRABER, Mark A.; LEVINSON, Sanford (Coord.). *The Oxford Handbook of the U. S. Constitution*. Oxford: Oxford University Press, 2015, pp. 197-205: "In the late twentieth century, ideology effectively became the first and most important criterion for nominating justices to the Court, with every single appointment since William Rehnquist in 1972 sharing a partisan affiliation with the sitting president". NEMACHECK, C. *Strategic Selection*: Presidential Nomination of Supreme Court Justices from Herbert Hoover through George W. Bush. Charlottesville: University of Virginia Press, 2007. Cf. STRAUSS, Peter L. *Administrative Justice in the United States*. 3ª ed. Durham: Carolina Academic Press, 2016, pp. 163 e ss.

862 Conforme HOFFER, Peter; HOFFER, Williamjames; HULL, N. E. H. *The Federal Courts*: An Essential History. Nova York: Oxford University Press, 2016, pp. 13 e ss.

863 *Federalist Papers* nº 81 (Hamilton); para mais sobre as controvérsias políticas por trás da cláusula de institucionalidade, cf. NOWAK, John E.; ROTUNDA, Ronald D. *Constitutional Law*. 8ª ed. St. Paul: Thomson/West, 2010, § 2.2.(a).

constitucionais básicos nos EUA.[864] Desde o início, foi dado ao Congresso amplos poderes para moldar o sistema de justiça.[865]

O Congresso imediatamente fez uso de seu poder para estabelecer e organizar a Lei do Judiciário [*Judiciary Act*] de 1789.[866] A estrutura central de três níveis do Poder Judiciário federal foi aqui estabelecida, na qual os "tribunais distritais" e os "tribunais de apelação" formam os "tribunais inferiores". O sistema foi posteriormente reformado e adaptado às novas condições.[867] Ocasionalmente, o Congresso e o Presidente também tentaram usar circunstâncias e condições políticas para fazer alterações de valor constitucionalmente duvidoso, o que fica evidente com o "plano de empacotamento dos tribunais" e as tentativas contínuas de "espoliação dos tribunais".[868] Apesar de todas as mudanças, os princípios básicos do sistema permaneceram os mesmos desde os primórdios até hoje.[869]

---

864 Sobre o desenvolvimento das reservas legais no direito da organização judiciária, ver WITTRECK, F. *Die Verwaltung der Dritten Gewalt*. Tübingen: Mohr Siebeck, 2006, pp. 37 e ss.

865 U.S. 236, 245 (1845) *Cary v. Curtis*.

866 Stat. 73 (1789); além disso, HOFFER, Peter; HOFFER, Williamjames; HULL, N. E. H. *The Federal Courts*: An Essential History. Nova York: Oxford University Press, 2016, pp. 30 e ss.

867 Ver NOWAK, John E.; ROTUNDA, Ronald D. *Constitutional Law*. 8ª ed. St. Paul: Thomson/West, 2010, § 2.2.

868 Sobre o "Court-packing plan", a tentativa do Presidente Roosevelt de aumentar especificamente o número de juízes, cf. SHESOL, Jeff. *Supreme Power*: Franklin Roosevelt vs. The Supreme Court. Nova York: W. W. Norton, 2010; HOFFER, Peter; HOFFER, Williamjames; HULL, N. E. H. *The Federal Courts*: An Essential History. Nova York: Oxford University Press, 2016, pp. 291 e ss. Sobre o "courtstripping", a tentativa sempre politicamente interessante de limitar a jurisdição dos tribunais federais como um todo ou pelo menos a do STF por meio de lei, e sobre os contra-argumentos, especialmente a partir da cláusula do devido processo, cf. REDISH, Martin; SHERRY, Suzanna; PFANDER, James E. *Federal Courts*. 7ª ed. St. Paul: Thomson/West, 2012, pp. 104 e ss.

869 WRIGHT, Charles A.; KANE, Mary K. *Law of Federal Courts*. 8ª ed. St. Paul: West Academic Publishing, 2017, p. 1.

Conforme disposto no art. 3º, parágrafo 1º, os tribunais mencionados são os "tribunais judiciais".[870] Eles formam o "Judiciário federal". São eles que estão no centro da discussão pública sobre o papel do juiz na sociedade.[871] O art. 3º, parágrafo 2º, da Constituição dos EUA confere sua jurisdição, cuja estrutura o Congresso deve preencher, mas não exceder, sendo descrita pelas seguintes premissas essenciais:

- O termo *casos ou controvérsias* é central. As partes devem estar em uma verdadeira disputa sobre interesses conflitantes que podem ser resolvidos com a ajuda de uma decisão vinculativa de um tribunal.[872] Os tribunais federais não têm autoridade para responder a questões jurídicas abstratas ou hipotéticas ou para fornecer aconselhamento geral. Essa determinação da Constituição é de grande importância.[873] Os detalhes tornam-se tangíveis nas doutrinas desenvolvidas pelo Judiciário sobre os

---

870 Cf. CHEMERINSKY, Erwin. *Constitutional law*: principles and policies. 5ª ed. Nova York: Wolters Kluwer, 2015, § 2.1 (S. 33); STRAUSS, Peter L. *Administrative Justice in the United States*. 3ª ed. Durham: Carolina Academic Press, 2016, pp. 155 e ss., com referência ao sítio eletrônico mantido pelo Escritório Administrativo dos Tribunais dos Estados Unidos.

871 CROWE, J. "The Constitutional Politics of the Judiciary". *In*: TUSHNET, Mark; GRABER, Mark A.; LEVINSON, Sanford (Coord.). *The Oxford Handbook of the U. S. Constitution*. Oxford: Oxford University Press, 2015, p. 197: "The federal judiciary is perhaps the premium site of constitutional politics in America".

872 TRIBE, Laurence. *American Constitutional Law*. 3ª ed. Nova York: Foundation Press, 2000, § 3-7; WRIGHT, Charles A.; KANE, Mary K. *Law of Federal Courts*. 8ª ed. St. Paul: West Academic Publishing, 2017, §§ 12-15.

873 U.S. 332, 341 (2006) *DaimlerChrysler Corp. v. Cuno*: "no principle is more fundamental to the judiciary's proper role in our system of government than the constitutional limitation of federal-court jurisdiction to actual cases or controversies".

requisitos do processo, especialmente nas doutrinas sobre "maturidade", "polêmica" e "posição".[874]

- Além disso, para que os litígios sejam da competência dos tribunais federais, devem cumprir determinados requisitos materiais. Os termos "questão federal" e "diversidade de cidadania" desempenham aqui um papel importante.[875]

A exigência de litígio, a concentração na lei federal e a orientação para a constituição das partes muito específicas são elementos de proteção da separação vertical e horizontal de poderes. São constitutivos do poder jurisdicional dos tribunais federais. O Congresso não pode expandir as suas competências para além da área delimitada.[876] Os tribunais federais são "tribunais de jurisdição limitada". Nisso eles diferem dos tribunais de cada estado, que têm jurisdição geral.

2 Os tribunais legislativos do art. 1º da Constituição

De acordo com o art. 1º, parágrafo 8º, inciso 9, o Congresso também pode criar "tribunais inferiores à Suprema Corte", os quais, à época, não estavam vinculados aos limites jurisdicionais previstos no art. 3º, parágrafo 2º, da Constituição dos EUA.[877] Os seus juízes

---

874 Cf. STRAUSS, Peter L. *Administrative Justice in the United States*. 3ª ed. Durham: Carolina Academic Press, 2016, pp. 427 e ss.; BRUGGER, Winfried. *Einführung in das öffentliche Recht der USA*. 2ª ed. Baden-Baden: Nomos, 2001, pp. 246 e ss.

875 Seguindo WRIGHT, Charles A.; KANE, Mary K. *Law of Federal Courts*. 8ª ed. St. Paul: West Academic Publishing, 2017, §§ 17-22A e §§ 23-31.

876 WRIGHT, Charles A.; KANE, Mary K. *Law of Federal Courts*. 8ª ed. St. Paul: West Academic Publishing, 2017, § 7: "The presumption is that the court lacks jurisdiction in a particular case until it has been demonstrated that jurisdiction over the subject matter exists".

877 A eles não se aplica a restrição ao requisito de "casos ou controvérsias", podendo também tomar decisões que tenham apenas conteúdo recomendatório.

não gozam das garantias constitucionais concedidas àqueles dos tribunais judiciais. No entanto, o Congresso pode simplesmente fornecer-lhes legalmente garantias semelhantes de independência, o que inclui, por exemplo, o Tribunal Fiscal dos Estados Unidos [*United States Tax Court*] e o Tribunal de Reclamações Federais [*United States Court of Federal Claims*].[878]

II. Responsabilidade e competência dos tribunais federais

Os tribunais federais formam uma estrutura própria de instâncias, cujo centro é a Suprema Corte, os Tribunais de Apelação e os Tribunais Distritais.[879] Além deles, existem outros tribunais federais que foram criados pelo Congresso, com base nos seus poderes de organização constitucional: por exemplo, o Tribunal do Comércio Internacional [*Court of International Trade*], que é um tribunal tanto na acepção do art. 3º quanto do art. 1º.[880] Eles são, todavia, apenas tribunais de primeira instância. Existe o meio legal de "recurso" contra suas decisões, por meio do qual o processo

Cf. NOWAK, John E.; ROTUNDA, Ronald D. *Constitutional Law*. 8ª ed. St. Paul: Thomson/West, 2010, § 2.1(b).

878 Título 26 do U.S.C., seção 7441, e título 28 do U.S.C. § 171.

879 Assim cf. STRAUSS, Peter L. *Administrative Justice in the United States*. 3ª ed. Durham: Carolina Academic Press, 2016, pp. 155 e ss.; LOEWENSTEIN, Karl. *Verfassungsrecht und Verfassungspraxis der Vereinigten Staaten*. Berlim: Springer, 1959, pp. 442 e ss.; HAY, Peter. *US-Amerikanisches Recht*. 6ª ed. Munique: Beck Helbing Lichtenhahn Manz, 2015, nota, pp. 106 e ss.; KISCHEL, Uwe. *Rechtsvergleichung*. Berlim: C. H. Beck, 2015, § 5, nota, pp. 101 e ss.

880 U.S.C., §§ *251-258*. A esse grupo pertencem além do U.S. Foreign Intelligence Surveillance Court (FISC), conforme seção 50 do U.S.C, capítulo 36, o U.S. Terrorist Removal Court, segundo o 8 U.S.C. §§ 1532-1537, que não possuem juízes próprios, mas são compostos por juízes de "tribunais distritais"; cf. WRIGHT, Charles A.; KANE, Mary K. *Law of Federal Courts*. 8ª ed. St. Paul: West Academic Publishing, 2017, § 5.

atinge a instância recursal em segunda instância.[881] A interação entre os tribunais federais é tudo menos fácil de entender. A visão de que um sistema judicial monisticamente organizado evita longas deliberações sobre o rumo jurídico é incorreta, ao menos, para os EUA, dada a diversidade dos tribunais federais.

Para a Suprema Corte, o art. 3°, parágrafo 2°, inciso 2, da Constituição dos EUA traz os princípios básicos da própria jurisdição, que são traduzidos pelo título 28 do U.S.C., seções 1.251-1.257 do Direito Infraconstitucional. A principal competência da Corte consiste em decidir sobre os recursos contra as decisões dos tribunais de recurso e (sob certas condições) também dos mais altos tribunais nacionais.[882] No entanto, as partes não têm acesso direto a ele, devendo acioná-lo somente por meio de um *writ of certiorari* (título 28 do U.S.C., seções 1.254 e 1.257).[883] A Suprema Corte decidiu sobre a recepção da petição. A prioridade foi eliminar as divergências jurisprudenciais, seguindo, em geral, uma linha restritiva.[884] A manutenção da unidade jurídica é também um problema significativo, dados os recursos limitados da Suprema Corte.

---

881 De acordo com o 28 U.S.C. § 1295(a)(3) e (5) para as decisões finais do Tribunal de Reclamações Federais dos EUA e do Tribunal de Comércio Internacional dos EUA: jurisdição exclusiva do Tribunal de Apelações do Circuito Federal dos Estados Unidos.

882 SCHACK, Haimo. *Einführung in das US-amerikanische Zivilprozessrecht*. 4ª ed. Munique: C. H. Beck, 2011, nota, p. 7: "dupla função como a mais alta autoridade de revisão". Além da jurisdição de apelação primária, o 28 U.S.C. § 1251 concede ao Supremo Tribunal alguns (poucos) casos de "jurisdição original", especialmente jurisdição sobre disputas entre estados. O caso mais recente foi a tentativa do Texas de lançar dúvidas sobre a legitimidade das eleições presidenciais de novembro de 2020 em alguns outros estados; a Suprema Corte falhou na tentativa com uma breve referência à falta de legitimidade para processar, 592 U.S. (Order in pending case 155, orig. December 11, 2020) *Texas v. Pennsylvania, Georgia, Michigan and Wisconsin*.

883 WRIGHT, Charles A.; KANE, Mary K. *Law of Federal Courts*. 8ª ed. St. Paul: West Academic Publishing, 2017, § 106.

884 Supreme Court Rules, Rule 10: "A petition for a writ of certiorari is rarely granted when the asserted error consists of erroneous factual findings or

Os *Tribunais de Apelação*, cuja organização está definida no título 28 do U.S.C., seções 42-49, devem, fundamentalmente, decidir sobre os recursos contra as sentenças finais dos tribunais distritais (título 28 do U.S.C., seção 1.291).[885] Basicamente, trata-se apenas de questões jurídicas. O Direito especial também reconhece a possibilidade de atuar como primeira instância dos "tribunais de apelação". As decisões geralmente são tomadas por três juízes. Tendo em vista as muitas autoridades federais sediadas em Washington, o Tribunal de Apelações do Distrito de Columbia é particularmente importante na área de proteção do Direito Administrativo.[886]

Os tribunais distritais constituem a base do sistema de Justiça Federal.[887] Os distritos judiciais e o número de juízes a serem nomeados para cada distrito são estabelecidos no título 28 do U.S.C., seções 81-131, em detalhes específicos. Como todos os juízes dos "tribunais do art. 3º", eles são nomeados vitaliciamente pelo Presidente com anuência do Senado. Salvo disposição em contrário, o princípio da unidade do juízo aplica-se aos tribunais distritais.

---

the misapplication of a properly stated rule of law". No tocante à prática restritiva, ver NOWAK, John E.; ROTUNDA, Ronald D. *Constitutional Law*. 8ª ed. St. Paul: Thomson/West, 2010, § 2.4(b) (S. 29); STRAUSS, Peter L. *Administrative Justice in the United States*. 3ª ed. Durham: Carolina Academic Press, 2016, pp. 160, 168 e ss.

885 WRIGHT, Charles A.; KANE, Mary K. *Law of Federal Courts*. 8ª ed. St. Paul: West Academic Publishing, 2017, § 101; HAY, Peter. *US-Amerikanisches Recht*. 6ª ed. Munique: Beck Helbing Lichtenhahn Manz, 2015, nota, p. 108; em relação aos padrões de exame, ver KISCHEL, Uwe. *Rechtsvergleichung*. Berlim: C. H. Beck, 2015, § 5, nota, p. 103.

886 Cf. STRAUSS, Peter L. *Administrative Justice in the United States*. 3ª ed. Durham: Carolina Academic Press, 2016, p. 168; HALBERSTAM, D. "The Promise of Comparative Administrative Law: A Constitutional Perspective on Independent Agencies". *In*: ROSE-ACKERMAN, Susan; LINDSETH, Peter (Coord.). *Comparative Administrative Law*. Cheltenham: Edward Elgar, 2010, pp. 139 e 141 ("*de facto* 'special tribunal' for administrative law").

887 Cf. WRIGHT, Charles A.; KANE, Mary K. *Law of Federal Courts*. 8ª ed. St. Paul: West Academic Publishing, 2017, § 2.

III. A jurisdição dos tribunais federais

Se a interação entre os tribunais federais gerais e especiais não é fácil de entender, a questão torna-se ainda mais complicada quando se aborda a jurisdição entre os tribunais dos estados individuais.[888] Os tribunais federais só têm jurisdição na medida em que lhes for conferida pela Constituição ou por leis de caráter constitucional. Se não for o caso, a jurisdição dos tribunais nacionais deve ser considerada. Mesmo quando os tribunais federais têm jurisdição, são concebíveis jurisdições concorrentes dos tribunais estaduais, a menos que a jurisdição federal seja expressa ou essencialmente designada como exclusiva.[889]

1 Uma rede de cláusulas recursais

Essa seara é dominada por um grande número de cláusulas recursais de alcance variado. Por exemplo, os tribunais federais têm jurisdição sobre questões de patentes, navais e postais (título 28 do U.S.C., seções 1.333, 1.338 e 1.339). Eles também têm jurisdição sobre todas as disputas em que os próprios Estados Unidos são parte (título 28 do U.S.C., seções 1.345 e 1.346).[890] Ademais, têm jurisdição importante sobre os chamados "casos de direitos civis", que envolvem violações de direitos constitucionais federais por ações estaduais (título 28 do U.S.C., seção 1.343). A "questão federal" (a) e a cláusula da "diversidade da cidadania" (b) são particularmente amplas e repletas de numerosos problemas de

888 Cf. HAY, Peter. *US-Amerikanisches Recht*. 6ª ed. Munique: Beck Helbing Lichtenhahn Manz, 2015, nota, pp. 106 e ss.

889 WRIGHT, Charles A.; KANE, Mary K. *Law of Federal Courts*. 8ª ed. St. Paul: West Academic Publishing, 2017, § 45.

890 Ver WRIGHT, Charles A.; KANE, Mary K. *Law of Federal Courts*. 8ª ed. St. Paul: West Academic Publishing, 2017, § 22A. O caso paradigmático é 365 U.S 167 (1961) *Monroe v. Pape*.

interpretação.[891] No entanto, não existe uma cláusula geral que se destine a cobrir todos os litígios em questões administrativas nos termos da seção 40, parágrafo 1º, do Regulamento do Tribunal Administrativo [*VwGO - Verwaltungsgerichtsordnung*].

a. Questão federal

A Constituição autoriza os tribunais federais a terem jurisdição sobre todas as disputas "decorrentes de dispositivos constitucionais, das leis dos Estados Unidos e dos tratados internacionais celebrados, ou que sejam celebrados, sob sua autoridade". Assim, o título 28 do U.S.C., seção 1.331 dispõe: "os tribunais distritais terão competência originária sobre todas as ações civis decorrentes da Constituição, leis ou tratados dos Estados Unidos". O elemento "decorrente" é que precisa ser determinado, pois carrega em si considerável nível de incerteza. Não surpreenderia ninguém utilizar a lei alemã sobre recurso, precisamente o art. 137, parágrafo 1º, do Regulamento dos Tribunais Administrativos, como comparação, segundo o qual o recurso só pode se basear no fato da decisão impugnada "envolver" uma violação da lei federal. O tratamento desse pressuposto mostra o quanto os tribunais evitam determinações abstratas e se limitam a declarações seletivas. As constelações de casos em que as leis federais e estaduais se entrelaçam ou em que as leis federais influenciam os processos legais estaduais são muito diversas para que possam ser oferecidos critérios de demarcação fixos. A literatura fala de uma "abordagem pragmática".[892]

---

891 De acordo com HAY, Peter. *US-Amerikanisches Recht*. 6ª ed. Munique: Beck Helbing Lichtenhahn Manz, 2015, nota, pp. 111 e ss.; KISCHEL, Uwe. *Rechtsvergleichung*. Berlim: C. H. Beck, 2015, § 5, nota, p. 105; SCHACK, Haimo. *Einführung in das US-amerikanische Zivilprozessrecht*. 4ª ed. Munique: C. H. Beck, 2011, nota, pp. 40 e ss.

892 Assim *M. Eichberger* e *J. Buchheister* em SCHOCH, Friedrich; SCHNEIDER, Jens-Peter; BIER, Wolfgang (Coord.). *Verwaltungsgerichtsordnung*. Munique: C. H. Beck, 2019, § 137, nota, p. 10.

Esse entendimento também caracteriza a magistratura da Suprema Corte em relação à "questão federal":[893] embora inicialmente tenha sido indicada uma interpretação ampla, a compreensão posteriormente restringiu-se às normas que são decisivas para o objeto da disputa.[894] A relevância da lei federal já deve estar evidente na reclamação ("regra da reclamação bem defendida").[895] Se as normas da lei federal forem relevantes apenas para as objeções do réu, isso não deverá ser suficiente para estabelecer a jurisdição dos tribunais federais. Se, posteriormente, se descobrir que o autor não tem direito nos termos da lei federal, a ação fracassa não por causa de sua admissibilidade, mas por causa de seu mérito. De acordo com a jurisprudência recente, em casos difíceis em que a ação judicial se baseia na legislação nacional, mas tem implicações significativas na legislação federal, devem ser tidos em conta critérios que conduzam a uma avaliação de impacto.[896]

b. Diversidade de cidadania

A jurisdição federal também pode ser estabelecida sobre disputas entre cidadãos de diferentes estados (título 28 do U.S.C., seção 1.332). Do ponto de vista da política do Direito, o regulamento é

---

893 Ver 22 U.S. 738, 823 (1824) *Osborn v. Bank of the United States*: "when a question to which the judicial power of the Union is extended by the Constitution forms an ingredient of the original cause".

894 U.S. 257, 260 (1916) *American Well Works Co. v. Layne & Bowler Co.*: "A suit arises under the law that creates the cause of action". No entanto, em um sentido mais amplo, ver novamente *Smith v. Kansas City Title & Trust Company* 255 U.S. 180, 202 (1921); cf. também Holmes J., diss. 214-215.

895 Criticamente em WRIGHT, Charles A.; KANE, Mary K. *Law of Federal Courts*. 8ª ed. St. Paul: West Academic Publishing, 2017, § 18.

896 U.S. 308, 319 (2005) *Grable & Sons Metal Products, Inc. v. Darue Engineering & Mfg*: "Instead, the question is, does a state-law claim necessarily raise a stated federal issue, actually disputed and substantial, which a federal forum may entertain without disturbing any congressionally approved balance of federal and state judicial responsibilities".

controverso.[897] A desconfiança na neutralidade dos tribunais nacionais em casos que envolvem cidadãos de outros estados, trazida pelo art. 3º, parágrafo 2º, da Constituição dos EUA, não se justificaria hoje em dia. No entanto, ainda não foi implementada uma reforma fundamental ou a abolição do regulamento, embora os tribunais federais estejam sendo atraídos para a interpretação da legislação nacional conforme essa lógica. Assim, basta decidir as questões processuais de acordo com a lei federal, enquanto a lei escrita e não escrita do respectivo estado individual deve ser relevante para as questões jurídicas substantivas de acordo com a Doutrina Erie.[898]

c. Remoção jurisdicional

Mesmo nos casos de cessão expressa, os tribunais federais geralmente não têm competência exclusiva, mas apenas concorrente. Uma ação movida em tribunal estadual pode ser deslocada para tribunais federais mediante solicitação do réu: remoção jurisdicional (título 28 do U.S.C., seções 1.441-1.452).[899] Não há opção de encaminhar ações pendentes na Justiça Federal ao tribunal estadual competente. Eles deverão ser rejeitados caso a Justiça Federal negue sua competência.

---

897 Detalhadamente em WRIGHT, Charles A.; KANE, Mary K. *Law of Federal Courts*. 8ª ed. St. Paul: West Academic Publishing, 2017, § 23.

898 U.S. 64, 71 (1938) *Erie Railroad Co. v. Tompkins*; WRIGHT, Charles A.; KANE, Mary K. *Law of Federal Courts*. 8ª ed. St. Paul: West Academic Publishing, 2017, §§ 55-60; HAY, Peter. *US-Amerikanisches Recht*. 6ª ed. Munique: Beck Helbing Lichtenhahn Manz, 2015, nota, p. 113; SCHACK, Haimo. *Einführung in das US-amerikanische Zivilprozessrecht*. 4ª ed. Munique: C. H. Beck, 2011, nota, pp. 34 e ss.

899 Ver WRIGHT, Charles A.; KANE, Mary K. *Law of Federal Courts*. 8ª ed. St. Paul: West Academic Publishing, 2017, §§ 38-41; SCHACK, Haimo. *Einführung in das US-amerikanische Zivilprozessrecht*. 4ª ed. Munique: C. H. Beck, 2011, nota, pp. 48 e ss.

2 Recursos contra decisões dos tribunais nacionais

Os recursos contra decisões de tribunais estaduais que levam a tribunais federais são um problema significativo para as ideias americanas de uma ordem constitucional federal.[900] Essa possibilidade já estava prevista de forma limitada na Lei do Judiciário de 1789. Hoje, o título 28 do U.S.C., seção 1.257 dá à Suprema Corte autoridade para rever, sob certas condições, decisões de tribunais estaduais por meio do *writ certiorari*, o que, contudo, vincula apenas os tribunais superiores individualmente. Esse conceito é interpretado funcionalmente. Ou seja, se refere a decisões judiciais que não podem mais ser contestadas por outros meios legais. Em circunstâncias específicas, pode ser um tribunal que está muito abaixo da hierarquia normal. No entanto, o título 28 do U.S.C., seção 1.257 só se aplica se for uma decisão final desse tipo de tribunal.

O que importa é se a decisão estadual afeta substancialmente a lei federal. Essa "questão federal" pode surgir por diversos motivos: principalmente, quando há dúvida sobre a validade das leis federais, mas também quando se trata de direitos ou benefícios que têm sua base na lei federal. Também aqui surgem questões de difícil demarcação, nos casos em que as razões da decisão do acórdão impugnado entrelaçam as leis federais e estaduais. Se a decisão puder basear-se em fundamentos independentes da legislação nacional, não poderá ser revista pela Suprema Corte.[901] Se o tribunal estadual se considerar obrigado pela lei federal a interpretar a lei estadual de uma maneira particular, a decisão será abrangida pelo título 28 do

900 WRIGHT, Charles A.; KANE, Mary K. *Law of Federal Courts*. 8ª ed. St. Paul: West Academic Publishing, 2017, § 107, pp. 705 e ss.

901 Em relação a essa doutrina do "adequate and independent state ground", ver REDISH, Martin; SHERRY, Suzanna; PFANDER, James E. *Federal Courts*. 7ª ed. St. Paul: Thomson/West, 2012, pp. 1.011 e ss.

U.S.C., seção 1.257.[902] O fato de a disposição apenas levar a uma revisão das decisões dos tribunais estaduais pelo tribunal federal em casos excepcionais se deve menos a elementos estritamente definidos do que ao fato de que a Suprema Corte aplica padrões restritivos quando se trata de *certiorari*.

IV. Apêndice: a posição do juiz de Direito Administrativo (ALJ)

Os juízes de Direito Administrativos não fazem parte do arcabouço jurídico do art. 3º da Constituição dos EUA. Como resultado, não dispõem automaticamente das garantias de independência factual e pessoal a que têm direito os juízes do "Poder Judicial". Os juízes de Direito Administrativo fazem parte do Poder Executivo, mas com *status* especial.[903]

1 Evolução

A questão de saber até que ponto os funcionários encarregados das tarefas de "oitiva" deveriam ter uma posição neutra nas autoridades, separada da política interna, já desempenhou um papel importante na criação da APA,[904] principalmente no parágrafo 11 de sua versão original de 1946, que padronizou elementos básicos

---

902 WRIGHT, Charles A.; KANE, Mary K. *Law of Federal Courts*. 8ª ed. St. Paul: West Academic Publishing, 2017, § 107, p. 717.

903 STRAUSS, Peter L. *Administrative Justice in the United States*. 3ª ed. Durham: Carolina Academic Press, 2016, pp. 184-187.

904 Cf. UNITED STATES DEPARTMENT OF JUSTICE. *Final Report of Attorney General's Committee on Administrative Procedure Act*, 1941, S. 46: "These officials should be men of ability and prestige and should have tenure and salary which give assurance of independence of judgement". No que tange ao desenvolvimento particular da matéria, ver SCHWARTZ, Bernard. *Administrative Law*. 3ª ed. Boston: Little, Brown, 1991, § 6.11-6.14; WEAVER, R. L.; JELLUM, L. D. "Neither Fish nor Fowl: Administrative Judges in the Modern Administrative State". *Windsor Yearbook of Access to Justice*, vol. 28, 2010, pp. 247-250.

para uma posição mais independente dos "examinadores". Em 1978, o termo "examinador" foi substituído pelo termo "juiz de Direito Administrativo". Hoje, as disposições relevantes podem ser encontradas em várias partes do título 5 do U.S.C., na seção 3.105, que exige que cada agência nomeie juízes de Direito Administrativo em um número proporcional à carga de trabalho. Feito isso, os casos que aguardam tratamento deverão, se possível, ser distribuídos de acordo com o princípio da rotatividade. Um juiz de Direito Administrativo não pode exercer outras atividades que sejam incompatíveis com as suas funções como magistrado. A seção 5.372 estabelece disposições para o salário deles. Finalmente, a seção 7.521 especifica que um juiz de Direito Administrativo pode ser destituído do cargo ou pode estar sujeito a ação disciplinar apenas por razões estritamente definidas e apenas por meio de regras processuais específicas.[905] Juízes de Direito Administrativo e magistrados em geral, normalmente, gozam de imunidade absoluta em reclamações de responsabilidade.[906] O Gabinete de Gestão de Pessoal (OPM) e o Conselho de Proteção dos Sistemas de Mérito estão autorizados a estabelecer regulamentos gerais e também a fornecer a formação especializada necessária para os juízes de Direito Administrativo (seção 1.305).

Em âmbito nacional, o trabalho independente está mais avançado. Aqui, os juízes de Direito Administrativo foram muitas vezes apartados das autoridades especializadas e fundidos conforme sua própria organização.[907] O art. 6º da MSAPA de 2010 prevê um modelo estrutural com o Gabinete de Audiências Administrativas em que a nomeação dos juízes é atribuída a um Juiz Chefe de Direito Administrativo, que, em cooperação com as respectivas autoridades

---

905 Além disso, os regulamentos processuais do Conselho de Proteção de Sistemas de Mérito em 5 C.F.R., § 1201 (2007).

906 U.S. 478, 513-515 (1978) *Butz v. Economou*.

907 Cf. FLANAGAN, J. F. "An Update on Developments in Central Panels and ALJ Final Order Authority". *Ind. L. Rev.*, vol. 38, 2005, p. 401.

especializadas, regula também a distribuição de tarefas e supervisão desses julgadores, o pode ser visto como uma tendência para o desenvolvimento de um sistema judiciário administrativo independente, cujos juízes desenvolverão, a longo prazo, uma autoimagem "judicial" que é claramente distinta da Administração.

Esses modelos de "painel central" ou "tribunal administrativo" também foram propostos em âmbito federal. Uma forma de transformar os juízes de Direito Administrativo em uma instituição (relativamente) independente poderia ser o art. 1º, parágrafo 8º, inciso 9, que permite ao Congresso criar "tribunais". No entanto, as considerações correspondentes não puderam ser implementadas para a Administração federal em geral (ao contrário, por exemplo, do Direito Tributário), precisamente porque não havia desejo de uma separação categórica desses juízes da Administração e de uma migração para a área de Justiça.[908]

2 Competências

As tarefas que o juiz de Direito Administrativo deve desempenhar no âmbito dos procedimentos decorrem, principalmente, do Direito especializado, na forma geral das seções 556 e 557 da APA e da seção 606 da MSAPA de 2010. Portanto, os juízes de Direito Administrativo, regularmente, atuam em procedimentos formais. O grande número de decisões administrativas diárias não está incluído; os funcionários responsáveis pelas audiências exigidas (muitas vezes referidos como "juízes") não são tidos como

908 Ver WEAVER, R. L.; JELLUM, L. D. "Neither Fish nor Fowl: Administrative Judges in the Modern Administrative State". *Windsor Yearbook of Access to Justice*, vol. 28, 2010, pp. 252-255; STRAUSS, Peter L. *Administrative Justice in the United States*. 3ª ed. Durham: Carolina Academic Press, 2016, pp. 186 e ss.

juízes de Direito Administrativo; seu *status* varia dependendo da legislação técnica correspondente.[909]

Os juízes de Direito Administrativo possuem amplos poderes de gestão processual nos processos administrativos formais que lhes são atribuídos. Se a decisão factual que formulam será definitiva ou terá apenas caráter recomendatório para a gestão da autoridade, isso é regulado de forma diferente pela lei especializada. De acordo com a APA, na seção 557(b), uma decisão desse julgador torna-se uma decisão final, a menos que um recurso seja interposto ou a agência decida revisá-la. Ao contrário do que se esperaria da tradição alemã de proteção jurídica, os juízes de Direito Administrativo não são organismos de controle posterior, mas, sim, instâncias de escrutínio prévio, às quais são confiadas tarefas de constituição da correta base factual.[910]

A gama de poderes que os juízes de Direito Administrativo podem possuir levou à questão de saber se, conforme a cláusula de nomeação (prevista pelo art. 2º, parágrafo 2º, inciso 2, da Constituição dos EUA), sua nomeação é feita pela chefia da agência ou por, ao menos, um órgão autorizado por ela. A doutrina americana segue ideias semelhantes de uma "cadeia de legitimação", assim como a doutrina alemã constrói sob o conceito de legitimação pessoal-organizacional. O fator decisivo é se os juízes de Direito

---

909 ASIMOW, M. "Five Models of Administrative Adjudication". *Am. J. Comp. L.*, vol. 63, 2015, pp. 3-12; BREYER, Stephen G.; STEWART, Richard B.; SUNSTEIN, Cass R.; VERMEULE, Adrian; HERZ, Michael. *Administrative law and regulatory policy*. 8ª ed. Nova York: Wolters Kluwer, 2017, p. 728: Os exemplos incluem os "juízes de imigração" que trabalham na legislação de asilo e os "auditores" que trabalham no Departamento de Assuntos de Veteranos.

910 Cf. CANE, Peter. *Controlling administrative power*: a historical comparison. Cambridge: Cambridge University Press, 2016, pp. 180 e ss. ("modelo de decisão inicial"); mas há também uma nota de que a função do ALJ, por exemplo no direito social, mudou para um "modelo de revisão" em comparação com a APA.

Administrativos são classificados como "oficiais dos Estados Unidos". De acordo com a visão predominante, esse enquadramento deveria incluir apenas aqueles que ocupam um cargo permanente e legalmente justificado, exercendo uma função substancialmente importante.[911] No caso *Lúcia et al. v. Comissão de Valores Mobiliários*, a maioria da Suprema Corte confirma essa condição para os juízes da agência em questão, desde que sejam analisadas detalhadamente as tarefas e poderes que esses julgadores têm perante a respectiva lei.[912] Em contrapartida, dois juízes salientam que a cláusula de nomeação trata geralmente de responsabilidades e, portanto, não pode depender da importância das funções desempenhadas.[913] Independentemente das diferenças de raciocínio, é plausível considerar os juízes de Direito Administrativo como "oficiais", nos termos do art. 2°, parágrafo 2°, inciso 2, da Constituição dos EUA, exigindo uma delegação formal para o poder de nomeá-los. No entanto, não foi definitivamente esclarecido se o regramento acerca de sua destituição do cargo (título 5 do U.S.C., seção 7.521) representa uma restrição demasiadamente abrangente ao "poder de destituição" do Presidente.[914]

---

911 U.S. 508, 511 (1878) *United States v. Germaine*: "a continuing position established by law"; e 424 U.S. 1, 26 (1976) *Buckley v. Valeo*: "significant authority"; ROßBACH, Matthias. *Das Personal der Republik*: Entstehung und Entwicklung eines demokratischen Personalverfassungsrechts der Exekutive am Beispiel der Vereinigten Staaten von Amerika. Diss. Berlin 2018, i. E., pp. 382 e ss.

912 U.S. __ (2018) (op. cit. 6) *Lucia v. SEC* em relação ao caso 501 U.S. 868 (1991) *Freytag v. Commissioner*.

913 U.S. __ (2018) (op. cit. 2) *Lucia v. SEC* Thomas, J., acompanhado por Gorsuch, J.: "As explained, the importance or significance of these statutory duties is irrelevant".

914 Ver 585 U.S. __ (2018) (op. cit. 4-9) *Lucia v. SEC*, Breyer, J. com referência a 561 U.S. 477 (2010) *Free Enterprise Fund v. Public Company Accounting Oversight Board*.

B. A garantia do acesso à Justiça

O art. 3º, parágrafo 1º, da Constituição dos EUA confia o Poder Judicial dos Estados Unidos a uma Suprema Corte e aos tribunais inferiores que o Congresso possa estabelecer. O poder de estabelecimento do Congresso também confere autoridade para limitar a jurisdição dos tribunais que estabelece. Não há a garantia abrangente de proteção legal contra atos de autoridade pública no texto constitucional americano, como presente no art. 19, parágrafo 4º, da Lei Fundamental.

Em perspectiva, a situação é ambivalente: embora prevaleça uma tendência restritiva na lei de responsabilidade do Estado com referência à doutrina da "imunidade soberana", existem várias ligações positivas para a proteção jurídica primária sob o manto do direito de defesa.[915] A cláusula do devido processo legal oriunda das Emendas V e XIV garante um padrão básico de garantias processuais, que também se estende a processos judiciais. Contudo, o devido processo legal afeta apenas certos direitos ("vida, liberdade ou propriedade"), que também estão vulneráveis a sofrer ingerência ("privada"). A forma como a proteção judicial deve ser concebida detalhadamente não é determinada de maneira definitiva, mas depende da respectiva situação de proteção jurídica, sendo determinada pelos tribunais, de acordo com o teste de Mathews, sem que seja possível formular um padrão fixo.[916] A Constituição

---

915 Cf. STRAUSS, Peter L. *Administrative Justice in the United States*. 3ª ed. Durham: Carolina Academic Press, 2016, pp. 155 e ss., 419 e ss., 458 e ss.; STRAUSS, Peter L.; RAKOFF, Todd D.; FARINA, Cynthia R.; METZGER, Gillian E. *Gellhorn and Byse's Administrative Law*. 11ª ed. Nova York: Foundation Press, 2011, pp. 1.342 e ss.

916 PIERCE, Richard J.; SHAPIRO, Sidney; VERKUIL, P. R. *Administrative Law and Process*. 6ª ed. St. Paul: Foundation Press, 2014, § 5.1.3 ("minimum procedural safeguards"). Ver 542 U.S. 507, 529-536 (2004) *Hamdi v. Rumsfeld*: Uma pessoa mantida em cativeiro no decurso da "guerra ao terrorismo" que se oponha à sua classificação como "combatente inimigo" deve ser informada da base factual desta classificação e ter uma oportunidade

também pode entrar em jogo quando a disputa é sobre direitos constitucionais individuais, como liberdade de religião ou liberdade de expressão, devendo esses valores ser efetivamente protegidos contra ingerências. Ainda assim, não existe nenhuma posição constitucional que possa ser capaz de colmatar a lacuna em todos os variados casos possíveis.

I. A verificabilidade das decisões administrativas como princípio

Os princípios básicos de acesso à Justiça baseiam-se principalmente no Direito Infraconstitucional.[917] A prioridade aqui é o Direito especial, mormente as leis que criam uma autoridade específica e lhe confiam uma tarefa administrativa específica. Em muitos casos, esses "estatutos orgânicos" também determinam como as decisões oficiais devem ser contestadas perante um tribunal. Isso pode ser feito de maneira variada a depender da respectiva área temática. As declarações do Direito especializado também podem limitar-se a fornecer proteção jurídica apenas para decisões muito específicas. Nesse caso, podem surgir questões complicadas de interpretação quanto à medida em que as disposições gerais podem ser utilizadas para decisões não abrangidas juridicamente.

---

justa "para refutar as afirmações factuais do Governo perante um tomador de decisão neutro"; podem ser utilizadas provas de boatos, e um tribunal militar pode ser suficiente para fornecer a proteção legal necessária. Mais rigoroso (com recurso à garantia de *habeas corpus*), 553 U.S. 723, 771-798 (2008) *Boumediene v. Bush*. Segundo o desenvolvimento da jurisprudência, cf. HICKMAN, Kristin; PIERCE, Richard J. *Federal Administrative Law*. 2ª ed. St. Paul: Foundation Press, 2014, pp. 332 e ss.; REDISH, Martin; SHERRY, Suzanna; PFANDER, James E. *Federal Courts*. 7ª ed. St. Paul: Thomson/West, 2012, pp. 164 e ss.

917 De maneira sistemática em STRAUSS, Peter L.; RAKOFF, Todd D.; FARINA, Cynthia R.; METZGER, Gillian E. *Gellhorn and Byse's Administrative Law*. 11ª ed. Nova York: Foundation Press, 2011, pp. 1.193 e ss.

Dentre as regulamentações que tratam da proteção judicial de maneira geral, é a APA, nas seções 702-706, que merece atenção aqui. A seção 702 da APA prescreve: "uma pessoa que sofre uma injustiça devido à ação de uma agência, ou é adversamente afetada ou prejudicada por uma ação de uma agência na acepção da lei, tem direito à revisão judicial". Em seguida, a seção 704 da APA declara: "as ações da agência passíveis de revisão por lei e as ações finais da agência para as quais não haja outro recurso adequado senão em tribunal estão sujeitas à revisão judicial". Essas diretivas podem ser consideradas como uma renúncia à objeção da "imunidade soberana" e como uma padronização jurídica positiva de uma "presunção básica de possibilidade de revisão".[918] Uma regulamentação ainda mais clara pode ser encontrada na seção 501(b) da MSAPA de 2010 para proteção legal nos Estados-membros.[919]

II. As exceções da seção 701 da APA

Todavia, a seção 701(a) da APA estabelece duas exceções ao princípio da acessibilidade do controle. Na primeira, a exclusão resulta de uma previsão legal (1); na segunda, da natureza da decisão a ser revista (2).

1 "Leis que impedem a revisão judicial"

Em princípio, o Congresso não está impedido de excluir ou restringir a instância recursal. Não há necessidade de autorização constitucional especial, conforme estabelecido no art. 10, parágrafo 2º, inciso 2, da Constituição dos EUA, em conjunto com o art.

---

918 Por exemplo 591 U.S. __ (2020) (slip op. 9) *Department of Homeland Security v. Regents of the University of California*. Todavia, a lógica não se aplica a pedidos de indenização.

919 MSAPA § 501(b): "Except to the extent that a statute of this state other than this [act] limits or precludes judicial review, a person that meets the requirement of this [article] is entitled to judicial review of a final action".

19, parágrafo 4º, inciso 3, da Lei Fundamental Alemã. A exclusão pode ser expressa, mas também pode ser implícita.[920]

a. Exclusões explícitas

Se o legislador tiver excluído o acesso à Justiça por meio de uma lei que expressamente o preveja, os tribunais devem acatar. Desde a década de 1960, entretanto, a jurisprudência tende a interpretar essas exclusões da forma mais restritiva possível. De qualquer forma, a caracterização de uma decisão administrativa como "final e conclusiva" não indica necessariamente uma exclusão legal de eventual revisão judicial posterior.[921]

Uma possível razão para essa lógica pode advir de considerações constitucionais: se a exclusão da possibilidade de revisão resultar na impossibilidade de o requerente fazer valer os direitos a que tem direito nos termos da Constituição, ou se um tribunal não for autorizado a examinar a constitucionalidade de uma lei, sérias dúvidas poderiam emergir sobre a admissibilidade dessa previsão legal. A Suprema Corte abordou o assunto no caso *Johnson v. Robison*, indicando o caminho de uma interpretação constitucional da exclusão.[922] No entanto, não foi necessário aprofundar essas considerações porque a interpretação literal da cláusula de exclusão legal permitiu estabelecer que o demandante não estava excluído do

---

920 Seguindo HICKMAN, Kristin; PIERCE, Richard J. *Federal Administrative Law*. 2ª ed. St. Paul: Foundation Press, 2014, pp. 796 e ss.; STRAUSS, Peter L.; RAKOFF, Todd D.; FARINA, Cynthia R.; METZGER, Gillian E. *Gellhorn and Byse's Administrative Law*. 11ª ed. Nova York: Foundation Press, 2011, pp. 1.302 e ss.

921 STRAUSS, Peter L. *Administrative Justice in the United States*. 3ª ed. Durham: Carolina Academic Press, 2016, pp. 419 e ss.

922 415 U.S. 361, 367 (1974): "and in such a case, it is a cardinal principle that this Court will first ascertain whether a construction of the statute is fairly possible by which the [constitutional] question[s] may be avoided", com referência a 402 U.S. 363, 369 (1971) *United States v. Thirty-Seven Photographs*.

seu pedido de proteção jurídica.[923] O conflito entre a Constituição e a lei, os tribunais e o Legislativo, poderia assim ser evitado. Essa linha de resolução do problema, mesmo quando as posições jurídicas constitucionais são afetadas, se possível no âmbito e utilizando métodos de Direito ordinário para a sua interpretação, domina a prática dos tribunais. O exagero ocasional da formulação é uma crítica que não pode ser descartada de imediato.[924]

b. Exclusões implícitas

De acordo com a jurisprudência, uma exclusão da revisão judicial também pode surgir implicitamente do sistema jurídico. O que pode ser o caso se uma lei apenas prevê revisão judicial para determinadas decisões administrativas, mas é omissa quanto ao tratamento de outras decisões. Trata-se de um silêncio eloquente ou o legislador quis deixar a questão em aberto? Ele talvez sentisse falta dela completamente? A jurisprudência exige que haja "evidências claras e convincentes" para uma exclusão. Além da redação da lei, os critérios interpretativos para a compreensão da lei técnica são a história, a finalidade e a estrutura e o tipo de decisão administrativa afetada.[925]

O caso *Abbott Laboratories v. Gardner* de 1967 é emblemático.[926] Os fatos são semelhantes aos que o Tribunal Administrativo Federal teve de decidir quase duas décadas depois na sua decisão

---

923 415 U.S. 361, 368-373 (1974) *Johnson v. Robinson*, com referência à prática administrativa e à história do desenvolvimento da norma. Como resultado, 486 EUA 592, 604 (1988) *Webster v. Doe* (em relação às disposições da Lei de Segurança Nacional de 1947); cf. também a crítica à distinção entre uma lei ordinária e um emaranhado de testes constitucionais, *Scalia*, J. 611-613.

924 Cf. no tocante aos casos de *habeas corpus* em razão da "guerra ao terror" e sua crítica perpetrada pelo juiz *Scalia* em STRAUSS, Peter L.; RAKOFF, Todd D.; FARINA, Cynthia R.; METZGER, Gillian E. *Gellhorn and Byse's Administrative Law*. 11ª ed. Nova York: Foundation Press, 2011, pp. 1.323 e ss.

925 467 U.S. 340, 347 (1984) *Block v. Community Nutrition Institute*.

926 387 U.S. 136, 140 (1967) *Abbott Laboratories v. Gardner*; recentemente em 575 U.S. __ (2015) (op. cit. 7-8) *Mach Mining, LLC v. EEOC*; 586

sobre a lista de transparência:[927] ambos os casos decorrem da legislação farmacêutica. Os dois tratavam de medidas destinadas a reduzir custos no sistema de saúde, melhorando a comparabilidade dos medicamentos e dos princípios ativos que contêm. Enquanto a autoridade americana exigia que os fabricantes fornecessem informações relevantes nas embalagens para atingir esse escopo, na Alemanha, uma comissão formada pelo Gabinete Federal de Saúde deveria compilar e publicar listas com informações relevantes sobre qualidade e preços. Para formular as listas, os fabricantes foram convidados a fornecer à Comissão informações sobre os seus medicamentos; caso contrário, os seus produtos não seriam incluídos na lista. Em ambos os países, os fabricantes afetados entraram na justiça em virtude da não aplicação integral do regramento ou não publicação da lista de transparência pretendida.[928]

O processo legal e o tipo de ação não foram um problema para o Tribunal Administrativo Federal. Ele afirmou o interesse especial na proteção jurídica exigida a partir de liminares preventivas, com uma breve referência à irreversibilidade após a publicação de uma lista. O principal problema do caso era uma possível ingerência factual e direcionada dos direitos fundamentais, para a qual era necessária uma base jurídica legal. O pleito do autor prevaleceu porque não havia fundamento legal. O acórdão foi um dos primeiros elos da cadeia de decisões sobre ação administrativa informacional.[929]

No caso Laboratórios Abbott, a Suprema Corte foi inicialmente confrontada com a principal dificuldade, pois a Lei sobre Alimentos, Medicamentos e Cosméticos fornecia uma gama de

---

U.S. __ (2018) (op. cit. 11-12) *Weyerhaeuser Co. v. United States Fish and Wildlife Service.*

927 BVerwGE 71, 183 e ss.

928 Cf. SCHMIDT-AßMANN, Eberhard. *Kohärenz und Konsistenz des Verwaltungsrechtsschutzes*. Tübingen: Mohr Siebeck, 2015, pp. 202 e ss. (exemplo de uma forma de "conflito baseado em informação").

929 387 U.S. 136, 141 (1967) *Abbott Laboratories v. Gardner.*

opções de proteção legal para outras constelações de casos, mas não uma solução preventiva contra os regulamentos controversos ("revisão pré-executória dos regulamentos"). Quando se trata de recorrer às disposições gerais das seções 701-706 da APA, não se pode mais levantar objeção, que a FDCA indica, alegando que o Congresso queria bloquear outras vias de ação. A Suprema Corte rebate essa objeção com a opinião de que a APA é determinada por uma "presunção básica de revisão judicial". Como justificativa, refere-se à sua jurisprudência anterior, confirmada pela edição da APA, e aos materiais das deliberações parlamentares de feitura da referida lei, nas quais se manifestou a vontade do Congresso de abrir um amplo leque de decisões administrativas para proteção jurídica. Conclui-se ainda que as "generosas disposições de revisão" da APA devem receber uma interpretação "hospitaleira". Isso leva a "que somente após a demonstração de 'provas claras e convincentes' de uma intenção legislativa contrária os tribunais deverão restringir o acesso à revisão judicial".[930]

A Suprema Corte examinou, então, as disposições da FDCA utilizando essa norma e concluiu (baseando-se novamente na história legislativa) que não havia provas suficientes da intenção do Congresso de limitar a proteção legal em casos não regulamentados.[931] Essa norma também molda a seguinte jurisprudência.

Os argumentos constitucionais não desempenharam nenhum papel nessa interpretação da APA favorável à proteção jurídica. Também aqui o pensamento do tribunal permanece inteiramente ao nível do Direito Infraconstitucional. A sua interpretação é

---

930 Depois de o Supremo Tribunal também ter reconhecido o interesse dos demandantes na proteção jurídica ("maturidade"), a questão foi reenviada ao Tribunal de Recurso para decidir as questões substantivas.

931 421 U.S. 560, 567 (1975) *Dunlop v. Bachowski* ("strong presumption"); do mesmo modo em 476 U.S. 667, 670 (1986) *Bowen v. Michigan Academy of Family Physicians*; 588 U.S. __ (2019) (Kavanaugh, J., conc. in judgement, op. cit. 6) *PDR Network, LLC v. Carlton & Harris Chiropractic, Inc.*

crucial. O caso *Rusk v. Cort*, de alguns anos atrás, é ilustrativo, pois demonstra que as disposições de proteção jurídica da APA se baseiam na regra interpretativa da seção 12 do mesmo diploma (em sua versão original em 1946): "nenhuma legislação subsequente será considerada para substituir ou modificar as disposições desta lei, exceto na medida em que a legislação o faça expressamente".[932]

Essa abordagem confere ao legislador a oportunidade de decidir distintamente sobre questões de proteção jurídica, sem estar vinculado a requisitos que os tribunais derivam diretamente da Constituição. "A presunção de revisão judicial é, afinal, uma presunção e, como todas as presunções utilizadas na interpretação de leis, pode ser superada por linguagem específica ou história legislativa específica".[933] Para fazer isso, é necessário que a intenção do Congresso de limitar a proteção legal surja de forma suficientemente clara a partir da estrutura regulatória em tela.[934]

Na Alemanha, a situação é diferente, na medida em que a garantia de proteção jurídica do art. 19, parágrafo 4º, da Lei Fundamental não permite a exclusão legal da revisão judicial. Dada a vasta gama de configurações e limitações possíveis da proteção jurídica, o tipo mais cauteloso de interpretação praticado pela Suprema Corte também pode ser de interesse para os tribunais alemães. Ele evita uma "constitucionalização excessiva" da lei de proteção jurídica, cuja fórmula da eficácia da proteção jurídica, popular na Alemanha, é vulnerável.

---

932 369 U.S. 367, 372 (1962); 387 U.S. 136, 141 (1967) *Abbott Laboratories v. Gardner*.

933 476 U.S. 667, 673 (1986) *Bowen v. Michigan Academy of Family Physicians*.

934 476 U.S. 667, 673 (1986) *Bowen v. Michigan Academy of Family Physicians*, com referência a 467 U.S. 340, 349, 351 (1984) *Block v. Community Nutrition Institute*; cf. 575 U.S. __ (2015) (op. cit. 4-5) *Mach Mining, LLC v. EEOC*: o fardo de demonstrar isso é "pesado"; também 587 U.S. __ (2019) (op. cit. 10-11) *Smith v. Berryhill*.

2 Vínculo legal da discricionariedade da agência

A redação dessa segunda possibilidade de exclusão da seção 701(a)(2) 48 da APA é considerada "enigmática";[935] se todas as decisões discricionárias fossem aqui abrangidas, dada a frequência e extensão com que as leis conferem às autoridades poderes discricionários, pouco restaria da verificabilidade fundamental que a APA assume.[936] A Suprema Corte aceitou essa interpretação no caso *Citizens to Preserve Overton Park v. Volpe*, no entanto, discordou veementemente: a cláusula discricionária era uma exceção que deveria ser interpretada de forma muito restrita e só era aplicável em casos pontuais. Utilizando uma formulação que gozou de relevância nas deliberações sobre APA, esses casos são descritos como circunstâncias em que "os estatutos são elaborados em termos tão amplos que em um determinado caso não há lei para aplicá-los".[937] Na opinião do tribunal, uma situação em que a Administração tenha de decidir sobre a construção de instalações de infraestruturas e rotas alternativas de acordo com a lei aplicável não deverá cumprir esses requisitos.

À primeira vista, a fórmula "nenhuma lei a aplicar" parece ser um critério de demarcação útil. De maneira semelhante, o mesmo raciocínio pode ocasionalmente ser encontrado na jurisprudência alemã, quando se diz que o controle dos tribunais administrativos "não pode ir além da vinculação jurídica substantiva" da

---

935 Assim HICKMAN, Kristin; PIERCE, Richard J. *Federal Administrative Law*. 2ª ed. St. Paul: Foundation Press, 2014, p. 810.

936 Uma exclusão tão ampla também não se enquadra na seção 706(2)(A) da APA, que nomeia expressamente o "abuso de poder discricionário" como objeto de revisão judicial.

937 U.S. 402, 410 (1971) *Citizens to Preserve Overton Park v. Volpe*; recentemente 588 U.S. __ (2019) *Department of Commerce v. New York* (slip op. 13-16); cf. também HICKMAN, Kristin; PIERCE, Richard J. *Federal Administrative Law*. 2ª ed. St. Paul: Foundation Press, 2014, pp. 815 e ss.

Administração.[938] Em ambos os sistemas jurídicos, contudo, torna-se claro que, em última análise, não há muito a ganhar com a ideia da ausência de lei aplicável. Em Estados legislativos como os EUA e a República Federal da Alemanha, é praticamente impensável uma situação em que uma decisão administrativa seja absolutamente livre de vinculações legais. A exclusão ou limitação da sua verificabilidade não pode, portanto, ser determinada a partir da ausência factual, mas apenas a partir do mandato regulamentar da lei pertinente. Nos acórdãos do Tribunal Constitucional Federal, a passagem citada é imediatamente seguida de uma referência à doutrina normativa da autorização, que, por sua vez, deve ser interpretada no contexto dos grupos de casos tradicionais em que o controle judicial é limitado por razões funcionais. Do mesmo modo, na jurisprudência americana recente há tentativas de utilizar aspectos factuais que indicam a exclusão do controle judicial em vez da fórmula "nenhuma lei para aplicar".[939] Por exemplo, são mencionadas a preservação da flexibilidade administrativa e a melhor capacidade das autoridades (em vez dos tribunais) para definir prioridades na distribuição de prestações pecuniárias que só são aprovadas como um montante fixo.[940] A disposição de exclusão da seção 701(a)(2) da APA funciona, portanto, como uma referência aos limites funcionais da jurisdição.[941] O diferente

---

938 Conforme BVerfGE 88, 40 (56); assim como 103, 142 (156) com o acréscimo: "O controle judicial termina quando o direito material exige que o Executivo tome decisões de uma maneira constitucionalmente inquestionável, sem delinear programas de tomada de decisão suficientemente específicos".

939 No tocante ao desenvolvimento da jurisprudência, cf. "Brief for Administrative Law Professors as Amici Curiae", no caso concreto *Romero-Ochoa v. Holder*, publicado em STRAUSS, Peter L.; RAKOFF, Todd D.; FARINA, Cynthia R.; METZGER, Gillian E. *Gellhorn and Byse's Administrative Law*. 11ª ed. Nova York: Foundation Press, 2011, pp. 1.333 e ss.

940 Assim, por exemplo, 508 U.S. 182, 192 (1993) *Lincoln v. Vigil*.

941 Ver 486 U.S. 592, 609 (1988) *Webster v. Doe*, Scalia J. diss.: "a traditional respect for the functions of the other branches". Do mesmo modo em tempos recentes ver BVerfGE 149, 407, nota, pp. 17 e ss. ("Rotmilan").

contexto dogmático em que esses limites são discutidos permanece significativo: nos EUA trata-se da exclusão do controle judicial; na Alemanha, apenas da sua redução de intensidade.

C. Visão geral dos requisitos do processo

Se perguntarmos sobre as disposições legais que regulam detalhadamente a proteção jurídica administrativa nos EUA, deparamo-nos com um quadro diverso e confuso. Mesmo que, como é o caso aqui, a proteção se restrinja à lei federal e perante autoridades federais.[942]

I. Diversidade de bases jurídicas

Para obter uma visão ampla do fenômeno, é aconselhável diferenciar entre "revisão judicial especial", "revisão judicial geral" e "revisão não judicial".

- As questões processuais devem ser respondidas principalmente de acordo com a legislação especializada relevante. São as leis de Direito Administrativo (especial), os "estatutos orgânicos", que, com a instituição de uma autoridade e a atribuição de competências, determinam também os instrumentos e procedimentos com os quais a tarefa deve ser cumprida. Nessa toada, é muito mais comum, do que em relação ao Direito alemão, a criação de regulamentos especiais sobre proteção jurídica

---

942 STRAUSS, Peter L.; RAKOFF, Todd D.; FARINA, Cynthia R.; METZGER, Gillian E. *Gellhorn and Byse's Administrative Law*. 11ª ed. Nova York: Foundation Press, 2011, pp. 1.191 e ss.; BREYER, Stephen G.; STEWART, Richard B.; SUNSTEIN, Cass R.; VERMEULE, Adrian; HERZ, Michael. *Administrative law and regulatory policy*. 8ª ed. Nova York: Wolters Kluwer, 2017, pp. 759 e ss.; HEUN, W. "Geschichte des Verwaltungsrechtsschutzes in den USA". *In*: SOMMERMANN, Karl-Peter; SCHAFFARZIK, Bert (Coord.). *Handbuch der Geschichte der Verwaltungsgerichtsbarkeit in Deutschland und Europa*. 2 vols. Berlim: Springer, 2019, pp. 1.680 e ss.

administrativa (por exemplo, sobre o local de jurisdição, prazos para instaurar um processo e legitimidade para instaurar um processo).

- Se esse não for o caso ou apenas questões individuais forem respondidas do ponto de vista técnico, as disposições do título 5 do U.S.C., seções 701-706, devem ser utilizadas como regulamentos gerais.

- As principais decisões legislativas foram aqui tomadas relativamente à abertura de processos judiciais, tipos de ações judiciais, legitimidade para processar, densidade de controles e proteção jurídica provisória. No entanto, as medidas contra as quais devem ser tomadas se enquadram no âmbito de aplicação da APA, ou seja, foram tomadas por um organismo que utiliza o termo "agência", nos termos da seção 551 (1) da APA. As seções 701-706 da APA não fornecem uma regulamentação completa do Direito Processual Administrativo, o que não se sustenta, pois a proteção dos tribunais administrativos americanos é garantida no âmbito da jurisdição geral. Uma parte significativa do que o Código do Tribunal Administrativo Alemão prevê para os tribunais administrativos em termos dos seus próprios regulamentos é abrangida nos EUA pelas disposições da lei processual geral no título 28 do U.S.C. e nas Regras Federais de Processo Civil.[943] Apesar dessas limitações, são as seções 701-706 da APA que representam as estruturas básicas do Direito Processual Administrativo americano.[944]

- Se uma matéria não estiver abrangida pelos regulamentos mencionados, a proteção jurídica administrativa é considerada

---

943 Promulgado pela Suprema Corte de acordo com a Lei de Habilitação de Regras, codificada em 28 U.S.C. §§ 2072-2077.

944 Para proteção legal administrativa nacional, consulte os regulamentos mais detalhados em art. 5, §§ 501-508 da MSAPA 2010.

uma "revisão não legal", que pode emergir diretamente da Constituição. É possível reivindicar proteção legal contra ordens executivas presidenciais que não se enquadrem na APA se, por exemplo, violarem o *habeas corpus* constitucional ou as garantias do devido processo.[945]

O Direito Processual dos EUA experimenta certa uniformização a partir dos elementos com os quais o art. II, parágrafo 2º, inciso 1, da Constituição dos EUA descreve as competências dos tribunais federais: "casos ou controvérsias". Não cabe à Justiça Federal decidir sobre pedidos de proteção jurídica que não se enquadrem nesse critério. A cláusula serve para três finalidades complementares:[946] os tribunais só devem decidir sobre questões que, com base em toda a experiência, possam ser resolvidas em processos judiciais, e não devem invadir as áreas funcionais dos outros dois ramos do governo e dos tribunais nacionais. Aqui a Constituição se impõe em uma série de doutrinas e práticas que limitam a proteção jurídica. O que pode ser considerado uma espécie de modelo *core-shell*: um corpo de conhecimento mais restrito e fixo sobre o que constitui "casos ou controvérsias" é rodeado por um círculo de requisitos da prática judicial, que é referido como "prudente", sendo ora flexível, ora mais rigoroso, ora mais generoso.[947]

Essa estrutura de argumentação, que está ligada ao Direito Constitucional, influencia sistematicamente a concepção dos requisitos do processo ("pré-requisitos de revisão judicial") desenvolvidos no âmbito do Direito ordinário. O mais importante desses requisitos são as questões sobre a abertura da proteção jurídica, sobre

---

945 U.S. 788, 801 (1992) *Franklin v. Massachusetts*, com referência a 486 U.S. 592 (1988) *Webster v. Doe*. No entanto, nem toda violação de uma autorização legal é também uma violação constitucional, cf. 511 U.S. 462, 472 (1994) *Dalton v. Specter*.

946 392 U.S. 83, 95 (1968) *Flast v. Cohen*.

947 Ver TRIBE, Laurence. *American Constitutional Law*. 3ª ed. Nova York: Foundation Press, 2000, § 3-8.

os tipos de ações judiciais disponíveis, sobre o direito de intentar ações judiciais e sobre a proteção jurídica que é oportuna, nem demasiado cedo nem demasiado tarde (*timing*).

O processo é determinado pelo "princípio da representação partidária", ao qual são alheias as ideias de investigação oficial e de papel ativo do tribunal no processo. "Contamos com as partes para enquadrar as questões para decisão e atribuir aos tribunais o papel de árbitro neutro dos elementos apresentados por elas".[948] Curiosamente, é feita referência à literatura jurídica comparada, que atesta que o Direito Processual (Civil) alemão tende a um paternalismo.[949]

II. Modalidades de ação judicial (forma de revisão)

Uma ampla gama de ações judiciais está disponível para proteção jurídica administrativa.[950] Devido à sua concepção, elas abrangem não apenas atos individuais, mas também os atos normativos que

---

948 554 U.S. 237, 243 (2008) *Greenlaw v. United States.*

949 KAPLAN, Benjamin. "Civil Procedure: Reflections on the Comparison of Systems". *Buss. L. Rev.*, vol. 9, pp. 409-431 e ss.: "For example, the American system exploits the freewheeling energies of counsel and places them in adversary confrontation before a detached judge. The German system puts its trust in a judge of paternalistic bent acting in cooperation with counsel of somewhat muted adversary zeal". Essa citação da contribuição do respeitado processualista Kaplan de 1960, que também descreve o desenvolvimento do Direito Processual alemão, pode ser encontrada recentemente na decisão da Suprema Corte em 590 U.S. __ (2020) (op. cit. 4) *United States v. Sineneng-Smith*. Existem também algumas exceções ao "princípio da representação partidária"; o princípio é móvel, não "imutável"; em algumas circunstâncias, "um papel inicial modesto" por parte do tribunal é apropriado. As exceções permanecem, todavia.

950 Sobre o desenvolvimento histórico dos "mandados de prerrogativa" da tradição inglesa, BREYER, Stephen G.; STEWART, Richard B.; SUNSTEIN, Cass R.; VERMEULE, Adrian; HERZ, Michael. *Administrative law and regulatory policy*. 8ª ed. Nova York: Wolters Kluwer, 2017, pp. 757 e ss. Exemplos do direito dos Estados-membros em SCHWARTZ, Bernard. *Administrative Law*. 3ª ed. Boston: Little, Brown, 1991, § 9.11-9.15.

são particularmente importantes na vida administrativa cotidiana nos EUA. A seção 703 da APA fala de "qualquer forma aplicável de ação legal" e dá exemplos de "decisões declaratórias" e "mandado de liminar proibitiva ou obrigatória". No entanto, os pedidos de indenização pecuniária estão expressamente excluídos.[951]

O tipo mais comum é o recurso de anulação da decisão administrativa.[952] Se o tribunal estiver convencido de que a decisão é ilegal, irá impugná-la. Se a deficiência jurídica puder ser remediada, como pode ser o caso dos erros de investigação, poderá fazer sentido, do ponto de vista econômico, remeter a questão à Administração para esclarecimentos adicionais. Ao contrário dos tribunais alemães, o tribunal americano não pode investigar sozinho e, ao mesmo tempo, preparar o assunto para uma decisão.

Ações judiciais que buscam obrigar a Administração a agir (*mandamus*)[953] também são permitidas com base no título 28 do U.S.C. A seção 1361 e a 706(1) da APA preveem expressamente a condenação da Administração ("obrigar a agência") por um ato ilegal de omissão. Essas ações muitas vezes fracassam porque o requerente não tem direito ao benefício ao qual está pleiteando.[954] No caso de discricionariedade estatal, o *mandamus* é descartado, conforme parecer anterior. Agora, se a autoridade desconhecia completamente o seu poder discricionário, sua decisão pode ser anulada e reenviada. O tribunal não pode substituir o arbítrio oficial pelas suas próprias considerações.[955] Existem decisões dos

---

951 § 702 da APA.

952 Conforme STRAUSS, Peter L. *Administrative Justice in the United States*. 3ª ed. Durham: Carolina Academic Press, 2016, p. 451.

953 O desenvolvimento no assunto ainda é lento. Cf. LEE, F. P. "The Origins of Judicial Control of Federal Executive Action". *Geo. L. J.*, vol. 36, 1948, pp. 287-296.

954 Cf. STRAUSS, Peter L. *Administrative Justice in the United States*. 3ª ed. Durham: Carolina Academic Press, 2016, pp. 514 e ss.

955 549 U.S. 497, 528 (2007) *Massachusetts v. EPA*.

tribunais de recurso que dão provimento ao processo se as normas legais ou as normas estabelecidas pela própria autoridade tiverem levado a uma redução da discricionariedade.[956]

Se a disputa legal for resolvida durante o processo ("polêmica"), a ação deverá ser julgada improcedente. Isso decorre necessariamente da fórmula "caso ou controvérsia" do art. III, parágrafo 2°, da Constituição dos EUA.[957] Contudo, não há caso de acordo "enquanto as partes tiverem um interesse concreto, por menor que seja, no resultado do litígio".[958] A proteção jurídica provisória não é garantida pelo efeito suspensivo da ação,[959] mas, sim, em virtude dos tribunais poderem suspender a execução de uma decisão administrativa ou tomar outras medidas para garantir temporariamente a situação atual, a fim de evitar danos irreparáveis (seção 705 da APA).[960] Até que ponto essas medidas podem ir, por exemplo, se um único tribunal governamental, estendendo-se para além do círculo dos envolvidos e para além do seu distrito, pode proibir a implementação de um programa contra todos para toda a área administrativa dos EUA, é uma questão atual que ainda não foi decidida pela mais alta Corte.[961]

---

956 Para mais, ver STRAUSS, Peter L.; RAKOFF, Todd D.; FARINA, Cynthia R.; METZGER, Gillian E. *Gellhorn and Byse's Administrative Law*. 11ª ed. Nova York: Foundation Press, 2011, p. 1.201, notas de rodapé 13 e 14.

957 U.S. 165, 172 (2013) *Chafin v. Chafin*.

958 U.S. 165, 172 (2013) *Chafin v. Chafin*; também em 590 U.S. __ (2020), Alito, J. diss. (op. cit. 12) *New York State Rifle & Pistol Assn. v. City of New York*.

959 Expressamente em § 504 da MSAPA 2010: "A petition for judicial review does not automatically stay an agency decision".

960 Ver 316 U.S. 4, 9-10 (1942) *Scripps-Howard Radio, Inc. v. FCC*.

961 Cf. 589 U.S. __ (2020) *Department of Homeland Security v. New York* (appl. for stay), Gorsuch, J., com referência a BRAY, S. L. "Multiple Chancellors: Reforming the National Injunction". *Harv. L. Rev.*, vol. 131, 2017, p. 417.

III. Proteção legal oportuna (*timing*)

Esse conceito engloba três requisitos processuais: o direcionamento da ação contra a decisão final (1); a maturidade para a prolação da decisão judicial (2); e o esgotamento dos recursos legais intra-administrativos disponíveis.[962] Esses elementos, que são apenas parcialmente formulados nas seções 703-704 da APA e no art. 5 da MSAPA de 2010[963] e são determinados pela jurisprudência, destinam-se a garantir que os recursos do Poder Judicial e da Administração sejam utilizados de forma eficiente.[964] Eles podem ser vistos como uma expressão da necessidade geral de proteção jurídica. Na prática, nem sempre estão claramente separados uns dos outros: a "finalidade" aborda a questão da proteção jurídica oportuna na perspectiva da Administração em exercício, o "esgotamento" na perspectiva da pessoa que procura proteção jurídica e a "maturidade" na perspectiva judicial.

A APA não regulamenta, entretanto, a questão do prazo para ajuizamento de ação judicial. Os prazos são certamente familiares ao Direito Processual americano. A advocacia especializada trabalha

---

962 Seguindo BREYER, Stephen G.; STEWART, Richard B.; SUNSTEIN, Cass R.; VERMEULE, Adrian; HERZ, Michael. *Administrative law and regulatory policy*. 8ª ed. Nova York: Wolters Kluwer, 2017, pp. 879 e ss.; HICKMAN, Kristin; PIERCE, Richard J. *Federal Administrative Law*. 2ª ed. St. Paul: Foundation Press, 2014, pp. 855 e ss.; PIERCE, Richard J.; SHAPIRO, Sidney; VERKUIL, P. R. *Administrative Law and Process*. 6ª ed. St. Paul: Foundation Press, 2014, § 5.7; HEUN, W. "Geschichte des Verwaltungsrechtsschutzes in den USA". *In*: SOMMERMANN, Karl-Peter; SCHAFFARZIK, Bert (Coord.). *Handbuch der Geschichte der Verwaltungsgerichtsbarkeit in Deutschland und Europa*. 2 vols. Berlim: Springer, 2019, pp. 1.684 e ss.

963 Em relação à questão do alcance jurídico da interpretação no tocante ao momento de elaboração da APA, ver LINDSAY, S. J. "Timing Judicial Review of Agency Interpretations in Chevron's Shadow". *Yale L. J.*, vol. 127, 2018, pp. 2.474-2.495.

964 Cf. STRAUSS, Peter L. *Administrative Justice in the United States*. 3ª ed. Durham: Carolina Academic Press, 2016, p. 439: "All share a concern for proper allocation of effort as between agency and court".

com prazos de diferentes durações. A seção 503 da MSAPA de 2010 fornece prazos gerais para ações legais e diferencia sua duração dependendo se a ação deve ser tomada contra uma norma ou um ato individual.

1 Decisões finais válidas (ações finais)

Salvo especificação em contrário, apenas as "ações finais" são vulneráveis (seção 704 da APA). Essa concentração da proteção jurídica deverá permitir que a autoridade tome ela própria uma decisão final, sem ter de esperar uma intervenção judicial no processo de formação de opinião. Essa é uma ideia que também está por trás do § 44a da Regulamentação sobre Tribunais Administrativos.

Esse princípio básico de "adiamento" não é fácil de manter, especialmente, no Direito Administrativo americano, com a sua preferência por etapas processuais detalhadas. Ao focar no processo decisório, a decisão final surge a partir de uma longa série de decisões anteriores, algumas das quais podem ter mais influência no processo global do que a própria etapa derradeira. As tentativas das pessoas afetadas de procurarem proteção jurídica em uma fase inicial são compreensíveis. A questão do que deveria ser definido como "final" é correspondentemente controversa.[965]

Dois pontos devem ser decisivos, um dos quais diz respeito à concepção do respectivo procedimento e outro ao conteúdo regulamentar:[966] em primeiro lugar, o ato atacado deve se comunicar

---

965 PIERCE, Richard J.; SHAPIRO, Sidney; VERKUIL, P. R. *Administrative Law and Process*. 6ª ed. St. Paul: Foundation Press, 2014, § 5.7.1; HICKMAN, Kristin; PIERCE, Richard J. *Federal Administrative Law*. 2ª ed. St. Paul: Foundation Press, 2014, pp. 856-868.

966 U.S. 154, 177-178 (1997) *Bennett v. Spear*: (1) "must mark the 'consummation' of the agency's decisionmaking process" e (2) "one by which rights and obligations have been determined", "not be of merely tentative or

em conexão com as etapas processuais anteriores e, em segundo lugar, deve regular os direitos e obrigações, ou seja, deve ter consequências jurídicas diretas. Essas exigências são indiscutivelmente satisfeitas por "ordens" e "normas legislativas". De acordo com a corrente predominante, os regulamentos administrativos e outras "regras não legislativas" não deveriam ser "ações finais" e, portanto, não deveriam ser diretamente atacáveis porque não contêm regulamentos juridicamente vinculativos.[967] O exame exige uma análise detalhada das fases individuais e dos elementos do respectivo contexto processual em que a decisão oficial é tomada. Os acórdãos são, portanto, altamente relacionados com casos individuais. O que coloca pressão sobre a prática de aconselhamento jurídico, porque "ação final" é um termo-chave na seção 704 da APA com a função de abrir a proteção jurídica. A jurisprudência reconhece a difícil situação dos destinatários de uma medida administrativa tão dependente do respectivo contexto processual;[968] mas a proteção jurídica das pessoas afetadas não se torna um argumento predominante. A prioridade é garantir que a "finalidade" atribua à Administração a sua responsabilidade pelo curso do procedimento, assim como definido pelo legislador. A MSAPA de 2010 é mais flexível para aqueles que procuram proteção legal, permitindo excepcionalmente uma ação judicial contra "ações não finais", se a concentração da proteção legal resultar em uma desvantagem irreparável que supere a vantagem da concentração (seção 501(c)).

---

interlocutory nature"; 587 U.S. __ (2019) (op. cit. 9) *Smith v. Berryhill*; da mesma forma em § 501(a) da MSAPA 2010.

967 Em relação à opinião, ver LINDSAY, S. J. "Timing Judicial Review of Agency Interpretations in Chevron's Shadow". *Yale L. J.*, vol. 127, 2018, pp. 2.474-2.495, com a sugestão de que as regras interpretativas sejam vistas como "finais" se, de acordo com a jurisprudência recente, lhes for concedida excepcionalmente deferência Chevron (2.296-2.510).

968 Ver 566 U.S. 120, 126-127 (2012) *Sackett v. EPA* (ordem de conformidade da EPA sob a Lei da Água Limpa, que a agência mais tarde só quis que fosse entendida como uma oferta para discussão).

2 Maturidade e presunção de revisão pré-executiva

Esse requisito diz respeito à ação contra decisões administrativas que são definitivas, mas que geralmente ainda requerem execução, o que é particularmente um problema das normas administrativas. Elas deverão ser susceptíveis de contestação jurídica antes de terem sido implementadas através de um ato administrativo e dos seus efeitos onerosos se terem tornado concretos? O fato de ser um importante problema geral de proteção jurídica é demonstrado pelas disputas de anos sobre a fórmula *Plaumann* no Direito da União Europeia e a versão restrita do art. 263, parágrafo 4º, do TFUE [Tratado de Funcionamento da União Europeia].[969]

A doutrina tradicional alemã encaminha os requerentes de proteção jurídica para o ato executivo, os quais deviam aguardar e posteriormente poderiam contestar com base na proteção especial de efeito suspensivo (art. 80, parágrafo 1º, da VwGO). Essa linha restritiva foi gradualmente modificada pela seção 47 da mesma lei. Ainda hoje, a proteção jurídica direta contra as normas administrativas não é fácil de ser obtida, como se depreende das regulamentações das autoridades federais que não são abrangidas pelo Regulamento dos Tribunais Administrativos, mas devem ser construídas com o auxílio da ação de sentença declaratória, conforme seção 43 do referido diploma legal.[970]

Nos EUA, onde a "criação de regras" é um instrumento regulador amplamente utilizado pelas autoridades, a vida administrativa cotidiana está repleta de exemplos que ilustram as

---

969 Ações "contra atos jurídicos de natureza regulamentar que lhes digam diretamente respeito [os demandantes] e que não impliquem quaisquer medidas de execução".

970 Cf. BVerwG NVwZ 2007, 1.311, nota, 23 e ss.

diferentes técnicas de implementação das normas administrativas.[971] "Maturidade" aborda, portanto, um ponto central na prática:[972] por um lado, os tribunais não querem ser arrastados para disputas que ainda permanecem no nível abstrato da norma; porque, nessa fase, ainda falta material ilustrativo que só os conflitos concretos ao nível da aplicação podem fornecer. Nessa situação, as conclusões de um tribunal seriam mais hipotéticas e não realmente decisões de "casos ou controvérsias" na acepção da seção do art. III, parágrafo 2º, da Constituição dos EUA. Por outro lado, não se pode ignorar que certas normas, pela sua mera existência, podem levar os destinatários a adotarem atitudes estressantes, pelo que a proteção jurídica precoce ("revisão pré-execução")[973] pode revelar-se necessária.

Os interesses conflitantes presentes no caso *Abbott Laboratories v. Gardner*, o principal da mais recente doutrina da "maturidade", foram precisamente trabalhados e capturados em um esquema de exame em duas etapas: primeiramente, verificando se o litígio no seu estado atual poderia ser resolvido através de meios legais; é importante que se trate de questões jurídicas que podem ser respondidas com declarações gerais, e não de fatos que só podem ser esclarecidos em casos individuais. Somente se essa etapa

---

971 Nomeadamente ações administrativas informais, como a perspectiva de sanções, também podem levar a questões de "maturidade" (aqui na transição para a questão de "finalidade"). A doutrina alemã aborda a questão da proteção jurídica afetada nestes casos no âmbito da necessidade especial de proteção jurídica em medidas inibitórias (preventivas); cf. HUFEN, Friedhelm. *Verwaltungsprozessrecht*. 10ª ed. Munique: C. H. Beck, 2016, § 16, nota, pp. 15 e ss.

972 Cf. TRIBE, Laurence. *American Constitutional Law*. 3ª ed. Nova York: Foundation Press, 2000, § 3-10; HICKMAN, Kristin; PIERCE, Richard J. *Federal Administrative Law*. 2ª ed. St. Paul: Foundation Press, 2014, pp. 868-870.

973 U.S. 136, 149 (1967): "The problem is best seen in a two-fold aspect, requiring us to evaluate both the fitness of the issues for judicial decision and the hardship to the parties of withholding court consideration".

puder ser superada, sendo respondida afirmativamente, é que se passa para a segunda, averiguando a existência da "aptidão para a revisão judicial". Nessa fase, avalia-se a situação das pessoas afetadas: o regulamento específico impunha obrigações diretas aos fabricantes de medicamentos e, portanto, influenciava diretamente o seu comportamento; assim, foi-lhes apresentada a alternativa: ou seguir os requisitos do regulamento com despesas financeiras consideráveis, mesmo que os considerassem ilegais, ou não implementar os regulamentos exigidos e, assim, arriscar sanções na forma de "graves penalidades criminais e civis". Desse modo, remeter os fabricantes para proteção jurídica contra atos de execução oficiais subsequentes expõe a sociedade – de acordo com a avaliação do Supremo Tribunal – a um fardo sério e desnecessário. O tribunal não aceitou a objeção do governo de que se tratava apenas de perdas financeiras. Em vez disso, também considerou o segundo dos requisitos, "dificuldades para as partes", a ser cumprido e, assim, concedeu "revisão pré-executória".[974]

O caso dos Laboratórios Abbott traça um caminho favorável à proteção jurídica, que pode ser explicado pela situação particularmente precária dos demandantes e pela ameaça de sanções punitivas.[975] Nem toda constelação que onera os destinatários da norma pode ser classificada como "dificuldade" e justificar essa forma de proteção jurídica preventiva. A Suprema Corte[976] deixou isso claro em outra decisão tomada no mesmo dia. A jurisprudência

---

974 U.S. 136, 152-153 (1967).

975 De acordo com a jurisprudência alemã, as sanções punitivas são também uma razão para considerar admissível uma ação diretamente contra as normas através de uma ação de julgamento declarativo; no entanto, são colocadas grandes exigências à ameaça dessa sanção (cf. BVerwG NVwZ 2009, 1.170, nota, 20 e ss.; KOPP, Ferdiand O.; SCHENKE, Wolf-Rüdiger. *Verwaltungsgerichtsordnung*. 25ª ed. [S.l.]: [s.n.], 2019, § 43, nota, p. 24). As metáforas são semelhantes: "Jurisprudência de Dâmocles", especificamente "waiting until ax falls" (SCHWARTZ, Bernard. *Administrative Law*. 3ª ed. Boston: Little, Brown, 1991, § 9.1, p. 564).

976 U.S. 158 (1967) *Toilet Goods Assn, Inc. v. Gardner*.

dos anos seguintes não mostrou uma linha clara. Até que ponto se pode (ainda) falar de uma "presunção de revisão pré-executiva" hoje é incerto.[977] Algumas leis a excluem expressamente, outras a reconhecem. Em termos de prática administrativa, o caso dos Laboratórios Abbott está associado a reduções significativas na eficiência, que já têm impacto no processo de "criação de regras".[978] A jurisprudência recente mostra tendências para (novamente) restringir os requisitos.[979] A ligação ao requisito de "casos ou controvérsias" e as reservas de flexibilidade da norma "prudente" são o fundamento desse raciocínio.

Segunda seção: direito de processar e densidade de controle

Os estudos a seguir enfocam os tópicos mais importantes da proteção jurídica administrativa americana e alemã: o direito de processar (A) e a intensidade do controle judicial (B).

A. A doutrina do direito de processar (doutrina predominante)

Quando se trata de questões de legitimidade, as discussões nos EUA são tão difusas e confusas como na Alemanha:[980] um grande

977 Em qualquer caso, as normas que não equivalem a intervenções, mas antes restringem os benefícios, não satisfazem os requisitos de "maturidade"; 509 U.S. 43 (1993) *Reno v. Catholic Social Services, Inc.*

978 Cf. HICKMAN, Kristin; PIERCE, Richard J. *Federal Administrative Law*. 2ª ed. St. Paul: Foundation Press, 2014, p. 877.

979 PIERCE, Richard J.; SHAPIRO, Sidney; VERKUIL, P. R. *Administrative Law and Process*. 6ª ed. St. Paul: Foundation Press, 2014, § 5.7 (S. 187); cf. 573 U.S. 149, 167 (2014) *Susan B. Anthony List v. Driehaus*: "we need not resolve the continuing vitality of the prudential ripeness doctrine in this case".

980 De acordo com MÖLLERS, Christoph. *Gewaltengliederung*: Legitimation und Dogmatik im nationalen und internationalen Rechtsvergleich. Tübingen: Mohr Siebeck, 2005, pp. 157 e ss.; SCHLACKE, Sabine. Überindividueller Rechtsschutz.

número de decisões judiciais em que é difícil identificar linhas claras, um grande número de teorias que muitas vezes abrangem apenas áreas individuais (econômico, ambiental, ou direito de informação etc.) e os repetidos esforços do legislador para alargar o círculo de pessoas com direito a intentar uma ação judicial, que não são abrangidos sem reservas. O significado jurídico-político dessa exigência processual é emblemático. "A doutrina predominante é a chave da porta do tribunal; aqueles que possuem a chave possuem poder".[981] Deve ser feita uma distinção entre referências constitucionais (I) e questões jurídicas ordinárias (II).[982]

I. Referências constitucionais

A Constituição americana tem um efeito particularmente restritivo sobre a doutrina do direito de processar. Os tribunais

---

Tübingen: Mohr Siebeck, 2008, pp. 438 e ss.; EHLERS, D. "Die Klagebefugnis nach deutschem, europäischem Gemeinschafts- und U.S.-amerikanischem Recht". *VerwArch*, vol. 84, 1993, pp. 139 e ss.; RÜFFEL, Dirk. *Das Institut der Klagebefugnis zur Verfolgung von Umweltinteressen*: Ein Rechtsvergleich zwischen den USA, Großbritannien, Deutschland und der Europäischen Union unter besonderer Würdigung von Verbandsklagen. Stuttgart: Boorberg, 2008; ELSHORST, David. *Bürgervollzugsklagen*: Die Durchsetzung von Umweltrecht gegenüber Anlagenbetreibern durch Private in den USA und Deutschland. Berlim: Duncker & Humblot, 2002 (com foco em ações judiciais contra o operador da usina); além de STEIN, Tine. *Interessenvertretung der Natur in den USA*. Baden-Baden: Nomos-Verl.-Ges: 2002.

981 Assim STRAUSS, Peter L.; RAKOFF, Todd D.; FARINA, Cynthia R.; METZGER, Gillian E. *Gellhorn and Byse's Administrative Law*. 11ª ed. Nova York: Foundation Press, 2011, p. 1.207; cf. STRAUSS, Peter L. *Administrative Justice in the United States*. 3ª ed. Durham: Carolina Academic Press, 2016, pp. 429 e ss.; também BRESSMAN, L. S. "Procedures as Politics in Administrative Law". *Colum. L. Rev.*, vol. 107, 2007, p. 1.749.

982 Conforme STRAUSS, Peter L.; RAKOFF, Todd D.; FARINA, Cynthia R.; METZGER, Gillian E. *Gellhorn and Byse's Administrative Law*. 11ª ed. Nova York: Foundation Press, 2011, p. 1.207; HICKMAN, Kristin; PIERCE, Richard J. *Federal Administrative Law*. 2ª ed. St. Paul: Foundation Press, 2014, pp. 919 e ss.; PIERCE, Richard J.; SHAPIRO, Sidney; VERKUIL, P. R. *Administrative Law and Process*. 6ª ed. St. Paul: Foundation Press, 2014, § 5.4.1 e § 5.4.5.

federais não têm competência abrangente para o controle administrativo. Em vez disso, limitam-se à decisão de casos controversos (art. III, parágrafo 2º, inciso 1, da Constituição dos EUA).[983]

1 O modelo básico

A ideia central que pode ser derivada diretamente da Constituição pode ser vista no caso *Flast v. Cohen*, de 1968, da seguinte forma:[984]

> [nos] termos das limitações do art. III à jurisdição do tribunal federal, a questão da legitimidade está relacionada apenas à disputa a ser julgada ser apresentada em um contexto adverso e em uma maneira historicamente vista como passível de resolução judicial.

Nesse panorama, a legitimidade para processar é o requisito processual pessoal: o requerente deve ter um interesse pessoal no resultado do litígio.[985] "O autor deve alegar danos pessoais razoavelmente rastreáveis à conduta supostamente ilegal do réu e que provavelmente serão compensados pela reparação solicitada".[986] Isso fica evidente quando um demandante, sem poder contar com uma posição fixa na lei, deseja demonstrar o seu direito de processar. Ainda que o legislador tenha concedido expressamente a possibilidade de intentar ações judiciais, como tem acontecido nos numerosos regulamentos sobre "processos de cidadania", esses

983 Em complemento, considerar a "Take Care Clause", art. II da Constituição dos Estados Unidos; 468 U.S. 737, 761 (1984) *Allen v. Wright*: "The Constitution, after all, assigns to the Executive Branch, and not to the Judicial Branch, the duty to 'take Care that the Laws be faithfully executed'".

984 U.S. 83, 97 (1968) *Flast v. Cohen*.

985 Ver 392 U.S. 83, 97 (1968), com referência a 369 U.S. 186, 204 (1962) *Baker v. Carr*: "a personal stake in the outcome of the controversy".

986 468 U.S. 737, 751 (1984) *Allen v. Wright*.

requisitos devem ser observados, porque as leis não podem atribuir aos tribunais quaisquer tarefas que não estejam de acordo com o art. III, parágrafo 2°, da Constituição dos EUA.

Os componentes dessa fórmula podem ser encontrados, posteriormente, no caso *Lujan v. Defenders of Wildlife.*[987] Ele passou a constituir o parâmetro básico da jurisprudência.[988]

- Dano de fato: refere-se a prejuízos a interesses concretos legalmente protegidos. O círculo dessa compreensão é ampliado; além dos interesses econômicos, abrange também os de natureza ecológica ou estética. Contudo, o dano deve ser "concreto e particularizado", devendo estar presente ou pelo menos iminente ("real ou iminente"); lesões meramente suspeitas ou hipotéticas não são suficientes.

- Causalidade: o prejuízo deve ser devido à ação oficial contra a qual o autor se opõe. Deve haver uma cadeia causal entre essa ação e a deficiência. Se, por outro lado, a deficiência for causada pelo comportamento de um terceiro, isso não é suficiente para estabelecer o nexo de legitimidade para intentar uma ação.

- Reparabilidade: o dano deve poder ser remediado por uma decisão favorável do tribunal.

---

987 504 U.S. 555, 569-571 (1992) *Lujan v. Defenders of Wildlife.*

988 Cf. recentemente o setor da jurisprudência em 568 U.S. 398, 408-409 (2013) *Clapper v. Amnesty International USA*; e 578 U.S. __ (2016) (op. cit. 5-7) *Spokeo, Inc. v. Robins*; 592 U.S. __ (2020) (op. cit. 4-10) *Carney v. Adams*. Depois, ver PIERCE, Richard J.; SHAPIRO, Sidney; VERKUIL, P. R. *Administrative Law and Process*. 6ª ed. St. Paul: Foundation Press, 2014, § 5.4.2; RÜFFEL, Dirk. *Das Institut der Klagebefugnis zur Verfolgung von Umweltinteressen*: Ein Rechtsvergleich zwischen den USA, Großbritannien, Deutschland und der Europäischen Union unter besonderer Würdigung von Verbandsklagen. Stuttgart: Boorberg, 2008, pp. 67 e ss.; SCHLACKE, Sabine. Überindividueller Rechtsschutz. Tübingen: Mohr Siebeck, 2008, pp. 438 e ss.

Cabe ao autor o ônus da prova de que os três requisitos foram atendidos, perfazendo o "mínimo constitucional irredutível". Requisitos particularmente rigorosos em matéria de legitimidade[989] aplicam-se quando a questão diz respeito à constitucionalidade de decisões estatais ou a áreas sensíveis, como inteligência ou relações exteriores.[990]

2 Complementos variados

Se olharmos mais de perto a jurisprudência sobre os três requisitos, torna-se claro que o esquema básico representa pouco mais do que um arcabouço argumentativo que pode ser preenchido de maneiras muito diferentes. Os três termos principais não têm, como mostrou a juíza [Sandra] *O'Connor* no caso *Allen v. Wright*, lacunas em sua definição: a causalidade deve ser "razoável" e um julgamento favorável deve eliminar a violação "provável". Uma eventual imprecisão técnica pode servir à Suprema Corte no intuito de alargar ou estreitar o círculo daqueles legitimados do direito de processar, do que ela tem se valido com frequência. Períodos de reconhecimento generoso das opções legais foram seguidos por momentos em que as fronteiras constitucionais foram estreitadas. Não há dúvidas de que as crenças políticas básicas do juiz individualmente também desempenham um papel importante nessas interpretações.[991]

Isso se confirma no caso de litígios na área do Direito Ambiental, nos quais diferentes visões sobre a função dos tribunais

---

989 U.S. 398, 409 (2013): "In keeping with the purpose of this doctrine, our standing inquiry has been especially rigorous when reaching the merits of the dispute would force us to decide whether an action taken by one of the other two branches of the Federal Government was unconstitutional". Para mais, cf. WISCHMEYER, Thomas. Überwachung ohne Grenzen: Zu den rechtlichen Grundlagen nachrichtendienstlicher Tätigkeiten in den USA. Baden-Baden: Nomos Verlagsgesellschaft, 2017, pp. 68 e ss.

990 U.S. 737, 756 (1984) *Allen v. Wright*.

991 PIERCE, Richard J.; SHAPIRO, Sidney; VERKUIL, P. R. *Administrative Law and Process*. 6ª ed. St. Paul: Foundation Press, 2014, § 5.4.4 (S. 150): "greatly influenced by their personal political and ideological values and beliefs".

levaram a oscilações de entendimento consideráveis ao longo dos anos:[992] entre 1970 e 1990, a Suprema Corte adotou uma compreensão ampla dos interesses afetados e as maneiras pelas quais eles seriam atingidos.[993] Posteriormente, o juiz [Antonin] *Scalia* conseguiu modificar a interpretação, reforçando significativamente os requisitos sob a argumentação de separação de poderes.[994] O caso *Luján v. Defenders of Wildlife* é considerado representativo dessa inflexão.[995] A violação dos interesses do demandante tinha agora de ser demonstrada com muito mais detalhe. No caso de *Friends of the Earth, Inc. v. Laidlaw Environmental Services, Inc.*, em 2000, a orientação parecia ter mudado novamente. Partiu-se da presunção de um "dano de fato", mesmo que a medida contestada não afete o meio ambiente, mas faça com que o requerente, "por

---

992 HICKMAN, Kristin; PIERCE, Richard J. *Federal Administrative Law*. 2ª ed. St. Paul: Foundation Press, 2014, p. 931; também STRAUSS, Peter L.; RAKOFF, Todd D.; FARINA, Cynthia R.; METZGER, Gillian E. *Gellhorn and Byse's Administrative Law*. 11ª ed. Nova York: Foundation Press, 2011, p. 1.209; RÜFFEL, Dirk. *Das Institut der Klagebefugnis zur Verfolgung von Umweltinteressen*: Ein Rechtsvergleich zwischen den USA, Großbritannien, Deutschland und der Europäischen Union unter besonderer Würdigung von Verbandsklagen. Stuttgart: Boorberg, 2008, pp. 109 e ss.; STEIN, Tine. *Interessenvertretung der Natur in den USA*. Baden-Baden: Nomos-Verl.-Ges: 2002, pp. 24 e ss., 44 e ss.

993 Ilustrativo para o Direito Ambiental, 405 U.S. 727, 734-735 (1972) *Sierra Club v. Morton*; e, especialmente, extensivo para 412 U.S. 669 (1973) *United States v. Students Challenging Regulatory Agency Procedures*. No tocante à proteção prévia da concorrência no Direito Econômico, 397 U.S. 150, 154 (1970) *Association of Data Processing Service Organizations, Inc. v. Camp* (reconhecimento de "interesses estéticos, conservacionistas e recreativos").

994 Ver SCALIA, A. "The Doctrine of Standing as an Essential Element of the Separation of Powers". *Suffolk U. L. Rev.*, vol. 17, 1983, p. 881; cf. MÖLLERS, Christoph. *Gewaltengliederung*: Legitimation und Dogmatik im nationalen und internationalen Rechtsvergleich. Tübingen: Mohr Siebeck, 2005, pp. 159 e ss.

995 504 U.S. 555, 566 (1992): o teste do "dano de fato" exige que os interesses não sejam apenas declarados, mas que haja também "uma demonstração factual de dano perceptível". Para mais, ver 523 U.S. 83 (1998) *Steel Co. v. Citizens for a Better Environment*.

preocupação razoável", altere o seu comportamento, por exemplo, não visitando mais uma determinada área.[996]

Ainda assim, é pouco provável que a Suprema Corte passe a ter uma atitude mais generosa relativamente à legitimidade jurídica no longo prazo. A decisão no caso *Massachusetts v. EPA* tende a apontar na direção oposta.[997] A contenda *Clapper v. Anistia Internacional* também caminha para uma atitude restritiva. Sua decisão de 2013 não diz respeito a uma questão de Direito Ambiental, mas, sim, de Direito Administrativo Informacional, no entanto, também torna mais rigorosos os requisitos para o teste de verificação da "lesão de fato".[998] Acórdãos recentes também sublinham a tendência.[999]

---

996 528 U.S. 167, 181-183 (2000): "dano de fato": a deterioração não tem de afetar o ambiente como tal, basta que o requerente prove que o valor recreativo da paisagem está prejudicado para ele como pessoa; assim em RÜFFEL, Dirk. *Das Institut der Klagebefugnis zur Verfolgung von Umweltinteressen*: Ein Rechtsvergleich zwischen den USA, Großbritannien, Deutschland und der Europäischen Union unter besonderer Würdigung von Verbandsklagen. Stuttgart: Boorberg, 2008, pp. 78 e 81: "desde Laidlaw, o foco não tem mais sido muito o comprometimento individual específico do recurso natural, mas, sim, a relação do demandante com o meio ambiente, o que torna consideravelmente mais fácil afirmar um 'dano de fato'".

997 549 U.S. 497 (2007) *Massachusetts v. EPA*; em relação à interpretação ver HICKMAN, Kristin; PIERCE, Richard J. *Federal Administrative Law*. 2ª ed. St. Paul: Foundation Press, 2014, pp. 965 e ss.; PIERCE, Richard J.; SHAPIRO, Sidney; VERKUIL, P. R. *Administrative Law and Process*. 6ª ed. St. Paul: Foundation Press, 2014, § 5.4.2 (S. 141 e ss.).

998 U.S. 398, 414 (2013) *Clapper v. Amnesty International USA*, note 5: Distinção entre o padrão "certamente pendente" utilizado e o padrão "risco substancial" utilizado em outros julgamentos; ver Breyer, J. 426. Cf. MANK, B. C. "Clapper v. Amnesty International: Two or Three Competing Philosophies of Standing Law". *Tenn. L. Rev.*, vol. 81, 2014, p. 211; HICKMAN, Kristin; PIERCE, Richard J. *Federal Administrative Law*. 2ª ed. St. Paul: Foundation Press, 2014, pp. 967 e ss.

999 Cf. 578 U.S. __ (2016) (slip op. 9) *Spokeo, Inc. v. Robins*; 586 U.S. __ (2019) (op. cit. 3) *Frank v. Gaos*; e 590 U.S. __ (2020) (op. cit. 5-6) *Thole v. U. S. Bank N. A.*

Se essas limitações são realmente obrigatórias na cláusula de "caso ou controvérsia" da Constituição, isso ainda não está consolidado na literatura; afinal, a proteção dos poderes políticos, que a limitação do direito de processar pretende servir, é adquirida quando o legislador determina o âmbito de sua aplicação jurídica.[1000] Na prática, porém, o quadro constitucional delineado deve ser levado em conta nessa dinâmica. Em princípio, o Congresso é livre para conceder ampla legitimidade jurídica.[1001] No entanto, se a ação judicial não atender aos requisitos do art. III, parágrafo 2º, da Constituição dos EUA, ela deve ser rejeitada. Como o direito de processar é expressamente concedido por lei, não muda a situação do demandante. O requisito "caso ou controvérsia" atua como uma restrição imanente aos fatos jurídicos.

II. Questões na aplicação do Direito Infraconstitucional

Dificuldades semelhantes às encontradas na legislação alemã relativamente à chamada proteção de terceiros (salvaguarda de vizinhos e de concorrentes) surgem nos EUA na determinação do âmbito pessoal de aplicação de regulamentos legais, cuja violação não afeta pessoas específicas, mas praticamente todos ("danos amplamente compartilhados"). Uma série de regras de aplicação fornece orientação para os questionamentos acerca da "legitimação de terceiros", os

---

1000 Assim, com referência ao desenvolvimento histórico da doutrina da legitimidade para processar, ver SUNSTEIN, C. R. "What's Standing after Lujan?" *Mich. L. Rev.*, vol. 91, 1992, pp. 163 e ss.; também TRIBE, Laurence. *American Constitutional Law*. 3ª ed. Nova York: Foundation Press, 2000, § 3-14, S. 392.

1001 Por exemplo, o Clean Water Act, 33 U.S.C. § 1365(a): "any citizen may commence a civil action on his own behalf against any person (including the United States, and any other governmental instrumentality or agency)"; para mais, ver PERCIVAL, Robert; SCHROEDER, Christopher H.; MILLER, Allan S.; LEAPE, James P. *Environmental Regulation*. 6ª ed. [S.l.]: DigitalCommons@UM Carey Law, 2009, pp. 159 e ss.

quais não decorrem diretamente do texto do art. III, parágrafo 2º, da Constituição dos EUA.[1002] Ou seja, deve-se esclarecer o que surge de uma sábia relutância judicial em conceder legitimidade jurídica, o que é, ao menos, sugerido constitucionalmente e, nesse sentido, pode ser considerado "prudente",[1003] ou pode ser determinado a partir da interpretação dos regulamentos relevantes.[1004]

De acordo com o caso *Allen v. Wright*, pode-se concluir que:

- Ninguém tem o direito de fazer valer os direitos de terceiros ("não há uma terceira parte").
- As reclamações de caráter geral não devem ser levadas a tribunal, mas, sim, aos funcionários responsáveis ("não cabem reclamações genéricas").

1002 468 U.S. 737, 751 (1984) *Allen v. Wright*: "Standing doctrine embraces several judicially self-imposed limits on the exercise of federal jurisdiction, such as the general prohibition on a litigant's raising another person's legal rights, the rule barring adjudication of generalized grievances more appropriately addressed in the representative branches, and the requirement that a plaintiff's complaint fall within the zone of interests protected by the law invoked". TRIBE, Laurence. *American Constitutional Law*. 3ª ed. Nova York: Foundation Press, 2000, § 3-19; além de RÜFFEL, Dirk. *Das Institut der Klagebefugnis zur Verfolgung von Umweltinteressen*: Ein Rechtsvergleich zwischen den USA, Großbritannien, Deutschland und der Europäischen Union unter besonderer Würdigung von Verbandsklagen. Stuttgart: Boorberg, 2008, pp. 87 e ss.; EHLERS, D. "Die Klagebefugnis nach deutschem, europäischem Gemeinschafts- und U.S.-amerikanischem Recht". *VerwArch*, vol. 84, 1993, pp. 139, 161, 166 e ss.

1003 468 U.S. 737, 750 (1984); 542 U.S. 1, 12 (2004) *Elk Grove Unified School Dist. v. Newdow*.

1004 572 U.S. 118, 125-128 (2014) *Lexmark Int'l, Inc. v. Static Control Components, Inc.* A decisão foi unânime e foi fundamentada pelo Ministro Scalia para o Tribunal. Distancia-se (pelo menos no teste da "zona de interesse") da sua caracterização como "prudencial". Em contrapartida, a ênfase é colocada no conteúdo vinculativo das leis relevantes, que deve ser desenvolvido utilizando os métodos habituais de interpretação jurídica.

- O interesse do autor deve estar na zona protegida da norma violada ("zona de interesses").

Por fim, não há legitimidade para processar se o alegado prejuízo não tiver um nexo causal suficientemente estreito com o comportamento que a lei procura coibir.[1005] Essa limitação é considerada um princípio notório do Direito Civil. Por trás disso, está a consideração sóbria de que "o recurso judicial não pode abranger todos os danos concebíveis que podem ser atribuídos a alegadas irregularidades". A Suprema Corte reconhece que a relação de proximidade exigida não é fácil de ser definida em casos individuais; ela se refere à vasta experiência dos tribunais no tratamento desses casos e aos precedentes existentes.

1 A etapa de verificação zona de interesse

A partir de exemplos do Direito Administrativo comercial e do Direito Administrativo Informacional, fica facilitada a verificação da etapa "zona de interesse".[1006]

a. Proteção da concorrência

Por exemplo, a lei que proíbe os bancos de realizar outras atividades além dos serviços bancários. Podem as empresas de processamento de dados entrar na justiça para fazer cumprir essa disposição e tomar medidas contra as autoridades responsáveis,

---

1005 572 U.S. 118, 133 (2014): "se o dano alegado tem uma conexão suficientemente estreita com a conduta que a lei proíbe". Como exemplo ali mencionado: o concorrente afetado pode, se necessário, reivindicar indenização por comportamento anticoncorrencial; no entanto, os seus credores também não podem obter pedidos de indenização contra a pessoa responsável pelo fato de a parte lesada não poder cumprir as suas obrigações financeiras para com eles devido à violação do direito da concorrência.

1006 Cf. PIERCE, Richard J.; SHAPIRO, Sidney; VERKUIL, P. R. *Administrative Law and Process*. 6ª ed. St. Paul: Foundation Press, 2014, § 5.4.5-5.4.6.

permitindo que os bancos disponibilizem as suas capacidades de processamento de dados existentes a outros bancos? A Suprema Corte discutiu sobre esse imbróglio no caso *Association of Data Processing Service Organizations, Inc. (ADPSO) v. Camp.*[1007] Nessas situações, a jurisprudência americana mais antiga examinava se o demandante poderia invocar direitos subjetivos (verificação de "direitos previstos em lei").[1008] Na contenda da ADPSO, porém, essa questão é atribuída ao mérito da ação, o que será tratado a seguir.[1009]

O tribunal, por outro lado, examinou a questão da legitimidade para fazer um exame da ação em duas fases:[1010]

- Em um primeiro momento, examinou se um "dano de fato" foi causado às empresas de serviços demandantes, na acepção do requisito de "caso ou controvérsia", o que foi rapidamente respondido no caso da ADPSO, destacando a real situação competitiva e o risco de perdas nos negócios.

1007 397 U.S. 150 (1970); ver STRAUSS, Peter L.; RAKOFF, Todd D.; FARINA, Cynthia R.; METZGER, Gillian E. *Gellhorn and Byse's Administrative Law*. 11ª ed. Nova York: Foundation Press, 2011, pp. 1.221 e ss.

1008 Cf. 306 U.S. 118, 137 e ss. (1939) *Tennessee Elec. Power Co. v. Tennessee Valley Authority*; detalhadamente em RÜFFEL, Dirk. *Das Institut der Klagebefugnis zur Verfolgung von Umweltinteressen*: Ein Rechtsvergleich zwischen den USA, Großbritannien, Deutschland und der Europäischen Union unter besonderer Würdigung von Verbandsklagen. Stuttgart: Boorberg, 2008, pp. 63 e ss.

1009 397 U.S. 150, 153 (1970) *Association of Data Processing Service Organizations, Inc. v. Camp*: "The 'legal interest' test goes to the merits. The question of standing is different". Uma justificativa detalhada para isso pode ser encontrada quase como um livro didático no voto dissidente do juiz Brennan sobre a decisão tomada no mesmo dia em 397 U.S. 159, 167-170 (1970) *Barlow v. Collins*: Separação de legitimidade, revisibilidade e mérito, principalmente por possuírem exigências probatórias distintas.

1010 Junto com a jurisprudência está PIERCE, Richard J.; SHAPIRO, Sidney; VERKUIL, P. R. *Administrative Law and Process*. 6ª ed. St. Paul: Foundation Press, 2014, § 5.4.5.

- Esse mínimo constitucional não deve ser suficiente para afirmar o direito de intentar uma ação. Em vez disso, o argumento agora volta-se para o lado normativo e pergunta se o interesse reivindicado "está possivelmente dentro da zona de interesses a ser protegida ou regulamentada pela respectiva lei",[1011] cuja violação o requerente reclama. Nem todas as preocupações factuais são suficientes para estabelecer a legitimidade de intentar uma ação. Ao contrário, deve haver uma referência à disposição legal denunciada como violada. Os críticos temem que, apesar da adoção da verificação dos "direitos previstos em lei", seja necessário recorrer novamente à situação jurídica substantiva. A Suprema Corte acomoda a crítica no caso ADPSO na medida em que não impõe exigências excessivas ao exame da "zona de interesses".[1012] A palavra "indiscutivelmente" sugere isso. Não é necessário que a lei mencione expressamente o direito de processar; uma intenção regulatória correspondente por parte do Congresso não precisa ser comprovada.[1013] Portanto, o foco está numa tendência geral na legislação para expandir a posição jurídica. Assim, o tribunal atesta também que as disposições relevantes do direito bancário têm um efeito protetor sobre terceiros.[1014]

1011 397 U.S. 150, 153 (1970).

1012 397 U.S. 150, 157-158 (1970); para mais julgados, ver STRAUSS, Peter L.; RAKOFF, Todd D.; FARINA, Cynthia R.; METZGER, Gillian E. *Gellhorn and Byse's Administrative Law*. 11ª ed. Nova York: Foundation Press, 2011, pp. 1.226 e ss.; na p. 1.232, vem a citação: "The test is not meant to be especially demanding". Crítico em relação às oscilações na jurisprudência é PIERCE, Richard J.; SHAPIRO, Sidney; VERKUIL, P. R. *Administrative Law and Process*. 6ª ed. St. Paul: Foundation Press, 2014, § 5.4.5 (S. 157: "difficult to predict").

1013 522 U.S. 479, 488-492 (1998) *National Credit Union Administration v. First National Bank (NCUA) & Trust Co*.

1014 397 U.S. 150, 154 (1970): "Where statutes are concerned, the trend is toward enlargement of the class of people who may protest administrative action. The whole drive for enlarging the category of aggrieved 'persons' is symptomatic of that trend".

Até agora o Judiciário tem sido generoso nesse ponto.[1015] No entanto, uma análise de interesse dos regulamentos relevantes não pode ser evitada. Em última análise, trata-se de questões de interpretação que podem ser tratadas utilizando os métodos habituais.[1016]

b. Posição informacional

Outro grupo de casos vem do Direito Administrativo informacional, cuja importância como meio de controle é apropriadamente capturada: "informação como ferramenta regulatória".[1017] Isso inclui inúmeras leis que exigem que a Administração publique pareceres, relatórios ou informações relevantes. Todos aqui estão autorizados a tomar medidas legais para fazer cumprir essas obrigações? Na literatura, uma "posição informacional" é mencionada como um grupo de casos especiais.[1018]

A decisão paradigmática do caso *Federal Election Commission v. Akins* dizia respeito a uma exigência da lei eleitoral de que os grupos políticos deveriam divulgar as suas práticas financeiras.[1019] A autoridade responsável isentou uma determinada associação da obrigação porque não a classificou como "política". Os eleitores opuseram-se à exclusão, alegando que tinham sido privados de informações eleitorais importantes. A objeção da defesa era que os

---

1015 522 U.S. 479, 488-492 (1998); cf. também em O'Connor, J., ver 503-519. HICKMAN, Kristin; PIERCE, Richard J. *Federal Administrative Law*. 2ª ed. St. Paul: Foundation Press, 2014, pp. 984 e ss.

1016 572 U.S. 118, 128 (2014) *Lexmark Int'l, Inc. v. Static Control Components, Inc*: "In doing so, we apply traditional principles of statutory interpretation".

1017 SUNSTEIN, C. R. "Informational Regulation and Informational Standing: Akins and Beyond". *U. Pa. L. Rev.*, vol. 147, 1999, pp. 613, 618-629.

1018 SUNSTEIN, C. R. "Informational Regulation and Informational Standing: Akins and Beyond". *U. Pa. L. Rev.*, vol. 147, 1999, com casos ilustrativos pp. 667-670.

1019 524 U.S. 11 (1998) *Federal Election Comm'n v. Akins*.

demandantes estavam apenas firmando uma reclamação genérica. Essa demanda normalmente não é suficiente para estabelecer a legitimidade porque não atende à verificação do "dano de fato". Por exemplo, a aplicação geral da lei ("preocupação comum de obediência à lei") não pode ser concretizada por meio dos tribunais.

Na visão da maioria da Suprema Corte, o caso acima deveria diferir das reclamações de prejuízos puramente abstratos:[1020] o atingimento de um grande número de pessoas não é suficiente para negar a legitimidade; se os interesses em causa forem comprovadamente específicos, a sua concretização não está sujeita à barreira da "reclamação generalizada"; o que vale, por exemplo, aos danos em massa e à interferência (direta) no direito de voto, que afeta muitas pessoas; a retenção ilícita de informações cuja importância para o exercício do direito de voto é reconhecida pela legislação pertinente também teria que ser tratada judicialmente.

Aqui se manifesta um entendimento muito amplo de "posição informacional", que pode ser justificado pelas peculiaridades de como as autoridades lidam com a informação. Trata-se de um controle de contexto, que não depende da regulação direta de casos individuais, mas, sim, dos comportamentos desencadeados em virtude da acessibilidade a determinadas informações em uma área própria. O conceito de legitimidade deve ser ajustado ao escrutínio indireto sobre faixas intermediárias. Ele diz mais do que apenas sobre os destinatários de ações judiciais, mas não é ilimitado. A ampla aplicação das obrigações de informação não permite essa extensão, mas depende do direcionamento da proteção seguido pela disposição relevante e do enquadramento do interesse do requerente dentro da área salvaguardada.

1020 524 U.S. 11, 23-25 (1998) *Federal Election Comm'n v. Akins*; cf. também Scalia, J. 30, esspecificamente 34-36.

2 Reclamações de associações: posição associativa

Devido aos "processos de cidadania" que há muito foram estipulados em numerosas leis, esse tema é menos atual nos EUA do que é na Alemanha sob a influência da legislação da União Europeia. Os seguintes princípios básicos podem ser encontrados na jurisprudência:[1021]

- Uma associação pode processar em seu próprio nome, se for proprietária do imóvel reivindicado, por exemplo; nesses casos, o requisito do prejuízo de fato é facilmente satisfeito.
- Por outro lado, ela está impedida de derivar a legitimidade processual de interesses gerais que gostaria, particularmente, de promover como associação. Como ocorreu na contenda *Sierra Club v. Morton*:[1022] a maioria do tribunal rejeitou expressamente a pretensão da associação demandante de agir processualmente como "representante do público"; também os perigos específicos que existem na atualidade, como em relação à natureza e ao meio ambiente, não devendo ser motivo para se desviar da exigência tradicional de que o próprio demandante seja afetado negativamente pela má conduta em questão.[1023] Um

---

1021 Para mais, ver STRAUSS, Peter L.; RAKOFF, Todd D.; FARINA, Cynthia R.; METZGER, Gillian E. *Gellhorn and Byse's Administrative Law*. 11ª ed. Nova York: Foundation Press, 2011, pp. 1.249 e ss.; PIERCE, Richard J.; SHAPIRO, Sidney; VERKUIL, P. R. *Administrative Law and Process*. 6ª ed. St. Paul: Foundation Press, 2014, § 5.4.6; RÜFFEL, Dirk. *Das Institut der Klagebefugnis zur Verfolgung von Umweltinteressen*: Ein Rechtsvergleich zwischen den USA, Großbritannien, Deutschland und der Europäischen Union unter besonderer Würdigung von Verbandsklagen. Stuttgart: Boorberg, 2008, pp. 101 e ss.

1022 405 U.S. 727, 735-740 (1972); demonstrado por 555 U.S. 488 (2009) *Summers v. Earth*.

1023 De outra forma, Douglas, J. diss. 405 U.S. 727, 741 (1972); e Blackmun, J., ver 755.

demandante coletivo altruísta – na linguagem americana, um "querelante meramente ideológico" – carece da legitimidade legal necessária. Nem poderia ser legalmente concedido a ele esse direito.

- O tipo mais comum de ação representativa é uma ação movida por uma associação com base nos direitos dos seus membros. É chamada de "derivada".[1024] Em princípio, tanto nos EUA como na Alemanha, ninguém pode acessar a justiça pelos direitos de terceiros.[1025] No entanto, uma exceção é feita para as associações. Elas podem ajuizar ações, de acordo com o chamado exame de caça, se três requisitos forem atendidos:[1026] ao menos um membro da associação deve estar autorizado a processar por direito próprio. O interesse perseguido deve estar dentro do propósito da associação e, em última análise, não deve ser necessário envolver membros individuais no processo. Com base nisso, o processo da associação permanece vinculado aos requisitos habituais dos processos judiciais de pessoas singulares, nomeadamente o exame do "dano de fato", mas com um amplo campo de aplicação prática.[1027]

1024 STRAUSS, Peter L.; RAKOFF, Todd D.; FARINA, Cynthia R.; METZGER, Gillian E. *Gellhorn and Byse's Administrative Law*. 11ª ed. Nova York: Foundation Press, 2011, p. 1254: "In other words, organizational standing is derivative of the standing of individual members". "Derivativo" descreve a questão melhor do que o termo ação coletiva "egoísta" usado na literatura alemã.

1025 U.S. 737, 751 (1984) *Allen v. Wright*.

1026 U.S. 333, 347 (1977) *Hunt v. Washington State Apple Advertising Commission*.

1027 O Direito Processual americano também pode sugerir que o litígio deve ser conduzido por uma associação (ver SCHACK, Haimo. *Einführung in das US-amerikanische Zivilprozessrecht*. 4ª ed. Munique: C. H. Beck, 2011, nota, p. 25).

III. Observações comparativas

Quando se trata de questões de posição, a América segue um caminho intermediário entre o estreito conceito alemão e o amplo conceito francês, de acordo com a literatura, o que parece razoável à primeira vista.[1028] No entanto, se olharmos mais de perto, a situação jurídica é mais distinta e tem estado aberta a novos desenvolvimentos, especialmente nos EUA e na Alemanha.

Inicialmente, os sistemas jurídicos alemão e americano caracterizam-se pela ideia de que, em princípio, apenas aqueles que estão especificamente relacionados com o objeto do litígio podem ser demandantes. As ações judiciais que geralmente visam fazer cumprir os interesses do bem-estar coletivo não são o modelo básico.[1029] Isso acontece apesar da disposição do Congresso em fornecer generosamente "roupagem de cidadão" para algumas instituições. A exigência de legitimidade de processar "à luz" do art. III da Constituição dos EUA, interpretada, portanto, tem uma "função de filtro".[1030] A delimitação do grupo protegido de pessoas do público em geral é o problema central do Direito Processual americano e alemão. Contudo, os discursos têm pontos de partida diferentes (1). A comparação deve basear-se em linhas de

---

1028 EHLERS, D. "Die Klagebefugnis nach deutschem, europäischem Gemeinschafts- und U.S.-amerikanischem Recht". *VerwArch*, vol. 84, 1993, pp. 139, 168 e ss.; HEUN, W. "Geschichte des Verwaltungsrechtsschutzes in den USA". *In*: SOMMERMANN, Karl-Peter; SCHAFFARZIK, Bert (Coord.). *Handbuch der Geschichte der Verwaltungsgerichtsbarkeit in Deutschland und Europa*. 2 vols. Berlim: Springer, 2019, p. 1.684.

1029 PIERCE, Richard J.; SHAPIRO, Sidney; VERKUIL, P. R. *Administrative Law and Process*. 6ª ed. St. Paul: Foundation Press, 2014, § 5.4 (S. 130: "Not everyone can invoke the power of a court to review agency action"); 592 U.S. __ (2020) (slip op. 4-5) *Carney v. Adams*: "a grievance that amounts to nothing more than an abstract and generalized harm to a citizen's interest in the proper application of the law does not count as an 'injury in fact'".

1030 BVerwGE 104, 115, 118.

argumentação complexas que mostram aproximações em alguns pontos e diferenças em outros (2).

1 Diferentes pontos de partida dos discursos constitucionais

Os diferentes pontos de partida podem ser explicados em termos da história do Direito:[1031] nos EUA, os tribunais já tinham adotado a versão mais restrita do direito de processar, uma vez que estava ligado à verificação dos "direitos previstos em lei" na década de 1960. Essa abertura abrangeu áreas importantes como o Direito Ambiental e o direito de defesa do consumidor, em que se iniciou uma política contenciosa ativa de "ações cidadãs", apoiada pelo Congresso. A Suprema Corte reagiu a essa tendência no caso Luján (1998), recorrendo à previsão do art. III, parágrafo 2º, da Constituição dos EUA. Mesmo que a maioria do tribunal tenha flutuado nas recentes decisões em torno de 5 x 4, durante muito tempo, foi difícil identificar uma linha clara da jurisprudência e ainda hoje ela não parece estar fixada: o discurso tem sido determinado pelas restrições, o que certamente vale à jurisdição federal.[1032] Mesmo aqueles que continuam a defender uma versão ampla do direito de processar só o poderão fazer examinando intensamente a abordagem restritiva, o que se deve à base constitucional das restrições, a qual a Suprema Corte tem reiteradamente destacado.

1031 Ver MÖLLERS, Christoph. *Gewaltengliederung*: Legitimation und Dogmatik im nationalen und internationalen Rechtsvergleich. Tübingen: Mohr Siebeck, 2005, pp. 159 e ss.

1032 O Direito Processual nacional não está vinculado às disposições da Constituição Federal acima mencionadas quando se trata de questões de legitimidade para processar e pode, portanto, prever "ações cidadãs" em maior medida; para mais, ver MANDELKER, Daniel R. *et al. State and Local Government in a Federal System*. 8ª ed. Durham: Carolina Academic Press, 2014, pp. 857 e ss.

Na Alemanha, a discussão constitucional é determinada pela separação entre proteção jurídica "individual" e "supraindividual".[1033] Na prática, existem dois argumentos que mostram tendências opostas.

- Proteção jurídica individual: são ações judiciais relativas a direitos subjetivos no âmbito da proteção do art. 19, parágrafo 4º, da Lei Fundamental. Esse dispositivo não cria direitos subjetivos, mas, antes, os pressupõe. Contudo, da "visão global da Lei Fundamental" que ajudou a moldar, o Tribunal Constitucional Federal concluiu que "em caso de dúvida, deve ser dada preferência à interpretação de uma lei que confere aos cidadãos um direito subjetivo".[1034] Em particular, os direitos de liberdade e de igualdade do catálogo de direitos fundamentais provaram ser uma fonte extremamente rica de direitos subjetivos. A ideia de "eficácia da proteção jurídica" desenvolvida a partir desta interação tem, portanto, uma tendência natural de expansão: o discurso (parcial) pensa em termos de expansão. Considerações restritivas, como a ideia de separação de poderes e uma correta atribuição de "responsabilidade administrativa e jurisdição administrativa", têm dificuldade em afirmar-se perante essa tendência. A discussão é unidimensional. Os aspectos de poder da "doutrina da posição" que foram corretamente identificados nos EUA e que sugerem avaliações distintas são rapidamente sobrestimados "à luz" do art. 19, parágrafo 4º, da Lei Fundamental e da respectiva proteção dos direitos individuais na Alemanha.

1033 Sistematizado em SCHLACKE, Sabine. Überindividueller Rechtsschutz. Tübingen: Mohr Siebeck, 2008.

1034 BVerfGE 15, 275, 281; KOPP, Ferdiand O.; SCHENKE, Wolf-Rüdiger. *Verwaltungsgerichtsordnung*. 25ª ed. [S.l.]: [s.n.], 2019, § 42, nota, p. 136.

- Proteção jurídica supraindividual: o discurso, por outro lado, é completamente diferente quando se refere a ações judiciais que não tratam de direitos subjetivos: as ações judiciais de interessados, as ações judiciais de reclamação objetiva e as chamadas ações coletivas altruístas. No quadro do Direito Processual Administrativo alemão, conforme estabelecido no texto constitucional, esses processos têm apenas uma posição marginal. Não são abrangidos pelo art. 19, parágrafo 4º, da Lei Fundamental e só podem ser criados pelo legislador, não por decisão judicial. As exigências jurídico-políticas para a introdução das ações coletivas tiveram inicialmente apenas um ligeiro sucesso. Durante muito tempo, não se falou de um movimento na legislação no sentido de ações mais representativas ou "ações cidadãs" como nos EUA. Consequentemente, não havia razão para lidar com seus limites constitucionais.[1035]

O cenário só mudou recentemente, sob pressão da legislação da União Europeia. A expansão dos poderes de ação coletiva trazida pelo Direito europeu desencadeou discussões sobre uma "mudança funcional" na justiça administrativa que são semelhantes ao discurso americano. Os novos direitos de ação são agora definidos como um "problema de legitimidade", cuja solução deverá também ter em conta a separação de poderes, os direitos da contraparte envolvida no processo e as consequências dos direitos subjetivos alargados para a atribuição da "proteção jurídica".[1036] Ademais, na área da proteção jurídica supraindividual, na Alemanha de hoje, além das tendências de expansão, há também indícios de um discurso que enfatiza as restrições. O ordenamento germânico ainda não

---

1035 Exceção: WEYREUTHER, Felix. *Verwaltungskontrolle durch Verbände?* Argumente gegen die verwaltungsrechtliche Verbandsklage im Umweltrecht. Düsseldorf: Werner, 1975.

1036 GÄRDITZ, Ferdinand. "Funktionswandel der Verwaltungsgerichtsbarkeit unter dem Einfluss des Unionsrechts: Umfang des Verwaltungsrechtsschutzes auf dem Prüfstand". *Gutachten D zum 71*, Deutschen Juristentag, 2016, pp. 28 e ss.

dispõe de um ponto de ancoragem constitucional sólido, como tem oferecido a jurisprudência norte-americana mais tardiamente desde Luján, por exemplo.

2 Abordagens: ações cidadãs e direitos sob procuração

Ambos os sistemas jurídicos têm reservas sobre ações judiciais dirigidas à aplicação da lei em um sentido muito abstrato. Todavia, eles não descartam as ações judiciais coletivas em princípio. Nos EUA, a "aplicação da lei privada" tem até uma longa tradição. As "ações cidadãs" estão previstas em diversas leis e são consideradas um importante instrumento de efetivação da legislação ambiental, por exemplo.[1037] Ainda assim, elas devem estar inseridas dentro do âmbito da cláusula "casos ou controvérsias" do art. III da Constituição dos EUA. A gama de interesses em que um demandante pode confiar é realmente ampla, mas a natureza da sua preocupação deve ser apresentada de forma "concreta e particularizada". O demandante deve ter "um interesse pessoal no resultado" e não apenas um mero interesse em iniciar uma ação judicial.

No modelo dualista alemão, que distingue entre proteção jurídica individual e a supraindividual, as ações judiciais de cidadãos coletivamente estão geralmente fora da zona de proteção do art. 19, parágrafo 4,º da Lei Fundamental, porque não servem para defender direitos subjetivos. Eles devem ser expressamente permitidos por lei. No entanto, emergem sinais de mudança nesse ponto: a legislação da União Europeia reconhece casos em que os indivíduos têm o direito de intentar uma ação para proteger um bem coletivo específico, como a saúde pública. Não se trata de fazer

1037 Cf. GLICKSMAN, R. L. "The Value of Agency-Forcing Citizen Suits to Enforce Nondiscretionary Duties". *Widener L. Rev.*, vol. 10, 2004, p. 353; ROUSE, K. A. "Holding the EPA Accountable: Judicial Construction of Environmental Citizen Suit Provisions". *N. Y. U. L. Rev.*, vol. 93, 2018, pp. 1.271 e ss.

cumprir a lei em geral, mas, sim, de defender os bens comuns, nos quais o próprio demandante também está envolvido em um sentido mais amplo. Na medida em que a legislação da União Europeia exige que os Estado-membros tenham uma capacidade jurídica correspondentemente ampla, na Alemanha, esses requisitos foram absorvidos de um ponto de vista jurídico subjetivo e integrados na doutrina das normas de proteção.[1038] O Judiciário fala em direitos do "sob procuração".[1039]

Essa concepção deu origem a considerações sobre se a doutrina do direito subjetivo não deveria ser expandida para incluir elementos sob procuração para além da área prescrita pelo Direito europeu.[1040] Após a expansão dos direitos fundamentais, o direito subjetivo e a doutrina das normas protetoras têm experimentado, nas últimas décadas, uma ampliação funcional que poderia ser usada para responder à mudança nos meios de controle do Estado, que muitas vezes começam em um nível superior, o que torna difícil intentar uma ação judicial contra a atuação estatal a partir do modelo tradicional de atribuição restrita. Até o momento, essas considerações têm sido altamente controversas. Contudo, se o conceito de direito subjetivo assim se expandisse ao longo do

---

1038 Assim em SCHOCH, F. "Gerichtliche Verwaltungskontrollen". *In*: HOFFMANN-RIEM, Wolfgang; SCHMIDT-AßMANN, Eberhard; VOßKUHLE, Andreas (Coord.). *Grundlagen des Verwaltungsrechts*. 2ª ed. vol. 3. Munique: C. H. Beck, 2013, § 50, nota, pp. 154 e ss.: "Conceito de subjetivação funcional".

1039 BVerwGE 147, 312 = NVwZ 2014, 64, nota, p. 46, com referência sobretudo a MASING, Johannes. *Die Mobilisierung des Bürgers für die Durchsetzung des Rechts*: europäische Impulse für eine Revision der Lehre vom subjektiv-öffentlichen Recht. Berlim: Duncker & Humblot, 1997, especificamente o trecho nas pp. 128 e ss.

1040 Cf. SCHMIDT-AßMANN, Eberhard. *Kohärenz und Konsistenz des Verwaltungsrechtsschutzes*. Tübingen: Mohr Siebeck, 2015, pp. 20 e ss.; uma posição contrária pode ser encontrada em GÄRDITZ, Ferdinand. "Funktionswandel der Verwaltungsgerichtsbarkeit unter dem Einfluss des Unionsrechts: Umfang des Verwaltungsrechtsschutzes auf dem Prüfstand". *Gutachten D zum 71*, Deutschen Juristentag, 2016, pp. 51 e ss.

tempo, o resultado prático estaria mais próximo da situação americana: as ações civis ou coletivas ainda não seriam amplamente permitidas. Ainda assim, elas não dependeriam de reconhecimento jurídico especial, mas só seriam permitidas quando se tratasse de bens jurídicos cuja defesa "sob procuração" seja aconselhável em determinada situação de risco.

B. A densidade do controle ("âmbito da revisão judicial")

Esse segundo tema é determinado em ambos os sistemas jurídicos por uma densa rede de termos e doutrinas jurídicas: nos EUA, por exemplo, a distinção entre "erro de direito" e "erro de fato", "evidência substancial" e "doutrina Chevron"; na Alemanha, o "conceito jurídico indefinido", a "autoridade para julgar", a "doutrina normativa da autorização", a "autoridade da decisão final" e a doutrina dos "erros de discricionariedade".[1041] Igualmente, em ambos os ordenamentos há sempre vozes céticas, segundo as quais os tribunais não se atêm às diretrizes estabelecidas, mas, sim, geram a intensidade do seu controle de forma tão variável quanto o caso exige, com base no seu sentido de justiça.[1042]

É nessa área que as diferenças entre a produção e a apresentação de uma decisão judicial são particularmente pronunciadas. Tanto na prática jurídica americana quanto na alemã, considera-se

---

1041 Cf. OSTER, Jan. *Normative Ermächtigungen im Regulierungsrecht*: Eine vergleichende Untersuchung behördlicher Entscheidungsspielräume in der deutschen und amerikanischen Netzinfrastrukturregulierung. Baden-Baden: Nomos, 2010.

1042 SCHWARTZ, Bernard. *Administrative Law*. 3ª ed. Boston: Little, Brown, 1991, § 10.1 (S. 625): "In the final analysis, the scope of review depends on the individual judge's estimate of the justice of the case". Ver também a referência ao caráter "decisionista" e "voluntário" de diferentes padrões de controle em *K.-L. Riese* em SCHOCH, Friedrich; SCHNEIDER, Jens-Peter; BIER, Wolfgang (Coord.). *Verwaltungsgerichtsordnung*. Munique: C. H. Beck, 2019, § 113, nota, p. 27.

correto basear o tratamento do tema nas classificações e doutrinas que foram introduzidas; porque são nelas que se calcam os magistrados e também as leis que estruturam a discussão sobre a densidade do controle judicial.[1043] A doutrina alemã da discricionariedade pode parecer "excessivamente dogmatizada" em algumas comparações jurídicas. Contudo, os EUA e a Alemanha partilham a ideia fundamental de que a intensidade do controle administrativo judicial deve ser descritível e avaliável através de um conjunto de figuras e padrões jurídicos.

O que é mais importante para uma perspectiva jurídica comparada são as diferenças entre as visões descritas acima que existem entre a teoria do Direito Administrativo americano e alemão: nos EUA, o foco está na Administração criativa e nas suas decisões regulatórias complexas, especialmente na "criação de regras". A doutrina alemã, por outro lado, está orientada para as decisões de execução em matéria de direito de polícia, de função pública, comercial ou de auditoria, enquanto as decisões de planejamento com as suas estruturas de interesses diferenciadas continuam a representar uma área especial. É evidentemente mais fácil manter uma elevada intensidade de controles judiciais quando as decisões administrativas são tomadas para fazer cumprir a lei em circunstâncias calculáveis do que quando os tribunais são confrontados com decisões administrativas complexas.[1044]

Os padrões básicos de controle são mostrados abaixo (I). A questão controversa de quão intensamente os tribunais podem

---

1043 Assim como STRAUSS, Peter L. *Administrative Justice in the United States*. 3ª ed. Durham: Carolina Academic Press, 2016, p. 456; STRAUSS, Peter L.; RAKOFF, Todd D.; FARINA, Cynthia R.; METZGER, Gillian E. *Gellhorn and Byse's Administrative Law*. 11ª ed. Nova York: Foundation Press, 2011, p. 927: "that these considerations ought to be reflected in the doctrinal formulation of scope of review".

1044 Cf. MÖLLERS, Christoph. *Gewaltengliederung*: Legitimation und Dogmatik im nationalen und internationalen Rechtsvergleich. Tübingen: Mohr Siebeck, 2005, pp. 163 e ss.

controlar a interpretação administrativa da lei técnica relevante é, então, examinada separadamente (II).

I. As linhas básicas (seção 706 da APA)

O ponto de referência comum em ambos os sistemas jurídicos é a ilegalidade da medida administrativa contestada. A conveniência ou questões de "política" não fazem parte do programa de revisão dos tribunais. Embora o § 113 do Regulamento dos Tribunais Administrativos Alemães se refira geralmente apenas à ilegalidade, a APA nomeia uma série de erros como "padrões de revisão" que fazem com que o tribunal anule uma decisão administrativa. O ponto de partida é a distinção entre questões factuais (1) e questões jurídicas (2).[1045] Ao contrário do que acontece na Alemanha, as questões de poder discricionário não se limitam ao lado das consequências jurídicas, mas também podem surgir do lado factual (3).

As violações do Direito Processual, em particular, tendem a ser punidas de forma mais severa do que na Alemanha. Apesar de todo o seu apreço pelo procedimento, a lei americana é pragmática suficientemente para não tratar cada erro processual como uma razão para reverter uma decisão administrativa. O incumprimento da lei processual prescrita é expressamente mencionado na lei como erro processual significativo, mas com uma cláusula de "erro inofensivo" anexada.[1046] Isso permite aos tribunais diferenciarem com base, entre outras coisas, na gravidade do erro e na probabilidade com que influenciou o resultado, o qual depende das circunstâncias

---

1045 A fórmula "arbitrária ou caprichosa" do § 706(2)(A) da APA é a ambos um padrão amplo de controle.

1046 A seção 706(2)(D) da APA em sua última linha: "due account shall be taken of the rule of prejudicial error". A seção 508(b) da MSAPA 2010 prescreve: "the court shall apply the rule of harmless error".

do caso individual.[1047] É quase impossível fazer previsões gerais sobre um erro é "inofensivo".[1048]

1 Questões factuais

No que diz respeito aos fatos do caso, os tribunais perguntam até que ponto a autoridade cumpriu o seu mandato de investigá-los, avaliá-los e documentá-los. O modelo de controle administrativo é a análise das conclusões factuais de um "tribunal de primeira instância" pelo tribunal superior, o que não inclui um processo probatório separado perante o tribunal de revisão; algo diferente só se aplica aos casos, raros, de "nova revisão".[1049] Essa é uma diferença significativa em relação aos tribunais administrativos alemães, que são obrigados a realizar investigações oficiais (§ 86, parágrafo 1º, da VwGO) e, portanto, podem ter de levar o litígio ao ponto em que esteja pronto para uma decisão, coletando as suas próprias evidências. Para os tribunais americanos, o ponto de referência para o controle judicial não são os fatos em si, mas

---

1047 U.S. 396, 411 (2009) *Shinseki v. Sanders*: os critérios podem incluir: "an estimation of the likelihood that the result would have been different, an awareness of what body (jury, lower court, administrative agency) has the authority to reach that result, a consideration of the error's likely effects on the perceived fairness, integrity, or public reputation of judicial proceedings". Cf. FEHLING, M. "Eigenwert des Verfahrens im Verwaltungsrecht". *VVDStRL*, vol. 70, 2011, pp. 293-299.

1048 SMITH, C. "Taking 'Due Account' of the APA's Prejudicial-Error Rule". *Va. L. Rev.*, vol. 96, 2010, pp. 1.727-1.764: "Unfortunately, what that study reveals is a series of cases that lie in the twilight between rules of general application and fully case-specific or even haphazard analysis".

1049 Cf. 401 U.S. 402, 415 (1971) *Citizens to Preserve Overton Park, Inc. v. Volpe* (Overton Park); cf. ERATH, Franz. *Förmliche Verwaltungsverfahren und gerichtliche Kontrolle*: Eine rechtsvergleichende Studie unter Berücksichtigung Deutschlands und der USA. Stuttgart: Booberg, 1996, pp. 130 e ss. Os casos mais importantes podem ser encontrados na FOIA e na Lei de Privacidade. Além dos raros casos de "fatos constitucionais" e "fatos jurisdicionais", cf. STRAUSS, Peter L. *Administrative Justice in the United States*. 3ª ed. Durham: Carolina Academic Press, 2016, p. 464, nota de rodapé 31 i.

a forma como as autoridades tratam os fatos, apresentados nos "registros" da autoridade.[1050] Dois padrões de controle estão disponíveis para uma revisão tão distanciada e focada nos autos.[1051]

a. Evidência substancial

De acordo com a seção 706(2)(E) da APA, uma decisão administrativa deve ser revogada se os pressupostos factuais subjacentes não forem suficientemente apoiados por provas ("não apoiados por provas substanciais"). Para fazer esse juízo, o tribunal deve examinar detalhadamente todas as partes dos "autos", incluindo as informações que contradizem as suposições e considerações oficiais.[1052] Os casos em que a decisão da autoridade se desviou das conclusões factuais do juiz de Direito Administrativo recebem especial atenção judicial. Entretanto, o tribunal permanece limitado ao papel de examinador e não se torna um investigador. As matérias que não constem nos "autos" ou dele não resultem não

1050 Essa é uma documentação extensa que consiste em um grande número de diferentes documentos, protocolos, declarações e declarações. Cf. sobre o conteúdo mínimo do "registro de regulamentação" § 302(b)(1-7) e o "registro de audiência" § 406(b)(1-11) da MSAPA 2010. Quanto ao significado do "registro", ver SCHWARTZ, Bernard. *Administrative Law*. 3ª ed. Boston: Little, Brown, 1991, § 10.2.

1051 U.S. 402, 414-416 (1971); sistematizado em PIERCE, Richard J.; SHAPIRO, Sidney; VERKUIL, P. R. *Administrative Law and Process*. 6ª ed. St. Paul: Foundation Press, 2014, § 7.3; CANE, Peter. *Controlling administrative power*: a historical comparison. Cambridge: Cambridge University Press, 2016, pp. 243 e ss.; também HARTUNG, S. "Die gerichtliche Kontrolle der Verwaltungsentscheidungen in den Vereinigten Staaten". *DÖV*, 1993, pp. 323-328 e ss.

1052 Ver 340 U.S. 474, 488 (1951) *Universal Camera Corp. v. NLRB*; BREYER, Stephen G.; STEWART, Richard B.; SUNSTEIN, Cass R.; VERMEULE, Adrian; HERZ, Michael. *Administrative law and regulatory policy*. 8ª ed. Nova York: Wolters Kluwer, 2017, p. 230.

são objeto de auditoria.[1053] Fatos novos só podem ser introduzidos dentro de limites estreitos.[1054]

O critério para a avaliação do tribunal é a investigação que teria satisfeito um tomador de decisão razoável.[1055] Isso confere à Administração uma margem de manobra considerável na coleta e avaliação das provas necessárias. A prerrogativa justifica-se, sobretudo, pela experiência especial subjacente à atribuição legal da tarefa relevante a uma autoridade específica. Contudo, se o tribunal tiver a impressão de que a autoridade desempenhou as suas funções de forma idiossincrática e opaca, isso pode levar a um reforço imanente dos requisitos.[1056]

O padrão de "evidência substancial" se aplica a decisões que foram prolatadas de acordo com as seções 556 e 557 da APA no procedimento de "regulamentação formal" ou "julgamento formal",

---

1053 Cf. § 507(a) da MSAPA 2010: "the court review is confined to that record and to matters arising from that record".

1054 § 507(c) da MSAPA 2010; com o fundamento na p. 96: "However, the standard of opening the record on appeal is high".

1055 487 U.S. 552, 564 (1988) *Pierce v. Underwood*: "justified to a degree that could satisfy a reasonable person"; de maneira semelhante em 305 U.S. 197, 229 (1938) *Consolidated Edison Co. v. NLRB*; cf. também 527 U.S. 150, 153 (1999) *Dickinson v. Zurko*; 574 U.S. 293 (2015) (op. cit. 7) *T-Mobile South, LLC v. City of Roswell*; e 587 U.S. __ (2019) (op. cit. 5) *Biestek v. Berryhill*; STRAUSS, Peter L. *Administrative Justice in the United States*. 3ª ed. Durham: Carolina Academic Press, 2016, p. 465 ("reasonable administrator"). Para questões individuais, ver PIERCE, Richard J.; SHAPIRO, Sidney; VERKUIL, P. R. *Administrative Law and Process*. 6ª ed. St. Paul: Foundation Press, 2014, § 7.3.1; BREYER, Stephen G.; STEWART, Richard B.; SUNSTEIN, Cass R.; VERMEULE, Adrian; HERZ, Michael. *Administrative law and regulatory policy*. 8ª ed. Nova York: Wolters Kluwer, 2017, pp. 227 e ss.

1056 Assim é avaliado em 522 U.S. 359 (1998) *Allentown Mack Sales &Services, Inc. v. NLRB* de PIERCE, Richard J.; SHAPIRO, Sidney; VERKUIL, P. R. *Administrative Law and Process*. 6ª ed. St. Paul: Foundation Press, 2014, § 7.3.1; STRAUSS, Peter L. *Administrative Justice in the United States*. 3ª ed. Durham: Carolina Academic Press, 2016, p. 468 ("driven by judicial suspicions that the NLRB had been manipulatively using the special status that its fact-finding would enjoy on review").

ou que foram emitidas de outra forma em um procedimento devidamente adequado às disposições legais. Mesmo que uma série de leis técnicas, para além da APA, tenha alargado o âmbito da norma, permanece a abrangência de apenas uma minoria das decisões administrativas.[1057]

b. Arbitrárias e caprichosas

As decisões não abrangidas por a) devem ser tratadas de acordo com o padrão "arbitrário e caprichoso".[1058] Também aqui os tribunais têm de lidar com os documentos e considerações oficiais:[1059] em particular, deve ser verificado se todos os aspectos relevantes foram registrados, se a justificação é apoiada pelas provas e se a autoridade utilizou aspectos que a lei não levou em conta. Com efeito, as autoridades devem também manter um conjunto básico de conclusões documentadas para decisões não formais.[1060] Essas conclusões são analisadas ponto por ponto durante a revisão judicial,[1061] o que configura mais do que apenas um controle arbitrário. Onde a jurisprudência *hard look* se aplica, os requisitos tornam-se ainda mais rigorosos.[1062] Contudo, os tribunais devem

---

1057 A lei de cada estado tem um escopo de aplicação mais amplo devido ao fato de que: § 508(a)(3)(D) da MSAPA 2010 prevê "substantial evidence" como padrão para todos os "contested cases", conforme § 102(7).

1058 401 U.S. 402, 416 (1971) *Overton Park*; PIERCE, Richard J.; SHAPIRO, Sidney; VERKUIL, P. R. *Administrative Law and Process*. 6ª ed. St. Paul: Foundation Press, 2014, § 7.3.2.

1059 463 U.S. 29, 43 (1983) *Motor Vehicle Manufacturers Association of the United States, Inc. v. State Farm Mutual Automobile Insurance Co.* (State Farm).

1060 Conforme § 507(b) da MSAPA 2010: "unprivileged materials that agency decision makers directly or indirectly considered, or which were submitted for consideration by any person, in connection with the action under review, including information that is adverse to the agency's position".

1061 U.S. 29, 46-51 (1983) *State Farm*; além de 556 U.S. 502, 517 (2009) *FCC v. Fox Television Stations Inc. (Fox I)*.

1062 CANE, Peter. *Controlling administrative power*: a historical comparison. Cambridge: Cambridge University Press, 2016, p. 249: "It [hard-look review]

ter cuidado para não substituir as ideias da Administração pelas de seu próprio juízo.[1063]

Originalmente, o padrão "arbitrário e caprichoso" pretendia indicar uma revisão judicial menos intensiva em comparação com o padrão "evidência substancial". No entanto, a sua carga gradual com os requisitos da *hard look* alinhou-a com a "evidência substancial", de modo que a questão é se um padrão uniforme pode ser assumido hoje.[1064] Certamente há exemplos disso na jurisprudência dos tribunais recursais. O que parece mais correto, todavia, em vez de um alinhamento dois dos padrões tradicionais, seja assumir uma diferenciação interna do padrão "arbitrário e caprichoso":[1065] em um extremo do espectro estão os casos que praticamente se alinharam com o padrão da "evidência substancial". No outro, há casos em que o controle foi significativamente reduzido, o que pode se aplicar a decisões individuais com pouco impacto. Ao mesmo tempo, pode fazer referência a decisões que envolvem complicadas questões em aberto de progresso técnico e científico ("áreas de incerteza", "na fronteira da ciência"). Também aqui a Suprema Corte está preparada para ter em conta a competência especial da autoridade responsável pelo apuramento dos fatos e

---

requires a strong logical relationship between outcome (decision or rule), reasoning and reasons".

1063 U.S. 402, 416 (1971) *Overton Park*: "Although this inquiry into the facts is to be searching and careful, the ultimate standard of review is a narrow one. The court is not empowered to substitute its judgment for that of the agency".

1064 Cf. PIERCE, Richard J.; SHAPIRO, Sidney; VERKUIL, P. R. *Administrative Law and Process*. 6ª ed. St. Paul: Foundation Press, 2014, § 7.3.3; ERATH, Franz. *Förmliche Verwaltungsverfahren und gerichtliche Kontrolle*: Eine rechtsvergleichende Studie unter Berücksichtigung Deutschlands und der USA. Stuttgart: Booberg, 1996, pp. 119 e ss.

1065 Assim como em STRAUSS, Peter L. *Administrative Justice in the United States*. 3ª ed. Durham: Carolina Academic Press, 2016, p. 471.

a sua responsabilidade política pelas consequências práticas da aplicação de um padrão de revisão muito conservador.[1066]

2 Questões jurídicas

A segunda razão que, conforme a seção 706, parágrafo 2º, da APA, leva à anulação da decisão impugnada são os erros jurídicos. O referencial é o Direito Constitucional, os princípios gerais de Direito, o Direito Processual da APA e, sobretudo, as leis especializadas pertinentes. Logo, deve ser feita uma distinção entre interpretação jurídica (a-b) e aplicação jurídica (c).

a. O âmbito de atuação judicial

Interpretar a lei é uma competência originária dos tribunais – como ficou famoso no caso *Marbury v. Madison*: "É enfaticamente competência e dever do Poder Judiciário dizer o que é o Direito".[1067] Isso também inclui a revisão incidental das bases jurídicas relevantes, incluindo as leis do Congresso, quanto à sua constitucionalidade. Foi precisamente com a "revisão judicial" que os EUA estabeleceram um marco inicial no desenvolvimento do Estado de Direito.[1068] O controle judicial completo da interpretação oficial da lei não serve apenas para proteger os direitos individuais em casos específicos, mas também para garantir a unidade jurídica

---

1066 462 U.S. 87, 97, 104 (1983) *Baltimore Gas & Electric Co. v. NRDC, Inc.*; PIERCE, Richard J.; SHAPIRO, Sidney; VERKUIL, P. R. *Administrative Law and Process*. 6ª ed. St. Paul: Foundation Press, 2014, § 7.3.4.

1067 5 U.S. (1 Cranch) 137, 177 (1803).

1068 Somente em HEUN, Werner. *Verfassung und Verfassungsgerichtsbarkeit im Vergleich*. Tübingen: Mohr Siebeck, 2014, pp. 38 e ss.; em relação ao desenvolvimento alemão da matéria, ver pp. 77 e ss.

e a vinculação legal do Poder Executivo,[1069] o que é amplamente reconhecido tanto na América como na Alemanha.

Ambos os ordenamentos jurídicos não deixam de atentar para o fato de a precisão dos termos jurídicos relevantes variar consideravelmente na prática. Cada qual tira conclusões diferentes dessa circunstância: de acordo com a doutrina alemã, a interpretação abstrata da lei relevante está sujeita a controle judicial total, sendo que uma redução do controle só é concebível em caso de subsunção relacionada com a situação individual.[1070] Na América, por outro lado, o que é de interesse primordial é até que ponto a restrição judicial é indicada quando se trata de interpretação.

b. Casos de deferência judicial

Excluir o controle judicial não é uma opção quando se trata da interpretação do Direito Constitucional e de leis gerais como a APA ou a FOIA. O campo do controle judicial limitado é o Direito especializado. Aqui surgem dois problemas: em primeiro lugar, há que perguntar se é realmente necessária uma redução do controle e, em seguida, quais os critérios que devem ser utilizados para exercer um controle reduzido. Enquanto nada estiver especificamente indicado na lei, a ciência e a prática baseiam-se em certos tipos que combinam determinadas ações administrativas com uma limitação do controle judicial.

As respectivas decisões da Suprema Corte elencam os tipos de deferência correspondentes:[1071]

1069 PIERCE, Richard J.; SHAPIRO, Sidney; VERKUIL, P. R. *Administrative Law and Process*. 6ª ed. St. Paul: Foundation Press, 2014, § 5.1.1: "In this sense, courts aid Congress by insuring that agencies stay within the substantive boundaries established by Congress".

1070 BVerfGE 129, 1, 22s.

1071 Breves caracterizações dos tipos em CANE, Peter. *Controlling administrative power*: a historical comparison. Cambridge: Cambridge University Press, 2016,

- O caso Chevron diz respeito à interpretação de regulamentos jurídicos (técnicos) através de decisões oficiais legais. Essas decisões, que têm efeitos jurídicos vinculantes, incluem principalmente "regras", independentemente de serem classificadas como "formais" ou "informais" na acepção da APA. No tocante às questões de interpretação, a contenda Chevron é o principal caso de revisão judicial limitada.
- O caso Skidmore preocupa-se com a questão do significado que outros anúncios oficiais têm para a interpretação de termos jurídicos. Os tribunais não tratam esses textos como requisitos juridicamente vinculantes, mas estão preparados para lhes atribuir um peso argumentativo considerável se estiverem convencidos de que o comunicado em questão foi moldado pela experiência da autoridade e foi emitido com base em considerações cuidadosas.[1072]
- O caso Auer (também a contenda Seminole Rock) toca até que ponto a interpretação oficial de um regulamento emitido pela mesma autoridade deve ser aceita pelos tribunais. Os tribunais têm seguido um padrão de controle extremamente cauteloso.[1073] Assim, a interpretação oficial deveria ser tomada como base, a menos que esta

---

pp. 211 e ss. Informações estatísticas sobre como a aplicação dos diferentes tipos afetou o resultado da decisão da Suprema Corte, como demonstrado em ESKRIDGE, W. N.; BAER, L. E. "The Continuum of deference: Supreme Court Treatment of Agency Statutory Interpretations from Chevron to Hamdan". *Geo. L. J.*, vol. 96, 2008, p. 1.083. Sobre o debate atual quanto à deferência de Auer e Chevron, cf. POJANOWSKI, J. A. "Neoclassical Administrative Law". *Harv. L. Rev.*, vol. 133, 2020, pp. 852 e ss.

1072 U.S. 452 (1997) *Auer v. Robbins*; em relação a isso, ver PIERCE, Richard J.; SHAPIRO, Sidney; VERKUIL, P. R. *Administrative Law and Process*. 6ª ed. St. Paul: Foundation Press, 2014, § 7.5; HICKMAN, Kristin; PIERCE, Richard J. *Federal Administrative Law*. 2ª ed. St. Paul: Foundation Press, 2014, pp. 774-794.

1073 A investigação estatística mostra que, ao utilizar esta norma, a Suprema Corte seguiu a interpretação oficial em 90% das vezes; ver HICKMAN, Kristin;

se revelasse "claramente errada ou inconsistente com o regulamento".[1074] Essa relutância foi justificada pela observação de que a autoridade, como normatizadora, sabia melhor o que queria regulamentar.[1075] No entanto, há muito tempo há críticas consideráveis.[1076] A Suprema Corte também abandonou a linha cautelosa. No caso *Kisor v. Wilkie*, de 26 de junho de 2019, o precedente Auer (por pouco) não foi rejeitado, como exigia uma minoria dos juízes.[1077] A maioria dos magistrados que apoiaram a decisão, considerados liberais, querem vincular a redução do controle a condições estritas no futuro:[1078] os tribunais devem examinar o caso em detalhes, usando todas as regras de interpretação disponíveis ("todas as ferramentas tradicionais da obra"), se a disposição controvertida do regulamento legal relevante geralmente deixa margem para dúvidas quanto à sua interpretação. Isso significa que a interpretação exercerá uma influência muito mais

---

PIERCE, Richard J. *Federal Administrative Law*. 2ª ed. St. Paul: Foundation Press, 2014, p. 794.

1074 U.S. 452, 461, com referência a 490 U.S. 332, 359 (1989) *Robertson v. Methow Valley Citizens Council*; e 325 U.S. 410, 414 (1945) *Bowles v. Seminole Rock & Sand Co*. Em relação às exceções a essa norma, cf. 567 U.S. 142, 155-157 (2012) *Christopher v. SmithKline Beecham Corp*.

1075 Em relação aos fundamentos de Auer, cf. SUNSTEIN, C.; VERMEULE, A. "The Unbearable Rightness of Auer". *U. Chic. L. Rev*., vol. 84, 2017, pp. 297-307: the agency as "interpreter and policy-maker".

1076 Para mais, ver MANNING, J. "Constitutional Structure and Judicial Deference to Agency Interpretations of Agency Rules". *Colum. L. Rev*., vol. 96, 1996, p. 612; para mais referências, em STRAUSS, Peter L. *Administrative Justice in the United States*. 3ª ed. Durham: Carolina Academic Press, 2016, pp. 501 e ss. A crítica foi retomada por Scalia J. (conc. in part and diss. in part) 568 U.S. 597, 621 (2013) *Decker, Oregon State Forester v. Northwest Environmental Defense Centre*: "He who writes a law must not adjudge its violation".

1077 U.S. __ (2019) *Kisor v. Wilkie*, Gorsuch, J. (concur. in judgement), que foi acompanhado pelos juízes Alito, Kavanaugh e Thomas.

1078 U.S. __ (2019) *Kisor v. Wilkie*, Kagan, J. para formar maioria (op. cit. 11-19).

do que antes. Porém, ainda que se consagre a amplitude do texto legal, os juízes devem continuar a perguntar se a interpretação oficial permanece dentro dos limites da razoabilidade e se ela pode ser entendida como o resultado de conhecimentos oficiais especiais. Não resta muito da redução de controle original do caso Kisor.

- O caso Curtiss-Wright trata de questões especificamente relacionadas à política externa e de segurança.[1079] O controle judicial é aqui largamente reduzido porque nessas áreas, além das exigências do Congresso, as competências centrais do Presidente também devem ser tidas em conta. Em determinadas circunstâncias, a proteção jurídica é completamente excluída por lei. A situação é, todavia, diferente quando se trata de garantias de *habeas corpus* ou de tratados internacionais.[1080]

A combinação dos casos resulta em um campo consideravelmente amplo de revisão judicial limitada. Recentemente, no entanto, tem havido um número crescente de vozes apelando pela redução das restrições e, portanto, a um aumento da intensidade dos controles judiciais.

1079 U.S. 304, 320 (1936) *United States v. Curtiss-Wright Export Corp.*: "the very delicate, plenary and exclusive power of the President as the sole organ of the federal government in the field of international relations". Cf. NOLTE, G. "Landesbericht Vereinigte Staaten von Amerika". *In*: FROWEIN, Jochen Abraham. (Coord.). *Die Kontrolldichte bei der gerichtlichen Überprüfung von Handlungen der Verwaltung*. Berlim: Springer, 1993, pp. 172-203 e ss. Para mais decisões sobre essa matéria, ver ESKRIDGE, W. N.; BAER, L. E. "The Continuum of deference: Supreme Court Treatment of Agency Statutory Interpretations from Chevron to Hamdan". *Geo. L. J.*, vol. 96, 2008, pp. 1.083, 1.100-1.103.

1080 Em relação a isso, ver 548 U.S. 557 (2006) *Hamdan v. Rumsfeld* (exame atento da interpretação da lei pertinente).

c. Questões de subsunção

A aplicação da norma aos fatos específicos é considerada uma "questão mista" que oscila entre os fatos e o Direito.[1081] Cabe aos tribunais darem a resposta vinculativa final se, em casos excepcionais, for prevista uma "nova revisão".[1082] Além disso, cumpre avaliar se o tribunal ou a Administração estão mais aptos a dar uma resposta final e vinculante à questão da subsunção:[1083] se forem necessárias considerações jurídicas especiais, são os tribunais que geralmente examinam a questão na íntegra. Nesses casos, os padrões americanos correspondem ao que deveria ser a norma, de acordo com o art. 19, parágrafo 4º, da Lei Fundamental Alemã.[1084] Se, por outro lado, se trata mais de lidar com os fatos, a Administração leva vantagem. Os tribunais procedem, então, conforme a cláusula geral da seção 706(2)(A) da APA, segundo a qual uma decisão administrativa deve ser anulada se for "arbitrária, caprichosa, um abuso de poder discricionário, ou de outra forma não estiver de acordo com a lei". As disputas técnicas e detalhadas do tribunal no caso State Farm mostram que, dependendo do tipo

---

1081 Cf. HEUN, W. "Geschichte des Verwaltungsrechtsschutzes in den USA". *In*: SOMMERMANN, Karl-Peter; SCHAFFARZIK, Bert (Coord.). *Handbuch der Geschichte der Verwaltungsgerichtsbarkeit in Deutschland und Europa*. 2 vols. Berlim: Springer, 2019, p. 1.689. Contudo, a utilização deste termo na jurisprudência nem sempre é clara e, para além da questão da intensidade do controle, que é de interesse no presente contexto, também pode afetar outras questões; sobre isso recentemente, ver 589 U.S. __ (2020) (op. cit. 4-5) *Guerrero-Lasprilla v. Barr*, e Thomas, J. ver (op. cit. 3-6).

1082 Previsto legalmente, por exemplo, em processos de livre acesso a arquivos conforme FOIA. Sobre a antiga doutrina dos "fatos constitucionais", cf. HARTUNG, S. "Die gerichtliche Kontrolle der Verwaltungsentscheidungen in den Vereinigten Staaten". *DÖV*, 1993, pp. 323-325 e ss.

1083 Cf. 583 U.S. __ (2018) (slip op. 8) *U.S. Bank N.A. v. Village at Lakeridge, LLC*: "better suited to resolve it".

1084 Ver BVerfGE 129, 1, 23: em um Estado com divisão de competências baseada no Direito Constitucional, "a interpretação final vinculativa das normas e também o controle da aplicação da lei em casos individuais são geralmente reservados aos tribunais".

de decisão administrativa a ser revisada, isso pode levar a uma revisão intensiva das investigações e das considerações oficiais.[1085]

3 Controle da discricionariedade oficial (*discretion*)

O Direito americano baseia-se em um conceito amplo e uniforme de discricionariedade administrativa, servindo como base para a maioria dos outros sistemas de Direito Administrativo.[1086] Portanto, ao contrário da visão alemã predominante, as questões de discricionariedade não podem surgir apenas do lado das consequências jurídicas.[1087] O ponto de partida legal para o controle é a seção 706(2)(A) da APA, que menciona expressamente o "abuso de poder discricionário" como um erro de fato.

a. Limites e finalidade do poder discricionário

Especificamente, a Suprema Corte decidiu, no caso *Citizens to Preserve Overton Park v. Volpe* apontando um exame em duas partes que – semelhante à seção 114 da VwGO – concentra-se nos limites e na finalidade da autorização discricionária legal e,

---

1085 U.S. 29, 46-57 (1983): o conceito de controle baseada em "reasoned analysis".

1086 Uma perspectiva de Direito Comparado está em OETER, S. "Die Kontrolldichte hinsichtlich unbestimmter Begriffe und des Ermessens". *In*: FROWEIN, Jochen Abraham. (Coord.). *Die Kontrolldichte bei der gerichtlichen Überprüfung von Handlungen der Verwaltung*. Berlim: Springer, 1993, pp. 266-272 e ss.; também em DAVIS, Kenneth Culp. *Discretionary justice in Europe and America*. Urbana: University of Illinois Press, 1976 (para adequação, especialmente em medidas de aplicação legal).

1087 PIERCE, Richard J.; SHAPIRO, Sidney; VERKUIL, P. R. *Administrative Law and Process*. 6ª ed. St. Paul: Foundation Press, 2014, § 5.1.5: "courts permit agencies considerable discretion in all aspects of decision-making". Da mesma forma em STRAUSS, P. L. "Overseers or The Deciders: The Courts in Administrative Law". *U. Chi. L. Rev.*, vol. 75, 2008, pp. 815-823.

portanto, vê os excessos discricionariedade e seu uso indevido como os dois fatos básicos da doutrina do erro.[1088]

Em um primeiro momento, o tribunal deve, sobretudo, decidir se a autoridade administrativa permaneceu dentro do âmbito da sua competência: para tanto, deve ser determinado o âmbito do poder discricionário. Se a lei correspondente tiver limitado o leque dos cursos de ação, deve-se examinar, mais aprofundadamente, se a decisão da Administração se enquadra nesse conjunto e se a autoridade poderia razoavelmente presumir que não havia alternativas disponíveis.[1089]

Em uma segunda etapa, o tribunal pergunta se a decisão é "arbitrária, caprichosa, um abuso de poder discricionário ou de outra forma não está de acordo com a lei" na acepção da seção 706(2)(A) da APA. Na literatura especializada, são mencionados os seguintes erros:[1090] "objetivo impróprio", "considerações estranhas", "fundamento jurídico ou factual errôneo", "não consideração de ponderações relevantes", "afastamento de precedentes ou práticas estabelecidas" e "inação e atraso". Compete aos tribunais verificar se a autoridade registrou nos autos os fatores relevantes e se não cometeu um erro manifesto de avaliação.[1091] A Administração não

---

1088 401 U.S. 402, (1971); além disso, STRAUSS, Peter L. *Administrative Justice in the United States*. 3ª ed. Durham: Carolina Academic Press, 2016, pp. 503 e ss.; HICKMAN, Kristin; PIERCE, Richard J. *Federal Administrative Law*. 2ª ed. St. Paul: Foundation Press, 2014, pp. 815 e ss.

1089 401 U.S. 402, 415 (1971); para mais sobre a diferenciação, ver 463 U.S. 29, 46-51 (1983) *State Farm*: "Normally, an agency rule would be arbitrary and capricious if the agency has relied on factors which Congress has not intended it to consider, entirely failed to consider an important aspect of the problem, offered an explanation for its decision that runs counter to the evidence before the agency, or is so implausible that it could not be ascribed to a difference in view or the product of agency expertise".

1090 Como "abuse cases" em SCHWARTZ, Bernard. *Administrative Law*. 3ª ed. Boston: Little, Brown, 1991, § 10.16.

1091 401 U.S. 402, 420 (1971): "clear error in judgement".

poderá utilizar aspectos que o Congresso não quis que fossem levados em conta como critérios de sua discricionariedade. Por outro lado, uma autoridade deve estar ciente de toda a extensão dos seus poderes discricionários. Se ela se recusar a intervir por acreditar equivocadamente que não está autorizada a fazê-lo, a sua decisão será anulada pelo tribunal;[1092] o que também se aplica, inversamente, se a autoridade se sentir legalmente obrigada a agir, embora tivesse o poder discricionário para intervir e pudesse, portanto, ter reagido de forma diferente, por exemplo, tendo em conta aspectos da legítima confiança.[1093] Cada um dos elementos de erro é definido de forma tão ampla que permite aos tribunais variar a intensidade da revisão sobre a prerrogativa discricionária.[1094]

b. Autos e procedimento interno: aproximações

É cediço que a "ação de uma agência deve ser sustentada, se for o caso, na base articulada pela própria agência".[1095] Uma vez que a decisão administrativa no caso Overton Park não foi tomada com fulcro em procedimento formal, não houve registro formal e os documentos existentes também tinham pouco significado. Logo, a Suprema Corte devolveu a questão e deixou aos tribunais inferiores o esclarecimento dos acontecimentos. Mesmo o interrogatório dos funcionários, envolvidos à época como testemunhas,

---

1092 Cf. 549 U.S. 497, 517 (2007) *Massachusetts v. EPA*.

1093 591 U.S. __ (2020) (op. cit. 18-26) *Department of Homeland Security v. Regents of the University of California*: "fail to consider (...) important aspects of the problem before her" como um caso da fórmula arbitrária e caprichosa da APA.

1094 STRAUSS, Peter L. *Administrative Justice in the United States*. 3ª ed. Durham: Carolina Academic Press, 2016, pp. 512: "a good deal of room for a court to pursue review aggressively or permissively".

1095 463 U.S. 29, 50 (1983) *State Farm*.

não foi descartado de pronto:[1096] normalmente, "o inquérito sobre o processo mental" deveria ser evitado; quando se trata, porém, de "má-fé ou comportamento impróprio", mesmo esse tipo de esclarecimento não pode ser descartado. Nesse seio, a revisão judicial da discricionariedade foi transferida para a subjetividade.[1097] A sua consequência prática da participação do Judiciário é exigir que a Administração forneça documentação precisa, mesmo quando nenhum procedimento administrativo formal é exigido por lei.[1098]

O controle discricionário americano depende mais dessa documentação do que o alemão. Ela é o fundamento para a modalidade geral de exame à distância, que visa avaliar a decisão oficial discricionária com base nos documentos. Em decisões administrativas complexas, existem semelhanças com a doutrina alemã da discricionariedade, em particular com a dogmática das considerações de planejamento (seção 1, parágrafo 7°, do BauGB) e o seu desenvolvimento da matéria no caso Flachglas, do Tribunal Administrativo Federal:[1099] os precedentes Overton Park (1971) e Flachglas (1974) vêm da mesma época. Era o momento em que os grandes projetos de infraestrutura e de construção eram cada vez mais questionados por preocupações de proteção ambiental.[1100] Os tribunais também não poderiam escapar desse clima social. Ambas as decisões dizem respeito a projetos cuja aprovação as autoridades responsáveis só poderiam, em última análise, decidir

---

1096 401 U.S. 402, 420-421 (1971).

1097 Especialmente presente em 588 U.S. __ (2019) (slip op. 23-28) *Department of Commerce v. New York*.

1098 Ver STRAUSS, Peter L. *Administrative Justice in the United States*. 3ª ed. Durham: Carolina Academic Press, 2016, pp. 508 e ss.

1099 BVerwGE 45, 309 e ss., em parte também presente na sentença de 12.12.1969, BVerwGE 34, 301, 309.

1100 *Overton Park* envolveu uma seção de um projeto de construção de estradas nacionais que entrava em conflito com a conservação; Flachgas era o local de uma empresa industrial que enfrentava o controle da poluição.

após ponderação e consideração abrangentes e complexas.[1101] Face a essa complexidade, o processo de tomada de decisões administrativas é de importância central para os tribunais.

O Tribunal Administrativo Federal leva isso em consideração ao distinguir entre o processo de ponderação e o resultado da ponderação,[1102] o que abre caminho para a ideia de controle abrangente no Direito alemão; para os tribunais, o controle do processo é o controle do processo interno de tomada de decisão oficial, que depende de documentação adequada do "material de contraprestação". O fato de o controle de processos fazer parte do escrutínio discricionário determina agora também, para além do direito do planejamento, a revisão judicial em que a Administração tem poderes para prever, conceber ou fazer avaliações.[1103] Essas

---

1101 Em *Overton Park*, foram os demandantes (e o réu respondente, ibid., 411) que falaram em pesagem e balanceamento. Na Alemanha, é o próprio Tribunal Administrativo Federal que regista a ampliação da discricionariedade através da perspectiva da ponderação (BVerwGE 34, 301, 304 e 310). É no mesmo momento em que o Conseil d'État francês (também trabalhou sobre um projeto de planejamento urbano) desenvolveu a sua "théorie du bilan" (CE 28 de maio de 1971 R. 409, GAJA Nº 88).

1102 BVerwGE 45, 309, 315; cf. KOCH, H.-J. "Das Abwägungsgebot in der Rechtsprechung des Bundesverwaltungsgerichts: Grundlegung und Entwicklungslinien". *Festschrift für Dolde*, 2014, pp. 401 e ss.

1103 Cf. a sentença do BVerwG de 09.02.2017 "Elbvertiefung", NVwZ Beilage 3/2017, nota, p. 40: as previsões relacionadas com projetos de transportes só podem ser verificadas "para saber se foram desenvolvidas metodicamente de forma impecável, se não se baseiam em informações irrealistas e se o resultado da previsão foi claramente justificado". Sobre discricionariedade regulatória, ver OSTER, Jan. *Normative Ermächtigungen im Regulierungsrecht*: Eine vergleichende Untersuchung behördlicher Entscheidungsspielräume in der deutschen und amerikanischen Netzinfrastrukturregulierung. Baden-Baden: Nomos, 2010, pp. 131 e ss., pp. 158 e ss., 301 e ss. Sobre a questão de um modelo de controle uniforme baseado na compreensão para espaços com controle reduzido, cf. SCHMIDT-AßMANN, Eberhard. *Das allgemeine Verwaltungsrecht als Ordnungsidee*. 2ª ed. Berlim: Springer, 2004, nota, p. 69; assim como *K.-L. Riese* em SCHOCH, Friedrich; SCHNEIDER, Jens-Peter; BIER, Wolfgang (Coord.). *Verwaltungsgerichtsordnung*. Munique: C. H. Beck, 2019, § 113, nota, pp. 20 e ss.

são precisamente as áreas que estão na vanguarda do controle discricionário americano.

Contudo, na doutrina alemã, o acompanhamento não esgota as possibilidades de controle. A segunda vertente de controle desdobrada da decisão acerca do caso Flachglas, o controle do resultado da ponderação, também exige que o tribunal examine o conteúdo da própria decisão administrativa. O controle discricionário continua ligado à tradição alemã de precisão substantiva, mesmo no caso de decisões administrativas complexas. Com o controle abrangente do processo de ponderação, já foram preenchidos pontos importantes que não demandam maiores derivações do "requisito básico do Estado de Direito para o racional do exercício do poder do Estado" (reprodutibilidade intersubjetiva).[1104] O ponto derradeiro da discussão substantiva do tribunal pode, portanto, limitar-se a verificar se a ponderação das várias preocupações relativamente umas às outras não é feita de tal sorte que o peso objetivo de uma dessas preocupações seja "completamente ignorado".[1105]

c. Consistência e autovinculação

Uma questão separada é garantir uma prática discricionária adequada quando a Administração tem de decidir sobre um grande

1104 Conforme *M. Gerhardt* em *K.-L. Riese* em SCHOCH, Friedrich; SCHNEIDER, Jens-Peter; BIER, Wolfgang (Coord.). *Verwaltungsgerichtsordnung*. Munique: C. H. Beck, 2019, § 114, nota, p. 5 (edição anterior).

1105 BVerwGE 45, 309, 315. Se o tribunal tiver (inversamente) identificado um erro processual, então, quando examinar a relevância do resultado no âmbito de cláusulas irrelevantes (por exemplo, § 75, parágrafo 1ºa, sentença 1, VwVfG), não poderá aprofundar a questão de tal forma que cria "a sua própria "decisão de ponderação" hipotética porque "abriria assim do seu papel como autoridade independente de controlo e tomaria o lugar da autoridade de aprovação do planejamento" (BVerfG – K – de 16 de dezembro de 2015, DVBl 2016, 307, nota, p. 23, "Bremer Weserquerung"). O que se exige aqui é a observância do distanciamento judicial, que está por trás do modelo de controle americano.

número de casos semelhantes. O problema, que, na Alemanha, está principalmente associado ao art. 3, parágrafo 1º, da Lei Fundamental, é tratado nos EUA sob a palavra-chave "consistência".[1106] Em ambos os países, os tribunais seguem uma linha pragmática: não exigem que a Administração tome medidas contra todos os responsáveis por uma determinada situação perigosa ao mesmo tempo. Os tribunais também relutam em exigir que a Administração mantenha a sua prática anterior.[1107] As Administrações devem reagir rapidamente a novas situações e, portanto, ser capazes de abandonar mais facilmente as suas práticas anteriores.[1108] No en-

---

1106 SCHWARTZ, Bernard. *Administrative Law*. 3ª ed. Boston: Little, Brown, 1991, § 10.20; STRAUSS, Peter L. *Administrative Justice in the United States*. 3ª ed. Durham: Carolina Academic Press, 2016, pp. 509 e ss.; de maneira diferenciada em PIERCE, Richard J.; SHAPIRO, Sidney; VERKUIL, P. R. *Administrative Law and Process*. 6ª ed. St. Paul: Foundation Press, 2014, § 5.1.1: "internal consistency" (a argumentação oficial), "interdecisional inconsistency" (entre casos semelhantes) e "intertemporal inconsistency" (desvio de uma prática anterior); LEVINSON, L. H. "The Legitimate Expectation that Public Officials Will Act Consistently". *Am. J. of Comp. L.*, vol. 46, 1998, p. 549.

1107 As "ações de execução" e o exercício da "discricionariedade da ação persecutória" são controlados de forma particularmente cautelosa nos EUA; ver PIERCE, Richard J.; SHAPIRO, Sidney; VERKUIL, P. R. *Administrative Law and Process*. 6ª ed. St. Paul: Foundation Press, 2014, § 6.4.12.

1108 Outra questão é até que ponto as administrações estão vinculadas às decisões judiciais (cf. LEVINSON, L. H. "The Legitimate Expectation that Public Officials Will Act Consistently". *Am. J. of Comp. L.*, vol. 46, 1998, pp. 549, 569/570): É indiscutível que existe uma ligação com a decisão judicial no caso decidido ("lei do caso"). Não foi definitivamente esclarecido se as decisões judiciais são geralmente importantes como "precedentes" para a prática administrativa. Isso pode ser assumido para as decisões da Suprema Corte. Os tribunais distritais e os tribunais de recurso dos diferentes circuitos chegam frequentemente a conclusões diferentes sobre uma questão específica de interpretação. As autoridades, especialmente a administração fiscal e social, utilizam essa constatação para evitar ficarem vinculadas a decisões de tribunais inferiores (PIERCE, Richard J.; SHAPIRO, Sidney; VERKUIL, P. R. *Administrative Law and Process*. 6ª ed. St. Paul: Foundation Press, 2014, § 7.8). Essa prática de "não aquiescência" é tão controversa como os chamados decretos de não aplicação da administração fiscal alemã. Ver também STRAUSS, Peter L.; RAKOFF, Todd D.; FARINA, Cynthia R.;

tanto, "o desvio dos precedentes ou práticas estabelecidas" pode representar um erro de julgamento. Em todo caso, é necessário que o desvio da prática anterior possa ser explicado de forma convincente.[1109] As regulamentações retroativas não estão excluídas, mas devem ser avaliadas para determinar se causam mais danos do que benefícios, tendo em conta o objetivo regulatório.[1110]

II. Especificamente: a doutrina Chevron

A tão citada decisão do caso Chevron diz respeito à interpretação das leis técnicas relevantes pela autoridade responsável.[1111] Seu cerne não é, portanto, o modo como a Administração deve interpretar a lei estatutária e como os tribunais exercem o controle sobre ela. Ao contrário, cabe enfatizar a situação especial, que se caracteriza por uma ligação específica entre a lei técnica e a autoridade especializada: a interpretação dos "estatutos administrados pela agência". Como essa condição é padrão para o Direito Administrativo americano, a Chevron cobre uma área muito importante da restrição judicial em questões de interpretação.[1112] Em outras palavras, a decisão de 1984 faz parte do conjunto de ferramentas

---

METZGER, Gillian E. *Gellhorn and Byse's Administrative Law*. 11ª ed. Nova York: Foundation Press, 2011, pp. 936-938, em relação a 464 U.S. 154, 159-161 (1984) *United States v. Mendoza*.

1109 412 U.S. 800, 808 (1973) *Atchison, Topeka & Santa Fe Railway Co. v. Wichita Board of Trade*: "Thus, this Court has relied on the 'simple but fundamental rule of administrative law' (...) that the agency must set forth clearly the grounds on which it acted".

1110 332 U.S. 194, 203 (1947) *SEC v. Chenery Corp.*: "balanced against the mischief of producing a result that is contrary to a statutory design or to legal and equitable principles".

1111 467 U.S. 837 (1984) *Chevron U.S.A., Inc. v. NRDC, Inc.* (Chevron).

1112 Em relação ao aspecto quantitativo, BREYER, Stephen G.; STEWART, Richard B.; SUNSTEIN, Cass R.; VERMEULE, Adrian; HERZ, Michael. *Administrative law and regulatory policy*. 8ª ed. Nova York: Wolters Kluwer, 2017, p. 256: "Chevron is the first or second most cited case in American administrative law, dependent on how you count".

argumentativas básicas dos tribunais federais (1). No entanto, deve ser visto no contexto de declarações críticas e reservas (2). Existem até sinais recentes de que a Chevron poderá estar em vias de perder a sua posição paradigmática (3).

1 O conceito: distribuição da competência interpretativa

"A tão celebrada 'Revolução Chevron' começou com uma bolha".[1113] A versão de 1977 da Lei do Ar Limpo (CAA) tornou a aprovação de instalações de filiais industriais dependente da apresentação de programas de redução de emissões para "principais fontes estacionárias novas ou modificadas". Nos primeiros anos, a Agência de Proteção Ambiental (EPA) interpretou esse dispositivo de tal sorte que uma mudança em uma única fonte de emissões desencadeou a reserva. Contudo, em 1981, ela modificou sua opinião, interpretando o vocábulo "fontes estacionárias" como várias fontes de emissão dentro de uma central elétrica, podendo ser consideradas um sistema unificado, o que possibilitou compensar as emissões de uma fonte com as de outras ("conceito de bolha").

1113 Ver ESKRIDGE, W. N.; BAER, L. E. "The Continuum of deference: Supreme Court Treatment of Agency Statutory Interpretations from Chevron to Hamdan". *Geo. L. J.*, vol. 96, 2008, p. 1.083-1.985. Seguindo AMAN, Alfred C. Jr. *Administrative Law and Process*. 3ª ed. St. Paul: West Academic Publishing, 2014, pp. 776 e ss.; BREYER, Stephen G.; STEWART, Richard B.; SUNSTEIN, Cass R.; VERMEULE, Adrian; HERZ, Michael. *Administrative law and regulatory policy*. 8ª ed. Nova York: Wolters Kluwer, 2017, pp. 251 e ss.; STRAUSS, Peter L.; RAKOFF, Todd D.; FARINA, Cynthia R.; METZGER, Gillian E. *Gellhorn and Byse's Administrative Law*. 11ª ed. Nova York: Foundation Press, 2011, pp. 1.056 e ss.; HICKMAN, Kristin; PIERCE, Richard J. *Federal Administrative Law*. 2ª ed. St. Paul: Foundation Press, 2014, pp. 613 e ss.; SCHWARTZ, Bernard. *Administrative Law*. 3ª ed. Boston: Little, Brown, 1991, § 10.34-10.39; STRAUSS, Peter L. *Administrative Justice in the United States*. 3ª ed. Durham: Carolina Academic Press, 2016, pp. 493 e ss.; MÖLLERS, Christoph. *Gewaltengliederung*: Legitimation und Dogmatik im nationalen und internationalen Rechtsvergleich. Tübingen: Mohr Siebeck, 2005, pp. 168 e ss.

O Conselho de Defesa dos Recursos Naturais (NRDC) apelou contra essa alteração de entendimento por parte da autoridade administrativa e obteve sucesso no Tribunal de Recurso.[1114]

Todavia, a Suprema Corte não seguiu a instância inferior e concedeu à EPA ampla autoridade interpretativa na interpretação dos termos jurídicos relevantes. Ela construiu um modelo de controle de dois níveis ("exame de duas etapas da Doutrina Chevron").[1115]

- O primeiro passo é examinar se o Congresso deu ao termo jurídico relevante um conteúdo claro. Para tanto, devem ser utilizadas as "ferramentas tradicionais da obra jurídica":[1116] em primeiro lugar, o uso da linguagem e de suas variantes dentro da lei devem ser analisados cuidadosamente. Os objetivos do legislador e (de acordo com a corrente predominante) a história da lei também são levados em consideração.[1117] Além de outros métodos de

1114 685 F2d 718 D. C. (1982) *NRDC, Inc v. v. A. M. Gorsuch, Administrator, U. S. EPA, American Petroleum Institute.*

1115 Cf. PIERCE, Richard J.; SHAPIRO, Sidney; VERKUIL, P. R. *Administrative Law and Process*. 6ª ed. St. Paul: Foundation Press, 2014, § 7.4 (S. 333): "The Court has applied the Chevron two-step in over hundred cases decided since 1984, and circuit courts have applied it in thousands of cases"; ESKRIDGE, William N.; FRICKEY, Philip P.; GARRETT, Elizabeth. *Cases and Materials on Legislation*. 3ª ed. St. Paul: West Pub. Co., 2004, pp. 322 e ss. Sobre a aplicação da deferência Chevron pela própria Suprema Corte, cf. ESKRIDGE, W. N.; BAER, L. E. "The Continuum of deference: Supreme Court Treatment of Agency Statutory Interpretations from Chevron to Hamdan". *Geo. L. J.*, vol. 96, 2008, p. 1.120-1136; para mais, ver HICKMAN, Kristin; PIERCE, Richard J. *Federal Administrative Law*. 2ª ed. St. Paul: Foundation Press, 2014, pp. 709 e ss.

1116 467 U.S. 837, 842 (1984): "If a court, employing traditional tools of statutory construction, ascertains that Congress had an intention on the precise question at issue, that intention is the law, and must be given effect".

1117 Cf. PIERCE, Richard J.; SHAPIRO, Sidney; VERKUIL, P. R. *Administrative Law and Process*. 6ª ed. St. Paul: Foundation Press, 2014, § 7.4 (S. 336f.); detalhes sobre a questão "How clear is clear?", cf. BREYER, Stephen G.; STEWART, Richard B.; SUNSTEIN, Cass R.; VERMEULE, Adrian; HERZ,

interpretação deveriam ser utilizados, caso a controvérsia permaneça. Se a investigação mostrar que o Congresso atribuiu um significado muito específico ao termo, as autoridades e os tribunais devem basear as suas decisões na previsão legal.[1118]

- Somente se, na primeira fase, ficar claro que o termo não é claro, ou seja, se o Congresso deixou a questão em aberto, surge a segunda fase, ou seja, se a autoridade ou os tribunais estão autorizados a dar a interpretação final vinculante do conceito. Aqui, o caso Chevron defende a primazia da interpretação da agência: se o Congresso tivesse autorizado explicitamente a agência a preencher a imprecisão da lei, a decisão só poderia ser revista utilizando a fórmula "arbitrária e caprichosa"; o mesmo procedimento também deve ser seguido se a autorização tiver sido concedida apenas implicitamente.[1119] Argumenta-se ainda que o preenchimento do polêmico termo do CAA envolve a ponderação de diferentes interesses (proteção ambiental, economia); os juízes não são especialistas nessas searas e devem, portanto, exercer moderação.[1120] Não se precisa questionar a interpretação da autoridade competente sobre se é inadequado completar a previsão legal. Em vez disso, apenas cabe verificar se a opinião da autoridade de que a sua interpretação é adequada

---

Michael. *Administrative law and regulatory policy*. 8ª ed. Nova York: Wolters Kluwer, 2017, pp. 281 e ss., 310-314; HICKMAN, Kristin; PIERCE, Richard J. *Federal Administrative Law*. 2ª ed. St. Paul: Foundation Press, 2014, pp. 629 e ss., 643 e ss.

1118 467 U.S. 837, 842 (1984): "If the intent of Congress is clear, that is the end of the matter; for the court, as well as the agency, must give effect to the unambiguously expressed intent of Congress".

1119 467 U.S. 837, 843 e ss. (1984).

1120 467 U.S. 837, 864 e ss. (1984). "Such policy arguments are more properly addressed to legislators or administrators, not to judges".

ao programa é razoável.[1121] Nesse quadro, a autoridade também pode alterar a sua interpretação.[1122]

Na prática, não existe uma resposta consistente para o nível de intensidade do controle especificado pelo termo "razoável":[1123] embora algumas das considerações políticas muito gerais da agência sejam aceitas, outras exigem que o padrão "arbitrário e caprichoso" seja enriquecido com o *hard look* da State Farm, especialmente por parte das autoridades que fornecem análises confiáveis para as suas opções políticas.[1124]

2 Críticas e reservas

Especialmente quando nos concentramos na responsabilidade política (*accountability*), a demarcação entre Administração e tribunais parece inteiramente plausível (comparar com 6/67-70).[1125] O foco

---

1121 467 U.S. 837, 845 (1984): "but whether the Administrator's view that it is appropriate in the context of this particular program is a reasonable one".

1122 467 U.S. 837, 863 (1984): "An initial agency interpretation is not instantly carved in stone". A esse respeito, não está vinculado a precedentes legais; 545 U.S. 967, 982-983 (2005) *National Cable & Telecommunications Assn. v. Brand X Internet Services*.

1123 BERNSTEIN, A. "Differentiating Deference". *Yale J. on Reg.*, vol. 33, 2016, pp. 1, 7-10.

1124 Ver SHARKEY, C. M. "Cutting in on the Chevron Two-Step". *Fordham L. Rev.*, vol. 86, 2018, p. 2.359.

1125 Cf. ESKRIDGE, W. N. "Expanding Chevron's Domain: A Comparative Institutional Analysis of the Relative Competence of Courts and Agencies to Interpret Statutes". *Wis. L. Rev.*, 2013, pp. 411-454; breve apresentação dos argumentos em BREYER, Stephen G.; STEWART, Richard B.; SUNSTEIN, Cass R.; VERMEULE, Adrian; HERZ, Michael. *Administrative law and regulatory policy*. 8ª ed. Nova York: Wolters Kluwer, 2017, pp. 256-260. Em termos de Direito Comparado, ver MÖLLERS, Christoph. *Ewaltengliederung*: Legitimation und Dogmatik im nationalen und internationalen Rechtsvergleich. Tübingen: Mohr Siebeck, 2005, que traça um paralelo entre a decisão Chevron do Supremo Tribunal Federal e a decisão *Whyl*, na qual o Tribunal Administrativo Federal reconheceu o efeito vinculante de regulamentos administrativos que especificam normas (acórdão

está na decisão do Congresso e na *expertise* especial da autoridade responsável. Há também a vantagem da aplicação uniforme da lei.[1126] A interpretação de um regulamento técnico específico permanece nas mãos da autoridade responsável e, portanto, concentrada em uma mão; assim, evita-se a fragmentação da interpretação que ocorreria se os tribunais fossem responsáveis pela interpretação e vários tribunais inferiores decidissem de forma diferente.

Por sua vez, o caso Chevron também recebeu críticas consideráveis:[1127] foi explicado que, contrariamente às afirmações expostas, a limitação da revisão judicial não pode basear-se em modelos históricos mais antigos.[1128] Do ponto de vista metodológico, a crítica também pode ser colocada se as duas fases de aplicação jurídica, nas quais a Suprema Corte embasa a sua doutrina, podem ser separadas com precisão e em que medida podem ser-lhes atribuídos diferentes níveis de exame.[1129] Parecem insuficientes os requisitos da revisão judicial reduzida, conforme o título 5 do U.S.C. da seção 706 da

---

BVerwG de 19 de dezembro de 1985, BVerwGE 72, 300, 314 e ss.): por razões funcionais de limitação da revisão judicial aceitável em ambos os casos; a Chevron defende mais fortemente a ligação do Executivo ao processo democrático, enquanto *Whyl* argumenta de forma mais especializada (MÖLLERS, Christoph. *Gewaltengliederung*: Legitimation und Dogmatik im nationalen und internationalen Rechtsvergleich. Tübingen: Mohr Siebeck, 2005, p. 175).

1126 STRAUSS, P. L. "One Hundred Fifty Cases per Year: Some Implications of the Supreme Court's Limited Resources for Judicial Review of Agency Action". *Colum. L. Rev.*, vol. 87, 1987, pp. 1.093-1.118 e ss.

1127 Em detalhes em FARINA, C. R. "Statutory Interpretation and the Balance of Power in the Administrative State". *Colum. L. Rev.*, vol. 89, 1989, p. 452; GREENAWALT, Kent. *Statutory and common law interpretation.* Oxford: Oxford University Press, 2013, pp. 162 e ss.; cf. os dados em STRAUSS, Peter L.; RAKOFF, Todd D.; FARINA, Cynthia R.; METZGER, Gillian E. *Gellhorn and Byse's Administrative Law.* 11ª ed. Nova York: Foundation Press, 2011, pp. 1.022-1.047.

1128 BAMZAI, A. "The Origins of Judicial Deference to Executive Interpretation". *Yale L. J.*, vol. 126, 2017, p. 908.

1129 Cf. STEPHENSON, M. C.; VERMEULE, A. "Chevron Has Only One Step". *Va. L. Rev.*, vol. 95, 2009, p. 597; também BERNSTEIN, A. "Differentiating Deference". *Yale J. on Reg.*, vol. 33, 2016, pp. 22-44 (proposta para separar

APA.[1130] Por fim, teme-se que a relutância judicial em interpretar o Poder Executivo enfraqueça ainda mais a separação de poderes, tendo em conta a já fraca doutrina da "não delegação".

Para efeitos de comparação jurídica, são as linhas mestras que interessam: o seu ponto de partida é a questão da especificidade dos termos jurídicos relevantes ("Chevron: passo um"). Dado que a concretude não pode ser decidida sem envolver ideias sobre o conteúdo do termo, os tribunais têm um poder de definição considerável; porque decidem dentro da sua própria autoridade como proceder com a interpretação dos termos legais relevantes.[1131] Quanto mais longe eles traçam o círculo das "ferramentas de interpretação legal" a fim de determinar a "intenção clara" do Congresso, mais longe podem penetrar no conteúdo dos termos. Essa capacidade de traçar limites, que surge da escolha do método, é uma alavanca importante para os tribunais na aplicação da doutrina Chevron.

Contudo, as observações sobre como os tribunais lidam com essa tarefa delicada variam: por um lado, nota-se um esforço argumentativo excessivo.[1132] Por outro, há críticas de que os tribunais

---

melhor a "linguagem jurídica baseada na lei" e a "linguagem jurídica baseada no mundo" com base em argumentos de análise linguística).

1130 § 706 da APA: "(...) the reviewing court shall decide all relevant questions of law, interpret constitutional and statutory provisions, and determine the meaning or applicability of the terms of an agency action". Sobre a gênese dessa determinação, cf. BAMZAI, A. "The Origins of Judicial Deference to Executive Interpretation". *Yale L. J.*, vol. 126, 2017, p. 908, 985-995.

1131 Cf. STRAUSS, Peter L. *Administrative Justice in the United States*. 3ª ed. Durham: Carolina Academic Press, 2016, p. 487. Esse resultado só pode ser contrariado se o juiz deixar a deferência Chevron na primeira etapa ao primeiro sinal de imprecisão jurídica. Conforme VERMEULE, Adrian. *Judging under Uncertainty*: An Institutional Theory of Legal Interpretation. Cambridge: Harvard University Press, 2006, p. 211: "Courts should defer to agencies whenever the statutory text at issue, viewed on its face and without recourse to the traditional tools, contains a surface-level gap of ambiguity".

1132 Cf. HICKMAN, Kristin; PIERCE, Richard J. *Federal Administrative Law*. 2ª ed. St. Paul: Foundation Press, 2014, p. 644: "Courts always find some

não fizeram pleno uso dos métodos, foram demasiado rápidos na determinação de que um termo era "ambíguo" e, portanto, não reconheceram a competência de interpretar a lei que lhes foi atribuída pela seção 706 da APA.[1133]

Somente quando se pode presumir, após uma determinação judicial, que o legislador não regulamentou claramente a questão é que o Executivo adquire poder decisivo de interpretação. A ideia por trás disso é

> que o Congresso, ao deixar ambiguidade em um estatuto administrado por uma agência, entendesse que a ambiguidade seria resolvida, sobretudo, pela agência e desejasse que ela (e não os tribunais) possuísse a discricionariedade que a ambiguidade permite.[1134]

A imprecisão do termo jurídico transforma-se agora em uma autorização (implícita) da autoridade responsável. Essa parece ser uma abordagem semelhante à "teoria do empoderamento normativo" alemã.[1135] Ambos os sistemas jurídicos atribuem ao legislador um papel essencial na determinação do nível de controle judicial.[1136] Ainda, duas diferenças importantes devem ser tidas em conta: ao contrário da Alemanha, a autorização nos EUA não representa um

---

combination of 'tools' that are sufficient to allow a court to interpret a judicially-administered statute no matter how ambiguous the statute might be".

1133 Cf. Kennedy, J. conc. em 585 U.S. __ (2018) (op. cit. 1) *Pereira v. Sessions*.

1134 Ver 569 U.S. 290, 296 (2013) *City of Arlington, Texas v. FCC*, com referência a 517 U.S. 735, 740-741 (1996) *Smiley v. Citibank (South Dakota) N. A.*; MÖLLERS, Christoph. *Gewaltengliederung*: Legitimation und Dogmatik im nationalen und internationalen Rechtsvergleich. Tübingen: Mohr Siebeck, 2005, pp. 163 e ss.

1135 MÖLLERS, Christoph. *Gewaltengliederung*: Legitimation und Dogmatik im nationalen und internationalen Rechtsvergleich. Tübingen: Mohr Siebeck, 2005, pp. 163 e ss.

1136 Ver BVerfGE 129, 1 (20 e ss.).

caso excepcional que exige uma justificação especial, porém, ela é indicada quando a legislação técnica relevante não fornece declarações suficientemente precisas. Além disso, as restrições de controle previstas nos regulamentos na Alemanha aplicam-se apenas à aplicação administrativa da lei, enquanto nos EUA abarcam, principalmente, âmbitos muito mais abrangentes de interpretação da lei.

A doutrina Chevron não se aplica à interpretação de disposições constitucionais, regulamentos de Direito Internacional e todas as leis que não sejam estatutos administrados por agências; porque nesses casos falta uma ligação específica entre o Direito especializado e a autoridade técnica.[1137] Aqui, a autoridade para fazer a interpretação final vinculativa cabe aos tribunais.[1138] Ainda não está claro como proceder com os termos jurídicos técnicos que definem a área de responsabilidade e atuação da autoridade. Na decisão em Arlington, *Texas v. FCC*, a Suprema Corte (maioria), chegou à conclusão de que a doutrina Chevron deveria ser usada nesses casos.[1139] No entanto, houve uma opinião divergente bem embasada que considerou que era uma questão que precedeu a questão política técnica e que os tribunais teriam de decidir somente em última instância (com referência a *Marbury v. Madison*).[1140]

1137 O fato de poderem surgir distinções difíceis quando uma lei específica se refere a termos de outra lei é demonstrado, por exemplo, na interpretação de termos de Direito Penal na lei de imigração; além disso, ver GRAMMEL, S. M. "Chevron Meets the Categorical Approach". *Stan. L. Rev.*, vol. 70, 2018, p. 921 (contra a aplicação da deferência Chevron).

1138 STRAUSS, Peter L. *Administrative Justice in the United States*. 3ª ed. Durham: Carolina Academic Press, 2016, p. 497: "Chevron's application is limited in several respects".

1139 Conforme o juiz Scalia em seu voto para formar maioria em 569 U.S. 290, 297-301 (2013), que, no entanto, trata da questão central de forma abreviada; cf. a crítica de STRAUSS, Peter L. *Administrative Justice in the United States*. 3ª ed. Durham: Carolina Academic Press, 2016, pp. 496 e 500.

1140 Juiz-presidente Roberts, acompanhado pelos juízes Kennedy e Alito, 569 U.S. 290, 312-328 (2013): "We do not leave it to the agency to decide when it is in charge" (327).

A disputa mostra que a doutrina Chevron representa apenas uma parte do espectro geral de poderes interpretativos judiciais, independentemente da sua amplitude.

Sua área de impacto é o Direito especializado específico da autoridade. Aqui, no quadro de disposições legais abertamente definidas, permite à Administração responsável moldar a sua própria política, que é apenas ligeiramente controlada pelos tribunais, incluindo também mudanças políticas. Isso vai muito além da liberdade das autoridades alemãs, que, mesmo nos casos em que dispõem de poder discricionário de planejamento ou regulamentar, ainda estão sujeitas ao controle judicial de acordo com o dogma do equilíbrio de poderes. A doutrina Chevron é considerada uma expressão do Estado administrativo, bem como de principal função, a formação social da Administração.

3 Dúvidas recentes

As dúvidas substanciais acerca da doutrina Chevron, especialmente entre o Poder Judiciário, parecem ainda mais sérias. Uma pesquisa com mais de 40 juízes de tribunais de apelação mostrou que, embora as pessoas apliquem a doutrina, elas são céticas quanto aos seus méritos.[1141] As críticas não são levantadas apenas por juízes conservadores, mas também são encontradas entre magistrados considerados liberais.[1142]

1141 Cf. GLUCK, A. R.; POSNER, R. A. "Statutory Interpretation on the Bench: A Survey of forty-two Judges on the Federal Courts of Appeals". *Harv. L. Rev.*, vol. 131, 2018, pp. 1298-1348; a partir de uma compreensão positiva entre os juízes do D. C. Circuit.

1142 GLUCK, A. R.; POSNER, R. A. "Statutory Interpretation on the Bench: A Survey of forty-two Judges on the Federal Courts of Appeals". *Harv. L. Rev.*, vol. 131, 2018, pp. 1298-1348: "The judges expressing scepticism regarding Chevron divide equally among liberals and conservatives". De maneira diferente em WEST, E. Garrett. "A Youngstown for the Administrative State". *Adm. L. Rev.*, vol. 70, 2018, p. 629: "among right-leaning legal thinkers".

Reservas claras sobre a Chevron têm sido recentemente expressas cada vez mais na própria Suprema Corte. Comprovadamente, pode-se olhar para o voto dissidente do juiz-presidente [John] *Roberts* em *Arlington v. FCC*, que descreve claramente os perigos do Estado administrativo no seio da doutrina em tela.[1143] Várias opiniões divergentes do juiz [Clarence] *Thomas* também são mencionadas, incluindo seu voto no caso *Michigan v. EPA*.[1144] Também importante é o voto do juiz [Neil] *Gorsuch*, que ele emanou enquanto ainda era magistrado do Tribunal de Apelações, e que manifesta um acordo total com a Chevron.[1145] Por fim, as críticas também vêm do juiz [Brett] *Kavanaugh*. Ele vê o erro da doutrina na medida em que se baseia no critério "ambíguo"; essa classificação é frequentemente controversa entre os juízes e constitui um convite à Administração para tomar decisões políticas agressivas sobre uma base incerta. Os tribunais deveriam, em vez disso, calcar-se em critérios interpretativos textuais simples para determinar "qual é a melhor leitura do texto legal".[1146] É claro que o impacto dos ataques também resulta de um mal-estar geral com o aumento do poder e com o comportamento arbitrário das grandes

---

1143 569 U.S. 290, 315 (2013): "the danger posed by the growing power of the administrative state cannot be dismissed". Em *Kisor v. Wilkie*, Roberts é um daqueles que não se despe (completamente) da deferência de Auer. No entanto, ele destaca a diferença em relação à Chevron e acrescenta: "Não considero a decisão do Tribunal hoje de abordar esta última"; 588 U.S. __ (2019) (op. cit. 2).

1144 576 U.S. __ (2015) (op. cit. 1-5); para mais material, ver GLUCK, A. R.; POSNER, R. A. "Statutory Interpretation on the Bench: A Survey of forty-two Judges on the Federal Courts of Appeals". *Harv. L. Rev.*, vol. 131, 2018, pp. 1.349.

1145 834 F.3d 1142, 1149, 1152 (CA 10 2016) *Gutierrez-Brizuela v. Lynch*: Razões para a separação de poderes, a jurisdição original do Judiciário para interpretar as leis e a versão mais estrita do mandato de revisão judicial em 5 U.S.C. § 706 experimentou. O juiz Gorsuch apresentou recentemente esses argumentos na sua opinião divergente no caso *Kisor v. Wilkie* 588 U.S. __ (2019) (op. cit. 13-14, 22-24).

1146 KAVANAUGH, B. M. "Bookreview: Fixing Statutory Interpretation". *Harv. L. Rev.*, vol. 129, 2016, pp. 2.118, 2.144 e ss., 2.150-2.154.

agências que tem sido observado em alguns locais. Ainda mais do que no caso Auer, a disputa em torno da doutrina Chevron tem a ver com um poder judicial que é considerado um dos elementos básicos do Estado administrativo americano.

Terceira seção: proteção jurídica em questões indenizatórias e contratuais

A seção final discutirá dois temas que os livros didáticos de Direito Administrativo norte-americanos costumam abordar apenas de passagem, mas que são de considerável importância para a prática administrativa: a proteção jurídica em matéria de indenização (A) e em matéria contratual (B). Ambas as áreas também podem ser entendidas como mecanismos de controle administrativo – não muito diferentes das opções clássicas de proteção jurídica da defesa discutidas nas duas seções anteriores.[1147] Em essência, ambas as searas são determinados pela ideia, profundamente enraizada nos EUA, de que o Estado só deveria ser obrigado a fornecer pagamentos em dinheiro se o Congresso, como detentor da soberania orçamental, o tiver deixado suficientemente claro e, assim, tiver renunciado à "imunidade soberana" que o Estado possui. Em geral, isso aconteceu em questões contratuais na Lei Tucker [*Tucker Act*] de 1887 e em questões de danos apenas na Lei Federal de Reivindicações de Responsabilidade Civil [*Federal Tort Claims Act*] de 1946. A extensão da autoridade jurisdicional dos tribunais ainda deve ser determinada com precisão de acordo com os regulamentos relevantes. Não existe uma cláusula geral que permita "reivindicações monetárias" contra os EUA.

1147 Ver CANE, Peter. *Controlling administrative power*: a historical comparison. Cambridge: Cambridge University Press, 2016, pp. 368 e ss. ("torts and contracts as private law controls"). Informações gerais sobre a função de controle e os objetivos da lei de responsabilidade do Estado usando a análise econômica da lei, HARTMANN, Bernd. J. *Öffentliches Haftungsrecht*. Tübingen: Mohr Siebeck, 2013, §§ 6-8.

A. Pedidos de indenização por ações administrativas ilícitas

A seguir serão discutidos os pedidos de indenização pecuniária decorrentes de ações administrativas ilegais, ou seja, a área que corresponde à responsabilidade alemã por violações de deveres oficiais.[1148] Em ambos os países, esse âmbito sofre com o fato de o seu desenvolvimento histórico ter sido determinado pelo acaso e a sua base jurídica consistir em uma mistura confusa de Direito Constitucional, Direito Legislativo e Direito Judicial.[1149] Nos EUA, existem fricções federais que surgem nos limites jurisdicionais dos tribunais federais após a Décima Primeira Emenda da Constituição

---

1148 Sobre pedidos de indenização por medidas administrativas lícitas, especialmente de desapropriações, cf. as "Takings Clause" da Quinta Emenda da Constituição dos EUA ("nor shall private property be taken for public use, without just compensation"). Sobre as duas formas de expropriação que também são diferenciadas na dogmática de expropriação alemã, "tomada clássica" e "tomada regulatória", bem como sobre as dificuldades de distinguir disposições de conteúdo de propriedade que não exigem compensação ("regulação permitida") daquelas que exigem compensação ("receitas regulatórias"), cf. 576 U.S. __ (2015) *Horne v. Department of Agriculture*. A decisão extremamente controversa diz respeito especificamente à admissibilidade de expropriações em benefício de particulares (em paralelo com BVerfGE 74, 264 "Boxberg") 545 U.S. 469 (2005) *Kelo v. New London*; ver BURNETT, Guy F. *The Safeguard of Liberty and Property*. Maryland: Lexington Books, 2015.

1149 PIERCE, Richard J. *Administrative Law Treatise*. 5ª ed. Austin: Wolters Kluwer Law & Business/Aspen Publ, 2012, § 19.7 ("inordinate confusion and complexity"); STRAUSS, Peter L. *Administrative Justice in the United States*. 3ª ed. Durham: Carolina Academic Press, 2016, p. 517 ("somewhat haphazard historical development"); CASS, R. A. "Official Liability in America: Actors and Incentives". *In*: BELL, John; BRADLEY, A. W. (Coord.). *Governmental liability*: a comparative study. Londres: UKNCCL, 1991, pp. 110/111 e 142 ("a degree of incoherence that reflects the absence of a solid theoretical basis"). Semelhante para a lei de responsabilidade estatal alemã em HÖFLING, W. "Vom überkommenen Staatshaftungsrecht zum Recht der staatlichen Einstandspflichten". *In*: HOFFMANN-RIEM, Wolfgang; SCHMIDT-AßMANN, Eberhard; VOßKUHLE, Andreas (Coord.). *Grundlagen des Verwaltungsrechts*. 2ª ed. vol. 3. Munique: C. H. Beck, 2013, § 51, nota, p. 1 ("penetração dogmático-conceitual extremamente deficiente").

dos EUA. A lei alemã de responsabilidade civil pública não apresenta grandes problemas; aqui é, principalmente, a dificuldade está na demarcação de jurisdição entre tribunais administrativos e tribunais civis (ver seção 40, parágrafo 2º da VwGO).

I. O contexto histórico

Antes de discutirmos as bases jurídicas individuais para reivindicações de responsabilidade, serão apresentadas primeiramente duas doutrinas que são importantes para a compreensão do atual estágio do Direito de responsabilidade civil americano: a própria responsabilidade do funcionário público, que vem do Direito Consuetudinário (1), e a "doutrina da imunidade soberana" (2).[1150] Ambos apontam em direções diferentes. Como resultado, a prática também oscila entre tendências pró-compensação e anticompensação. A ideia simpática de atribuir a mesma responsabilidade a funcionários e cidadãos que caracteriza o modelo de Direito Consuetudinário é contrariada na doutrina da imunidade

---

1150 Em relação ao desenvolvimento, ver JAFFE, L. L. "Suits against Governments and Officers: Sovereign Immunity". *Harv. L. Rev.*, vol. 77, 1963, pp. 1 e 209; ALSTYNE, A. van. "Liability of the State for Illegal Conduct of Organs". *In*: MOSLER, Hermann. (Coord.). *Haftung des Staates für rechtswidriges Verhalten seiner Organe*. Köln: C. Heymann, 1967, p. 675; SCHUCK, Peter H. *Suing Government*. New Haven: Yale University Press, 1983; SCHWARTZ, Bernard. *Administrative Law*. 3ª ed. Boston: Little, Brown, 1991, § 9.18-9.26; CASS, R. A. "Official Liability in America: Actors and Incentives". *In*: BELL, John; BRADLEY, A. W. (Coord.). *Governmental liability*: a comparative study. Londres: UKNCCL, 1991, pp. 113 e ss.; BREYER, Stephen G.; STEWART, Richard B.; SUNSTEIN, Cass R.; VERMEULE, Adrian; HERZ, Michael. *Administrative law and regulatory policy*. 8ª ed. Nova York: Wolters Kluwer, 2017, pp. 765 e ss.; BRUGGER, Winfried. *Einführung in das öffentliche Recht der USA*. 2ª ed. Baden-Baden: Nomos, 2001, pp. 249 e ss.; para mais, ver CANE, Peter. *Controlling administrative power*: a historical comparison. Cambridge: Cambridge University Press, 2016, p. 375.

soberana[1151] pela percepção de que as ações do Estado têm peculiaridades que também requerem tratamento especial em termos de responsabilização.[1152]

1 "Responsabilidade dos dirigentes" de acordo com o Direito Consuetudinário

"É uma antiga ostentação do Direito Consuetudinário que os funcionários públicos não tenham imunidade às sanções da lei aplicáveis aos particulares".[1153] A responsabilidade baseia-se nas normas legais aplicáveis a todos. Entretanto, o funcionário arguido pode defender-se com a objeção de que o seu comportamento está abrangido pelas autorizações legais pertinentes. Os tribunais têm, então, de examinar a legalidade do ato oficial prejudicial de forma mais incidental. Se chegarem a um resultado negativo, fica claro que o funcionário agiu fora da sua autoridade oficial (*ultra vires*) e deve responder pessoalmente por isso. Essa é uma fase de desenvolvimento que também pode ser encontrada na história do Direito de responsabilidade civil pública alemã:[1154] a relação

---

1151 DICEY, Albert V. *Introduction to the Study of the Law of the Constitution*. 8ª ed. Londres: Macmillan, 1924, p. 189: "With us every official, from the Prime Minister down to a constable or a collector of taxes, is under the same responsibility for every act done without legal justification as any other citizen".

1152 JAFFE, L. L. "Suits against Governments and Officers: Sovereign Immunity". *Harv. L. Rev.*, vol. 77, 1963, p. 209: "In short, Dicey's rapturous pronouncement, in failing to recognize the distinctive character of official responsibility, has somewhat obscured the function and meaning of the law in this area".

1153 SCHWARTZ, Bernard. *Administrative Law*. 3ª ed. Boston: Little, Brown, 1991, § 9.18; de modo semelhante em CASS, R. A. "Official Liability in America: Actors and Incentives". *In*: BELL, John; BRADLEY, A. W. (Coord.). *Governmental liability*: a comparative study. Londres: UKNCCL, 1991, pp. 112/113 (com a referência de que as regras do Direito Consuetudinário são agora frequentemente ofuscadas pelas leis).

1154 Ver HEIDENHAIN, M. *Amtshaftung und Entschädigung aus enteignungsgleichem Eingriff*. Berlim: Duncker & Humblot, 1965, pp. 15 e ss.; HÖFLING, W. "Vom überkommenen Staatshaftungsrecht zum Recht

da função pública foi classificada como um contrato de mandato entre o soberano e o servidor público; o comportamento ilegal não estava coberto pelo contrato: *si excesit, privatus est*. Não foi o Estado, mas o funcionário público que teve de arcar com o risco de responsabilidade.

O principal argumento no que tange à "responsabilidade dos funcionários públicos" é o caso *Miller v. Horton*.[1155] Tratava-se da responsabilidade dos membros de uma comissão veterinária municipal que estavam autorizados, ao abrigo da lei aplicável em matéria de doenças animais, a matar animais infectados pela doença. Foi o que fizeram com um dos cavalos do demandante. O demandante reivindicou compensação por danos à sua propriedade e conseguiu provar que seu cavalo não estava infectado. O tribunal concluiu que os funcionários só tinham autoridade para matar cavalos doentes; dado que esse requisito não foi cumprido, os arguidos ultrapassaram o seu mandato oficial e foram pessoalmente responsáveis de acordo com os princípios do Direito Consuetudinário. O tribunal não aceitou a objeção do réu de que eles haviam agido de boa-fé.

A responsabilidade assim estabelecida era invulgarmente grave; porque onerou o servidor com as consequências pela má aplicação das normas legais que descrevem as suas funções oficiais. As suas consequências negativas para uma Administração eficaz eram muito claras,[1156] o que levou à exigência de que os funcionários públicos

---

der staatlichen Einstandspflichten". *In*: HOFFMANN-RIEM, Wolfgang; SCHMIDT-AßMANN, Eberhard; VOßKUHLE, Andreas (Coord.). *Grundlagen des Verwaltungsrechts*. 2ª ed. vol. 3. Munique: C. H. Beck, 2013, § 51; para uma abordagem histórica do tema ver LOENING, E. *Die Haftung des Staates aus rechtswidrigen Handlungen seiner Beamten nach deutschem Privat- und Staatsrecht*. [S.l.]: [s.n.], 1879.

1155 26 N.E. 100 (Mass. 1891).

1156 Cf. SCHWARTZ, Bernard. *Administrative Law*. 3ª ed. Boston: Little, Brown, 1991, § 9.21.

também recebessem imunidade pessoal.[1157] Gradualmente, a isenção anteriormente concedida aos juízes foi alargada aos funcionários administrativos:[1158] inicialmente aos servidores com funções de juiz e de decisão de litígios, posteriormente, às atividades em que é exercida a discricionariedade política e, mais tarde, também às funções menos importantes e aos funcionários que estão na parte inferior da hierarquia.

É claro que não faltaram as reações dos afetados. "A tendência para a imunidade dos funcionários públicos só é tolerável se a responsabilidade civil governamental fornecer uma fonte substituta de reparação".[1159] Os privilégios concedidos aos agentes públicos e, portanto, a indisponibilidade de sua responsabilização levaram inicialmente a que o Congresso fosse cobrado para prescrever a reparação em casos individuais e a ter de decidir sobre o assunto em "projetos de lei privados".[1160] Essa consequência disfuncional, por sua vez, levou a uma solução legislativa geral, a Lei Federal de Reivindicações de Responsabilidade Civil de 1946. A legislação e o

---

1157 Razões semelhantes levaram a Alemanha a prever, primeiro legalmente e depois constitucionalmente (art. 131 WRV, art. 34 GG), uma assunção privativa (libertária) de dívida por parte do Estado; para mais, ver BVerfGE 61, 149, 184. No que diz respeito às considerações nos EUA sobre a transferência geral da responsabilidade contínua dos funcionários públicos para o Estado, cf. PIERCE, Richard J. *Administrative Law Treatise*. 5ª ed. Austin: Wolters Kluwer Law & Business/Aspen Publ, 2012, § 19.2.

1158 No tocante ao desenvolvimento da jurisprudência, cf. SCHWARTZ, Bernard. *Administrative Law*. 3ª ed. Boston: Little, Brown, 1991, § 9.19; ANTIEAU, Chester James; MECHAM, Milo. *Tort liability of government officers and employees*. Nova York: Wiley Law Publications, 1990.

1159 SCHWARTZ, Bernard. *Administrative Law*. 3ª ed. Boston: Little, Brown, 1991, § 9.21 (S. 607); PIERCE, Richard J. *Administrative Law Treatise*. 5ª ed. Austin: Wolters Kluwer Law & Business/Aspen Publ, 2012, § 19.3.

1160 Cf. as informações em 346 U.S. 15, 24-25 (1953) *Dalehite v. United States*; para mais referências bibliográficas, ver HERSHKOFF, H. "Early Warnings, Thirteenth Chimes: Dismissed Federal-Tort Suits, Public Accountability, and Congressional Oversight". *Mich. St. L. Rev.*, 2015, pp. 183-187.

Poder Judiciário moldaram as interligações entre a responsabilidade do Direito Consuetudinário e os privilégios de responsabilidade em um sistema diferenciado de limitações de responsabilidade de extensão variável.

2 "Imunidade soberana"

A doutrina da "imunidade soberana" afirma que um Estado só pode ser levado ao tribunal pelos seus súditos com o seu consentimento. Nesse diapasão, a "imunidade da coroa" do Direito inglês, que funcionou em segundo plano quando a Constituição americana foi redigida, é frequentemente referida como um modelo histórico.[1161] O desenvolvimento posterior libertou, então, a doutrina das suas raízes monárquicas e tornou-a parte de um sistema jurídico democrático e federal que busca duas proteções:[1162] de um lado, a imunidade do governo federal em relação a ações judiciais nos tribunais próprios e, de outro, a imunidade dos Estados-membros de ações judiciais na Justiça Federal.[1163]

Contudo, não é fácil ancorar a doutrina da "imunidade soberana" precisamente no Direito Constitucional:[1164] o que inicialmente

---

1161 Ver 2 U.S. (2 Dall.) 419, 437-446 (Iredell J. diss. em relação à práxis inglesa) (1793) *Chisholm v. Georgia*; para mais, cf. 440 U.S. 410, 415 (1979) *Nevada v. Hall*; SCHUCK, Peter H. *Suing Government*. New Haven: Yale University Press, 1983, pp. 30 e ss.

1162 CANE, Peter. *Controlling administrative power*: a historical comparison. Cambridge: Cambridge University Press, 2016, pp. 374-388.

1163 U.S. 410, 414-418 (1979).

1164 Assim como em 106 U.S. 196, 205 (1882) *United States v. Lee* ("it is difficult to see on what solid foundation of principle the exemption from liability to suit rests"); para mais detalhes, ver CANE, Peter. *Controlling administrative power*: a historical comparison. Cambridge: Cambridge University Press, 2016, pp. 380-388; e os pontos de vista opostos mencionados em CHEMERINSKY, E. "Against Sovereign Immunity". *Stan. L. Rev.*, vol. 53, 2001, pp. 1.201; e em HILL, A. "In Defense of Our Law of Sovereign Immunity". *B. C. L. Rev.*, vol. 42, 2001, p. 485.

chama a atenção é que ela não foi mencionada no texto constitucional de 1789, embora a soberania desempenhasse um papel significativo na época em que a Constituição foi redigida. A ideia de imunidade também não se enquadra na sempre enfatizada responsabilidade dos funcionários públicos e na garantia do devido processo, dois componentes centrais da ordem constitucional americana.

A imunidade do governo federal perante os seus tribunais era vista como tão evidente nas primeiras práticas judiciais que citar referências parecia supérfluo.[1165] E embora a isenção dos Estados Unidos e de vários estados de serem submetidos como réus a ações ordinárias nos tribunais tenha sido reiteradamente afirmada desde então, o princípio nunca foi discutido ou as razões para isso dadas, mas "sempre foi tratado como uma doutrina estabelecida".[1166] Permaneceu assim mesmo quando os ataques contra o rigor da doutrina da "imunidade soberana" aumentaram na literatura após a Primeira Guerra Mundial.[1167]

O desenvolvimento foi menos claro na questão de saber se os estados podem contar com imunidade contra ações judiciais nos tribunais federais. Com efeito, nenhuma declaração clara pode ser feita partindo da Décima Primeira Emenda (1798).[1168]

1165 Ver GELLHORN, W.; SCHENCK, C. N. "Tort Actions Against the Federal Government". *Colum. L. Rev.*, vol. 47, 1947, pp. 722-725; de modo semelhante em SCHUCK, Peter H. *Suing Government*. New Haven: Yale University Press, 1983, pp. 35 e ss.

1166 U.S. 196, 207 (1882).

1167 SCHUCK, Peter H. *Suing Government*. New Haven: Yale University Press, 1983, p. 39.

1168 Décima Primeira Emenda: "The Judicial power of the United States shall not be construed to extend to any suit in law or equity, commenced or prosecuted against one of the United States by Citizens of another State, or by Citizens or Subjects of any Foreign State". A alteração foi uma resposta à decisão da Suprema Corte no caso *Chisholm v. Geórgia* de 1793, que não reconheceu a imunidade estatal. Cf. NOWAK, John E.; ROTUNDA, Ronald D. *Constitutional Law*. 8ª ed. St. Paul: Thomson/West, 2010, § 2.11.

O dispositivo é um regulamento de proteção federal de tipo especial; a redação tem como objetivo proteger os estados de ações judiciais que cidadãos de outros estados desejam impetrar perante os tribunais federais. Existem diferentes respostas sobre se esse regramento constitui uma regulamentação constitutiva e exaustiva. Segundo a Suprema Corte, a doutrina da "imunidade soberana" não está estabelecida nem limitada nessa disposição; ao contrário, deveria geralmente decorrer da soberania reservada aos estados quando os EUA foram fundados.[1169] Em virtude disso, os estados também devem ser protegidos de ações judiciais intentadas pelos seus próprios cidadãos nos tribunais federais,[1170] mesmo que as regulamentações federais sejam violadas.[1171] A doutrina não cobre, todavia, pedidos de indenização contra entidades subnacionais, como municípios ou associações escolares.[1172]

Independentemente de todos os problemas de justificação, o conceito de imunidade constitui a base sobre a qual se constrói a prática jurídica do governo federal e dos Estados-membros.[1173] As ações de indenização só são admissíveis se for comprovado o

---

1169 U.S. 706, 713-718 (1999) *Alden v. Maine*; ver também 517 U.S. 44, 72 (1996) *Seminole Tribe of Fla. v. Florida*, em que se fala de um "'princípio de básico' de imunidade soberana do Estado".

1170 Para mais, ver 411 U.S. 279, 280 (1973) *Employees v. Missouri Pub. Health Dept.*

1171 O que envolve outras decisões em que a Suprema Corte ampliou a proteção federal da doutrina, como previsto em CHEMERINSKY, E. "Against Sovereign Immunity". *Stan. L. Rev.*, vol. 53, 2001, pp. 1.204/1.205; note-se também que todas as decisões foram tomadas com uma maioria muito estreita de 5:4 ("dos cinco juízes mais conservadores do tribunal").

1172 NOWAK, John E.; ROTUNDA, Ronald D. *Constitutional Law*. 8ª ed. St. Paul: Thomson/West, 2010, § 2.11(e).

1173 Sobre a situação jurídica nos estados, cf. CANE, Peter. *Controlling administrative power*: a historical comparison. Cambridge: Cambridge University Press, 2016, p. 377; sobre a prática (mais restritiva) dos tribunais nacionais, ver SCHUCK, Peter H. *Suing Government*. New Haven: Yale University Press, 1983, pp. 206 e ss.; SCHWARTZ, Bernard. *Administrative Law*. 3ª ed. Boston: Little, Brown, 1991, § 9.24.

consentimento legal do estado requerido. A questão de quais disposições da lei federal ou estadual expressam esse "consentimento" refere-se à lei de responsabilidade civil. As amplas disposições de proteção jurídica da APA não ajudam aqui, porque os "danos monetários" estão expressamente excluídos do seu âmbito de aplicação na seção 702. As cláusulas legais relevantes que podem conter uma renúncia são interpretadas de forma restritiva. Em comparação com a interpretação favorável à proteção jurídica das disposições relativas a ações defensivas, a abstinência da lei de compensação – mesmo sob argumentos de separação de poderes – não parece convincente,[1174] o que pode ser explicado pela relutância dos tribunais americanos em antecipar as decisões de distribuição orçamental a que o Congresso tem direito, atribuindo riscos de responsabilidade.[1175]

II. Fatos importantes sobre responsabilidade na legislação federal

A seguir são discutidos três fatos que representam elementos importantes da atual lei de responsabilidade americana, mas que vêm de épocas diferentes, seguindo abordagens diferentes e cobrindo áreas diferentes:[1176] a Lei Federal de Responsabilidade Civil

---

1174 Sobre as duas justificativas da doutrina da "imunidade soberana" ("separation of power" e "fiscal reason – protecting the public purse"), cf. BRUNO, J. R. "Immunity for 'Discretionary' Functions". *Harv. J. on Legis.*, vol. 49, 2012, pp. 434-443.

1175 Cf. CANE, Peter. *Controlling administrative power*: a historical comparison. Cambridge: Cambridge University Press, 2016, pp. 384-386; em referência a SHIMOMURA, F. D. "The History of Claims Against the United States: The Evolution from a Legislative Toward a Judicial Model of Payment". *La. L. Rev.*, vol. 45, 1985, pp. 625-699: "The Supreme Court – the very institution which once challenged the validity of the colonial 'legislative model' (...) – has become its last bastion of modern support".

1176 Ver PIERCE, Richard J. *Administrative Law Treatise*. 5ª ed. Austin: Wolters Kluwer Law & Business/Aspen Publ, 2012, § 19.1; STRAUSS, Peter L. *Administrative Justice in the United States*. 3ª ed. Durham: Carolina Academic

(FTCA) de 1946 adota a velha ideia de responsabilidade pessoal dos agentes públicos baseada em lei específica e a transforma em uma responsabilidade original do governo federal pela má conduta de seus funcionários (1). O título 42 do U.S.C., seção 1983 impõe responsabilidade aos funcionários estaduais e locais se eles tiverem prejudicado particulares no que diz respeito aos seus direitos sob a lei federal (incluindo a Constituição Federal) (2). A terceira forma de responsabilidade (*biven suits*) foi criada pela jurisprudência em 1971 e diz respeito à responsabilização de servidores federais por infrações à Constituição Federal (3). Existem também numerosos regulamentos de responsabilidade em leis especializadas. Mesmo uma regulamentação tão abrangente, considerando ainda o art. 34 da Lei Fundamental em conjunto com o § 839 do BGB, apesar de todas as fragilidades conceituais, o Direito de responsabilidade civil pública não é mencionado nos EUA.[1177]

1 A Lei Federal de Responsabilidade Civil

A FTCA foi promulgada em 1946 como título IV da Lei de Reorganização Legislativa [*Legislative Reorganization Act*].[1178] Ao fazê-lo, o Congresso renunciou à exclusão da "imunidade soberana" e estabeleceu a responsabilidade direta dos Estados Unidos pelos danos causados pelos seus funcionários no exercício do seu cargo:

Press, 2016, pp. 521 e ss.; CASS, R. A. "Official Liability in America: Actors and Incentives". *In*: BELL, John; BRADLEY, A. W. (Coord.). *Governmental liability*: a comparative study. Londres: UKNCCL, 1991, pp. 113-133.

1177 Existem mais de 40 regulamentos adicionais que estabelecem a responsabilidade dos EUA; cf. PIERCE, Richard J. *Administrative Law Treatise*. 5ª ed. Austin: Wolters Kluwer Law & Business/Aspen Publ, 2012, § 19.4. Em contraste, os casos de danos resultantes de violações da lei estadual por parte de funcionários de cada estado e autoridades locais não são cobertos pela lei federal.

1178 Pub. L. Nº 79-601 Stat 812, 842, com as alterações de 1966 e 1988 codificadas em 28 U.S.C. § 1346 (b), §§ 2671-2680.

título 28 do U.S.C., seção 1346(b)(1).[1179] Os tribunais distritais federais têm jurisdição exclusiva sobre ações judiciais em primeira instância. A propositura de uma ação deve ser precedida de processo administrativo (título 28 do U.S.C., seção 2675(a)).[1180] Uma sentença exclui completamente ações judiciais na mesma matéria contra o funcionário público (seção 2.676). De acordo com a seção 2679(b)(2)(A), as violações constitucionais não são abrangidas.[1181] Os danos intencionais típicos ("atos ilícitos intencionais") não são cobertos pela assunção de responsabilidade do Estado.[1182]

A previsão do título 28 do U.S.C., seção 1346 (b) (1) é construída de forma semelhante à responsabilização tradicional do Direito Consuetudinário. A responsabilidade é assumida pela violação de determinados interesses legais ("lesão ou perda de propriedade, ou lesão corporal ou morte") nas mesmas condições em que "uma pessoa privada seria responsável". É claro que é aqui que começam as dificuldades; porque a orientação para o Direito da responsabilidade civil privada só pode equivaler a uma analogia relativamente óbvia, porque as ações do Estado misturam

---

1179 A responsabilidade é (ao contrário do texto "negligente ou injusta") como responsabilidade de Direito Consuetudinário e não depende da culpa do funcionário; PIERCE, Richard J. *Administrative Law Treatise*. 5ª ed. Austin: Wolters Kluwer Law & Business/Aspen Publ, 2012, § 19.4 (S. 1814).

1180 Deve ser solicitado no prazo de dois anos. Se isso não for feito, sob 28 U.S.C. § 2401(b) impede uma ação subsequente; cf. HERSHKOFF, H. "Early Warnings, Thirteenth Chimes: Dismissed Federal-Tort Suits, Public Accountability, and Congressional Oversight". *Mich. St. L. Rev.*, 2015, pp. 197-200.

1181 Ver STRAUSS, Peter L. *Administrative Justice in the United States*. 3ª ed. Durham: Carolina Academic Press, 2016, pp. 525, 528 e ss.; PIERCE, Richard J. *Administrative Law Treatise*. 5ª ed. Austin: Wolters Kluwer Law & Business/Aspen Publ, 2012, § 19.4 (S. 1817); em relação ao chamado Ato de Vestefália de 1988, ver item 3.

1182 U.S.C. § 2680(h). Estes incluem, entre outros, "agressão", "detenção falsa", "acusação maliciosa", "calúnia", "deturpação". Dificuldades em distinguir entre estes e os "atos negligentes ou ilícitos" abrangidos pela assunção de responsabilidade, cf. PIERCE, Richard J. *Administrative Law Treatise*. 5ª ed. Austin: Wolters Kluwer Law & Business/Aspen Publ, 2012, § 19.4 (S. 1842-1850).

ações que os particulares também podem realizar com aquelas que resultam do desempenho soberano de competências.[1183] Os serviços médicos, por exemplo, são prestados principalmente no setor privado e, portanto, os médicos têm uma lei de responsabilidade privada. Então, daí resulta que os médicos militares também são responsáveis de acordo com essas regras, ou as suas ações são influenciadas pelos superiores e, portanto, por uma organização que não se aplica a particulares? A decisão do caso *Feres v. Estados Unidos* demonstra as dificuldades de delineamento das fronteiras entre público e privado e a tendência da Suprema Corte de traçar uma analogia bem estreita.[1184]

O esforço da FTCA para, em última análise, levar em conta a natureza específica da ação governamental torna-se ainda mais evidente nas numerosas exceções no título 28 do U.S.C., seção 2680. De todas as excludentes, o item (a) é, particularmente, importante: não há responsabilidade se o dano ocorreu devido a uma função ou dever discricionário. Ao avaliar essa situação no Direito Comparado, deve-se levar em conta que a doutrina americana da discricionariedade pensa em dimensões significativamente maiores do que a alemã. Trata-se, sobretudo, de decisões de planejamento e de programação política de alto nível que estão isentas de responsabilidade.[1185]

1183 MASHAW, Jerry L.; MERRILL, Richard A.; SHANE, Peter M. *Administrative Law*. 5ª ed. [S.l.]: West Group, 2003, pp. 1.056 e ss.; CASS, R. A. "Official Liability in America: Actors and Incentives". *In*: BELL, John; BRADLEY, A. W. (Coord.). *Governmental liability*: a comparative study. Londres: UKNCCL, 1991, pp. 121 e ss.

1184 U.S. 135, 140-141 (1950) *Feres v. United States*.

1185 O fato de, nesse domínio, por exemplo, no caso de medidas legislativas politicamente controversas no Direito Comercial, o risco de responsabilidade do setor público dever continuar a ser gerível e de as autoridades não terem de tomar as suas decisões sob a pressão desse risco é uma ideia plausível, tendo em conta os grandes danos em jogo. Pode ser encontrado de forma semelhante na jurisprudência dos tribunais europeus, quando uma violação "suficientemente qualificada" da lei é necessária para estabelecer a responsabilidade por injustiça normativa; cf. *M. Ruffert* em *Calliess* e *Ruffert*, *EUV/AEUV*, art. 340, *AEUV*, nota, pp. 16 e ss.

Ainda assim, estabelecer limites em casos individuais apresenta dificuldades consideráveis. A evolução da jurisprudência aqui também mostra uma tendência pouco favorável à indenização:[1186] inicialmente, apenas os atos ao "nível de planejamento" eram abrangidos pela exceção, enquanto os atos ao "nível operacional" e, portanto, para o cotidiano, as atividades diárias da Administração eram passíveis de responsabilização.[1187] A Suprema Corte esclareceu, posteriormente, que a exceção se baseava não na posição do funcionário, mas na tarefa desempenhada; o objetivo geral do Congresso ao excluir decisões discricionárias era isentar as tarefas regulatórias de serem submetidas a uma segunda avaliação judicial sob o disfarce de ações judiciais de responsabilidade.[1188] O caso *Estados Unidos v. Varig* envolvia danos decorrentes de um acidente aéreo pelo qual a companhia aérea procurou responsabilizar o país norte-americano, alegando que a Administração Federal de Aviação (FAA) não exerceu o devido cuidado na certificação da aeronave.[1189] A Suprema Corte analisou cuidadosamente o procedimento de aprovação e monitoramento de aeronaves e chegou à conclusão de que a autoridade tinha tanta margem de manobra na concepção dos seus controles que a situação concreta se enquadrava na "exceção de função discricionária". No precedente *Gaubert v. Estados Unidos*, de alguns anos depois, envolvendo a legislação de supervisão bancária, a exceção foi novamente alargada: também

---

1186 Ver BRUNO, J. R. "Immunity for 'Discretionary' Functions". *Harv. J. on Legis.*, vol. 49, 2012, pp. 423-431; PIERCE, Richard J. *Administrative Law Treatise*. 5ª ed. Austin: Wolters Kluwer Law & Business/Aspen Publ, 2012, § 19.4, pp. 1.818-1.841; MASHAW, Jerry L.; MERRILL, Richard A.; SHANE, Peter M. *Administrative Law*. 5ª ed. [S.l.]: West Group, 2003, pp. 1.109 e ss.

1187 346 U.S. 15, 30-36 (1953) *Dalehite v. United States*.

1188 467 U.S. 797 (1984) *United States v. Varig Airlines*; continuando em 486 U.S. 531, 537 (1988) *Berkovitz v. United States*: "based on considerations of public policy".

1189 467 U.S. 797, 814 (1984): "to prevent judicial 'second-guessing'".

pode ser vinculante para os processos comerciais oficiais regulares, se esses forem concretizados por "juízos políticos".[1190]

Como consequência dessa decisão, o número de pedidos de indenização bem-sucedidos contra os EUA continuou a diminuir. Em mais de 75% dos casos, as autoridades estatais conseguiram convencer os tribunais de que o acontecimento prejudicial tinha relação com uma decisão discricionária.[1191] Antes de criticar a prática como demasiadamente restritiva, se tomada em uma perspectiva comparativa, deve-se ter em mente que a lei de responsabilidade civil pública alemã também desenvolveu técnicas dogmáticas para manter dentro de limites o risco de responsabilidade do Estado. O que inclui a exigência de que o dever estatal esteja relacionado com terceiros. Basta ver o art. 34 da Lei Fundamental em conjunto com o art. 839 do Código Civil Alemão (BGB). Os deveres que o funcionário público tem apenas para com o público em geral não atendem a esse requisito. Em alguns casos de supervisão econômica, que estão sujeitos à "exceção da função discricionária" nos EUA, a responsabilidade também não seria imposta na Alemanha porque o dever oficial não está "relacionado com um terceiro".[1192] Em regra, a responsabilidade por injustiça legislativa ou normativa também não se sustenta.[1193] Similarmente, ambos os sistemas jurídicos também isentam de responsabilidade as atividades de tomada de decisão dos juízes. O 28 do U.S.C., § 2680 também estipula uma

---

1190 499 U.S. 315, 326 (1991) *United States v. Gaubert*; além disso, STRAUSS, Peter L. *Administrative Justice in the United States*. 3ª ed. Durham: Carolina Academic Press, 2016, p. 523.

1191 Para mais informações, ver BRUNO, J. R. "Immunity for 'Discretionary' Functions". *Harv. J. on Legis.*, vol. 49, 2012.

1192 Então, para o regulador de serviços financeiros, ver § 4, abs. 4, FinDAG de 22.04.2002 (BGBl I S. 1.310), o que confirma a decisão do BGHZ 162, 49, 66. Para o caso de controle dos seguros, ver OSSENBÜHL, Fritz; CORNILS, Matthias. *Staatshaftungsrecht*. 6ª ed. Munique: Beck, 2013, p. 2.

1193 OSSENBÜHL, Fritz; CORNILS, Matthias. *Staatshaftungsrecht*. 6ª ed. Munique: Beck, 2013, p. 2; item abaixo IV, 5.

série de outras exceções para algumas tarefas especializadas, por exemplo, para cobrança de impostos (inciso c) e medidas de quarentena (inciso f).[1194] Uma diferença na atitude básica continua a ser importante: nos EUA, as exceções devem ser vistas no contexto da doutrina da "imunidade soberana" e interpretadas extensivamente. Na Alemanha, por outro lado, pode-se presumir que o dever de responsabilidade do Estado está ancorado no Estado de Direito como um princípio que geralmente não proíbe exceções à responsabilidade, mas as sujeita à justificação.[1195]

2 A responsabilidade conforme o título 42 do U.S.C., seção 1983

O segundo elemento importante da lei de responsabilidade estatal americana está no título 42 U.S.C., seção 1983. A disposição impõe responsabilidade aos funcionários do Estado caso tenham privado alguém dos direitos conferidos pela Constituição ou pela lei dos EUA.[1196] Essa responsabilidade foi criada alguns anos após

---

1194 Cf. HERSHKOFF, H. "Early Warnings, Thirteenth Chimes: Dismissed Federal-Tort Suits, Public Accountability, and Congressional Oversight". *Mich. St. L. Rev.*, 2015, pp. 187 e 205.

1195 MORLOK, M. "Allgemeine Elemente der Einstandspflichten für rechtswidriges Staatshandeln". *In*: HOFFMANN-RIEM, Wolfgang; SCHMIDT-AßMANN, Eberhard; VOßKUHLE, Andreas (Coord.). *Grundlagen des Verwaltungsrechts*. 2ª ed. vol. 3. Munique: C. H. Beck, 2013, § 52, nota, p. 22; BREUER, Martin. *Staatshaftung für judikatives Unrecht*: Eine Untersuchung zum deutschen Recht, zum Europa- und Völkerrecht. Tübingen: Mohr Siebeck, 2011, pp. 105 e ss. Nesse contexto, é controverso até que ponto as consequências financeiras para os orçamentos públicos podem também ser tidas em conta na estruturação do passivo (BREUER, Martin. *Staatshaftung für judikatives Unrecht*: Eine Untersuchung zum deutschen Recht, zum Europa- und Völkerrecht. Tübingen: Mohr Siebeck, 2011, pp. 156 e ss.).

1196 Os fatos básicos são (um tanto abreviados): "every person, who under color of any statute, ordinance, regulation, custom, or usage of any State, subjects [an]other person to the deprivation of any rights, privileges, or immunities secured by the Constitution or laws, shall be liable to the party injured".

a Guerra Civil com a Lei dos Direitos Civis de 1871, como um meio de impor a implementação integral das obrigações da lei federal para eliminar a discriminação racial em todos os estados face à massiva resistência. A história dessa lei mostra claramente as condições adversas em alguns estados à época.[1197]

Enquanto isso, o título 42 do U.S.C., seção 1983 tornou-se um amplo guarda-chuva para as garantias da lei federal:[1198] os requisitos da cláusula do devido processo no sistema penal, os requisitos de "liberdade de expressão" no serviço público, a igualdade de tratamento na lei escolar – violações podem ocorrer em todas essas áreas que (também) levam a questões de responsabilidade.[1199] As pessoas possivelmente implicadas incluem não apenas os funcionários públicos, mas também instituições, não apenas entidades estatais, mas também privadas (por exemplo, prisões privatizadas), não apenas funcionários da Administração estatal, mas também de municípios e distritos.[1200] O termo "privação" não pressupõe

---

1197 Cf. a disposição em 365 U.S. 167, 171-192 (1961) *Monroe v. Pape*, 171: "Section 1979 [predecessor do § 1983] came into the books as § 1 of the Ku Klux Act"; e 174: "The debates are replete with references to the lawless conditions existing in the South 1871".

1198 PIERCE, Richard J. *Administrative Law Treatise*. 5ª ed. Austin: Wolters Kluwer Law & Business/Aspen Publ, 2012, § 19.6 (S. 1863): "Actions under § 1983 now account for a large proportion of the total cases resolved by federal courts". STRAUSS, Peter L. *Administrative Justice in the United States*. 3ª ed. Durham: Carolina Academic Press, 2016, pp. 525 e ss.

1199 Cf. LEE, David W. *Handbook of Section 1983 Litigation*. [S.l.]: Aspen Pub, 2006, §§ 4-6; outros exemplos podem ser encontrados em CASS, R. A. "Official Liability in America: Actors and Incentives". *In*: BELL, John; BRADLEY, A. W. (Coord.). *Governmental liability*: a comparative study. Londres: UKNCCL, 1991, pp. 125 e ss.

1200 No entanto, os próprios estados não são abrangidos pelo § 1983; 491 U.S. 58, 65 (1989) *Will v. Michigan Dept. of State Police*; CANE, Peter. *Controlling administrative power*: a historical comparison. Cambridge: Cambridge University Press, 2016, p. 388. O tratamento dispensado aos órgãos locais tem oscilado; de acordo com decisões recentes, poderão ser responsabilizados se as suas políticas ou práticas tiverem causado o prejuízo. Cf. LEE, David W. *Handbook of Section 1983 Litigation*. [S.l.]: Aspen Pub, 2006, § 3.

uma intenção específica de causar dano; são cabíveis as normas usuais de responsabilidade nos termos da lei específica.[1201]

O âmbito da violação é significativamente limitado em termos práticos por um arcabouço de regras de imunidade:[1202] embora a própria seção 1983 não mencione imunidades, acredita-se que, ao criar a disposição, o Congresso não pretendia privar os funcionários públicos das defesas que lhes são concedidas com base no Direito Consuetudinário.[1203] É feita uma distinção entre imunidade absoluta e qualificada. Desfrutam da absoluta os membros de legislaturas, juízes e promotores. Para os funcionários administrativos, por outro lado, o fato de terem direito à imunidade absoluta ou apenas qualificada depende principalmente da sua função e do tipo de ato lesivo. A regra para eles é a imunidade qualificada, pois ela protege o funcionário público, desde que ele não tenha violado "direitos infraconstitucionais ou constitucionais claramente estabelecidos, dos quais uma pessoa razoável teria conhecimento".[1204]

Nesse ponto, são discutidas as circunstâncias do caso que são consideradas "culpa" no âmbito da seção 839 do Código Civil Alemão (BGB). O Judiciário tem margem de manobra considerável para avaliar os interesses conflitantes. Embora o título 42 do

---

1201 U.S. 167, 187 (1961); para mais sobre a diferenciação, ver 474 U.S. 327, 329-336 (1986) *Daniels v. Williams*.

1202 LEE, David W. *Handbook of Section 1983 Litigation*. [S.l.]: Aspen Pub, 2006, § 7; ANTIEAU, Chester James; MECHAM, Milo. *Tort liability of government officers and employees*. Nova York: Wiley Law Publications, 1990, § 2.1-2.9 e especificamente para funcionários públicos § 2.35- 2.55; com uma perspectiva crítica ao assunto ver JEFFRIES JR., J. C. "What's Wrong with Qualified Immunity?" *Fla. L. Rev.*, vol. 62, 2010, pp. 851 e JEFFRIES JR., J. C. "The Liability Rule for Constitutional Torts". *Va. L. Rev.*, vol. 99, 2013, p. 207.

1203 424 U.S. 409, 417-419 (1976) *Imbler v. Pachtman*.

1204 457 U.S. 800, 819 (1982) *Harlow v. Fitzgerald*; para mais, ver MASHAW, Jerry L.; MERRILL, Richard A.; SHANE, Peter M. *Administrative Law*. 5ª ed. [S.l.]: West Group, 2003, pp. 1.172 e ss.; LEE, David W. *Handbook of Section 1983 Litigation*. [S.l.]: Aspen Pub, 2006, § 7.03.

U.S.C., seção 1983 seja um dos pilares da ideia da responsabilização civil, os tribunais tendem a conceder imunidade qualificada com frequência.[1205] As posições jurídicas que se diz terem sido violadas devem ser "claramente estabelecidas". O que é necessário é que a partir de jurisprudência própria se possa obter conclusões suficientemente concretas.,[1206] o que é válido para questões difíceis de interpretação constitucional em relação à atuação administrativa. Nessa toada, o autor continua suportando o ônus da prova.[1207]

3 Dano após a ação Bivens[1208]

A terceira responsabilidade importante diz respeito a danos devido à violação por autoridades federais de direitos garantidos constitucionalmente. Ela foi criada por um juiz em 1971: no caso *Bivens v. Seis Agentes Federais Desconhecidos* que dizia respeito à ação de busca e apreensão particularmente brutal realizada no apartamento e na pessoa do demandante sem ordem judicial.[1209] A ação foi baseada na violação da Quarta Emenda, que concede proteção contra "busca e apreensão injustificadas", mas nada diz sobre as consequências de sua violação e tampouco sobre as consequências dos danos.

1205 Cf. também a informação empírica que contribui apenas para uma relevância limitada da doutrina para o resultado do processo SCHWARTZ, J. C. "How Qualified Immunity Fails". *Yale L. J.*, vol. 127, 2017, p. 2.

1206 584 U.S. __ (2018) (*per curiam*) (op. cit. 4) *Kisela v. Hughes*; 583 U.S. __ (2018) (op. cit. 15) *District of Columbia v. Wesby*.

1207 Cf. LEE, David W. *Handbook of Section 1983 Litigation*. [S.l.]: Aspen Pub, 2006, § 7.03(B)(2).

1208 U.S. 388 (1971) *Bivens v. Six Unknown Named Federal Agents* (Bivens); detalhadamente em Harlan, J. conc. 398-411, há também a observação de que se as "liminares" judiciais já são reconhecidas como admissíveis quando os direitos constitucionais são violados; isso deve aplicar-se ainda mais à concessão de indenizações porque essa consequência é menos intrusiva.

1209 U.S. 388, 395/396 (1971).

No julgamento, a maioria dos juízes superou essa dificuldade sem muito esforço argumentativo, citando *Marbury v. Madison*: "a própria essência da liberdade civil consiste no direito de cada indivíduo de reivindicar a proteção das leis, sempre que sofrer uma lesão". A votação baseou-se na violação constitucional com uma reação proporcional. A maior parte dos magistrados não aceitou que, ao criar uma nova responsabilidade, o tribunal estava invadindo a área de responsabilidade do Parlamento, o que levou a uma conclusão surpreendente,[1210] dada a reticência que a Suprema Corte manifesta, particularmente em questões de responsabilização.[1211] O entendimento que emergiu caracterizou uma possibilidade nova e constitucionalmente direta de processar funcionários públicos com indenizações adequadas e, portanto, também com retribuição pecuniária.[1212]

Juridicamente, a ação Bivens contra autoridades federais foi construída concomitantemente às "ações da seção 1983", contra autoridades estaduais:[1213] só podem ser levantadas contra o funcionário pessoalmente, mas não contra a autoridade que o emprega.[1214] Os direitos constitucionais que podem ser violados são abstratamente amplos. No entanto, o arguido pode contar com a imunidade que

---

1210 De acordo com os três juízes dissidentes: juiz-presidente Burger, 412; Black, J. 427 e Blackmun, J. 430. Todas as objeções são tratadas novamente e com mais detalhes pelo Rehnquist, J. diss. em 446 U.S. 14, 31-54 (1980) *Carlson v. Green*.

1211 De modo semelhante em CASS, R. A. "Official Liability in America: Actors and Incentives". *In*: BELL, John; BRADLEY, A. W. (Coord.). *Governmental liability*: a comparative study. Londres: UKNCCL, 1991, pp. 130 e ss. ("In creating rights of action, the usual course is for the legislature").

1212 No entanto, das 12.000 ações judiciais constitucionais apresentadas entre 1971 e 1985, apenas muito poucas conduziram a uma condenação por compensação monetária; STRAUSS, Peter L. *Administrative Justice in the United States*. 3ª ed. Durham: Carolina Academic Press, 2016, p. 526; afirmações mais cautelosas são encontradas em MASHAW, Jerry L.; MERRILL, Richard A.; SHANE, Peter M. *Administrative Law*. 5ª ed. [S.l.]: West Group, 2003, p. 1.158.

1213 CASS, R. A. "Official Liability in America: Actors and Incentives". *In*: BELL, John; BRADLEY, A. W. (Coord.). *Governmental liability*: a comparative study. Londres: UKNCCL, 1991, pp. 132 e ss.

1214 510 U.S. 471, 483-486 (1994) *FDIC v. Meyer*.

os funcionários públicos têm ao abrigo das regras gerais, ou seja, com "imunidade qualificada"[1215] e para funções políticas com "imunidade absoluta".[1216]

Uma segunda abordagem, de mirada mais restritiva, discute a ação Bivens, como uma solução legal existente ("remédio alternativo"). Pode-se presumir que o Congresso não desejava outra opção de ação legal, como a representada pela ação Bivens. A avaliação sobre se uma solução alternativa disponível oferece proteção adequada deixa muito espaço para considerações de política jurídica por parte dos tribunais. Embora a Suprema Corte tenha sido inicialmente generosa nessa questão, posteriormente buscou limitar o âmbito de aplicação da ação Bivens.[1217] De acordo com a jurisprudência recente, não é necessário que haja uma solução legal baseada em lei federal para desencadear o efeito de bloqueio; os recursos legais da legislação nacional também são suficientes. A solução não precisa oferecer todo o escopo de compensação como uma ação Bivens; compromissos consensuais são aceitáveis; a compensação só precisa ser "aproximadamente semelhante".

Há uma tendência notória na Suprema Corte de limitar as ações Bivens somente para alguns casos. Para o juiz [Antonin] *Scalia*, a ação Bivens já era "uma relíquia dos dias inebriantes em que esta Corte assumiu poderes de Direito Consuetudinário para criar causas de ação" em 2012. *Scalia* continua, o tribunal já abandonou essa visão do Direito ordinário; deveria fazer o mesmo

---

1215 De maneira crítica em relação ao assunto é JEFFRIES JR., J. C. "The Liability Rule for Constitutional Torts". *Va. L. Rev.*, vol. 99, 2013, pp. 207-258 e ss.

1216 Ver 438 U.S. 478, 504-508 e 513-515 (1978) *Butz v. Economou*. Devido à sua posição constitucional única, o Presidente dos EUA goza de imunidade absoluta para todos os atos "dentro do perímetro exterior da sua responsabilidade oficial"; 457 U.S. 731, 755–756 (1982) *Nixon v. Fitzgerald*.

1217 A apresentação desse desenvolvimento está em 551 U.S. 537, 550 (2007) *Wilkie v. Robbins*; comprovadamente em 565 U.S. 118, 125 (2012) *Minneci v. Pollard*; cf. também PIERCE, Richard J. *Administrative Law Treatise*. 5ª ed. Austin: Wolters Kluwer Law & Business/Aspen Publ, 2012, § 19.5.

com o Direito Constitucional.[1218] A posição defensora da redução da função de controle da lei de responsabilidade do Estado não parece convincente no momento em que a aplicação efetiva dos direitos civis deve ser promovida por todos os meios possíveis. Ainda assim, correntes doutrinárias importantes recomendam o abandono da jurisprudência Bivens.[1219]

O que emperra o abandono do precedente é que a prática se adaptou à existência dessa jurisprudência, e o Congresso também a levou em conta, até certo ponto, na promulgação da Lei Westfall em 1988, a qual pretendia responder ao caso *Westfall v. Erwin*, em que a Suprema Corte limitou significativamente a imunidade dos funcionários federais relativa a pedidos de indenização com base em violações da lei estadual, indicando que esses imbróglios seriam melhor decididos pelo Congresso.[1220] O objetivo da lei era aliviar os funcionários públicos da pressão das demandas pessoais, que viriam caso aumentasse a responsabilidade do Estado.[1221]

O resultado é a regra de duas partes do título 28 do U.S.C., seção 2679(b): as ações por danos são geralmente dirigidas exclusivamente contra os EUA e não contra o funcionário. No entanto, as ações judiciais baseadas em violação da Constituição estão

---

1218 Assim, o juiz Scalia, J. conc. 565 U.S. 118, 130 (2012). A tendência restritiva foi recentemente adotada pela maioria do Senado em relação à separação de poderes em 589 U.S. __ (2020) (op. cit. 5-6) *Hernandez v. Mesa* (op. cit. 1): "I write separately because, in my view, the time has come to consider discarding the Bivens doctrine altogether".

1219 PIERCE, Richard J. *Administrative Law Treatise*. 5ª ed. Austin: Wolters Kluwer Law & Business/Aspen Publ, 2012, § 19.5 (S. 1861): "The *Bivens* opinion was a mistake".

1220 "Federal Employees Liability Reform and Tort Compensation Act", Pub. L. Nº 100-694; para mais, ver MASHAW, Jerry L.; MERRILL, Richard A.; SHANE, Peter M. *Administrative Law*. 5ª ed. [S.l.]: West Group, 2003, pp. 1. 075 e ss.; VÁZQUEZ, C. M.; VLADECK, S. I. "State Law, the Westfall Act, and the Nature of the Bivens Question". *U. Pa. L. Rev.*, vol. 161, 2013, pp. 509, 565-570.

1221 U.S. 292, 295-297 (1988).

excluídas.[1222] O funcionário em exercício continua pessoalmente responsável por "atos ilícitos constitucionais". É precisamente essa exceção que constitui o ponto crítico: o termo "atos ilícitos constitucionais" é extremamente amplo.[1223] Torná-lo o conceito limítrofe entre a responsabilidade do Estado e a responsabilidade do funcionário público, como foi feito no título 28 do U.S.C., seção 2679(b)(2), significa expor permanentemente a lei de responsabilidade civil pública a sérias incertezas que afetam a confiança dos cidadãos, bem como reverbera na execução do serviço público.[1224]

A tímida saída da Lei Westfall chama assim a atenção para o problema central do Direito americano da responsabilidade civil do Estado: a coexistência desordenada e a confusão de opções legais contra o funcionário e contra o soberano por trás dele. Historicamente, essa situação peculiar é compreensível, mas é altamente disfuncional. O Estado deve ser responsabilizado uniformemente nas relações externas por todos os atos ilegais cometidos por um funcionário público no exercício do seu cargo.[1225] A responsabilidade

---

1222 O pré-requisito é que o servidor tenha atuado no exercício de seu cargo ("no âmbito de seu cargo"). Se isso for formalmente confirmado pelo Procurador-Geral, então, há que, conforme o 28 U.S.C. § 2679(d)(1), substituir processualmente os EUA no lugar do funcionário réu. O funcionário pode contestar a recusa da confirmação em tribunal; 515 U.S. 417, 420 (1995) *Gutierrez de Martinez v. Lamagno*.

1223 Com exatidão em MASHAW, Jerry L.; MERRILL, Richard A.; SHANE, Peter M. *Administrative Law*. 5ª ed. [S.l.]: West Group, 2003, p. 1.153: "The Due Process Clauses of the Fifth and Fourteenth Amendments are sufficiently expansive both in their wording and their historical interpretation to suggest the possibility of a vast domain of 'constitutional torts' that might lie against federal or state officials and federal or state governments".

1224 Sobre outras dificuldades atuais de interpretação, cf. VÁZQUEZ, C. M.; VLADECK, S. I. "State Law, the Westfall Act, and the Nature of the Bivens Question". *U. Pa. L. Rev*., vol. 161, 2013, pp. 509, 570-582 (no tocante aos remédios da lei).

1225 Cf. juiz-presidente Burger em seu voto peculiar expresso em 403 U.S. 388, 422 (1971) *Bivens*: "Congress should develop an administrative or quasi-judicial remedy against the government itself to afford compensation and restitution for persons whose Fourth Amendment rights have been violated". SCHUCK,

pessoal do funcionário,[1226] que de fato tem uma função social indispensável, pode ser reservada à corregedoria interna. Por sua vez, a responsabilidade estatal alemã tem inegavelmente fraquezas estruturais significativas.[1227] Contudo, a previsão de uma assunção abrangente de responsabilidade por todas as violações dos deveres oficiais cometidas no exercício de um cargo público (art. 34 da Lei Fundamental Alemã), ao menos, criou clareza para as relações externas e, portanto, para os cidadãos.

Nos EUA, o caminho para esse equacionamento é obviamente limitado devido à distribuição federal de competências, sendo, portanto, muito mais difícil. As diferentes categorias de "imunidades" ("imunidade soberana" e "imunidades de oficiais") teriam de ser coordenadas entre si, impedindo que, na inclusão ou exclusão de formas de danos individuais, por exemplo, "danos punitivos", não haja conflito. O Congresso tem autoridade suficiente para renunciar à "imunidade soberana" e, em outras palavras, dizer adeus às regras tradicionais de responsabilidade do Direito Consuetudinário, a fim de desenvolver uma lei de responsabilidade estatal que pode contribuir para a legalidade das ações administrativas, especialmente no sentido de assegurar o calculabilidade do cotidiano das pessoas.

B. Proteção jurídica em matéria contratual

A proteção jurídica em questões contratuais administrativas deveria ser fácil de construir baseado em uma lei geral, principalmente, em um país que tenha uma organização judicial monista,

---

Peter H. *Suing Government*. New Haven: Yale University Press, 1983, pp. 182 e ss.; PIERCE, Richard J. *Administrative Law Treatise*. 5ª ed. Austin: Wolters Kluwer Law & Business/Aspen Publ, 2012, § 19.5, p. 1.861.

1226 U.S. 471, 483-486 (1994) *FDIC v. Meyer*.

1227 Ver HARTMANN, Bernd. J. *Öffentliches Haftungsrecht*. Tübingen: Mohr Siebeck, 2013, § 9.

o que não é verdade, ao contrário, os Estados Unidos desenvolveram um caráter único, no qual a lei orçamental é combinada com considerações de gestão e com o esforço para alcançar o equilíbrio possível entre a Administração e os seus parceiros contratuais.[1228] Nas agências, órgãos especiais ou funcionários especializados são regularmente responsáveis pelos contratos. O controle financeiro desempenha um papel importante nessa dinâmica.

I. O papel do Tribunal de Reclamações Federais

Com isso, cumpre dizer que há características especiais à proteção jurídica, na medida em que existe um tribunal separado, nos EUA, o Tribunal de Reclamações Federais, ocupando uma posição central. O seu desenvolvimento está intimamente ligado à ideia de "imunidade soberana".[1229] Até meados do século XIX, não eram possíveis ações judiciais contra os EUA em questões contratuais. Apenas um procedimento administrativo interno poderia ser iniciado ou o Congresso poderia ser acionado. Em 1855, e mais tarde a partir da Lei Tucker de 1887, foi criado um tribunal separado, embora as suas decisões fossem inicialmente apenas de natureza recomendatória.[1230] Após repetidas alterações na sua configuração organizacional, esse tribunal passou a ser chamado Tribunal de Reclamações Federais (COFC – *Court of Federal Claims*), com sede em Washington. O tribunal não pertence ao

---

1228 Cf. STRAUSS, Peter L. *Administrative Justice in the United States*. 3ª ed. Durham: Carolina Academic Press, 2016, pp. 531 e ss.

1229 Para mais, ver CANE, Peter. *Controlling administrative power*: a historical comparison. Cambridge: Cambridge University Press, 2016, pp. 405 e ss.

1230 A lei de 3 de março de 1887, 24 Stat. 505; prevista no 28 U.S.C. 1491. A Lei Tucker expressa uma renúncia à "imunidade soberana" para as ações judiciais correspondentes. No entanto, não confere quaisquer direitos materiais à execução ("direitos substantivos"); estes devem surgir de outra base de reivindicação, 556 U.S. 287, 290 (2009) *United States v. Navajo Nation*; 590 U.S. __ (2020) (op. cit. 24) *Maine Community Health Options v. United States*.

Poder Judiciário, conforme expressa o art. III da Constituição dos EUA, mas, sim, é um tribunal do art. I (28, U.S.C., § 171).Os seus 16 membros são nomeados pelo Presidente com o consentimento do Senado, não vitaliciamente, mas por 15 anos, gozando de total independência judicial.

O COFC fornece proteção legal contra os Estados Unidos em matéria contratual (título 28 do U.S.C., seção 1491). Por um lado, incluem-se aqui processos judiciais decorrentes de contratos celebrados ("sistema de litígios contratuais"), que normalmente visam retribuições pecuniárias. Por outro, o COFC tem uma função importante na proteção dos direitos dos licitantes na legislação sobre contratos públicos ("sistema de protesto de propostas"). Com efeito, ele pode intervir em processos em curso, rescindir contratos celebrados e conceder uma indenização pelos custos de preparação. Ao fazê-lo, ele analisa as decisões das autoridades, como geralmente acontece nas revisões judiciais, de acordo com os padrões do título 5 do U.S.C., seção 706. As decisões finais do Tribunal podem ser apeladas para o Tribunal de Apelações do Circuito Federal, de acordo com o título 28 do U.S.C., seção 1295(a)(3). Nesse ponto, a proteção jurídica contratual especial desemboca no recurso geral dos tribunais do art. III.

II. Especificamente sobre a proteção jurídica nos contratos públicos

O COFC não é a única instituição ativa no domínio da proteção dos licitantes.[1231] Existe uma estrutura de reclamação e controle em vários níveis, composta por órgãos administrativos e judiciais, embora as instâncias não tenham necessariamente não sigam o mesmo procedimento.[1232]

1231 Sobre o sistema de compras e seus procedimentos, p. 213.

1232 Apresentação clara e rica em material em "Judge Advocate General's Legal School", *Contract Attorneys Deskbook*, vol. 1, 2014, cap. 18A e 18B, assim

- Se possível, um "protesto de proposta" deve ser apresentado à autoridade que conduz o procedimento de adjudicação, ou seja, que pretende celebrar o contrato ou que já o celebrou.[1233] Mesmo antes de ser formalmente finalizado, todos os envolvidos devem discutir as dificuldades que surgiram. Se o protesto for aceito, a autoridade não poderá, por enquanto, prolatar a sentença. O procedimento deverá ser realizado de forma simples e informal e deverá, se possível, ser concluído em 35 dias.

- Uma segunda opção é entrar em contato com o *Government Accountability Office* (GAO), o auditor geral dos EUA.[1234] Isso significa que está disponível uma revisão por uma autoridade independente, que é semelhante ao controle pelas câmaras de contratos públicos, em conformidade com as seções 155 e seguintes do GWB. A consulta prévia com a autoridade que conduz o processo de adjudicação é desejável, mas não é um requisito (33.103(e) FAR). A apresentação do protesto está sujeita a um prazo. Em regra, tem efeito suspensivo: o contrato de aquisição só pode ser celebrado em casos de urgência; um contrato já celebrado deve ser suspenso se a autoridade tiver sido informada do protesto no prazo de 10 dias. O GAO analisa o processo quanto à sua compatibilidade com a legislação de compras correspondente; as normas são semelhantes às da seção 706 da APA. Uma audiência pode ser realizada a pedido de uma das partes envolvidas. O GAO deve tomar a sua decisão no prazo de 100 dias ou, em casos urgentes, no prazo de 65 dias. No entanto,

---

como 22A.

1233 Cf. a regulamentação em § 33.103 Federal Acquisition Regulation (FAR), codificada no título 48 de Code of Federal Regulation, cap. 1.

1234 Fundamentos: 31 U.S.C. §§ 3551-3557, assim como em 33.104 FAR, e a GAO Bid Protest Regulations em 4 C.F.R. Part 21.

a decisão tem apenas caráter recomendatório. A autoridade pode não cumpri-la, mas deve fornecer razões para fazê-lo (seção 33.104(g) FAR). Se emergirem fatos novos, o GAO poderá ser acionado para uma reconsideração de sua decisão de acordo com 4 C.F.R seção 21.4(b).

- Ao contrário das decisões das câmaras de contratos públicos, em conformidade com a seção 171 do GWB, as decisões do GAO não estão sujeitas a revisão judicial. Todavia, podem ser objeto de controle por parte do COFC as decisões da autoridade que executa a adjudicação que cumpre as recomendações do GAO.

CAPÍTULO V

DIREITO ADMINISTRATIVO INFORMACIONAL

O Direito Administrativo americano reconheceu a importância do fator informacional para a ação e o controle administrativo antes até do que o Direito alemão.[1235] A "Informação Administrativa" já constituía um capítulo separado no relatório da Comissão da Procuradoria-Geral de 1941, mencionando especificamente a Lei do Processo Administrativo:[1236] as pessoas criticavam frequentemente a Administração – argumentou a Comissão – porque lhes faltava volume suficiente de informações sobre a organização, políticas e procedimentos das autoridades. Consistentemente, o documento apontou "sete formas de informação administrativa vital" que deveriam ser disponibilizadas ao público. Na seção 3 da APA de 1946, o legislador cumpriu a recomendação em pontos-chave e estipulou

1235 Cf. SCHERER, Joachim. *Verwaltung und Öffentlichkeit*. Baden-Baden: Nomos-Verlagsgesellschaft, 1978; GURLIT, Elke. *Die Verwaltungsöffentlichkeit im Umweltrecht*: ein Rechtsvergleich Bundesrepublik Deutschland – USA. Düsseldorf: Werner-Verlag, 1989.

1236 UNITED STATES DEPARTMENT OF JUSTICE. *Final Report of Attorney General's Committee on Administrative Procedure Act*, 1941, pp. 24-27.

a obrigação de toda autoridade publicar planos organizacionais, regulamentos processuais, declarações políticas, regulamentos administrativos e decisões individuais importantes.[1237]

As informações de arquivos específicos, contudo, só devem ser disponibilizadas para aqueles que estão diretamente envolvidos no assunto e somente se elas não estiverem relacionadas a informações confidenciais. O objetivo da versão inicial da APA era, sobretudo, fornecer às pessoas o conhecimento necessário para as suas relações com as autoridades, mas não criar um direito geral de acesso à informação. A explicação da Procuradoria-Geral confirmou a percepção: "é claro que a seção 3(c) não se destina a franquear totalmente arquivos governamentais para inspeção geral".[1238]

Os passos seguintes não foram simples.[1239] Entretanto, a tendência geral foi no sentido de uma expansão cada vez maior da transparência da esfera pública administrativa.[1240] Pode ser feita uma distinção sistemática entre duas formas:[1241] por um lado, regulamentos, que a Administração deve tornar a informação acessível ao público por sua própria iniciativa ("divulgação afirmativa"), e, por outro, orientações, cuja publicação deve ser feita mediante solicitação ("divulgação mediante solicitação"). A APA de 1946,

---

1237 Hoje significativamente expandido e reformulado no § 552(a)(1)(2) da APA.

1238 *Attorney General's Manual*, p. 25.

1239 Ver DAVIS, Kenneth Culp. *Administrative law text*. 3ª ed. St. Paul: West Publishing, 1972, pp. 68 e ss.; ROBINSON, G. O. "Access to Government Information: The American Experience". *Federal L. Rev.*, vol. 14, 1983, pp. 37-39.

1240 ROBERTSON, K. G. *Public Secrets*: A Study in the Development of Government Secrecy. Londres: Macmillan, 1982, p. 92: "There are, of course, conflicting attitudes toward exactly what powers government should have, but the dominant ethos is one, and was one, of suspicion of government".

1241 Para mais, ver MASHAW, Jerry L.; MERRILL, Richard A.; SHANE, Peter M. *Administrative Law*. 5ª ed. [S.l.]: West Group, 2003, pp. 707 e ss.; PIERCE, Richard J. *Administrative Law Treatise*. 5ª ed. Austin: Wolters Kluwer Law & Business/Aspen Publ, 2012, § 5.

por sua vez, já havia elencado determinações para a "divulgação afirmativa". Enquanto, no tocante à "divulgação mediante solicitação", o avanço veio com a Lei de Liberdade de Informação de 1967.[1242] A Lei do Comitê Consultivo Federal [*Federal Advisory Committee Act*] de 1972 e a Lei de Transparência Governamental [*Sunshine Act*] de 1976 contribuíram substancialmente com disposições destinadas a garantir a publicidade no processamento de informações intragovernamentais e na tomada de decisões.[1243] Em contrapartida, a Lei de Privacidade [*Privacy Act*] de 1974,[1244] que restringe a divulgação oficial de informações pessoais, e a Lei de Redução da Papelada [*Paperwork Reduction Act*] de 1980, que se destina a proteger as empresas e a sociedade da coleta desnecessária de informações, constituem mitigações, que vão em direção oposta ao princípio da publicidade.[1245]

1242 Freedom of Information Act de 1967, Pub. L. Nº 90-23; expandido e codificado diversas vezes em § 552 da APA.

1243 Federal Advisory Committee Act de 1972, Pub. L. Nº 92-463; Government in the Sunshine Act de 1976, Pub. L. Nº 94-409; codificado em § 552b APA. Para ver a prática, cf. FUNK, William; SHAPIRO, S. A.; WEAVER, R. L. *Administrative Law*. 5ª ed. Nova York: Wolters Kluwer, 2015, pp. 691 e ss., 711 e ss.; STRAUSS, Peter L.; RAKOFF, Todd D.; FARINA, Cynthia R.; METZGER, Gillian E. *Gellhorn and Byse's Administrative Law*. 11ª ed. Nova York: Foundation Press, 2011, pp. 518 e ss.; STRAUSS, Peter L. *Administrative Justice in the United States*. 3ª ed. Durham: Carolina Academic Press, 2016, pp. 394 e ss., 399 e ss.

1244 Pub. L. Nº 93-579; codificado em § 552a APA.

1245 PRA de 1980/1995, Pub. L. Nº 104-113, codificado em 44 U.S.C. §§ 3501-3517. As autoridades devem primeiro submeter as suas ações à sua própria análise pública da sua necessidade; elas também exigem a aprovação do OIRA, que analisará a necessidade das pesquisas planejadas (§§ 3506 e 3506): a cada ano, 3.000 a 4.000 projetos desse tipo são revisados; ver BREYER, Stephen G.; STEWART, Richard B.; SUNSTEIN, Cass R.; VERMEULE, Adrian; HERZ, Michael. *Administrative law and regulatory policy*. 8ª ed. Nova York: Wolters Kluwer, 2017, pp. 699 e ss. Em relação aos objetivos da lei, cf. 494 U.S. 26, 32-33 (1990) *Dole v. United Steelworkers*; no tocante à prática, ver MASHAW, Jerry L.; MERRILL, Richard A.; SHANE, Peter M. *Administrative Law*. 5ª ed. [S.l.]: West Group, 2003, pp. 675 e ss.

As seções sobre aquisição e divulgação de informações governamentais ["*Government Information Acquisition and Disclosure*"] são agora tema central nos livros didáticos de Direito Administrativo americano.[1246] Mesmo que essa área do Direito não seja tão sistematicamente desenvolvida, ainda é consideravelmente mais do que o que é oferecido na maioria dos manuais especializados alemães.[1247] Os três grandes assuntos do momento são a coleta de informações no procedimento administrativo (seção 1), o livre acesso à informação administrativa (seção 2) e a proteção de dados pessoais da Administração (seção 3).

1246 MASHAW, Jerry L.; MERRILL, Richard A.; SHANE, Peter M. *Administrative Law*. 5ª ed. [S.l.]: West Group, 2003, pp. 642 e ss.; cf. a explicação em STRAUSS, Peter L.; RAKOFF, Todd D.; FARINA, Cynthia R.; METZGER, Gillian E. *Gellhorn and Byse's Administrative Law*. 11ª ed. Nova York: Foundation Press, 2011, pp. 435 e ss.; FUNK, William; SHAPIRO, S. A.; WEAVER, R. L. *Administrative Law*. 5ª ed. Nova York: Wolters Kluwer, 2015, pp. 582 e ss., 648 e ss.; PIERCE, Richard J. *Administrative Law Treatise*. 5ª ed. Austin: Wolters Kluwer Law & Business/Aspen Publ, 2012, cap. 4 e 5; SCHWARTZ, Bernard; CORRADA, Roberto L.; BROWN, J. Robert; WEST, Jessica L. *Administrative Law*: A Casebook. 9ª ed. Nova York: Wolters Kluwer, 2018, pp. 165 e ss.; STRAUSS, Peter L. *Administrative Justice in the United States*. 3ª ed. Durham: Carolina Academic Press, 2016, pp. 383 e ss.; AMAN, Alfred C. Jr. *Administrative Law and Process*. 3ª ed. St. Paul: West Academic Publishing, 2014, pp. 1.013 e ss.; BREYER, Stephen G.; STEWART, Richard B.; SUNSTEIN, Cass R.; VERMEULE, Adrian; HERZ, Michael. *Administrative law and regulatory policy*. 8ª ed. Nova York: Wolters Kluwer, 2017, pp. 679 e ss. (apenas para "divulgação").

1247 Pelo menos há apresentações curtas em PÜNDER, H. "Verwaltungsverfahren". *In*: EHLERS, Dirk; PÜNDER, Hermann (Coord.). *Allgemeines Verwaltungsrecht*. 15ª ed. Berlim: De Gruyter, 2016, § 14, nota, pp. 47-49; e MAURER, Hartmut; WALDHOFF, Christian. *Allgemeines Verwaltungsrecht*. 19ª ed. Munique: C. H. Beck, 2017, § 19, nota, pp. 30-35; detalhadamente em EHLERS, Dirk; FEHLING, Michael; PÜNDER, Hermann (Coord.). *Besonderes Verwaltungsrecht*. vol. 2: Planungs-, Bau- und Straßenrecht, Umweltrecht, Gesundheitsrecht, Medien- und Informationsrecht. 3ª ed. Heidelberg: Müller, 2013, § 62 "Datenschutzrecht" (*M. Albers*) e § 63 "Informationsfreiheitsrecht" (*M. Rossi*).

Primeira seção: coleta de informações em procedimentos administrativos

A Administração obtém regularmente as informações que necessitam, servindo-se de fontes geralmente disponíveis, nas suas próprias diretrizes e conhecimentos, ou por meio da participação voluntária de particulares. Naturalmente, também devem ser tomadas precauções para garantir que as informações pertinentes possam, se necessário, ser recolhidas compulsoriamente, exigindo que os particulares forneçam informações, apresentem documentos ou suportem as inspeções. Investigação e transparência são os temas clássicos do Direito Administrativo Informacional.[1248] Seus instrumentos mais importantes estão listados na seção 555 da APA. Além das obrigações de documentação e de comunicação, existem também ordens mandatórias baseadas em sanções (I) e inspeções no local (II).

As autoridades só podem ordenar essas medidas coercitivas se houver previsão legal.[1249] Além disso, uma série de restrições constitucionais, os chamados privilégios, devem ser levadas em consideração ao utilizá-los.[1250] Por um lado, algumas delas têm

---

1248 DAVIS, Kenneth Culp. *Administrative law text.* 3ª ed. St. Paul: West Publishing, 1972, § 3; MASHAW, Jerry L.; MERRILL, Richard A.; SHANE, Peter M. *Administrative Law*. 5ª ed. [S.l.]: West Group, 2003, pp. 643 e ss.; PIERCE, Richard J.; SHAPIRO, Sidney; VERKUIL, P. R. *Administrative Law and Process*. 6ª ed. St. Paul: Foundation Press, 2014, § 8; SCHWARTZ, Bernard. *Administrative Law*. 3ª ed. Boston: Little, Brown, 1991, § 3; sobre o desenvolvimento histórico dos poderes de investigação, cf. PIERCE, Richard J. *Administrative Law Treatise*. 5ª ed. Austin: Wolters Kluwer Law & Business/Aspen Publ, 2012, § 4.1. Outros livros cobrem este tópico como parte do Direito Processual Administrativo geral, por exemplo, STRAUSS, Peter L.; RAKOFF, Todd D.; FARINA, Cynthia R.; METZGER, Gillian E. *Gellhorn and Byse's Administrative Law*. 11ª ed. Nova York: Foundation Press, 2011, pp. 66 e ss. ("Information Gathering and Investigation").

1249 § 555(c) da APA: "except as authorized by law".

1250 STRAUSS, Peter L. *Administrative Justice in the United States*. 3ª ed. Durham: Carolina Academic Press, 2016, pp. 66 e ss.; STRAUSS, Peter L.; RAKOFF,

relação com a Quarta Emenda da Constituição dos EUA e a consequente proteção contra buscas ("busca e apreensão") ali normatizada. Por outro, a proteção contra a autoincriminação ("testemunha contra si mesmo") e a garantia do devido processo legal da Quinta Emenda são fundamentais. Dentro dessas garantias limítrofes, as autoridades americanas possuem competências investigativas consideráveis, o que é uma consequência das extensas tarefas regulatórias que o Congresso atribuiu ao Poder Executivo e que não podem ser cumpridas sem ampla informação. Os conflitos resultantes com os interesses na proteção da privacidade são reconhecidos: "a questão relevante, portanto, não é se há pouca privacidade, mas se há demasiada regulamentação".[1251]

A. Solicitações de informações, intimações e outras ordens de obtenção de provas (*subpoenas*)

As solicitações incluem ordens com ameaça de sanções que exigem que as pessoas testemunhem ou apresentem documentos.[1252] O termo "intimação", que vem da estrita compreensão jurisprudencial da prova, enfatiza a natureza coercitiva desses meios de coleta de informação administrativa. A Administração pode emiti-los no âmbito de um procedimento administrativo formal e (mais frequentemente) em situações em que, por exemplo,

---

Todd D.; FARINA, Cynthia R.; METZGER, Gillian E. *Gellhorn and Byse's Administrative Law*. 11ª ed. Nova York: Foundation Press, 2011, pp. 80 e ss. ("Rights to refuse cooperation with demands for information").

1251 PIERCE, Richard J.; SHAPIRO, Sidney; VERKUIL, P. R. *Administrative Law and Process*. 6ª ed. St. Paul: Foundation Press, 2014, § 8.2.9.

1252 Cf. § 410(a) da MSAPA 2010 ("attendance of a witness and the production of books, records, and other evidence"); PIERCE, Richard J. *Administrative Law Treatise*. 5ª ed. Austin: Wolters Kluwer Law & Business/Aspen Publ, 2012, 4.2; SCHWARTZ, Bernard; CORRADA, Roberto L.; BROWN, J. Robert; WEST, Jessica L. *Administrative Law*: A Casebook. 9ª ed. Nova York: Wolters Kluwer, 2018, pp. 197 e ss.; STRAUSS, Peter L. *Administrative Justice in the United States*. 3ª ed. Durham: Carolina Academic Press, 2016, p. 366.

pretenda esclarecer mais detalhadamente uma suspeita específica. Poderão ser envolvidos não apenas aqueles que estão diretamente envolvidos no assunto, mas também qualquer pessoa que possa contribuir para o esclarecimento.

De acordo com a APA na seção 555(d), as ordens devem atender a dois requisitos: as medidas solicitadas devem ser geralmente relevantes para o que deve ser provado e devem ser limitadas a uma extensão razoável.[1253] Suspeitas e probabilidades especiais ("causas prováveis") normalmente não são abarcadas.[1254] Nessa dinâmica, o princípio *nemo tenetur* da Quinta Emenda tem um efeito limitante.[1255] No entanto, ele apenas protege contra autoacusações que tenham consequências criminais. Ademais, beneficia apenas pessoas físicas e não pessoas jurídicas.[1256]

Na maioria das vezes, os destinatários cumprem uma ordem probatória (em última análise) por sua própria vontade. Eles devem "cooperar" – dentro do que lhes é assegurado – para não perderem

---

1253 "Of general relevance and reasonable scope of the evidence sought"; cf. Ver também MASHAW, Jerry L.; MERRILL, Richard A.; SHANE, Peter M. *Administrative Law*. 5ª ed. [S.l.]: West Group, 2003, pp. 649 e ss.

1254 U.S. 186, 208-209 (1946) *Oklahoma Press Pub. Co. v. Walling*; cf. também em 493 U.S. 182, 188-192 (1990) *University of Pennsylvania v. Equal Employment Opportunity Commission*; para mais sobre a jurisprudência, ver PIERCE, Richard J. *Administrative Law Treatise*. 5ª ed. Austin: Wolters Kluwer Law & Business/Aspen Publ, 2012, § 4.2.

1255 DAVIS, Kenneth Culp. *Administrative law text*. 3ª ed. St. Paul: West Publishing, 1972, § 3.03; STRAUSS, Peter L.; RAKOFF, Todd D.; FARINA, Cynthia R.; METZGER, Gillian E. *Gellhorn and Byse's Administrative Law*. 11ª ed. Nova York: Foundation Press, 2011, pp. 98 e ss.; PIERCE, Richard J. *Administrative Law Treatise*. 5ª ed. Austin: Wolters Kluwer Law & Business/Aspen Publ, 2012, § 4.6; SCHWARTZ, Bernard; CORRADA, Roberto L.; BROWN, J. Robert; WEST, Jessica L. *Administrative Law*: A Casebook. 9ª ed. Nova York: Wolters Kluwer, 2018, pp. 209 e ss.

1256 STRAUSS, Peter L. *Administrative Justice in the United States*. 3ª ed. Durham: Carolina Academic Press, 2016, pp. 72 e ss.; cf. também 417 U.S. 85, 88 (1974) *Bellis v. United States*.

a boa vontade das autoridades nos procedimentos posteriores.[1257] As autoridades federais de grande repercussão também são capazes de exercer uma pressão factual considerável, se necessário recorrendo a reportagens dos meios de comunicação social. Agora, se uma parte envolvida se recusar a cooperar, a Administração é obrigada a recorrer aos tribunais. Ela não possui autoridade própria de execução.[1258] Nessa matéria, as autoridades americanas estão menos equipadas do que as autoridades alemãs.[1259] O procedimento prescrito para eles é duplo e demorado:[1260] na primeira etapa, o tribunal deve ser solicitado a emitir uma ordem correspondente. Só se a parte obrigada não cumprir essa decisão serão impostas as

---

1257 Cf. a descrição das possíveis declarações de um destinatário em PIERCE, Richard J.; SHAPIRO, Sidney; VERKUIL, P. R. *Administrative Law and Process*. 6ª ed. St. Paul: Foundation Press, 2014, § 8.2.5.

1258 STRAUSS, Peter L. *Administrative Justice in the United States*. 3ª ed. Durham: Carolina Academic Press, 2016, p. 361; HEUN, W. "Geschichte des Verwaltungsrechtsschutzes in den USA". *In*: SOMMERMANN, Karl-Peter; SCHAFFARZIK, Bert (Coord.). *Handbuch der Geschichte der Verwaltungsgerichtsbarkeit in Deutschland und Europa*. 2 vols. Berlim: Springer, 2019, pp. 1.677 e ss.; SIEBERG, Christoph. *Verwaltungsvollstreckung*: Ein Vergleich zwischen den USA und Deutschland. Frankfurt: Peter Lang, 2001; Como exceção ver STRAUSS, Peter L. *Administrative Justice in the United States*. 3ª ed. Durham: Carolina Academic Press, 2016, pp. 70 e ss.

1259 Na Alemanha, existem regulamentos que não só autorizam a autoridade a emitir uma ordem de prova, mas também lhe fornecem meios coercivos para a sua própria execução, em lei especializada, por exemplo, § 208, inciso 2 do BauGB (ameaça e determinação de uma pena de pagamento); cf. *D. Kallerhoff* em STELKENS, Paul; BONK, Heinz J.; SACHS, Michael. *Verwaltungsverfahrensgesetz*: Kommentar. 9ª ed. Munique: C. H. Beck, 2018, § 26, nota, p. 57. A menos que sejam feitas regulamentações especiais, o legislador assume claramente a aplicação da lei de execução administrativa; cf. argumento em contrário § 22, abs. 4, S. 2 BPolG (com exclusão do § 12 VwVG).

1260 STRAUSS, Peter L. *Administrative Justice in the United States*. 3ª ed. Durham: Carolina Academic Press, 2016, pp. 366 e ss.; também SCHWARTZ, Bernard. *Administrative Law*. 3ª ed. Boston: Little, Brown, 1991, § 3.10. As autoridades federais também exigem a cooperação do Ministério da Justiça para esta etapa.

sanções de "desacato ao tribunal", o que permite a passagem para uma segunda fase, que pode ir até multas e penas de prisão.[1261]

B. Investigações no local ("inspeções")

Um segundo instrumento importante para a coleta de informações são as inspeções, que também são frequentemente previstas na legislação ambiental e econômica alemã e europeia. Em todos os casos, as autoridades que pretendam realizar esse procedimento investigativo necessitam de autorização legal.[1262] Os seus poderes apenas se estendem na medida em que os elementos da norma habilitadora descrevem detalhadamente a intervenção.[1263]

É controverso até que ponto as disposições restritivas da Quarta Emenda da Constituição dos EUA devem ser observadas. Ela protege as pessoas e os seus bens de medidas governamentais qualificadas como "busca e apreensão", exigindo que as intervenções

---

1261 Cf. § 555(d) da APA. Sobre as consequências processuais, ver Nº 37(b) Fed. Rules of Civil Procedure. Em relação ao "desacato ao tribunal", há a disposição 17 da Lei do Judiciário de 1789; LOEWENSTEIN, Karl. *Verfassungsrecht und Verfassungspraxis der Vereinigten Staaten*. Berlim: Springer, 1959, pp. 467 e ss.

1262 MASHAW, Jerry L.; MERRILL, Richard A.; SHANE, Peter M. *Administrative Law*. 5ª ed. [S.l.]: West Group, 2003, pp. 681 e ss.; PIERCE, Richard J. *Administrative Law Treatise*. 5ª ed. Austin: Wolters Kluwer Law & Business/ Aspen Publ, 2012, § 4.3; FUNK, William; SHAPIRO, S. A.; WEAVER, R. L. *Administrative Law*. 5ª ed. Nova York: Wolters Kluwer, 2015, pp. 582 e ss.; STRAUSS, Peter L. *Administrative Justice in the United States*. 3ª ed. Durham: Carolina Academic Press, 2016, pp. 361 e ss. (também sobre problemas atuais de Direito Social e Tributário). No tocante ao Direito alemão, ver § 52 abs. 2, BImSchG; § 59, abs. 2 e 3, GWB; § 127, abs. 2, TKG; § 99, AO; § 19, abs. 2, SGB VII (seguro de acidentes). No que tange ao Direito Comunitário europeu, cf. DAVID, Antje. *Inspektionen im Europäischen Verwaltungsrecht*. Berlim: Duncker & Humblot, 2003.

1263 FUNK, William; SHAPIRO, S. A.; WEAVER, R. L. *Administrative Law*. 5ª ed. Nova York: Wolters Kluwer, 2015, pp. 582 e ss.

não sejam "despropositadas" e sejam legitimadas por uma decisão judicial ("mandado").[1264]

Inicialmente dirigida contra buscas no decurso de processos policiais, a Quarta Emenda evoluiu,[1265] agora, para um regulamento que também oferece um certo nível de proteção contra direitos de intervenção oficial e de verificações no local. Ainda em 1959, a Suprema Corte era de opinião que essa interferência tocava apenas marginalmente a regulamentação.[1266] Em 1967, porém, abandonou expressamente essa jurisprudência e reconheceu que a Quarta Emenda também era relevante para as fiscalizações de Direito Administrativo econômico.[1267]

Evidentemente, não foi fácil converter um regulamento destinado a medidas estatais particularmente drásticas, nomeadamente a aplicação da lei, e, portanto, dotado de mecanismos de proteção sofisticados, em um regramento que deveria abranger também os processos administrativos cotidianos. O que é interessante aqui é esse desenvolvimento que ocorreu "paralelamente" na jurisprudência em relação ao art. 13 da Lei Fundamental. Em princípio, o regramento coloca as "revistas" de apartamentos ao critério de um juiz (parágrafo 2º) e vincula "intervenções e restrições" a situações perigosas qualificadas (parágrafo 7º). Originalmente, os

---

1264 STRAUSS, Peter L. *Administrative Justice in the United States*. 3ª ed. Durham: Carolina Academic Press, 2016, pp. 66 e ss. Além da busca de coisas, diz respeito também à busca de pessoas, sendo, portanto, também uma referência constitucional para temas tão sensíveis como as buscas veladas; cf. PRIMUS, E. B. "Disentangling Administrative Searches". *Colum. L. Rev.*, vol. 111, 2011, p. 254.

1265 Sobre o desenvolvimento histórico com referência ao Direito inglês, cf. 359 U.S. 360, 363-365 (1959) *Frank v. Maryland*.

1266 359 U.S. 360, 367 (1959) *Frank v. Maryland* ("touch at most the periphery").

1267 387 U.S. 523, 528-531 (1967) *Camara v. Municipal Court of the City and County of San Francisco*. Também não deverá continuar a haver distinção entre salas privadas e instalações comerciais; 387 U.S. 541, 544-546 (1967) *See v. City of Seattle*.

estabelecimentos comerciais não estavam incluídos no âmbito de proteção desta disposição, uma vez que os poderes tradicionais de entrada e de fiscalização da autoridade de supervisão econômica não se enquadravam na salvaguarda prevista. Quando o Tribunal Constitucional Federal, em 1971, também classificou os estabelecimentos comerciais como "estabelecimentos", conforme o art. 13 da Lei Fundamental, o âmbito da proteção normativa foi alargado, surgindo dificuldades semelhantes às causadas pela jurisprudência da Câmara da Suprema Corte.[1268] Ambos os tribunais tiveram de encontrar formas de evitar sobrecarregar um instrumento reconhecido e necessário de fiscalização econômica estatal com requisitos constitucionais que poderiam enfraquecer permanentemente a sua utilização efetiva na prática.

O Tribunal Constitucional Federal optou por uma construção *praeter constitucionalem*: a consequência, incluindo os poderes tradicionais das autoridades de fiscalização como busca e apreensão, não foi considerada adequada pelo disposto no art. 13, parágrafo 2º da Lei Fundamental, desencadeando, assim, a reserva judicial. Também não havia a intenção de que esses instrumentos fossem classificados como "intervenções e restrições" (pelo parágrafo 7º). Ao contrário, viu-se uma "lacuna" no art. 13 e criou-se uma terceira forma de intervenção à qual os instrumentos de controle acima mencionados deveriam estar sujeitos se fossem utilizados em instalações comerciais. No entendimento do tribunal, não é necessário o cumprimento dos estritos requisitos do art. 13, mas eles devem ser conjugados com o disposto no art. 2, parágrafo 1º da Lei Fundamental e com o princípio da proporcionalidade.[1269]

1268 BVerfGE 32, 54, 69-72; para mais críticas, ver *G. Hermes* em DREIER, Horst (Coord.). *Grundgesetz*: Kommentar. 3ª ed. Tübingen: Mohr Siebeck, 2013, art. 13, nota, pp. 23 e ss., 109 e ss.

1269 BVerfGE 32, 54, 75-77. Em relação ao dever de fornecimento de informações, cf. BVerwGE 78, 251, 255 e ss.

Já a Suprema Corte tentou inicialmente usar seu argumento para permanecer no âmbito da garantia da Quarta Emenda, ao mesmo tempo, flexibilizando suas exigências: embora tenha mantido a necessidade de ordem judicial ("mandado"), os pré-requisitos materiais para a intervenção ("causa provável") foram neutralizado pelo fato de, durante as verificações de rotina, o motivo da intervenção não tiver de ser explicado especificamente, mas apenas de uma forma típica, em conformidade com o programa de controle oficial subjacente.[1270] Essa abordagem foi imediatamente criticada porque acarretava o risco de enfraquecer os requisitos constitucionais, mesmo nos casos verdadeiramente precários de buscas policiais.[1271] Em decisões posteriores, a Suprema Corte reconheceu que o legislador poderia autorizar a Administração a realizar inspeções mesmo sem uma ordem judicial para investigar quando se tratar de uma indústria acompanhada durante muito tempo pelo poder público [*closely regulated industry*] e cuja inspeção já era esperada. Ao invés de uma ordem judicial, deveria ser suficiente um "programa de inspeção administrativa", que defina com precisão as circunstâncias da ação interveniente.[1272]

Ambos os tribunais, a Suprema Corte e o Tribunal Constitucional Federal, sentiram-se obrigados a tratar as inspeções como

---

1270 387 U.S. 523, 534-536 (1967) *Camara v. Municipal Court of the City and County of San Francisco.*

1271 Cf. 436 U.S. 307, 326-328 (*Marshall v. Barlow's Inc.*) Stevens, J. diss. (1978), assim como em STRAUSS, Peter L.; RAKOFF, Todd D.; FARINA, Cynthia R.; METZGER, Gillian E. *Gellhorn and Byse's Administrative Law*. 11ª ed. Nova York: Foundation Press, 2011, p. 95, conforme a literatura citada.

1272 397 U.S. 72, 76 (1970) *Colonnade Catering Corp. v. United States*; 406 U.S. 311, 314-316 (1972) *United States v. Biswell*; 482 U.S. 691, 699-703 (1987) *New York v. Burger*. Para mais evidências que contribuem para uma jurisprudência que nem sempre é clara em seus critérios, ver PIERCE, Richard J.; SHAPIRO, Sidney; VERKUIL, P. R. *Administrative Law and Process*. 6ª ed. St. Paul: Foundation Press, 2014, § 8.2.6; MASHAW, Jerry L.; MERRILL, Richard A.; SHANE, Peter M. *Administrative Law*. 5ª ed. [S.l.]: West Group, 2003, pp. 702 e ss.

casos especiais, aos quais as estritas garantias constitucionais contra buscas e apreensões não se aplicam efetivamente. No entanto, esse vínculo à Constituição trouxe, ao menos, um ganho importante na medida em que o Legislativo e o Executivo foram obrigados a apresentar razões para um tratamento especial. É esse efeito disciplinar que faz com que a jurisprudência de ambos os tribunais pareça correta, apesar das suas inconsistências de construção jurídica.[1273] Hoje trata-se de ativar esta proteção constitucional contra o acesso digital à informação.[1274]

Segunda seção: o livre acesso a informações administrativas

O livre acesso é o tema central do Direito Administrativo Informacional. A transparência e a publicidade das atividades administrativas são pré-requisitos necessários para cumprir as exigências básicas de "prestação de contas".[1275] A publicidade em um duplo sentido – como registro público e como comunicação com o público – foi, portanto, parte integrante da codificação do Direito Processual Administrativo. Embora a primeira versão da APA de 1946 não concedesse um direito incondicional de acesso aos arquivos, as obrigações de publicação das autoridades (seção

---

1273 Reflexões semelhantes podem ser encontradas em RUBIN, E. "It's Time to make the Administrative Procedure Act Administrative". *Cornell L. Rev.*, vol. 89, 2003, pp. 130 ss., 179 e ss. (2003), com a proposta de inclusão de normas legais para fiscalizações administrativas na APA.

1274 Cf. 585 U.S. __ (2018) *Carpenter v. United States*; informações gerais sobre "buscas e apreensões digitais" em SOLOVE, Daniel J.; SCHWARTZ, Paul M. *Information Privacy Law*. 6ª ed. Nova York: Wolters Kluwer, 2018, pp. 359 e ss.

1275 Conforme a citação em *J. Madison*: "And a people who mean to be their own Governors, must arm themselves with the power which knowledge gives" (como citado em AMAN, Alfred C. Jr. *Administrative Law and Process*. 3ª ed. St. Paul: West Academic Publishing, 2014, pp. 1.014 e ss.). No que se refere ao desenvolvimento histórico, ver FOERSTEL, Herbert N. *Freedom of Information and the Right to Know*. Westport: Greenwood Press, 1999.

3) estabeleceram uma base para avanços futuros como:[1276] a Lei Acesso à Informação (FOIA – *Freedom of Information Act*) de 1967,[1277] a Lei de Liberdade Eletrônica da Informação [*Electronic Freedom of Information Act*] de 1996,[1278] a Lei de Transparência [*Open Government Act*] de 2007[1279] e a Lei de Aperfeiçoamento da FOIA [*FOIA Improvement Act*] de 2016[1280] são expressões desse desenvolvimento. Por sua vez, os Estados-membros promulgaram leis semelhantes de acesso à informação, muitas vezes inspiradas na FOIA.[1281] No estudo comparativo internacional, a FOIA é considerada um exemplo de lei, modelo de uma exportação legal americana bem-sucedida.[1282] Contudo, nas publicações por oca-

---

1276 Breve descrição do desenvolvimento em DAVIS, Kenneth Culp. *Administrative law text*. 3ª ed. St. Paul: West Publishing, 1972, pp. 68 e ss.; PIERCE, Richard J.; SHAPIRO, Sidney; VERKUIL, P. R. *Administrative Law and Process*. 6ª ed. St. Paul: Foundation Press, 2014, § 8.3.1; W. *Ginsberg* em COOPER, Robert R. (Coord.). *Freedom of information act*. Nova York: Nova Science, 2013, pp. 1 e ss.; MASHAW, Jerry L.; MERRILL, Richard A.; SHANE, Peter M. *Administrative Law*. 5ª ed. [S.l.]: West Group, 2003, pp. 711 e ss.; cf. também GURLIT, Elke. *Die Verwaltungsöffentlichkeit im Umweltrecht*: ein Rechtsvergleich Bundesrepublik Deutschland – USA. Düsseldorf: Werner-Verlag, 1989, pp. 54 e ss.; BRÄUTIGAM, T. "Das deutsche Informationsfreiheitsgesetz in rechtsvergleichender Sicht". *DVBl*, 2006, pp. 950 e ss.

1277 Pub. L. Nº 90-23; anteriormente, a lei quase idêntica foi aprovada em julho de 1966, Pub. L. Nº 89-487.

1278 Pub. L. Nº 104-231; codificado § 552(a)(2) da APA: tarefa das autoridades de disponibilizar determinadas informações na Internet mesmo sem aplicação.

1279 Pub. L. Nº 110-175: numerosos complementos ao § 552 da APA e o estabelecimento de um Escritório de Serviços de Informações Governamentais (OGIS).

1280 Pub. L. Nº 114-185.

1281 ASIMOW, Michael; LEVIN, Ronald M. *State and federal administrative law*. 4ª ed. St. Paul: West Academic Publishing, 2014, pp. 554 e ss., com referência aos encargos também impostos aos tribunais.

1282 ACKERMAN, J. M.; SANDOVAL-BALLESTEROS, I. E. "The Global Explosion of Freedom of Information Laws". *Admin. L. Rev.*, vol. 58, 2006, pp. 85, 95-99.

são do seu 50º aniversário, o sucesso prático da FOIA é avaliado criticamente devido às suas numerosas cláusulas de exceção.[1283]

A. Princípios e exceções

A seção 552(a)(3)(A) da APA exige que as agências federais disponibilizem as informações que possuem a qualquer pessoa, mediante solicitação. A disposição é interpretada de forma ampla, mas não sem restrições: "nada na lei ou na história legislativa passa a impressão de que todas as informações em todas as agências e em todas as circunstâncias devem estar abertas à inspeção pública".[1284]

De acordo com a definição da seção 552(f) em conjunto com a seção 551(1) da APA, são abrangidas no diploma legal "cada autoridade governamental dos Estados Unidos". Não importa se o gabinete em questão está integrado na organização governamental normal ou é independente. As empresas públicas e as empresas controladas pelo Estado também são obrigadas. O Congresso, os tribunais federais e o Presidente e os seus assessores mais próximos (mas não todo o Gabinete Executivo) estão, todavia, isentos.[1285]

1283 McCRAW, D. E. "The 'Freedom of Information Act': A Look Back at Nader, FOIA, and What Went Wrong". *Yale L. J. F.*, vol. 126, 2016, p. 232.

1284 Ver (para a versão de 1967) 422 U.S. 255, 260 (1975) *FAA Administrator v. Robertson*; BREYER, Stephen G.; STEWART, Richard B.; SUNSTEIN, Cass R.; VERMEULE, Adrian; HERZ, Michael. *Administrative law and regulatory policy*. 8ª ed. Nova York: Wolters Kluwer, 2017, pp. 679 e ss.; STRAUSS, Peter L.; RAKOFF, Todd D.; FARINA, Cynthia R.; METZGER, Gillian E. *Gellhorn and Byse's Administrative Law*. 11ª ed. Nova York: Foundation Press, 2011, pp. 458 e ss.; PIERCE, Richard J.; SHAPIRO, Sidney; VERKUIL, P. R. *Administrative Law and Process*. 6ª ed. St. Paul: Foundation Press, 2014, § 8.3.2; STRAUSS, Peter L. *Administrative Justice in the United States*. 3ª ed. Durham: Carolina Academic Press, 2016, pp. 386 e ss.; FUNK, William; SHAPIRO, S. A.; WEAVER, R. L. *Administrative Law*. 5ª ed. Nova York: Wolters Kluwer, 2015, pp. 648 e ss., com referência a requisitos de confidencialidade elementares conflitantes da Administração.

1285 Cf. 445 U.S. 136, 156 (1980) *Kissinger v. Reporters Committee for Freedom of the Press*.

Nem os particulares estão incluídos, mesmo que trabalhem para uma autoridade ou estejam em cooperação com ela.[1286]

O motivo da apresentação do pedido de informações é fundamentalmente irrelevante.[1287] Embora o objetivo da lei seja promover a transparência e o controle da Administração Pública, o requerente individual pode utilizar as opções de acesso apenas para perseguir interesses econômicos ou outros interesses altamente egoístas,[1288] incluindo para obter provas para uma ação judicial contra a autoridade. Os motivos normalmente não precisam ser indicados no requerimento. Os documentos aos quais é solicitado acesso necessitam apenas de ser identificados com suficiente clareza. As autoridades são obrigadas a publicar registros e visões gerais semelhantes para fins de orientação (ver seção 552 (g) da APA). Eles regulam os detalhes da concessão de acesso através de suas próprias disposições legais.

A obrigação de conceder acesso gratuito está vinculada a prazos fixos (geralmente, 20 dias úteis) e é sancionada por meios peticionários legais. Após esgotar reclamação administrativa interna, que também deve ser decidida no prazo de 20 dias úteis, o requerente pode recorrer judicialmente aos tribunais distritais.

Só as autoridades federais tiveram de processar mais de 800.000 pedidos em 2017, 92% dos quais foram, total ou pelo menos parcialmente, aprovados.[1289] O tempo médio de processamento

---

1286 U.S. 169, 178-182 (1980) *Forsham v. Harris*.

1287 BREYER, Stephen G.; STEWART, Richard B.; SUNSTEIN, Cass R.; VERMEULE, Adrian; HERZ, Michael. *Administrative law and regulatory policy*. 8ª ed. Nova York: Wolters Kluwer, 2017, p. 681, com referência a 492 U.S. 136 (1989) *U.S. Department of Justice v. Tax Analysts*.

1288 Assim como 425 U.S. 352, 372 (1976) *Department of the Air Force v. Rose*: “the basic purpose of the [FOIA is] to open agency action to the light of public scrutiny”.

1289 Cf. OFFICE OF INFORMATION POLICY. Department of Justice. *Summary of Annual FOIA Reports*, 2017, p. 8.

para procedimentos ordinários foi entre 3 e 4 semanas.[1290] As autoridades devem reportar anualmente o número de pedidos e a forma, bem como o momento do seu processamento, ao Ministério da Justiça, que, por sua vez, deve publicar um relatório resumido (art. 552(e) da APA).

Não pode haver dúvidas: a liberdade de informação é um princípio central do pensamento jurídico americano, e a FOIA, à sua maneira, materializou-o. "O povo americano acredita firmemente que o nosso sistema de governo deve ser governado por uma presunção de abertura" – afirmam as considerações iniciais do Congresso para a Lei de Transparência de 2007.[1291] Ao contrário das Constituições de muitos Estados-membros, a Constituição dos EUA não ancora o direito geral de acesso à informação em uma disposição muito específica.[1292] A base constitucional está na referência ao "sistema constitucional americano", o que não resulta necessariamente em uma obrigação total de publicar informações. Além dos interesses da transparência, também é reconhecida a necessidade do sigilo de Estado.[1293] A Suprema Corte deixa o debate no âmbito do Direito Infraconstitucional. Ao invés de confiar na

---

1290 OFFICE OF INFORMATION POLICY. Department of Justice. *Summary of Annual FOIA Reports*, 2017, pp. 11 e ss. Os processos sumários duraram 8 dias; as inscrições que dizem respeito a processos particularmente extensos ("solicitações complexas") geralmente levam de 3 a 5 meses.

1291 Pub. L. Nº 110-175, Ver Sec 2(3), também a referência a 502 U.S. 164 (1991) *Department of State v. Ray*: "a strong presumption on favor of disclosure".

1292 Por exemplo, a liberdade de expressão garantida pela Primeira Emenda não é violada se o governo não disponibilizar informações; 528 U.S. 32, 40 (1999) *Los Angeles Police Department v. United Reporting Publishing Corp*.

1293 Cf. MASHAW, Jerry L.; MERRILL, Richard A.; SHANE, Peter M. *Administrative Law*. 5ª ed. [S.l.]: West Group, 2003, pp. 707 e ss.; STRAUSS, Peter L. *Administrative Justice in the United States*. 3ª ed. Durham: Carolina Academic Press, 2016, pp. 383 e ss. Sobre a discussão constitucional na Alemanha, ver ROSSI, M. *Informationsfreiheit und Verfassungsrecht*. Berlim: Duncker & Humblot, 2004, pp. 83 e ss.; SCHOCH, Friedrich. *Informationsfreiheitsgesetz*. Munique: C. H. Beck, 2016, nota, pp. 3, 7 e ss., 283 e ss.

Constituição, o tribunal examina quais ideias guiaram o Congresso quando ele promulgou a FOIA e as suas numerosas alterações.

Assim, o livre acesso à informação que a FOIA concede deve ser sempre visto em conexão com suas exceções, o que se evidenciou durante a preparação da lei:[1294] o relatório da comissão responsável do Senado enfatizou "a necessidade de um equilíbrio delicado dos interesses conflitantes".[1295] A seção 552 (b) da APA estipula um total de nove exceções. "A subseção (b) faz parte desse esquema e representa a determinação do Congresso sobre os tipos de informações que o Poder Executivo deve ter a opção de manter em sigilo, se assim desejar".[1296]

Os Presidentes usaram repetidamente essa liberdade no passado para deixar a sua marca na aplicação da FOIA.[1297] Os esforços para alcançar uma prática oficial aberta opõem-se aos requisitos de tratamento restritivo. No passado, o Congresso também oscilou entre o esforço para limitar as exceções e a vontade de reforçar o sigilo através de legislação técnica.[1298] A discussão sobre política do Direito é correspondentemente diversa: ao lado de vozes que

---

1294 Report of the Senate Committee on the Judiciary (S. Rept. Nº 813, 89th Cong., 1st Sess., 3). O memorando introdutório do Procurador-Geral datado de 4 de julho de 1967 afirma: "that the exemptions must be construed in such manner as to provide a set of 'workable standards', achieving the desired balance which is the basic statutory objective".

1295 410 U.S. 73, 80 (1973) *EPA v. Mink*.

1296 Por uma perspectiva mais restritiva: *Attorney General Ashcroft's Memorandum for the Heads of Executive Departments and Agencies*, de 12 de outubro de 2001. Expansiv: *Attorney General Holder's Memorandum*, de 19 de março de 2009 (Fed. Reg. 51879), baseado no memorando do presidente Obama datado de 21 de janeiro de 2009 (74 Fed. Reg. 4683).

1297 Ver *W. Ginsberg* em COOPER, Robert R. (Coord.). *Freedom of information act*. Nova York: Nova Science, 2013, pp. 3 e ss.; PIERCE, Richard J.; SHAPIRO, Sidney; VERKUIL, P. R. *Administrative Law and Process*. 6ª ed. St. Paul: Foundation Press, 2014, § 8.3.1.

1298 PIERCE, Richard J.; SHAPIRO, Sidney; VERKUIL, P. R. *Administrative Law and Process*. 6ª ed. St. Paul: Foundation Press, 2014, § 8.3.1 e § 8.4, com

pressionam por uma maior expansão da FOIA,[1299] há críticos que apontam os custos consideráveis da concessão de acesso.[1300] Observa-se também, com preocupação, que a maioria dos pedidos hoje são apresentados por empresas comerciais ou por pessoas que estão apenas interessadas em inspecionar arquivos oficiais.[1301]

Considerando essas práticas invasivas, é até colocado em xeque se a FOIA seria a forma correta de aumentar o controle e a responsabilização dos funcionários públicos. O conceito subjacente na lei de publicidade da informação orientada por pedidos (*request-driven strategy*) não significa – pergunta-se – que apenas são cobertas áreas da atividade governamental sobre as quais já existe conhecimento, enquanto as áreas verdadeiramente misteriosas, como as das autoridades de segurança, permanecem sem ser incomodadas?[1302]

B. Circunstâncias excepcionais individuais

A despeito das críticas, não será feita aqui uma análise jurídico-política da FOIA. As nove exceções listadas na seção 552 (b) da APA são importantes para a aplicação prática e seus propósitos de proteção variam desde a defesa nacional e política externa, passando pelo processo de tomada de decisão interna da agência, abarcando também a proteção de dados pessoais e sigilos

---

referência ao *Homeland Security Act* de 2002 (Pub. L. Nº 107-296) e à restrição dos direitos de acesso imposta pela "informações de infraestrutura crítica".

1299 Ver as recomendações de *W. Ginsberg* em COOPER, Robert R. (Coord.). *Freedom of information act*. Nova York: Nova Science, 2013, pp. 22 e ss.

1300 ASIMOW, Michael; LEVIN, Ronald M. *State and federal administrative law*. 4ª ed. St. Paul: West Academic Publishing, 2014, p. 555, que também enfatizam a carga sobre os tribunais.

1301 Ver KWOKA, M. B. "First-Person FOIA". *Yale L. J.*, vol. 127, 2018, p. 2.204.

1302 Cf. POZEN, D. E. "Freedom of Information beyond the Freedom of Information Act". *U. Pa. L. Rev.*, vol. 165, 2017, pp. 1.097 e ss.

comerciais.[1303] As exceções foram objeto de variadas alterações no passado, que as restringiram ou alargaram, dependendo da situação política geral. O resultado disso é um texto jurídico cada vez mais diferenciado que, com suas restrições e exceções, levanta muitas questões de interpretação. Por exemplo, exceção n. 7º, que regula a proteção de informações destinadas à ação penal e à aplicação da lei ("informações compiladas para fins de imposição da lei"), foi gradualmente sujeita a seis condições de aplicação – cada uma delas repleta de termos jurídicos complicados, muitas vezes de uma natureza meramente prognóstica.[1304]

As diretrizes de interpretação dizem: as exceções devem ser entendidas de forma restrita.[1305] Se os requisitos da exceção não forem cumpridos, o acesso deve ser concedido (seção 552(a)(8) da APA). No entanto, a "presunção de abertura" é enfraquecida por dois fatores que residem na estrutura das circunstâncias excepcionais. Eles serão demonstrados usando duas cláusulas como exemplo: a exceção baseada em ordem jurídica especial (I) e a exceção para proteção da privacidade (II). No primeiro caso, se volta a uma questão que é por si só definida amplamente; no segundo caso, envolve incertezas que estão associadas a uma decisão de equilíbrio interno.

1303 Sistematicamente em BREYER, Stephen G.; STEWART, Richard B.; SUNSTEIN, Cass R.; VERMEULE, Adrian; HERZ, Michael. *Administrative law and regulatory policy*. 8ª ed. Nova York: Wolters Kluwer, 2017, pp. 682 e ss.; STRAUSS, Peter L.; RAKOFF, Todd D.; FARINA, Cynthia R.; METZGER, Gillian E. *Gellhorn and Byse's Administrative Law*. 11ª ed. Nova York: Foundation Press, 2011, pp. 458 e ss.; PIERCE, Richard J.; SHAPIRO, Sidney; VERKUIL, P. R. *Administrative Law and Process*. 6ª ed. St. Paul: Foundation Press, 2014, § 8.3.3.

1304 PIERCE, Richard J. *Administrative Law Treatise*. 5ª ed. Austin: Wolters Kluwer Law & Business/Aspen Publ, 2012, § 5.13: "No FOIA provision has produced as many problems and as much controversy as exemption seven". As autoridades basearam cerca de 20% das decisões negativas em 2017 nessa exceção; cf. OFFICE OF INFORMATION POLICY. Department of Justice. *Summary of Annual FOIA Reports*, 2017, p. 8.

1305 U.S. 615, 630 (1982) *FBI v. Abramson*; 562 U.S. 562, 565 (2011) *Milner v. Department of the Navy*.

I. A exceção: especificamente isento por lei

A seção 552 (b) (3) da APA regula a relação entre a obrigação geral de conceder acesso e as disposições técnicas legais que entram em conflito com a concessão.[1306] Aqui está uma questão crítica para qualquer legislação sobre liberdade de informação.[1307] As leis especializadas têm dinâmicas próprias. Com isso, as formas tradicionais de pensar podem perpetuar interesses antigos e exagerados no tocante ao sigilo ou permitir que novos assuntos restritos surjam rapidamente devido a razões específicas. O desenvolvimento da APA na seção 552(b)(3) mostra: a versão original da FOIA (1967) falava de "assuntos especificamente isentos de divulgação por lei".[1308] Ela se referia a um grande número de leis que previam o sigilo dos arquivos de diferentes maneiras.[1309]

1306 Em 2017, uns bons 8% das decisões negativas basearam-se na isenção b(3); cf. OFFICE OF INFORMATION POLICY. Department of Justice. *Summary of Annual FOIA Reports*, 2017, p. 8.

1307 Cf. STRAUSS, Peter L.; RAKOFF, Todd D.; FARINA, Cynthia R.; METZGER, Gillian E. *Gellhorn and Byse's Administrative Law*. 11ª ed. Nova York: Foundation Press, 2011, p. 506: "tensions between the Act's emphatic pursuit of 'open government' and needs for confidentiality felt in particular settings". Em relação ao regulamento alemão correspondente, § 3 Nr. 4, IFG, cf. BVerwG NVwZ 2010, 321, nota, p. 46: "O que deve ser mantido em segredo sob outros regulamentos também permanece secreto sob o IFG". Para mais sobre as críticas ver SCHOCH, Friedrich. *Informationsfreiheitsgesetz*. Munique: C. H. Beck, 2016, § 3, nota, pp. 201 e ss.

1308 Ver *W. Ginsberg* em COOPER, Robert R. (Coord.). *Freedom of information act*. Nova York: Nova Science, 2013, pp. 13 e ss.; FUCHS, M. "Judging Secrets: The Role Courts Should Play in Preventing Unnecessary Secrecy". *Admin. L. Rev.*, vol. 58, 2006, p. 131.

1309 Para mais, em BREYER, Stephen G.; STEWART, Richard B.; SUNSTEIN, Cass R.; VERMEULE, Adrian; HERZ, Michael. *Administrative law and regulatory policy*. 8ª ed. Nova York: Wolters Kluwer, 2017, p. 683; PIERCE, Richard J.; SHAPIRO, Sidney; VERKUIL, P. R. *Administrative Law and Process*. 6ª ed. St. Paul: Foundation Press, 2014, § 8.3.3c; PIERCE, Richard J. *Administrative Law Treatise*. 5ª ed. Austin: Wolters Kluwer Law & Business/ Aspen Publ, 2012, § 5.9.

A controvérsia era se a respectiva lei deveria determinar a exclusão ou se era suficiente que ela autorizasse a Administração a decidir a seu critério. Em 1975, a Suprema Corte concluiu que o texto e a história legislativa da FOIA não forneciam provas de que cláusulas de exclusão mais antigas e amplas já não fossem mais cabíveis.[1310] No entanto, o Congresso não queria que o sigilo fosse interpretado de forma tão ampla. Em 1976, a seção 552 (b) (3) da APA tornou-se, portanto, mais rigorosa. Desde então, as cláusulas discricionárias legais não foram suficientes para legitimar uma exceção. A lei deve, ao menos, fornecer à Administração critérios claros segundo os quais ela deve se embasar para tomar a sua decisão de rejeição do pedido de informação.[1311]

Todavia, a política de "transparência" [*Open Government*] não foi facilmente assimilada no período que se seguiu. Ao contrário, o número de leis que permitiam exceções continuou a aumentar. Em particular, as preocupações com a segurança nacional conseguiram prevalecer. Em resposta, o Open FOIA de 2009 estreitou novamente a seção 552(b)(3) da APA. As cláusulas legais específicas criadas após a sua promulgação deverão referir-se expressamente às disposições excludentes da APA,[1312] o que denota uma função de alerta em nível legislativo e, ao mesmo tempo, alivia a prática administrativa de complicadas questões de avaliação sobre se uma determinada disposição destina-se a ser uma regra de exclusão. Isso, evidentemente, não significa nada mais do que uma proteção formal contra a erosão da liberdade de informação em favor do Direito especializado.

1310 U.S. 255, 262-267 (1975) *FAA Administrator v. Robertson.*

1311 Quanto às interpretações em detalhes, cf. 447 U.S. 102, 108-120 (1980) *CPSC v. GTE Sylvania, Inc.*

1312 A Open FOIA está prescrita no § 564 de Department of Homeland Security Appropriations Act, de 2010, Pub. L. Nº 111-83, codificada no 5 U.S.C. § 552(b)(3)(B): "specifically cites to this paragraph".

II. As "isenções de privacidade"

A seção 552(b)(6) da APA protege as informações pessoais quando a sua divulgação "constituir uma invasão claramente injustificada da privacidade pessoal". Linguagem semelhante pode ser encontrada na APA seção 552(b)(7)(C) em conexão com a proteção de relatórios investigativos.[1313] As duas disposições são de longe a razão mais comum pela qual as autoridades rejeitam pedidos de acesso à informação.[1314]

Ambas as exceções não tornam absoluta a proteção da privacidade, mas exigem uma *ponderação* entre o interesse privado no sigilo e o interesse público na concessão de acesso. É aqui que diferem das outras exceções da seção 552 (b) da APA, que, muitas vezes, utilizam termos jurídicos muito amplos, mas que não são sobrecarregados com as incertezas do equilíbrio de interesses.[1315] A APA compartilha a sua abstinência de decisões oficiais de equilíbrio com a Lei de Informação Alemã [IFG – *Informationsfreiheitsgesetz*], enquanto a legislação europeia e a Lei de Informação Ambiental promulgada pela União Europeia previram as suas exceções à concessão de acesso com uma cláusula de equilíbrio.[1316]

A exigência de ponderação está textualmente vinculada ao elemento "injustificado" e conduz a três etapas investigativas: em primeiro lugar, as posições que pretendem ser reconhecidas como

---

1313 O que é necessário aqui é que a transferência "se possa razoavelmente esperar que constitua (...)". Isso expressa um nível mais elevado de proteção dos interesses privados do que na exceção nº 6; assim, 510 U.S. 487, 497 (1994) *Department of Defence v. FLRA*. No entanto, a estrutura básica de ambos os regulamentos é a mesma.

1314 Mais da metade de todas as rejeições foram baseadas nelas; cf. OFFICE OF INFORMATION POLICY. Department of Justice. *Summary of Annual FOIA Reports*, 2017, p. 8.

1315 U.S. 352, 370-376 (1976) *Department of the Air Force v. Rose*.

1316 Ver em detalhes em SCHOCH, Friedrich. *Informationsfreiheitsgesetz*. Munique: C. H. Beck, 2016, §§ 3-6, nota, pp. 49 e ss.

"privacidade pessoal" e a forma como são prejudicadas devem ser especificamente determinadas:[1317] o contexto de uso é importante aqui; algumas informações são pessoais, mas geralmente acessíveis;[1318] ainda assim, deve ser tida em conta a capacidade das modernas tecnologias de dados para gerar informações a partir de informações que possam reivindicar proteção da privacidade.

Em uma segunda etapa da investigação, deverá ser determinado o peso do interesse no acesso à informação em causa. O objetivo da FOIA é promover a transparência e o controle administrativo. Os motivos do requerente são apenas indiretamente relevantes. Se for verificado que quase nada se ganharia com a concessão de acesso para efeitos da lei, o interesse terá um pequeno peso na ponderação.[1319]

Em um nível derradeiro, devem ser tidas em conta circunstâncias especiais do caso, por exemplo, a proteção da confidencialidade. A ponderação entre essas posições deve ser feita pelas autoridades e, em caso de litígio, pelos tribunais. A solução também pode ser tornar acessíveis apenas partes dos arquivos. A lei não especifica regras de ponderação detalhadas. Assim, os esforços dos tribunais visam evitar considerações puramente individuais e formar grupos de casos baseados em aspectos generalizáveis para os quais a recusa é a consequência padrão.

1317 Para mais, em BREYER, Stephen G.; STEWART, Richard B.; SUNSTEIN, Cass R.; VERMEULE, Adrian; HERZ, Michael. *Administrative law and regulatory policy*. 8ª ed. Nova York: Wolters Kluwer, 2017, pp. 685 e ss.; PIERCE, Richard J.; SHAPIRO, Sidney; VERKUIL, P. R. *Administrative Law and Process*. 6ª ed. St. Paul: Foundation Press, 2014, § 8.3.3f; ders., Treatise, § 5.12.

1318 Ver 489 U.S. 749, 762-770 (1989) *Department of Justice v. Reporters Committee for Freedom of the Press*.

1319 510 U.S. 487, 495 (1994) *Department of Defense v. FLRA*: "the only relevant 'public interest in disclosure' to be weighed in this balance is the extent to which disclosure would serve the 'core purpose of the FOIA'". Além de 519 U.S. 335 (1997) *Bibles v. Oregon Natural Desert Association*.

> Nossos casos fornecem suporte para a proposição de que decisões categóricas podem ser apropriadas, e circunstâncias individuais desconsideradas, quando um caso se enquadra em um gênero em que a balança normalmente pende em uma direção.[1320]

Aqui é utilizada a ideia de discricionariedade intencional, que também pode ser demonstrada nas exceções ao da Lei de Liberdade de Informação Alemã.[1321]

C. Proteção jurídica

Em caso de litígio, os tribunais têm a palavra final sobre questões de acesso.[1322] Em termos quantitativos, a totalidade de litígios é relativamente pequena em comparação com o grande número de pedidos com que as autoridades são confrontadas,[1323] o que difere em alguns aspectos da proteção jurídica habitual em questões administrativas.

I. Decisões *de novo*

Os tribunais – ao contrário de outras proteções jurídicas administrativas (art. 706 da APA) – não se limitam a verificar os

---

1320 Assim em 489 U.S. 749, 776 (1989) *Department of Justice v. Reporters Committee for Freedom of the Press.*

1321 Cf. SCHOCH, Friedrich. *Informationsfreiheitsgesetz*. Munique: C. H. Beck, 2016, §§ 3-6, nota, pp. 50 e ss.

1322 Para mais, em BREYER, Stephen G.; STEWART, Richard B.; SUNSTEIN, Cass R.; VERMEULE, Adrian; HERZ, Michael. *Administrative law and regulatory policy*. 8ª ed. Nova York: Wolters Kluwer, 2017, pp. 689 e ss.; STRAUSS, Peter L. *Administrative Justice in the United States*. 3ª ed. Durham: Carolina Academic Press, 2016, pp. 389 e ss.; KWOKA, M. B. "The Freedom of Information Act Trial". *Am. U. L. Rev.*, vol. 61, 2011, p. 217.

1323 KWOKA, M. B. "The Freedom of Information Act Trial". *Am. U. L. Rev.*, vol. 61, 2011, fala de 300-500 casos ao ano.

motivos oficiais da rejeição. Há ainda menos razões para a aplicação de uma deferência Chevron à interpretação oficial das disposições relevantes. Ao contrário, a APA, na seção 552(a)(4)(B), exige que os tribunais decidam *de novo*.[1324] Cabe retomar a avaliação de seus próprios interesses, se novas circunstâncias excepcionais exigirem essas considerações.

Cabe à autoridade o ônus da prova dos fatos que justificam uma exceção ao livre acesso, o que pode levar a que os documentos em litígio tenham de ser apresentados ao tribunal e que ele próprio avalie a sua necessidade de confidencialidade, sem que o requerente possa conhecê-los. Essa é uma situação incomum, especialmente, para tribunais que, como os americanos, não estão comprometidos com investigações oficiais, mas com o princípio da transparência. A seção 552 (a) (4) (B) da APA refere-se expressamente a um procedimento de câmara de julgamento.[1325] Ele está integrado no processo e, portanto, ao contrário do Direito alemão (art. 99, parágrafo 2° da VwGO), não é realizado isoladamente dos tribunais especiais. As cortes podem examinar extensos arquivos do governo à porta fechada. Na prática, para simplificar, foi estabelecido um procedimento em que a autoridade indexa os documentos que considera confidenciais e descreve as suas preocupações ponto por ponto:

1324 Sobre as considerações do Congresso para estabelecer aqui o padrão de novo como uma exceção, cf. KWOKA, M. B. "Deferring to Secrecy". *Boston College L. Rev.*, vol. 54, 2013, pp. 185, 196-200. A carga de trabalho nos tribunais que pode estar associada a isso é claramente mostrada em STRAUSS, Peter L.; RAKOFF, Todd D.; FARINA, Cynthia R.; METZGER, Gillian E. *Gellhorn and Byse's Administrative Law*. 11ª ed. Nova York: Foundation Press, 2011, pp. 489-509, do referido caso US District Court for the Southern District of New York, 739 F. Supp. 2d 515 (2019) *Fox News Network, LLC v. Department of the Treasury*.

1325 Introduzido em 1974 (Pub. L. 93-502) como reação do Congresso a 410 U.S. 73, 8-84 (1973) *EPA v. Mink* e a isenção abrangente prevista para informações classificadas formais. Sobre o problema paralelo (conceito "formal" ou "material" de informação classificada) em § 3 Nr. 4, IFG, cf. BVerwG NVwZ 2010, 321, nota, 47 e ss.

o chamado índice Vaughn.[1326] O requerente obtém uma melhor compreensão da estrutura da recusa oficial; mas ele dificilmente poderá agir para contrariar as próprias razões factuais.[1327]

As análises da jurisprudência mostram que os tribunais pouco desempenham práticas intensivas de controle. As decisões negativas das autoridades são aceitas na maioria dos casos. Isso significa que as taxas de sucesso da norma *de novo* estão praticamente alinhadas com a norma "arbitrária e caprichosa" que é comum na proteção jurídica administrativa, contrariando os objetivos legislativos específicos.[1328] A Lei de Liberdade de Informação Alemã assume um ponto de partida comparável à seção 552(a)(4)(B) da APA: os tribunais devem fundamentalmente rever completamente a decisão da autoridade e, se necessário, também utilizar o procedimento presencial.[1329] No entanto, as exceções individuais nos arts. de 3 a 6 da IFG contêm poderes de avaliação que levam à redução do controle judicial.[1330] Quando se trata de questões de política externa e de defesa, as práticas de controle dos tribunais alemães e

---

1326 Primeiramente desenvolvido na Court of Appeals (D. C. Circuit) em *Vaughn v. Rosen*, 484 F.2d 820 (1973): "Such an indexing system would subdivide the document under consideration into manageable parts cross-referenced to the portion of the Government's justification". Cf. STRAUSS, Peter L.; RAKOFF, Todd D.; FARINA, Cynthia R.; METZGER, Gillian E. *Gellhorn and Byse's Administrative Law*. 11ª ed. Nova York: Foundation Press, 2011, p. 478.

1327 KWOKA, M. B. "The Freedom of Information Act Trial". *Am. U. L. Rev.*, vol. 61, 2011, pp. 217-247.

1328 VERKUIL, P. R. "An Outcomes Analysis of Scope of Review Standards". *Wm. & Mary L. Rev.*, vol. 44, 2002, pp. 679-713: As decisões das autoridades foram aceites em 90% dos casos. Sobre as diferentes construções que os tribunais utilizam para se desviar do padrão de novo, cf. M KWOKA, M. B. "Deferring to Secrecy". *Boston College L. Rev.*, vol. 54, 2013, pp. 221-235 (Índice de Vaughn, forma de desvio das regras usuais de divulgação, julgamento sumário).

1329 SCHOCH, Friedrich. *Informationsfreiheitsgesetz*. Munique: C. H. Beck, 2016, § 9, nota, pp. 94 e ss.

1330 Estas são exceções que requerem uma justificação especial, como em BVerwG NVwZ 2015, 675, nota, 33 e ss.

americanos são provavelmente semelhantes.[1331] Em outros casos, a jurisprudência relativa à IFG é mais favorável ao controle.

II. Litigância reversa da FOIA (proteção de terceiros)

A FOIA é silente sobre a proteção jurídica daqueles que têm interesse em garantir que as autoridades não repassem informações. A lei certamente reconheceu a importância da confidencialidade, o que é demonstrado, sobretudo, pelas exceções da seção 552 (b)(4) "segredos comerciais" e (b)(6) "privacidade" da APA. Entretanto, cabe exclusivamente à autoridade a decisão sobre as exceções, que, porventura, possam levar à recusa do acesso solicitado à informação.[1332] Nenhum terceiro tem o direito de reivindicar proteção com fulcro nessas exceções. "A FOIA é puramente um estatuto de divulgação" – afirma a principal decisão do caso *Chrysler Corp. v. Brown*, de 1979,[1333] o que pode ser depreendido a partir do texto, do sistema e da história da lei. Nesse contexto, é também feita referência à seção 552(a)(4) da APA, que apenas faz declarações para a proteção jurídica de quem pretende obter a informação, mas não também para a proteção jurídica de quem, ao contrário, está pressionando pelo sigilo. A proteção de terceiros, conforme estabelecida no art. 8, parágrafo 2°, inciso 3, em conjunto com o art. 9, parágrafo 4° da Lei de Liberdade de Informação Alemã e que é indispensável à luz do art. 19, parágrafo 4° da Lei Fundamental, não pode ser encontrada na FOIA.

1331 Em relação à exceção do b(1) ("national defense or foreign policy"), cf. VERKUIL, P. R. "An Outcomes Analysis of Scope of Review Standards". *Wm. & Mary L. Rev.*, vol. 44, 2002, pp. 714 e ss. Em relação ao § 3 Nr. 1 expressamente na IFG BVerwG NVwZ 2010, 321, nota, 12 e ss.

1332 MASHAW, Jerry L.; MERRILL, Richard A.; SHANE, Peter M. *Administrative Law*. 5ª ed. [S.l.]: West Group, 2003, p. 753.

1333 U.S. 281, 286 (1979) *Chrysler Corp. v. Brown*; para mais, ver 290: "the basic objective of the Act is disclosure".

Por outro lado, é óbvio que as decisões administrativas que concedem acesso podem ser altamente relevantes para a proteção de terceiros, sendo que os terceiros não podem ser completamente excluídos desses processos. Uma Ordem Executiva de 1987 exige que as autoridades federais estabeleçam regras para esses conflitos e deem a terceiros a oportunidade de participar.[1334] Não se pode conceder acesso antes que terceiros afetados possam apresentar seus contra-argumentos. Contudo, para tanto, não é necessária uma "audiência" especial.[1335]

A Suprema Corte também já havia abordado a questão da proteção de terceiros no *Chrysler Corp. v. Brown*, mas, então, ela não se considerou autorizada a implantar a FOIA com uma opção de ação legal com fundamento jurisprudencial. Assim, ela recorreu às disposições gerais de proteção jurídica das seções 702-706 da APA.[1336] Com essa "ação reversa da FOIA", um terceiro pode defender-se legalmente contra as decisões de uma autoridade que violem a sua proteção de segredos, conforme exigido por outras leis técnicas. No entanto, cabe a ele o ônus da prova. Em suma, os tribunais não tomaram uma decisão *de novo*, mas, antes, se voltaram às normas gerais de controle da seção 706 da APA.[1337]

1334 Executive Order Nº 12.600 de 23.06.1987, "Predisclosure Notification Procedures for Confidential Commercial Information", 52 Fed. Reg. 23.781; PIERCE, Richard J. *Administrative Law Treatise*. 5ª ed. Austin: Wolters Kluwer Law & Business/Aspen Publ, 2012, § 5.16 (S. 386).

1335 STRAUSS, Peter L. *Administrative Justice in the United States*. 3ª ed. Durham: Carolina Academic Press, 2016, pp. 391 e ss.

1336 U.S. 281, 317-319 (1979) *Chrysler Corp. v. Brown*.

1337 BREYER, Stephen G.; STEWART, Richard B.; SUNSTEIN, Cass R.; VERMEULE, Adrian; HERZ, Michael. *Administrative law and regulatory policy*. 8ª ed. Nova York: Wolters Kluwer, 2017, pp. 690 e ss.; PIERCE, Richard J.; SHAPIRO, Sidney; VERKUIL, P. R. *Administrative Law and Process*. 6ª ed. St. Paul: Foundation Press, 2014, § 8.3.3i. Diz-se que a taxa de sucesso é duas vezes maior que a das ações judiciais movidas por requerentes da FOIA; de acordo com as informações em VERKUIL, P. R. "An Outcomes Analysis of Scope of Review Standards". *Wm. & Mary L. Rev.*, vol. 44, 2002, pp. 679-717.

Terceira seção: a proteção de informações pessoais

Um segundo pilar do Direito Administrativo Informacional são as disposições para proteger os interesses legítimos que os indivíduos e as empresas têm em manter os dados confidenciais: privacidade, segredos comerciais, proteção da propriedade intelectual, o que já se notabilizou com as exceções à seção 552(b) da APA.

A. O direito à privacidade informacional

Dentre os valores envolvidos, a proteção da privacidade é de particular importância: "o direito à privacidade é um direito pessoal e fundamental protegido pela Constituição dos Estados Unidos" – afirmam as conclusões do Congresso ao promulgar a Lei da Privacidade de 1974.[1338] Originário do Direito Consuetudinário de responsabilidade civil, o princípio destina-se a proteger a esfera privada da vida contra a intrusão de terceiros, o que também pode incluir a salvaguarda contra a divulgação de informações sobre a vida privada.[1339]

Se o direito à privacidade for especificamente direcionado contra a intervenção do Estado, também pode ser utilizado como escudo contra "buscas e apreensões", conforme o conteúdo da Quarta Emenda da Constituição dos EUA.[1340] Nesse sentido, a garantia libertou-se gradativamente das ideias limitadoras, alinhando sua

---

1338 Assim como em Sect. 2(a)(4) de Privacy Act, Pub. L. Nº 93-579; previsto em § 552a APA.

1339 NOWAK, John E.; ROTUNDA, Ronald D. *Constitutional Law*. 8ª ed. St. Paul: Thomson/West, 2010, § 14.26, com referência à contribuição fundamental de WARREN, S.; BRANDEIS, L. D. "The Right to Privacy". *Harv. L. Rev.*, vol. 4, 1890, p. 193.

1340 Ver SOLOVE, Daniel J.; SCHWARTZ, Paul M. *Information Privacy Law*. 6ª ed. Nova York: Wolters Kluwer, 2018, pp. 256 e ss.; GRAY, David C. *The Fourth Amendment in an Age of Surveillance*. Cambridge: Cambridge University Press, 2017, pp. 71 e ss.; WITTMANN, Philipp. *Der Schutz der Privatsphäre vor staatlichen Überwachungsmaßnahmen durch die US-amerikanische Bundesverfassung*. Baden-Baden: Nomos Verlagsgesellschaft, 2014.

proteção com uma "expectativa razoável de privacidade".[1341] Essa flexibilidade permite que a Quarta Emenda responda a novas técnicas sutis de vigilância, tornando-se, ao mesmo tempo, dependente de julgamentos sociais que a colocam em perspectiva.[1342] Como pode ser atestado, por exemplo, na "doutrina da terceira parte".[1343]

A Suprema Corte deixou em aberto até que ponto um direito constitucional à privacidade informacional é realmente suficiente.[1344] Na decisão do caso *NASA v. Nelson*, de 2011, fala-se de um "interesse de privacidade de significado constitucional" e demonstra-se simpatia por essa construção – mas tudo com a expressa ressalva de "presumir, sem decidir".[1345] A crescente necessidade de proteção que surgiu como resultado da moderna tecnologia da informação e que levou o Tribunal Constitucional Federal a complementar o direito de personalidade do art. 2, parágrafo 1º, em conjunto com

---

1341 SOLOVE, Daniel J.; SCHWARTZ, Paul M. *Information Privacy Law*. 6ª ed. Nova York: Wolters Kluwer, 2018, pp. 284 e ss.

1342 Cf. GRAY, David C. *The Fourth Amendment in an Age of Surveillance*. Cambridge: Cambridge University Press, 2017, pp. 134 e ss., 249 e ss.; WITTMANN, Philipp. *Der Schutz der Privatsphäre vor staatlichen Überwachungsmaßnahmen durch die US-amerikanische Bundesverfassung*. Baden-Baden: Nomos Verlagsgesellschaft, 2014, pp. 357 e ss.

1343 Ver WITTMANN, Philipp. *Der Schutz der Privatsphäre vor staatlichen Überwachungsmaßnahmen durch die US-amerikanische Bundesverfassung*. Baden-Baden: Nomos Verlagsgesellschaft, 2014, pp. 181 e ss. Pelo menos a decisão 5:4 da Suprema Corte em 585 U.S. __ (2018) *Carpenter v. United States*, o que deve ser entendido de forma estrita, o acesso da polícia aos dados de localização dos telefones celulares está sujeito à reserva do juiz na Quarta Emenda.

1344 CHEMERINSKY, Erwin. *Constitutional law*: principles and policies. 5ª ed. Nova York: Wolters Kluwer, 2015, § 10.6, e os acórdãos citados, em especial o 429 U.S. 589, pp. 605/606 (1977) *Whalen v. Roe*. No tocante ao desenvolvimento histórico ver HEFFERNAN, William C. *Privacy and the American Constitution*. Cham: Palgrave Macmillan, 2016, pp. 187 e ss.

1345 U.S. 134, 135 e 147 (2011) *NASA v. Nelson*; em uma perspectiva contrária está Scalia, J. concur. 160: "A federal constitutional right to 'informational privacy' does not exist".

o art. 1, parágrafo 1º da Lei Fundamental,[1346] para incluir o direito à autodeterminação informativa, nos EUA, foi reconhecida mais cedo do que na Alemanha, sendo essencialmente deixada a cargo da legislação infraconstitucional.[1347]

B. A Lei de Privacidade de 1974

Os EUA não possuem uma regulamentação legal abrangente da lei de proteção de dados. Em contraste com o Regulamento Geral de Proteção de Dados da União Europeia, a Lei da Privacidade destina-se apenas às autoridades – ou mais precisamente: apenas às autoridades federais.[1348] O termo é definido de forma ampla com referência à FOIA (seção 552a(a)(1) da APA), portanto, também incluindo empresas públicas. Não está prevista nenhuma disposição acerca de como os particulares tratam os dados pessoais. A lei também não abarca autoridades estaduais e locais.

A Lei de Privacidade abrange todas as atividades que se enquadram no termo "manter", conforme definido na seção 552a(a)(3): a retenção, coleta, uso e divulgação de informações pessoais. De acordo com a seção 552a(a)(2) da APA, o grupo de pessoas protegidas é limitado aos cidadãos americanos e às pessoas que possuem autorização de residência permanente. O sujeito de direito

---

1346 BVerfGE 65, 1, 41-52.

1347 Cf. LEJEUNE, M. "Datenschutz in den Vereinigten Staaten von Amerika". *CR*, 2013, pp. 755 e ss.; KLAR, M.; KÜHLING, J. "Privatheit und Datenschutz in der EU und in den USA: Kollision zweier Welten?" *AöR*, vol. 141, 2016, pp. 165, 176-182.; para proteger especificamente contra o acesso de inteligência aos dados, ver WISCHMEYER, Thomas. Überwachung ohne Grenzen: Zu den rechtlichen Grundlagen nachrichtendienstlicher Tätigkeiten in den USA. Baden-Baden: Nomos Verlagsgesellschaft, 2017, pp. 86 e ss.

1348 Para interpretar as definições do § 552a(a) da APA, cf. a compilação publicada pelo United States Department of Justice, Office of Privacy and Civil Liberties, *Overview of the Privacy Act 1974* (edição 2015) – citada a seguir: DOJ-Overview 2015.

("indivíduos") só podem ser pessoas físicas, e não jurídicas.[1349] Mesmo com esse âmbito de aplicação limitado, a Lei da Privacidade de 1974 não cobre completamente o tratamento de dados pessoais pela Administração, mas é complementada, restringida ou excluída por numerosas leis especializadas. Na Alemanha, a lógica não é diferente, com os seus regulamentos especiais em matéria fiscal, social, estatística e policial.

A estrutura regulatória da Lei de Privacidade consiste na proibição da divulgação de informações pessoais (I), nas regras para o tratamento oficial dessas informações (II) e nos direitos de informação e revisão do interessado (III). Os três são elementos clássicos das leis de proteção de dados. Eles também podem ser encontrados na legislação europeia e alemã, nas quais são ainda mais diferenciados nas respectivas disposições legais. Por isso e pela clara referência aos direitos fundamentais de autodeterminação informacional, o nível de proteção é mais amplo; além de terem uma instituição responsável pela proteção de dados independente (§§ 8-16 BDSG), que os EUA não possuem.

I. Sem consentimento, não há divulgação

De acordo com a regra básica da seção 552a(b) da APA, as autoridades não podem repassar as informações pessoais que possuem a terceiros privados ou a outras autoridades sem o consentimento da pessoa em questão. A anuência deve ser dada por escrito e com antecedência. Se a informação relevante já era do conhecimento do destinatário, não há transferência conceitual. Cabe ao interessado o ônus da prova de que os dados foram transmitidos.

A regra básica é mitigada por doze exceções. Algumas delas tocam a transferência de informações pessoais para instituições

---

1349 STRAUSS, Peter L. *Administrative Justice in the United States*. 3ª ed. Durham: Carolina Academic Press, 2016, p. 396, com referência a 562 U.S. 397, 410 (2011) *FCC v. AT&T, Inc.*

governamentais especiais (Congresso, Serviço de Estatística, Arquivo Federal, Tribunal de Contas). Outras correm o risco de serem usadas como amplas vias de intervenção na área da privacidade informacional. Nesse panorama, a transferência dentro de uma autoridade mencionada em (b)(1) não é isenta de problemas, ao menos quando se trata de autoridades superiores cujas suborganizações desempenham tarefas diferentes e amplamente separadas.[1350] A exceção (b)(7) também é redigida de forma extensiva, isentando as transações legais com todas as autoridades legalmente constituídas com atividades de aplicação da lei civil ou criminal em relação à divulgação consentida.

Por fim, a crítica frequente é que em (b)(3) a transferência para "uso rotineiro" também está excluída. Em suma, a divulgação é permitida para todos os fins que sejam compatíveis com a finalidade para a qual a informação foi coletada (a)(7). As autoridades devem publicar a finalidade original da coleta de dados no Registro Federal. No entanto, o termo "compatível" deixa tanta margem de manobra que a exceção (b)(3) é chamada de "a maior lacuna" ou "isenção genérica" na doutrina.[1351]

Em geral, a Lei da Privacidade leva amplamente em consideração os interesses do Estado no tocante à proteção de dados. Essa percepção é confirmada pelas numerosas autorizações das seções 552a(j) e (k) da APA, que permitem às autoridades isentar certos conjuntos de dados de regulamentações individuais da Lei de Privacidade através das suas próprias regras. "Em termos mais simples, o que o Congresso deu, o Congresso pode retirar, o que fez aqui ao conferir às agências o poder de isentar determinados

---

1350 Assim como DOJ-Overview 2015, 68 (referindo-se à História do Direito): "the term agency given its broadest statutory meaning".

1351 Para mais, ver SOLOVE, Daniel J.; SCHWARTZ, Paul M. *Information Privacy Law*. 6ª ed. Nova York: Wolters Kluwer, 2018, p. 671. Para efeito de comparação, a versão muito mais precisa e restrita da divulgação em § 25 i. V. § 23 BDSG.

registros da Lei da Privacidade" – essa é uma justificação sucinta das restrições na revisão judicial.[1352]

II. Regras e padrões: práticas de informação justas

Com efeito, a seção 552a(e) APA fala uma linguagem ligeiramente diferente, proporcionando às autoridades doze regras e padrões de cuidado para o tratamento dos dados. Em primeiro lugar, está o princípio da economia de dados (e)(1). A agência deve limitar-se às informações necessárias ao desempenho das tarefas que lhe são atribuídas por lei ou por ordem executiva. A proteção é complementada pela exigência de proteger informações, direitos e interesses de pessoas afetadas, recolher dados diretamente delas, tanto quanto possível, e informá-las sobre a base jurídica, os objetivos, bem como as consequências da coleta de dados (seção 552a(e)(2) e (3)).

Essas regras definem também as obrigações de devida diligência que as autoridades devem cumprir ao lidar com os dados que possuem. O seu objetivo é garantir "práticas de informação justas".[1353] Isso inclui precisão no processamento, pontualidade e integridade. Informações particularmente sensíveis, informações sobre a forma como a pessoa em causa exerce os seus direitos fundamentais, só podem ser tratadas com base em autorização legal especial. Por fim, as autoridades devem garantir a segurança e a confidencialidade dos seus acervos de dados através de meios organizacionais e técnicos. Cada autoridade pode regular detalhes por meio dos seus próprios regulamentos legais, inclusive aqueles emitidos pelo procedimento de "regulamentação informal" (seção 552a (f) da APA).

1352 Citação do Tribunal Distrital do ano de 2004, publicada no DOJ-Overview 2015, 281.

1353 Em relação a esse *topos*, SOLOVE, Daniel J.; SCHWARTZ, Paul M. *Information Privacy Law*. 6ª ed. Nova York: Wolters Kluwer, 2018, pp. 663 e ss.

III. Direitos das pessoas afetadas e proteção judicial

A Lei de Privacidade concede aos titulares dos dados uma série de direitos: o requisito básico é o direito de visualizar os dados de si próprio mantidos pela autoridade (seção 552a(d)(1) da APA). Além disso, o interessado pode solicitar a correção dos dados que lhe dizem respeito (seção 552a(d)(2) da APA). Se a autoridade rejeitar, o requerente tem o direito de fornecer uma contradeclaração fundamentada aos arquivistas, que também deve ser comunicada se os dados forem transmitidos a outras autoridades ou a terceiros.

Em litígios sobre os direitos de privacidade, a pessoa envolvida tem acesso à proteção jurídica após o esgotamento do processo jurídico intra-administrativo (seção 552a(d)(3) da APA). O tribunal decide *de novo* e, se necessário, "à porta fechada" (seção 552a(g)(2)(A) e (3)(A) da APA). As opções legais não se aplicam apenas a disputas sobre direitos de acesso e revisão ("ações judiciais de acesso à informação"). Ao contrário, a seção 552a(g)(1)(C) e (D) da APA também torna possível opor-se ao tratamento negligente de informações pessoais por parte da autoridade e, em geral, às violações da lei de proteção de dados relevante, se a pessoa estiver sofrendo desvantagens em decorrência da omissão ("ações judiciais de danos").[1354] Os requisitos de devida diligência advêm dos princípios da seção 552a(e) APA. Contudo, a indenização só pode ser reclamada se a autoridade tiver agido "de forma intencional e voluntária", o que configura uma barreira significativa para a parte lesada.[1355]

1354 § 552a(g)(4) da APA prevê o valor mínimo de US$ 1.000, mas exige prova de danos específicos, 540 U.S. 614, 619 (2004) *Doe v. Chao*.

1355 Cf. DOJ-Overview 2015, 224: "the voluminous case law construing this standard makes clear that it is a formidable barrier". O art. 82, abs. 3, EU-DSGVO é muito mais favorável à compensação: prova de isenção da pessoa responsável.

IV. A Relação da Lei de Privacidade com a FOIA

Na relação entre a proteção de dados e o livre acesso à informação, a principal questão é até que ponto a pessoa está protegida contra as autoridades que não transmitem os seus dados a terceiros com base na FOIA.[1356] De acordo com a seção 552a(b)(2) da APA, as disposições da Lei de Privacidade não se aplicam, se a divulgação for exigida pelo *caput* do dispositivo legal.

O que parece, à primeira vista, ser uma solução de fácil acesso é, por sua vez, limitado pelas exceções que a FOIA reconhece. As "isenções de privacidade", expressas nas seções 552(b)(6) e 552(b)(7)(C) da APA, são particularmente relevantes. Essas disposições exigem que a autoridade pondere os interesses. Se o juízo for a favor da proteção de dados, a autoridade não pode transmitir os dados pessoais. As autoridades normalmente não são obrigadas a invocar as exceções da FOIA, mas podem decidir, a seu critério, se concedem o pedido de acesso. A Lei de Privacidade opõe-se a essa lógica a partir da contraexceção da seção 552a(b)(2) e do termo "obrigatório"; porque se a agência tiver poder discricionário, não há que se falar em exigência divulgação da informação pela FOIA.[1357] A regra "sem consentimento, não há divulgação" deve, então, permanecer. Nesse cerne, o Direito americano, apesar da sua orientação voltada à maior transparência possível, não é tão mais transparente que o Direito alemão, o qual, no art. 5º da Lei de Liberdade de Informação, confere à proteção de dados uma "prioridade relativa" sobre o livre acesso à informação.[1358]

1356 Cf. PIERCE, Richard J.; SHAPIRO, Sidney; VERKUIL, P. R. *Administrative Law and Process*. 6ª ed. St. Paul: Foundation Press, 2014, § 8.5.

1357 Assim como em 510 U.S. 487, 502 (1994) *Department of Defence v. FLRA*; para mais jurisprudência, ver DOJ-Overview 2015, 77 e ss.

1358 Para mais em relação ao fundamento constitucional, ver SCHOCH, Friedrich. *Informationsfreiheitsgesetz*. Munique: C. H. Beck, 2016, § 5, nota, pp. 6 e ss.

CAPÍTULO VI

O ESTADO ADMINISTRATIVO AMERICANO: UMA VISÃO COMPARATIVA DOS SEUS DESAFIOS ATUAIS

Primeira seção: o conceito de Estado administrativo e suas críticas na perspectiva interna do Direito americano

A. A ideia de organização consciente e flexibilidade constante

Nos EUA, a Administração e o Direito Administrativo são objetos de organização consciente e de flexibilidade constante. Aqui vemos traços do otimismo iluminista que caracterizou o movimento constitucional americano desde sua gênese:[1359] a ideia de criar uma

1359 Em relação à adequada organização da Constituição de 1787, ver DREIER, H. "'We the People' Verfassungsgebung als Gestaltungsprogramm". *In*: BAYERTZ, K.; HOESCH, M. (Coord.). *Die Gestaltbarkeit der Geschichte*.

ordem política – como dizem os autores federalistas – "baseada na consideração fundamentada e na livre decisão ('fruto da reflexão e da escolha')".[1360] Isso revela uma diferença significativa em relação à situação da maioria dos Estados europeus, para os quais a Administração foi e é um fato histórico.

A ideia de flexibilidade tem consequências para o conceito de Direito Administrativo: promove a observação atenta, o apoio crítico e a procura contínua de melhores soluções. É uma lógica reflexiva e ativa. A rápida adoção de novas exigências sociais na prática política dos EUA prova essa dinâmica, assim como a escolha dos tópicos nas revistas especializadas relevantes. Estruturar-se sob essa mutabilidade tem vantagens inegáveis – especialmente em uma época que se confronta com uma transformação radical nas formas de comunicação, principalmente como resultado da digitalização. Nesse contexto, dinâmica e flexibilidade são valores positivos.

Naturalmente, as desvantagens não podem ser ignoradas: a organização da Administração americana é o produto de esforços de expansão e de reestruturação em constante mudança, muitas vezes aparentemente aleatórios, por parte do Congresso.[1361] Os EUA são vistos, na comparação em termos jurídicos, como um país com uma estrutura administrativa altamente difusa, o que é atribuído à ideia de liberdade de organização, que se instalou às custas da clareza e da capacidade de gestão.

Hamburg: Felix Meiner Verlag, 2019, pp. 203 e ss.; na p. 205, há também a citação dos *Federalist Papers*.

1360 HAMILTON, Alexander; MADISON, James; JAY, John. *Die Federalist Papers*. Übersetzt und eingeleitet von B. Zehnpfennig. nº 1. Trad. B. Zehnpfennig. Darmstadt: Wissenschaftliche Buchgesellschaft, 1993 (Hamilton).

1361 LOEWENSTEIN, Karl. *Verfassungsrecht und Verfassungspraxis der Vereinigten Staaten*. Berlim: Springer, 1959, pp. 358 e ss.; CANE, Peter. *Controlling administrative power*: a historical comparison. Cambridge: Cambridge University Press, 2016, pp. 76 e ss.; STRAUSS, Peter L. *Administrative Justice in the United States*. 3ª ed. Durham: Carolina Academic Press, 2016, pp. 17 e ss.

Há uma segunda fragilidade: se tudo pode ser concebido, nada pode ser considerado garantido.[1362] O efeito de alívio do que se tornou normalidade permanece sem uso. A reflexão crítica ameaça transformar-se em dúvidas contínuas, o que cria um clima de incerteza e perde de vista o desejo legítimo de estabilidade da prática administrativa.

B. O Estado administrativo: conceito e críticas

As vantagens e desvantagens da crença na possibilidade de modulação podem ser demonstradas pelo conceito de Estado administrativo, sob o qual se discute hoje fundamentalmente a legitimidade da Administração – ou mais precisamente: especialmente da Administração federal – e seu comportamento. "O Estado administrativo é o tema central e incontornável da moderna teorização constitucional".[1363]

I. Diferentes termos e questionamentos

É claro que rapidamente se torna evidente que o termo é usado em diferentes contextos e para propósitos distintos, sem maior rigor conceitual. Assim, a seguir, caberá uma apresentação dos desenvolvimentos históricos e as ideias teórico-filosóficas que o fundamenta. Depois, um debate acerca da existência de tarefas estatais e as múltiplas formas do seu cumprimento administrativo.

1362 De maneira similar em STRAUSS, Peter L. *Administrative Justice in the United States*. 3ª ed. Durham: Carolina Academic Press, 2016, pp. 17 e ss.

1363 VERMEULE, A. "The Administrative State: Law, Democracy, and Knowledge". *In*: TUSHNET, Mark; GRABER, Mark A.; LEVINSON, Sanford (Coord.). *The Oxford Handbook of the U. S. Constitution*. Oxford: Oxford University Press, 2015, p. 259; para um resultado semelhante, ver MASHAW, Jerry L. *Reasoned Administration and Democratic Legitimacy*. Cambridge: Cambridge University Press, 2018; EMERSON, Blake. *The public's law*: origins and architecture of progressive democracy. Nova York: Oxford University Press, 2019.

Por fim, a discussão sobre a questão de conceitualizar os elementos centrais de um enquadramento jurídico específico.[1364] Estado administrativo é há tempos um termo-chave para a pesquisa em ciências administrativas, desempenhando um papel indisfarçável também para o Direito.

1 Correntes acadêmicas

De acordo com *Adrian Vermeule*, podem distinguir-se três correntes acadêmicas:[1365] um discurso liderado principalmente por juristas que se preocupa com a constitucionalidade do Estado administrativo; um caminho da Ciência Política e da Teoria do Estado que trata da relação entre política e burocracia e da preservação das responsabilidades democráticas; e de um setor interessado no fluxo de informação e nos problemas de conhecimento das organizações burocráticas, nas quais, ao lado dos juristas, participam especialmente os economistas. Cada uma das três matrizes tem o seu foco: legalidade, democracia e perícia, respectivamente. É importante ver que a otimização de uma posição leva a compromissos nas outras. "Dada a escassez de tempo e de outros recursos, parece extremamente improvável que o Estado administrativo possa ser ao mesmo tempo perfeitamente democrático, plenamente informado e totalmente legal".[1366]

1364 Cf. a clássica apresentação de WALDO, Dwight. *The Administrative State*. Nova York: Ronald Press Co, 1948 e MORSTEIN MARX, Fritz. *The Administrative State*: An Introduction to Bureaucracy. Chicago: University of Chicago Press,1957. O que há de mais recente na literatura em SEIBEL, W. "The Administrative State". *In*: SCHUPPERT, G. F. (Coord.). *Von Staat zu Staatlichkeit*. [S.l.]: Nomos, 2019, pp. 233 e ss.

1365 VERMEULE, A. "The Administrative State: Law, Democracy, and Knowledge". *In*: TUSHNET, Mark; GRABER, Mark A.; LEVINSON, Sanford (Coord.). *The Oxford Handbook of the U. S. Constitution*. Oxford: Oxford University Press, 2015, pp. 260 e ss.

1366 VERMEULE, A. "The Administrative State: Law, Democracy, and Knowledge". *In*: TUSHNET, Mark; GRABER, Mark A.; LEVINSON,

O tratamento jurídico do Estado administrativo tem uma dinâmica própria. Ele retira ideias das três correntes mencionadas, mas as adapta a tópicos específicos relacionados com o cumprimento de tarefas administrativas:[1367] trata-se, principalmente, de problemas de separação de poderes, ou seja, sobre a posição das "agências" como atores centrais e as suas formas de ação, bem como a natureza do controle legal de suas ações ("delegações amplas") e a intensidade de seu controle judicial ("deferência"). Esses termos descrevem a estrutura jurídica básica do Estado administrativo, mas não são doutrinas estabelecidas de uma vez por todas. Sua configuração específica flutuou continuamente ao longo do desenvolvimento histórico.

2 O Estado administrativo como termo de luta política

Nas discussões políticas, o Estado administrativo funciona frequentemente como um termo em disputa. As linhas da frente podem ser amplamente definidas de acordo com a divisão habitual em "progressistas" (muitas vezes, "liberais", na linguagem americana) e "libertários". No entanto, quando se trata de declarações sobre pontos individuais, as linhas também podem ficar confusas.

- Para os apoiadores e defensores, o Estado administrativo é uma garantia para proteger os bens públicos e neutralizar as ainda grandes desigualdades sociais na sociedade americana por meio de uma organização dinâmica. Uma Administração de larga abrangência aparece aqui como um meio necessário para garantir os requisitos elementares

---

Sanford (Coord.). *The Oxford Handbook of the U. S. Constitution*. Oxford: Oxford University Press, 2015, p. 278.

1367 Cf. VERMEULE, A. "The Administrative State: Law, Democracy, and Knowledge". *In*: TUSHNET, Mark; GRABER, Mark A.; LEVINSON, Sanford (Coord.). *The Oxford Handbook of the U. S. Constitution*. Oxford: Oxford University Press, 2015, pp. 261 e ss.

de uma ordem social democrática, como estabelecido pela Constituição americana.[1368]

- Os opositores veem o Estado administrativo como um instrumento intervencionista do "governo federal" que viola as estruturas da Constituição americana e restringe inadmissivelmente a liberdade dos cidadãos. Entre os seus críticos mais duros, as objeções escalam para um ataque frontal ao Direito Administrativo federal: "o Direito Administrativo é ilícito?" Posicionamento que não está completamente isolado.[1369] Outros autores também duvidam da legitimidade do Estado administrativo.[1370]

Há muito tempo que existem disputas.[1371] Mais recentemente, porém, o imbróglio parece ter atingido um novo estágio:[1372] nos últimos anos, tem havido tentativas na legislação de restringir importantes condições funcionais do Estado administrativo.[1373]

1368 METZGER, G. E. "1930s Redux: The Administrative State under Siege". *Harv. L. Rev.*, vol. 131, 2017, p. 1; RAHMAN, S. "Bookreview: Reconstructing the Administrative State in an Era of Economic and Democratic Crisis". *Harv. L. Rev.*, vol. 131, 2018, pp. 1.671-1.676: "through the administrative state, we make possible the realization of substantive democratic values of equality and inclusion". De modo semelhante em EMERSON, Blake. *The public's law*: origins and architecture of progressive democracy. Nova York: Oxford University Press, 2019, pp. 149 e ss.

1369 Para mais, ver o escrito de HAMBURGER, Philip. *Is Administrative Law Unlawful?* Chicago: The University of Chicago Press, 2014.

1370 POSTELL, Joseph. *Bureaucracy in America*. Columbia: University of Missouri Press, 2017, pp. 315 e ss.: "The Ongoing Crisis of Legitimacy", com um especial agradecimento a P. Hamburger, S. XI.

1371 Ver o já clássico FREEDMAN, James O. *Crisis and legitimacy*: the administrative process and American government. Cambridge: Cambridge University Press, 1978.

1372 Para mais, em METZGER, G. E. "1930s Redux: The Administrative State under Siege". *Harv. L. Rev.*, vol. 131, 2017, pp. 1 e ss.

1373 Cf. os projetos apresentados ao Congresso em 2017 acerca do Regulatory Accountability Act (RAA), H.R. 5, 115th Cong. (2017); uma regulamentação do Executive in Need of Scrutiny Act (REINS), H.R. 26, 115th Cong. (2017);

Observam-se também tendências na Suprema Corte de examinar criticamente elementos centrais do conceito e, em determinadas circunstâncias, de alterar as coordenadas do Direito Administrativo existente. Os sinais de mudança são o caso *Gundy v. Estados Unidos*: "amplas delegações", e o precedente *Kisor v. Wilkie*, de junho de 2019: "deferência de Auer".[1374] Em ambas as decisões, a jurisprudência tradicional favorável ao Estado administrativo foi mantida com base em uma estreita maioria (5:4) e com restrições. O juiz [Neil] *Gorsuch*, em particular, formulou claramente a posição oposta em dois pareceres distintos. Será que o Estado administrativo americano – ele próprio filho da crença na flexibilidade – está em perigo de ser reduzido e remodelado de forma sustentável? A seguir serão discutidos pontos histórico-constitucionais (II) e constitucionais-estruturais (III) de crítica e contracrítica.

II. Crítica histórico-constitucional: "Constituição no exílio"

Historicamente, a oposição ao Estado administrativo baseia-se no pressuposto de que a Constituição de 1787 se baseia em uma ideia minimalista de Poder Executivo federal:[1375] as poucas competências administrativas – segundo os representantes do "Direito Administrativo libertário" – poderiam, essencialmente, ter sido realizadas por juízes, utilizando os meios do Direito Consuetudinário; de acordo com as ideias da geração fundadora do país, não foi planejada uma expansão extensa de uma Administração

e um Separation of Powers Restoration Act, H.R. 76, 115th Cong. (2017); assim como um projeto de Separation of Powers Restoration Act 2019, H.R. 1927, 116th Cong. (2019).

1374 POJANOWSKI, J. A. "Neoclassical Administrative Law". *Harv. L. Rev.*, vol. 133, 2020, pp. 852 e ss.

1375 Para mais detalhes, em HAMBURGER, Philip. *Is Administrative Law Unlawful?* Chicago: The University of Chicago Press, 2014, pp. 143 e ss.; POSTELL, Joseph. *Bureaucracy in America*. Columbia: University of Missouri Press, 2017, pp. 59 e ss.

federal; logo, o significado original da Constituição foi posteriormente mal interpretado.[1376]

Esses questionamentos não são convincentes. Especialmente quando foi fundado, os EUA enfrentaram grandes desafios de política interna e externa para os quais o novo Estado teve de encontrar respostas.

> Os autores consideraram um Executivo enérgico essencial para "a proteção da comunidade contra ataques estrangeiros", "para a administração estável das leis", "a proteção da propriedade" e "a segurança da liberdade".[1377]

Desde o início, a Constituição dificilmente poderia ter perseguido o objetivo de conceder ao governo federal apenas um conjunto mínimo de poderes administrativos. Estudos sobre o desenvolvimento histórico mostram que os EUA expandiram continuamente a sua organização administrativa desde a primeira metade do século XIX.[1378] O fato de o desenvolvimento não ter se refletido

---

1376 Evidências sobre a origem e uso da frase "Constituição no exílio" em KESSLER, J. K. "Book Review: The Struggle for Administrative Legitimacy". *Harv. L. Rev.*, vol. 129, 2016, pp. 718-721.

1377 A maioria de juízes conservadores se referiu aos *Federalist Papers* nos casos 591 U.S. __ (2020) (op. cit. 22) *Seila Law LLC v. CFPB*.

1378 ROHR, John A. *To Run a Constitution*: The Legitimacy of the Administrative State. Lawrence: University Press of Kansas, 1986, pp. 14 e ss.; MASHAW, Jerry L. *Creating the Administrative Constitution*: The Lost one Hundred Years of American Administrative Law. New Haven: Yale University Press, 2012, pp. 29 e ss., 312: "we should rid ourselves of the nostalgic idea that the emergence of administrative governance in the twentieth century upset the grand design of a non-administrative state". EMERSON, Blake. "The Democratic Reconstruction of the Hegelian State in the American Progressive Political Thought". *Review of Politics*, University of Notre Dame, vol. 77, 2015, p. 573. Com resultado semelhante em MORSTEIN MARX, Fritz. *Amerikanische Verwaltung*. Berlim: Duncker & Humblot, 1963, p. 32: "A América não foi a terra do *laissez faire* desde o início". Sobre a situação das tarefas administrativas e sua distribuição entre o governo federal e os

de imediato na formação da teoria do Direito Administrativo não significa que não tenha existido por muito tempo na prática do Direito Administrativo.[1379] Nos anos posteriores, alternam-se períodos de expansão e estagnação.[1380] Contudo, o princípio básico da expansão administrativa, de acordo com as exigências econômicas e sociais da época, foi mantido.[1381]

O *New Deal* ocupa lugar central no modelo de construção administrativa gradual. Não há dúvida de que ele levou a uma expansão e consolidação maciça da Administração federal americana. E, para o bem ou para o mal, ele não se tornou "o" representante do Estado administrativo, mas, sim, está inserido nas fases de expansão anteriores e posteriores.[1382] A ampliação administrativa veio antes dele, precedida pelas décadas da virada dos séculos XIX

---

estados individuais imediatamente antes da Primeira Guerra Mundial, ver FREUND, Ernst. *Das öffentliche Recht der Vereinigten Staaten von Amerika*. Tübingen: J. C. B. Mohr, 1911, cap. 34-41.

1379 FREEDMAN, James O. *Crisis and legitimacy*: the administrative process and American government. Cambridge: Cambridge University Press, 1978, p. 259: "Although the roots of the American administrative process reach back to the First Congress of the United States, recognition of the profound implications that the growth of the administrative process has had for the nation's legal and political institutions came remarkably late". Similarmente em HICKMAN, Kristin; PIERCE, Richard J. *Federal Administrative Law*. 2ª ed. St. Paul: Foundation Press, 2014, pp. 15 e ss.

1380 Cf. BREYER, Stephen G.; STEWART, Richard B.; SUNSTEIN, Cass R.; VERMEULE, Adrian; HERZ, Michael. *Administrative law and regulatory policy*. 8ª ed. Nova York: Wolters Kluwer, 2017, pp. 29 e ss.; ROSENBLOOM, D. H. "Administrative Law and Regulation". *In*: RABIN, Jack; HILDRETH, W. Bartley; MILLER, Gerald (Coord.). *Handbook of Public Administration*. 3ª ed. Boca Raton: CRC/Taylor & Francis, 2007, pp. 635-654 e ss.

1381 Sobre esta "narrativa gradualista" e a sua validação em pesquisas recentes de história administrativa nos EUA, ver KESSLER, J. K. "Book Review: The Struggle for Administrative Legitimacy". *Harv. L. Rev.*, vol. 129, 2016, pp. 718 e 726-731.

1382 Uma visão representativa, mas crítica de POSTELL, Joseph. *Bureaucracy in America*. Columbia: University of Missouri Press, 2017, especialmente pp. 167 e ss., 247 e ss.

e XX, nas quais foi necessária uma reação à industrialização e à mecanização do mundo do trabalho. Os EUA não foram os únicos a criar novas competências administrativas e novas instituições federais, como, ao mesmo tempo, mostra uma análise do estabelecimento da Administração imperial na Alemanha.[1383] Cada país adotou, todavia, estratégias regulatórias utilizadas.[1384] Ainda assim, uma expansão significativa dos poderes administrativos pode ser observada igualmente em ambos os lados do Atlântico.

Para compreender as continuidades e rupturas no desenvolvimento administrativo, não só o período anterior mas também o período posterior ao *New Deal* devem ser avaliados de forma independente. Essa visão também mostra que o Estado administrativo não surgiu de um acontecimento único e não deve ser mal compreendido como um conceito que foi fixado em definitivo.[1385] No que tange à sua vertente jurídica, o *New Deal* tinha um perfil claro que se baseava na experiência e na independência das autoridades e em requisitos muito reduzidos para autorizações legais, com características que não eram imutáveis.

As décadas de 1960 e 1970 – a época da "Revolução dos Direitos" – com a ampla expansão da proteção ambiental e do consumidor, a sua preocupação com os grupos desfavorecidos e as suas atividades contra a discriminação não são menos influentes para o Estado administrativo de hoje. *Cass Sunstein* resumiu apropriadamente a ambivalência desses desdobramentos em relação

---

1383 Cf. *R. Morsey* em BLASCHKE, Karlheinz; JESERICH, Kurt G. A.; POHL, Hans; UNRUH, Georg-Christoph. *Deutsche Verwaltungsgeschichte*. vol. 3. 1984, pp. 138 e ss.

1384 Ver LEPSIUS, O. "Regulierungsrecht in den USA: Vorläufer und Modell". *In*: FEHLING, Michael; RUFFERT, Mathias. *Regulierungsrecht*. Tübingen: Mohr Siebeck, 2010, § 1, nota § 1, nota, pp. 1 e ss.

1385 No tocante à ideia de uma Administração neutra e imparcial, é ilustrativo o escrito de LANDIS, James M. *The Administrative Process*. Westport: Greenwood Press, 1938.

ao *New Deal*:[1386] as leis desta época já não se limitavam a amplas atribuições de tarefas, mas formulavam requisitos precisos e substantivos. Assim, foram introduzidas amplas opções jurídicas. Ademais, foram feitas tentativas para dirigir e controlar a Administração com mais precisão, porque a confiança em uma tutela oficial autônoma foi prejudicada pelas observações de "captura de agência". Em suma, a ideia de que uma Administração que se moldasse ativamente às necessidades de seu tempo permaneceu.

Em geral, a história parece ser demasiadamente complexa e variada nas suas manifestações para ser capturada por uma narrativa que uma Administração federal minimalista quer identificar como original e permanentemente constitucional.

III. Crítica estrutural constitucional: "quarto Poder sem cabeça"

Um segundo grupo de críticas é dirigido contra as formas de cumprimento de tarefas comuns no Estado administrativo e as instituições e instrumentos utilizados com essa finalidade. O seu ponto de partida central é o princípio da separação de poderes.

> Não há dúvidas de que o desenvolvimento da agência estatal em resposta às necessidades legislativas e administrativas modernas colocou grande pressão sobre o princípio da separação de poderes em sua formulação original.[1387]

1386 SUNSTEIN, Cass R. *After the Rights Revolution*: Reconceiving the Regulatory State. Cambridge: Harvard University Press, 1990, p. 30; POSTELL, Joseph. *Bureaucracy in America*. Columbia: University of Missouri Press, 2017, pp. 247 e ss.

1387 Assim 424 U.S. 1, White, J. (part. conc. in judgement, part. diss.) 281 (1976) *Buckley v. Valeo*.

O foco está nos principais representantes do Estado administrativo: as "agências": essas "entidades"[1388] – de acordo com o argumento geralmente dirigido contra as autoridades, especialmente as reguladoras – alcançaram uma posição que exagera a separação de poderes; a sua atividade legislativa é realizada de acordo com o disposto no art. I, parágrafo 1º da Constituição dos EUA, ou seja, delegada pelo Congresso, que detém a competência originária, enquanto suas decisões vinculativas em casos individuais constituem atividade judicial, que é autorizada pela seção do art. III, parágrafo 1º da Constituição, o que normalmente é confiados aos tribunais; a combinação de ambas as funções nas mãos das "agências" cria uma ameaça potencial que vai além das estruturas constitucionais.[1389]

A referência às "funções legislativas" e "judiciais" das autoridades parece formalista e, assim, não é convincente. Ela pretende tirar conclusões sobre a sua atribuição à legislação ou à jurisdição a partir de uma única característica das duas formas de atuação administrativa – no caso das "regras", da generalidade das normas, e no caso das "decisões", do poder judicial de imposição normativa. Por sua vez, nem as "regras" oficiais são iguais aos "estatutos" parlamentares, nem as decisões individuais de uma autoridade podem ser entendidas como uma expressão do poder judicial.[1390] É precisamente a característica do Poder Executivo retirar-se dos elementos formais dos outros dois poderes e utilizá-los para formar resultados que podem ser vistos como "mediação através da

---

1388 Ver as declarações que trazem as linhas básicas da crítica em LAWSON, G. "The Rise and Rise of the Administrative State". *Harv, L. Rev.*, vol. 107, 1994, p. 1.231 e a inclusão de suas críticas na jurisprudência e na literatura recentes, bem como nas referências de *Sunstein* e *Vermeule* e de METZGER, G. E. "1930s Redux: The Administrative State under Siege". *Harv. L. Rev.*, vol. 131, 2017, pp. 17 e ss., 31 e ss.

1389 LAWSON, Gary. *Federal Administrative Law*. 7ª ed. St. Paul: West Academic, 2015, p. 290: "Modern administrative agencies are Madison's worst nightmare come true".

1390 Cf. 569 U.S. 290, 305 (2013) *City of Arlington v. FCC*: "These activities take 'legislative' and 'judicial' forms, but they are exercises of (...) 'executive power'".

concretização gradual".[1391] "Mediar" é uma conquista à parte, reconhecida na ordem constitucional com separação de poderes, e não uma condição patológica.[1392]

As objeções estruturais constitucionais ao Estado administrativo não podem, portanto, ser derivadas de atribuições abstratas de funções, mas, sim, das suas condições concretas de ação: "amplas delegações" (1), "agências independentes" (2), "deferência" (3).

1 Doutrina de delegações amplas e de não delegação

A admissibilidade das delegações não está em dúvida. No entanto, é controverso até que ponto as leis podem entregar a promulgação de regulamentos gerais ao Poder Executivo. A visão predominante (até agora) é conhecida por ser generosa. Há, entretanto, a necessidade de que a lei deixe nítido o objetivo regulatório. Ainda assim, os requisitos do exame do "princípio inteligível" não são particularmente rigorosos. Uma série de opções complementares de gestão e de controle destinam-se a compensar as deficiências de escrutínio.[1393] Mesmo assim, são visíveis lacunas na legitimidade.

1391 Fundamentalmente em MÖLLERS, Christoph. *Gewaltengliederung*: Legitimation und Dogmatik im nationalen und internationalen Rechtsvergleich. Tübingen: Mohr Siebeck, 2005, pp. 94 e ss.: "Judiciário: individualizante, retrospectivo, legalmente determinado", "Legislativo: generalizante, futuro, aberto", "Executivo: mediação através da concretização gradual".

1392 Do mesmo modo em FREEDMAN, James O. *Crisis and legitimacy*: the administrative process and American government. Cambridge: Cambridge University Press, 1978, pp. 15 e ss., 260 e ss.

1393 BREYER, Stephen G.; STEWART, Richard B.; SUNSTEIN, Cass R.; VERMEULE, Adrian; HERZ, Michael. *Administrative law and regulatory policy*. 8ª ed. Nova York: Wolters Kluwer, 2017, pp. 87 e ss.; HICKMAN, Kristin; PIERCE, Richard J. *Federal Administrative Law*. 2ª ed. St. Paul: Foundation Press, 2014, pp. 121 e ss.

Houve também vozes críticas dentro da Suprema Corte que apelaram a uma versão mais precisa da doutrina da "não delegação".[1394]

a. Tendências recentes: *Gundy v. Estados Unidos*

Com o julgamento de 20 de junho de 2019, o caso *Gundy v. Estados Unidos*, as disputas em torno da delegação entraram em uma nova fase:[1395] apenas os quatro membros do tribunal que pertenciam à orientação "liberal" quiseram manter a linha anterior por convicção e por razões de continuidade jurídica.[1396] Embora o seu voto possa pelo menos ser justificado com a interpretação e a aplicação dos regulamentos ordinários correspondentes, permanece a fragilidade no argumento constitucional:[1397] a Constituição não nega ao Congresso a necessária "flexibilidade e praticidade" para poder cumprir suas funções; não é tarefa dos tribunais questionar criticamente as decisões associadas do Congresso.

O voto dissidente do juiz [Neil] *Gorsuch* destaca primordialmente a importância que os redatores da Constituição atribuíram à sua decisão de confiar o Poder Legislativo ao Congresso: estavam preocupados em proteger as liberdades e em garantir um processo deliberativo no qual a Câmara dos Representantes e o Senado deveriam trabalhar em conjunto.[1398] Nesse seio, a delegação de poderes legislativos não foi totalmente excluída, limitando-se à regulação de filigranas ("preencher os pormenores") e aos casos

---

1394 Ver PIERCE, Richard J.; SHAPIRO, Sidney; VERKUIL, P. R. *Administrative Law and Process*. 6ª ed. St. Paul: Foundation Press, 2014, § 3.4.4.

1395 588 U.S. __ (2019).

1396 As juízas Kagan, Ginsburg e Sotomayor, bem como o juiz Breyer.

1397 Assim Kagan, J. 588 U.S. __ (2019) (op. cit. 5 e 18): "we have almost never felt qualified to second-guess Congress regarding the permissible degree of policy judgment that can be left to those executing or applying the law" (citando o juiz Scalia).

1398 588 U.S. __ (2019) (slip op. 7): "bulwark of liberty", "promote deliberation".

em que a aplicação de uma disposição legal esteja dependente da determinação dos fatos pelas autoridades administrativas.[1399]

O magistrado [Neil] *Gorsuch* analisa o desenvolvimento da jurisprudência e descreve como o exame do "princípio inteligível" gradualmente se transformou em uma fórmula que abriu o caminho para a abordagem suave aos atos delegados. Ele nos lembra que em outros contextos e sob outros nomes, o Tribunal superior certamente impõe requisitos de certeza ao legislador.[1400] Ele gostaria que a jurisprudência voltasse a essa linha, inclusive nas questões da "doutrina da não delegação". O juiz-presidente [John] *Roberts* e o juiz [Clarence] *Thomas* juntaram-se a essa votação. O juiz [Brett] *Kavanaugh* não participou da sentença. Embora o magistrado [Samuel] *Alito* tenha apoiado o voto dos quatro ministros liberais no presente caso, ele fez uma reserva clara para casos futuros.[1401] Portanto, uma revisão da prática atual poderia ser possível.

b. Medos e esperanças

Esses movimentos são compreensivelmente recebidos com grandes reservas entre os defensores do Estado administrativo. As "delegações amplas", em particular, são consideradas uma das características mais importantes desse modelo de Administração: "no final, porém, o ponto mais importante é que o fenômeno da delegação representa uma característica tão fundamental e necessária

---

1399 588 U.S. __ (2019) (op. cit. 10-12).

1400 588 U.S. __ (2019) (op. cit. 20-22): assim, a jurisprudência da "imprecisão" e a doutrina da "questão principal", uma espécie de doutrina da materialidade, segundo a qual o Poder Executivo não está autorizado a responder questões "de profundo significado econômico ou político que seja central para o regime legal"; com referência ao 576 U.S. __ (2015) (op. cit. 8) *King v. Burwell*.

1401 588 U.S. __ (2019) (op. cit. 1): "If a majority of this Court were willing to reconsider the approach we have taken for 84 years, I would support that effort".

do governo contemporâneo que é obrigatória na prática".[1402] Uma mudança de rumo poderia estar associada a dois perigos: uma sobrecarga das opções regulamentares parlamentares e um curto-circuito do sistema político no seu estado atual.

A tese de que, para poder regular uma área temática de maneira funcionalmente significativa, o Congresso deve recorrer a fatos amplamente definidos, não parece ser rejeitada tendo em conta as complexas tarefas reguladoras econômicas, ecológicas ou sociais. Todavia, essa percepção não é confirmada pela prática da legislação administrativa americana.[1403] Nem sempre se pinta com pinceladas largas. Muitas leis são extremamente detalhadas. O objeto da regulamentação não é apenas registrado em linhas gerais e depois encaminhado ao Poder Executivo, mas também trabalhado minuciosamente. O que pode ser visto, entre outras coisas, nas muitas definições às quais é dada especial ênfase. Além disso, os padrões da prática flutuaram ao longo da história do desenvolvimento: delegações amplas foram uma marca distintiva do *New Deal*. A Revolução dos Direitos não deu continuidade a essa linha. O reforço das normas de não delegação não deverá, portanto, falhar devido a dificuldades regulatórias.

Mais séria é a preocupação de que, nas atuais circunstâncias, em que as câmaras do Congresso e os partidos se bloquearam repetidamente durante anos, as tarefas regulamentares necessárias cheguem a um impasse. Suspeita-se que o imbróglio seja o verdadeiro objetivo de alguns defensores de uma linha mais rígida. Não serão as "delegações amplas" (também conhecidas como "fórmula de compromissos") preferíveis a essa paralisia porque permitem ao Executivo tomar, ao menos, algumas das decisões que não podem

---

1402 Assim METZGER, G. E. "1930s Redux: The Administrative State under Siege". *Harv. L. Rev.*, vol. 131, 2017, pp. 87 e ss., 91.

1403 MÖLLERS, Christoph. *Gewaltengliederung*: Legitimation und Dogmatik im nationalen und internationalen Rechtsvergleich. Tübingen: Mohr Siebeck, 2005, p. 169.

ser tomadas em âmbito legislativo devido à incapacidade política? É duvidoso, no entanto, que esse raciocínio não atribua ao Poder Executivo um fardo de responsabilidade que ele não possa suportar no longo prazo, independentemente da sua legitimidade. Uma série de consequências disfuncionais da legislatura anterior não podem ser ignoradas: permitiu-se que os membros do Congresso escapassem à responsabilidade[1404] e encorajou-se tentativas de membros individuais do Congresso fazerem valer os seus interesses por meio do contato direto com uma agência, ao invés da opção por entidades sujeitas a condições de tomada de decisão coletiva no Congresso.[1405] Até que ponto um reforço da jurisprudência de delegação iria realmente contrariar esses avanços indesejados ou, na situação atual, promoveria ainda mais a deslegitimação da tomada de decisões do Estado, permanece uma questão em aberto.

2 Agências independentes e Executivo unitário

Uma forma típica de Estado administrativo são as consideradas autoridades independentes, em particular as "comissões reguladoras autônomas" geridas colegialmente (2/11 e seguintes).[1406] Pode ser atraente para o Congresso atribuir determinadas competências administrativas não a "departamentos", mas, sim,

---

1404 Cf. MASSEY, Calvin R. *American Constitutional Law*. 4ª ed. [S.l.]: Wolters Kluwer, 2013, p. 440: "They can claim the benefits of legislation (e.g. clean air) while foisting onto bureaucrats the responsibility of the burdens".

1405 RAO, N. "Administrative Collusion: How Delegation diminishes the Collective Congress". *N. U. Y. L. Rev.*, vol. 90, 2015, pp. 1.463, 1.477, 1.505 e ss.: "Delegations thus erode one of the primary mechanisms for controlling the government by undermining the structural rivalry between members of Congress and the executive".

1406 Sobre as diferentes formas de distanciamento, das quais as "comissões reguladoras independentes" são apenas uma forma, sistematicamente em STRAUSS, Peter L. *Administrative Justice in the United States*. 3ª ed. Durham: Carolina Academic Press, 2016, pp. 171 e ss.; RUFFERT, Matthias. *Law of Administrative Organization of the EU*: A Comparative Approach. Cheltenham/Northampton: Edward Elgar, 2020, pp. 120 e ss.

a unidades especiais que possam assegurar um curso político interpartidário a partir da sua liderança colegiada. A dissociação afasta essas autoridades e os assuntos que supervisionam, em certa medida, da influência do Presidente e, portanto, também de flutuações políticas. A concentração de poder que os presidentes americanos alcançaram nas últimas décadas, muitas vezes vista com preocupação, pode, ao menos, encontrar um contrapeso nas instituições independentes.[1407]

Por outro lado, os problemas com essa facilidade não podem ser ignorados. Nos termos do Direito Constitucional, as autoridades independentes não estão fora da separação de poderes.[1408] Incluem também a responsabilidade do Presidente de garantir que as leis sejam devidamente aplicadas. Há uma diferença entre a falta de controle, que prejudica a cláusula de "aquisição" e a cláusula de "cuidado" (art. II, parágrafos 1º e 3º da Constituição dos EUA), e um excesso de controle, que vai contra a ideia de um equilíbrio de poderes, desdenhando apenas uma linha tênue.

Como resultado, sempre há disputas sobre a extensão do isolamento. As preferências políticas na literatura não estão claramente divididas. Basicamente, os defensores do Estado administrativo tendem a atribuir particular importância à independência oficial, enquanto os autores mais conservadores consideram necessária uma posição forte do Presidente e a unidade da Administração ("Executivo unitário"). No entanto, também há vozes entre os defensores do Estado administrativo que querem ver reforçadas as opções de controle

---

1407 Descrições dessa concentração, entre outras, em ACKERMAN, Bruce A. *The decline and fall of the American republic*. Cambridge: Belknap Press of Harvard University Press, 2010; com outras ênfases, em EMERSON, Blake. *The public's law*: origins and architecture of progressive democracy. Nova York: Oxford University Press, 2019, p. 184: agências não como instrumentos do presidente nem do Congresso, mas "como agentes do povo".

1408 STRAUSS, Peter L. *Administrative Justice in the United States*. 3ª ed. Durham: Carolina Academic Press, 2016, pp. 35, 178 e ss.

do Presidente nessa seara.[1409] A jurisprudência da Suprema Corte oscilou no passado. Mais recentemente, o esforço para enfatizar a responsabilidade global do Presidente ganhou (novamente) terreno.

a. O acórdão do Free Enterprise Fund

A expressão desse desenvolvimento está refletida na decisão do caso *Free Enterprise Fund v. Conselho de Supervisão de Responsabilidade de Empresas Públicas* [PCAOB – *Public Company Accountability Oversight Board*].[1410] A situação dizia respeito a um órgão criado por lei em 2002, localizado na SEC e com ampla autoridade para supervisionar empresas de contabilidade.[1411] Os cinco membros do PCAOB são nomeados para mandatos de cinco anos e só podem ser destituídos pela SEC por justa causa. A maioria da Suprema Corte assumiu que os membros da comissão da SEC de gestão colegiada só poderiam ser demitidos por justa causa e viu a dupla exclusão dos membros do PCAOB de demissões pelo Presidente ("dual limitação por causa") como violação das responsabilidades atribuídas constitucionalmente ao chefe do Executivo.[1412]

A maioria não poderia ganhar nada com os argumentos diferenciadores da opinião minoritária formulada pelo juiz [Stephen]

1409 Cf. ESSING, L.; SUNSTEIN, C. "The President and the Administration". *Colum. L. Rev.*, vol. 94, 1994, p. 1; KAGAN, E. "Presidential Administration". *Harv. L. Rev.*, vol. 114, 2001, pp. 2.246-2.327 e ss.

1410 561 U.S. 477 (2010) *Free Enterprise Fund v. PCAOB*; além disso, BREYER, Stephen G.; STEWART, Richard B.; SUNSTEIN, Cass R.; VERMEULE, Adrian; HERZ, Michael. *Administrative law and regulatory policy*. 8ª ed. Nova York: Wolters Kluwer, 2017, p. 145: "The big idea underlying the majority opinion in PCAOB is accountability"; STRAUSS, Peter L. *Administrative Justice in the United States*. 3ª ed. Durham: Carolina Academic Press, 2016, pp. 38 e 140 ss.

1411 O fundamento é o Sarbanes Oxley Act de 2002 (Pub. L. Nº 107-204), §§ 101-109.

1412 561 U.S. 477, 492 (2010): "The result is a Board that is not accountable to the President, and a President who is not responsible for the Board".

Breyer. Essa votação não quis centrar-se apenas nos poderes constitucionais do Presidente, mas viu o problema na interseção de dois princípios:[1413] a cláusula "necessária e adequada" (art. I, parágrafo 8°, inciso 18 da Constituição dos EUA), que concede poderes para o Congresso definir a aplicação da lei e a cláusula de "aquisição" (art. II, parágrafo 1° da Constituição dos EUA); nenhuma das duas disposições determina de maneira absoluta as questões de destituição; ao contrário, a complexidade das tarefas administrativas atuais e a diversidade das formas organizacionais também devem ser tidas em conta ("abordagem funcional").

A maioria viu esse posicionamento como "[um] hino ao Estado administrativo" e insistiu no texto do art. II, parágrafo 1° da Constituição dos EUA e nas deliberações que tiveram lugar no Primeiro Congresso:[1414] à luz da "Decisão de 1789", o poder de destituição do Presidente parece ser a prova cabal de que o Congresso só pode restringir em casos excepcionais e sem o reduzir substancialmente. Isso significa que o *Free Enterprise Fund* não questiona as instituições independentes exatamente.[1415] E, sim, a forma e a extensão da independência que poderão ter de enfrentar sob um controle judicial mais rigoroso no futuro.[1416]

1413 561 U.S. 477, 514-532 (2010) Breyer, J. diss., que foi seguido pelo juiz Stevens e pelas juízas Ginsburg e Sotomayor.

1414 Conforme o juiz-presidente Roberts, 561 U.S. 477, 483-484, 492-499 (2010), para formar a maioria (Scalia, Kennedy, Thomas e Alito).

1415 Detalhes dessa "decisão" em ROßBACH, Matthias. *Das Personal der Republik*: Entstehung und Entwicklung eines demokratischen Personalverfassungsrechts der Exekutive am Beispiel der Vereinigten Staaten von Amerika. Diss. Berlin 2018, i. E., parte 5 abaixo A (S. 405 e ss.).

1416 U.S. 477, 498 (2010): "No one doubts Congress's power to create a vast and varied federal bureaucracy. But where, in all this, is the role for oversight by an elected President?"

b. O imbróglio em torno do Escritório de Proteção Financeira do Consumidor

A alteração do equilíbrio de forças na Suprema Corte pode encorajar ainda mais essa tendência. As atuais disputas sobre o *Escritório de Proteção Financeira do Consumidor* [CFPB – *Consumer Financial Protection Bureau*], que foi criado no governo do Presidente Obama, ilustram essa dinâmica.[1417] O CFPB é um órgão independente, dentro do Sistema do *Federal Reserve*, com amplos poderes de investigação, sanção e regulamentação. Seu orçamento provém do FRS e, ao contrário das "comissões regulatórias independentes", não é gerido colegialmente, mas, sim, monocraticamente. É controverso se o Congresso tornou o CFPB demasiadamente independente, em particular, se questiona se foi permitido limitar o direito de deposição de seu diretor a casos somente "por justa causa", mesmo no caso de uma liderança monocrática.

O Tribunal de Apelações (*DC Circuit*) decidiu, com maioria, sobre a constitucionalidade dessa disposição, em 2018, no caso *PHH v. CFPB*:[1418] os juízes consideraram a sequência de precedentes de Myers ao *Free Enterprise Fund* como essencialmente consistente, permitindo ao Congresso criar diferentes tipos de autonomia das agências; nem a situação orçamental nem a proteção contra a demissão do chefe impossibilitaram o Presidente de exercer os seus poderes de supervisão sobre "funções executivas essenciais".

A despeito da maioria, houve votos divergentes, inclusive do juiz [Brett] *Kavanaugh*, que enfatizou o propósito de garantir a liberdade de poderes claramente separados e a responsabilidade do Presidente pelo Poder Executivo. Para ele, as autoridades independentes parecem ser um "quarto Poder sem cabeça" que pode

---

1417 O fundamento é o Dodd-Frank Wallstreet Reform Act de 2010 (Publ. L. Nº 111-203), Title X, §§ 1011 e ss. A ideia de criar um órgão independente surgiu de uma proposta de Elizabeth Warren em 2007.

1418 881 F.3d 75 (2018), 5-68.

representar uma ameaça à liberdade; para neutralizar o perigo, sempre lhes foi constituída uma liderança colegial. Nesse contexto, considera a estrutura de gestão do CFPB inconstitucional porque representa uma interferência sem precedentes nos poderes do Presidente e uma ameaça à liberdade.[1419]

Embora o acórdão *PHH v. CFPB* tenha se tornado juridicamente vinculativo, no caso paralelo *Seila Law LLC [Escritório de Advocacia] v. CFPB*, foi apresentada uma *petição de certiorari*, no *D. C. Circuit*, contra o entendimento do Tribunal de Apelações (9ª Circunscrição), em outubro de 2019. A decisão da Suprema Corte, de 29 de junho de 2020, mostrou as linhas de raciocínio dentro do tribunal de uma forma interligada e clara: com o seu voto majoritário, o Presidente da Suprema Corte [John] *Roberts* seguiu uma linha restritiva, mas, que foi, em última análise, mediadora:[1420] a tentativa dos juízes liberais de conceder ao Congresso maior liberdade para tomar decisões organizacionais por meio da utilização da cláusula de "necessidade e adequação" foi rejeitada (como no *Free Enterprise Fund*). Isso evitou uma solução favorável às autoridades independentes.[1421] Contudo, manteve-se o modelo do caso Humphrey's Executor, segundo o qual a interferência na capacidade do Presidente de demitir altos funcionários de acordo com as preferências políticas deve ser entendida como exceção. A liderança monocrática do CFPB é considerada inconstitucional porque não se enquadra nas exceções anteriores, não tendo precedentes, além de contradizer o objetivo da Constituição de

---

1419 881 F.3d 75 (2018), 241 (68). Desviando-se da votação majoritária, Kavanaugh também vê diferenças entre as decisões *Humphrey's Executor* e *Free Enterprise Fund v. PCAOB*, 61; para ele, este último contém as afirmações norteadoras.

1420 591 U.S. __ (2020) *Seila Law LLC v. CFPB*.

1421 No sentido desse cálculo, ver 591 U.S. __ (2020), Thomas, J. conc. *Seila Law LLC v. CFPB* (op. cit. 2-10: "Free-floating agencies simply do not comport with the constitutional structure"), ao qual o juiz Gorsuch se juntou; independentemente disso, ambos os juízes pertencem à maioria que apoia o veredito.

distribuir o poder tanto quanto possível. Por sua vez, a Suprema Corte, claramente, não se preocupa com as outras tarefas e com a estrutura de tomada de decisão do CFPB. É especificamente enfatizado que o Congresso poderia fornecer à entidade uma liderança colegiada.[1422] Em termos práticos, a exceção delineada no caso Humphrey's Executor não deve ser interpretada de forma tão estrita; porque o CFPB inegavelmente tem funções executivas que não deveriam ser abrangidas pela exceção no sentido original. O caso *Seila Law LLC v. CFPB* não pode ser compreendido como ameaça ao conceito de organização diversa da Administração Federal, por pertencer ao Estado administrativo. Ainda assim, não se sabe se a posição de mediação do juiz-presidente [John] *Roberts* se manterá no longo prazo.

3 Prática oficial e restrição judicial ("deferência")

A terceira área em que o conceito tradicional de Estado administrativo enfrenta dúvidas e mudanças é a questão da densidade do controle judicial. A restrição judicial relativamente à interpretação administrativa e à aplicação da legislação pertinente é considerada um pré-requisito necessário para que as autoridades possam cumprir eficazmente as suas amplas tarefas regulatórias.[1423] Duas doutrinas, mormente, pretendem garantir a melhor atuação administrativa: "Auer" (a) e "Chevron" (b). Embora ambos já não possam contar com a ampla aceitação que outrora receberam.

1422 591 U.S. __ (2020) Roberts, C. J. para formar a maioria (op. cit. 36) *Seila Law LLC v. CFPB*.

1423 Cf. METZGER, G. E. "1930s Redux: The Administrative State under Siege". *Harv. L. Rev.*, vol. 131, 2017, pp. 3-5, 38 e ss.

a. Deferência Auer

A "Deferência Auer" diz respeito à questão de saber até que ponto os tribunais podem controlar uma autoridade na interpretação das disposições legais que ela mesma emitiu. O Judiciário tradicional agiu aqui com muita cautela e aceitou todas as interpretações oficiais, exceto as decisões flagrantemente ilegais. A justificação de que cada autoridade deveria saber melhor o que queria dizer com os seus regulamentos sempre se baseou, evidentemente, em terreno movediço. Não se conseguiu reconhecer a grande importância da "criação de regras" e das "regras" no Direito Administrativo americano. Especialmente quando as autoridades são autorizadas e obrigadas a especificar melhor a área de responsabilidade que lhes é atribuída no âmbito da lei por meio dos seus próprios regulamentos, o cumprimento das normas autoimpostas não pode permanecer em grande parte livre de controle.

A fragilidade da doutrina tradicional foi destacada pela maioria (liberal) dos juízes no caso *Kisor v. Wilkie*, que a reconheceu corretamente, estabelecendo padrões de controle judicial significativamente mais rígidos.[1424] O Direito infralegal dos "regulamentos" também é lei, em sentido amplo, em cuja interpretação os tribunais devem estar envolvidos nos pontos essenciais, o que é garantido pela, agora, prevista sequência de verificações sobre o caso concreto. Isso deve afastar definitivamente o plano do juiz [Neil] *Gorsuch* de colocar Auer à margem. É uma solução pragmática que não perde de vista os interesses da Administração, mesmo que eles sejam realmente legitimados por conhecimentos especializados.

b. Deferência Chevron

As disputas sobre a "deferência Chevron" são mais difíceis de classificar. A questão central aqui é o desempenho orientador do

---

1424 588 U.S. __ (2019) Kagan, J. para formar maioria (op. cit. 11-19).

legislador e a margem de manobra que as autoridades responsáveis devem ter na sua interpretação dos requisitos legais, o que também inclui a mudança de interpretações anteriores. Essa possibilidade é vista como um meio importante para permitir à Administração adaptar-se rapidamente às novas situações e, assim, prosseguir com uma política ativa. Sem equiparação com nenhuma outra decisão da Suprema Corte, o caso Chevron é considerado um elemento fundamental no conceito de Estado administrativo. É precisamente contra esse entendimento que se dirigem os ataques dos adversários.[1425] Eles são liderados, principalmente, pelos conservadores, cujas linhas de raciocínio ainda não são totalmente claras.[1426]

A oposição que a contenda Chevron enfrenta na Suprema Corte aumentou recentemente. Momentaneamente, o rumo dessa rejeição ainda não está evidente. Como decisão que estabelece um precedente, a doutrina Chevron goza de proteção significativa contra anulação, com base na doutrina do *stare decisis* do Direito Processual americano. Por sua vez, a teoria só determina a intensidade com que a Suprema Corte adere a essas regras.[1427] Sendo que suas decisões recentes são ambíguas quanto ao rigor com que ele deseja

---

1425 HAMBURGER, P. "Chevron Bias". *Geo. Wash. L. Rev.*, vol. 84, 2016, p. 1.187; para mais, ver METZGER, G. E. "1930s Redux: The Administrative State under Siege". *Harv. L. Rev.*, vol. 131, 2017, pp. 1 e 32.

1426 Uma estatística um pouco mais antiga sobre a prática de aplicação mostra que os juízes liberais preferem aplicar a *Chevron* às decisões tomadas por governos politicamente próximos deles, mas os juízes conservadores também usam a doutrina para imunizar atos de governos próximos deles contra o controle judicial intensivo. Cf. mais informações em SUNSTEIN, C. "Beyond Marbury: The Executive's Power To Say What the Law Is". *Yale L. J.*, vol. 115, 2006, pp. 2.600 e ss.; de modo semelhante em METZGER, G. E. "1930s Redux: The Administrative State under Siege". *Harv. L. Rev.*, vol. 131, 2017, p. 33.

1427 No que tange a essa teoria, ver KISCHEL, Uwe. *Rechtsvergleichung*. Berlim: C. H. Beck, 2015, § 5, nota, pp. 21 e ss.

lidar com os requisitos.[1428] Ainda assim, "anular" [*overruling*] o precedente não parece ser uma opção totalmente alheia.

De toda forma, é mais provável que a Suprema Corte não abandone completamente a deferência Chevron, mas a restrinja ainda mais. Ela seguiu esse caminho em duas decisões recentes sobre questões que não dizem respeito ao exame de legalidade, mas, sim, ao âmbito de aplicação do caso Chevron.[1429] Seria concebível apenas reconhecer uma redução no nível de revisão judicial no futuro, se o Congresso autorizasse explicitamente uma autoridade a tomar a decisão final ou, ao menos, utilizasse termos ("razoável", "apropriado", "viável") que demonstrassem a necessidade de uma interpretação politicamente equilibrada.[1430] Nessa lógica, os tribunais inferiores poderiam ser obrigados a lidar com a respectiva lei estatutária de forma muito mais aprofundada, em vez de classificarem prematuramente uma disposição como "ambígua" e, assim, deixarem as especificações adicionais para a Administração.

1428 No 587 U.S. __ (2019) (op. cit. 169) *Franchise Tax Board of California v. Hyatt* diz "stare decisis sei not an inexorable command". No 588 U.S. __ (2019) (op. cit. 26), em contrapartida, remete à formulação mais antiga, segundo a qual a ligação ao precedente é "uma pedra fundamental do Estado de Direito". No 590 U.S. __ (2020) *Ramos v. Louisiana* é renovada a ideia de "not an inexorable command", exercendo críticas sobre a prática de "overruling" (cf. especialmente Kavanaugh, J. conc., op. cit. 7-9). No entanto, não fica claro na decisão segundo quais normas os critérios devem ser aplicados devido às inúmeras opiniões divergentes que não seguem a linha divisória política habitual dentro do tribunal.

1429 U.S. (2015) (op. cit. 8) *King v. Burwell* (A deferência da Chevron não se aplica a "questões de profundo significado econômico e político") e 587 U.S. __ (2019) (op. cit. 14) *Smith v. Berryhill* (não abarca regulamentos de proteção legal).

1430 Ver KAVANAUGH, B. M. "Bookreview: Fixing Statutory Interpretation". *Harv. L. Rev.*, vol. 129, 2016, pp. 2.118-2.153.

O significado prático de uma (possível) correção ao caso Chevron é avaliado de forma diferente na literatura.[1431] A proteção legal administrativa nos EUA também inclui outras formas de controle judicial apenas reduzido, como a "deferência Skidmore. Em termos de consequências individuais, uma correção de rumo na deferência Chevron provavelmente não seria tão grave, dadas as muitas citações da decisão. Entretanto, para o conceito de Estado administrativo americano, essas reduções duradouras estariam associadas a uma grave perda de reputação.[1432]

Segunda seção: o conceito de Estado administrativo e sua crítica na perspectiva externa do Direito Administrativo alemão

A. A questão do Estado administrativo na Alemanha

Na Alemanha, não há discussões intensas e duradouras sobre o Estado administrativo como nos Estados Unidos. O termo em si nem é muito comum.[1433] Já as disputas sobre o Estado policial e sua metamorfose constitucional, resumidas em dogmas jurídicos

---

1431 Cf. WARREN, P. D. "The Impact of Weakening Chevron Deference on Environmental Deregulation". *Colum. L. Rev.*, vol. 118, 2018, p. 62.

1432 METZGER, G. E. "1930s Redux: The Administrative State under Siege". *Harv. L. Rev.*, vol. 131, 2017, pp. 49 e 93: "judicial deference, increasingly the flashpoint for anti-administrativist attacks".

1433 Em relação ao conceito de Estado administrative, cf. CASSESE, S. "Die Entfaltung des Verwaltungsstaates in Europa". *In*: BOGDANDY, Armin von; CASSESE, Sabino; HUBER, Peter M. (Coord.). *Ius Publicum Europaeum – IPE*. vol. 3. Heidelberg: C. F. Müller Verlag, 2010, § 41, p. 2, com nota de rodapé 4; SCHUPPERT, Gunnar F. *Verwaltungswissenschaft*. Baden-Baden: Nomos-Verl.-Ges, 2000, pp. 51 e ss. ("Estado administrativo – Estado burocrático – Estado do funcionalismo público"), com referência a BVerfGE 39, 334 (347); nesse sentido, ver MORSTEIN MARX, Fritz. *Einführung in die Bürokratie*. Neuwied: Luchterhand, 1959.

na obra de Otto Mayer,[1434] vêm de longe.[1435] As aspirações liberais do século XIX vieram sempre apenas de um lado, que se viu confrontado com uma realidade administrativa que não se limitava apenas às tarefas de evitar o perigo. O espaço limitado e a densidade populacional tornaram imediatamente óbvia a necessidade de supervisão administrativa e de planejamento.[1436]

I. Administração: fato e *continuum*

Mesmo depois de 1945, a estrutura e as tarefas da Administração eram, em grande medida, indiscutíveis. A maioria do pessoal administrativo foi desacreditada devido à sua ligação aos governantes nacional-socialistas, mas não a Administração e a sua legitimidade em si. A reconstrução foi inicialmente realizada administrativamente a partir dos níveis inferiores. A Lei Fundamental foi capaz de articular a estrutura administrativa federal tradicional, com foco nos níveis estadual e local. Por insistência dos governadores militares, ela tomou precauções adicionais contra tendências centralizadoras e reforçou os direitos e deveres básicos de todo o poder estatal. Portanto, com a sua opção por um "Estado Social Constitucional" não deixou dúvidas sobre um forte componente da comunidade. Assim, as estruturas administrativas desenvolvidas ao longo dos séculos foram tidas como um dado adquirido.

A esmagadora maioria da literatura de Direito Administrativo reconheceu essa particularidade como um fato básico e

---

1434 MAYER, Otto. *Deutsches Verwaltungsrecht*. 3ª ed. vol. 1. Berlim: Duncker & Humblot, 1924, pp. 38 e ss., 54 e ss.

1435 Cf. STOLLEIS, M. "Entwicklungsstufen der Verwaltungsrechtswissenschaft". *In*: HOFFMANN-RIEM, Wolfgang; SCHMIDT-AßMANN, Eberhard; VOßKUHLE, Andreas (Coord.). *Grundlagen des Verwaltungsrechts*. 2ª ed. vol. 1. Munique: C. H. Beck, 2012, § 2, nota, pp. 9 e ss.

1436 O que é demonstrado pelo desenvolvimento da regulamentação da construção civil; para mais, ver SCHMIDT-AßMANN, Eberhard. *Grundfragen des Städtebaurechts*. Göttingen: Schwartz, 1972, pp. 16 e ss.

concentrou-se – muitas vezes seguindo os ensinamentos desenvolvidos na tradição de *Otto Mayer* – na ordem constitucional dos processos administrativos, especialmente, através do desenvolvimento mais preciso da teoria das formas jurídicas, dos direitos subjetivos e da proteção jurídica administrativa.[1437] A fórmula "Direito Administrativo como Direito Constitucional concreto" alinhou o Direito Administrativo com a Constituição, ou seja, não opôs a Administração à Constituição.

II. Considerações da crítica à burocracia

Isso não significa que não tenha havido e que não haja discussões em curso na Alemanha sobre a melhor estrutura da Administração, o âmbito das suas competências e os instrumentos para cumpri-las: reformas circunstanciais e funcionais, ações de simplificação administrativa, desregulamentação e privatização, medidas contra a "enchente de normas" e em favor da "Administração cidadã". De acordo com *Pascale Cancik*, esses diferentes fenômenos e desdobramentos podem ser resumidos sob o termo "crítica à burocracia".[1438]

Os debates sobre o fenômeno da burocracia, que remontam ao século XIX, mostram, essencialmente, "a relação instável entre análise, crítica e ressentimento".[1439] Além de declarações fundamentalmente críticas, muitas vezes culturalmente pessimistas, que buscam expressar um profundo mal-estar com um "mundo administrado", há contribuições analítico-descritivas que entendem

---

1437 STOLLEIS, M. "Entwicklungsstufen der Verwaltungsrechtswissenschaft". *In*: HOFFMANN-RIEM, Wolfgang; SCHMIDT-AßMANN, Eberhard; VOßKUHLE, Andreas (Coord.). *Grundlagen des Verwaltungsrechts*. 2ª ed. vol. 1. Munique: C. H. Beck, 2012, § 2.

1438 Cf. CANCIK, P. "Zuviel Staat? – Die Institutionalisierung der 'Bürokratie'-Kritik im 20. Jahrhundert". *Der Staat*, vol. 56, 2017, pp. 1 e ss.

1439 CANCIK, P. "Zuviel Staat? – Die Institutionalisierung der 'Bürokratie'-Kritik im 20. Jahrhundert". *Der Staat*, vol. 56, 2017, p. 6.

a burocracia como uma conexão entre certos padrões de comportamento e critérios de racionalidade, tratando suas vantagens e desvantagens e, se necessário, apresentando propostas concretas de reforma.[1440]

1 Estado de Direito *versus* Estado de Bem-Estar Social

A disputa entre o princípio do Estado de Bem-Estar Social e o Estado de Direito é representativa de uma crítica jurídica fundamental.[1441] Essas contendas, que se baseiam em argumentos constitucionais e dogmáticos, e que *Ernst Forsthoff* e a sua palestra na Conferência de Professores de Direito Constitucional de Bonn, em 1953,[1442] representam, dúvidas sobre a eficácia das formas jurídicas tradicionais de ação estatal, as quais foram combinadas com objeções fundamentais a uma gama excessiva de competências para a Administração social.[1443] A crítica às tarefas e a crítica ao cumprimento delas fundem-se e são confrontadas – muito à semelhança dos adversários do Estado administrativo nos EUA – com ideias

---

1440 Detalhes em CANCIK, P. "Zuviel Staat? – Die Institutionalisierung der 'Bürokratie'-Kritik im 20. Jahrhundert". *Der Staat*, vol. 56, 2017, pp. 8 e ss., 30 e ss.

1441 Para mais, ver STOLLEIS, Michael. *Geschichte des öffentlichen Rechts*. vol. 4. Munique: C. H. Beck, 2012, pp. 279 e ss.; MEINEL, Florian. *Der Jurist in der industriellen Gesellschaft*: Ernst Forsthoff und seine Zeit. Berlim: Akademie Verlag, 2011, pp. 355 e ss.

1442 FORSTHOFF, E. "Begriff und Wesen des sozialen Rechtsstaates". *VVDStRL*, vol. 12, 1954, pp. 8 e ss., assim como as contribuições em FORSTHOFF, Ernst (Coord.). *Rechtsstaatlichkeit und Sozialstaatlichkeit*. Darmstadt: Wissenschaftliche Buchges, 1968.

1443 Sobre as conexões entre a crítica sociológica e jurídica do Estado de Bem-Estar Social (Gehlen, Schelsky, Freyer, Forsthoff), cf. CANCIK, P. "Zuviel Staat? – Die Institutionalisierung der 'Bürokratie'-Kritik im 20. Jahrhundert". *Der Staat*, vol. 56, 2017, pp. 1-17, com referência a VOLKMANN, U. "Leitbilder des Sozialstaates". *In*: BOYSEN, Sigrid; KAISER, Anna-Bettina; MEINEL, Florian (Coord.). *Verfassung und Verteilung*. Tübingen: Mohr Siebeck, 2015, pp. 217-227.

constitucionais que pretendem ter uma ligação histórica, mas que são, em última análise, construções a-históricas.[1444] Relativamente ao Estado de Direito diz: "não há lugar para os direitos sociais de prestação estatal; eles estão desnaturando a Constituição".[1445]

Forsthoff reconhece que o Estado de Direito e o Estado de Bem-Estar Social estão consagrados na Lei Fundamental.[1446] Contudo, ele acredita que a fusão dos dois é impossível porque existem limites estruturais previstos na Constituição. Por exemplo, são mencionados aqui os elementos que também desempenham um papel central na discussão americana: separação de poderes, conceito de lei, Constituição e aplicação da lei.[1447] Algumas dessas formulações poderiam até ser encontradas de maneira semelhante nos escritos dos representantes da "Constituição no Exílio": o Estado ideal de um país cuja Constituição garante direitos sociais de prestação estatal "não é o de um regime liberal, mas de um modelo socialista".[1448] O termo "Estado administrativo" também encontra um outro significado próximo: "o Estado de Bem-Estar Social radical termina inevitavelmente com um Estado administrativo que não pode mais ser um Estado constitucional".[1449]

1444 MEINEL, Florian. *Der Jurist in der industriellen Gesellschaft*: Ernst Forsthoff und seine Zeit. Berlim: Akademie Verlag, 2011, p. 381: "Ele [o conceito de Constituição] está separado do contexto legitimador de sua gênese iluminista, conceitualmente independente, formalizado institucionalmente e vedado a qualquer justificativa contraditória".

1445 FORSTHOFF, Ernst (Coord.). *Rechtsstaatlichkeit und Sozialstaatlichkeit*. Darmstadt: Wissenschaftliche Buchges, 1968, p. 8.

1446 FORSTHOFF, E. "Begriff und Wesen des sozialen Rechtsstaates". *VVDStRL*, vol. 12, 1954, pp. 8 e ss.

1447 FORSTHOFF, E. "Begriff und Wesen des sozialen Rechtsstaates". *VVDStRL*, vol. 12, 1954, pp. 16 e 34, seções III e IV.

1448 FORSTHOFF, Ernst (Coord.). *Rechtsstaatlichkeit und Sozialstaatlichkeit*. Darmstadt: Wissenschaftliche Buchges, 1968, p. 9.

1449 FORSTHOFF, E. "Begriff und Wesen des sozialen Rechtsstaates". *VVDStRL*, vol. 12, 1954, pp. 8-33.

Todavia, as disputas da década de 1950 perderam rapidamente a intensidade. A dimensão social da Constituição desencadeou um processo de adaptação na literatura jurídica, durante o qual já não se tratava de manter o número de competências do Estado tão baixo quanto possível, mas, sim, de garantir que o cumprimento das despesas oriundas dos gastos sociais fosse realizado em conformidade com o Estado de Direito.[1450] O imbróglio sobre a relação entre o Estado de Bem-Estar Social e o Estado de Direito não se desenvolveu em uma crítica fundamental sustentada que divide a profissão jurídica da mesma forma que o Estado administrativo o faz nos EUA.

2 Crítica jurídica e concreta à burocracia

A dúvida permanece: será que *Forsthoff* foi o único a reconhecer corretamente as distorções fundamentais que as competências mutáveis do Estado moderno estão introduzindo na Constituição? O que só poderia ser afirmado, utilizando-se a interpretação "originalista" da Constituição e (na terminologia alemã) elevando-se o constitucionalismo do século XIX (em uma percepção idiossincrática) à norma que estabelece padrões. No entanto, uma teoria jurídica da interpretação, minimamente responsável, que leve em conta a natureza temporal de todas as determinações normativas não permite chegar a essas conclusões. As constituições abrem diversos processos de comunicação histórica, filosófica e política. Ainda assim, elas, nas suas declarações juridicamente vinculativas, não podem ficar dependentes de referências pouco claras, de dúvidas vagas ou de perigos anunciados.

Nesse diapasão, é interessante considerar a visão de *Fritz Morstein Marx*, que, como advogado, conseguiu combinar suas

1450 ZACHER, H. "Das soziale Staatsziel". *In*: ISENSEE, Joseph; KIRCHHOF, Paul (Coord.). *Handbuch des Staatsrechts der Bundesrepublik Deutschland*. 3ª ed. vol. 2. Heidelberg: C. F. Müller Juristischer Verlag, 2004, § 28, nota, pp. 109 e ss.; STOLLEIS, Michael. *Geschichte des öffentlichen Rechts*. vol. 4. Munique: C. H. Beck, 1992; 2012, pp. 287 e ss.

próprias experiências na Administração federal dos EUA com uma perspectiva transatlântica. O seu *Introdução à Burocracia* – título da edição original americana *O Estado Administrativo* – é uma confirmação do estatuto do dominador e do vigilante, o que pressupõe uma posição positiva contra um ressentimento crítico da burocracia que serve para deslegitimar o Estado.[1451]

A crítica à burocracia na Alemanha move-se dentro desse esquadro. Os termos "burocracia" e "burocratização" são ocasionalmente utilizados como "termos em disputa" no país e estão associados a exigências de um Estado significativamente reduzido. Essas contendas não chegam ao nível constitucional, permanecendo ao âmbito político dos partidos e associações.[1452] O discurso jurídico é mais concreto, o que é demonstrado por temas como a "enxurrada de leis", a "aceleração dos procedimentos" e as "consequências da privatização", nos quais os advogados têm estado intensamente envolvidos.[1453] Frequentemente têm sido encontradas soluções para os problemas levantados, em parte pelas mudanças na lei e em parte pelas transformações na dogmática.[1454] Trata-se de ajustes que não forçam a reinterpretação das decisões estruturais da Lei Fundamental.[1455]

1451 MORSTEIN MARX, Fritz. *Einführung in die Bürokratie*. Neuwied: Luchterhand, 1959, pp. 45s.: "Portanto, tem gente que só conhece a palavra 'burocracia' do dicionário do desprezo". "Esta crítica pouco tem a ver com as características estruturais e os métodos de trabalho da Administração pública, tendo contribuído muito para reduzir a reputação do Estado".

1452 Fala sobre um "redimensionamento semântico" da antiga República Federal desde a década de 1970 em CANCIK, P. "Zuviel Staat? – Die Institutionalisierung der 'Bürokratie'-Kritik im 20. Jahrhundert". *Der Staat*, vol. 56, 2017, pp. 1-35.

1453 Ver CANCIK, P. "Zuviel Staat? – Die Institutionalisierung der 'Bürokratie'-Kritik im 20. Jahrhundert". *Der Staat*, vol. 56, 2017, pp. 15 e ss.

1454 CANCIK, P. "Zuviel Staat? – Die Institutionalisierung der 'Bürokratie'-Kritik im 20. Jahrhundert". *Der Staat*, vol. 56, 2017, pp. 30 e ss.

1455 No tocante à mudança das abordagens de controle legal quando as doutrinas de mercado e de gestão são integradas ao conceito de cumprimento de

Para os EUA, a situação é mais complicada porque a Constituição não formula um objetivo social do Estado, e as expansões das competências estatais devem, portanto, ser legitimadas de forma independente.[1456] Por outro lado, existem preocupações com o crescimento do poder do Presidente, o que sugere que o Poder Executivo deve ser monitorado visando à separação de poderes. Surpreendentemente, porém, a crítica ao Estado administrativo refere-se frequentemente menos à posição do Presidente do que ao papel das "agências" como um "quarto Poder sem cabeça". A ênfase na unidade administrativa ("Executivo unitário"), que equivale ao fortalecimento do Presidente, pretende ser um antídoto para as lamentáveis disfunções do Estado administrativo. Isso não parece muito coerente e só ganharia força argumentativa se adotássemos uma abordagem completamente diferente e – como fazem *Eric Posner* e *Adrian Vermeule* – tomássemos como dado adquirido um Executivo forte, que em qualquer caso não poderia ser controlado com os instrumentos constitucionais convencionais e para os quais, portanto, teríamos que procurar novas formas de reconexão democrática. Isso vai muito além da área regulatória do Direito Administrativo como visto nos EUA e na Alemanha. Quando se trata desses problemas, não nos devemos permitir ficar completamente presos à análise do nível federal e da posição

---

tarefas administrativas, cf. SCHMIDT-AßMANN, Eberhard. *Das allgemeine Verwaltungsrecht als Ordnungsidee*. 2ª ed. Berlim: Springer, 2004, nota, pp. 40 e ss.

1456 Cf. NOVAK, W. J. "The Administrative State in America". *In*: BOGDANDY, Armin von; CASSESE, Sabino; HUBER, Peter M. (Coord.). *The Max Planck Handbooks in European Public Law*. vol. 1. Oxford: Oxford University Press, 2017, pp. 116 e ss. Resta saber até que ponto as discussões sobre "direitos positivos" levarão a uma consolidação aqui; ver ZACKIN, E. "Positive Rights". *In*: TUSHNET, Mark; GRABER, Mark A.; LEVINSON, Sanford (Coord.). *The Oxford Handbook of the U. S. Constitution*. Oxford: Oxford University Press, 2015, pp. 717 e ss. Breves considerações sobre a utilização deste aspecto para legitimar o Estado administrativo em METZGER, G. E. "1930s Redux: The Administrative State under Siege". *Harv. L. Rev.*, vol. 131, 2017, p. 90.

especial dos presidentes americanos. A crítica ao Estado administrativo seria provavelmente menos radical se as ideias sobre o Poder Executivo incluíssem também as atividades administrativas em âmbito estadual e municipal. É nesses níveis que os cidadãos vivenciam concretamente a Administração – positiva e negativa, promotora e ameaçadora da liberdade – na sua vida cotidiana e também estão envolvidos nela, compondo "conselhos" e outros comitês. A necessidade de tornar juridicamente visível uma área de responsabilidade tão central como o poder de polícia, incluindo-a como cânone do Direito Administrativo e debatendo-a a partir dos vínculos constitucionais reconhecidos com o "Direito Administrativo", é premente, especialmente, nos dias atuais.

B. A dimensão política do Direito Administrativo: um campo de observação jurídica comparada e de aprendizagem compartilhada

É possível extrair lições no tratamento dos fenômenos do Estado administrativo e da "burocracia", respectivamente, no Direito americano e alemão, que possam ser úteis no tocante às questões atuais, principalmente, na formação e desenvolvimento de doutrinas e dogmas relevantes? Essa resposta será examinada a seguir, tratando primeiramente da dimensão política do Direito Administrativo (I) e, posteriormente, da precisão de controle dos princípios abstratos do Direito Administrativo (II).

I. A dimensão da reciprocidade entre Política e Direito

Quando analisados a partir da comparação jurídica, os sistemas de Alemanha e EUA parecem representar culturas administrativas distantes umas das outras e que diferem precisamente na sua atitude em relação ao papel da política. A compreensão alemã do Direito Administrativo é frequentemente caracterizada como "legalista".[1457] O que pode ser esboçado da seguinte forma: o foco está na legalidade das ações administrativas e na aplicação uniforme da lei, que é construída como uma conclusão de uma subsunção, utilizando métodos jurídicos precisos; desempenhando o controle judicial um papel proeminente na consecução desses objetivos. O modelo de governo burocrático e a imagem ideal do funcionário neutro que toma decisões não políticas constituem as ideias de fundo.[1458] Foi demonstrado reiteradamente que a Administração alemã também tem opções de arranjos ajustáveis em muitas áreas que podem se adaptar conforme suas próprias preferências.[1459] Ainda assim, "o modelo de Administração hierárquica continua a ter uma influência considerável na Alemanha".[1460]

1457 No que tange ao conceito tradicional, ver KÖNIG, K. *et al.* (Coord.). *Grundmuster der Verwaltungskultur*. Baden-Baden: Nomos, 2014, pp. 13 e ss.; e *Winkler*, pp. 81 e ss. Para seu complemento, ver SCHARPF, Fritz W. *Die politischen Kosten des Rechtsstaats*: Eine vergleichende Studie der deutschen und amerikanischen Verwaltungskontrollen. Tübingen: J. C. B. Mohr, 1970, pp. 38 e ss.

1458 Em termos gerais VOßKUHLE, Andreas. "Personal". *In*: HOFFMANN-RIEM, Wolfgang; SCHMIDT-AßMANN, Eberhard; VOßKUHLE, Andreas (Coord.). *Grundlagen des Verwaltungsrechts*. 2ª ed. vol. 3. Munique: C. H. Beck, 2013, § 43, nota, pp. 64 e ss.; KAHL, W. "Grundzüge des Verwaltungsrechts in gemeineuropäischer Perspektive: Deutschland". *In*: BOGDANDY, Armin von; CASSESE, Sabino; HUBER, Peter M. (Coord.). *Ius Publicum Europaeum – IPE*. vol. 4. Heidelberg: C. F. Müller Verlag, 2011, § 74, nota, pp. 155 e ss.

1459 Cf. SCHUPPERT, Gunnar F. *Verwaltungswissenschaft*. Baden-Baden: Nomos-Verl.-Ges, 2000, pp. 661 e ss.; SCHMIDT-AßMANN, Eberhard. *Das allgemeine Verwaltungsrecht als Ordnungsidee*. 2ª ed. Berlim: Springer, 2004, cap. 4, nota, pp. 36 e ss.; HOFFMANN-RIEM, W. "Die Eigenständigkeit der Verwaltung". *In*: HOFFMANN-RIEM, Wolfgang; SCHMIDT-AßMANN, Eberhard; VOßKUHLE, Andreas (Coord.). *Grundlagen des Verwaltungsrechts*. 2ª ed. vol. 1. Munique: C. H. Beck, 2012, § 10.

1460 KAHL, W. "Grundzüge des Verwaltungsrechts in gemeineuropäischer Perspektive: Deutschland". *In*: BOGDANDY, Armin von; CASSESE, Sabino; HUBER, Peter M. (Coord.). *Ius Publicum Europaeum – IPE*. vol. 4. Heidelberg: C. F. Müller Verlag, 2011, § 74, nota, p. 158.

Em contrapartida, o Direito Administrativo americano é considerado muito mais "político":[1461] depende menos de compromissos legais, é mais aberto a argumentos não jurídicos e é mais dependente das orientações dos órgãos eleitos; está mais aberto aos desejos sociais e pode reagir com mais flexibilidade aos novos desdobramentos sociais; baseia-se menos em ritos formais e mais em procedimentos. Mantendo a sua longa tradição democrática, é mais comunicativo, mais participativo e mais aberto. Por outro lado, o controle judicial foi restringido. Na interpretação de termos jurídicos vagos, não são os tribunais que devem desempenhar o papel decisivo, mas, sim, as autoridades especializadas responsáveis. "Esses argumentos políticos são mais adequadamente dirigidos aos legisladores ou administradores, e não aos juízes".[1462]

Em comparação, a política funciona como um "conceito oposto" ao Direito. O político é o que a lei liberou para ser.[1463] Quanto menos requisitos legais existirem, mais a Administração será capaz de decidir e de moldar os fenômenos de acordo com as suas próprias preferências e, assim, agir de forma politicamente responsável.

> Ao contrário da Administração alemã, ela [a Administração americana] não pode confiar nas suas estritas obrigações

---

1461 SCHARPF, Fritz W. *Die politischen Kosten des Rechtsstaats*: Eine vergleichende Studie der deutschen und amerikanischen Verwaltungskontrollen. Tübingen: J. C. B. Mohr, 1970, pp. 14 e ss., 59 e ss.; cf. LEPSIUS, Oliver. "Was kann die deutsche Staatsrechtslehre von der amerikanischen Rechtswissenschaft lernen?" *In*: SCHULZE-FIELITZ, Helmuth (Coord.). *Staatsrechtslehre als Wissenschaft*: Die Verwaltung. Berlim: Duncker & Humblot, 2007, pp. 319, 333 e ss., 339 e ss. (embora mais relacionado ao Direito Privado e ao Direito Constitucional).

1462 U.S. 837, 864 (1984) *Chevron U.S.A., Inc. v. NRDC, Inc.*

1463 Para mais, ver MÖLLERS, C. "Verwaltungsrecht und Politik". *In*: BOGDANDY, Armin von; CASSESE, Sabino; HUBER, Peter M. (Coord.). *Ius Publicum Europaeum – IPE*. vol. 5. Heidelberg: C. F. Müller Verlag, 2014, § 93, nota, pp. 5 e ss., que fala de uma "concepção fortemente voluntarista" da política.

legais nem na ficção da responsabilidade ministerial face às críticas e às exigências políticas.[1464]

O que parece convenientemente aberto, mas, olhando mais de perto, baseia-se em características do Estado administrativo que não estão isentas de controvérsia, mesmo nos EUA.

Desse modo, a compreensão da Política como um "conceito oposto" ao Direito é apenas um dos lados.[1465] O outro é a função de apoio que o Direito tem para a Política. Inúmeros arranjos e institutos que compõem a função política da Administração dependem de serem estruturados por lei. Os procedimentos devem ser legalmente regulamentados. Uma política de informação particularmente aberta por parte da Administração, por exemplo, exige regulamentações legais que tenham em conta os interesses de terceiros. As regulações detalhadas e interligadas do Direito Administrativo Informacional americano são bem ilustrativas. "Sem diretrizes normativas não há tomada de decisão política. Não existe um jogo de soma zero entre o Direito Administrativo e a política".[1466]

Especialmente quando se consideram as relações contrastantes e complementares entre a Política e o Direito, há muitos indícios de que ambos os sistemas jurídicos administrativos podem aprender um com o outro. É claro que as diferentes condições de enquadramento e as distintas ideias de Administração que moldam os discursos nos dois países exigem cautela. As condições gerais

---

1464 Assim em SCHARPF, Fritz W. *Die politischen Kosten des Rechtsstaats*: Eine vergleichende Studie der deutschen und amerikanischen Verwaltungskontrollen. Tübingen: J. C. B. Mohr, 1970, p. 62.

1465 Cf. MÖLLERS, C. "Verwaltungsrecht und Politik". *In*: BOGDANDY, Armin von; CASSESE, Sabino; HUBER, Peter M. (Coord.). *Ius Publicum Europaeum – IPE*. vol. 5. Heidelberg: C. F. Müller Verlag, 2014, § 93, nota, pp. 35 e ss.

1466 MÖLLERS, C. "Verwaltungsrecht und Politik". *In*: BOGDANDY, Armin von; CASSESE, Sabino; HUBER, Peter M. (Coord.). *Ius Publicum Europaeum – IPE*. vol. 5. Heidelberg: C. F. Müller Verlag, 2014, § 93, nota, p. 6.

incluem a politização que o próprio Direito tem experimentado a partir do procedimento de nomeação dos juízes nos EUA.[1467] Quando se trata de ideias sobre "Administração", deve-se notar que o "Direito Administrativo americano" centra-se na Administração criativa, enquanto o "Direito Administrativo alemão" ainda está fortemente orientado para a Administração executiva. As experiências armazenadas nas suas teorias e na dogmática provêm, portanto, de diferentes campos de atividade e estruturas de casos e só podem servir, com reservas, como recomendações para o outro sistema jurídico.

Muito se ganharia se uma mudança ocorresse exatamente nesse ponto e ambos os países voltassem a sua atenção tanto para a Administração criativa como para a Administração executiva. Esse é um dos objetivos da discussão sobre a reforma do Direito Administrativo na Alemanha.[1468] A "mudança espectral" das zonas de observação, que domina principalmente os livros didáticos, levou a uma perspectiva demasiadamente estreita em ambos os sistemas jurídicos.

- Além da Administração executiva, a ciência do Direito Administrativo alemão também teria de reconhecer as formas complexas de regulação econômica, planejamento espacial e estabelecimento de normas administrativas como tipos padrão de Administração moderna e integrar as suas formas e padrões típicos de ação nos ensinamentos gerais.[1469] Consequentemente, emergiria uma doutrina

---

1467 Sobre o processo de nomeação e a sua orientação recentemente politizada, cf. CROWE, J. "The Constitutional Politics of the Judiciary". *In*: TUSHNET, Mark; GRABER, Mark A.; LEVINSON, Sanford (Coord.). *The Oxford Handbook of the U. S. Constitution*. Oxford: Oxford University Press, 2015, pp. 197-204 e ss.

1468 SCHMIDT-AßMANN, Eberhard. *Verwaltungsrechtliche Dogmatik*. Tübingen: Mohr Siebeck, 2013, pp. 6 e ss.

1469 Ver FRANZIUS, C. "Modalitäten und Wirkungsfaktoren der Steuerung durch Recht". *In*: HOFFMANN-RIEM, Wolfgang; SCHMIDT-AßMANN,

da discricionariedade muito mais diferenciada, que não só teria de incluir a simples avaliação das consequências jurídicas, mas também as opções políticas em jogo.

- A literatura americana, por sua vez, deveria tratar mais da Administração executiva e dos acontecimentos da vida cotidiana dos cidadãos. A presença de um direito de polícia como cânone do Direito Administrativo ainda não eliminaria as objeções específicas ao Estado administrativo. Poderia, entretanto, contrariar um desconforto geral com uma Administração opaca e invasiva, identificando, para além das garantias processuais das Emendas IV e V, princípios substantivos como a proteção das expectativas legítimas e a proporcionalidade como padrões orientadores da ação administrativa.

II. O tema central: a precisão do controle de princípios jurídicos abstratos

O Direito Administrativo americano e o alemão diferem consideravelmente nas suas ideias sobre a precisão do controle de princípios jurídicos abstratos. Tendo como pano de fundo a supracitada relação recíproca entre a Política e o Direito, perguntaremos agora até que ponto ambos os sistemas jurídicos poderiam ser inspirados a mudar a sua própria perspectiva por meio da observação do outro.

Eberhard; VOßKUHLE, Andreas (Coord.). *Grundlagen des Verwaltungsrechts*. 2ª ed. vol. 1. Munique: C. H. Beck, 2012, § 4; HOFFMANN-RIEM, W. "Rechtsformen, Handlungsformen, Bewirkungsformen". *In*: HOFFMANN-RIEM, Wolfgang; SCHMIDT-AßMANN, Eberhard; VOßKUHLE, Andreas (Coord.). *Grundlagen des Verwaltungsrechts*. 2ª ed. vol. 2. Munique: C. H. Beck, 2012, § 33.

1 Realisticamente: liberdade na aplicação administrativa das leis

Aqui há um ponto crucial para o Direito Administrativo alemão e para o seu foco predominante na legalidade da Administração. É ainda mais surpreendente que não tenha sido desenvolvida uma doutrina independente sobre a forma como a lei é aplicada pela Administração, mas, sim, que se recorra sem mais delongas à metodologia tradicionalmente orientada para o Direito Civil. O foco na lei também é importante para o Direito Administrativo americano. Contudo, ele manteve uma atitude mais realista no que tange ao alcance do controle de princípios jurídicos abstratos.[1470] Ao reconhecer sobriamente a margem de manobra administrativa (e judicial) como norma na aplicação da lei, o Direito Administrativo americano pode certamente fornecer inspiração para a doutrina alemã.

Isso pode se reverberar para o Direito Administrativo Processual. A sua importância, que é tradicionalmente subestimada na Alemanha, é demonstrada por uma norma como a seção 46 da Lei do Processo Administrativo Alemão. Só recentemente é que as mudanças se tornaram aparentes sob a pressão do Direito da União Europeia.[1471] Para o Direito americano, o significado independente do procedimento administrativo é evidente. As violações dos regulamentos processuais da seção 706(2) da APA são consistentemente citadas, além das violações do Direito Constitucional e de outras leis estatutárias, como razões que resultam na anulação judicial da

---

1470 MASHAW, Jerry L. *Reasoned Administration and Democratic Legitimacy*. Cambridge: Cambridge University Press, 2018, pp. 163 e ss.; LEPSIUS, Oliver. "Was kann die deutsche Staatsrechtslehre von der amerikanischen Rechtswissenschaft lernen?" *In*: SCHULZE-FIELITZ, Helmuth (Coord.). *Staatsrechtslehre als Wissenschaft*: Die Verwaltung. Berlim: Duncker & Humblot, 2007, pp. 320 e ss.

1471 Cf. § 4, abs. 1ª, UmwRG; EuGH C-72/12 ECLI:EU:C:2013:712, nota, p. 47; e C-137/14 ECLI:EU:C:2015:683, nota, pp. 51 e ss.

decisão administrativa em discussão. Apesar de toda a valorização do Direito Processual, os EUA prosseguem uma linha pragmática na medida em que a mesma disposição se refere expressamente à doutrina do "erro inofensivo" e estipula assim que nem todo erro processual justifica a sua revogação.

Outras sugestões podem ser obtidas no Direito americano para o Direito Processual da atuação administrativa, o que foi aventado no contexto de discussão do procedimento de notificação e comentários da seção 553 da APA. No entanto, não é aconselhável assumir o procedimento em sua totalidade. Elementos processuais individuais, como o anúncio público do projeto da norma planejada, a justificação da norma adotada e a documentação do processo de definição da norma, poderiam ser utilizados como um meio para otimizar a transparência e a racionalidade da regulamentação alemã. A intervenção dos tribunais nos processos legislativos em curso deverá, todavia, ser evitada, na medida do possível.

Uma segunda área que se torna mais importante em uma avaliação detida do controle administrativo é o Direito da organização administrativa:[1472] quanto menos preciso for o controle material do programa normativo, mais importantes se tornam as instituições envolvidas, as suas responsabilidades, a sua configuração e a sua estrutura interna de tomada de decisão.[1473] Na Alemanha, o Direito da organização administrativa baseia-se em certas formas de Direito Organizacional, que não são vinculativas para o legislador, mas que ele utiliza frequentemente. Isso facilita a orientação e aumenta a transparência da estrutura administrativa.

1472 Para mais, ver LEPSIUS, Oliver. "Was kann die deutsche Staatsrechtslehre von der amerikanischen Rechtswissenschaft lernen?" *In*: SCHULZE-FIELITZ, Helmuth (Coord.). *Staatsrechtslehre als Wissenschaft*: Die Verwaltung. Berlim: Duncker & Humblot, 2007, pp. 330 e ss.

1473 Sobre as tarefas do Direito de organização administrativa orientado para o controle, ver SCHMIDT-AßMANN, Eberhard. *Verwaltungsrechtliche Dogmatik*. Tübingen: Mohr Siebeck, 2013, pp. 137 e ss.

Em comparação com a prática americana de definir especificamente as responsabilidades e a organização interna de uma autoridade no seu "estatuto orgânico", a prática alemã é inicialmente uma vantagem. Contudo, deve ser questionado criticamente se a técnica de controle alemã centrada na formalidade não obscurece excessivamente as diferenças presentes em uma unidade organizacional. Por exemplo, é difícil fazer declarações fiáveis sobre a eficácia da competência ministerial de emitir instruções sem examinar mais de perto a posição, as competências e a estrutura específicas das unidades administrativas envolvidas em uma relação de supervisão. Isso não configura um apelo contra formas fixas de Direito Organizacional, mas, sim, a favor de uma visão mais diferenciada e contextualizada do Direito Organizacional Administrativo, cujo maior representante é o Direito americano.

2 Duvidoso: efeitos cumulativos dos espaços abertos

"Nos Estados Unidos, a tolerância ao Direito como um sistema moderadamente autônomo é muito menor do que na Europa".[1474] A afirmação, feita em uma discussão sobre o papel do Direito Constitucional, alerta contra a confiança rápida nos efeitos da aprendizagem em comparações jurídicas transatlânticas, o que já se opõe às tradições do Direito Consuetudinário e ao realismo jurídico. É claro que a situação do Direito Administrativo não deve ser equiparada à do Direito Constitucional ou à do Direito Privado. Os programas normativos aqui são mais densos e as suas exigências mais aguçadas: para o Direito Administrativo, o Direito

---

1474 De acordo com POST, R. "Constitutional scholarship in the United States". *International Journal of Constitutional Law*, vol. 7, 2009, pp. 416-423, em contraste à posição dos estudiosos do Direito Constitucional europeu como BOGDANDY, Armin von. "The past and promise of doctrinal constructivism: A strategy for responding to the challenges facing constitutional scholarship in Europe". *International Journal of Constitutional Law*, vol. 7, pp. 364 e ss.

é sempre um instrumento para estabelecer limites ao Executivo e, ao mesmo tempo, garantir a liberdade do indivíduo. Embora seja correto não sobrestimar os efeitos de controle dos princípios jurídicos abstratos, é duvidoso que não seja dada importância à vinculação jurídica da Administração nos EUA. O realismo jurídico e a vontade política de dar à Administração um papel dominante na organização social – metodologicamente e politicamente – estabeleceram um elo em grande parte da literatura americana, que de uma perspectiva alemã abriga o perigo dos excessos e, portanto, ameaça a legitimidade da Administração.

A conexão entre o Executivo e o Parlamento é um elemento indispensável para todos os Estados constitucionais que partilham poderes, o que pode ser aplicado sem prejuízo da legitimidade de que goza o Executivo no sistema presidencial dos EUA; e, ao mesmo tempo, precisamente nas partes do Poder Executivo isentas da supervisão do Presidente. "Delegações amplas", "agências independentes" e "deferência" podem, cada uma, fazer sentido funcional por si só, a fim de serem capazes de cumprir tarefas regulatórias administrativamente extensas de uma forma adequada e flexível à situação. No entanto, à medida que se acumulam, podem desenvolver uma tendência para enfraquecer o controle legal como mecanismo essencial de legitimidade administrativa. Não é preciso partilhar a oposição fundamental ao Estado administrativo para considerarmos compreensível a crítica à função reguladora do Direito demasiadamente livre.[1475]

1475 O valor intrínseco do controle jurídico ("crença na autonomia e determinação do ofício jurídico") é um elemento essencial no conceito de "Direito Administrativo neoclássico", como em POJANOWSKI, J. A. "Neoclassical Administrative Law". *Harv. L. Rev.*, vol. 133, 2020, especialmente pp. 895 e ss., 903 e ss., desenvolveu-se recentemente e vê-se como um meio termo nas disputas sobre o Estado administrativo. A etapa 1 da Chevron deveria, então, estar sujeita a controle judicial total, enquanto a etapa 2 deveria estar sujeita a ampla liberdade política por parte da Administração. Contra a possibilidade de uma separação nítida entre interpretação jurídica e política, ver VERMEULE, A. "Neo-?" *Harv. L. Rev.*, vol. 133, 2020, pp. 103 e ss.

Constatar os efeitos de controle jurídico não significa submeter o Direito Administrativo americano a uma perspectiva "legalista" que lhe é, em verdade, estranha. A dissociação da Administração do sistema parlamentar é vista, pelas correntes teóricas que defendem a ausência de preferências sociopolíticas no debate, como um ponto fraco no Estado administrativo. Pode-se ler o texto clássico de *Richard Stewart* sobre as fases de desenvolvimento e estratégias de reforma do Direito Administrativo americano como uma descrição sobre a luta contínua pela legitimidade do Estado administrativo. Esse embate deu origem a importantes concepções sobre as condições efetivas do Direito Administrativo. Apenas dois devem ser mencionados aqui: o paradigma da comunicação aberta e da participação, que reflete particularmente o "modelo de representação de interesses", de Stewart, e o paradigma da percepção especializada da tarefa, de *Shapiro*, *Fisher* e *Wagner*, que segue o seu "modelo de gestão regulatória", baseado no profissionalismo e na racionalidade interna.[1476]

A sequência de estratégias de reforma também mostra que nenhum dos paradigmas descritos pode garantir sozinho a legitimidade da Administração. Ao contrário, é importante compreender as suas funções mutuamente complementares. Nesse sentido, a ideia da Administração como "correia de transmissão" das diretrizes do controle parlamentar e do Direito Administrativo como arsenal de meios para dar forma jurídica a essa transmissão não está ultrapassada.[1477] O que foi dito acima sobre a relação entre Política e Direito se aplica: mesmo o Direito Administrativo político não pode prescindir do Direito (em suas diversas manifestações e instituições). Definir os componentes jurídicos fundamentais do Estado administrativo, mais precisamente, em termos normativos, significa, portanto, com todas as reservas necessárias, colocar alguns

---

1476 Ver → 1/36–38: "substantive expertise, deliberation, and reason giving".

1477 STEWART, R. "Administrative Law in the Twenty-First Century". *N. Y. U. L. Rev.*, vol. 78, 2003, pp. 443 e ss.: "The earlier approaches have not disappeared".

acentos de forma diferente nessa interação de Direito e Política, mais do que nas doutrinas anteriores foi pensado.

Por um lado, isso se aplica à "doutrina da não delegação".[1478] A experiência alemã com o art. 80, parágrafo 1º, inciso 2, da Lei Fundamental não aponta na direção de uma legalização radical. As fórmulas do Tribunal Constitucional Federal deixam ao Parlamento uma margem de manobra considerável na elaboração de normas de delegação. Ao menos, as principais linhas de conflito que atravessam o campo regulatório devem ser resolvidas pelo próprio legislador.[1479] Posição que é partilhada pelo Direito da UE, como mostra o art. 290, parágrafo 1º do TFUE. As questões essenciais não devem ser deixadas apenas à Administração para resolver. Além disso, é corretamente visto nos três sistemas jurídicos que a prática legislativa é uma área que só pode ser influenciada até certo ponto pela jurisprudência e por suas respectivas mudanças de entendimento e com efeitos apenas de longo prazo.

Um segundo ponto diz respeito à "deferência Chevron" e, portanto, à interpretação da lei.[1480] A divisão da autoridade de interpretação entre os tribunais e a Administração, de acordo com um "exame de verificação em duas etapas" é incomum não só em comparação com a Alemanha, mas também com países de Direito Consuetudinário, como a Inglaterra e a Austrália. Pode haver opiniões diferentes sobre questões de subsunção, mas há

1478 MÖLLERS, Christoph. *Gewaltengliederung*: Legitimation und Dogmatik im nationalen und internationalen Rechtsvergleich. Tübingen: Mohr Siebeck, 2005, pp. 182 e ss.

1479 Mais recentemente ver BVerfGE 150, 1, nota, 198-205, 242 e ss.

1480 MÖLLERS, Christoph. *Gewaltengliederung*: Legitimation und Dogmatik im nationalen und internationalen Rechtsvergleich. Tübingen: Mohr Siebeck, 2005, pp. 163 e ss.

unanimidade sobre a questão da interpretação nesses sistemas jurídicos: é "uma função exclusivamente judicial".[1481]

Existem boas razões para a utilização do caso Chevron: a experiência da autoridade especializada responsável, a responsabilidade política do Executivo, a sua capacidade de reagir a novas situações alterando a interpretação com uma nova política, mesmo que haja necessidade de alterar a legislação que serviu de fundamento (antes, especialmente em tempos de "governo dividido"), não é possível encontrar maiorias. O último ponto, em particular, diz respeito a uma situação que o Direito Administrativo de um sistema presidencialista deve ter em conta de forma diferente daquela dos sistemas de governo parlamentaristas. Deve-se, portanto, ter cuidado com comparações jurídicas em torno do caso Chevron.[1482]

Mesmo com reservas, há algo a dizer sobre a definição mais restrita da área política que ao caso Chevron deixa à Administração e sobre o envolvimento mais estreito dos tribunais na interpretação de termos jurídicos vagos. Isso não decorre do pressuposto de que os tribunais estão metodologicamente mais bem equipados para interpretar textos jurídicos, mas, sim, da sua posição como decisores neutros. A "legalização" associada baseia-se em um argumento de competência e não em um argumento de método.

Por outro lado, os juízes também têm ideias políticas das quais não podem libertar-se completamente nos seus julgamentos,

---

1481 No tocante aos dois países, ver CANE, Peter. *Controlling administrative power*: a historical comparison. Cambridge: Cambridge University Press, 2016, p. 218: "Under English and Australien law, by contrast, conclusive interpretation of statutes and regulations is an exclusively judicial function". De modo semelhante CRAIG, P. "Administrative Law in Anglo-American Tradition". *The SAGE Handbook of Public Administration*, 2012, pp. 333-341 e ss.

1482 Reflexões similares podem ser encontradas em CANE, Peter. *Controlling administrative power*: a historical comparison. Cambridge: Cambridge University Press, 2016, pp. 235 e ss.

mesmo com boas intenções, o que é particularmente importante para o sistema judiciário americano devido ao processo politizado de nomeação de juízes. No entanto, em comparação com as ambições políticas que as autoridades especializadas têm e as pressões a que estão expostas por parte de interesses profissionalmente organizados, o Poder Judiciário ainda parece ser o órgão de decisão com maior distância e maior grau de neutralidade. Essa suposição faz parte dos bens comuns constitucionais e não deve ser abandonada levianamente.

A referência à responsabilidade política especial do Executivo não compensa a neutralidade do Poder Judiciário. As diversas formas e graus em que as "agências" nos EUA gozam de independência da liderança executiva e podem agir de forma independente na área de tensão entre o Congresso e o Presidente significam que as relações de responsabilidade são muitas vezes difíceis de rastrear até aos representantes eleitos. O dilema "contramajoritário" do Poder Judiciário não se opõe, portanto, a deixar geralmente a autoridade para interpretar a lei aos tribunais. O legislador poderia ter a oportunidade de clarificar os termos da sua lei se atribuir essa responsabilidade à Administração em casos excepcionais.[1483]

Os ajustes ao caso Chevron – como acontece com as outras adaptações – não consistiria numa adoção radical das condições tradicionais de ação do Estado administrativo. Com o propósito de reforço da competência interpretativa judicial, ela assumiria novas características de uma instituição que trabalha mais estreitamente com a lei. Do ponto de vista alemão, isso não o enfraqueceria necessariamente, mas provavelmente até aumentaria a sua aceitação.

1483 Contudo, a indefinição do prazo ("ambiguidade" da Chevron) não deverá ser suficiente. Cf. MÖLLERS, Christoph. *Gewaltengliederung*: Legitimation und Dogmatik im nationalen und internationalen Rechtsvergleich. Tübingen: Mohr Siebeck, 2005, pp. 164 e ss.: "em vez disso, a estrutura organizacional e processual legalmente concebida do Poder Executivo deve fornecer critérios". O resultado é positivo para a Chevron, ver p. 172.

O Direito Administrativo não deve permitir-se ser utilizado para objetivos políticos unilaterais: não é um meio de permitir que uma Administração que se concentra exclusivamente em critérios de eficiência tenha acesso descontrolado às liberdades civis. Tampouco deve ser mal interpretado como um instrumento para colocar tantos obstáculos quanto possível no caminho da Administração no cumprimento das tarefas sociais necessárias. Não há espaço para uma oposição fundamental, como a que almeja uma "lei administrativa libertária". Em contraste, o Direito Administrativo constitucional tem um duplo mandato – proteger a liberdade e salvaguardar as competências – com o qual os seus princípios e instituições jurídicas devem estar continuamente alinhados.

III. O papel da ciência do Direito Administrativo

À sua maneira, a ciência do Direito Administrativo molda a aparência do Direito Administrativo americano e, por sua vez, participa do seu caráter político. São identificadas constelações políticas das quais emergiu uma doutrina; são mostradas as consequências políticas que um determinado modelo de solução tem; as preferências políticas dos órgãos de decisão responsáveis são declaradas de forma mais clara do que é habitualmente feito na Alemanha.[1484] O discurso aberto que as decisões dos tribunais oferecem nas diferentes votações dos juízes envolvidos é um desafio contínuo para a ciência incluir essas dimensões no trabalho

1484 Para mais, cf. LEPSIUS, Oliver. "Was kann die deutsche Staatsrechtslehre von der amerikanischen Rechtswissenschaft lernen?" *In*: SCHULZE-FIELITZ, Helmuth (Coord.). *Staatsrechtslehre als Wissenschaft*: Die Verwaltung. Berlim: Duncker & Humblot, 2007, pp. 333 e ss.; MÖLLERS, C. "Verwaltungsrecht und Politik". *In*: BOGDANDY, Armin von; CASSESE, Sabino; HUBER, Peter M. (Coord.). *Ius Publicum Europaeum – IPE*. vol. 5. Heidelberg: C. F. Müller Verlag, 2014, § 93, nota, pp. 71 e ss.; SOMEK, A. "Zwei Welten der Rechtslehre und die Philosophie des Rechts". *JZ*, 2016, pp. 481 e ss.

científico ao traçar os argumentos judiciais e desenvolver suas próprias soluções.[1485]

Iluminar o contexto e avaliar as consequências vai um pouco além do programa normativo mais restrito das respectivas leis. O foco do Direito Administrativo americano, a Administração criativa, leva à inclusão de questões sobre o desenho significativo e eficaz dos procedimentos e instrumentos de ação disponíveis. Estudos empíricos, estudos de caso e pesquisas estatísticas são frequentemente utilizados.[1486] Os argumentos devem poder ser desenvolvidos a partir dos fatos e da análise do caso.[1487] Ainda, a gama de argumentos é mais ampla – ao menos em comparação com o que poderia ser incluído em uma justificação de Direito Administrativo na Alemanha, utilizando o "método jurídico".[1488] A orientação vai ao encontro do que é referido na discussão da reforma alemã como a "dimensão do efeito" do Direito Administrativo, o qual é entendido como uma "ciência de ação e da tomada de decisão orientada para o caráter legiferante" (*Voßkuhle*).[1489]

1485 Cf. a observação do papel do Direito Constitucional americano na mediação do diálogo entre a Suprema Corte e a sociedade em POST, R. "Constitutional scholarship in the United States". *International Journal of Constitutional Law*, vol. 7, 2009, pp. 416 e ss.

1486 No que tange a formas individualizadas ver COGLIANESE, C. "Empirical Analysis and Administrative Law". *U. Ill. L. Rev.*, 2002, pp. 1.111 e ss.

1487 Sobre uma abordagem metodológica mais ampla à discussão da reforma, ver SCHMIDT-AßMANN, Eberhard. *Verwaltungsrechtliche Dogmatik*. Tübingen: Mohr Siebeck, 2013, pp. 21 e ss.

1488 Conforme HOFFMANN-RIEM, W. "Rechtsformen, Handlungsformen, Bewirkungsformen". *In*: HOFFMANN-RIEM, Wolfgang; SCHMIDT-AßMANN, Eberhard; VOßKUHLE, Andreas (Coord.). *Grundlagen des Verwaltungsrechts*. 2ª ed. vol. 2. Munique: C. H. Beck, 2012, § 33; SCHMIDT-AßMANN, Eberhard. *Verwaltungsrechtliche Dogmatik*. Tübingen: Mohr Siebeck, 2013, pp. 82 e ss.

1489 Em relação ao debate alemão, ver VOßKUHLE, A. "Neue Verwaltungsrec htswissenschaft". *In*: HOFFMANN-RIEM, Wolfgang; SCHMIDT-AßMANN, Eberhard; VOßKUHLE, Andreas (Coord.). *Grundlagen des*

Os teoremas da Economia, da Ciência Política e da Social, por exemplo, com seus modelos de "agente principal" e suas abordagens de "governança", desempenham um papel importante. Outro campo de investigação que se sobrepõe parcialmente é o da "regulação"; essa área oferece uma oportunidade para desenvolver a perspectiva jurídica internacional e comparada do Direito Administrativo.[1490] Há especial interesse nas análises de custo-benefício. Aqui, o procedimento de "Planejamento e Revisão Regulatória", que é prescrito às autoridades por ordem executiva, leva a um exame intensivo do método e das funções e disfunções do Direito Administrativo que se estende aos livros didáticos.[1491] Não é incomum que os representantes do Direito Administrativo tenham experiência administrativa própria, pois já ocupam há algum tempo cargos de liderança no Poder Executivo, o que está em conformidade com a natureza prática que o currículo das Faculdades de Direito americanas deveria ter.[1492]

Os próprios esboços teóricos de Direito Administrativo estão principalmente orientados para o Estado administrativo. A

Verwaltungsrechts. 2ª ed. vol. 1. Munique: C. H. Beck, 2012, § 1, nota, pp. 15 e ss.

1490 De acordo com BIGNAMI, Francesca; ZARING, David (Coord.). *Comparative law and regulation*. Cheltenham: Edward Elgar Publishing, 2016. Relacionado a isso está o tema "Direito Administrativo Global"; apontando o caminho, KINGSBURY, B.; KRISCH, N.; STEWART, R.; WIENER, J. "The Emergence of Global Administrative Law". *Law and Contemporary Problems*, vol. 68, nº 3-4, 2005.

1491 Cf. BREYER, Stephen G.; STEWART, Richard B.; SUNSTEIN, Cass R.; VERMEULE, Adrian; HERZ, Michael. *Administrative law and regulatory policy*. 8ª ed. Nova York: Wolters Kluwer, 2017, pp. 179 e ss.; STRAUSS, Peter L.; RAKOFF, Todd D.; FARINA, Cynthia R.; METZGER, Gillian E. *Gellhorn and Byse's Administrative Law*. 11ª ed. Nova York: Foundation Press, 2011, pp. 234 e ss.

1492 Cf. POST, R. "Constitutional scholarship in the United States". *International Journal of Constitutional Law*, vol. 7, 2009, pp. 416-422: "Since the advent of legal realism, American legal scholars have understood the study of law to be the study of the social practice of law".

abrangência desse tema permite diferentes abordagens metodológicas. Sendo um conceito-chave em vários discursos, pode desencadear intercâmbios com disciplinas vizinhas. Surpreendentemente, ele não desenvolveu uma ligação mais estreita com a ciência administrativa; a relação entre os dois é vista de forma bastante crítica.[1493]

O desenvolvimento histórico do Estado administrativo é frequentemente citado.[1494] O passado e o futuro têm importância substancial. Mas o presente não é esquecido. O Estado administrativo é refletido em doutrinas jurídicas concretas que orientam a aplicação atual da lei e sobre as quais algo precisa ser dito especificamente do ponto de vista do Direito Administrativo, o que transmite um grau considerável de rigor à ciência do Direito Administrativo e aos seus discursos. Essa sobriedade não é nem indicação de uma despolitização do Direito Administrativo nem expressão de uma aversão à teoria na ciência do Direito Administrativo. Ela está mais relacionada com a fundamentação que todo o campo do Direito atribui ao tema de pesquisa "Administração".[1495]

1493 Extremamente crítico das relações entre as duas disciplinas é ROSENBLOOM, D. H. "Administrative Law and Regulation". *In*: RABIN, Jack; HILDRETH, W. Bartley; MILLER, Gerald (Coord.). *Handbook of Public Administration*. 3ª ed. Boca Raton: CRC/Taylor & Francis, 2007, pp. 635/636: "Consequently, public-administration scholars and practitioners are apt to find conventional administrative law texts, articles, and treatise difficult to follow, as well as formalistic and alien to their concerns and experience. Conversely, public-administration texts tend to be of limited help in understanding administrative law, as they typically devote little attention to it and fail to recognize its central role in regulating administrative practice".

1494 A afirmação relativa à jurisprudência em geral vai de encontro a LEPSIUS, Oliver. "Was kann die deutsche Staatsrechtslehre von der amerikanischen Rechtswissenschaft lernen?" *In*: SCHULZE-FIELITZ, Helmuth (Coord.). *Staatsrechtslehre als Wissenschaft*: Die Verwaltung. Berlim: Duncker & Humblot, 2007, p. 340: "Então, você escreve sobre o passado ou o futuro, principalmente sobre ambos, mas menos sobre o presente".

1495 Consistentemente, os autores de livros didáticos tradicionais sobre Direito Administrativo não são apenas cientistas "que não ensinam nas dez melhores faculdades de Direito" (como diz Lepsius sobre os manuais em geral), mas também representantes importantes de sua área; são mencionados apenas:

Além disso, a dimensão da comunidade científica, os diferentes padrões de carreira dos seus membros, as tendências contemporâneas em mudança e a diversidade dos gêneros literários envolvidos exigem cautela em relação a declarações que se destinam a caracterizar genericamente "a" ciência do Direito Administrativo nos EUA. Há também transições entre as principais direções políticas dos "Conservadores" e dos "Progressistas" ou "Liberais". Todo cientista se destaca antes de tudo por seus métodos, interesses e crenças. Só por essa razão, classificações aproximadas não são adequadas para abordar uma doutrina particular com reservas bem delineadas. Caso contrário, o correto reconhecimento do caráter político do Direito Administrativo ameaça transformar-se em um Direito Administrativo politizado, permeado por linhas políticas (partidárias) fixas e em que um artigo parece suspeito simplesmente porque o autor pertence a outra direção política. Esse não pode ser o objetivo do discurso acadêmico.

Uma breve conclusão

Diante do que foi exposto, o Direito Administrativo americano representa a "alternativa mais marcante ao Direito Administrativo da tradição franco-alemã"?[1496]

Alguns pontos em comum, semelhanças e abordagens que se tornaram claras nos capítulos anteriores poderiam apontar: os principais tópicos do Direito Administrativo – a sua conexão constitucional, o procedimento administrativo, as formas de ação, a proteção legal e a responsabilidade do Estado – e as questões

---

Stephen Breyer, Kenneth Culp Davis, Jerry Mashaw, Gill Metzger, Bernard Schwartz, Richard Stewart, Peter Strauss, Cass Sunstein.

1496 De maneira taxativa em LEPSIUS, Oliver. *Verwaltungsrecht unter dem Common Law*. Tübingen: Mohr Siebeck, 1997; em relação às variadas formas de expressão do pensamento jurídico, ver SOMEK, A. "Zwei Welten der Rechtslehre und die Philosophie des Rechts". *JZ*, 2016, pp. 481 e ss.

fundamentais com seus aspectos relativos ao estatuto jurídico da Administração e à racionalização das suas ações são tratados de forma semelhante nos EUA e na Europa e constituem os pontos centrais da Teoria do Direito Administrativo.[1497] Respostas semelhantes são dadas a inúmeras questões detalhadas, refletindo experiências da prática administrativa ou considerações cotidianas plausíveis. Basta lembrar o desenvolvimento quase simultâneo de lições sobre planejamento normativo nos EUA e na Alemanha. A sobriedade e os pés no chão nivelam algumas diferenças conceituais. Em alguns aspectos importantes, como as questões do livre acesso à informação administrativa, os sistemas jurídicos europeus também se inspiraram recentemente nas ideias americanas.

O Direito Administrativo americano pode ser entendido como uma contraproposta ao Direito Administrativo de tradição franco-alemã. As diferenças na situação histórica reverberam na situação atual. A Constituição de 1787 deixou espaço suficiente para o desenvolvimento de um Estado administrativo desde sua gênese. No entanto, a Administração e o Direito Administrativo nos EUA ainda não parecem ser elementos naturais da ordem política, tendo antes de se relegitimar constantemente perante o público democrático. A comunicação, a participação, a abertura à política são modos de legitimação que estão profundamente inscritos nas formas de ação administrativa, o que também explica a menor confiança depositada nos serviços de controle do princípio da legalidade nos EUA. A política expressa nas leis é sempre apenas um lado, que deve ser complementado por procedimentos em que a

---

1497 No tocante à necessidade de complementação das abordagens que enfatizam a governança, cf. BIGNAMI, F. "From Expert Administration to Accountability Network: A New Paradigm for Comparative Administrative Law". *Am. J. of Comp. L.*, vol. 59, 2011, pp. 859, 871 e ss.; SCHMIDT-AßMANN, E. "Zum Standort der Rechtsvergleichung im Verwaltungsrecht". *ZaöRV*, vol. 78, 2018, pp. 807-834 e ss.

Administração desenvolva soluções com base na situação concreta e que as explique claramente nas interações com o público.[1498]

Para promover continuamente a aceitação social, a abertura é necessária e pode promover a vontade de inovar e a criatividade, o que também pode ser interpretado como incerteza e, especialmente em tempos de grande tensão social, colocar a Administração sob o risco de ser esmagada entre as forças políticas dominantes, entre o Congresso e o Presidente, ou de tentar jogar o seu próprio jogo político. Em contraste, os sistemas jurídicos administrativos da tradição europeu-continental[1499] – por mais que sejam diferentes entre si – oferecem maior unidade e estruturas mais estáveis (tanto positivas como negativas).[1500] Eles estão menos focados nas tarefas de desenho político extensivo, mas também dedicam uma parte significativa do seu interesse aos processos simples de aplicação da lei na vida administrativa cotidiana local. O conceito de execução restringe o âmbito dos argumentos jurídicos, mas também os especifica e estabiliza.

1498 MASHAW, Jerry L. *Reasoned Administration and Democratic Legitimacy*. Cambridge: Cambridge University Press, 2018, pp. 40 e ss., 163 e ss.

1499 Cf. CASSESE, S. "Die Entfaltung des Verwaltungsstaates in Europa". *In*: BOGDANDY, Armin von; CASSESE, Sabino; HUBER, Peter M. (Coord.). *Ius Publicum Europaeum – IPE*. vol. 3. Heidelberg: C. F. Müller Verlag, 2010, § 41; FROMONT, Michael. *Droit administratif* des États européens. Paris: PUF, 2006, pp. 13 e ss.; SCHMIDT-AßMANN, Eberhard; DAGRON, Stéfanie. "Deutsches und französisches Verwaltungsrecht im Vergleich ihrer Ordnungsideen". *ZaöRV*, vol. 67, 2007, pp. 395 e ss.; JOUANJAN, Olivier. "Diskursvergleich im Verfassungs- und Verwaltungsrecht". *VVDStRL*, vol. 77, 2018, pp. 351 e ss.

1500 Ver a abordagem ilustrativa de SOMMERMANN, Karl-Peter. "Prinzipien des Verwaltungsrechts". *In*: BOGDANDY, Armin von; CASSESE, Sabino; HUBER, Peter M. (Coord.). *Ius Publicum Europaeum – IPE*. vol. 5. Heidelberg: C. F. Müller Verlag, 2014, § 86; (ao mesmo tempo mostrando tendências opostas) ver também ZACHARIAS, Diana. "Der Begriff des Verwaltungsrechts in Europa". *In*: BOGDANDY, Armin von; CASSESE, Sabino; HUBER, Peter M. (Coord.). *Ius Publicum Europaeum – IPE*. vol. 4. Heidelberg: C. F. Müller Verlag, 2011, § 72, nota, pp. 143 e ss.

Assim, o Direito continua a ser o ponto de referência central nas comparações entre o Direito Administrativo dos EUA e da Europa continental. "Como o Direito Administrativo promove o governo democrático".[1501] É exatamente disso que se trata em ambos os lados do Atlântico. Ao lidar com o Direito e a escolha das formas de Direito disponíveis, a ênfase é colocada de forma diferente. Aqui também reside a oportunidade para que o "contraprojeto" e o "projeto" aprendam um com o outro. Uma disposição rápida para adotar elementos individuais não é mais apropriada do que uma crítica rápida de soluções desconhecidas. A eficácia de instituições jurídicas, procedimentos, doutrinas e dogmas individuais geralmente só pode ser determinada a partir do contexto em que se situam no respectivo sistema jurídico. O registro de inventário de materiais e a observação científica, a qual é sempre influenciada pelo próprio sistema jurídico, devem andar de mãos dadas. O Direito Administrativo Comparado tem se mostrado um projeto científico que também pode se tornar uma fonte de conhecimento jurídico para a prática administrativa em todos os sistemas jurídicos envolvidos.

1501 Assim é o subtítulo do escrito de MASHAW, Jerry L. *Reasoned Administration and Democratic Legitimacy*. Cambridge: Cambridge University Press, 2018.

REFERÊNCIAS BIBLIOGRÁFICAS[1502]

ACKERMAN, Bruce A. *The Decline and Fall of The American Republic*. Cambridge: Belknap Press of Harvard University Press, 2010.

ALBERT, Gerd. *Stellung, Funktion und verfassungsrechtliche Problematik der Independent Regulatory Commissions in den Vereinigten Staaten von Amerika*. Berlim: Duncker & Humblot, 1971.

AMAN, Alfred C. *Administrative Law and Process*. 3ª ed. St. Paul: West Academic Publishing, 2014.

AMAN, Alfred C.; MAYTON, William. *Administrative Law*. 3ª ed. St. Paul: West Academic Publishing, 2014.

ANTIEAU, Chester James; MECHAM, Milo. *Tort liability of government officers and employees*. Nova York: Wiley Law Publications, 1990.

ASIMOW, Michael; LEVIN, Ronald M. *State and federal administrative law*. 4ª ed. St. Paul: West Academic Publishing, 2014.

AUDIT, Mathias; SCHILL, Stephan W. (Coord.). *Transnational law of public contracts*. Bruxelas: Bruylant, 2016.

1502 Lista de obras monográficas e obras reunidas citadas diversas vezes. As referências aos livros usados apenas uma vez podem ser encontradas na nota de rodapé relevante. Os artigos e as contribuições para os manuais são listados capítulo por capítulo nas notas de rodapé.

BAKER, Lynn A.; GILLETTE, Clayton P. *Local government law*: cases and materials. 4ª ed. Nova York: Foundation Press, 2010.

BECKER, Franz. *Das allgemeine Verwaltungsverfahren in Theorie und Gesetzgebung*. Bruxelas: Kohlhammer Librairie, 1960.

BELL, John; BRADLEY, A. W. (Coord.). *Governmental liability*: a comparative study. Londres: UKNCCL, 1991.

BEUCHLER, Holger. *Class actions und securities class actions in den Vereinigten Staaten von Amerika*. Baden-Baden: Nomos, 2008.

BIGNAMI, Francesca; ZARING, David (Coord.). *Comparative law and regulation*. Cheltenham: Edward Elgar Publishing, 2016.

BOGDANDY, Armin von. *Gubernative Rechtsetzung*: Eine Neubestimmung der Rechtsetzung und des Regierungssystems unter dem Grundgesetz in der Perspektive gemeineuropäischer Dogmatik. Tübingen: Mohr Siebeck, 2000.

BOGDANDY, Armin von; CASSESE, Sabino; HUBER, Peter M. (Coord.). *Ius Publicum Europaeum – IPE*. vol. 3; vol. 4; vol. 5; vol. 8. Heidelberg: C. F. Müller Verlag, 2010; 2011; 2014; 2019.

______. (Coord.). *The Max Planck Handbooks in European Public Law*. vol. 1. Oxford: Oxford University Press, 2017.

BOTHE, Michael. *Die Kompetenzstruktur des modernen Bundesstaates in rechtsvergleichender Sicht*. Berlim: Springer, 1977.

BREGER, Marshall J.; EDLES, Gary J. *Independent agencies in the United States*: law, structure, and politics. Nova York: Oxford University Press, 2015.

BRESSMAN, Lisa; RUBIN, Edward L.; STACK, Kevin M. *The regulatory State*. Nova York: Aspen, 2010.

BREUER, Martin. *Staatshaftung für judikatives Unrecht*: Eine Untersuchung zum deutschen Recht, zum Europa- und Völkerrecht. Tübingen: Mohr Siebeck, 2011.

BREYER, Stephen G.; STEWART, Richard B.; SUNSTEIN, Cass R.; VERMEULE, Adrian; HERZ, Michael. *Administrative law and regulatory policy*. 8ª ed. Nova York: Wolters Kluwer, 2017.

BRIFFAULT, Richard; REYNOLDS, Laurie. *Cases and materials on state and local government law*. 8ª ed. St. Paul: West Academic Publishing, 2016.

BRUGGER, Winfried. *Demokratie, Freiheit, Gleichheit*: Studien zum Verfassungsrecht der USA. Berlim: Duncker & Humblot, 2002.

______. *Einführung in das öffentliche Recht der USA*. 2ª ed. Baden-Baden: Nomos, 2001.

BURGI, Martin. *Funktionale Privatisierung und Verwaltungshilfe*. Tübingen: Mohr Siebeck, 1999.

______. *Vergaberecht*. 2ª ed. Munique: C. H. Beck, 2018.

BURNETT, Guy F. *The Safeguard of Liberty and Property*. Maryland: Lexington Books, 2015.

CALABRESI, Steven G.; SILVERMAN, Bradley G.; BRAVER, Joshua. *The U.S. Constitution and Comparative Constitutional Law*. St. Paul: Foundation Press, 2016.

CANANEA, Giacinto Della. *Due process of law beyond the state*: requirements of administrative procedure. Oxford: Oxford University Press, 2016.

CANE, Peter. *Controlling administrative power*: a historical comparison. Cambridge: Cambridge University Press, 2016.

CHEMERINSKY, Erwin. *Constitutional law*: principles and policies. 5ª ed. Nova York: Wolters Kluwer, 2015.

COLLINGS, Justin. *Democracy's guardians*: a history of the German Federal Constitutional Court, 1951-2001. Oxford: Oxford University Press, 2015.

COOPER, Frank E. *State Administrative Law*. Indianapolis: Bobbs-Merrill, 1965.

COOPER, Phillip J. *By Order of the President*. 2ª ed. Lawrence: University Press of Kansas, 2014.

COOPER, Robert R. (Coord.). *Freedom of information act*. Nova York: Nova Science, 2013.

CRAIG, Paul. *Administrative Law*. 7ª ed. [S.l]: [s.n.], 2011.

CURRIE, David P. *Die Verfassung der Vereinigten Staaten von Amerika*. Frankfurt am Main: Metzner, 1988.

______. *The Constitution of the Federal Republic of Germany*. Chicago: University of Chicago Press, 1994.

DAVID, Antje. *Inspektionen im Europäischen Verwaltungsrecht*. Berlim: Duncker & Humblot, 2003.

DAVIS, Kenneth Culp. *Administrative law text*. 3ª ed. St. Paul: West Publishing, 1972.

______. *Discretionary justice in Europe and America*. Urbana: University of Illinois Press, 1976.

______. *Verfassungsrecht und Verfassungspraxis der Vereinigten Staaten*. Berlim: Springer, 1959.

DICEY, Albert V. *Introduction to the Study of the Law of the Constitution*. 8ª ed. Londres: Macmillan, 1924.

DILLON, John F. *Treatise on the law of municipal corporations*. Chicago: J. Cockcroft, 1872.

DREIER, Horst (Coord.). *Grundgesetz*: Kommentar. 3ª ed. Tübingen: Mohr Siebeck, 2013.

EHLERS, Dirk; FEHLING, Michael; PÜNDER, Hermann (Coord.). *Besonderes Verwaltungsrecht*. vol. 2: Planungs-, Bau- und Straßenrecht, Umweltrecht, Gesundheitsrecht, Medien- und Informationsrecht. 3ª ed. Heidelberg: Müller, 2013.

EHLERS, Dirk; PÜNDER, Hermann (Coord.). *Allgemeines Verwaltungsrecht*. 15ª ed. Berlim: De Gruyter, 2016.

EHMKE, Horst. *Wirtschaft und Verfassung*: Die Verfassungsrechtsprechung des Supreme Court zur Wirtschaftsregulierung. Karlsruhe: C. F. Müller, 1961.

ELSHORST, David. *Bürgervollzugsklagen*: Die Durchsetzung von Umweltrecht gegenüber Anlagenbetreibern durch Private in den USA und Deutschland. Berlim: Duncker & Humblot, 2002.

EMERSON, Blake. *The public's law*: origins and architecture of progressive democracy. Nova York: Oxford University Press, 2019.

ERATH, Franz. *Förmliche Verwaltungsverfahren und gerichtliche Kontrolle*: Eine rechtsvergleichende Studie unter Berücksichtigung Deutschlands und der USA. Stuttgart: Booberg, 1996.

ERNST, Daniel R. *Tocqueville's Nightmare*: The Administrative State emerges in America, 1900-1940. Oxford: Oxford University Press, 2014.

ESKRIDGE, William N.; FRICKEY, Philip P.; GARRETT, Elizabeth. *Cases and Materials on Legislation*. 3ª ed. St. Paul: West Pub. Co., 2004.

______. *Legislation and Statutory Interpretation*. 2ª ed. Nova York: Foundation Press; Thomson/West, 2006.

FEHLING, Michael. *Verwaltung zwischen Unparteilichkeit und Gestaltungsaufgabe*. Tübingen: Mohr Siebeck, 2001.

FEHLING, Michael; RUFFERT, Mathias. *Regulierungsrecht*. Tübingen: Mohr Siebeck, 2010.

FISHER, Louis. *The law of the executive branch*: presidential power. Oxford: Oxford University Press, 2014.

FOERSTEL, Herbert N. *Freedom of Information and the Right to Know*. Westport: Greenwood Press, 1999.

FORSTHOFF, Ernst (Coord.). *Rechtsstaatlichkeit und Sozialstaatlichkeit*. Darmstadt: Wissenschaftliche Buchges, 1968.

FOX, William F. *Understanding Administrative Law*. 5ª ed. Newark: LexisNexis, 2008.

FREEDMAN, James O. *Crisis and legitimacy*: the administrative process and American government. Cambridge: Cambridge University Press, 1978.

FREEMAN, Jody; MINOW, Martha (Coord.). *Government by Contract*: Outsourcing and American Democracy. Cambridge: Harvard University Press, 2009.

FREUND, Ernst. *Das öffentliche Recht der Vereinigten Staaten von Amerika*. Tübingen: J. C. B. Mohr, 1911.

______. *Standards of American legislation*: an estimate of restrictive and constructive factors. Chicago: The University of Chicago Press, 1917.

______. *The police power*: public policy and constitutional rights. Chicago: Callaghan, 1904.

FROWEIN, Jochen Abraham. (Coord.). *Die Kontrolldichte bei der gerichtlichen Überprüfung von Handlungen der Verwaltung*. Berlim: Springer, 1993.

FRUG, Gerald E.; FORD, Richard T.; BARRON, David J. *Local government law*: cases and materials. 4ª ed. St. Paul: West Academic, 2006.

FUNK, William; SHAPIRO, S. A.; WEAVER, R. L. *Administrative Law*. 5ª ed. Nova York: Wolters Kluwer, 2015.

GALLIGAN, Denis J. *Due process and fair procedures*. Oxford: Clarendon Press, 1996.

GÄRDITZ, Klaus F.; ASCHKE, Manfred (Coord.). *Verwaltungsgerichtsordnung (VwGO) mit Nebengesetzen Kommentar*. 2ª ed. Köln: Carl Heymanns Verlag, 2018.

GERBIG, Mara. *Grundrecht auf staatlichen Schutz*: Ein Vergleich von Grundgesetz für die Bundesrepublik Deutschland und Verfassung der Vereinigten Staaten von Amerika. Berlim: Duncker & Humblot, 2014.

GIFFORD, Daniel J. *Administrative Law*. 2ª ed. New Providence: LexisNexis, 2010.

GOODNOW, Frank J. *Comparative administrative law*: an analysis of the administrative systems national and local of the United States, England, France, and Germany. Nova York: G. P. Putnam's Sons, 1893.

GRAY, David C. *The Fourth Amendment in an Age of Surveillance*. Cambridge: Cambridge University Press, 2017.

GREENAWALT, Kent. *Statutory and common law interpretation*. Oxford: Oxford University Press, 2013.

GURLIT, Elke. *Die Verwaltungsöffentlichkeit im Umweltrecht*: ein Rechtsvergleich Bundesrepublik Deutschland – USA. Düsseldorf: Werner-Verlag, 1989.

HAMBURGER, Philip. *Is Administrative Law Unlawful?* Chicago: The University of Chicago Press, 2014.

HAMILTON, Alexander; MADISON, James; JAY, John. *Die Federalist Papers*. Übersetzt und eingeleitet von B. Zehnpfennig. Darmstadt: Wissenschaftliche Buchgesellschaft, 1993.

HANSCHEL, Dirk. *Konfliktlösung im Bundesstaat*: die Lösung föderaler Kompetenz-, Finanz- und Territorialkonflikte in Deutschland, den USA und der Schweiz. Heidelberg: Springer, 2012.

HÄRTEL, Ines (Coord.). *Handbuch Föderalismus*. vol. 4. Dordrecht: Springer, 2012.

HARTMANN, Bernd. J. *Öffentliches Haftungsrecht*. Tübingen: Mohr Siebeck, 2013.

HAY, Peter. *US-Amerikanisches Recht*. 6ª ed. Munique: Beck Helbing Lichtenhahn Manz, 2015.

HEFFERNAN, William C. *Privacy and the American Constitution*. Cham: Palgrave Macmillan, 2016.

HESTERMEYER, Holger. *Eigenständigkeit und Homogenität in föderalen Systemen*. Tübingen: Mohr Siebeck, 2019.

HEUN, Werner. *Verfassung und Verfassungsgerichtsbarkeit im Vergleich*. Tübingen: Mohr Siebeck, 2014.

HICKMAN, Kristin; PIERCE, Richard J. *Federal Administrative Law*. 2ª ed. St. Paul: Foundation Press, 2014.

HILL, Hermann. *Das fehlerhafte Verfahren und seine Folgen im Verwaltungsrecht*. Heidelberg: R.V. Decker, 1986.

HIRSCHL, Ran. *Comparative Matters*: The Renaissance of Comparative Constitutional Law. Oxford: Oxford University Press, 2014.

HOFFER, Peter; HOFFER, Williamjames; HULL, N. E. H. *The Federal Courts*: An Essential History. Nova York: Oxford University Press, 2016.

HOFFMANN-RIEM, Wolfgang; SCHMIDT-AßMANN, Eberhard (Coord.). *Konfliktbewältigung durch Verhandlungen*. Baden-Baden: Nomos-Verl.-Ges., 1990.

HOFFMANN-RIEM, Wolfgang; SCHMIDT-AßMANN, Eberhard; VOßKUHLE, Andreas (Coord.). *Grundlagen des Verwaltungsrechts*. 2ª ed. vols. 1, 2 e 3. Munique: C. H. Beck, 2012-2013.

HOFMANN, Herwig; WEAVER, Russel L. (Coord.). *Transatlantic Perspectives on Administrative Law*. Bruxelas: Bruylant, 2011.

HOLZNAGEL, Bernd. *Konfliktlösung durch Verhandlungen*: Aushandlungsprozesse als Mittel der Konfliktverarbeitung bei der Ansiedlung von Entsorgungsanlagen für besonders überwachungsbedürftige Abfälle in den Vereinigten Staaten und der Bundesrepublik Deutschland. Baden-Baden: Nomos, 1990.

HOPPENSTEDT, Björn. *Kommunale Selbstverwaltung in den USA*. Frankfurt am Main: P. Lang, 2007.

HOVELL, Devika. *The Power of Process*: The Value of Due Process in Security Council Sanctions Decision-Making. Oxford: Oxford University Press, 2016.

HUFEN, Friedhelm. *Verwaltungsprozessrecht*. 10ª ed. Munique: C. H. Beck, 2016.

IANCU, Bogdan. *Legislative Delegation*: The Erosion of Normative Limits in Modern Constitutionalism. Berlim: Springer, 2012.

ISENSEE, Joseph; KIRCHHOF, Paul (Coord.). *Handbuch des Staatsrechts der Bundesrepublik Deutschland*. 3ª ed. vols. 2, 5 e 6. Heidelberg: C. F. Müller Juristischer Verlag, 2004-2008.

JAFFE, Louis L. *Judicial Control of Administrative Action*. Boston: Little, Brown and Co., 1965.

JARASS, Hans D.; PIEROTH, Bodo. *Grundgesetz für die Bundesrepublik Deutschland*. 15ª ed. Munique: C. H. Beck, 2018.

KAISER, Anna-Bettina; PETERSEN, Niels; SAURER, Johannes (Coord.). *The U.S. Supreme Court and Contemporary Constitutional Law*: The Obama Era and Its Legacy. Londres: Routledge, 2019.

KAU, Marcel. *United States Supreme Court und Bundesverfassungsgericht*. Berlim: Springer, 2007.

KISCHEL, Uwe. *Rechtsvergleichung*. Berlim: C. H. Beck, 2015.

KNAUFF, Matthias. *Der Regelungsverbund*: Recht und Soft Law im Mehrebenensystem. Tübingen: Mohr Siebeck, 2010.

KOCH, Charles; MURPHY, Richard W. *Administrative Law and Practice*. 3ª ed. Eagan: West/Thomson, 2010.

KOMMERS, Donald. *Judicial Politics in West Germany*. Beverly Hills: Sage Publications, 1976.

______. *The Constitutional Jurisprudence of the Federal Republic of Germany*. 3ª ed. Durham: Duke University Press, 2012 [1989].

KÖNIG, K. *et al*. (Coord.). *Grundmuster der Verwaltungskultur*. Baden-Baden: Nomos, 2014.

KOPP, Ferdiand O.; SCHENKE, Wolf-Rüdiger. *Verwaltungsgerichtsordnung*. 25ª ed. [S.l.]: [s.n.], 2019.

KUBASEK, Nancy K.; SILVERMAN, Gary. *Environmental Law*. 7ª ed. Upper Saddle River: Pearson Education Inc., 2011.

LANDIS, James M. *The Administrative Process*. Westport: Greenwood Press, 1938.

LANGE, Friederike V. *Grundrechtsbindung des Gesetzgebers*: Eine rechtsvergleichende Studie zu Deutschland, Frankreich und den USA. Tübingen: Mohr Siebeck, 2010.

LAWSON, Gary. *Federal Administrative Law*. 7ª ed. St. Paul: West Academic, 2015.

LEE, David W. *Handbook of Section 1983 Litigation*. [S.l.]: Aspen Pub, 2006.

LEPSIUS, Oliver. *Verwaltungsrecht unter dem Common Law*. Tübingen: Mohr Siebeck, 1997.

LERG, Charlotte A. *Amerika als Argument*: Die deutsche Amerika-Forschung im Vormärz und ihre politische Deutung in der Revolution von 1848/49. [S.l.]: Transcript Verlag, 2011.

LINNEWEBER, Axel. *Einführung in das US-amerikanische Verwaltungsrecht*. Frankfurt: P. Lang, 1994.

LOEWENSTEIN, Karl. *Verfassungslehre*. Tübingen: J. C. B. Mohr, 1959.

______. *Verfassungsrecht und Verfassungspraxis der Vereinigten Staaten*. Berlim: Springer, 1959.

LORZ, Ralph A. *Interorganrespekt im Verfassungsrecht*. Tübingen: Mohr Siebeck, 2000.

LOUGHLIN, Martin. *The Idea of Public Law*. Nova York: Oxford University Press, 2003.

LUTTER, Marcus; STIEFEL, Ernst; HOEFLICH, Michael H. (Coord.). *Der Einfluss deutscher Emigranten auf die Rechtsentwicklung in den USA und in Deutschland*. Tübingen: J. C. B. Mohr, 1993.

MANDELKER, Daniel R. *et al. State and Local Government in a Federal System*. 8ª ed. Durham: Carolina Academic Press, 2014.

MARTINEZ, John. *Local Government Law*. Eagan: West, 2012.

MASHAW, Jerry L. *Bureaucratic Justice*: Managing Social Security Disability Claims. New Haven: Yale University Press, 1983.

MASHAW, Jerry L. *Creating the Administrative Constitution*: The Lost one Hundred Years of American Administrative Law. New Haven: Yale University Press, 2012.

______. *Due Process in the Administrative State*. New Haven: Yale University Press, 1985.

______. *Reasoned Administration and Democratic Legitimacy*. Cambridge: Cambridge University Press, 2018.

MASHAW, Jerry L.; MERRILL, Richard A.; SHANE, Peter M. *Administrative Law*. 5ª ed. [S.l.]: West Group, 2003.

MASING, Johannes. *Die Mobilisierung des Bürgers für die Durchsetzung des Rechts*: europäische Impulse für eine Revision der Lehre vom subjektiv-öffentlichen Recht. Berlim: Duncker & Humblot, 1997.

MASSEY, Calvin R. *American Constitutional Law*. 4ª ed. [S.l.]: Wolters Kluwer, 2013.

MATTHEWS, T. A.; MATTHEWS, B. S. *Municipal Ordinances*. 3ª ed. [S.l.]: [s.n.], 2008.

MAURER, Hartmut; WALDHOFF, Christian. *Allgemeines Verwaltungsrecht*. 19ª ed. Munique: C. H. Beck, 2017.

MAYER, Otto. *Deutsches Verwaltungsrecht*. 3ª ed. Berlim: Duncker & Humblot, 1924.

McQUILLIN, Eugene. *The Law of Municipal Corporations*. 3ª ed. Chicago: Callaghan, 1949.

MEINEL, Florian. *Der Jurist in der industriellen Gesellschaft*: Ernst Forsthoff und seine Zeit. Berlim: Akademie Verlag, 2011.

MELIN, Patrick. *Gesetzesauslegung in den USA und in Deutschland*. Tübingen: Mohr Siebeck, 2005.

MEZGER, Gabriele. *Umweltverträglichkeitsprüfung, Umweltschutz und räumliche Nutzung in den USA*. Berlim: Duncker & Humblot, 1989.

MILLER, Banks; KEITH, Linda C.; HOLMES, Jennifer S. *Immigration Judges and U.S. Asylum Policy*. Filadélfia: University of Pennsylvania Press, 2015.

MOHL, Robert von. *Das Bundesstaatsrecht der Vereinigten Staaten von Nord-Amerika*: Verfassungsrecht. [S.l.]: [s.n.], 1824.

MÖLLERS, Christoph. *Gewaltengliederung*: Legitimation und Dogmatik im nationalen und internationalen Rechtsvergleich. Tübingen: Mohr Siebeck, 2005.

MORSTEIN MARX, Fritz. *Amerikanische Verwaltung*. Berlim: Duncker & Humblot, 1963.

______. *Einführung in die Bürokratie*. Neuwied: Luchterhand, 1959.

______. *The Administrative State*: An Introduction to Bureaucracy. Chicago: University of Chicago Press,1957.

MOSLER, Hermann. (Coord.). *Haftung des Staates für rechtswidriges Verhalten seiner Organe*. Köln: C. Heymann, 1967.

NASH, Jonathan. R. *Environmental Law and Policy*. [S.l.]: Wolters Kluwer Law & Business, 2010.

NICOLAIDIS, Kalypso; HOWSE, Robert. (Coord.). *The Federal Vision*: Legitimacy and Levels of Governance in the United States and the European Union. Nova York: Oxford University Press, 2002.

NOWAK, John E.; ROTUNDA, Ronald D. *Constitutional Law*. 8ª ed. St. Paul: Thomson/West, 2010.

OETER, Stefan. *Integration und Subsidiarität im deutschen Bundesstaatsrecht*. Munique: Mohr Siebeck, 1998.

OSSENBÜHL, Fritz; CORNILS, Matthias. *Staatshaftungsrecht*. 6ª ed. Munique: Beck, 2013.

OSTER, Jan. *Normative Ermächtigungen im Regulierungsrecht*: Eine vergleichende Untersuchung behördlicher Entscheidungsspielräume in der deutschen und amerikanischen Netzinfrastrukturregulierung. Baden-Baden: Nomos, 2010.

PARKER, Reginald. *Das Öffentliche Recht*: Verfassungsrecht und Allgemeines Verwaltungsrecht der Vereinigten Staaten von Amerika. Wien: Springer-Verl, 1963.

PERCIVAL, Robert; SCHROEDER, Christopher H.; MILLER, Allan S.; LEAPE, James P. *Environmental Regulation*. 6ª ed. [S.l.]: DigitalCommons@UM Carey Law, 2009.

PIERCE, Richard J. *Administrative Law Treatise*. 5ª ed. Austin: Wolters Kluwer Law & Business/Aspen Publ, 2012.

PIERCE, Richard J.; SHAPIRO, Sidney; VERKUIL, P. R. *Administrative Law and Process*. 6ª ed. St. Paul: Foundation Press, 2014.

POSNER, Eric A.; VERMEULE, Adrian. *The Executive Unbound*: After the Madisonian Republic. Oxford: Oxford University Press, 2011.

POSTELL, Joseph. *Bureaucracy in America*. Columbia: University of Missouri Press, 2017.

PÜNDER, Hermann. *Exekutive Normsetzung in den Vereinigten Staaten von Amerika und der Bundesrepublik Deutschland*. Berlim: Duncker & Humblot, 1995.

RAAB, Josef; WIRRER, Jan (Coord.). *Die deutsche Präsenz in den USA*. Berlim: Lit, 2008.

RABIN, Jack; HILDRETH, W. Bartley; MILLER, Gerald (Coord.). *Handbook of Public Administration*. 3ª ed. Boca Raton: CRC/Taylor & Francis, 2007.

REDISH, Martin; SHERRY, Suzanna; PFANDER, James E. *Federal Courts*. 7ª ed. St. Paul: Thomson/West, 2012.

REHBINDER, Eckard; BURGBACHER, Hans-Gerwin; KNIEPER, Rolf. *Bürgerklage im Umweltrecht*. Berlim: Schmidt, 1972.

REYNOLDS, Osborne. *Handbook of Local Government Law*. 2ª ed. St. Paul: West, 2001.

______. *Local Government Law*. 4ª ed. St. Paul: West, 2015.

RIEGERT, Robert A. *Das amerikanische Administrative Law*: Eine Darstellung für deutsche Juristen. Berlim: Duncker & Humblot, 1967.

ROBERTSON, K. G. *Public Secrets*: A Study in the Development of Government Secrecy. Londres: Macmillan, 1982.

RÖHL, Klaus F.; RÖHL, Hans Christian. *Allgemeine Rechtslehre*. 3ª ed. Köln: Heymann, 2008.

ROHR, John A. *To Run a Constitution*: The Legitimacy of the Administrative State. Lawrence: University Press of Kansas, 1986.

ROSE-ACKERMAN, Susan. *Controlling Environmental Policy*: The limits of public law in Germany and the United States. New Haven: Yale University Press, 1995.

______. *Umweltrecht und -politik in den Vereinigten Staaten und der Bundesrepublik Deutschland*. Baden-Baden: Nomos, 1995.

ROSE-ACKERMAN, Susan; EGIDY, Stefanie; FOWKES, James. *Due Process of Lawmaking*. Nova York: Cambridge University Press, 2015.

ROSE-ACKERMAN, Susan; LINDSETH, Peter (Coord.). *Comparative Administrative Law*. Cheltenham: Edward Elgar, 2010.

ROSE-ACKERMAN, Susan; LINDSETH, Peter; EMERSON, Blake (Coord.). *Comparative Administrative Law*. 2ª ed. Cheltenham: Edward Elgar, 2017.

ROSENBLOOM, David H. *Federal Service and the Constitution*. 2ª ed. Washington: Georgetown University Press, 2014.

ROSENBLOOM, David H.; O'LEARY Rosemary; CHANIN, Joshua M. *Public Administration and Law*. 3ª ed. Nova York: CRC Press, 2010.

ROSENFELD, Michel; SAJÓ, András (Coord.). *The Oxford Handbook of Comparative Constitutional Law*. Oxford: Oxford University Press, 2012.

ROßBACH, Matthias. *Das Personal der Republik*: Entstehung und Entwicklung eines demokratischen Personalverfassungsrechts der Exekutive am Beispiel der Vereinigten Staaten von Amerika. Diss. Berlin 2018, i. E. (zit. Personalverfassungsrecht).

RÜFFEL, Dirk. *Das Institut der Klagebefugnis zur Verfolgung von Umweltinteressen*: Ein Rechtsvergleich zwischen den USA, Großbritannien, Deutschland und der Europäischen Union unter besonderer Würdigung von Verbandsklagen. Stuttgart: Boorberg, 2008.

RUFFERT, Matthias. *Law of Administrative Organization of the EU*: A Comparative Approach. Cheltenham/Northampton: Edward Elgar, 2020.

RÜTHERS, Bernd; FISCHER, Christian; BIRK, Alex. *Rechtstheorie*. 10ª ed. Munique: C. H. Beck, 2018.

SAUERLAND, Thomas. *Die Verwaltungsvorschrift im System der Rechtsquellen*. Berlim: Duncker & Humblot, 2005.

SAURER, Johannes. *Die Funktionen der Rechtsverordnung*. Berlim: Duncker & Humblot, 2005.

SCHACK, Haimo. *Einführung in das US-amerikanische Zivilprozessrecht*. 4ª ed. Munique: C. H. Beck, 2011.

SCHARPF, Fritz W. *Die politischen Kosten des Rechtsstaats*: Eine vergleichende Studie der deutschen und amerikanischen Verwaltungskontrollen. Tübingen: J. C. B. Mohr, 1970.

SCHERER, Joachim. *Verwaltung und Öffentlichkeit*. Baden-Baden: Nomos-Verlagsgesellschaft, 1978.

SCHLACKE, Sabine. Überindividueller Rechtsschutz. Tübingen: Mohr Siebeck, 2008.

SCHLESINGER, Arthur M. *The Imperial Presidency*. Boston: Houghton Mifflin, 1973.

SCHMIDT-AßMANN, Eberhard. *Das allgemeine Verwaltungsrecht als Ordnungsidee*. 2ª ed. Berlim: Springer, 2004.

______. *Kohärenz und Konsistenz des Verwaltungsrechtsschutzes*. Tübingen: Mohr Siebeck, 2015.

______. *Verwaltungsrechtliche Dogmatik*. Tübingen: Mohr Siebeck, 2013.

SCHNEIDER, Jens-Peter. *Liberalisierung der Stromwirtschaft durch regulative Marktorganisation*: Eine vergleichende Untersuchung zur Reform des britischen, US-amerikanischen, europäischen und deutschen Energierechts. Baden-Baden: Nomos-Verl.-Ges., 1999.

SCHNEIDER, Jens-Peter; HOFMANN, Herwig; ZILLER, Jaques (Coord.). *ReNEUAL-Musterentwurf für ein EU Verwaltungsverfahrensrecht*. Munique: C. H. Beck, 2015.

SCHNÖCKEL, Stefan. *"Negotiated Rulemaking" in den USA und normvertretende Absprachen in Deutschland*. Berlim: Duncker & Humblot, 2005.

SCHOCH, Friedrich. *Informationsfreiheitsgesetz*. Munique: C. H. Beck, 2016.

SCHOCH, Friedrich; SCHNEIDER, Jens-Peter; BIER, Wolfgang (Coord.). *Verwaltungsgerichtsordnung*. Munique: C. H. Beck, 2019.

SCHUCK, Peter H. *Suing Government*. New Haven: Yale University Press, 1983.

SCHULZE-FIELITZ, Helmuth (Coord.). *Staatsrechtslehre als Wissenschaft*: Die Verwaltung. Berlim: Duncker & Humblot, 2007.

SCHUPPERT, Gunnar F. *Verwaltungswissenschaft*. Baden-Baden: Nomos-Verl.-Ges, 2000.

SCHWARTZ, Bernard. *Administrative Law*. 3ª ed. Boston: Little, Brown, 1991.

SCHWARTZ, Bernard; CORRADA, Roberto L.; BROWN, J. Robert; WEST, Jessica L. *Administrative Law*: A Casebook. 9ª ed. Nova York: Wolters Kluwer, 2018.

SECKELMANN, Margrit; PLATZ, Johannes (Coord.). *Remigration und Demokratie in der Bundesrepublik nach 1945*: Ordnungsvorstellungen zu Staat und Verwaltung im transatlantischen Transfer. Bielefeld: Transcript-Verlag, 2017.

SEERDEN, René. (Coord.). *Comparative Administrative Law*: Administrative Law of the European Union, its Member States and the United States. 4ª ed. Cambridge: Intersentia, 2018.

SHAPIRO, David. L. *Federalism*: A Dialogue. Evanston: Northwestern University Press, 1995.

SHESOL, Jeff. *Supreme Power*: Franklin Roosevelt vs. The Supreme Court. Nova York: W. W. Norton, 2010.

SIEBERG, Christoph. *Verwaltungsvollstreckung*: Ein Vergleich zwischen den USA und Deutschland. Frankfurt: Peter Lang, 2001.

SOLOVE, Daniel J.; SCHWARTZ, Paul M. *Information Privacy Law*. 6ª ed. Nova York: Wolters Kluwer, 2018.

SOMMERMANN, Karl-Peter; SCHAFFARZIK, Bert (Coord.). *Handbuch der Geschichte der Verwaltungsgerichtsbarkeit in Deutschland und Europa*. 2 vols. Berlim: Springer, 2019.

STEIN, Tine. *Interessenvertretung der Natur in den USA*. Baden-Baden: Nomos-Verl.-Ges: 2002.

STEINBERG, Rudolf. *Politik und Verwaltungsorganisation*: Zur Reform der Regierungsund Verwaltungsorganisation unter besonderer Berücksichtigung der Obersten Bundesbehörden in den Vereinigten Staaten von Amerika. Baden-Baden: Nomos Verlagsgesellschaft, 1979.

STEINBERGER, Helmut. *Konzeption und Grenzen freiheitlicher Demokratie*: Dargestellt am Beispiel des Verfassungsrechtsdenkens in den Vereinigten Staaten von Amerika und des amerikanischen Antisubversionsrechts. Berlim: Springer-Verlag, 1974.

STELKENS, Paul; BONK, Heinz J.; SACHS, Michael. *Verwaltungsverfahrensgesetz*: Kommentar. 9ª ed. Munique: C. H. Beck, 2018.

STERN, Klaus. *Grundideen europäisch-amerikanischer Verfassungsstaatlichkeit*. Berlim: Walter de Gruyter, 1984.

STEVENSON, Sandra M. *Antieau on Local Government Law*. 2ª ed. Nova York: M. Bender, 1997.

STOLLEIS, Michael. *Geschichte des öffentlichen Rechts*. vol. 2; vol. 4. Munique: C. H. Beck, 1992; 2012.

STRAUSS, Peter L. *Administrative Justice in the United States*. 3ª ed. Durham: Carolina Academic Press, 2016.

______. *Legal Methods*. 3ª ed. St. Paul: Foundation Press, 2014.

STRAUSS, Peter L.; RAKOFF, Todd D.; FARINA, Cynthia R.; METZGER, Gillian E. *Gellhorn and Byse's Administrative Law*. 11ª ed. Nova York: Foundation Press, 2011.

SULLIVAN, E. Thomas; MASSARO, Toni Marie. *The Arc of Due Process in American Constitutional Law*. Nova York: Oxford University Press, 2013.

SUMMANN, Katharina. *Vergabegrundsätze und Vergabeverfahren im Rechtsvergleich Deutschland – USA*. Baden-Baden: Nomos, 2007.

SUNSTEIN, Cass R. *After the Rights Revolution*: Reconceiving the Regulatory State. Cambridge: Harvard University Press, 1990.

TAGGART, Michael (Coord.). *The Province of Administrative Law*. Oxford: Hart Pub., 1997.

THÜRER, Daniel. *Bund und Gemeinden*. Berlim: Springer-Verlag, 1986.

TRIBE, Laurence. *American Constitutional Law*. 3ª ed. Nova York: Foundation Press, 2000.

TUSHNET, Mark. *The Constitution of the United States of America*. 2ª ed. Oxford: Hart Publishing, 2015.

TUSHNET, Mark; GRABER, Mark A.; LEVINSON, Sanford (Coord.). *The Oxford Handbook of the U. S. Constitution*. Oxford: Oxford University Press, 2015.

UNITED STATES DEPARTMENT OF JUSTICE. *Final Report of Attorney General's Committee on Administrative Procedure Act*, 1941.

VANDERBILT, Arthur T. *Minimum Standards of Judicial Administration*. Nova York: Law Center of New York University for the National Conference of Judicial Councils, 1949.

VANDERVER, Timothy (Coord.). *Clean Air Law and Regulation*. Washington: Bureau of National Affairs, 1992.

VERMEULE, Adrian. *Judging under Uncertainty*: An Institutional Theory of Legal Interpretation. Cambridge: Harvard University Press, 2006.

WALDO, Dwight. *The Administrative State*. Nova York: Ronald Press Co, 1948.

WALKER, Jeffery T.; HEMMENS, Craig. *Legal Guide for Police*. Nova York: Routledge, Taylor & Francis Group, 2015.

WELLERDT, Alexander. *Organisation der Regulierungsverwaltung*: Am Beispiel der deutschen und unionalen Energieverwaltung. Berlim: Springer, 2018.

WEYREUTHER, Felix. *Verwaltungskontrolle durch Verbände?* Argumente gegen die verwaltungsrechtliche Verbandsklage im Umweltrecht. Düsseldorf: Werner, 1975.

WISCHMEYER, Thomas. *Überwachung ohne Grenzen*: Zu den rechtlichen Grundlagen nachrichtendienstlicher Tätigkeiten in den USA. Baden-Baden: Nomos Verlagsgesellschaft, 2017.

WITTMANN, Philipp. *Der Schutz der Privatsphäre vor staatlichen Überwachungsmaßnahmen durch die US-amerikanische Bundesverfassung*. Baden-Baden: Nomos Verlagsgesellschaft, 2014.

WOLFF, Hans J.; BACHOF, Otto; STOBER, Rolf; KLUTH, Winfried. *Verwaltungsrecht I*. 13ª ed. Munique: C. H. Beck, 2017.

______. *Verwaltungsrecht II*. 7ª ed. Munique: C. H. Beck, 2010.

WOLFF, Heinrich A. *Selbstbelastung und Verfahrenstrennung*. Berlim: Duncker & Humblot, 1997.

WOLFRAM, Dieter. *Prozeduralisierung des Verwaltungsrechts*. Baden-Baden: Nomos, 2005.

WRIGHT, Charles A.; KANE, Mary K. *Law of Federal Courts*. 8ª ed. St. Paul: West Academic Publishing, 2017.

ZIAMOU, Theodora. *Rulemaking, Participation and the Limits of Public Law in the USA and Europe*. Aldershot: Ashgate/Dartmouth, 2001.

ZOLLER, Elisabeth. *Introduction to Public Law*: A Comparative Study. Leiden: Martinus Nijhoff Publishers, 2008.

Índices de casos judiciais

Industrial Union Department v. American Petroleum Institute, p. 120
Johnson v. Robinson, p. 336
Kaoru Yamataya v. Fischer (The Japanese Immigrant Case), p. 203
Kelo v. New London, p. 409
King v. Burwell, p. 489, 500
Kisela v. Hughes, p. 426
Kisor v. Wilkie, p. 387, 407, 481, 498
Kissinger v. Reporters Committee for Freedom of the Press, p. 179, 451
Lebron v. National Railroad Passenger Corp., p. 176, 179, 182, 186
Lexmark Int'l, Inc. v. Static Control Components, Inc., p. 362, 366
Lincoln v. Vigil, p. 341
Lochner v. New York, p. 129
Los Angeles Police Department v. United Reporting Publishing Corp., p. 453
Lucia v. SEC, p. 99, 331
Lugar v. Edmondson Oil Co., Inc., p. 188
Lujan v. Defenders of Wildlife, p. 357, 359
Mach Mining, LLC v. EEOC, p. 336, 339
Maine Community Health Options v. United States, p. 482
Marbury v. Madison, p. 100, 384, 405, 427
Massachusetts v. EPA, p. 266, 346, 360, 392
Mathews v. Eldridge, p. 132, 200, 210, 214, 277, 290
McCulloch v. Maryland, p. 155
McDonald v. City of Chicago, p. 126
MCI Telecommunications Corp. v. American Telephone and Telegraph Co., p. 145
Michigan v. EPA, p. 407
Miller v. Horton, p. 412
Milner v. Department of the Navy, p. 456
Minneci v. Pollard, p. 428
Mistretta v. United States, p. 120

Lista de abreviações para termos na linguagem jurídica americana

ABA American Bar Association
ACUS Administrative Conference of the United States
Adm., Admin. Administrative, Administration
ADPSO Association of Data Processing Service Organizations, Inc.
ALJ Administrative Law Judge
APA Administrative Procedure Act
Art. Article
Ass'n Association
CAA Clean Air Act
C.F.R. Code of Federal Regulations
CFPB Consumer Financial Protection Bureau
Chap. Chapter
CICA Competition in Contracting Act
C. J. Chief Justice
cl. clause
Co. Company
COFC Court of Federal Claims
Comm'n Commission
Comp. Comparative
conc., concur. concurring opinion
Cong. Congress
Corp. Corporation
CPSC Consumer Product Safety Commission

CRA Congressional Review Act
D. C. Circ. US Court of Appeals for the District of Columbia Circuit
Dept. Department
diss. dissenting opinion
Dist. District
DOJ Department of Justice
EIOR Executive Office for Immigration Review
E. O. Executive Order
EPA Environmental Protection Agency
ex rel. *ex relatione*
FAA Federal Aviation Administration
FAR Federal Acquisition Regulation
FBI Federal Bureau of Investigation
FCC Federal Communication Commission
FDA Food and Drug Administration
FDCA Food, Drug and Cosmetic Act
FDIC Federal Deposit Insurance Corporation
Fed. Federal
FISC Foreign Intelligence Surveillance Court
FOIA Freedom of Information Act
FPC Federal Power Commission
F. R. Federal Register
FTC Federal Trade Commission
FTCA Federal Tort Claims Act
GAO Government Accountability Office
GGP Good Guidance Practices
H. R. House of Representatives
ICC Interstate Commerce Commission
INA Immigration and Nationality Act
Inc. Incorporated
Inst. Institute

Int'l International

J. Journal; Judge; Justice

L. J. Law Journal

LLC Limited Liability Company

L. P. Limited Partnership

L. Rev. Law Review

MSAPA Model State Administrative Procedure Act

NAAQS National Ambient Air Quality Standards

NASA National Aeronautics and Space Administration

NCUA National Credit Union Administration

NFIB National Federation of Independent Business

NIRA National Industrial Recovery Act

NLRB The National Labor Relations Board

NRDC Natural Resources Defense Council

OGIS Offices of Government Information Services

OIP Office of Information Policy

OIRA Office of Information and Regulatory Affairs

OMB Office of Management and Budget

op. opinion

OPM Office of Personal Management

PCAOB Public Company Accountability Oversight Board

PRA Paperwork Reduction Act

Pub. Public; Publishing

Pub. L. Public Law

Rept. Report

Rev. Review

S. Ct. Supreme Court Reporter

SEC Securities and Exchange Commission

Sec., sect. Section

Sess. Session

slip op. slip opinion

SSA Social Security Administration
Stat. United States Statutes at Large
U.S. United States, United States Reports
U.S.C. United States Code
USCIS US Citizenship and Immigration Services

NOTAS

A Editora Contracorrente se preocupa com todos os detalhes de suas obras! Aos curiosos, informamos que este livro foi impresso no mês de janeiro de 2025, em papel Pólen Natural 80 g/m².